- Praktische Reisetipps A–Z
- Der Kleine Süden
- Outdoor
- Insel Chiloé
- Land und Leute
- Patagonien
- Santiago de Chile
- Feuerland
- Umgebung von Santiago
- Juan-Fernández-Archipel
- Der Große Norden
- Osterinsel
- Der Kleine Norden
- Anhang
- Mittelchile
- Atlas

Malte Sieber
Chile und die Osterinsel

Impressum

Malte Sieber
Chile und die Osterinsel

erschienen im
Reise Know-How Verlag Peter Rump GmbH
Osnabrücker Str. 79, 33649 Bielefeld

© Reise Know-How Verlag Därr GmbH, Hohenthann, 1998 (1. Auflage)
© 2000, 2003, 2005, 2007: Peter Rump
6., neu bearbeitete und komplett aktualisierte Auflage 2009

Alle Rechte vorbehalten.

Gestaltung
Umschlag: G. Pawlak, P. Rump (Layout); M. Luck (Realisierung)
Inhalt: G. Pawlak (Layout); M. Luck (Realisierung)
Karten: B. Spachmüller, C. Raisin, der Verlag, world mapping project (Atlas)
Fotos: M. Sieber (ms), M. Luck (ml), F. Schubert (fs), D. Elsen (de),
  J. Vogt (jv), European Southern Observatory (eso), PTI Arica-Parinacota (pti)
Titelfoto: M. Sieber (Laguna Miscanti in der Nähe von San Pedro de Atacama)

Lektorat: M. Luck

Druck und Bindung: Wilhelm & Adam, Heusenstamm

ISBN 978-3-8317-1831-3
Printed In Germany

Dieses Buch ist erhältlich in jeder Buchhandlung Deutschlands, Österreichs, der Niederlande, Belgiens und der Schweiz. Bitte informieren Sie Ihren Buchhändler über folgende Bezugsadressen:

Deutschland
  Prolit Verlagsauslieferung GmbH, Siemensstr. 16,
  D-35461 Fernwald (Annerod)
  sowie alle Barsortimente
Schweiz
  AVA/Buch 2000
  Postfach, CH-8910 Affoltern a.A.
Österreich
  Mohr-Morawa Buchvertrieb GmbH
  Sulzengasse 2, A-1230 Wien
Niederlande, Belgien
  Willems Adventure
  www.willemsadventure.nl

Wer im Buchhandel trotzdem kein Glück hat, bekommt unsere Bücher auch über unseren **Büchershop im Internet:**
www.reise-know-how.de

Wir freuen uns über Kritik, Kommentare und Verbesserungsvorschläge, gerne auch per E-Mail an info@reise-know-how.de.

Alle Informationen in diesem Buch sind vom Autor mit größter Sorgfalt gesammelt und vom Lektorat des Verlages gewissenhaft bearbeitet und überprüft worden.

Da inhaltliche und sachliche Fehler nicht ausgeschlossen werden können, erklärt der Verlag, dass alle Angaben im Sinne der Produkthaftung ohne Garantie erfolgen und dass Verlag wie Autor keinerlei Verantwortung und Haftung für inhaltliche und sachliche Fehler übernehmen.

Die Nennung von Firmen und ihren Produkten und ihre Reihenfolge sind als Beispiel ohne Wertung gegenüber anderen anzusehen. Qualitäts- und Quantitätsangaben sind rein subjektive Einschätzungen des Autors und dienen keinesfalls der Bewerbung von Firmen oder Produkten.

Malte Sieber

Chile
und die Osterinsel

Mein Dank gilt Günther Wessel, der mir die
Weiterarbeit an diesem Reiseführer übertragen hat.

REISE KNOW-HOW im Internet

www.reise-know-how.de

- Ergänzungen nach Redaktionsschluss
- kostenlose Zusatzinfos und Downloads
- das komplette Verlagsprogramm
- aktuelle Erscheinungstermine
- Newsletter abonnieren

Bequem einkaufen im Verlagsshop mit Sonderangeboten

Vorwort

Als „Insel auf dem Festland" und „Land mit einer verrückten Geografie" wird Chile gern bezeichnet. Beides stimmt: Das Land im Südwesten des südamerikanischen Kontinents ist durch die Andengipfel von seinen Nachbarn getrennt, inselartig abgeschnitten. Verrückte Geografie sowieso: **4300 Kilometer lang** und **durchschnittlich nur 180 Kilometer breit,** ein Querschnitt durch alle Klimazonen außer der tropischen. Doch besser als diese Zahlen verdeutlicht eine gern zitierte Legende die **kontrastreiche Natur** des Landes: „Als Gott seine in sieben Tagen erschaffene Welt betrachtete, stellte er fest, dass noch einiges übrig geblieben war: Vulkane, Urwälder, Wüsten, Fjorde, Flüsse und Eis. Er gab den Engeln den Auftrag, alles das hinter einem langen Gebirge aufzuschütten – den Anden. So entstand Chile, das vielgestaltigste Land der Erde."

Für jeden Besucher ist etwas dabei: Gipfelstürmer haben die Andenkette, Badefreunde mehrere tausend Kilometer Küste, Wanderer spektakuläre Naturwälder in Mittelchile und im Seengebiet. Wer Einsamkeit sucht, findet sie in den kargen Wüsten des Nordens oder in den grünen Weiten Patagoniens, und wer eine gänzlich andere, fremde Südseekultur erleben will, kann die Osterinsel besuchen.

Festlandchile bietet eine **faszinierende Mischung aus europäischen und indigenen Kulturen.** Im hohen Norden finden sich die ältesten Mumien der Welt und faszinierende kleine Kolonialkirchen, deren spanischer Einfluss ebenso wenig zu übersehen ist wie der indianische, aber auch abgeschiedene Aymara-Dörfer, in denen die Menschen von der spärlichen Viehzucht leben, die auf dem Altiplano möglich ist. In Araukanien wiederum leben viele Mapuche-Indianer – wie alle indianischen Völker Südamerikas gehören auch sie nicht zu den Reichen im Land. Und man sieht an der Form der Häuser und an den Speisekarten gut, wer den Süden kolonialisierte: Auswanderer aus Deutschland, der Schweiz und Österreich.

Allerdings sollte man deren Einfluss nicht überschätzen: Auch wenn einige Chilenen deutsch und manche englisch sprechen – ein paar Brocken **Spanisch** helfen enorm und erleichtern das Reisen beträchtlich. Und keine Scheu vorm Radebrechen: Das schlechteste Spanisch ist besser als keines, und die Anstrengungen des Ausländers wissen die meisten Chilenen zu schätzen.

Chile ist erst Ende der 1980er Jahre als Touristenziel bekannt geworden. Seit 1989 die Militärs die Macht abgaben, sind die Besucherzahlen fast kontinuierlich gestiegen. Heute besuchen jährlich 2,2 Millionen Menschen aus aller Welt das Land – überlaufen kann man das beileibe nicht nennen. Vergleichbar entfernte Reiseziele wie Neuseeland oder Namibia verzeichnen einen wesentlich größeren Besucheransturm. Chile hat sich einen Namen gemacht bei **Individualreisenden,** die ursprüngliche Natur, Einsamkeit und ein bisschen Abenteuer suchen, aber auch mal in einem guten Hotel absteigen und sich verwöhnen lassen wollen. Die **touristische Infrastruktur** wurde in den vergangenen Jahren stark ausgebaut. Gute Überlandbusse und ein exzellentes Flugnetz bringen Reisende überall hin, in den Touristenorten gibt es eine breite Auswahl an Unterkünften aller Preisklassen, dazu immer mehr Angebote für Aktivurlauber: Reiten, Wandern, Rafting etc.

Anders als viele lateinamerikanische Länder ist Chile kein Billigland. Dafür ist es für Touristen eines der sichersten des Kontinents, dazu gut organisiert und **leicht zu bereisen.** Die Panamericana durchzieht als „Rückgrat" das gesamte Land; von ihr aus führen Stichstraßen nach Osten und Westen zu den beliebtesten Touristenzielen. Den tiefen Süden „erfährt" man über die Carretera Austral, eine kurvenreiche Schotterpiste, die von Puerto Montt mehr als 1000 Kilometer vorbei an Gletschern, Gipfeln und Fjorden durch die Einsamkeit führt. Sie endet am Südpatagonischen Eisfeld; die südlichste Region Chiles, Magallanes, ist auf dem Landweg nur über Argentinien, ansonsten per Flugzeug oder Schiff zu erreichen.

Das Buch beginnt mit dem Kapitel **„Praktische Reisetipps A–Z"** zur Reisevorbereitung und zum Reisen im Land. Anschließend folgt das Kapitel **„Outdoor"** mit vielen Tipps, Adressen und Beschreibungen zu sportlichen Betätigungen in Chile. Nachdem Chile im Rahmen einer ausführlichen Landeskunde vorgestellt wurde (**„Land und Leute"**), behandelt der umfangreiche Reiseteil **„Unterwegs in Chile"** Städte, Routen und Sehenswürdigkeiten: Beginnend mit der Hauptstadt Santiago, orientieren sich die folgenden Kapitel an geografischen Großräumen und sind von Nord nach Süd gegliedert. Am Schluss folgen die Inseln im Pazifik, der Juan-Fernández-Archipel und die **Osterinsel.**

Der **Anhang** des Buches umfasst eine kleine Sprachhilfe, Tipps für Literatur und Landkarten, Gesundheitsinformationen, ein ausführliches Register und ganz am Ende des Buches einen 24-seitigen Kartenatlas.

Wir haben uns beim vorliegenden Band bemüht, alle Informationen sorgfältig zu überprüfen und zu aktualisieren. Dennoch ist ein Reiseführer wie dieser dazu verdammt, im Moment seines Erscheinens bereits „veraltet" zu sein: Zu schnell ändern sich Telefonnummern und Mailadressen, wechseln Hotelbesitzer, werden Restaurants geschlossen und andere eröffnet. Auch Preise können variieren, da reicht schon eine stärkere Wechselkursschwankung. Die angegebenen Dollarpreise beruhen auf einem Kurs von 1 US-$ = 592 Pesos (Stand: Mai 2009).

Mir bleibt nur, Ihnen einen schönen und unvergesslichen Aufenthalt in dem Land mit der verrückten Geografie zu wünschen.

Ergänzung zur 6. Auflage: Die Resonanz auf dieses Buch war und ist hervorragend. Allen Leserbriefschreibern möchten wir hiermit für Kritik und Lob, ihre wertvollen Tipps und Hinweise sehr herzlich danken. Auch ihrer Mitarbeit ist es zu verdanken, dass dieses Buch komplett aktualisiert und überarbeitet neu erscheint. *Gracias!*

Malte Sieber

Inhalt

Vorwort 7

Praktische Reisetipps A–Z

(unter Mitarbeit von *Elfi H. M. Gilissen*)

Anreise	16
Ausrüstung	21
Botschaften und Konsulate	23
Dokumente, Ein- und Ausreisebestimmungen	25
Essen und Trinken	27
Feiertage	35
Fotografieren	36
Frauen allein unterwegs	37
Geld	37
Gesundheit	40
Informationsstellen	44
Kleidung und Umgangsformen	45
Medien	47
Notfälle	47
Öffnungszeiten	48
Organisierte Touren	49
Post, Telefon, E-Mail und Internet	51
Reisen in Chile	55
Reiserouten und -ziele	67
Reisezeit	69
Sicherheit	69
Souvenirs und Einkäufe	70
Stromspannung	70
Unterkunft	70
Versicherungen	73
Zeit	75

Outdoor

(von *Dagmar Elsen* und *Malte Sieber*)

Einleitung	78
Trekking	78
Bergsteigen	90
Canyoning	96
Skifahren	97
Reiten	101
Mountain-Biking	106
Kajak und Rafting	107
Surfen	111
Paragliding	113
Sportangeln	114

Land und Leute

Geografie	118
Klima	128
Pflanzen- und Tierwelt	128
Geschichte	135
Politik	151
Wirtschaft	159
Naturschutz und Umweltprobleme	167
Bevölkerung und Gesellschaft	172
Kunst und Kultur	185
Sport	191

Unterwegs in Chile

Santiago de Chile 194

Die Umgebung von Santiago 228

Pomaire	228
Weingüter	228
Cajón del Maipo	229
Los Andes und die Ruta 60 nach Argentinien	231
Skizentren	232

Der Große Norden: Von Arica bis Antofagasta 233

Arica	**236**
Die Umgebung von Arica	**242**
Valle de Azapa	242
Pisagua	243
Auf den Altiplano	**243**
Valle de Lluta	243
Putre	244
Nationalpark Lauca	245
Altiplano-Rundfahrt	246
Iquique	**250**
Die Umgebung von Iquique	**256**
Die Salpeterstädte Humberstone und Santa Laura	256
Geoglifos del Cerro Unita/ Gigante de Atacama	257
Tarapacá	259
Mamiña	259

Inhalt

Salar de Huasco	260	**Die Umgebung von La Serena**	**306**
R. N. Pampa de Tamarugal	260	Coquimbo	306
La Tirana	261	Die Strände	307
Pica	261	Die Observatorien	307
Valle Dinosaurio	261	Naturreservat	
Tocopilla	262	Pingüino de Humboldt	309
Calama	**263**	**Das Valle de Elqui**	**310**
Die Umgebung von La Calama	**267**	Vicuña	310
Chuquicamata	267	Pisco Elqui	312
San Pedro de Atacama	**269**	Nach Argentinien	314
Die Umgebung von		**Ovalle**	**314**
San Pedro de Atacama	**275**	**Die Umgebung von Ovalle**	**315**
Pukará de Quitor und Catarpe	275	Valle del Encanto	315
Valle de la Luna	275	Monumento	
Tatio-Geysire	276	Natural de Pichasca	316
Über den Altiplano nach Calama	278	Río Hurtado	316
Salar de Atacama	279	Parque Nacional Fray Jorge	316
Toconao, Socaire und die Lagunen		Combarbalá	317
Meñiques und Miscanti	280	Reserva Nacional Las Chinchillas	318
Nach Argentinien		Los Vilos	319
über den Paso de Jama	282		
Antofagasta	**283**	**In Mittelchile:**	
Die Umgebung von Antofagasta	**286**	**Die Küste von Viña del Mar**	
La Portada	286	**bis nach Concepción und**	
Salpeterstadt Chacabuco	286	**die zentrale Ebene von**	
Observatorium Cerro Paranal	287	**Rancagua bis nach Chillán**	**320**
Taltal	288	**Valparaíso**	**321**
		Die südliche Umgebung	
Der Kleine Norden:		**von Valparaíso**	**334**
Von Caldera bis Los Vilos	**289**	Richtung Süden	
Caldera und Bahía Inglesa	**290**	bis nach Isla Negra	334
Die Umgebung von Caldera	**292**	Cartagena und San Antonio	336
Parque Nacional Pan de Azúcar	292	**Viña del Mar**	**337**
Copiapó	**293**	**Die Umgebung**	
Die Umgebung von Copiapó	**297**	**von Viña del Mar**	**341**
Chañarcillo	297	Die Badeorte im Norden	341
Zum Paso San Francisco und		Parque Nacional La Campana	342
zum Vulkan Ojos del Salado	298	**Rancagua**	**342**
Vallenar	**300**	**Die Umgebung von Rancagua**	**345**
Oberes Huasco-Tal	300	El Teniente und Sewell	345
La Serena	**300**	Termas de Cauquenes	346

INHALT

Reserva Nacional Río Los Cipreses	346
Valle de Colchagua	347
Pichilemu und Cahuil	349
Curicó	**350**
Die Umgebung von Curicó	**351**
Parque Nacional Radal – Siete Tazas	351
Lago Vichuquén und Pazifikküste	352
Talca	**352**
Die Umgebung von Talca	**354**
Reserva Nacional Altos de Lircay	354
Kolonialdörfer und Weingüter	356
Valle Melado	356
Die Küstenroute	**356**
Constitución	357
Die Dünen von Putú	358
Loanco, Laguna Reloca und Chanco	358
Pelluhue und Curanipe	359
Chillán	**359**
Termas de Chillán	361
Salto del Laja	362
Concepción	**362**
Costa del Carbón	366
Der Kleine Süden: Araukarien und das Seengebiet von Los Angeles bis nach Puerto Montt	**367**
Los Angeles	**372**
Die Umgebung von Los Angeles	**374**
Salto del Laja	374
Nationalpark Laguna del Laja	374
Nationalpark Nahuelbuta	375
Der Oberlauf des Río Biobío	375
Temuco	**377**
Die Umgebung von Temuco	**381**

Exkurse, Listen, Übersichten

Kleines „Flug-Know-how" ... 18
Ausrüstungsliste ... 22
Meeresfrüchte und Fisch ... 28
Weinbau in Chile ... 31
Feiertage ... 35
Reiseapotheke ... 41
Vorwahlnummern ... 52
Chile auf einen Blick ... 118
Vulkanismus und Erdbeben ... 122
Pflanzennamen ... 132
Llamas, Alpacas, Guanacos und Vicuñas ... 134
Salvador Allende (1908–1973) ... 146
Augusto Pinochet (1915–2006) ... 149
Michelle Bachelet / von *Petra Albütz* ... 153
Die Regionen ... 154
Lateinamerika im Vergleich ... 160
Huasos und Rotos ... 177
Colonia Dignidad ... 183
Geoglyphen – Erdzeichnungen ... 258
Charles Darwin im Jahr 1835 über die Lebensweise der chilenischen Minenarbeiter ... 263
Die Aufzüge (Valparaíso) ... 327
Rodeo ... 343
Zwei Mapuche-Fabeln ... 369
Marea Roja ... 450
Douglas Tompkins ... 459
Río Baker in Gefahr ... 482
Karukinka, ein modernes Feuerland-Märchen ... 531
Alexander Selkirk – Vorbild für Defoes „Robinson Crusoe" ... 549
Der Vogelmann-Kult (Osterinsel) ... 591

Hinweis:
Die **Internet- und E-Mail-Adressen** in diesem Buch können – bedingt durch den Zeilenumbruch – so getrennt werden, dass ein Trennstrich erscheint, der nicht zur Adresse gehören muss!

Inhalt

Lonquimay und das Quellgebiet des Biobío	381
Nationalpark Conguillío	386
Pazifikküste und Lago Budi	387
Isla Mocha	387
Villarrica	**388**
Pucón	**391**
Die Umgebung von Pucón	**397**
Nationalpark Huerquehue	397
Nationalpark Villarrica	398
Die Thermalbäder	399
Curarrehue	401
Lican Ray	**401**
Panguipulli	**402**
Die Umgebung von Panguipulli	**403**
Reserva Huilo-Huilo und Lago Pirihueico	403
Valdivia	**404**
Die Umgebung von Valdivia	**409**
Bootsausflüge	409
Corral, Niebla, Isla Mancera und Los Molinos	409
Parque Oncol	411
Mehuín	411
Von Valdivia nach Osorno	**411**
Osorno	**412**
Die Umgebung von Osorno	**415**
Nationalpark Puyehue	415
Lago Llanquihue	**416**
Puerto Octay	417
Las Cascadas	418
Frutillar	418
Puerto Varas	420
Die Umgebung von Puerto Varas	424
Ralún, Cochamó und das Puelo-Tal	428
Puerto Montt	**429**
Die Umgebung von Puerto Montt	**435**
Nationalpark Alerce Andino	435
Vulkan Calbuco	436
Calbuco	436
Maullín	437
Carretera Austral	437

Der Kleine Süden: Insel Chiloé	**438**
Geschichte	439
Ancud	441
Dalcahue	444
Achao	445
Castro	445
Nationalpark Chiloé	448
Chonchi	449
Quellón	450
Der Große Süden: Patagonien entlang der Carretera Austral	**452**
Geschichte	**453**
Gegenwart	**456**
Die Carretera Austral	**457**
Von Puerto Montt bis Chaitén	**458**
Hornopirén	458
Parque Pumalín	458
Chaitén	460
Von Chaitén nach Coyhaique	**462**
Futaleufú	462
Raúl Marín Balmaceda	463
Parque Nacional Queulat	464
Puerto Puyuhuapi	465
Weiter auf der Carretera Austral	466
Coyhaique	467
Die Umgebung von Coyhaique	471
Puerto Aisén und Puerto Chacabuco	472
Laguna San Rafael	473
Von Coyhaique nach Villa O'Higgins	**475**
Reserva Nacional Cerro Castillo	475
Villa Cerro Castillo	476
Zum Lago Carrera	476
Puerto Ibáñez	477
Chile Chico	478

INHALT

Südufer des Lago Carrera	479
Westufer des Lago Carrera	480
Valle Exploradores	481
Weiter auf der Carretera Austral	481
Cochrane	483
Die letzten Kilometer der Carretera Austral	484
Villa O'Higgins	484

Der Große Süden: Patagonien – von Punta Arenas zu den Torres del Paine 486

Zur Geschichte Patagoniens	**487**
Gegenwart	**487**
Punta Arenas	**489**
Die Umgebung von Punta Arenas	**497**
Pinguinkolonien am Seno Otway und auf der Isla Magdalena	497
Wale im Parque Marino Francisco Coloane	498
Puerto Hambre und Fuerte Bulnes	499
Zum Cabo Froward	499
Estancia San Gregorio und Nationalpark Pali-Aike	500
Puerto Natales	**500**
Die Umgebung von Puerto Natales	**505**
Puerto Bories	505
Cueva del Milodón	505
Seno Ultima Esperanza und Balmaceda-Gletscher	505
Parque Nacional Torres del Paine	**506**
Calafate (Argentinien)	**513**
Parque Nacional Los Glaciares (Argentinien)	**518**
Am Fitzroy-Massiv	521
El Chaltén	521

Feuerland: Tierra del Fuego 524

Zur Geschichte Feuerlands	525
Reisezeit und Anreise	527
Porvenir	527
Die Umgebung von Porvenir	529
Cordillera Darwin und Beagle-Kanal	531
Puerto Williams und Isla Navarino	532
Ushuaia (Argentinien)	535
Río Grande (Argentinien)	545

Der Juan-Fernández-Archipel 547

Geografie, Flora und Fauna	550
Geschichte	552
Besuchszeit	553
Isla Robinson Crusoe – San Juan Bautista	553
Die Umgebung von San Juan Bautista	556

Die Osterinsel

Land und Leute	**560**
Allgemeine Reiseinformationen	**579**
Unterwegs auf der Osterinsel	**585**
Hanga Roa	585
Archäologische Stätten und Sehenswürdigkeiten	589

Anhang

Sprache	598
Literatur und Landkarten	601
Reise-Gesundheits-Informationen	604
Register	622
Die Autoren	635
Danksagung	635
Kartenverzeichnis	**636**
Atlas	**nach Seite 636**

Praktische Reisetipps A–Z

Praktische Reisetipps A–Z

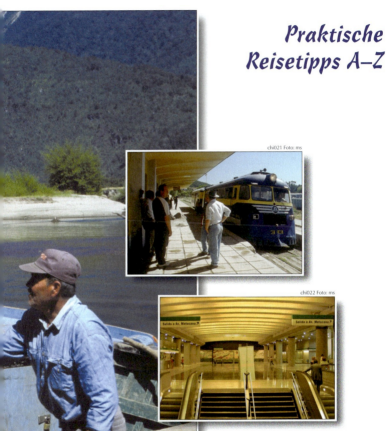

Am Río Puelo ersetzt
das Boot vielerorts den Bus

Der letzte Schmalspurzug Chiles
von Talca nach Constitución

Die Metro Santiagos –
modern, sauber, sicher, schnell

Anreise

Chile ist auf dem Landweg, per Flugzeug und mit dem Schiff zu erreichen. Der größte Verkehrsknotenpunkt ist Santiago de Chile, und die meisten europäischen Urlauber reisen über die chilenische Hauptstadt ein.

Mit dem Flugzeug

Der internationale Flughafen von Santiago de Chile heißt **Aeropuerto Arturo Merino Benítez** und wird von zahlreichen Airlines aus Europa angeflogen. Die Flüge ab Deutschland, Österreich und der Schweiz sind nicht nonstop, es gibt mindestens eine kurze Zwischenlandung. Aus dem deutschsprachigen Raum fliegt derzeit nur eine Gesellschaften **direkt** nach Santiago de Chile: die **chilenische LAN** von Frankfurt (über Madrid). Man legt rund **12.500 Kilometer** zurück, der Flug dauert **16–17 Stunden**.

Daneben gibt es interessante **Umsteigeverbindungen** mit Air Canada (von Frankfurt und München über Toronto), Air France (von vielen Flughäfen in D/A/CH über Paris), American Airlines (von Frankfurt über Dallas, Anschlussflüge von CH/A möglich), Delta Air Lines (von Berlin, Düsseldorf, Frankfurt, Stuttgart, München und Zürich über Atlanta), Iberia (von vielen Flughäfen in D/A/CH über Madrid), Lufthansa (von Frankfurt nach Sao Paulo, von dort mit TAM weiter nach Santiago) und TAM (von Frankfurt über Sao Paulo). Diese Flüge können zwar billiger sein als die Direktflüge mit LAN, aber man muss eine längere Flugdauer einkalkulieren.

Bitte beachten: Bei Flügen von Chile ins Ausland wird eine **Flughafensteuer** von 26 US-$ fällig. Allerdings ist die Steuer normalerweise schon im Preis des Tickets enthalten.

Fluggesellschaften

Dies sind die wichtigsten Fluggesellschaften mit **Verbindungen von Mitteleuropa** nach Santiago de Chile:

- Aerolíneas Argentinas www.aerolineas.com
- **Air Canada,** www.aircanada.com
- **Air France,** www.airfrance.de
- **American Airlines,** www.aa.com
- **Delta Air Lines,** www.delta.com
- **Iberia,** www.iberia.de
- **LAN Chile,** www.lan.com
- **Lufthansa,** www.lufthansa.de
- **Swiss,** www.swiss.com
- **TAM,** www.tamairlines.com

Flugpreise

Je nach Fluggesellschaft, Jahreszeit und Aufenthaltsdauer in Chile bekommt man ein Economy-Ticket von Deutschland, Österreich und der Schweiz hin und zurück nach Santiago de Chile **ab 900 Euro** (inkl. aller Steuern, Gebühren und Entgelte). Am teuersten ist es in der Hauptsaison von Oktober bis Februar, in der die Preise für Flüge über Weihnachten und Neujahr besonders hoch sind und bis zu 1500 Euro betragen können.

Preiswertere Flüge sind mit Jugend- und Studententickets (je nach Airline alle jungen Leute bis 29 Jahre und Studenten bis 34 Jahre) möglich. Außerhalb der Hauptsaison gibt es einen Hin- und Rückflug von Frankfurt nach Santiago de Chile ab etwa 800 Euro.

Kinder unter zwei Jahren fliegen ohne Sitzplatzanspruch für 10% des Erwachsenenpreises, ansonsten werden für ältere Kinder die regulären Preise je nach Airline um 25–50% ermäßigt. Ab dem 12. Lebensjahr gilt der Erwachsenentarif oder ein besonderer Jugendtarif (s.o.).

Von Zeit zu Zeit offerieren die Fluggesellschaften **befristete Sonderangebote.** Dann kann man z.B. mit Iberia für rund 700 Euro von Deutschland, Österreich und der Schweiz über Madrid nach Santiago de Chile und zurück fliegen. Diese Tickets haben in der Regel eine befristete Gültigkeitsdauer und eignen sich nicht für Langzeitreisende. Ob für die gewünschte Reisezeit gerade Sonderangebote für Flüge nach Chile auf dem Markt sind, lässt sich der Website von Jet-Travel (www.jet-travel.de) unter „Flüge" entnehmen, wo sie als **Schnäppchenflüge** nach Mittel- und Südamerika mit aufgeführt sind.

In Deutschland gibt es von Frankfurt aus die häufigsten Verbindungen nach Santiago de Chile. Tickets für Flüge von und nach anderen deutschen Flughäfen sind oft teurer. Da kann es für Deutsche attraktiver sein, mit einem **Rail-and-Fly-Ticket** per Bahn nach Frankfurt zu reisen (entweder bereits im Flugpreis enthalten oder nur 30–60 Euro extra). Man kann je nach Fluglinie auch einen preiswerten **Zubringerflug** der gleichen Airline von einem kleineren Flughafen in Deutschland buchen. Außerdem gibt es **Fly-&-Drive-Angebote,** wobei eine Fahrt vom und zum Flughafen mit einem Mietwagen im Ticketpreis inbegriffen ist.

Reist man viel per Flugzeug, kann man als Mitglied eines **Vielflieger-Programms** auch indirekt sparen, z.B. im Verbund der www.star-alliance.com (Mitglieder u.a. Air Canada, Lufthansa), www.skyteam.com (Mitglieder u.a. Air France, Delta Air Lines) oder www.oneworld.com (Mitglieder u.a. American Airlines, Iberia, LAN). Die Mitgliedschaft ist kostenlos; die gesammelten Meilen bei Fluggesellschaften innerhalb eines Verbundes reichen dann vielleicht schon für einen Freiflug bei einer der Partnergesellschaften beim nächsten Flugurlaub. Bei Einlösung eines Gratisfluges ist langfristige Vorausplanung nötig.

Buchung

Folgende zuverlässigen **Reisebüros** haben meistens günstigere Preise als viele andere:

- **Jet-Travel,** Buchholzstr. 35, 53127 Bonn, Tel. 0228/284315, Fax 284086, www.jet-travel.de. Auch für Jugend- und Studententickets. Sonderangebote auf der Website unter „Schnäppchenflüge".
- **Globetrotter Travel Service,** Löwenstr. 61, 8023 Zürich, Tel. 044/2286666, www.globetrotter.ch. Weitere Filialen siehe Website.

Die vergünstigten Spezialtarife und befristeten Sonderangebote kann man nur bei wenigen Fluggesellschaften in ihren Büros oder direkt auf ihren Websites buchen; diese sind jedoch immer auch bei den oben genannten Reisebüros erhältlich. Im Übrigen sollte man wissen, dass die günstigsten Flüge keineswegs

Kleines „Flug-Know-how"

Check-in

Nicht vergessen: Ohne einen **gültigen Reisepass** kommt man nicht an Bord eines Flugzeuges nach Chile.

Bei den meisten internationalen Flügen muss man **zwei bis drei Stunden vor Abflug** am Schalter der Airline eingecheckt haben. Viele Airlines neigen zum Überbuchen, d.h. sie buchen mehr Passagiere ein, als Sitze im Flugzeug vorhanden sind, und wer zuletzt kommt, hat dann möglicherweise das Nachsehen.

Wenn ein **vorheriges Reservieren** der Sitzplätze nicht möglich war, hat man die Chance, einen Wunsch bezüglich des Sitzplatzes zu äußern.

Das Gepäck

In der Economy Class darf man in der Regel nur **Gepäck bis zu 20 kg pro Person** einchecken (steht auf dem Flugticket) und zusätzlich ein Handgepäck von 7 kg in die Kabine mitnehmen, welches eine bestimmte Größe von 55 x 40 x 23 cm nicht überschreiten darf. In der Business Class sind es meist 30 kg pro Person und zwei Handgepäckstücke, die insgesamt nicht mehr als 12 kg wiegen dürfen. Für Flüge über Nordamerika (USA, Kanada und Mexiko) gibt es bei den meisten Fluggesellschaften eine Sonderregelung, der zufolge man zwei Gepäckstücke bis jeweils 23 kg ohne Mehrkosten als Freigepäck aufgeben kann. Man sollte sich beim Kauf des Tickets über die Bestimmungen der Airline informieren.

Aus Sicherheitsgründen dürfen **Taschenmesser, Nagelfeilen, Nagelscheren**, sonstige Scheren und Ähnliches nicht mehr im Handgepäck untergebracht werden. Diese Gegenstände sollte man unbedingt im aufzugebenden Gepäck verstauen, sonst werden sie bei der Sicherheitskontrolle einfach weggeworfen. Darüber hinaus gilt, dass Feuerwerke, leicht entzündliche Gase (in Sprühdosen, Campinggas), entflammbare Stoffe (in Benzinfeuerzeugen, Feuerzeugfüllung) etc. nichts im Passagiergepäck zu suchen haben.

Flüssigkeiten oder vergleichbare Gegenstände in ähnlicher Konsistenz (z.B. Getränke, Gels, Sprays, Shampoos, Cremes, Zahnpasta, Suppen) dürfen nur in der Höchstmenge von jeweils 0,1 Liter als Handgepäck mit ins Flugzeug genommen werden. Die Flüssigkeiten müssen in einem durchsichtigen, wiederverschließbaren Plastikbeutel transportiert werden, der maximal einen Liter Fassungsvermögen hat.

Rückbestätigung

Bei den meisten Airlines ist heutzutage die **Bestätigung des Rückfluges** nicht mehr notwendig. Allerdings empfehlen alle Airlines, sich dennoch telefonisch zu erkundigen, ob sich an der Flugzeit nichts geändert hat, denn kurzfristige Änderungen der genauen Abflugzeit kommen beim zunehmenden Luftverkehr heute immer häufiger vor.

Wenn eine Airline allerdings eine Rückbestätigung *(reconfirmation)* **bis 72 oder 48 Stunden vor dem Rückflug** verlangt, sollte man auf keinen Fall versäumen, die Airline kurz anzurufen, sonst kann es passieren, dass die Buchung im Computer der Airline gestrichen wird; der Flugtermin ist dahin. Das Ticket verfällt aber nicht dadurch, es sei denn, die Gültigkeitsdauer wird überschritten, aber unter Umständen ist in der Hochsaison nicht sofort ein Platz auf einem anderen Flieger frei.

Die **Rufnummer** kann man von Mitarbeitern der Airline bei der Ankunft, im Hotel, dem Telefonbuch oder auf der Website der Airline erfahren.

Buchtipps – Praxis-Ratgeber:
- Erich Witschi
Clever buchen – besser fliegen
- Frank Littek
Fliegen ohne Angst
(beide Bände REISE KNOW-HOW Verlag)

immer online im Internet buchbar sind. Häufig haben Jet-Travel und der Globetrotter Travel Service auf Anfrage preiswertere Angebote.

Last Minute

Wer sich erst im letzten Augenblick für eine Reise nach Chile entscheidet oder gern pokert, kann Ausschau nach **Last-Minute-Flügen** halten, die von einigen Airlines mit deutlicher Ermäßigung ab etwa 14 Tage vor Abflug angeboten werden, wenn noch Plätze zu füllen sind. Die lassen sich nur bei Spezialisten buchen.

● **L'Tur,** www.ltur.com, Tel. 00800/21212100 (gebührenfrei für Anrufer aus Europa); 165 Niederlassungen europaweit.
● **Lastminute.com,** www.lastminute.de, (D)-Tel. 01805/284366 (0,14 €/Min.), für Anrufer aus dem Ausland Tel. 0049/89/4446900.
● **Restplatzbörse,** www.restplatzboerse.at, (A)-Tel. 01/580850.

Klimabewusst fliegen

Mit einem Hin- und Rückflug von Europa nach Chile produziert ein einzelner Passagier je nach Berechnungsgrundlage 4 bis 9 Tonnen Kohlendioxid (CO_2) und trägt damit zur Klimaerwärmung bei. Sie können diesen Effekt ausgleichen, indem Sie freiwillig Projekte unterstützen, die den globalen CO_2-Ausstoß reduzieren oder vermeiden. Dazu gehören Solar-, Wasserkraft- und Biomasse-Anlagen ebenso wie Energiesparprojekte. In Deutschland stellt die Organisation **Atmosfair** entsprechende Klimaschutz-Zertifikate aus (www.atmosfair.de). Wer im Zuge der Chile-Reise lieber ein spezifisch chilenisches Projekt unterstützen will, sollte sich an die Stiftung **Trekkingchile** wenden. Sie finanziert mit Ihren Spendengeldern u.a. die Aufforstung mit Naturwaldbäumen in Chile (www.trekkingchile.com/fairchile/de).

Auf dem Landweg

Für Reisende, die länger in Südamerika unterwegs sind, ergeben sich zahlreiche Möglichkeiten, auf dem Landweg nach Chile einzureisen.

Peru und Chile besitzen nur einen gemeinsamen Grenzübergang. Die letzte größere Stadt in Peru ist Tacna, von dort erreicht man über die Panamericana die chilenische Stadt Arica. Der nördlichste Ort Chiles ist Visviri, dort führt eine Straße hinüber in das benachbarte **Bolivien.** Hier passiert auch die Eisenbahnlinie vom Pazifikhafen Arica nach La Paz die Grenze, Personenzüge fahren allerdings nicht mehr.

Wer **per Bus aus Bolivien** kommt, benutzt den Grenzübergang Tambo Quemado im Nationalpark Lauca (4660 m) und gelangt von dort über die Ruta 11 nach Arica. Weiter südlich gibt es nur noch kleinere Grenzübergänge, die nicht von öffentlichen Verkehrsmitteln benutzt werden, so Cerrito Prieto bei Colchane oder Ollagüe (Schiene und Straße), wo sich ein wundervolles Panorama mit den Gipfeln des Cerro Aucán (6180 m) und des Vulkans Ollagüe (5869 m) bietet. Auf chilenischer Seite führt die Straße von dort nach Calama. Kleinere Übergänge, die nicht von öffentlichen Verkehrsmitteln benutzt werden, gibt es noch nördlich von San Pedro de Atacama.

ANREISE

Die längste Grenze hat Chile mit **Argentinien,** und ausgenommen einiger weniger Übergänge auf Feuerland und in Patagonien überquert man bei jedem Grenzübertritt die Anden. Einige Pässe sind im Winter geschlossen – man sollte sich also vorher genau erkundigen.

Im Norden führen spektakuläre Passstraßen von Salta oder Jujuy nach San Pedro de Atacama. In 4000 Metern Höhe geht es vorbei an Salzseen und Hochwüsten. Die **Grenzpässe** sind je nach Strecke der Paso de Jama (4277 m) oder der Paso Sico (4079 m). Bei Socompa führt eine Schotterstraße von Salta aus über die Grenze, der Pass ist 3859 Meter hoch. Früher passierten ihn auch Gütertransporte der chilenisch-argentinischen Eisenbahn. Von Tucumán und Catamarca (Argentinien) nach Copiapó gelangt man über den Grenzpass San Francisco, der für Busse gesperrt ist (4748 m). Die höchstgelegene Grenzstation ist der Paso del Agua Negra auf 4779 Meter. Hier führt die Straße von San Juan nach La Serena vorbei.

Die meistbefahrene Passstraße ist die von Mendoza nach Santiago de Chile. Statt über den etwa 3800 Meter hohen alten Paso de la Cumbre führt sie heute einige hundert Meter tiefer durch einen Tunnel. Die beiden Pässe, die von Malargüe nach Curicó und Talca führen, sind recht unbekannt: der Paso Vergara (2502 m) und weiter im Süden der Paso Pehuenche (2553 m). Letzterer wird gerade durchgehend asphaltiert.

Im **chilenisch-argentinischen Seengebiet** südlich von Temuco gibt es zahlreiche Grenzübergänge zwischen den beiden Ländern. Per Boot oder auch zu Fuß kann man hier die Grenze überschreiten, manche Strecken sind so beliebt, dass man im Sommer die Verkehrsmittel vorbuchen muss. So z.B. die Tour von Bariloche nach Puerto Montt, die per Bus und Boot über den Lago Nahuel Huapi, den Lago Frias (Argentinien) und den Lago Todos Los Santos (Chile) führt. Andere Übergänge in der Region sind: von Zapala und Neuquén nach Temuco über den 1884 Meter hohen Pino Hachado-Pass oder von San Martín de los Andes nach Temuco über den Tromén/Mamuil Malal-Pass. Diese Route ist allerdings im Winter gesperrt. Von San Martín de los Andes führt eine Route nach Valdivia, der letzte Übergang im Seengebiet liegt zwischen Bariloche und Osorno.

Im südlichen Patagonien finden sich auch einige Grenzübergänge. Sie verbinden die am Ostrand der Anden verlaufende argentinische Ruta 40 mit der chilenischen Carretera Austral (Ruta 7). So gibt es unter anderem Übergänge zwischen Esquel und Futaleufú sowie José de San Martín und Puerto Cisnes. Der wichtigste Übergang hier ist bei Coyhaique. Hier verkehren die Busse von Comodoro Rivadavia nach Coyhaique. Weiter südlich am Lago General Carrera/Lago Argentino befindet sich ein weiterer kaum genutzter Übergang.

Buchtipp – Praxis-Ratgeber:
- Schier, Nertinger
Panamericana – durch Südamerika
(REISE KNOW-HOW Verlag)

Ausrüstung

Viel befahren ist ganz im Süden des Landes der Übergang zwischen Calafate und Puerto Natales (Busverkehr) – kein Wunder, verbindet die Straße doch zwei herausragende Sehenswürdigkeiten Patagoniens: den argentinischen Nationalpark Los Glaciares und das chilenische Schutzgebiet Torres del Paine. Von Río Gallegos nach Punta Arenas verläuft ebenfalls eine recht gute Straße. Ein Abzweiger von dieser Straße führt zur Fähre, mit der man auf den chilenischen Teil **Feuerlands** übersetzen kann. Dort verbindet eine Straße die chilenische Stadt Porvenir mit den argentinischen Städten Río Grande und Ushuaia; das chilenische Puerto Williams ist nur per Boot oder Flugzeug zu erreichen.

Mit dem Schiff

Eine Schiffsreise von Europa ist die **langsamste und teuerste Möglichkeit,** um nach Chile zu gelangen. Gleichzeitig ist sie ein Erlebnis für sich und vermittelt ein Gefühl für die riesigen Entfernungen und die Reisegeschwindigkeiten in der Zeit vor dem Flugtourismus.

Von Hamburg starten regelmäßig **Containerschiffe** nach Südamerika, in denen einige wenige Kabinen (auch die des Schiffseigners) für Touristen zur Verfügung stehen. Die Schiffe legen noch einmal in Antwerpen an, bevor sie den Atlantik kreuzen. Dann wird in der Karibik Station gemacht (Dom. Republik und Cartagena/Kolumbien), und durch den Panamakanal gelangt man in den Pazifik. Nach einer weiteren Station in Callao/Peru erreicht man schließlich den chilenischen Hafen **Valparaíso.** Die Fahrt kostet inkl. Hafengebühren, Versicherung und Vollverpflegung 2955 Euro pro Person und dauert 28 Tage.

● Die Reise kann gebucht werden über die **Hamburg-Süd Reiseagentur,** Domstr. 21, 20095 Hamburg, Tel. 040/3705-2491, www.hamburgsued-frachtschiffreisen.de.

Ausrüstung

Wer in Chile die Möglichkeit hat, sein Gepäck zu deponieren, oder wer mit einer organisierten Reise das Land entdecken will, braucht sich normalerweise nicht viele Gedanken um seine Ausrüstung zu machen. Er nimmt einfach alles mit und beachtet lediglich die **Obergrenze** der jeweiligen Fluggesellschaft für das Gepäck. Schwieriger wird es für Individualreisende, die ihr gesamtes Gepäck immer mitnehmen müssen. Was ist wirklich nötig?

Das hängt davon ab, was man machen und wohin man fahren will. Will man das ganze Land bereisen, braucht man neben Badehose/Bikini/Badeanzug auch einen dicken Pullover, eine wind- und wetterfeste Jacke sowie gute Wander- oder Trekkingschuhe. Hat man darüber hinaus noch formelle Kontakte zu Behörden oder Firmen, oder will man in Santiago ein schickeres Restaurant oder ein Theater besuchen, empfiehlt sich die Mitnahme des einen oder anderen gepflegteren Kleidungsstückes, um nicht unangenehm als „Gringo" aufzufallen. Kleider machen Leute – das gilt besonders in Latein-

Ausrüstungsliste

Die folgende Liste enthält **das Wichtigste für Reisende,** die sich in Chile für ein paar Wochen aufhalten wollen, ohne ihre Ausrüstung ständig durch Neukäufe zu ergänzen. Wer campen will, sollte zusätzlich noch bei „Unterkunft/Camping" nachschauen.

Viel Angst, zu viel einzupacken, braucht man nicht zu haben: In den meisten Hotels kann man eine Reisetasche oder auch zwei verstauen – oft auch für mehrere Wochen. Wer über Santiago ein- und auch ausreist, kann sich so in der Hauptstadt ein schönes Depot anlegen.

Mit den Gegenständen dieser Liste lassen sich **keine komplizierten Bergtouren** machen, diese erfordern ganz andere Ausrüstungen. Man sollte sich dafür speziell informieren, z.B. beim Deutschen Alpenverein (von-Kahr-Straße 2–4, 80997 München).

- Rucksack, Tagesrucksack
- wasser- und windabweisende, am besten nicht gefütterte Jacke
- lange Hosen
- Hemden
- T-Shirts
- Shorts
- ein leichter, eventuell ein warmer Pullover (jahreszeitbedingt)
- Trekkingschuhe (evtl. auch Sportschuhe), Stadtschuhe, Sandalen
- Badehose/-anzug/Bikini
- Badeschuhe/-latschen
- Unterwäsche
- Strümpfe/Wandersocken
- Kopfbedeckung als Sonnenschutz
- Sonnencreme mit hohem UV-Filter
- Sonnenbrille
- Frauen: Tampons (gibt es in Chile kaum)

Zusätzlich nützlich sind:
- Geldgürtel oder Bauchgurt-Tasche
- Kopien von Ausweispapieren und vom Flugticket
- Taschenlampe
- Taschenmesser mit diversen Zusatzfunktionen
- kleines Vorhängeschloss
- unzerbrechliche Wasserflasche
- Reisewecker
- Klappspiegel
- Handwaschmittel (Tube)
- Nähzeug
- Feuerzeug
- Kerze
- Tagebuch, Schreibzeug
- einige Passfotos

Buchtipp – Praxis-Ratgeber:
- Rainer Höh

Wildnis-Ausrüstung
(REISE KNOW-HOW Verlag)

amerika. Glücklicherweise kann man vieles im Land selbst besorgen, nur besonders große Menschen können mitunter Probleme mit der Beinlänge bei Hosen oder mit der Schuhgröße haben; ab 39/40 bei Frauen und 45 bei Männern wird es schwierig. In den **Sommermonaten** (Dezember bis Februar) empfiehlt sich die Mitnahme von leichter luftiger Kleidung, am besten aus Naturfasern wie Baumwolle und Leinen. Unbedingt erforderlich ist ein Sonnenschutz, an den Abenden benötigt man häufig eine Jacke oder einen Pullover. Im Süden Patagoniens und auf Feuerland sollte man immer einen Pullover oder eine dickere wind- und regenfeste Jacke dabeihaben.

Das beste Gepäckstück für Individualreisende ist der **Rucksack**, auch weil es in Chile keine Vorbehalte gegen Rucksacktouristen (mochileros) gibt. Was gehört nun da rein? Wer mit wenig Geld reist, der sollte einen **Schlafsack** einpacken. Denn je billiger die Hotels, desto dünner die Decken, und in manchen Refugios (z.B. im Nationalpark Torres del Paine) gehört ein guter Schlafsack zum Pflichtgepäck. Wer campt, hat sowieso einen dabei. Wie dick der Schlafsack sein sollte, hängt davon ab, wohin man will. In den Bergen und im Süden Patagoniens kann es selbst im Hochsommer nachts recht kalt werden, in den anderen Jahreszeiten erst recht. Je nach Trip sollte man sich im Schlafsack auch bei Temperaturen bis -5°C wohl fühlen können (s.a. „Klima", Klimatabelle).

An **Kleidung** braucht man auch für längere Aufenthalte nicht viel mitzunehmen, denn glücklicherweise gibt es in jeder Stadt *lavanderías* (Wäschereien), wo man seine Wäsche abgibt und diese fünf bis 25 Stunden später getrocknet, gebügelt und gefaltet zurück bekommt. Das kostet normalerweise pro Maschine zwischen 6 und 8 US-$.

Botschaften und Konsulate

Die Botschaften und Konsulate sind an allen gesetzlichen Feiertagen Chiles geschlossen.

In Deutschland

Alle nachfolgenden Botschaften und Konsulate sind vertreten auf der Website **www.embajadachile.de.**

●**Botschaft von Chile,** Mohrenstr. 42, 10117 **Berlin,** Tel. 030/7262035, Fax 726203603, www.embajadachile.de.
●**Generalkonsulate von Chile**
– Harvestehuder Weg 7, 20148 **Hamburg,** Tel. 040/ 457585, Fax 454605;
– Innere Wiener Str. 11a/III, 81667 **München,** Tel. 089/ 18944600, Fax 189446010;
– Humboldtstr. 94, 60318 **Frankfurt,** Tel. 069/550195, Fax 5964516.

In Österreich

●**Botschaft von Chile,** Lugeck 1/3/10, 1010 Wien, Tel. 01/5129208, Fax 512920833.

In der Schweiz

●**Botschaft von Chile,** Eigerplatz 5, 3007 Bern, Tel. 031/3700058, Fax 3720025.

Botschaften und Konsulate

In Chile

Deutschland
- **Embajada de Alemania,** Las Hualtatas 5677, Vitacura, Santiago de Chile, Tel. 2/4632500.

Alle Honorarkonsulate
(Consulado Honorario de Alemania):
- **Antofagasta,** Av. Edmundo Pérez Zujovic 4940, Tel. 55/556387.
- **Arica,** Arturo Prat 391, piso 10, of. 101, Tel. 58/583740.
- **Concepción,** Chacabuco 556, piso 2, Tel. 41/2730744.
- **La Serena,** Matta 665, Tel. 51/211005.
- **Puerto Montt,** Antonio Varas 525, of. 306, Tel. 65/252828 oder 255172.
- **Temuco,** Andrés Bello 824, of. 204, Tel. 45/272666 oder 294300.
- **Valdivia,** Av. Arauco 159, of. 201, Tel. 63/218821, 203791.
- **Viña del Mar,** 1 Norte 525, of. 208 (zwischen 1 und 2 Poniente), Tel. 32/2695095.

Österreich
- **Embajada de Austria,** Barros Errázuriz 1968, piso 3, Santiago de Chile (Providencia), Tel. 2/2234774, 2234281 oder 2741590.

Alle Honorarkonsulate
(Consulado Honorario de Austria):
- **Arica,** Sotomayor 169, Tel. 58/231274.
- **Valdivia,** Av. España 1000, Tel. 63/204021.
- **Valparaíso,** Santo Domingo 26, Tel. 32/2251883.

Schweiz
- **Embajada de Suiza,** Américo Vespucio Sur 100, piso 14, Santiago de Chile (Las Condes), Tel. 2/9280100.

Alle Honorarkonsulate
(Consulado Honorario de Suiza):
- **Temuco,** Panorama 166, Lomas del Carmen, Tel. 45/922210.

Dokumente, Ein- und Ausreisebestimmungen

Reisedokumente

Die Einreise nach Chile ist für Deutsche, Schweizer und Österreicher unproblematisch. Sie brauchen lediglich einen **Reisepass,** der noch mindestens drei Monate gültig sein sollte. **Ein Visum wird nicht benötigt.** Bei der Einreise erhält man eine **Tarjeta de Turismo (Touristenkarte),** die 90 Tage gültig ist und bei der Ausreise vorgelegt werden muss – das unscheinbare Papier daher sicher aufbewahren! Bei Verlust sollte man sich rechtzeitig vor der Ausreise um ein Duplikat bemühen (Policía Internacional in Santiago, General Borgoño 1052, oder bei einer Polizeidienststelle in den Regionen). Wer versucht, ohne die Touristenkarte auszureisen, muss damit rechnen, seinen Flug zu verpassen bzw. an der Grenze lange aufgehalten zu werden.

Wer **länger als drei Monate** im Land bleiben will, kann die Touristenkarte am einfachsten und ohne Behördenkosten durch Aus- und Wiedereinreise (am selben Tag möglich) erneuern. Dieses beliebte (und legale) Verfahren kann theoretisch unbegrenzt wiederholt werden. Die Verlängerung auf dem Amtsweg ist nur ein Mal für weitere 90 Tage vorgesehen, muss bei der Ausländerbehörde (*Extranjería*) einer beliebigen Provinzregierung beantragt werden und kostet 100 US-$ (in Santiago: San Antonio 580 piso 2, Santiago Centro, geöffnet Mo-Fr 8.30 bis 14 Uhr, zwei Passbilder erforderlich, lange Wartezeiten!).

Minderjährige (unter 18 Jahren) benötigen zur Alleineinreise eine Reiseerlaubnis in spanischer Sprache, die von beiden Elternteilen unterzeichnet sein muss (und selten kontrolliert wird ...).

Staatsbürger von Nicht-EU-Staaten sollten sich grundsätzlich bei der entsprechenden Chilenischen Botschaft erkundigen, ob sie ein Visum zur Einreise benötigen.

Man sollte von den **wichtigsten Ausweispapieren eine Fotokopie** machen, die man an einem sicheren Ort hinterlegt. Theoretisch muss man seinen Pass immer mit sich führen, wer aber zudem noch einen Personalausweis dabei hat, sollte besser den Pass sicher deponieren und den Personalausweis bei kurzen Touren in die Stadt mitnehmen. Bei

---

Hinweis: Da sich die **Einreisebestimmungen kurzfristig ändern** können, raten wir, sich kurz vor Abreise beim Auswärtigen Amt oder bei der jeweiligen Botschaft zu informieren.

●**Deutschland:** www.auswaertiges-amt.de und www.diplo.de/sicherreisen (Länder- und Reiseinformationen), Tel. 030/5000-0, Fax 5000-3402.
●**Österreich:** www.bmaa.gv.at (Bürgerservice), Tel. 05/01150-4411, Fax 05/01159-0 (05 muss immer vorgewählt werden).
●**Schweiz:** www.dfae.admin.ch (Reisehinweise), Tel. 031/3238484.

Weinfelder im Cochiguaz-Tal

DOKUMENTE, EIN- UND AUSREISEBESTIMMUNGEN

Verlust erhält man einen neuen Pass bei seiner zuständigen Botschaft.

Andere Dokumente

Zur Miete eines Leihwagens benötigt man den nationalen und möglichst auch einen **Internationalen Führerschein**.

Zollvorschriften

Die Einfuhr von so genannten **Gegenständen des persönlichen Bedarfs**, wie Kleidung, Schuhe, Wäsche und Toilettenartikel, ist zollfrei. Dazu zählt auch die Einfuhr von einem Fotoapparat, einer Videokamera, einem tragbaren Fernseh- oder auch Tonbandgerät, Walkman, Radio, Fernglas sowie Sportgeräten. Hinzu kommen bis zu 500 Zigaretten oder 50 Zigarren, 2,5 Liter Wein oder ein Liter Hochprozentiges sowie Parfüm oder Duftwasser für den persönlichen Bedarf. Für die Einfuhr von Jagdwaffen bedarf es einer besonderen Genehmigung; Auskunft erteilen die Botschaften/Konsulate.

Achtung: Zahlreiche Lebensmittel dürfen nicht nach Chile eingeführt werden. Die chilenische Landwirtschaft versucht sich auf diese Weise gegen unerwünschte Schädlinge zu schützen. Verboten sind insbesondere frisches Obst und Gemüse, aber auch nicht pasteurisierter Käse, ungekochte Wurst oder Fleisch, Samen und Körner. **Erlaubt sind:** tiefgefrorene Lebensmittel, Getreideprodukte (wie z.B. Cornflakes, Haferflocken), Zucker und Schokolade, konserviertes oder eingelegtes Obst und Gemüse, Trockenfrüchte, Gewürze, Tee und Kaffee, Säfte, Öle, Kräuter. Milch-, Wurst- und Fleischprodukte müssen industriell gefertigt und verpackt sein und – wenn nicht gekocht – ein spezielles Zertifikat des Herkunftslandes aufweisen (z.B. bei Räucherschinken). Bei der Einreise muss man eine **eidesstattliche Erklärung** über die mitgeführten Produkte ausfüllen, das Formular wird bereits im Flugzeug verteilt. Am Flughafen Santiago und an den Grenzübergängen wird sämtliches Gepäck kontrolliert, in Santiago sogar mit einem Scanner wie beim Sicherheitscheck. Die Strafen sind hoch (mindestens 150 Euro), und obendrein wird man die beanstandeten Leckereien los. Genauere Informationen unter www.sag.cl, allerdings nur auf Spanisch.

Pkws, Wohnmobile und Motorräder können mit dem **„Carnet de Passage en Douanes"** nach Chile eingeführt werden. Dieses Carnet ist bei Ihrem Automobilclub (z.B. ADAC, ÖAMTC oder TCS) erhältlich.

Bei der Rückeinreise gibt es auch auf europäischer Seite Freigrenzen, Verbote und Einschränkungen. Folgende **Freimengen** darf man zollfrei einführen in die EU und die Schweiz:

- **Tabakwaren** (für Personen ab 17 Jahren): 200 Zigaretten oder 100 Zigarillos oder 50 Zigarren oder 250 g Tabak oder eine anteilige Zusammenstellung dieser Waren
- **Alkohol** (für Personen ab 17 Jahren) **in die EU:** 1 l Spirituosen (über 22 Vol.-%) oder 2 l Spirituosen (unter 22 Vol.-%) oder eine anteilige Zusammenstellung dieser Waren, und 4 l nicht-schäumende Weine, und 16 l Bier; **in die Schweiz:** 2 l bis 15 Vol.-% und 1 l über 15 Vol.-%.

- **Andere Waren** (in die EU): 10 Liter Kraftstoff im Benzinkanister; für See- und Flugreisende bis zu einem Warenwert von insgesamt 430 €, über Land Reisende 300 €, alle Reisende unter 15 Jahren 175 € (bzw. 150 € in Österreich); (in die Schweiz): neu angeschaffte Waren für den Privatgebrauch bis zu einem Gesamtwert von 300 SFr. Bei Nahrungsmitteln gibt es innerhalb dieser Wertfreigrenze auch Mengenbeschränkungen.

Wird die Wertfreigrenze überschritten, sind **Einfuhrabgaben** auf den Gesamtwert der Ware zu zahlen und nicht nur auf den die Freigrenze übersteigenden Anteil. Die Berechnung erfolgt entweder pauschal oder nach dem Tarif jeder einzelnen Ware zuzüglich sonstiger Steuern.

Einfuhrbeschränkungen bestehen u.a. für Tiere, Pflanzen, Arzneimittel, Betäubungsmittel, Feuerwerkskörper, Lebensmittel, Raubkopien, verfassungswidrige Schriften, Pornografie, Waffen und Munition; in Österreich auch für Rohgold und in der Schweiz auch für CB-Funkgeräte.

Nähere Informationen
- **Deutschland:** www.zoll.de oder beim Zoll-Infocenter, Tel. 069/46997600.
- **Österreich:** www.bmf.gv.at oder beim Zollamt Klagenfurt-Villach, Tel. 01/51433/564053.
- **Schweiz:** www.ezv.admin.ch oder bei der Zollkreisdirektion in Basel, Tel. 061/2871111.

Essen und Trinken

Einwanderer – Spanier, Franzosen und auch Deutschsprachige – prägten die chilenische Küche. Die „Torta de Selva negra" oder der „Apfelkuchen" sind im chilenischen Süden beliebt als Nachspeise; der Hauptgang stammt oft vom Rind oder Huhn, aus dem Meer oder aus einem der zahlreichen Seen oder Flüsse. Meer- und Süßwasserfische, dazu Meeresfrüchte finden sich in herausragender Qualität.

Essen

Das **Frühstück** ist wie in den meisten südamerikanischen Ländern die unwichtigste Mahlzeit des Tages. Es besteht oft nur aus einer Tasse Kaffee oder Tee – bevorzugt Nescafé oder Beuteltee –, dazu gibt es ein wenig Toast mit Butter und Marmelade. Je weiter man nach Süden gelangt, desto besser wird es – im Seengebiet bekommt man häufig auch Wurst und Käse aufgetischt. Leider hat Chile keine besonders entwickelte Kaffeekultur. Oft gibt es nur Nescafé, nach einer italienischen Espressomaschine muss man außerhalb von Santiago schon suchen.

Das **Mittagessen** ist dagegen eine richtige Mahlzeit mit warmem Hauptgericht, oft einer Vorspeise, hinterher etwas Süßem und Kaffee. Nachmittags gegen 17 Uhr gibt es die **„once",** einen Snack zur Teestunde. Er hat seinen Namen angeblich vom spanischen Wort „aguardiente" – Branntwein –, einem Wort mit elf („once") Buchstaben. Da

Mariscos y pescados – Meeresfrüchte und Fisch

albacora	Schwertfisch
almejas	Pfahlmuscheln
camarones	Garnelen, Krabben
centolla	Königskrabbe, Seespinne
ceviche	roher Fisch oder Krabben, mit Zwiebeln und Chili, gebeizt in Limonensaft
cholgas	Kammuscheln
choritos	Miesmuscheln (*choro zapato:* Riesen-Miesmuschel)
chupe de mariscos	dicke Suppe aus Meeresfrüchten, die mit Avocados, Eiern, Milch und *ají* zubereitet und dann mit Käse bestreut wird
cochayuyo	Algenart – auf Chiloé z.B. als Auflauf angerichtet, mit Butter, Sahne, Ei, Zwiebeln, Tomaten und Weißwein, dann mit Käse überbacken
congrio	Seeaal (*caldillo de congrio:* Seeaalsuppe)
corvina	Adlerfisch
curanto en olla	Muscheleintopf aus mehreren Muschelsorten, dazu Schweinefleisch, Huhn und Wurst, das Ganze gekocht in Weißwein mit Knoblauch und Zitronensaft
erizos	Seeigelzungen
gambas	Garnelen, gut mit Knoblauch
jaiba	Krebs, Krabbe
langosta	Languste, Hummer – hervorragend auf dem Juan-Fernández-Archipel
locos	Abalone, Meeresschneckenart; die wohlschmeckenden *locos* sollte man sich aber verkneifen, da sie vom Aussterben bedroht sind
machas	eine Art kleiner Miesmuschel, gut mit Nudeln, aber auch mit Parmesan überbacken
merluza	Seehecht
ostiones	Kammuscheln, auch oft mit Parmesan überbacken oder mit scharfer Soße
ostras	Austern
paila marina	Muschel- und Fischsuppe, meist im Tontopf, serviert mit allem, was das Meer zu bieten hat
pejerrey	Königsfisch, oft paniert und dann in Öl gebraten
picoroco	Felsenmuschel, sehr saftig und lecker
piure	sehr jodhaltiges Weichtier
pulle	Glasaal, auch *anguila* genannt; wird im Tontopf mit viel Knoblauch und scharfen Paprikaschoten gegart
reineta	neben dem *congrio* beliebtester Speisefisch in Chile, platt wie eine Flunder

Essen und Trinken

die tägliche Branntweinstunde nicht so gut angesehen war, verlegte man sich darauf, statt eines „aguardiente" einfach einen „once" zu bestellen.

Das **Abendessen** wiederum ist eine späte, umfangreiche Mahlzeit mit Vorspeise, Hauptgericht und Nachtisch.

Einige Spezialitäten

Ein typisches Gericht in Südchile ist der **curanto**. Früher legte man erhitzte Steine in ein Erdloch, darüber schichtete man Meeresfrüchte sowie Schaf-, Schweine-, Rind- und Geflügelfleisch und Kartoffeln und Würste. Zugedeckt wurde das Ganze mit einem Blatt der Nalca-Pflanze, einer Art Rhabarber. Das ließ man dann gut zwei Stunden schmoren. Heute wird der curanto meist in riesigen Schmortöpfen zubereitet, oft in den kleinen Garküchen auf den Märkten, etwa in Ancud oder auf dem Markt von Angelmó, dem Fischerhafen von Puerto Montt.

Ein würziger Eintopf ist die **cazuela**. Sie besteht aus Huhn- oder Rindfleisch sowie Zwiebeln, Knoblauch, Kartoffeln, Mais, Bohnen, Erbsen, Möhren, Kürbis und Reis.

Asado wird sowohl das Essen als auch das gesellige Beisammensein genannt – vielleicht passt das deutsche Wort „Grillfest" am besten. Fleisch vom Schaf, Rind oder Spanferkel gart auf dem Grill oder über dem offenen Feuer. Zum Fleisch reicht man verschiedene Saucen – beliebt sind *pebre* aus Chilipfeffer, Knoblauch und Koriander oder *chancho en piedra* aus frischen, geschälten Tomaten, Knoblauch, Zwiebeln, Petersilie und Koriander. Ein richtiger asado dauert den ganzen Nachmittag und Abend und findet deshalb meistens am Wochenende statt.

Zwei kleinere Gerichte bestehen vorwiegend aus Mais. Für den **pastel de choclo** mischt man Rindfleisch, Huhn, Oliven, Rosinen, gekochte Eier und Zwiebeln und bedeckt die Zutaten mit einem Brei aus geriebenem und gekochtem Mais. Das Ganze backt man mit Zucker bestreut im Ofen – hört sich ein wenig seltsam an, ist aber nahrhaft und wohlschmeckend. **Humitas** nennt man einen Maisbrei mit Zwiebeln, Milch und unterschiedlichen Gewürzen, der in Maisblätter gewickelt und einfach in Wasser erhitzt wird.

Der Pazifik sorgt für eine reiche Auswahl auf den Fischmärkten des Landes

Essen und Trinken

Eine schmackhafte Zwischenmahlzeit sind **empanadas**. Die Teigtaschen gibt es mit diversen Füllungen: als *empanadas de queso* mit Käse gefüllt und dann frittiert, als *empanadas de mariscos* mit Meeresfrüchten und aus dem Ofen oder als *empanadas de pino*, ebenfalls gebacken und mit einer Mischung aus Rindfleisch, Rosinen, Oliven, Zwiebeln und gekochtem Ei gefüllt.

Für starke Esser wurde das **„a lo pobre"** – wörtlich „nach Art der Armen" – erfunden: ein Steak a lo pobre ist ein mindestens 300 Gramm schweres Stück Fleisch, serviert mit gerösteten Zwiebeln, zwei Spiegeleiern, einem Salatblatt und einem Berg Pommes frites.

Die **Fast-Food-Kultur** hat in den letzten Jahren (leider) immer mehr um sich gegriffen. In jeder Stadt gibt es Originale und Imitate der großen internationalen Ketten. Der beliebteste aller chilenischen Fast-Food-Snacks ist der **completo** – ein bizarres Vergnügen: eine *vienesa* (Wiener Würstchen) im süßen Brötchen, überschüttet und zugeschmiert mit Mayonnaise, Ketchup, Senf, Avocadocreme *(palta)*, mitunter auch mit Gurkenscheiben und Sauerkraut.

Chile ist bekannt für seine **ausgezeichneten Fische und Meeresfrüchte.** Auf den Fischmärkten türmen sich *mariscos y pescados*. Noch ist der Pazifik sehr fischreich, und die Auswahl an Frischfisch ist daher riesig. Außerdem werden mehr und mehr Fische gezüchtet – hinter Norwegen ist Chile inzwischen der zweitgrößte Lachsexporteur der Welt.

Spezialitäten sind die *sopa de mariscos* oder die *cazuela de mariscos*, beides dicke Eintöpfe mit Muscheln, keine dünnen Muschelsüppchen. Ein *chupe* (beispielsweise *chupe de mariscos*) ist eine dicke sämige Suppe, gekocht aus Meeresfrüchten, Butter, Brotstücken, Avocadocreme, Gewürzen und überschüttet mit Käse – keine Schonkost, eher ein Gericht, das nach einem anschließenden Verdauungsschläfchen geradezu schreit. Hervorragend isst man diese chilenische Fisch-und-Meeresfrüchte-Hausmannskost in den kleinen Restaurants an den Fischmärkten. Wichtig: Achten Sie darauf, dass alle Gerichte mit Meeresfrüchten gut gekocht sind. Und: **Locos sollte man nicht essen; sie sind vom Aussterben bedroht.**

In der Kellerei Pisco Capel bei Vicuña im Valle de Elqui

Weinbau in Chile

Seit etwas mehr als zehn Jahren schwärmen Weinkenner in aller Welt von den chilenischen Tropfen. Dabei kann der chilenische Weinbau auf eine inzwischen mehrere hundert Jahre alte Tradition zurückblicken.

Wein ist nicht leicht zu transportieren. Auf Schiffen nimmt er viel Platz ein, und sein Gewicht ist beträchtlich. Der Anbau vor Ort ist leichter, und so wundert es wenig, dass die Spanier neben den Rindern und Pferden, den Schafen und Ziegen und den Olivenbäumen auch die ersten Weinreben mit in die Neue Welt nahmen.

Da ohne den Wein keine Messe gefeiert werden konnte, war es der Pater *Francisco de Carabantes,* der 1548 die ersten Reben ins Land brachte. Drei Jahre später, 1551, legte der ehemalige Conquistador *Francisco de Aguirre* bei Copiapó einen Weinberg an. Andere Güter folgten rasch.

Man produzierte vorwiegend für den Bedarf im eigenen Land, denn Transporte in andere Kolonien scheiterten häufig: Chroniken berichten, dass der englische Freibeuter (Sir) *Francis Drake* 1578 ein spanisches Schiff kaperte, das mehr als 1700 Weinschläuche an Bord hatte – Wein, der nach Peru gebracht werden sollte. Außerdem verboten die Zollgesetze den spanischen Kolonien den Export ihrer Produkte; die spanische Krone schützte so die Produzenten im Mutterland vor unliebsamer Konkurrenz. Beispielsweise verbot der spanische König *Philipp II.* im 16. Jahrhundert den weiteren Ausbau der Rebflächen.

Erst im unabhängigen Chile ging es voran. Nach 1830 wurde eine erste nationale Agrarforschungsanstalt gegründet, die bald siebzig internationale Rebsorten anpflanzte. Doch bis Mitte des 19. Jahrhunderts war chilenischer Wein außerhalb des Landes weitgehend unbekannt, denn weder in Menge noch Qualität konnte er mit den europäischen Gütern mithalten. Aber langsam wuchs die Nachfrage nach edleren Tropfen. 1851 führte der chilenische Diplomat *Silvestre Ochogavía Echazarreta* aus Frankreich unter anderem Cabernet-, Pinot-, Merlot- und Rieslingreben ein – die Sorten, aus denen heute noch die Qualitätsweine Chiles gekeltert werden. Gleichzeitig kamen Weinwissenschaftler (Önologen) aus Frankreich ins Land.

Die großen, heute noch bekannten Weingüter gründeten sich fast alle in der zweiten Hälfte des 19. Jahrhunderts: Santa Teresa, Subercaseaux, Cousiño Macul, Santa Rita, Concha y Toro und Errázuriz Panquehue. Sie wurden schnell wirtschaftlich erfolgreich. Der Grund war nicht nur die Qualität des Weines, sondern vor allem ein kleines Insekt: die Reblaus. Ende des 19. Jahrhunderts zerstörte das nur 1,4 mm große Tier die meisten Reben in den europäischen und überseeischen Weinbaugebieten, in Chile aber ist es bis heute nicht aufgetreten. Deshalb wachsen hier noch die alten, wurzelechten Rebklone, die sonstwo auf der Welt nicht mehr angebaut werden können. Anderswo muss man veredelte Reben der Gattung „Vitis Vinifera" – nahezu alle weltweit angebauten Weinsorten gehören dazu – auf nordamerikanische Wurzelstöcke aufpropfen. Erst die so veredelten Gewächse sind reblausresistent. Für manche Önologen ist das ein Manko: Sie meinen, dass Reben, die über „fremde" Wurzelstöcke ernährt werden, ihren geschmacklichen Charakter verändern, und bewerten allein schon deswegen die chilenischen „wurzelreinen" Weine höher.

Warum die Reblaus Chile bislang verschonte, ist nicht vollständig erforscht. Mitunter wird die isolierte geografische Lage angeführt, dann auch die Bewässerung der Weingärten: In Chile wurden die Pflanzungen bislang größtenteils geflutet, und dank der Flutung kann sich die Reblaus nicht niederlassen.

WEINBAU IN CHILE

Bis weit in die 1970er Jahre produzierte man lediglich für den Binnenmarkt, und die meisten Winzer und Weinbauern hatten damit einen sicheren Absatzmarkt. Das änderte sich zu Beginn der 1980er Jahre. Überreiche Ernten ließen die Trauben- und Weinpreise vollständig verfallen. Statt mehr und noch mehr anzubauen, taten die großen Güter das einzig Richtige: Sie änderten ihre Strategie und versuchten, zukünftig Klasse statt Masse zu produzieren. Damals begannen viele Winzer mit der Kelterung des Rebensaftes in Edelstahltanks bei kontrollierten Temperaturen, um so auf die Schwefelung verzichten zu können. Außerdem senkten sie die Hektarerträge, und viele Winzer und Önologen gingen zur Weiterbildung ins Ausland.

Die Struktur des chilenischen Weinbaus machte den schnellen Umschwung möglich. Anders als beispielsweise an der Mosel, gibt es in Chile vorwiegend große Güter. Zehn Kellereien dominieren heute den chilenischen Weinmarkt: Concha y Toro, San Pedro, Santa Rita, Santa Carolina, Caliterra, Santa Emiliana, Cono Sur, Undurraga, Errázuriz und Carmen stellen mehr als die Hälfte aller chilenischen Weinexporte. Den Rest teilen sich um die hundert kleinere Güter, immer häufiger auch chilenisch-europäische Joint-ventures. Vor allem französische Güter haben erkannt, welches Potential chilenische Weine haben. So hat sich *Lafite-Rothschild* bei der Bodega Los Vascos eingekauft, *Massenez* bei Santa Amalia und *Henri MaRíonnet* bei Terra Noble, um nur einige zu nennen.

Weinbau in Chile

Heute exportiert Chile jährlich rund 600 Millionen Liter Wein im Wert von ca. 1,4 Mrd. US-$. Die wichtigsten Abnehmer chilenischer Flaschenweine sind derzeit Großbritannien (206 Mio. US-$), die USA (193 Mio. US-$) und Kanada (70 Mio. US-$), Deutschland rutschte 2008 auf den neunten Platz ab (39 Mio. US-$) – alle Zahlen von 2008. Chile nimmt weltweit die fünfte Stelle der Wein exportierenden Länder ein – vor den USA, Portugal und Deutschland.

Die wichtigsten Rebsorten

Rotweine

- **Cabernet-Sauvignon:** Die Rebsorte für Rotweine. In Chile wachsen noch wurzelechte Reben. Der Cabernet-Sauvignon braucht warmes Klima und niedrige Erträge. Er gibt fruchtige, konzentrierte, gerbstoffreiche Weine mit leichtem Beerenaroma, in Chile kommt ein Hauch von Eukalyptus hinzu. Herausragender Exportwein.
- **Merlot:** Hat in jüngerer Zeit an Boden und Liebhabern gewonnen. Aus dieser Traube werden – verglichen mit dem Cabernet – leichtere, weniger säurehaltige Rotweine gewonnen.
- **Carmenère:** Die Traube hat das Potenzial zu schwergewichtigen, samtigen Weinen, mit denen Chile sich einen Namen machen möchte, ist es doch nach der Weinpest in Europa Mitte des 19. Jahrhunderts das einzige Land, wo die Stöcke überlebt haben: Erst vor kurzem entdeckte man, dass viele der importierten Merlotreben in Wahrheit Carmenère sind.

Weißweine

- **Chardonnay:** Die populärste Weißweinrebe der Welt. Nicht so säurereich, meloniges Aroma, hochwertige Weine. In Chile wird der Chardonnay vor allem in den kühleren Regionen angebaut. Gute Exportweine.
- **Sauvignon Blanc:** International nach den Chardonnay-Weinen die beliebteste Weißweinsorte. Sie ergibt ertragreiche, in kühlen Lagen säurehaltige, in warmen Lagen alkoholreiche und wenig kantige Weißweine. In Chile populär, doch bislang wegen veralteter Reben nicht so gut.
- **Moscatel de Alejandria:** Zuckerreiche, aber aromaschwache Trauben, die oft als Tafeltrauben oder zur Rosinenherstellung genutzt werden. Auch gut zum Piscobrennen, als Tafelwein eher langweilig.
- **Riesling:** In Chile auch als Rhin bekannt, sehr aromatisch und säurehaltig, geschmacklich von leicht trocken bis edelsüß. Gute Qualitäten bei San Pedro, Santa Emiliana und Cánepa.
- **Semillón:** Vorwiegend Inlandswein, säurearm, neutral, man kann damit nichts falsch machen, aber auch wenig wirklich richtig.
- **Torontel:** Vorwiegend für Tischweine und zur Piscoherstellung, muskatwürzig und säurearm.

Die besseren Tropfen reifen in französischer Eiche

Essen und Trinken

Als **Nachtisch** *(postre)* reicht man oft Eiscreme oder frische Früchte, gern auch *arroz con leche* (Milchreis), *flan*, *tortas* und Kuchen. Beliebt sind auch *alfajores*, Doppeldeckerkekse mit einer Füllung aus *manjar* (chilenisch) oder *dulce de leche* (argentinisch für eine Art Karamel), teilweise mit Schokolade überzogen. Chile und Argentinien streiten sich darum, wo es die besten alfajores gibt.

Trinken

Traditionell war Chile eher ein Wein- als ein Biertrinkerland. Doch auch hier hat die Globalisierung das ihre getan und das Konsumverhalten nachhaltig verändert. Heute trinken die Chilenen im Durchschnitt nur noch 15 Liter Wein (1985 waren es noch 37 Liter), aber bereits 35 Liter **Bier** im Jahr (zum Vergleich Deutschland im Jahr 2008: 21 l Wein, 124 l Bier pro Kopf). Das Angebot hat sich in den vergangenen Jahren spürbar erweitert. Dem etwas faden Lager-Bier der führenden Marken *Cristal*, *Becker* und *Escudo* machen neben den internationalen Exportmarken auch einheimische Brauereien mit neuen Geschmacksrichtungen Konkurrenz. Dazu gehört z.B. die *Cervecería Kunstmann* mit Bieren nach dem deutschen Reinheitsgebot. Zunehmend findet man in den Kneipen der Hauptstadt auch naturtrübe, herbe Biere aus Kleinbrauereien wie *Tübinger*, *Szot* oder *Die M*.

Zu Recht international berühmt ist der chilenische **Wein** (vgl. „Weinbau in Chile"): Sonnenverwöhnt und daher vollmundig und kräftig. Insbesondere die Rotweine verwöhnen Auge und Gaumen. Auch wenn die enorme Vielfalt des Angebots in den chilenischen Supermärkten und Weinhandlungen verwirren mag: Eigentlich kann man nichts falsch machen. Fast jeder auf Flaschen gezogene Wein (ab ca. 1000 Pesos oder 1,50 Euro) ist trinkbar, ab 1500 Pesos beginnt es zu schmecken, und für 3000 Pesos (4 Euro) bekommt man bereits sehr gute, im Eichenfass gelagerte Tropfen (Reserva). Selbst Spitzenweine wie Montes Alpha, Casa Real (Santa Rita) oder Marqués de Casa Concha (Concha y Toro) kann man zu erschwinglichen Preisen kosten.

Stärkere Getränke sind meistens Mischungen, die auf **Pisco** basieren. Das ist ein starker klarer Traubenschnaps, der aus dem Valle del Elqui und anderen nordchilenischen Tälern stammt. Dieser klare Weinbrand wird aus säurearmen Muskatellertrauben gewonnen, die hervorragend in Hochtälern auf stark mineralischen Böden bei hoher Sonneneinstrahlung gedeihen. Die besseren Sorten, beispielsweise von Alto del Carmen, kann man gut pur als Digestif trinken, die billigeren sollte man zu *Pisco Sour* veredeln: mit Limonensaft, Puderzucker und Eischnee. In manchen Kneipen mischt man den Pisco einfach nur mit Zucker und Limone. Pisco Sour ist der beliebteste Aperitif des Landes. Pisco darf sich der chilenische Schnaps nur nennen, weil der spätere Staatspräsident *González Videla* 1939 gut aufgepasst hatte. Peru wollte damals den Weinbrand, benannt nach einer kleinen Hafenstadt, als Gattungs- und Herkunftsbegriff weltweit schützen lassen. González kam dem zuvor, indem er den kleinen Ort Unión flugs in *Pisco Elqui* umbenannte.

Andere **Mixgetränke** sind: *Cola de mono* (Affenschwanz), eine Mischung aus Pisco, Milch, frisch gemahlenem Kaffee, Zucker, Zimt, Nelken, Vanille und einer Prise Muskat – schmeckt besser als es sich anhört. Die beliebte *Vaina* wird aus Portwein, Wermut, Kakao und Ei gemixt und mit Zimt bestreut.

Chicha ist angegorener Most, beliebt aus Äpfeln oder Trauben – man sollte das Getränk in seiner Wirkung nicht unterschätzen. Gern trinkt man auch *Borgoña*, eine Mischung aus Wein und Früchten wie Pfirsich und Erdbeere.

Alkoholfrei ist der *mote con huesillos*, ein Pfirsichsaft mit getrockneten Pfirsichen *(huesillos)* und gequollenen Weizenkörnern, fast schon eher ein Nachtisch als ein Getränk. An heißen Sommertagen wird die leckere Erfrischung an jeder Straßenecke angeboten.

Feiertage

Die rechts aufgelisteten kirchlichen und staatlichen Feiertage werden in Chile begangen. Um überlange Wochenenden (in Chile „sandwich" genannt) zu vermeiden, werden einige Feiertage auf den Montag davor verlegt (in der Liste der Feiertage mit * gekennzeichnet).

Außer den Supermärkten und den großen Kaufhäusern sind an Feiertagen alle Geschäfte geschlossen. Oft werden Feiertage auch zu Kurzurlauben genutzt, die Buspreise sind dann höher als üblich und die Busse voller.

Feiertage

- **01.01.** Neujahr – *Año Nuevo*
- **März/April:** Karwoche – *Semana Santa*; die Woche vor Ostern ist zwar nicht arbeitsfrei, dennoch sollte man in dieser Zeit von Behörden nicht allzuviel erwarten; viele Chilenen nutzen diese Woche für einen Kurzurlaub – die Busse sind dann besonders voll. Ostern wird Freitag, Samstag und Sonntag gefeiert, der Ostermontag ist hier kein Feiertag.
- **01.05.** *Día de los Trabajadores* – Tag der Arbeit.
- **21.05.** *Glorias Navales – Combate Naval de Iquique* (zur Erinnerung an die Seeschlacht von Iquique).
- **29.06.*** *Día de San Pedro y San Pablo* – Peter und Paul.
- **16.07.** *Virgen del Carmen* – Jungfrau Carmen.
- **15.08.** *Asunción de la Virgen* – Mariä Himmelfahrt.
- **18.09.** *Día de la Independencia Nacional* – Unabhängigkeitstag.
- **19.09.** *Día del Ejército* – Tag der Streitkräfte.
- **12.10.*** *Día de la Hispanidad* – Entdeckung Amerikas, am 12. Oktober 1492 landete Columbus auf den karibischen Inseln.
- **31.10.*** *Día de las Iglesias Evangélicas y Protestantes* – Tag der evangelischen und protestantischen Kirchen.
- **01.11.** *Todos los Santos* – Allerheiligen.
- **08.12.** *Inmaculada Concepción* – Mariä Empfängnis.
- **25.12.** *Navidad* – Weihnachten; in Chile ist nur der erste Weihnachtstag als Feiertag anerkannt.
- **Silvester** ist kein Feiertag, die meisten Büros und Banken bleiben aber geschlossen.

FOTOGRAFIEREN

Fotografieren

Durch den Siegeszug der **Digitalfotografie** ist die Filmbeschaffung für die meisten Reisenden kein Thema mehr. Wer dennoch mit einer **analogen Kamera** unterwegs ist, sollte ausreichend Filme mitbringen, da diese in Chile nicht nur teurer, sondern mitunter auch schwer zu beschaffen sind; so findet man Diafilme fast nur noch in Santiago.

Kameras und Kamerazubehör (z.B. Speicherchips) sind in Chile erhältlich, wenn auch in eingeschränkter Auswahl und zu höheren Preisen als in Europa. In den meisten Internet-Cafés kann man problemlos Fotos herunterladen und versenden, die großen Fotoketten bieten Papierabzüge von allen gängigen Speichermedien an (auch das ist teurer als zu Hause) und unterhalten Kamera-Reparaturdienste.

Ein paar **kleine Tipps** – geübte Fotografen werden das alles schon wissen: Die schlechteste Zeit zum Fotografieren ist die Mittagsstunde, vor allem an klaren Tagen. Dann ist die Sonneneinstrahlung zu hell, die Schatten sind zu stark, alle Feinheiten verwischen. Besser eignen sich die frühen Morgenstunden oder die am späten Nachmittag, wenn das Licht milder und weicher ist und die Farben besser zur Geltung kommen. Bei grellem Mittagslicht helfen – bei den größeren Kameras – ein UV- und ein Polarisationsfilter. Bei schwachem Licht (dunkle Wälder, Innenaufnahmen) sollte man zunächst versuchen, die Lichtempfindlichkeit der Kamera zu erhöhen (z.B. auf 400, 800 oder 1600 ASA), bevor man stimmungsvolle Aufnahmen mit dem Blitz „zerstört". Ggf. kann man auch ein Stativ verwenden, um die Verschlusszeiten zu verlängern.

Buchtipps – Praxis-Ratgeber:
- Helmut Herrman
Reisefotografie
- Volker Heinrich
Reisefotografie digital
- Birgit Adam
Als Frau allein unterwegs
(alle Bände REISE KNOW-HOW Verlag)

Beim **Fotografieren von Personen** sollte man dieselbe Höflichkeit und Rücksichtnahme walten lassen, die man auch für sich selbst beanspruchen würde. Also – erst fragen, dann auslösen.

In Chile ist es, wie fast überall auf der Welt, verboten, **militärische und polizeiliche Einrichtungen** zu fotografieren. Darunter fallen auch die Polizeikontrollstellen an den Überlandstraßen.

Frauen allein unterwegs

Chile ist auch für allein reisende Frauen ein sicheres Reiseland. Natürlich ist der **Machismo** der Männer überall deutlich spürbar, und natürlich werden Frauen nach ihrem Aussehen beurteilt. Ebenso selbstverständlich definieren sich Männer hier stärker noch als in Europa über ihre vermeintlich spezifisch männlichen Fähigkeiten.

Aushalten muss frau das Hinterherpfeifen auf der Straße und mitunter die **Piropos,** harmlose Anzüglichkeiten, die im Vorübergehen zugerufen werden – Ignorieren, auch wenn es schwerfällt, ist hier immer noch die beste Reaktion. Meistens werden allein reisende Frauen eher neugierig angesprochen – auch chilenische Frauen, die ohne ihre Familie unterwegs sind, stellen eine große Ausnahme dar.

Da ausländische Frauen besonders auffallen, sollten sie sich in der **Kleidung** zurückhalten. Ein BH ist „Pflicht", ansonsten gibt es aber kaum Kleiderregeln. Oben-ohne-Baden ist nicht erlaubt.

Geld

Offizielles Zahlungsmittel in Chile ist der **Chilenische Peso (CLP,** auch irreführend mit dem Dollarzeichen $ abgekürzt). Die Inflationsrate lag im Jahr 2008 bei 7,1%. Im Juli 2009 bekam man für **1 Dollar ca. 550 Pesos,** d.h. 100 Dollar entsprachen 55.000 Pesos. Der Eurokurs lag bei **1 Euro = ca. 750 Pesos,** 1 SFr entsprach ca. 500 Pesos.

Der **US-Dollar (US-$)** ist die **Leitwährung** auf dem südamerikanischen Kontinent. Dollarnoten werden im ganzen Land in Wechselstuben getauscht, in zunehmendem Maße auch Euro. Anders als z.B. in Argentinien kann man in Chile kaum mit Dollar bezahlen; lediglich große Hotels und Tourismusunternehmen akzeptieren Zahlungen mit der Devise.

Zurzeit sind folgende **Münzen und Scheine** im Umlauf: Münzen zu 1, 5, 10, 50, 100 und 500 Pesos, Scheine zu 1000, 2000, 5000, 10.000 und 20.000 Pesos. Die Scheine zu 10.000 und 20.000 Pesos bekommt man nicht überall gewechselt, von daher sollte man darauf achten, immer genügend Kleingeld dabeizuhaben.

Reisekasse

Am besten mischt man die Reisekasse: ein bisschen **Euro-Bargeld** für den Anfang, eine EC- bzw. **Maestro-Kontokarte** für das problemlose Abheben von Bargeld (Pesos) sowie ein oder zwei **Kreditkarten** fürs Bezahlen in Restaurants, Hotels und größeren Geschäften.

GELD

Die Euros tauscht man am einfachsten in einer **Wechselstube,** diese bieten bessere Kurse und schnelleren Service als Banken und sind zudem 9–19 Uhr geöffnet, meist auch Samstagvormittag. Wer schon vor der Reise bei seiner Hausbank chilenische Pesos erwirbt, muss mit extremen Umtauschverlusten rechnen. Auch die Wechselstuben am Flughafen Santiago haben deutlich schlechtere Kurse als die in der Stadt. Tauschen Sie nie bei Straßenhändlern! Das Risiko, Opfer eines Betrugs oder Diebstahls zu werden, ist hoch.

Beim Abheben von Pesos an den **Automaten** der Redbanc-Kette (mit der Geheimzahl) wird je nach Hausbank eine Gebühr von 0–1% des Abhebungsbetrags fällig. Mit der Postbank Sparcard kann man zumindest 10x pro Jahr auch außerhalb der Euro-Länder kostenlos Bargeld an Automaten mit VISA- und Plus-Zeichen bekommen. Für Barabhebungen per Kreditkarte kann das Kreditkartenkonto je nach ausstellender Bank mit einer Gebühr von bis zu 5,5% belastet werden. Mit bestimmten VISA-Karten (z.B. der DBK-Bank) geht es jedoch auch kostenlos. Für das bargeldlose Zahlen hingegen werden nur ca. 1–2% für den Auslandseinsatz berechnet. Am besten man erkundigt sich vor der Reise noch einmal nach den konkreten Kosten bei seiner die Karte ausgebenden Bank, um die Kosten möglichst gering zu halten.

Das tägliche Abhebelimit beträgt 300.000 Pesos (rund 400 Euro). Geldautomaten finden sich überall, nicht nur in Banken, sondern auch an Tankstellen, in Apotheken, Supermärkten und Kaufhäusern. Auch in kleineren Städten und selbst auf der Osterinsel gibt es zumindest einen *cajero automático,* und in abgelegenen Touristenzielen wie San Pedro de Atacama wird im Sommer ein mobiler Geldautomat aufgestellt.

Eine Alternative zur Kontokarte ist die **Travelcash-Karte,** eine nicht ans Bankkonto gebundene Prepaid-Karte, erhältlich bei vielen Banken. Sie ist speziell für Studenten geeignet. Die Eltern können bei Bedarf zu Hause nachladen.

Kreditkarten (VISA oder Mastercard) sind nützlich bei Bus- und Fluggesellschaften, auch in den allermeisten größeren Geschäften und in vielen Restaurants kann man damit bezahlen, allerdings nicht in der kleinen Kneipe um die Ecke oder im letzten Dorf in der Atacama-Wüste. Mitunter ist der Kauf mit Kreditkarte bis zu 10% teurer als der Barkauf. Beispielsweise räumen Busgesellschaften bei Barzahlung direkt einen Rabatt ein. Tankstellen akzeptieren in der Regel Kreditkarten. Die meisten Leihwagenfirmen verlangen eine Kreditkarte als Garantie.

Bei den praktischen Informationen zu Santiago sind die dortigen Büros der Kreditkartengesellschaften genannt.

Eine im Zuge des Kartenbooms etwas aus der Mode gekommene Alternative für die Reisekasse sind **Reiseschecks.** Werden diese gestohlen, nutzen sie dem Dieb nichts, und der Besitzer bekommt sie jederzeit recht problemlos erstattet. Die bekanntesten sind die Reiseschecks von American Express und – nicht ganz so praktisch – Thomas Cook; sie werden in den Wechselstuben, nicht nur in Santiago, ohne Probleme ge-

GELD

tauscht. Erkundigen Sie sich genau nach dem Wechselkurs, der meist etwas niedriger liegt als bei Bargeld. Bei größeren Summen kann es vorteilhaft sein, die American-Express-Schecks direkt und kommissionsfrei bei der Santiaguiner AE-Filiale zu tauschen (Isidora Goyenechea 3621, piso 10, Metro El Golf).

An Sonn- und Feiertagen kann man Reiseschecks und US-Dollar auch **in großen Hotels** wechseln, allerdings sind die Kurse dort oft erheblich schlechter.

Wenn die Karte nicht funktioniert, kann problemlos **Geld nach Chile überwiesen** werden. Das dauert allerdings einige Tage. Man sucht sich eine Bank, die mit der eigenen Hausbank zusammenarbeitet, z.B. Citibank oder Santander (kooperiert mit der Deutschen Bank), dann wird die Hausbank beauftragt, das Geld anzuweisen (hohe Gebühren). Eine andere, wesentlich schnellere Möglichkeit bietet Western Union (www.westernunion.com). Der internationale Geldversand-Service wird in Deutschland u.a. von der Postbank vertreten. Der gewünschte Betrag wird dort auf den Namen des Empfängers in Euro eingezahlt (satte Gebühren), der ihn auf der anderen Seite der Welt binnen weniger Minuten in Pesos in Empfang nehmen kann. In Chile kooperiert Western Union mit der Post *(Correos de Chile)*, darüber hinaus auch mit DHL, Tur-Bus und Chilexpress.

Chile kennt **keine Devisenbeschränkungen.** Pesos und andere Währungen dürfen unbeschränkt ein- und ausgeführt werden. Es empfiehlt sich aber, keine Pesos mit nach Europa zu nehmen, da außerhalb Chiles der Kurs sehr, sehr schlecht ist.

Fazit: Für einen normalen Chile-Urlaub genügen die Maestro-Karte, um Bargeld abzuheben, und eine Kreditkarte, um bequem in Hotels, Restaurants und Geschäften zu bezahlen und um z.B. einen Wagen zu mieten. So erspart man sich die lästige Tauscherei und das Risiko, mit größeren Bargeldbeträgen herum zu reisen. Nur zur Sicherheit (falls eine Karte nicht funktioniert oder gestohlen wird) oder für den Bedarf auf längeren Reisen sollte man Dollar-Reiseschecks mitnehmen.

Wichtig: Vor der Fahrt in abgelegene Gebiete genügend Bargeld abheben! An der Carretera Austral, in den Nationalparks oder in der Atacamawüste kann man meist nur mit Pesos in bar bezahlen, und der nächste Geldautomat ist 150 Kilometer entfernt ...

Siehe auch Kapitel „Notfälle" für den Fall des Diebstahls oder Verlustes.

Reisekosten

Chile gehört nicht zu den Billigreiseländern in Lateinamerika. Vor allem Importwaren sind oft mindestens so teuer wie in Mitteleuropa. Preiswerter sind Lebensmittel, insbesondere auf Märkten. Einfache Unterkünfte sind preiswert (ab ca. 6 Euro kann man einen Schlafplatz bekommen), Mittelklassehotels hingegen kaum billiger als in europäischen Reiseländern. In manchen Nationalparks kann man frei campen, ansonsten aber sind Campingplätze nicht billiger als die preiswerten Pensionen.

Ein einfaches Frühstück kostet 2 Euro, das Mittag- oder Abendessen je nach Qualität ab 3 Euro. Die meisten Restaurants sind mittags billiger.

Die Fahrtkosten sind gering. Wer mit **öffentlichen Verkehrsmitteln** unterwegs ist, muss für den ausgezeichneten Service recht wenig bezahlen. So kostet die etwa 30-stündige Busfahrt durch das halbe Land von Arica nach Santiago in der Luxusklasse „Salón Cama" inkl. Mahlzeiten nicht einmal 65 Euro. Teurer hingegen sind die Schiffstouren im Süden des Landes, besonders die Fahrt zur Laguna San Rafael ist auch vom Preisniveau her Spitzenklasse. Generell gilt: Alles, was außerhalb der normalen Reiseroute liegt, ist etwas teurer. Tagestouren von San Pedro de Atacama sind beliebt und billig, Mehrtagestrips von Iquique in die Nationalparks an der chilenisch-bolivianischen Grenze haben hingegen ihren stolzen Preis.

Feilschen ist nicht selbstverständlich wie etwa in Bolivien oder Peru. Normalerweise gelten Fixpreise, aber v.a. auf Märkten, wo Kunsthandwerk verkauft wird, ist auch ein wenig Handeln angesagt – ein kleiner Preisnachlass (*descuento*) ist oft drin.

Trinkgelder (*propina*) werden gern gesehen, meistens in Höhe von 100–500 Pesos (0,15–0,70 Euro).

Hinweis: Da die Leitwährung in Chile der US-Dollar ist und viele Preise in der Tourismusbranche auf Dollarbasis berechnet werden, geben wir die meisten Preise in diesem Buch ebenfalls in dieser Währung an.

Gesundheit

Glücklicherweise bedarf eine Reise nach Chile **keiner umfangreichen medizinischen Vorkehrungen,** und außer den international überall vorgeschriebenen Impfungen (Gelbfieber, wenn man aus Infektionsgebieten kommt) gibt es für Chile auch **keine obligatorischen Impfungen.** Meistens sind die hygienischen Verhältnisse gut, und wenn man auf einige Punkte achtet (siehe unten), ist der Aufenthalt problemlos.

Das chilenische Gesundheitssystem ist recht gut, allerdings gibt es ein **starkes Gefälle in der Ärztedichte** zwischen den Städten und dem Landesinnern. In den Großstädten, vor allem in Santiago, findet man auch deutschsprachige Allgemeinmediziner. Für Notfälle empfiehlt sich die **Deutsche Klinik** in der Hauptstadt (Clínica Alemana, Av. Vitacura 5951, Tel. 02/2101111, Fax 02/2124380).

Die **Apotheken** (*farmacias*) haben oft länger als normal geöffnet, und fast alle Medikamente, die man in Europa bekommt, sind zu erhalten; die meisten rezeptfrei und häufig auch als einzelne Tablette, denn in Chile ist wie überall in Lateinamerika die Selbstmedikation weit verbreitet. Wer allerdings spezielle Medikamente benötigt, sollte sich besser vor der Abreise versorgen.

Vorbeugende Maßnahmen

Die meisten Reiseerkrankungen gründen auf eigenem Fehlverhalten, vor allem hinsichtlich **fehlender Hygiene bei**

GESUNDHEIT 41

Nahrungsmitteln oder Trinkwasser. Einige grundsätzliche Ratschläge sollten befolgt werden:
- Wasser am besten nur in abgekochter Form als Kaffee oder Tee trinken; möglichst keine Eiswürfel konsumieren *(sin hielo)*;
- nur frisch zubereitete Speisen essen, alles sollte gut durchgegart sein, v.a. Fleisch, Fisch, Meeresfrüchte; Muscheln nie roh essen;
- Vorsicht bei ungeschältem Obst und Salaten.

Besonders in den ersten Tagen sollte man seinem Magen nicht zu viel zumuten. Wird man trotz aller Vorsicht von einem **Reisedurchfall** erwischt, probiere man zunächst harmlose Mittel, bevor man zur Chemie greift, denn Medikamente wie Imodium oder Lopedium haben mitunter starke Nebenwirkungen (dennoch gehören sie in jede Reiseapotheke). Bei ganz leichtem Durchfall hilft vielleicht schon die bekannte „Cola-Salzstangen-Diät". Besser ist eine mit schwarzem Tee, Zwieback, Haferflocken, dazu viel Salz und Kohletabletten. Der Tee sollte bei starkem Flüssigkeitsverlust mit einem Teelöffel Salz und zehn Teelöffeln Zucker je Liter getrunken werden.

Impfungen

Die **Tetanus-Impfung** sollte alle zehn Jahre aufgefrischt werden. Sie ist gut verträglich und schützt vor dem weltweit verbreiteten Wundstarrkrampf, der durch verschmutzte Wunden hervorgerufen werden kann. Wer sich nicht sicher ist, wie lange seine letzte Tetanus-Impfung zurückliegt, sollte diese wiederholen und gleichzeitig auch seinen **Polio-Schutz** gegen Kinderlähmung (die nicht vom Lebensalter abhängig ist!) auffrischen.

Manche Ärzte empfehlen auch eine zusätzliche Impfung gegen **Tollwut,** besonders bei längerem Aufenthalt in sehr abgelegenen Gebieten. Die Immunität wird durch drei Impfungen in drei Wochen erreicht, die nach einem Jahr aufgefrischt werden müssen. Danach hält die Immunität zwei bis fünf Jahre an.

Reiseapotheke
- persönlich benötigte Medikamente
- Tabletten gegen Reisekrankheit
- Tabletten gegen Magen- und Darmerkrankungen
- Schmerztabletten
- Insektenschutzmittel
- Sonnenschutzmittel
- (Wasser-) Desinfektionsmittel
- als Brillenträger: Ersatzbrille (analog im Falle von Kontaktlinsen)
- ggf. Kontaktlinsen
- Lippenschutzstift
- Nasentropfen *(gotas para la nariz)*
- Augentropfen *(gotas para los ojos)*
- Antibiotika
- Salben gegen Juckreiz und Hauterkrankungen, Wundsalben
- Kondome
- Antibabypillen
- Tampons
- Binden
- Pflaster
- Mullbinde; elastische Binde

Reise-Gesundheitsinformationen:
- Im Internet unter www.travelmed.de
- Siehe auch im Anhang

GESUNDHEIT

Auch gegen **Typhus** besteht eine Impfmöglichkeit. Diese Krankheit wird bei mangelhafter Hygiene durch Nahrung und Trinkwasser übertragen. Man kann sich durch eine Schluckimpfung oder durch eine Injektion dagegen für zwei bis drei Jahre immun machen.

Gegen **Cholera** kann man sich zwar auch impfen lassen, die meisten Mediziner raten aber davon ab. Die Choleragefahr ist in Chile extrem gering. Die Übertragung der Krankheit erfolgt durch das Trinken von kontaminiertem Wasser oder das Essen von kontaminierten Speisen. Also sind die vorbeugenden Maßnahmen klar: Immer darauf achten, dass alles gut abgekocht ist, und die persönliche Hygiene auf keinen Fall vernachlässigen. Krankheitssymptome sind ein sehr starker, schmerzloser, wässriger Durchfall ohne Fieber, aber einhergehend mit Erbrechen. Gefährlich ist die damit verbundene Schwächung und die Dehydration (Wasserverlust) des Körpers.

Hepatitis A (Gelbsucht) ist ebenfalls in den Regionen verbreitet, wo die Hygiene mangelhaft ist. Sie wird über Nahrungsmittel, Trinkwasser oder durch Kontakt mit infizierten Personen übertragen. Die Inkubationszeit ist recht lang, allerdings werden die ersten Erreger bereits zwei Wochen nach der Ansteckung, vor dem Ausbruch der Krankheit, mit dem Stuhl ausgeschieden. Die Symptome sind zunächst recht harmlos: Appetitlosigkeit, Abneigung gegen fette Speisen, Alkohol und Nikotin sowie Übelkeit, Schwäche, Fieber und Durchfälle. Verräterisch ist eine schmerzende Leber (unter dem rechten Rippenbogen). Später färben sich die Augen gelblich, der Urin wird dunkler und der Stuhl weißlich. Dann ist es höchste Zeit, einen Arzt aufzusuchen. Der verschreibt die nötigen Medikamente, dazu aber vor allem Schonkost, Bettruhe und den Verzicht auf alle möglichen Gifte (v.a. Alkohol und Nikotin).

Man kann durch eine Blutuntersuchung feststellen lassen, ob man bereits Antikörper gegen eine Hepatitis A besitzt. Ist das der Fall, ist man mit hoher Wahrscheinlichkeit lebenslänglich immun. Dann hatte man vermutlich früher bereits eine schwache Hepatitis-Infektion, die nicht richtig zum Ausbruch gekommen war.

Der Impfschutz gegen die Hepatitis A wird durch zwei Injektionen im Abstand von zwei bis vier Wochen gewährleistet. Diese sollten nach einem halben bis ganzem Jahr wiederholt werden, dann hält die Immunität etwa zehn Jahre vor.

Hauterkrankungen

Die im Urlaub wohl üblichste Hauterkrankung ist der **Sonnenbrand**. Im Gebirge und im Süden Patagoniens (wegen der dort dünneren Ozonschicht) ist die Gefahr besonders groß und wird, da es häufig recht kühl ist, leicht unterschätzt. Eine Sonnencreme mit mindestens Lichtschutzfaktor 25 gehört unbe-

Tour auf den Altiplano (Paso de Jama)

GESUNDHEIT

dingt ins Reisegepäck, für die Lippen und andere empfindliche Hautstellen eventuell eine noch stärkere Creme. Zudem sollte man das Sonnenbaden zwischen 11 und 16 Uhr vermeiden.

Andere Hauterkrankungen sind die Folge von Insektenbissen/-stichen. Die Wahrscheinlichkeit, von einer der beiden chilenischen **Giftspinnen** – *araña del rincón* (Winkelspinne) und *araña del trigo* (Schwarze Witwe) – gebissen zu werden, ist gering, da sie scheu in dunklen Ecken bzw. auf offenen Feldern leben. Jedoch sollte man bei Symptomen wie Violett- bis Schwarzfärbung eines Bisses *(araña del rincón)* bzw. Krämpfen und Schmerzen *(araña del trigo)* schnell einen Arzt aufsuchen; in beiden Fällen besteht potenzielle Lebensgefahr.

Höhenkrankheit

Vorsichtig sollte man beim schnellen Aufstieg in große Höhen sein. In Chile kann man leicht höhenkrank werden: Bereits ab 2600 Metern Höhe, meist aber erst ab 3500–4000 Metern, tritt die gefürchtete **puna** (Höhenkrankheit) auf. Solche Höhen werden leicht beim Überqueren der Andenpässe oder Besuchen von Nationalparks erreicht. Die Höhenkrankeit befällt jeden, der sich zu schnell in große Höhen begibt und sich dort zu sehr anstrengt. Müdigkeit und Kopfweh sind die ersten harmlosen Symptome, die man nicht unterschätzen sollte; im allerschlimmsten Fall kann die Krankheit zum Tod führen. Also Vorsicht beim Aufstieg in die Berge, eine

gute **Akklimatisation** ist bei Höhen über 3000 Meter wichtig. Bei ersten Zeichen von Unwohlsein sollte man sofort in niedrigere Regionen absteigen.

Hanta-Virus

Von dem in Chile und Argentinien verbreiteten Hanta-Virus werden im Jahr einige Dutzend Menschen infiziert. Er wird hauptsächlich **von Langschwanzmäusen übertragen.** Dabei genügt es, in Kontakt mit ihren Exkrementen zu kommen oder lediglich die Luft von Räumen einzuatmen, in denen infizierte Mäuse gehaust haben; auch ein Mäusebiss bzw. der direkte Kontakt mit einem Kadaver kann die Krankheit übertragen. Sie ist **potenziell tödlich** (Blockade der Lungenfunktion), vor allem wenn die ersten Symptome – Kopfschmerzen, Übelkeit, Fieber – nicht richtig diagnostiziert werden. Aber kein Grund zur Panik: Mit einfachen Maßnahmen kann man sich effektiv schützen. Vor allem gilt es, längere Zeit unbenutzte, dunkle und schlecht gelüftete Räume zu meiden (z.B. Berghütten). Die Viren überleben außerhalb ihres Wirts bei Tageslicht nur wenige Minuten und sind leicht durch Desinfektionsmittel zerstörbar. Im Zweifelsfall lieber frühzeitig einen Arzt konsultieren!

AIDS

Natürlich ist AIDS (spanisch **SIDA**) auch in Chile eine Gefahr. Also: keinen ungeschützten Geschlechtsverkehr – Kondome *(condones)* sind in jeder Apotheke *(farmacia)* erhältlich.

Gesundheitsberatung und -information

●**Centrum für Reisemedizin,** Oberrather Str. 10, 40472 Düsseldorf, Tel. 0211/904290, www.travelmed.de oder www.crm.de. Nach tel. Anforderung wird gegen Gebühr ein individueller „Reise-Gesundheitsbrief" zusammengestellt und zugeschickt, der genau auf die geplante Reise und die zu besuchenden Regionen im Zielland eingeht.

Informationsstellen

In Europa

Für den deutschsprachigen Raum ist die **Wirtschaftsvertretung der Botschaft** die beste Auskunftsstelle. Sie übernimmt gleichzeitig die Aufgaben eines **Fremdenverkehrsbüros** (**ProChile,** Kleine Reichenstr. 1, 20457 Hamburg, Tel. 040/335835, www.chileinfo.de).

In Chile

Sernatur heißt die **staatliche Informationsstelle für Touristen.** In Chile hat jede größere Stadt oder jedes touristische Ziel sowie jede Provinz ein meist recht gut organisiertes und hilfreiches Touristenbüro (siehe bei den praktischen Infos zu den einzelnen Städten).

Sonstige wichtige Adressen
●**Asociación Chilena de Albergues Turísticos Juveniles**
Hernando de Aguirre 201, of. 602, Providencia, Santiago, www.hostelling.cl; Informationen über Jugendherbergen.
●**Conaf**
Av. Bulnes 285, Santiago, www.conaf.cl; Nationalpark-Verwaltung.

Kleidung und Umgangsformen

- **Federación de Andinismo**
Almirante Simpson 77, Santiago, www.feach.cl; Bergsteigen.
- **Club Alemán Andino**
Arrayán 2735, Metro Tobalaba, Tel. 2/2324338, www.dav.cl; Treffen Di und Do 20 Uhr; Bergwandern und Bergsteigen.
- **Automóvil Club de Chile (ACCHI)**
Automobilclub; Av. Andrés Bello 1863, Providencia, Santiago, www.automovilclub.cl.
- **Instituto Geográfico Militar**
Dieciocho 369, Tel. 6967278, Santiago, www.igm.cl; Landkarten.

Im Internet

Im Internet finden sich **zahlreiche interessante Web-Seiten** mit Infos zu Chile – allerdings meist nur auf Spanisch. Bezogen auf Lateinamerika besitzt Chile die größte Dichte und die stärkste Wachstumsrate bei der Vernetzung. So macht es keinen Sinn mehr, als Stichwort bei Google nur „Chile" einzugeben. Stattdessen sollte man mehrere Begriffe miteinander kombinieren.

- **www.visit-chile.org**
Seite der Tourismusförderungs-Gesellschaft CPT.
- **www.sernatur.cl**
Seite des Fremdenverkehrsamtes.
- **www.prochile.cl**
Seite der chilenischen Wirtschaftsförderung.
- **www.chiptravel.cl**
Nach Regionen geordnetes Reiseportal auf Englisch.
- **www.contactchile.cl**
Praktische Tipps und Tricks für Chile-Besucher, dazu Service-Angebote sowie ein hilfreiches Forum (deutsch).
- **www.chile-web.de**
Infosammlung zu Chile und ein Forum (deutsch).
- **www.auswaertiges-amt.de**
Unter dem Stichwort „Chile" Informationen zu Land und Leuten und touristischen Belangen, Sicherheitshinweise etc.
- **www.minrel.cl**
Seite des chilenischen Außenministeriums.
- **www.tercera.cl**
„La Tercera", eine der wichtigsten Tageszeitungen Chiles.
- **www.mercurio.cl**
„El Mercurio", die größte Tageszeitung.

Kleidung und Umgangsformen

Die Wahl der Reisekleidung hängt natürlich von Reiseziel, -zeit und -vorhaben ab (vgl. dazu auch „Ausrüstung").

Chilenen legen normalerweise viel Wert auf ein **gepflegtes Aussehen.** Man achtet auf seine Kleidung, trägt in den Städten keine Shorts, lediglich an den Badeorten der Pazifikküste. Angesagt ist gepflegte, aber nicht topmodische Kleidung. Extravaganzen sind selten, Geschäftsleute tragen die international üblichen grauen Anzüge. Kleider machen Leute, und für Chile gilt das besonders: In den Einkaufszentren in den „besseren" Stadtteilen Santiagos, wie Las Condes, kann man den internationalen Schick nicht nur hinter den Schaufenstern, sondern auch an der vorwiegend weiblichen Kundschaft bewundern. Frau ist oft gut gestylt, Frisur und Make-Up sind wichtig, als hässlich gelten Achsel- und Beinbehaarung. All das gilt natürlich in erster Linie für die Hauptstadt, in der Provinz sind die Regeln weniger streng. Wer offizielle Termine wahrnehmen muss, sollte schon Anzug oder Kostüm/Kleid dabei haben. Wichtig: Die Schuhe müssen immer geputzt sein.

KLEIDUNG UND UMGANGSFORMEN

Die normalen **Anredeformen** sind *Señor* und *Señora,* unverheiratete Frauen werden gern mit *Señorita* angesprochen. Man duzt sich schnell und ohne Absprache, im Zweifel ist aber das förmlichere „Sie" – „usted" nicht falsch. Zur Begrüßung heißt es bis 12 Uhr mittags „buenos días", danach „buenas tardes", nach Einbruch der Dunkelheit sagt man „buenas noches". Bekannte begrüßt man mit „hola", dann fragt man „qué tal" oder „cómo te va" (Wie geht es dir?). Eine ehrliche Antwort wird nicht unbedingt erwartet, höchstens eine allgemeine wie „bien, gracias" (danke, gut) oder „más o menos" (so naja). Selbst wenn man sich nicht kennt, begrüßen sich Mann und Frau mit einem Wangenkuss, Frauen untereinander auch, Männer mit Handschlag oder mit einem herzlichen Schulterklopfen. Männer grüßen immer erst die Frauen, eine respektvolle Anrede bei Männern ist „Don", gefolgt vom Vornamen, also z.B. Don Pablo. Wird man jemandem vorgestellt, heißt es „mucho gusto" oder „encantado" (sehr angenehm). Auch beim Abschied ist man wortreich. Man bedankt sich häufig mit „gracias por todo" und benutzt längere Abschiedsfloskeln wie „hasta luego, que le vaya bien" (Auf bald, möge es Ihnen gut gehen) oder aber auch eine kurzes „chau" (so die chilenische Schreibweise). Ein kurzes „adiós" hat eher die Bedeutung eines recht endgültigen Abschieds.

Pünktlichkeit ist keine lateinamerikanische Tugend, und obwohl die Chilenen als die Preußen des Kontinents gelten, hinkt der Vergleich doch gewaltig. Bei Verabredungen sollte man großzügig Toleranz einplanen und sich mit Geduld wappnen, 15–30 Minuten Verspätung gelten als normal. Bei Einladungen zu privaten Partys kommt kaum jemand vor Ablauf einer Stunde nach der offiziellen Anfangszeit.

Noch ein paar Tipps: In Chile ist es absolut unüblich, **im Restaurant** an einem bereits besetzten Tisch, selbst wenn dort nur eine Person sitzt, Platz zu nehmen. Man wartet, bis ein Tisch frei wird, Stühle darf man allerdings umstellen. **Trinkgelder** werden häufig erwartet. Kellner erhalten etwa 5–10%. Das Trinkgeld lässt man einfach auf dem Tisch liegen. Auch sollte man sich nicht dadurch als Gringo outen, dass man die Rechnung getrennt bezahlt. Kellner werden „señor" gerufen.

Auch wenn es im Straßenverkehr nicht so wirkt, Chilenen sind geduldige und höfliche Menschen. **Schlangestehen** scheint niemanden zu stören, und für gewöhnlich gibt es auch nur wenige, die sich vordrängeln.

Bei **Adressen** sollte man sich unbedingt die Hausnummer, Geschoss und Wohnung merken. Denn nur in absoluten Ausnahmefällen steht neben der Klingel ein Name.

Buchtipp – Praxis-Ratgeber:
- Harald A. Friedl
Respektvoll reisen
(REISE KNOW-HOW Verlag)

Medien

Wer Spanisch kann, wird keine Probleme haben, sich über das Weltgeschehen zu informieren. Die bestangesehene **Tageszeitung** Chiles ist **„El Mercurio"**, ein konservatives Blatt, das mit unterschiedlichen Lokalausgaben und Beilagen herausgegeben wird. Bereits 1827 in Valparaíso gegründet, ist es eine der ältesten Zeitungen des Kontinents. Einzige ernst zu nehmende Konkurrenz zum Mercurio ist **„La Tercera"**, in der redaktionellen Linie jedoch nur wenig liberaler. Beide Zeitungen haben ausführliche internationale Rubriken und bringen auch detaillierte Angaben zum aktuellen Kulturprogramm (Beilagen freitags). Einen Einblick in die chilenische Volksseele und Umgangssprache erlaubt das skurrile Boulevardblatt **„La Cuarta"**. Mehrere Gratiszeitungen werden an U-Bahn-Eingängen und Straßenkreuzungen verteilt, die beste heißt **„publimetro"**. Bei den politisch-kulturellen Wochenzeitungen sind „Qué pasa" und „Ercilla" zu nennen. Wer genügend chilenisches Spanisch beherrscht, sollte sich das Satireblatt **„The Clinic"** gönnen. An einigen wenigen Kiosken wird die deutschsprachige Wochenzeitung **„Cóndor"** vertrieben, die vor allem über Belange der Deutschstämmigen in Chile berichtet.

Das chilenische **Fernsehen** finanziert sich durch Werbung, auch der staatliche Sender „Televisión Nacional". Vorwiegend werden US-amerikanische Serien und lateinamerikanische Telenovelas sowie Spiel- und Werbeshows gesendet, als Mittel zur Information ist es nahezu unbrauchbar. Über Kabel- und Satellitennetze lässt sich auch Deutsche-Welle-Fernsehen empfangen.

Auch die **Radiosender** sind werbefinanziert. Sie spielen vor allem internationale und nationale Hits. Die meisten Sender bringen bloß lokale Informationen, überregionale Nachrichten sind bei „Radio Cooperativa" zu hören.

Wer nicht auf spanischsprachige Medien setzen kann, der sollte in Santiago versuchen, **internationale Blätter** zu bekommen – in den Provinzstädten ist das unmöglich.

Die beste Quelle für aktuelle Informationen über deutsche Politik oder die Bundesliga ist natürlich längst das **Internet**, wo man nicht nur die meisten Printmedien online verfolgen, sondern auch komplette Nachrichtensendungen abrufen kann.

Notfälle

Wichtige Notrufnummern

- **Krankenwagen** *(Ambulancia):* 131
- **Feuerwehr** *(Bomberos):* 132
- **Polizei** *(Carabineros):* 133
- **Kriminalpolizei** *(Investigaciones):* 134
- **Waldbrände** *(Conaf):* 130
- **Seerettungsdienst** *(Rescate Marítimo):* 137
- **Luftrettungsdienst** *(Rescate Aéreo):* 138
- **Bergrettungsdienst** *(Socorro Andino):* (2) 6994764

Verlust von Geldkarten

Bei Verlust oder Diebstahl der Kredit- oder Maestro-/EC-Karte sollte man diese umgehend sperren lassen. Für deutsche Maestro- und Kreditkarten gibt es die einheitliche **Sperrnummer 0049 116 116,** im Ausland zusätzlich 0049 30 4050 4050. Für österreichische und schweizerische Karten gelten:

- **Maestro-/EC-Karte**
(A)-Tel. 0043/1/2048800
(CH)-Tel. 0041/44/2712230
UBS: Tel. 0041/848/888601
Credit Suisse: Tel. 0041/800/800488
- **MasterCard**
Internationale Tel. 001/636/7227111
- **VISA**
Tel. 0043/1/71111770
(CH)-Tel. 0041/58/9588383.
- **American Express**
(A)-Tel. 0049/69/97971000
(CH)-Tel. 0041/44/6596333
- **Diners Club**
(A)-Tel. 0043/1/501350
(CH)-Tel. 0041/58/7508080

Verlust von Reiseschecks

Nur wenn man den **Kaufbeleg** mit den Seriennummern der Reiseschecks sowie den **Polizeibericht** vorlegen kann, wird der Geldbetrag von einer größeren Bank vor Ort binnen 24 Stunden zurückerstattet. Also muss der Verlust oder Diebstahl umgehend bei der örtlichen Polizei und auch bei American Express bzw. Travelex/Thomas Cook gemeldet werden. Die Rufnummer für Ihr Reiseland steht auf der Notrufkarte, die Sie mit den Reiseschecks bekommen haben.

Ausweisverlust/ dringender Notfall

Wird der Reisepass oder Personalausweis im Ausland gestohlen, muss man dies bei der örtlichen Polizei melden. Darüber hinaus sollte man sich an die nächste diplomatische Auslandsvertretung seines Landes wenden, damit man einen **Ersatz-Reiseausweis** zur Rückkehr ausgestellt bekommt (ohne kommt man nicht an Bord eines Flugzeugs!).

Auch in **dringenden Notfällen,** z.B. medizinischer oder rechtlicher Art, Vermisstensuche, Hilfe bei Todesfällen, Häftlingsbetreuung o.Ä., sind die Auslandsvertretungen bemüht, vermittelnd zu helfen (zu den Adressen siehe „Botschaften und Konsulate").

Flugambulanzen

- **Deutsche Flugambulanz**
40474 Düsseldorf (Flughafen Halle 3), Tel. (0049/211) 431717, Fax 4360252.
- **Deutsche Rettungsflugwacht**
Postfach 230127, 70624 Stuttgart/Flughafen, Tel. (0049/711) 701070.
- **Flugdienst Deutsches Rotes Kreuz**
Friedrich-Ebert-Allee 71, 53113 Bonn, Tel. (0049/228) 230023, Fax 230027.
- **Malteser Hilfsdienst**
Leonhard-Tietz-Straße 8, 50676 Köln, Tel. (0049/221) 9497600.
- **Verein für internationale Krankentransporte**
53123 Bonn, Villemombler-Str. 62-64, Tel. (0049/228) 612032/33.
- **Rettungsflugwacht REGA**
Zürich, Tel. (0041/13) 831111.

Öffnungszeiten

In Chile gibt es **kein Ladenschlussgesetz,** und so differieren die Öffnungszeiten beträchtlich. Kleinere Lebensmittelläden öffnen meist gegen 9 Uhr, schließen gegen 13 Uhr für eine ein- bis zweistündige Siesta und haben dann bis 20/21 Uhr geöffnet. Auch am Wochenende ist es in solchen Geschäften oft möglich, einzukaufen. Nicht-Lebensmittel-Geschäfte, besonders in den Fußgängerzonen der Städte, haben meist durchgehend Mo bis Fr von 10 bis 19 Uhr sowie Sa von 10 bis 14 Uhr geöffnet. Supermärkte haben auch an Sonn- und Feiertagen von 8/9 bis 22/ 23 Uhr geöffnet, Apotheken sogar oft bis 24 Uhr. Einkaufszentren und Kaufhäuser öffnen ebenfalls an den Wochenenden von ca. 10 bis 21 Uhr.

Banken und Behörden haben i.d.R. ab 9 Uhr geöffnet, Publikumsverkehr findet nur am Vormittag statt (bis 14 Uhr). **Wechselstuben** öffnen meist um 10 Uhr und schließen etwa um 18 Uhr, etliche sind auch am Samstagvormittag geöffnet.

Organisierte Touren

Chile ist einfach zu bereisen, aber auch hier bestätigt die Ausnahme die Regel: Nicht überall hin gelangt man problemlos mit öffentlichen Verkehrsmitteln. So wird die Carretera Austral nicht zu jeder Jahreszeit durchgängig von Bussen befahren, und die Nationalparks im Nordosten des Landes sind auch nur schwer zu erreichen. Wer sich ein Auto leihen kann, hat es einfach. Die anderen müssen gucken, was die **Reiseveranstalter** bieten. In nahezu jedem größeren Ort gibt es einige Unternehmen, die auf Ausflüge in der Gegend spezialisiert sind. Sie werden, wo vorhanden, im Rahmen der einzelnen Ortsbeschreibungen genannt, ansonsten helfen auch die Touristeninformationsstellen weiter. Preisvergleiche lohnen nicht immer, oft bieten die Veranstalter dasselbe zum selben Preis. Je kleiner die Reisegruppe, desto besser, denn dann lässt sich schneller einmal vom festgelegten Programm abweichen. Wichtig ist auch, dass man sich mit dem Führer gut verständigen kann.

Hier eine **Auswahl renommierter deutschsprachiger Reiseagenturen in Chile,** die fast überallhin Ausflüge und Programme vermitteln (die folgenden Listen enthalten keine Wertung, andere Agenturen können ähnliche Programme und Leistungen offerieren):

- **Aqua Motion**
San Pedro 422, Puerto Varas, Tel. 65/232747, Outdoor-Pakete aller Art, vor allem im Seengebiet und Patagonien (s.a. im Outdoor-Kapitel und bei Puerto Varas).
www.aquamotion.cl
- **Protours**
Imperial 0655, Puerto Varas, Tel. 65/ 234910, flexible Gruppen- und Einzelpakete für Chile und Nachbarländer.
www.protourschile.com
- **TravelArt**
Europa 2081, Santiago, Tel. 2/3783440, Gruppen- und Individualreisen in Chile und Nachbarländern, weitere Büros in Puerto Varas und Punta Arenas.
www.travelart.cl, info@travelart.cl
- **Turismo Caminante**
Talca, Tel. 71/1970097, naturnahe Aktivreisen in Chile und Nachbarländern.
www.trekkingchile.com

Reiseveranstalter

Wer direkt **von Europa per Pauschalreise** nach Chile will, sollte in den Reiseteil großer überregionaler Tages- und Wochenzeitungen schauen. Dort inse-

ORGANISIERTE TOUREN

rieren viele Reiseveranstalter regelmäßig ihre Programme. Einige Adressen:

In Deutschland

- **Chamäleon Reisen**
Otto-Suhr-Alle 115, 10585 Berlin, Tel. 030/347996-22, www.chamaeleonreisen.de.
Naturreiseprogramme und Touren mit Mietwagen.
- **Chile-Touristik**
Neue Kräme 29, 60311 Frankfurt, Tel. 069/233062, www.chiletouristik.com.
Reisebausteine.
- **Duma Naturreisen**
Postfach 102068, 69010 Heidelberg, Tel. 06221/166880, www.duma-naturreisen.de.
Naturnahe Gruppenreisen.
- **Gaucho Tours**
Lerchenweg 2, 87448 Waltenhofen/Allgäu, Tel. 08379/728597, www.gauchotours.com.
Mit einem Expeditions-Truck zu den Naturschönheiten Chiles und der Nachbarländer.
- **Viventura**
Kottbusser Damm 103 a, 10967 Berlin, Tel. 030/61656233, Fax 030/61656306, www.viventura.de.
Reiseangebote in Nord- und Südchile.
- **Hauser Exkursionen**
Spiegelstr. 9, 80331 München, www.hauser-exkursionen.de.
Verschiedene Trekkingreisen in ganz Chile.
- **Ikarus Tours**
Am Kaltenborn 49-51, 61452 Koenigstein, Tel. 06174/29020, www.ikarus.com.
Kleingruppentouren, Individualangebote.
- **Lernidee Reisen**
Dudenstraße 78, 10965 Berlin, Tel. 030/786000-23, www.lernidee-reisen.de.
Kleingruppentouren, Individualangebote.
- **Santana Travel**
Pöltnerstr. 12, 82362 Weilheim, Tel. 0881/41452, www.SantanaTravel.de.
Rundreisen und Reisebausteine.
- **Schulz Aktiv Reisen**
Bautzner Str. 39, 01099 Dresden, Tel. 0351/2662511, www.schulz-aktiv-reisen.de.
Wander- und Trekkingreisen.
- **Studiosus Reisen**
Riesstraße 25, 80992 München, Tel. 089/50060250, www.studiosus.com.
Hochklassige Studienreisen.
- **Take Off Reisen**
Eppendorfer Weg 158, 20253 Hamburg, Tel. 040/4222288, www.takeoffreisen.de.
- **Wendy-Pampa-Tours**
Oberer Haldenweg 4, 88696 Owingen-Billafingen, Tel. 07557/929374, www.wendy-pampa-tours.de.
Reisebausteine.
- **Windrose**
Neue Grünstr. 28, 10179 Berlin, Tel. 030/201721-88, www.windrose.de.
Anspruchsvolle Kleingruppentouren.
- **Wigwam**
Lerchenweg 2, Waltenhofen, 87448 Allgäu, Tel. 08379/92060, www.wigwam-tours.de.
Naturreisen, auch in Nachbarländer.

Auf dem Cerro Soquete (5400 m)

Post, Telefon, E-Mail und Internet

- **Wikinger-Reisen**
Kölnerstraße 20, 58135 Hagen,
Tel. 02331/9046, www.wikinger-reisen.de.
Hochklassige Outdoor-Reisen.

In Österreich
- **Bergspechte**
Volksfeststraße 18, 4020 Linz,
Tel. 0732/779311-0, www.bergspechte.at.
- **Weltweitwandern**
Kleegasse 3, 8020 Graz, Tel. 0316/583504-0,
www.weltweitwandern.at.
Wanderreisen.

Post, Telefon, E-Mail und Internet

Post

Die chilenische Post arbeitet recht zuverlässig. Ein Brief nach Europa braucht vier bis zehn Tage. Man sollte die Briefe aber immer im Postamt einwerfen, da sich sonst die Zustellung sehr verzögern kann. Briefe aus Chile werden immer als Luftpost nach Europa befördert, andersherum ist das nicht automatisch der Fall. Deshalb: alles aus Europa deutlich markiert „per Luftpost" senden.

Das **Porto** ist recht günstig, ein Luftpostbrief kostet mit der staatlichen Post 390 Pesos (ca. 0,50 Euro). Wer sichergehen will, sollte seine Post als *certificado* (Einschreiben) verschicken. Ein 3 Kilo schweres Paket kostet per Luftfracht ca. 40 Euro, die Option Seefracht wird von der Post nicht mehr angeboten.

Wer **Post empfangen** will, sollte sie am besten an die Adresse von Bekannten oder einer längerfristigen Unterkunft schicken lassen. Die weitaus umständlichere Alternative: postlagernde Sendungen. Die Adresse dafür lautet: Señor/a xxx, Poste restante oder Lista de Correos, Correo central, Name der Stadt, Chile.

Größere Pakete aus dem Ausland müssen beim Postamt gegen Vorlage des Reisepasses abgeholt werden. Da immer mal Sendungen ihr Ziel nicht erreichen, sollte man davon absehen, Wertvolles per Post zu schicken.

Innerhalb Chiles kann man Pakete, aber auch Briefe von den Busgesellschaften (z.B. Tur-Bus) befördern lassen. Sie bieten einen schnellen und sicheren Service.

Internationale Kurierdienste in Santiago de Chile sind u.a.:

- **DHL Worldwide Express,** San Francisco 301, Tel. 2802000.
- **TNT Express Worldwide,** Santa Rosa 202, Tel. 3605100. In allen Postämtern vertreten.
- **United Parcel Service (UPS),** Alonso Ovalle 755, Tel. 6850700.

Telefon und Handy

Ein gutes Dutzend Firmen konkurriert auf dem Telekommunikationsmarkt. Sie bieten **unterschiedliche Tarife,** dazu zahlreiche Sonderangebote. Für ein Gespräch nach Mitteleuropa zahlt man von einem öffentlichen Telefon je Minute zwischen 150 und 600 Pesos (25–80 Eurocent) – abhängig von der Gesellschaft, die es vermittelt. Die **„Centros de Llamadas"** – privat betriebene Telefonzentralen –, von denen aus man am besten Ferngespräche führt, haben meistens einen festen Vertrag mit einer

Post, Telefon, E-Mail und Internet

Telefonieren von Chile aus:
- **nach Deutschland:** Código + 0 + 49 + Ortskennzahl (ohne 0) + Teilnehmer
- **nach Österreich:** Código + 0 + 43 + Ortskennzahl (ohne 0) + Teilnehmer
- **in die Schweiz:** Código + 0 + 41 + Ortskennzahl (ohne 0) + Teilnehmer

Telefongesellschaften und ihre „Códigos" (Auswahl):
- Transam 113
- Teléfonica del Sur 121
- Manquehue 122
- ENTEL 123
- AT&T 155
- Chilesat 171
- ETSE 177
- Teléfonica 188

Internationale Vorwahlnummern:
- Chile 0056
- Deutschland 0049
- Österreich 0043
- Schweiz 0041

Vorwahlen in Chile:
- Ancud 65
- Antofagasta 55
- Arica 58
- Bahía Inglesa 52
- Calama 55
- Caldera 52
- Castro 65
- Chile Chico 67
- Chillán 42
- Chiloé (Isla de) 65
- Cochrane 67
- Concepción 41
- Copiapó 52
- Coquimbo 51
- Coyhaique 67
- Curicó 75
- Frutillar 65
- Futaleufú 65
- Isla de Pascua/ Hanga Roa 32
- Isla Robinson Crusoe/ Juan Fernández 32
- Iquique 57
- La Serena 51
- Lican Ray 45
- Los Angeles 43
- Osorno 64
- Ovalle 53
- Panguipulli 63
- Porvenir 61
- Puerto Aysén 67
- Puerto Chacabuco 67
- Puerto Natales 61
- Puerto Montt 65
- Puerto Octay 64
- Puerto Varas 65
- Puerto Williams 61
- Punta Arenas 61
- Puyuhuapi 67
- Pucón 45
- Quellón 65
- Rancagua 72
- San Fernando 72
- San Pedro de Atacama 55
- Santiago 2
- Talca 71
- Temuco 45
- Torres del Paine 61
- Valdivia 63
- Valle de Colchagua 72
- Valle de Elqui 51
- Valparaíso 32
- Villa O'Higgins 67
- Villarrica 45
- Viña del Mar 32

Handys (celular): 09 (vom Festnetz)

Weitere Vorwahlnummern können Sie bei der **Auskunft (103)** erfragen; sie sind in diesem Buch auch bei den jeweiligen Städtekapiteln angegeben.

Buchtipp – Praxis-Ratgeber:
- Volker Heinrich
Handy global
(Reise Know-How Verlag)

POST, TELEFON, E-MAIL UND INTERNET

Telefongesellschaft. So differieren die Tarife oft beträchtlich.

Wer einen Privatanschluss zur Verfügung hat, kann wählen, mit welcher Telefongesellschaft er seine Ferngespräche führt. Er wählt vor der internationalen Vorwahl oder der Ortskennzahl einfach den „Código" der Telefongesellschaft (siehe Liste).

Für ein Ferngespräch innerhalb Chiles sieht das beispielsweise so aus: „Código" + Vorwahlnummer der Stadt + Telefonnummer des Teilnehmers. Bei internationalen Gesprächen muss man zwischen „Código" und der Vorwahlnummer zunächst noch eine 0 wählen.

Bei In- und Auslandsgesprächen sind **R-Gespräche** („Llamada con cobro revertido") sowie das Sprechen mit einer bestimmten **Person** („Llamada de persona a persona") möglich. Ist diese Person nicht zu erreichen, ist der Anruf gebührenfrei. Diese Gespräche gehen nur „via operadora" – per Vermittlung. Bei Inlandsgesprächen muss man dafür nach dem „Código" der Telefongesellschaft eine 122 wählen, bei Auslandsgesprächen die 182.

Drei Tipps für diejenigen, die viel telefonieren müssen/wollen: In den meisten Telefonzentralen kann man sich in der Regel **problemlos zurückrufen lassen**. Die billigsten Tarife von Deutschland nach Chile liegen mittlerweile bei 1–3 Cent pro Minute und damit deutlich unter den besten chilenischen Tarifen. Eine andere Möglichkeit ist, sich bei der Telekom in Deutschland oder einer Kreditkartengesellschaft eine sogenannte **Calling Card** zu besorgen. Damit ruft man eine Servicenummer an, die dann das Gespräch nach Hause vermittelt. Die Gebühren werden dann nach anderen Tarifen abgerechnet.

Einfacher ist, sich in Chile an einem beliebigen Kiosk eine **Prepaid-Karte** zu kaufen, z.B. „Línea propia" von Telefónica. Diese Karten können von jedem beliebigen Apparat aus für Orts-, Fern- und Mobilgespräche verwendet werden, ohne dass sie die Rechnung des jeweiligen Anschlusses belasten (nicht zu verwechseln mit Prepaid-Karten für Handys!). Nach Anwahl einer speziellen Nummer lässt man sich verbinden, das Telefonat wird automatisch von der Karte (bzw. von Ihrem virtuellen Konto) abgebucht. Die Tarife sind kaum teurer als bei normalen Verbindungen.

Wer gern und lange mit den Lieben daheim telefoniert, kann auch auf **Internet-Telefonie** zurückgreifen: Das ist spottbillig und technisch mittlerweile ausgereift. Viele Internet-Cafés bieten diesen Service bereits an, ansonsten genügen ein Laptop, eine schnelle Internetverbindung, ein Headset und ein Konto bei einem Anbieter, um es irgendwo auf der Welt auf einem ganz normalen Telefon klingeln zu lassen.

Die **chilenischen Telefonsitten** erscheinen etwas unhöflich. Statt sich mit dem Namen zu melden, sagt man schlicht „¿Aló?", dann fragt der Anrufer nach dem gewünschten Gesprächspartner, und erst auf Nachfrage („¿de parte de quién?") nennt er seinen Namen. Auch ist es völlig üblich, bei Freunden und Bekannten noch nach 22 oder 23 Uhr anzurufen.

Neun von zehn Chilenen haben ein **Handy**: Damit ist Chile führend in Lateinamerika, längst haben die Mobiltelefone die Festnetzanschlüsse überholt. Die Netze der verschiedenen Betreiber haben alle die einheitliche Vorwahl 09 (die bei Telefonaten zwischen zwei Handys entfällt), die Einwahl aus dem Ausland lautet 0056-9.

Achtung: Da die **Mobilfunk-Nummerierung** 2006 verändert wurde, gibt es bei Handy-Angaben immer noch Verwirrung. Richtig ist eine **achtstellige Nummer** (die mit 9, 8 oder 7 beginnt), für die nur vom Festnetz aus die 09 vorgewählt werden muss. Finden Sie Informationen mit 09 + siebenstelliger Nummer, dann sollte das Einfügen einer 9 als erste Ziffer nach der Vorwahl zur korrekten Verbindung verhelfen. Bei Angaben mit 08 + siebenstelliger Nummer muss eine 8 eingefügt und die Vorwahl auf 09 korrigiert werden.

Nur in den urbanen Zentren und entlang der Panamericana ist die **Flächendeckung** gesichert. Wer für längere Zeit im Land bleibt, möchte vielleicht den Kauf eines Mobiltelefons *(celular)* in Erwägung ziehen. Ausländer ohne Steuernummer (also die meisten Touristen) können nur **Prepaid-Handys** erwerben *(prepago)*. Diese sind beim Telefonieren teurer, man kann nicht ohne weiteres ins Ausland telefonieren, von dort aber Gespräche empfangen. Die drei Anbieter Movistar, Entel PCS und Claro weisen kaum Unterschiede auf. Beim Kauf sollte man auf Sonderangebote mit Freiminuten achten. Zum Nachladen kauft man einfach an einem Kiosk eine Prepaid-Karte der entsprechenden Gesellschaft, auch die Geldautomaten bieten diesen Service.

Alternativ kann man sein Handy nach Chile mitnehmen, allerdings wird in Chile nur GSM 1900 MHz und 3G 1900 genutzt, sodass in Europa übliche GSM-900-MHz-Handys nicht genutzt werden können. Hat man jedoch ein **Triband-Handy,** kann man es auch in Chile nutzen, denn die meisten Mobilfunkgesellschaften haben Roamingverträge mit den chilenischen Gesellschaften. Wegen hoher Gebühren sollte man sich bei seinem Anbieter erkundigen, welcher der Roamingpartner günstig ist und diesen per manueller Netzauswahl voreinstellen. Nicht zu vergessen sind die passiven Kosten, wenn man von zu Hause angerufen wird (Mailbox abstellen!). Der Anrufer zahlt nur die Gebühr ins heimische Mobilnetz, die teure Rufweiterleitung ins Ausland zahlt der Empfänger. Wesentlich preiswerter ist es, sich von vornherein auf SMS zu beschränken, der Empfang ist in der Regel kostenfrei. Tipp: Man lasse sich von allen wichtigen Personen eine SMS schreiben, sodass man im Ausland nicht zu wählen braucht, sondern nur auf „Antworten" drücken muss.

Falls das Handy **SIM-lock-frei** ist (keine Sperrung anderer Provider vorhanden ist), kann man vor Ort den SIM-Chip des eigenen Handys gegen den eines chilenischen Netzbetreibers auswechseln. Das kostet lediglich eine kleine Grundgebühr, und man kann dann das Handy wie ein chilenisches Prepaid-Gerät verwenden.

Von fast allen privaten Telefonzentralen lässt sich ein **Fax** schicken, in der Regel kostet es pro Blatt etwa 0,80 Euro plus der Telefongebühren.

E-Mail und Internet

Wer statt mit dem Telefon oder mit Briefen lieber per E-Mail kommuniziert, ist in Chile gut aufgehoben. Weder in Santiago noch in kleineren Städten ist es ein Problem, ein **Internet-Café** zu finden. Die Preise bewegen sich zwischen 0,50 und 3 Euro pro Stunde, je nach Lage und Service. Oft haben die privaten *Centros de Llamadas* einen Computer in der Ecke stehen, mitunter auch Cafés, Restaurants oder Hotels und Hospedajes. Zunehmend finden sich auch W-Lan-Punkte in öffentlichen Gebäuden, Einkaufszentren, Unterkünften und Cafés.

Reisen in Chile

Mit dem Flugzeug

Da die Entfernungen teilweise riesig sind – von Arica bis Kap Hoorn sind es mehr als 4200 Kilometer –, ist ein Inlandsflug für Reisende mit begrenztem Zeitbudget oft die beste Alternative, um in den Großen Norden oder nach Patagonien zu gelangen. Die pazifischen Inseln sind für Touristen ohnehin nur per Flugzeug zu erreichen.

Das **Inlandsflugnetz ist dicht,** und auch die Verbindungen in die Nachbarländer sind gut. Im Reiseteil werden bei jeder Stadt der dazugehörige Flughafen genannt, auch die Adresse der jeweiligen Stadtbüros der einzelnen Fluggesellschaften sowie die wichtigsten Verbindungen.

Den Markt dominiert die Gesellschaft LAN (früher LanChile), die im Inland unter dem Label **LanExpress** mit modernen Flugzeugen und gutem Service operiert. Eine weitere Gesellschaft, **Sky Airline,** fliegt landesweit die größeren Städte an. Daneben gibt es im Süden noch kleinere Anbieter, die regionale Linienflüge und Charterflüge unternehmen (z.B. DAP in Punta Arenas).

Allgemein gilt: **Je länger im Voraus** gebucht wird, **desto billiger** wird ein Flug. Zum Beispiel kostet bei LAN ein Flug Santiago – Punta Arenas – Santiago am Tag vorher gebucht leicht mal 400 Euro, bucht man ihn aber ein paar Tage früher oft nur um die 90 Euro. Einfache Flüge sind mitunter sogar teurer als ermäßigte Rückflugtickets. Kurzfristige **Schnäppchen** finden sich regelmäßig (meistens dienstags) auf der Website von LAN (**www.lan.com**) unter „Specials", wo man online buchen und per Kreditkarte bezahlen kann. Auch die anderen beiden genannten Fluggesellschaften bieten attraktive Sonderpreise.

● **LAN** hat ein **Büro in Deutschland:** Liebfrauenstr. 1–3, 60313 Frankfurt/Main, Tel. 01805/340767.

Das einheitliche **Service- und Buchungstelefon** von LAN **in Santiago** lautet: **600-5262000**. Online-Buchungen unter www.lan.com. **Büros in Santiago** finden sich in: Huérfanos 926, Santiago Centro; Av. Providencia 2006 Ecke Pedro de Valdivia, Providencia; El Bosque Norte 0194, Las Condes; sowie in den großen Einkaufszentren.

Die einzelnen Vor-Ort-Verbindungen und Büroanschriften werden in den entsprechenden Städtekapiteln genannt.

● **Sky Airline,** Huérfanos 815, Providencia, Tel. 3533169, www.skyairline.cl; Flüge von

REISEN IN CHILE

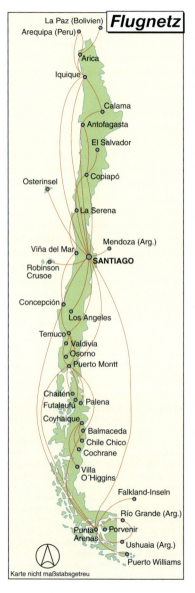

Karte nicht maßstabsgetreu

Santiago de Chile nach Arica, Iquique, Antofagasta, Calama, Copiapó, Concepción, Temuco, Puerto Montt, Coyhaique und Punta Arenas. Einheitliches Buchungstelefon für ganz Chile: 600-6002828.
● Fluggesellschaft **DAP** in Punta Arenas: O'Higgins, Tel. 61/223340; www.dap.cl.

Man kann Inlandsflüge in Chile in Verbindung mit internationalen Flügen auch bei Jet-Travel in Bonn buchen (Buchholzstr. 35, 53127 Bonn, Tel. 0228/284315, Fax 284086, www.jet-travel.de).

Auf der Strecke **zur Osterinsel** besitzt **LAN** das **Monopol**. Je nach verfügbarer Preisklasse berechnet LAN für einen Flug von Santiago zur Osterinsel und zurück ab etwa 550 US-$. In der Nebensaison gibt es diese Flüge auf der LAN-Website günstiger. Dabei ist zu beachten, dass die Preise auf der LAN-Website für Deutschland oft deutlich höher sind, als die auf der chilenischen Version der Site, welche man direkt über http://plane.lan.com/index-es-cl.html erreicht (auf Spanisch).

Mit dem Überlandbus

Busse sind das wichtigste Verkehrsmittel in Chile. Zwischen den einzelnen Städten verkehren Überlandbusse. Sie sind meist sehr gut ausgestattet, erstaunlich pünktlich und ein preiswertes Verkehrsmittel: 1000 Kilometer kosten je nach Unternehmen und Bustyp etwa 15–45 Euro. Die meisten Städte haben

LAN beherrscht den chilenischen Flugraum und hat das Monopol für Flüge auf die Osterinsel

einen **zentralen Busbahnhof,** wo alle Busse starten. Die Gesellschaften Tur-Bus und Pullman-Bus haben in etlichen Städten auch eigene, meist modernere Terminals. Es empfiehlt sich, überall sein **Busticket so früh wie möglich zu kaufen,** denn erstens hat man dann bei der Reservierung die Auswahl des Sitzplatzes, zum anderen sind manche Linien in der Sommersaison (Dezember bis Februar) doch sehr voll. Bislang bietet nur die größte chilenische Busgesellschaft, **Tur-Bus,** die Möglichkeit, das Ticket im Voraus per Internet zu kaufen (www.turbus.com). Die Bezahlung erfolgt per Kreditkarte, das Ticket kann kurz vor der Reise am Schalter abgeholt werden. Bei anderen Linien muss man die Fahrkarte direkt kaufen; mitunter haben sie neben dem Busbahnhof weitere Büros in den Stadtzentren oder Metro-Bahnhöfen (Santiago).

Es gibt **unterschiedliche Bustypen** – unterschieden wird nach Bequemlichkeit: Den meisten Komfort bieten die **„Salón-Cama"-Busse,** Busse mit großen Schlafsitzen, in denen man die 14-Stunden-Fahrt von Santiago nach Puerto Montt bequem hinter sich bringt. Hier stehen nur drei statt der üblichen vier Sitze in einer Reihe, insgesamt hat der Bus nur 24 sehr bequeme Plätze. Tur Bus bietet sogar eine **Premium-Kategorie** an, in der man wie in der Business-Class sitzt. Natürlich sind das auch die teuersten Busse, am billigsten sind die **„Pullman"- oder „Clase-Turista"-Fahrzeuge** (44 Plätze). Hier lassen sich die Rücklehnen nur um einige Zentimeter verstellen, speziell für Menschen

über 1,80 Meter ist eine 14-Stunden-Fahrt in solchen Sitzen nicht sehr gemütlich ... Mittleren Komfort zu mittleren Preisen bieten die **"Semi-Cama"-Busse,** auch „ejecutivo" genannt (38 Plätze). Auf den Nebenstrecken verkehren oft nur ältere Busse, einen „Salón Cama" sucht man hier vergeblich.

Auch bei langen Strecken braucht man sich um sein leibliches Wohl kaum Sorgen zu machen. Man darf Getränke und Essen mit an Bord nehmen, einige Busgesellschaften bieten sogar einen **Getränke- und Essensservice** an. Auf anderen Strecken wiederum halten die Busse vor Restaurants, in denen man eine schnelle Mahlzeit zu sich nehmen kann. Zur Unterhaltung der Fahrgäste werden mitunter **Videofilme** gezeigt – nicht immer von ausgesuchter Qualität, meist US-amerikanische Dutzendware.

Chilenische Busse sind relativ **sicher** – Koffer und Rucksäcke werden meistens im Gepäckraum verstaut. Bestehen Sie auf einem Gepäckschein als Beleg. Achtung, bei Verlust erstatten die Gesellschaften lediglich eine Pauschale von ca. 150 Euro! Wertsachen sollte man daher im Handgepäck und nie unbeaufsichtigt (z.B. nicht in der Ablage über den Sitzen) lassen.

Je nach Streckenführung kann die Fahrtzeit der Busse sehr differieren. Bei den einzelnen Stadtbeschreibungen

Ein Mietwagen bietet ein hohes Maß an individueller Mobilität

werden die mittleren Fahrzeiten genannt.

Buspreise sind häufig auch Tagespreise. So gilt fast nie der im Büro angeschlagene Fahrpreis, meistens wird es bei Nachfragen deutlich billiger.

Vier Tipps: 1. Bei Nachtfahrten sollte man sich einen Pullover oder eine dünne Jacke mit in den Bus nehmen, denn oft ist die Klimaanlage zu stark eingestellt. Ansonsten kann man die Textilie als Kopfkissen gebrauchen.

2. Wenn zwei Busse parallel dieselbe Route fahren, sollte man überlegen, ob man sich nicht den teureren leistet. Oft bedeutet teurer auch schneller (weniger Zwischenstopps) und leerer, und bei Nachtfahrten ist es schön, eine Sitzreihe für sich allein zu haben.

3. Manche Busgesellschaften gewähren Studierenden einen Preisnachlass (Ausweis erforderlich).

4. Wer unterwegs feststellt, dass er zuviel Gepäck dabei hat oder einen Teil seiner Ausrüstung (Bergstiefel etc.) an einen bestimmten Ort vorausschicken will, sollte das nicht per Post machen. Die Busgesellschaften bieten den besseren Service *(encomienda)*: Päckchen packen, den eigenen Namen draufschreiben, bei der Busgesellschaft abgeben, zahlen (6 Kilo von Puerto Montt nach Santiago kosten etwa 4 Euro) und dort wieder abholen. Wichtig: Die Busgesellschaften heben diese Pakete nur bis zu vier Wochen auf.

Mit dem Leihwagen

In einem Land wie Chile, wo die schönsten Gegenden weitab urbaner Zentren liegen und mit öffentlichen Verkehrsmitteln nur sehr zeitaufwendig oder gar nicht erreichbar sind, ist ein Mietwagen eine gute Alternative zur organisierten Tour. Mit einem Leihfahrzeug ist man unabhängig von den auf Nebenstrecken nur selten verkehrenden Bussen, kann dort anhalten, wo diese vorbeirauschen und Attraktionen jenseits der Standardziele erkunden. Am teuersten sind die international agierenden Vermieter wie Hertz, Budget oder Avis, preiswerter hingegen die lokalen Anbieter, zumal dort die Preise meistens auch Verhandlungssache sind. Für einen einfachen Kleinwagen muss man 25–50 Euro pro Tag rechnen, geländegängige Pickups und Jeeps übersteigen leicht die 70-Euro-Marke. Für längerfristige Mieten kann man Rabatt erwarten, Verleiher in der Provinz sind oft teurer als die in Santiago. Vergewissern Sie sich, dass in den Preisen Mehrwertsteuer *(IVA)* und Versicherung *(seguro)* eingeschlossen sind. Theoretisch benötigt man einen Internationalen Führerschein (in der Praxis reicht aber oft der nationale), dazu eine mit mindestens 500 Euro gedeckte Kreditkarte. Die meisten Verleiher vermieten ausschließlich an Kreditkartenbesitzer und an Personen, die älter als 21 Jahre sind.

Am besten leiht man den Wagen immer **ohne Kilometerbeschränkung,** auf Spanisch „kilometraje libre" oder „ilimitado". Die Strecken in Chile sind lang, und die zusätzlich gefahrenen Kilometer belasten schnell das Budget. Auch die **Versicherung** sollte im Preis inklusive sein; erkundigen Sie sich nach der Höhe der Selbstbeteiligung, also des Anteils, den Sie im Schadensfall selbst bezahlen müssen (zwischen 0 und 500 Euro). Grundsätzlich sind die Deckungsgrenzen der Fahrzeug-, besonders aber der Haftpflichtversicherung in Chile sehr knapp bemessen (Fahrzeug: ca. 11.500 Euro, Haftpflicht: ca. 23.000 Euro). Diese Summen können schnell überschritten werden, wenn Sie einen Unfall mit größeren Sach- oder Personenschäden verursachen. Erkundigen Sie sich daher bei Bedarf vor Ihrer Reise nach Möglichkeiten der Zusatzversicherung. ADAC und MasterCard bieten u.a. diesen Schutz, z.T. bereits inklusive für Mitglieder bzw. Karteninhaber.

Neuwagen werden fast nur von den großen Firmen angeboten, bei den kleineren Anbietern haben die Autos schon einige Schrammen oder kleinere Schönheitsfehler. Beim Verleih werden die gröbsten Mängel in eine Liste aufgenommen. Achten Sie bei der Übernahme unbedingt darauf, dass der Wagen technisch in Ordnung ist, dass **(Hand-)Bremsen und Beleuchtung funktionieren und das Reserverad genügend Luft hat.**

Einige **grundlegende Regeln für die Wagenmiete** in Chile:

- **Planen Sie möglichst im Voraus.** Wenn Sie in der Hochsaison (Dezember bis Februar) kurzfristig versuchen, vor Ort einen passenden Wagen zu mieten, müssen Sie sich möglicherweise mit einem der wenigen Wagen begnügen, die übrig sind, und zahlen höhere Preise.
- **Lassen Sie sich gut beraten.** Nicht jeder Wagen ist für jede Route in Chile geeignet: Extreme Höhen wie auf dem Altiplano oder schlechte Schotterpisten können die Fahrt in einem unpassenden Wagen zur Tortur werden lassen, und so mancher hat sich schon über den Vierradantrieb gefreut, der ihn aus einer Furt oder aus dem Straßengraben gerettet hat. Manche Vermieter erlauben für bestimmte Gegenden (z.B. für die Carretera Austral) nur geländegängige Fahrzeuge. Leider kennen die Mietwagen-Pauschalanbieter in Deutschland selten die Verhältnisse in Chile. Gute deutschsprachige Beratung und bequeme Vorabreservierung bietet die Agentur ContactChile mit Sitz in Santiago (www.contactchile.de).
- **Sparen Sie nicht an der falschen Stelle.** Sicher sind die Preisunterschiede groß und die Angebote lokaler Anbieter mitunter ein paar Euro billiger. Aber ist der Wagen auch gut gewartet, spricht der Verleiher wenigstens englisch, und bietet er auch einen echten Pannendienst in der abgelegenen Hochwüste, in die Sie fahren möchten? Wer einen professionellen, zuverlässigen Service sucht, muss nicht unbedingt mehr zahlen: Agenturen können über Vorabbucher-Kontingente bei großen Anbietern wie Hertz günstigere Tarife erzielen als Sie bei der Direktmiete.
- **ADAC-Mitglieder** erhalten beim Automóvil Club de Chile Rabatt, der Club gehört damit aber immer noch zu den teureren Anbietern.
- Und noch ein Tipp: **Reifenpannen** bleiben angesichts der Schotterpisten nicht aus. Statt jedes Mal den Vermieter anzurufen, kann man den Reifen in einer „Vulcanización" in quasi jedem Nest für 3 Euro flicken lassen.

Etwas umständlich ist es, mit einem Leihwagen die **Grenze nach Argentinien zu überqueren** (nach Peru und Bolivien ist es quasi unmöglich). Der chilenische Zoll verlangt eine **notariell beglaubigte Erklärung,** dass der Eigentümer des Wagens dem Fahrer die zeitweilige Ausfuhr erlaubt. Sie muss bei den meisten Verleihern zwei Tage vorher beantragt werden. Auf Grund dieser Erklärung stellt dann der chilenische Zoll an der Grenze Begleitpapiere aus,

REISEN IN CHILE

die dem argentinischen Zoll zur Ein- und Wiederausreise genügen.

Offiziell gilt dieser Schein nach chilenischem Recht nur für eine einzige Ausreise, man sollte daher für jeden Grenzübertritt eine beglaubigte Kopie mit sich führen. Die Kosten für das notarielle Dokument und die nötige Auslandsversicherung können – je nach Verleiher – leicht mehr als 150 Euro extra betragen. Kleinere Firmen bieten diesen Service mitunter gar nicht.

Außerdem benötigen alle in Chile zugelassenen Fahrzeuge **für Argentinien** eine **obligatorische Haftpflichtversicherung**. Diese sollte in den vom Vermieter ausgestellten Versicherungspapieren enthalten sein; erkundigen Sie sich aber genau danach, um nicht an der Grenze umkehren zu müssen.

Die **Verkehrsregeln** in Chile entsprechen weitgehend den europäischen, allerdings werden sie entschieden weniger beachtet. Besonders in Santiago ist das Autofahren stressig. Es wird links und rechts überholt, auch wer links blinkt, biegt plötzlich fröhlich rechts ab – mit Überraschungen sollte man immer rechnen. Immerhin: Wer aus Argentinien kommt, wird die chilenischen Autofahrer höflich und zuvorkommend finden. Lastwagenfahrer setzen übrigens den linken Blinker, wenn sie anzeigen wollen, dass überholt werden kann.

Allgemein gilt: **Am besten defensiv fahren** und nicht auf Rücksichtnahme setzen. Wichtig ist, sich bei Stadttouren die Route genau zurechtzulegen. Insbesondere Santiagos Straßen sind unübersichtlich, schlecht ausgeschildert und voller Löcher. Auf einigen großen Achsen wechselt zudem je nach Spitzenzeit die Fahrtrichtung.

Nachts sollte man besondere Vorsicht walten lassen: Straßen und andere Autos sind entweder schlecht oder gar nicht beleuchtet, Fahrräder nie. Auf **Schotterpisten** gelten einige Besonderheiten: Kommt ein Wagen entgegen, drückt man mit dem Daumen gegen die Windschutzscheibe, damit ein eventuell hoch gewirbelter Stein die Windschutzscheibe nicht vollständig zertrümmert, sondern nur ein kleines Loch hineinschlägt. Um überhaupt zu vermeiden, dass die Steine so weit hoch gewirbelt werden, sollte man dicht an den entgegenkommenden Fahrzeugen vorbeifahren. Weitere Punkte, die zu beachten sind:

● Auch wenn große Fernverkehrsstraßen wie die Panamericana in den letzten Jahren mit privatem Kapital ausgebaut wurden und werden (und an immer mehr Mautstellen abkassiert wird), genügen diese **Autobahnen** nicht dem europäischem Sicherheitsstandard. So muss man immer mit einem Pferdewagen, mit kreuzenden Fahrzeugen oder auch Menschen auf der Straße rechnen.
● **Benzin** gibt es in den Ausführungen 93, 95 und 97 Oktan, kostet **ca. 0,80 Euro pro Liter** (die Preise steigen mit der Entfernung von Santiago) und ist grundsätzlich **bleifrei**.
● In abgelegeneren Gegenden – die Wüsten im Norden, Carretera Austral – sollte man immer mit zweitem Reserverad und **Ersatzkanister** unterwegs sein und jede Tankgelegenheit nutzen.
● Die Höchstgeschwindigkeit in **Ortschaften** beträgt **60,** auf **Landstraßen 100,** auf den meisten **Autobahn-Abschnitten 120 km/h.** Es wird häufig kontrolliert.
● **Fahren unter Alkohol ist verboten;** es gibt aber keine gesetzliche Höchstgrenze. Also besser nichts trinken, auch weil alkoholisierte Fahrer bei Unfällen immer schuldig sind.

Reisen in Chile

- Auf vielen Landstraßen finden sich **Kontrollstationen der Carabineros.** Man sollte sie langsam anfahren, Sichtkontakt mit dem Beamten aufnehmen und in Zweifelsfällen anhalten. Dort werden mitunter Fahrzeugpapiere und Führerschein kontrolliert; in abgelegeneren Gegenden empfiehlt es sich, die Carabineros nach dem weiteren Straßenzustand zu befragen.
- Mehrere zentrale Achsen Santiagos wurden zu **Stadtautobahnen** umgebaut, so die gesamte Panamericana (Ruta 5) im Stadtgebiet, der Außenring Avenida Vespucio und die Costanera Norte am bzw. unter dem Río Mapocho entlang. Auf diesen Straßen kassieren private Betreiber-Gesellschaften **Kilometer-Mauts** und zwar mit einem automatischen System: Über ein an der Windschutzscheibe befestigtes Gerät namens „TAG" wird der Nutzer registriert, dem dann eine monatliche Rechnung zugestellt wird. Erkundigen Sie sich bei Ihrem Autovermieter, ob der Wagen dafür ausgerüstet ist, und wie die Maut abgerechnet wird.
- Lassen Sie beim **Parken** kein Gepäck sichtbar im Auto liegen, und versuchen Sie, den Wagen nachts sicher unterzustellen.

Mit dem Wohnmobil

Einige **wenige Verleiher** vermieten Camper und Wohnmobile, teilweise mit **Allradantrieb.** Der Spaß hat allerdings seinen Preis. Ein umgebauter Pick-up mit Kabine und zwei Schlafplätzen kostet am Tag je nach Standard und Mietdauer ab 130 Euro. Mitunter sind die Kilometer dann frei, manchmal ist auch schon die Vollkaskoversicherung im Preis enthalten. Mit dem Wohnmobil lassen sich die Carretera Austral, die Hochwüsten des Nordens und auch das chilenische Seengebiet hervorragend erkunden.

Camper und Wohnmobile für Chile und Argentinien werden angeboten von:

- **Camper Adventures**
Schaffenbergstr. 28, 41352 Korschenbroich, Tel. 02161/640475, Fax 640451, www.latinocamper.de
- **ContactChile**
Huelén 219 piso 2, Providencia, Santiago de Chile, Tel. (0056-2) 2641719, www.contactchile.de.
- **Trekker Chile**
Viña Andrea s/n, Talca, Tel. (0056-71) 1972757, www. trekkerchile.com.

Eine weitere Möglichkeit ist eine **organisierte Fahrt mit dem Geländewagen,** die von Santiago de Chile bis nach Punta Arenas führt und dabei auch immer wieder die argentinische Andenseite berührt. So sieht diese Tour unter anderem auch Wanderungen am Fitz-Roy-Massiv vor. Weitere Informationen erhält man zum Beispiel bei:

- **Wendy-Pampa-Tours**
Ute Wendel, 88696 Owingen-Billafingen/Bodensee, Tel. 07557/929374, Wendy-Pampa-Tours@t-online.de.

Mit dem eigenen Auto

Pkws, Wohnmobile und Motorräder können mit dem **„Carnet de Passage en Douanes"** nach Chile eingeführt werden. Dieses Carnet ist bei den Automobilclubs zu bekommen.

Fahrzeug verladen und verschiffen

Sein eigenes Fahrzeug nach Südamerika zu transportieren ist unproblematischer, als man zunächst glaubt. Mehrere deutsche Seefrachtunternehmen bieten diesen Service an. Das Auto wird

On the road (Fray Jorge NP)

dabei als Stückgut verladen, der Preis ist von der Größe abhängig. Jeder Kubikmeter Auto kostet ungefähr 80 Euro; ein normaler Pkw ist etwa 12–14 Kubikmeter groß (etwa 1100 Euro), ein VW-Bus etwa 16 (ca. 1300 Euro). Man sollte sich rechtzeitig vor dem geplanten Reisebeginn mit einer Spedition in Verbindung setzen, allein die Reisezeit auf dem Schiff nach Valparaiso dauert etwa dreißig Tage. Weitere Auskünfte bei:

●**Firma Menzel**
Tel. 040/370070, nur Verschiffung.
●**Firma Niemann**
Tel. 040/32549715,
Autoverladung und Preisermittlung.

●**Schiffspassagen** nennt auch die
Deutsche Verkehrs Zeitung
DVZ-Verlag, Nordkanalstraße 36,
20097 Hamburg, Tel. 040/2371401.

Autokauf vor Ort

Wer länger auf eigene Faust unterwegs sein will, für den kann sich der Kauf eines Fahrzeugs vor Ort lohnen. Gebrauchtwagen sind zwar generell teurer als in Deutschland, man kann sie jedoch nach der Reise mit geringem Verlust wieder verkaufen.

Voraussetzung für den Kauf ist zunächst eine Steuernummer (**Rol Único Tributario, RUT**), die auch Nicht-Residenten bei der örtlichen Steuerbehörde erhalten (*Servicio de Impuestos Internos;* fürs Zentrum von Santiago in Alonso Ovalle 680, für die östlichen Stadtbezirke in General del Canto 281; nur vormittags geöffnet). Dabei müssen Sie eine Adresse angeben, an die nach einigen Wochen die amtliche Bescheinigung geschickt wird; die Nummer

selbst erhalten Sie sofort und können damit Geschäfte tätigen.

Angebote von Gebrauchtwagen finden sich vor allem am Wochenende im Mercurio, im Internet unter www.automoviles.elmercurio.com, viel genutzt wird auch die Seite www.chileautos.cl. Achten Sie beim **Kauf** von Privatpersonen auf Vollständigkeit und Gültigkeit der Papiere (s.u.)! Den Fahrzeugkauf lassen Käufer und Verkäufer von einem beliebigen **Notar** bestätigen, hier werden Gebühren und Steuern fällig. Danach muss der Wagen innerhalb von 30 Tagen beim **Registro Civil** der jeweiligen Kommune umgemeldet werden. Die Kopie des Anmeldeformulars (eigentlich bereits die Kopie des Kaufvertrages) gilt als Besitzdokument, den endgültigen Halter-Ausweis *(padrón)* erhalten Sie per Post. Beim Kauf von einem Händler übernimmt dieser meist den Papierkram.

Für jedes Fahrzeug ist eine **Mindesthaftpflichtversicherung** abzuschließen („Seguro obligatorio"). Sie ist vom 1. April bis zum nachfolgenden 31. März gültig, kostet etwa 15 Euro, wird von fast allen Versicherungsgesellschaften ausgestellt und deckt Schäden an Dritten bis zu 3000 Euro ab. Ratsam ist der Abschluss einer höheren Versicherung.

Zu den **Autopapieren,** die man immer mit sich führen muss, gehören neben *padrón* und Grundversicherung die behördliche Zulassung *(permiso de circulación)*, die jedes Jahr im März bei den kommunalen Behörden erneuert werden muss, sowie die technische Überprüfung *(revisión técnica)*, deren jährlicher Termin sich nach der letzten Ziffer des Kennzeichens richtet.

Mit der Eisenbahn

Trotz einiger Bemühungen in den letzten Jahren, die staatliche Eisenbahngesellschaft EFE zu modernisieren und wettbewerbsfähig zu machen, bietet das einst größte Schienennetz Südamerikas heute ein **trauriges Bild:** Die meisten Nebenstrecken wurden aufgegeben oder werden nur noch für den Güterverkehr genutzt, und auf den Hauptstrecken fahren nur noch wenige Züge.

Die Passagierzüge in Nordchile wurden inzwischen alle eingestellt. Die **Hauptstrecke in Chile** verband früher Santiago über Temuco mit Puerto Montt. Heute fährt der Zug nur noch bis Chillán. Die Weiterfahrt bis Temuco und Puerto Montt ist schon seit Jahren wegen Streckenschäden nicht mehr möglich, von Chillán nach Concepción fahren Ersatzbusse. Die Fahrpläne ändern sich oft, Verspätungen gehören zur Tagesordnung. Dabei könnten es die Züge mit bequemen Sitzen, Klapptisch und Stromanschluss hinsichtlich Komfort und auch Schnelligkeit (max. 160 km/h, 4,5 Std. für die 410 km bis Chillán) mit den besten Bussen aufnehmen. Ein Vorteil auf der Fahrt ist zweifellos der Speisewagen. In der ersten Klasse *(preferente)* kann man seinen Sitz zum Schlafen weit zurückklappen. Immerhin sechsmal am Tag verkehrt der Schnellzug von Santiago nach Chillán mit Halt in allen größeren Städten.

Großer Beliebtheit erfreut sich der **Vorortzug Metrotren,** der ein- bis viermal stündlich Santiago mit Paine und – weniger häufig – mit Rancagua und San Fernando verbindet.

Eine pittoreske Fahrt verspricht auch die **Schmalspurbahn von Talca** an die Küste (Constitución), die letzte ihrer Art (siehe unter „Talca").

● **Informationen** über die Zugstrecken erhält man bei der **Empresa de los Ferrocarriles del Estado**, Alameda 3170, Santiago, Tel. 3768500, www.efe.cl, Ticket-Telefon: 600-5855000.

Anfang 2008 veranstaltete ein deutscher Investor mit viel Medienrummel die Jungfernfahrt des **TransPacífico,** eines Luxusreisezuges mit fünf restaurierten Linke-Hofmann-Waggons, die 1929 in Breslau gebaut wurden und bis 2003 auf der Strecke Santiago – Temuco eingesetzt waren. Im Zuge der Finanzkrise wurde das Projekt allerdings wieder auf Eis gelegt. Aktuelle Infos bei Lernidee Erlebnisreisen, Tel. 030/7860000, www.lernidee.de.

Mit dem Schiff

Im Süden des Landes, wo Straßen das zerklüftete Urwald- und Inselreich nur unzureichend erschließen können, werden Schiff und Boot zu prominenten Verkehrsmitteln. Der **wichtigste Ausgangshafen ist Puerto Montt,** von dort kann man per Schiff nach Chaitén, Puerto Chacabuco, Puerto Natales und zur Laguna San Rafael gelangen. Auch von Castro und Quellón auf der Insel Chiloé verkehren Fähren nach Chaitén. Alle Fahrten führen durch die beeindruckende Fjordlandschaft entlang der chilenischen Südküste; von Puerto Montt nach Chacabuco dauert die einfache Fahrt etwa 24 Stunden, bis nach Puerto Natales drei volle Tage. Details über Abfahrtszeiten und Preise stehen bei den praktischen Hinweisen zu Puerto Montt, der Insel Chiloé, der Laguna San Rafael und Chacabuco.

Hier nur die **Adressen der wichtigsten Reedereien in Santiago:**

● **Navimag**
El Bosque Norte 0440, Tel. 4423120, Fax 2035025, www.navimag.cl. Personen- und Fahrzeugtransport ab Puerto Montt nach Puerto Chacabuco, Puerto Natales und zur Laguna San Rafael.
● **Catamaranes del Sur**
Pedro de Valdivia Norte 0210, Providencia, Tel. 2311902, www.catamaranesdelsur.cl. Schneller Katamaran zwischen Puerto Montt und Chaitén sowie Castro und Chaitén (nur Jan./Febr.), auch von Puerto Chacabuco zur Laguna San Rafael.
● **Skorpios**
Augusto Leguía Norte 0118, Tel. 4771900, Fax 2322269, www.skorpios.cl. Luxuriöse Kreuzfahrten von Puerto Montt zur Laguna San Rafael und von Puerto Natales zum Gletscher Pío XI.
● **Patagonia Connection**
Fidel Oteíza 1921, of. 1006, Tel. 2256489, www.patagonia-connection.com. Per Katamaran von Puerto Chacabuco zum exklusiven Hotel Termas de Puyuhuapi und zur Laguna San Rafael.

Per Autostopp

Per Anhalter zu reisen ist in Chile **nicht so leicht.** Während die Nebenstrecken oft nur schwach befahren sind, sind die wichtigsten Hauptstrecken zu Autobahnen ausgebaut, an denen man sich kaum aufstellen kann. In Patagonien oder den Wüsten im Norden kann es schon vorkommen, dass man sich wegen des fehlenden Verkehrs die Beine in den Bauch steht. Bester Standplatz: die Tankstellen an den Ausfallstraßen der Städte.

Mit dem Fahrrad

Für Fahrradtouren, wie man sie aus Deutschland oder der Schweiz kennt, eignet sich Chile nur bedingt. Vielerorts gibt es zur Hauptachse, der Panamericana-Autobahn, keine echte Alternative. Nebenstrecken sind unzureichend asphaltiert oder gar nur geschottert, Fahrradwege gibt es fast nirgends. Wer dennoch das Land im Sattel bereisen möchte, braucht ein **robustes Mountainbike** mit breiten Reifen und viel Geduld mit den Chilenen, die an Radfahrer auf der Straße nicht gewöhnt sind. Da heißt es: Defensiv fahren und nicht auf Rücksichtnahme hoffen.

Besser als der Norden mit seinen staubigen Wüsten eignen sich die **Zentralzone** – vor allem an der Küste entlang –, das **Seengebiet** und **Patagonien** – hier besonders an der Carretera Austral – für eine abenteuerliche Radtour. Je weiter südlich man kommt, desto schlechter und einsamer werden die Pisten, desto feuchter wird das Klima, und desto besser sollte man ausgerüstet sein.

LanExpress befördert kostenlos und ohne besondere Verpackung Räder – allerdings darf das Gesamtgewicht des Gepäcks die 20-Kilo-Grenze nicht überschreiten. Auch die **Überlandbusse** nehmen Räder mit, solange man den Lenker umdreht und das Vorderrad rausnimmt. Eventuell wird ein kleiner Aufpreis fällig.

Mit Stadtbus und Taxi

Das System der **Stadtbusse,** von den Chilenen *micros* genannt, wurde in Santiago 2007 gründlich reformiert und erneuert. Während in anderen Städten teilweise klappernde und stinkende Ungetüme unterwegs sind, verkehren in der Hauptstadt modernere Busse im Rahmen des privaten, von der Regierung geplanten Verkehrsverbundes Transantiago (nähere Informationen unter Santiago).

Taxis haben meistens Taxameter, die auch eingeschaltet werden. Generell ist Taxifahren relativ preisgünstig, ein Kilometer kostet etwa 60–80 Eurocent. Leider versuchen Taxifahrer mitunter, Ausländern etwas mehr abzuknöpfen. Es ist daher grundsätzlich angeraten, den Fahrpreis im Voraus auszuhandeln, insbesondere bei längeren Strecken. Auf die Ortskenntnis der meisten Taxifahrer ist kein Verlass: Legen Sie sich die günstigste Fahrstrecke möglichst selbst zurecht. Im Zweifelsfall sind die etwas teureren, per Telefon zu bestellenden **Funktaxis** *(radiotaxi)* vorzuziehen, bieten sie doch meist bessere Wagen und zumindest die Möglichkeit, die Zentrale nach dem Weg zu fragen.

Reiserouten und -ziele

Aufgrund der „verrückten" Geografie **liegt die Reiseroute in Chile fest:** Man landet in Santiago und fährt dann je nach Zeit einmal bis ganz nach Süden und einmal bis ganz nach Norden. **Jede Region lockt mit speziellen Attraktionen.** Die großen Entfernungen machen es allerdings schwierig, das Land in Gänze kennen zu lernen. Wer nur wenig Zeit hat, sollte sich auf einen Landesteil konzentrieren oder bestimmte Ziele schnell anfliegen.

Im **Großen Norden** gehören die Nationalparks Lauca und Isluga sowie die wilden Landschaften um San Pedro de Atacama zu den schönsten Zielen. Von Arica und Iquique bzw. von Calama sind sie leicht zu erreichen. Salzseen, Geysire und mehr als 6000 Meter hohe Vulkane kann man hier bewundern. Dazu kommen Wüstenorte wie San Pedro oder verlassene Salpeterstädte in der Wüste wie Humberstone.

Der **Kleine Norden** lockt mit Badestränden bei La Serena und mit den Oasen im Valle del Elqui; Technikfreunde und Sterngucker werden die riesigen Observatorien besuchen.

Auch für **Santiago** sollte man sich ein paar Tage Zeit nehmen, um das Großstadtleben zu betrachten, seien es die Nachmittage auf der Plaza de Armas, die Abende im Barrio Bellavista oder die Wochenenden der Chilenen in den Shoppingmalls. Ausflüge nach Valparaíso und Viña del Mar sind von Santiago ebenso problemlos möglich wie Bergtouren in den nahen Zentralanden.

Rund um Santiago und bis nach Los Angeles erstreckt sich die **Zentralzone,** deren wenig erschlossene Andenkordillere mit ihren grünen Hochtälern und vergletscherten Gipfeln ebenso reizt wie die endlosen Strände, verträumten Kolonialdörfer oder alten Weingüter.

Südlich des Río Biobío beginnen **Araukanien und die Seenregion.** Hier liegen die Mapuche-Dörfer, erstrecken sich wundervolle Nationalparks mit schneebedeckten Vulkanen, blauen Seen und herrlichen Wäldern – eine Bil-

Blick auf den Vulkan Villarrica mit seiner ewigen Rauchfahne

derbuchlandschaft. Chiloé ist die Insel der Mythen, der Fischer und leider auch des Regens.

Auf die Suche nach Abenteuern kann man auf der **Carretera Austral** gehen. 1200 Kilometer führt die Straße durch die Einsamkeit, vorbei an tief eingeschnittenen Fjorden und schneebedeckten Gipfeln, durch dichte Regenwälder und winzige Siedlungen.

Die Region **Magallanes** steht für südpatagonische Steppe und wild gezackte Bergmassive. Hier liegt der wunderbare Nationalpark Torres del Paine, hier münden die Gletscher in den südlichen Pazifik, und von der früheren Pionierstadt Punta Arenas aus starten die Fahrten nach **Feuerland,** zum südlichsten Zipfel des südamerikanischen Kontinents und in die Antarktis.

Der **Juan-Fernández-Archipel,** der von der UNESCO zum Biosphären-Reservat erklärt wurde, lockt mit Besuchen auf den Spuren von *Robinson Crusoe* und mit wunderbaren Hummer- und Fischgerichten.

Weitab von der chilenischen Küste – etwa 3800 Kilometer – liegt die **Osterinsel,** ein Südsee-Paradies mit einer geheimnisvollen Geschichte und eine Welt für sich.

Reise-Bausteine

Im Folgenden listen wir ein paar Bausteine auf, die **beliebig kombiniert** werden können. Es handelt sich um die wichtigsten und beliebtesten Reiseziele. Zur besseren Orientierung wird zuerst die nächstliegende große Stadt (Flughafen) genannt.

Großer Norden

- Arica: **Altiplano-Rundfahrt** (Nationalparks Lauca, Las Vicuñas und Volcán Isluga) – **Iquique:** 4 Tage.
- Calama: **San Pedro de Atacama** (Attraktionen der Umgebung): 3-6 Tage.

Kleiner Norden

- Copiapó: **Bahía Inglesa – Altiplano:** 3 Tage.
- La Serena: **Valle de Elqui – Punta de Choros:** 3-4 Tage.

Mittelchile

- Santiago: 2-3 Tage.
- Santiago: **Valparaíso – Viña del Mar – Pazifikküste:** 1-3 Tage.
- Santiago: **Valle Colchagua** (Wein) **– Talca – NP Altos de Lircay – Termas de Chillán:** 3-5 Tage.

Kleiner Süden

- Temuco: **Lonquimay, Quellgebiet des Biobío, NP Conguillío:** 3-4 Tage.
- Temuco: **Pucón und Umgebung:** 3-5 Tage.
- Temuco/Valdivia: **Valdivia – Lago Panguipulli – Reserva Huilo-Huilo:** 2-3 Tage.
- Puerto Montt: **Puerto Varas – Lago Llanquihue – NP Vicente Pérez Rosales:** 2-4 Tage.
- Puerto Montt: **Isla Chiloé:** 2-3 Tage.

Großer Süden

- Puerto Montt/Coyhaique: **Carretera Austral (Nordteil):** 3-7 Tage.
- Coyhaique: **Carretera Austral (Südteil):** 3-7 Tage.
- Punta Arenas: **Pinguine – Puerto Natales – NP Torres del Paine:** 3-7 Tage.
- Punta Arenas: **Feuerland:** 2-5 Tage.

Inseln

- **Osterinsel:** 3-7 Tage.

Reisezeit

Chile hat das ganze Jahr über Saison. Je nach Lage der Reiseziele sollte man seinen Aufenthalt planen und dabei die auf der Südhalbkugel entgegengesetzten Jahreszeiten beachten. Im Großen Norden kann man ganzjährig unterwegs sein und sollte höchstens versuchen, die Sommermonate Januar/Februar (teilweise auch März) zu meiden, wenn der sogenannte „bolivianische Winter" auf dem Altiplano für Unwetter und Straßenschäden sorgt. Mittelchile um Santiago sollte man am besten im Frühjahr oder Herbst besuchen; im Sommer ist es meist sehr heiß. Für den Süden ist der europäische Winter die beste Jahreszeit. Von November bis Februar ist das Wetter an der Magellanstraße und im Nationalpark Torres del Paine am erträglichsten, obwohl es auch im Februar dort schon schneien kann.

Die meisten Chilenen verbringen ihre Ferien in den Sommermonaten; die Schulferien dauern von Mitte Dezember bis Anfang März.

Buchtipp – Praxis-Ratgeber:
●Matthias Faermann
**Schutz vor Gewalt
und Kriminalität unterwegs**
(REISE KNOW-HOW Verlag)

Sicherheit

Chile ist eines der sichersten Länder in Südamerika, gerade in ländlichen Regionen.

Wie immer bestätigen Ausnahmen die Regel, deshalb sollte man eine natürliche Vorsicht walten lassen. Selbstverständlich gibt es in Großstädten wie Santiago de Chile in den Bussen, in der U-Bahn oder auf belebten Straßen **Taschendiebe,** die sich ihre Opfer sehr gut aussuchen und wissen, dass die Gringos im Zweifel einiges an Bargeld mit sich herumtragen oder eine teure Kamera besitzen. Deshalb sollte man seine Wertsachen nie offen tragen, in der U-Bahn und in Restaurants besonders gut auf Brief- und Handtasche achten und vielleicht auf die Mitnahme der teuren Uhr verzichten. Vielleicht nimmt man auch nicht die gesamte Barschaft mit, bewahrt ein wenig Kleingeld in der Hosentasche auf und den Rest im sicheren Geldgürtel unter der Kleidung. Beachten Sie eines: Sollte es wirklich zu einem der sehr, sehr seltenen bewaffneten Überfälle kommen, ist es gefährlich, Widerstand zu leisten. Geben Sie besser Ihre Wertsachen ab.

Die **größte Gefahr,** bestohlen zu werden, droht **in Großstädten, in Touristenzentren** und immer da, wo viele Leute aufeinandertreffen, also **in Busbahnhöfen, in Warteschlangen** usw. Vermeiden Sie es, ohne ortskundige Begleitung in unbekannte Stadtrandbezirke zu fahren, und beachten Sie besondere Warnhinweise bei den einzelnen Städten.

Souvenirs und Einkäufe

Kunsthandwerk in jeder Form gehört zu den beliebtesten Mitbringseln aus Chile. **Es gibt fast alles** – Kitsch und Kunst paaren sich in wundersamster Form. Die größte Auswahl an regional geprägten Produkten findet man in den Regionen selbst, so auf den Märkten in Temuco, Puerto Montt (Angelmó) oder Dalcahue auf der Insel Chiloé. Überall gibt es feine oder grob gestrickte Wollwaren, im Norden kommen Fossiliensammler auf ihre Kosten, im Süden die Freunde von Holz-, Web- und Flechtarbeiten. Wer originelle Designs und künstlerisch anspruchsvolle Verarbeitung sucht, ist in den Boutiquen der Hauptstadt besser aufgehoben, etwa in den Vierteln Lastarria und Bellavista oder in Los Dominicos (siehe unter Santiago). Ein ganz besonderes Souvenir ist Schmuck aus oder mit **Lapislazuli**, einem blauen Halbedelstein, der nur in Chile und Afghanistan vorkommt. Dazu kommen kulinarische Mitbringsel: **Pisco und Wein** (obwohl viele Sorten inzwischen auch problemlos in Europa zu haben sind), Fisch und Muscheln, die man als Konserve mitnehmen kann.

Wichtiger Hinweis: Kaktusholz ist nach dem **Washingtoner Artenschutzabkommen** geschützt. Aus Kaktusholz sind die sehr schönen **„palos de lluvia"** (rainsticks, Regenhölzer), die es auf vielen Kunsthandwerkermärkten gibt. Man sollte sie nicht kaufen, erstens aus Umweltschutzgründen, zweitens weil ihre Einfuhr nach Deutschland, Österreich oder die Schweiz **verboten** ist.

Stromspannung

Die Stromspannung in Chile beträgt wie in Mitteleuropa **220 Volt/50 Hz.** Allerdings passen europäische Schutzkontaktstecker nur selten in chilenische Steckdosen. Adapter bekommt man problemlos vor Ort in Fachgeschäften und Supermärkten.

Unterkunft

In fast allen Orten Chiles ist die touristische Infrastruktur gut. Es finden sich in der Regel **Mittelklassehotels und Pensionen, es gibt aber auch Residenciales, Hosterías und Casas de Familia.** Das Spektrum reicht vom Fünf-Sterne-Hotel in Santiago bis zum schlichten Refugio im Nationalpark.

Die angegebenen **Preise** sind – soweit nicht anders vermerkt – gültig für **zwei Personen im Doppelzimmer,** in den Residenciales fast immer ohne Frühstück. Bei Hotels ab Mittelklasse aufwärts hat man immer ein eigenes Bad, in der unteren Preisklasse kann es auch mit *Baño compartido* (Gemeinschaftsbad) statt *Baño privado* sein. Einzelzimmer sind häufig im Verhältnis teurer, manchmal zahlt man für sie so viel wie für ein Doppelzimmer. Check-out ist normalerweise um 12 Uhr. Wer sein Zimmer mit US-Dollars bezahlt, ist von der Mehrwertsteuer (IVA, 19%) befreit.

Tropenidylle – der Pool des Hotels Oceania Rapa Nui auf der Osterinsel

Vielerorts wird diese Regel stillschweigend bei allen ausländischen Touristen angewandt – unabhängig vom Zahlungsmittel. Oder die Dollar-Tarife sind so „großzügig" kalkuliert, dass man trotz der Steuerbefreiung gegenüber den Pesopreisen nichts spart.

Tipp: Neuankömmlinge sollten schon in Santiago am Flughafen oder in einer Touristeninformation die **Faltblätter „Backpacker's Best of Chile"** und **„Hostels for Backpackers"** einstecken. Diese jährlich aktualisierten Broschüren listen zahlreiche Hospedajes, kleinere Hostales, Herbergen etc. auf, die sich zur gemeinsamen Vermarktung zusammengeschlossen haben. Es sind nicht immer die billigsten Übernachtungsmöglichkeiten in den jeweiligen Orten (fast alle touristische Regionen werden abgedeckt). Dafür ist man i.d.R. auf der sicheren Seite, was Sauberkeit, Service und Ausstattung der Häuser angeht, da sich die Häuser gegenseitig überprüfen. Informationen im Internet finden sich unter www.backpackersbest.cl, www.backpackerschile.com oder www.minihostels.com.

Hotels

Eine **einheitliche Klassifizierung** der Hotels **gibt es nicht.** Wenn Häuser mit Sternen werben, so sind die selbst vergeben und mehr eine preisliche als eine qualitative Festschreibung. Die Qualität ist oft sehr unterschiedlich, aber man findet in fast allen Orten ein **breites An-**

gebot an Mittelklassehotels. Vorbestellungen sind bei den guten, u.a. in diesem Handbuch empfohlenen Adressen angeraten. Insbesondere während der Hochsaison kann es in touristischen Hochburgen wie Viña del Mar, Pucón, Puerto Varas, San Pedro de Atacama oder dem Nationalpark Torres del Paine zu Engpässen kommen. Bei den billigeren Hotels sollten Sie sich das Zimmer vorher ansehen.

Einfache Unterkünfte

Sie heißen **Residencial, Hostería, Hostal** oder auch **Hospedaje**, sind einfache, mitunter etwas abgewohnte Unterkünfte. Die billigsten sind immer in der Nähe des Busbahnhofs zu finden, **allzu viel Komfort sollte man dort in der Regel nicht erwarten.** Hier gilt: herumschauen, Zimmer angucken, evtl. weitergehen. Manche dieser billigeren Übernachtungsmöglichkeiten haben ein eigenes Bad, oft ist lediglich ein *baño común* vorhanden. **Casas de familia** findet man vorwiegend im Süden des Landes. Familien vermieten leer stehende Zimmer an eine oder mehrere Personen, die Tourismusinformationen wissen normalerweise die Adressen – diese Zimmer können exzellente und preiswerte Übernachtungsmöglichkeiten sein. Übrigens: Manche Residenciales dienen auch als Stundenhotels, aber meistens nicht Prostituierten und ihren Kunden, sondern unverheirateten Paaren ohne eigene Wohnung.

Jugendherbergen

Die wenigen Jugendherbergen in Chile haben in der Regel nur in den Sommermonaten Januar und Februar geöffnet und sind nicht unbedingt die preiswertesten Alternativen am Ort. Sie sind **gute Treffpunkte** für Alleinreisende, bieten Informationsmöglichkeiten, eine Kochgelegenheit und die Möglichkeit, Wäsche zu waschen. Übernachtet wird in Mehrbettzimmern.

Hat man einen **internationalen Jugendherbergsausweis** aus dem Heimatland, schläft man auch bei den insgesamt 14 chilenischen Jugendherbergen (www.hihostels.com) zum günstigeren Tarif, sonst muss man eine Tagesmitgliedschaft erwerben. Tipp: Kann man auch als Familie beantragen. Hier bekommt man weitere Infos zum Jugendherbergsausweis:

- **D:** www.jugendherberge.de, 12–20 Euro
- **A:** www.oejhv.or.at, 10–20 Euro
- **CH:** www.youthhostel.ch, 22–55 SFr

Camping

Organisierte Campingplätze sind in den letzten Jahren deutlich teurer geworden. Angesichts vieler billiger Unterkünfte ist Zelten oft nur für Paare oder Gruppen eine preiswerte Alternative, da meist pro Stellplatz bezahlt wird. Dabei verfügen sowohl private als auch

---

Buchtipp – Praxis-Ratgeber:
- Erich Witschi
Unterkunft und Mietwagen clever buchen
(Reise Know-How Verlag)

Versicherungen

von der Nationalparkbehörde Conaf verwaltete Plätze nur selten über einen dem Preis angemessenen Komfort.

„Wild" zelten ist in den meisten Nationalparks erlaubt und in entlegenen Gebieten meist kein Problem; man sollte jedoch, wenn möglich, den Eigentümer des Grundstücks um Erlaubnis bitten. Wichtig: keine Spuren hinterlassen und alle Abfälle mitnehmen!

Die beste Campingsaison ist natürlich der Sommer. Man braucht auch dann vor allem im Süden eine **hochwertige Ausrüstung,** denn der patagonische Sturm kann schon mehr als heftig an den Zeltwänden zerren. Gute Campingutensilien sind teurer als in Europa, aber fast überall zu haben, ebenso wie die notwendigen Zubehörteile wie z.B. Gaskartuschen. In touristischen Zentren wie Puerto Natales kann man auch komplette Campingausrüstung leihen.

Versicherungen

Für alle abgeschlossenen Versicherungen sollte man die Notfallnummern notieren und mit der Policenummer gut aufheben! Bei Eintreten eines Notfalles sollte die Versicherungsgesellschaft sofort telefonisch verständigt werden!

Wild zelten ist in vielen Naturparks erlaubt

VERSICHERUNGEN

Eine Delikatesse – Hummer vom Juan-Fernández-Archipel

Der Abschluss einer **Jahresversicherung** ist in der Regel kostengünstiger als mehrere Einzelversicherungen. Günstiger ist auch die **Versicherung als Familie** statt als Einzelpersonen. Hier sollte man nur die Definition von „Familie" genau prüfen.

Auslandskrankenversicherung

Die Kosten für eine Behandlung in Chile werden von den gesetzlichen Krankenversicherungen in Deutschland und Österreich nicht übernommen, daher ist der Abschluss einer privaten Auslandskrankenversicherung **unverzichtbar.** Bei Abschluss der Versicherung – die es mit bis zu einem Jahr Gültigkeit gibt – sollte auf einige Punkte geachtet werden. Zunächst sollte ein **Vollschutz ohne Summenbeschränkung** bestehen, im Falle einer schweren Krankheit oder eines Unfalls sollte auch der **Rücktransport** übernommen werden. Diese Zusatzversicherung bietet sich auch über einen **Automobilclub** an, insbesondere wenn man bereits Mitglied ist. Diese Versicherung bietet den Vorteil billiger Rückholleistungen (Helikopter, Flugzeug) in extremen Notfällen.

Wichtig ist auch, dass im Krankheitsfall der **Versicherungsschutz über die vorher festgelegte Zeit hinaus** automatisch verlängert wird, wenn die Rückreise nicht möglich ist.

Schweizer sollten bei ihrer Krankenversicherungsgesellschaft nachfragen, ob die Auslandsdeckung auch für Chile inbegriffen ist. Sofern man keine Auslandsdeckung hat, kann man sich kostenlos bei Soliswiss (Gutenbergstr. 6, 3011 Bern, Tel. 031-3810494, www.soliswiss.ch) über mögliche Krankenversicherer informieren.

Zur **Erstattung der Kosten** benötigt man ausführliche Quittungen (mit Datum, Namen, Bericht über Art und Umfang der Behandlung, Kosten der Behandlung und Medikamente).

Andere Versicherungen

Ob es sich lohnt, weitere Versicherungen abzuschließen, wie eine Reiserücktritts-, Reisegepäck-, Reisehaftpflicht- oder Reiseunfallversicherung, ist **individuell abzuklären.** Gerade diese Versicherungen enthalten viele Ausschlussklauseln, sodass sie nicht immer Sinn machen.

Die **Reiserücktrittsversicherung** für 35–80 Euro lohnt sich nur für teure Reisen und für den Fall, dass man vor der Abreise einen schweren Unfall hat, schwer erkrankt, schwanger wird, gekündigt wird oder nach Arbeitslosigkeit einen neuen Arbeitsplatz bekommt, die Wohnung abgebrannt ist u.Ä. Nicht gelten hingegen: Terroranschlag, Streik, Naturkatastrophe etc.

Die **Reisegepäckversicherung** lohnt sich seltener, da z.B. bei Flugreisen verlorenes Gepäck oft nur nach Kilopreis und auch sonst nur der Zeitwert nach Vorlage der Rechnung ersetzt wird. Wurde eine Wertsache nicht im Safe aufbewahrt, gibt es bei Diebstahl auch keinen Ersatz. Kameraausrüstung und Laptop dürfen beim Flug nicht als Gepäck aufgegeben worden sein. Gepäck im unbeaufsichtigt abgestellten Fahrzeug ist ebenfalls nicht versichert. Die Liste der Ausschlussgründe ist endlos ... Überdies deckt häufig die Hausratversicherung schon Einbruch, Raub und Beschädigung von Eigentum auch im Ausland. Für den Fall, dass etwas passiert ist, muss der Versicherung als Schadensnachweis ein Polizeiprotokoll vorgelegt werden.

Zeit

Die Abweichung der chilenischen Ortszeit gegenüber der Mitteleuropäischen Zeit (MEZ) variiert mit der Sommer- bzw. Winterzeit. Vom zweiten Samstag im Oktober bis zum zweiten Samstag im März, also **während der Hauptreisezeit,** beträgt der Unterschied **minus vier Stunden** im Vergleich zu Mitteleuropa (ist es in Deutschland 12 Uhr, ist es in Chile 8 Uhr). Von Ende März bis Ende September beträgt der Zeitunterschied sechs Stunden. In den jeweils zwei Wochen zwischen Zeitumstellung in Europa und in Chile (Ende September bis zweiter Samstag im Oktober sowie zweiter Samstag im März bis Ende März) gibt es einen Unterschied von fünf Stunden.

Outdoor

Outdoor

Wanderung am Grey-Gletscher

Auf dem Gipfel des Volcán Azufre

Rafting im Río Trancura

Einleitung

Seine wilde und vielseitige Landschaft macht Chile zum Paradies für Outdoor-Freunde. Einsame Berglandschaften und riesige Seen, naturbelassene Flüsse, Thermen und Wasserfälle, endlose Pazifikstrände, enorme Gletscher und die endlose Wüste bieten traumhafte Möglichkeiten, den Urlaub aktiv zu gestalten. Viele fahren gar ausschließlich aus diesem Grund nach Chile, zumal man den meisten Outdoor-Aktivitäten frönen kann, wenn in europäischen Gefilden grauer Winter herrscht. Die Anden locken zum Bergsteigen, Trekking, Mountain-Biking und Reiten. Auch Skifahren kann man hier gut, allerdings während der europäischen Sommermonate. Glasklare Wildwasserflüsse laden zum Kajakfahren und Rafting ein. Surfer und Windsurfer tummeln sich in den Pazifikwellen, Gleitschirmflieger suchen die Aufwinde der Kordilleren, Sportangler den dicken Fang in patagonischen Flüssen.

Buchtipps: Zu vielen Outdoor-Bereichen hält REISE KNOW-HOW nützliche Praxis-Ratgeber bereit, z.B.:
- Günter Schramm, **Trekking-Handbuch**
- Thomas Gut, **Canyoning**

Empfehlenswert ist auch das **Adventure Handbook Central Chile** von Franz Schubert und Malte Sieber (Santiago de Chile, Viachile Editores; Bezug über www.trekkingchile.com/karten oder in chilenischen Buchläden.

Trekking

Bergwanderer, die den überlaufenen, idiotensicher ausgeschilderten Pfaden Mitteleuropas entfliehen wollen und Lust auf echtes Abenteuer haben, sind in Chile richtig. Selbst im dicht besiedelten Großraum Santiago stößt man in den Bergen noch auf **völlig unberührte Natur.** Um so wilder und einsamer wird es, je weiter südlich oder nördlich man kommt. Das heißt aber auch, dass Wanderwege nur bedingt erschlossen sind. Auf Markierungen darf man nur selten hoffen, auf Schilder kaum; vielfach ist man auf den Pfaden der Viehtreiber *(arrieros)* unterwegs. Daher ist es ratsam, niemals ohne handfeste Informationen, ordentliches **Kartenmaterial** (so vorhanden) und **GPS-Gerät** oder Kompass loszuziehen.

Ausnahmen bestätigen die Regel. Dazu gehören einige recht gut erschlossene Nationalparks, allen voran der Parque Nacional Torres del Paine mit einem gut gepflegten Wanderwegenetz von 250 Kilometern Länge.

Ausrüstung

Perfekt sitzende **Wanderschuhe** mit einem guten Profil sind das A und O fürs Trekking. Wasser abweisendes Goretex-Material ist von Vorteil. Bei den Socken ist an Ersatz zu denken. Die Hose sollte leicht und bequem sein und schnell trocknen. Den Oberkörper in **Zwiebelmanier** verpacken, also in Schichten, damit man sich den Verhältnissen entsprechend an- und ausziehen kann. Auf jeden Fall sollten ein warmer Pullover und/oder eine Jacke ins Gepäck; empfehlenswert ist **Fleece-Material**. Wichtig in Südchile sind witterungsfeste, regenundurchlässige **Schutzkleidung** und **wasserdichte Packsäcke**. Wer mehrere Tage auf Tour geht, benötigt einen warmen **Schlafsack** und eine **Unterlage**. Auch in den unteren Berggefilden wird es nachts empfindlich kalt.

Die Refugios in den Nationalparks sind, soweit vorhanden, schlicht eingerichtet; Ausnahme sind die bewirtschafteten Hütten im Nationalpark Torres del Paine. In Patagonien und in den Hochanden ist ein **sturmfestes Zelt** unabdingbar. Bei mehrtägigen Touren muss neben der angemessenen **Kochausrüstung** auch ausreichend Verpflegung eingepackt werden. Fast nirgends in den Wandergebieten und Nationalparks kann man „mal schnell" Lebensmittel nachkaufen. Daher lieber etwas mehr Nahrung mitnehmen, als mindestens notwendig ist!

Zu **Agenturen** vgl. im nächsten Abschnitt „Bergsteigen".

Trekking-Routen

Die hier vorgestellten Trekking-Touren sind nur eine kleine Auswahl dessen, was Chile insgesamt bietet. Sie sind alle für sportliche Menschen mit guter Kondition und guter Gesundheit problemlos zu bewältigen. Die Auflistung erfolgt von Nord nach Süd.

Circuito Los Cóndores, Mittelchile

Wer Wildnis pur sucht, ist hier richtig: Verwunschene Landschaften wie in Tolkiens „Herr der Ringe" erwarten den Bergwanderer auf dem weitgehend unbekannten und dennoch **spektakulären Rundweg** Circuito Los Cóndores durch die Anden bei Talca, der von der Zeitschrift „National Geographic" unter die 50 größten Abenteuer der Welt gewählt wurde. Wem die acht- bis zehntägige Kondor-Rundwanderung zu lang oder zu anstrengend ist, kann sich auch ein Teilstück aussuchen.

Der Ausgangspunkt **Vilches** ist per Bus von Talca aus zu erreichen. Der erste Abschnitt führt durch das Naturreservat Altos de Lircay (siehe dort); die Parkranger in Vilches helfen gern mit aktuellen Informationen. Der Pfad verläuft durch ausgedehnte Naturwälder hinab in die Schlucht des **Río Claro** und ins Tal des **Río Blanquillo**. An einem Extratag kann der 3830 Meter hohe Vulkanriese **Descabezado Grande** bestiegen werden – ein Erlebnis der besonderen Art, warten oben doch Büßereisfelder und ein mit Eis gefüllter riesiger Krater. Der Aufstieg durch wüstenartige Lavafelder setzt je nach Jahreszeit Erfahrung im Umgang mit Steigeisen und Pickel voraus. Schöne Camps an Wasserfällen und heißen Quellen entschädigen für die Anstrengungen. Wer nur bis zum Descabezado und wieder zurück geht, sollte fünf Tage einplanen.

Die Strecke führt weiter mit Blick auf den stark vergletscherten Vulkan Azufre, den mit 4100 Metern höchsten Punkt der Region, hinüber ins Tal des **Estero Volcán**. Auch an dessen Ufer warten heiße Quellen inmitten malerischer Natur. Als Tagestour kann ein Abstecher zum einsamen Waldsee **Laguna **Mondaca** unternommen werden. Anschließend geht es über einen Pass und vorbei an der **Laguna Las Ánimas** hinab ins **Valle del Indio.** Wer will, kann hier nach Parque Inglés im Nationalpark Radal Siete Tazas absteigen (siehe unter Curicó). Wer den Rundkurs vollenden möchte, quert stattdessen den Oberlauf des Río Claro, steigt auf den 2000er Gebirgszug **Guamparo** und kehrt so zurück zum Ausgangspunkt Vilches.

Alternativ kann der Rundkurs auch in **Parque Inglés** begonnen werden, dem Eingang zum Nationalpark Radal Siete Tazas, den man mit öffentlichen Bussen ab Molina (bei Curicó) erreicht. Ohne ortskundige Begleitung ist die komplette, kaum markierte Rundstrecke nur geübten Wanderern mit gutem Orientierungsvermögen zu empfehlen. Eine große Hilfe können örtliche Führer sein, die sich leicht und preiswert in Talca organisieren lassen. Ebenso problemlos ist es, in Vilches oder Parque Inglés Pack- und/oder Reitpferde zu mieten. Tragetiere sind schon deshalb zu empfehlen, weil es auf der gesamten Strecke keine Versorgungsmöglichkeiten gibt und sämtliche Nahrungsmittel mitgeführt werden müssen – ebenso wie die komplette Campingausrüstung für die durchweg „natürlichen" Zeltplätze.

Unter **www.trekkingchile.com** sowie in der **Casa Chueca** (siehe Talca) gibt es mehr Informationen, eine Wanderkarte dieses Gebietes sowie Kontakte zu Bergführern und Agenturen.

Rund um den
Vulkan Antuco, Mittelchile

Auf Höhe der Stadt **Los Angeles** erhebt sich in den Anden der ebene Kegel des Vulkan Antuco (2985 m), an dessen Nordostseite sich die **Laguna del Laja** schmiegt. Der gleichnamige Nationalpark ist über die Straße nach Antuco gut zu erreichen und bietet Trekkern einen schönen Rundwanderweg von zwei, maximal drei Tagen. Refugios gibt es nicht. Lediglich am Parkeingang stehen ein organisierter Zeltplatz und Cabañas zur Verfügung.

Gut 4 Kilometer vor dem Parkeingang beginnt an einer Ansammlung kleiner Häuser der Rundweg mit dem Namen Sierra Velluda – Meseta de los Zorpos. Nachdem man ein **Zypressenwäldchen** durchquert hat, geht es stetig nach oben über einen Grat. Der Blick schweift über die vergletscherten Gipfel der **Sierra Velluda** (3585 m). Ein weiterer Aufstieg auf ein Plateau steht bevor. Hat man das nach harter Arbeit geschafft, steht man auf 1500 Metern und sieht sich vor die nächste Herausforderung gestellt – das **Lavafeld** des Vulkan Antuco. Es zu überqueren ist anstrengender, als den Pfad zu nehmen, der um das Lavafeld herumführt. Dabei stößt man auf den Bach Estero Los Pangues, der den Wanderer fast bis zum Pass nach Los Barros begleitet. Vorher sieht man noch ein schönes Naturspektakel. **Zahllose Wasserfälle** stürzen mehrere Felswände hinunter und bilden einen Arm des Estero Los Pangues. Vom Pass auf 2050 Metern Höhe windet sich der Weg in das Tal des Estero El Aguado hinunter. In etwa zwei Stunden hat man die Auen erreicht, die ideale Voraussetzungen zum Zelten bieten.

Die Rückrunde bis zur Skistation des Vulkans an dessen Nordflanke geht kontinuierlich an der Laguna del Laja entlang. Abgesehen von einigen wenigen Steilhängen des Vulkans ist der Marsch recht mühelos zu meistern. Vom **Skizentrum** geht es dann nur noch bergab bis zum Eingang des Nationalparks.

Sierra Nevada-Trail,
NP Conguillío, Kleiner Süden

Um den **Vulkan Llaima** (3125 m) herum erstreckt sich der Nationalpark Conguillío (s. Umgebung von Temuco) mit wunderbaren Araukarienbeständen, und dem Gebirgszug der Sierra Nevada – ein landschaftlich sehr reizvolles Gebiet. An der **Laguna Conguillío** beginnt der zweitägige, leichte Trail in die Sierra Nevada. Die Aufstiegsentspricht der Abstiegsroute. Sie ist relativ einfach und hat nur zwei technisch etwas anspruchsvollere Passagen. Als Gepäck sind Kompass und Karte zu empfehlen. Wer den Gipfel besteigen will, sollte Vorkehrungen treffen, da die Route über einen Gletscher mit Spalten führt. Außerdem kann man bei schlechtem Wetter schnell die Orientierung verlieren. Das Laufpensum liegt (ohne Gipfelbesteigung) bei 5 Stunden am ersten und 3½ am zweiten Tag. Man kann den Trail also durchaus an einem Tag absolvieren, wenn man eine stram-

Trekking vor der mächtigen Bergkulisse des Descabezado Grande (3830 m)

me Gangart einschlägt. Aber das wilde Zelten in der Sierra Nevada unterm Sternenhimmel lohnt sich durchaus. Und wer nicht im Camp am Parkeingang übernachtet, der muss die Anreise von Curacautín einkalkulieren.

Am südöstlichen Ende der Laguna Conguillío (Playa Linda) beginnt der **ausgeschilderte Weg.** Er führt stetig bergauf durch dichten Wald mit viel Bambus und Araukarien. Nach etwa drei Stunden hat man einen Kamm mit herrlichem Blick auf den Vulkan Llaima und die Laguna Conguillío erreicht. Der Weg führt den Kamm entlang weiter aufwärts, bis man mitten in der Sierra Nevada steht. Der Pfad geht noch etwas weiter bis zu einem Bach, an dem man gut sein Lager aufschlagen kann.

Der Aufstieg auf den Gipfel (2554 m) ist zwar etwas lang, aber technisch nicht allzu schwierig. Wer über eine entsprechend gute Kondition verfügt, kann den Aufstieg zum Nordgipfel in 5 bis 7 Stunden schaffen, während man den Südgipfel nach 3 bis 5 Stunden erreichen kann.

Rundwanderung im NP Huerquehue, Kleiner Süden

Ein idyllischer Wanderweg, der mehrere romantische Seen zum Ziel hat, führt quer durch den Nationalpark Huerquehue (s. Umgebung von Pucón). Für den leichten Trail sollte man drei bis vier Tage einplanen. Von **Pucón** sind es etwa 35 Kilometer bis zum Parkeingang am Lago Tinquilco (Busse). Hier gibt es Zeltplätze und Unterkünfte.

1. Tag: Vom Parkeingang führt ein Feldweg über Weideland und in einen dichten Wald mit Bambus und Tepabäumen. Unterwegs bieten sich Blicke auf den Lago Tinquilco und den schneebedeckten, rauchenden Vulkan Villarrica. Nach 2 Stunden hat man den ersten See, den Lago Chico, erreicht. Nicht weit dahinter (Abzweig rechts) liegt der Lago Toro, an dessen Ufern **Araukarien** wachsen. Wieder kurz darauf nach einem linken Abzweig präsentiert sich bereits der Lago Verde. Weiter bergauf geht es zur Laguna los Patos (4 Std. bis hierher). Bleiben noch etwa 2½ bis zum Refugio Reñahue, vorbei an weiteren Seen. Über einen **steilen Kamm** führt der Pfad noch weiter hinunter zum Bach Reñahue, hier ist ein Conaf-Posten mit Zeltmöglichkeit.

2. Tag: Zum Lago Pehuén und weiter zu den Termas de Río Blanco steht ein Pensum von 7 Stunden auf dem Programm. Am Nordufer führt der Weg flussaufwärts **über einen Sattel** auf einen Kamm. Den läuft man entlang bis zu einer Wegkreuzung. Hier muss man rechts zum Lago Pehuén abbiegen (3 Std.). Es folgt der Abstieg zum Estero de las Mercedes. Am südlichen Ufer verläuft der Weg **durch Regenwald** zu den Thermen. Der Campingplatz ist ebenso wie die Thermalquellen bewirtschaftet.

3. Tag: Es ist möglich, den Rundweg in drei Tagen zu absolvieren. Dann allerdings muss man sich auf gut 8 Stunden Wanderung **ohne Extratouren** am dritten Tag einstellen – also kein ausgiebiges Bad mehr morgens in den Thermen und kein Abstecher zur Laguna Angelina. Bis zum Estero de las Mercedes ist der Weg derselbe wie am Vortag. Dann muss man beim **Abzweig zum Lago Pehuén** geradeaus gehen durch einen Wald, an einer Farm vorbei und einen Kamm empor. Kurz vor dem Refugio Reñahue hat Brandrodung für ätzende Trostlosigkeit gesorgt. Bis zum Refugio sind es knapp 4 Stunden. Wer hier campen möchte, der kann sich von hier aus mit leichtem Gepäck zur Laguna Angelina aufmachen. Der Weg hin und zurück erfordert 2 Stunden Anstrengung. Wer zurück zum Lago Tinquilco möchte, läuft links den bekannten Weg zum Lago Huerquehue. Am Ende des Sees kann man eine andere Wegstrecke wählen als auf dem Hinweg, nämlich durch einen **herrlichen Araukarienwald** und dann am gesamten Ufer des Lago Toro entlang. Wenn man den Lago Chico erreicht hat, stößt man wieder auf den Weg zu Beginn hinab zum Lago Tinquilco.

Callao-Trek, Kleiner Süden

Die Wanderung zu den **heißen Quellen** von Callao führt tief hinein in den ältesten Nationalpark Chiles, den 1926 gegründeten **Parque Nacional Vicente Pérez Rosales** (s. dort). Sie kann mit der Wanderung zum Lago Rupanco kombiniert werden (s.u.). Zu erreichen ist der Ausgangspunkt **Petrohué** am **Lago Todos Los Santos** von Puerto Varas. Für die Übernachtung an den Thermen hat man drei Möglichkeiten: entweder im einfachen Conaf-Refugio (6 US-$), oder man zeltet dort, oder aber man sichert sich einen Schlafplatz in der komfortableren Andenblockhütte von Aqua Motion. Den Schlüssel für das Badehaus der heißen Quellen hat auch der Parkranger. Seine Söhne lassen sich übrigens gerne als Tour-Guides anheuern. Das ist durchaus von Vorteil, da die weiteren Wege nicht leicht zu finden sind (sogar eine Machete kommt zum Einsatz). Zwei empfehlenswerte Tagesausflüge gehen zur Laguna de los Quetros und auf den Cerro Cenizas. Für die gesamte Tour sollte man drei bis fünf Tage einplanen.

Von Petrohué startet die Tour zunächst mit dem **Motorboot** zur Bucht El Rincón (ca. 1 Std.). Das Boot mit Fahrer kann man am Bootssteg von Petrohué heuern und auch vereinbaren, wann man wieder abgeholt werden möchte.

Wasserfall am Lago Todos Los Santos

Der Pfad ist leicht zu finden. Sehr bald erreicht man den Río Sin Nombre, den namenlosen Fluss. Dessen Verlauf folgt man bis zum Ziel. Unterwegs führt ein lohnender Abstecher zu einem Wasserfall. Mehrfach müssen **Hängebrücken** bewältigt werden. Mitten im Regenwald finden sich nach 4 Stunden die Termas de Callao.

Für den Abstecher zur **Laguna de los Quetros** im Nationalpark Puyehue und wieder zurück muss man mit einer Laufzeit von gut 7 Stunden rechnen. Der Pfad führt von El Callao weiter den Río Sin Nombre flussaufwärts. Dabei müssen **zahlreiche Bäche** überquert werden, was nur Probleme bereitet, wenn es viel geregnet hat. Wo das Flusstal scharf nach Osten abknickt, geht es sehr steil einen 800 Meter hohen Pass hinauf. Schließlich stößt man auf die verträumte Laguna de los Quetros. Hier lebt eine Bauernfamilie; wer möchte, kann zelten.

Eine zweite Wanderung führt auf den 1700 Meter hohen Berg Cenizas – Pensum: 7 Stunden, am besten mit Führer. Dabei geht es **extrem steil bergauf** und durch dichtesten **Urwald** – Machete nötig! Bei schönem Wetter wird die Anstrengung mit einem **traumhaften Panorama** belohnt: Man sieht die Vulkane Puntiagudo, Tronador, Osorno, Casa Blanca und Calbuco, außerdem die großen Seen und den Fjord von Reloncavi.

Für die Strecke zum Lago Rupanco ist man noch einmal rund 7 Stunden unterwegs. Bei Callao findet sich ein **mit Baumstämmen ausgelegter Pfad,** der auf einen Sattel und dann bergab in den Wald führt. Der Pfad, auf dem seit Jahrzehnten Reiter unterwegs sind, ist gut zu finden, da die Pferde im Laufe der Zeit die schlammige Erde immer tiefer nach unten getreten haben. In manchen Abschnitten steht man bis zur Hüfte in diesen „Kanälen", die an eine Bobbahn erinnern. Nach 2 Stunden eröffnet sich zum ersten Mal ein Blick auf den Lago Rupanco, zu dem man nun hinunter muss. Am See links halten: Am Ufer entlang ist ein **Weg in den Fels gehauen.** Über Weideland und eine Fahrstraße gelangt man schließlich in die Siedlung Puerto Rico.

Valle Cochamó und Río Puelo, Kleiner Süden

Die wahlweise zwölf-, neun- oder sechstägige Trekkingtour ist ein phantastisches Erlebnis in einer nahezu unberührten, eindrucksvollen und vielseitigen Landschaft an der chilenisch-argentinischen Grenze. Sie ist zudem ein Beispiel für **sanften Tourismus,** den der Deutsche Entwicklungsdienst in dieser Region angeschoben hat. Die hier unter einfachsten Verhältnissen lebenden Bauern sind eingebunden, indem sie die Wanderer mit Essen und Proviant versorgen, sich um die Pferde kümmern und Schlaf- oder Zeltplätze gegen geringes Entgelt zur Verfügung stellen, zuweilen arbeiten sie auch als Guides.

Man sollte über **ausreichend Trekkingerfahrung** verfügen, sich vorher über den Zustand der Wege informieren und die Tour nicht außerhalb der Saison (November bis März) unternehmen. Des Weiteren ist es empfehlenswert, sich für die ersten fünf Etappen, also von Cochamó bis El León, Packpferde mit Guide zu mieten (30–40 US-$ pro Tag), da die Wege teilweise schon ohne Rucksack beschwerlich sind. Bei der Municipalidad Cochamó ist evtl. eine Karte mit Tourenbeschreibungen erhältlich.

Die **erste Etappe** beginnt in Cochamó am Campo Aventura (siehe unter „Reiten") und geht über 4 bis 5 Stunden durch märchenhaften Regenwald bis zum Outdoorcamp La Junta, das zum Campo Aventura gehört. Entweder man schlägt dort sein Zelt auf, oder man fragt vorher im Campo Aventura, ob Betten im Blockhaus frei sind.

Für den **zweiten Tag** sind 6 Stunden Fußmarsch einzuplanen, in sehr dichter Vegetation mit vielen uralten Alercen. Das Gelände ist sehr steil, es sind vier Flüsse zu überqueren. Das Refugio El Arco liegt oberhalb des gleichnamigen Flusses an einem markanten Felsen.

Die **dritte Etappe** verläuft entlang des Lago Vidal Gormaz. Zunächst passiert man 1000 Jahre alte Alerce-Bäume, den Weg, der nicht immer leicht zu finden ist, kreuzen immer wieder Bach- und kleine Flussläufe. Die Ausblicke sind spektakulär. Bis zum Refugio Torrontoso am nördlichen Ende des Sees sind es 7 bis 8 Stunden.

Wer die **Sechstagestour** gewählt hat, für den ist die folgende **vierte Etappe** einfach gestrickt. Man schafft es von Torrontoso bis zum Refugio Río Steffen lässig in 5 Stunden. Zwei Flüsse müssen dabei durchquert werden. Der nächste Tag, **Etappe fünf**, bedeutet 4 bis 5 Stunden Fußmarsch durch waldiges Gelände. Den Weg kreuzen der Río Steffen und der Río Palace. Zum Refugio El Manso muss man aufsteigen. (Beide Etappen kann man auch an einem Tag bewältigen.) **Tag sechs** zurück nach Cochamó ist mehr Reise- denn Wandertag. Die Strecke zwischen El Manso und dem Lago Tagua Tagua ist bis auf den Abstieg vom Refugio befestigte Straße, für die man sich am besten einen Fahrer sucht. Der See ist lang gestreckt, das Gelände unwegsam. Deshalb besteht hier Fährverkehr mit einem Boot (ca. 2 US-$), das nach einer Stunde an der Straße nach Río Puelo wieder anlegt. Von hier verkehrt dreimal am Tag ein Bus nach Cochamó (3 Std.).

Für die **Neuntagestour** geht es von Torrontoso zur argentinischen Grenze nach El León (**vierte Etappe,** 4 bis 5 Stunden). Beim hiesigen Campingplatz kann man den Besitzer für einen Transport mit dem Auto ins 35 Kilometer entfernt gelegene Villegas gewinnen. (Denken Sie daran, sich Ihren **Pass** an beiden Grenzstationen vor und nach dem Paso El León **abstempeln** zu lassen, sonst bekommen sie später Ärger!) Von Villegas nach El Bolsón sind es 60 Kilometer Asphaltstraße (Bus oder Autostopp). Übernachten kann man in El Bolsón oder gleich in Lago Puelo, 20 Kilometer weiter (Zeltmöglichkeiten).

Am **fünften Tag** stehen drei Seenüberquerungen auf dem Programm. Zum Lago Puelo nimmt man sich am besten ein Taxi. Hier verkehrt zweimal täglich ein Boot (1 Stunde, 3 US-$) hinüber zur chilenischen Seite nach Los Hitos (Grenzstempel nicht vergessen!). Nach einem kurzen Marsch muss man sich wieder ein Boot für die nächste

TREKKING

Überfahrt chartern (ca. 8 US-$). Es braucht zur Überquerung des Lago Inferior bis zur Ortschaft Corral Mole ca. 40 Minuten. Bis zum Weiler Segundo Corral ist noch eine ¾ Stunde Fußmarsch notwendig.

Hier kann man entscheiden, ob man den Trail um **drei Tage Circuito Los Glaciares** verlängern will. Die Extratour ist von unglaublicher Schönheit, allerdings nur mit Guide möglich und erfordert absolute Schwindelfreiheit. In Segundo Corral sollte man sich nach einem Führer und einer Übernachtungsmöglichkeit erkundigen. Auf dem Gletschertrail durch das Valle Horchetas muss man im Freien übernachten.

Am **sechsten** (bzw. neunten) **Tag** steht die Etappe Segundo Corral – Lago Azul an. Dafür muss man wieder zurück zum See, um sich mit dem Boot kurz übersetzen zu lassen. Auf der anderen Seite geht die Wanderung dann entlang des Lago Rocas bis zur südlichen Spitze des Lago Azul. Zeitaufwand: 4 Stunden. Hier kann man entweder zelten oder in einer Hospedaje übernachten.

Die **siebente Etappe** bedeutet 5 Stunden Wandern, zunächst entlang des Lago Blanco, dann am Lago Totoral bis zur Ortschaft Llanada Grande. Hier ist es möglich, das Zelt oder eine Hospedaje als Unterkunft zu wählen.

Der **achte Tag** hat den Lago Tagua Tagua zum Ziel, der **neunte** Cochamó (s.o.).

Zum Lago Palena, Großer Süden

Dieser dreitägige Trek führt von dem Grenzort Palena durch die u.a. wegen ihrer besonderen Baumbestände gegründete **Reserva Nacional Lago Palena** und sollte nur von erfahrenen Trekkern unternommen werden. Zu erreichen ist der Trail von Palena aus über ca. 7 Kilometer befestigte Straße zum **Río El Tigre**. Am besten erkundigt man sich bei der Touristeninformation bzw. Municipalidad nach einer Fahrmöglichkeit. Bei der Municipalidad oder der Conaf-Station muss man außerdem eine Genehmigung einholen.

Der Trail führt zunächst am fischreichen Río Tigre entlang tief hinein ins **Valle Azul,** bis man an ein Haus gelangt. Entweder campt man hier oder fragt den Besitzer des Hauses, ob man bei ihm übernachten kann. Die Etappe zum Lago Palena beläuft sich auf etwa 8 Stunden. Die Passhöhe des Portezuelo Casanova liegt bei 1319 Metern. Vor und nach dem Pass durchquert man wunderschöne unberührte Wälder und leicht sumpfige Unterholzlandschaften mit immer neuen faszinierenden Blicken in und über den Nationalpark. Da es sich am Lago Palena um Grenzgebiet handelt, leben hier einige Carabineros in der völligen Einsamkeit. Sie freuen sich immer über Besucher, denn die sind eher selten. Am Lago Palena kann man zelten. Am Tag 3 schafft man es wieder bis zum Ausgangspunkt.

Torres del Paine, Großer Süden

Das berühmteste und landschaftlich wohl spektakulärste Wandergebiet ist der **Nationalpark Torres del Paine in Patagonien** (s. dort). Hier gibt es zahlreiche Routen, die man auch miteinander kombinieren kann. Der Park belohnt den Wanderer mit immer neuen

TREKKING

atemberaubenden Blicken auf das Gebirgsmassiv, auf **Seen** in Azurblau oder Smaragdgrün, auf blaue Gletscherwände. Man kreuzt oft und fast zum Anfassen nahe den Weg der **Guanacos,** sieht **Kondore** kreisen, hört Wildgänse schnattern und Uhus heulen.

Von Vorteil ist, dass der Park mit **Camps und Refugios** aufwarten kann. Allerdings muss man in der Hochsaison (Dez. bis Februar) die Plätze in den Refugios vorreservieren. Sicherheitshalber sollte man ein Zelt dabeihaben. Ausführliche Infos zu Zeltplätzen, Refugios und Hotels im Park im Reiseteil des Buches unter „Torres del Paine".

Hinweise: Nahrungsmittel spätestens in Puerto Natales einkaufen; im Park selbst gibt es nur wenig in den Refugios und auf den Campingplätzen, und das Wenige ist teuer. Kartenmaterial gibt es online unter www.trekkingchile.com/karten sowie bei fast allen Agenturen in Puerto Natales. Die Nationalparkgebühren sind die höchsten in ganz Chile: 24 Euro für Ausländer.

Circuito Paine

Beliebt ist der **fünf- bis achttägige Rundweg Circuito Paine.** Er ist anspruchsvoll und wegen der oft wechselnden Wind- und Wetterverhältnisse anstrengend. **Ausgangspunkt** ist die Kontrollstation der Parkranger an der Laguna Amarga. Von hier führt ein Weg über die Brücke des Río Paine und über weite Wiesenfelder, bis man wieder auf den Río Paine trifft. Dann geht es durch den Paine-Canyon zum **Camp Serón** (5 Std.). Zweiter möglicher Ausgangspunkt ist das Refugio Las Torres bzw. der Zeltplatz daneben. Unterwegs bieten sich schöne Ausblicke auf den Río Paine und die Laguna Azul, schließlich trifft man den Weg von der Laguna Amarga. Vom Camp Serón geht es weiter zum **Camp Coirón** am Lago Paine (3 Std.). Weitere 3 Stunden sind es zum **Camp und Refugio Dickson,** durch ein Waldstück mit vielen kleinen Bächen und die sumpfige Flusslandschaft des Río Paine. Bei gutem Wetter kann man die Gipfel des patagonischen Inlandeises und den Dickson-Gletscher sehen.

Camp Los Perros heißt das nächste Ziel des Rundweges (4 Std.). Dabei begleitet man den Río de los Perros weiter oben durch dichten **Regenwald.** In einer wilden Schlucht quert eine wackelige Hängebrücke den Río de los Perros. Auf dem **Gletschersee** Los Perros treiben kleinere Eisberge, in der Nähe liegt im Wald das **Camp Los Perros** – ein guter Ort, um ggf. auf gutes Wetter für die Passüberquerung zu warten. Die nächste Etappe führt über den Pass zum Camp Paso (4 Std.). Auf dem Weg dorthin steigt man durch einen wunderschönen Märchenwald mit dick bemoosten Baumstämmen; schließlich wird die Route sehr schlammig. Auf dem **Pass John Garner** (1241 m) weitet sich der Blick, und unten taucht der riesige Grey-Gletscher auf, dessen Eismassen sich vom Inlandeis über etwa 20 Kilometer ins Tal schieben. Auf Geröll und teilweise glitschigem Grund geht es 700 Höhenmeter hinunter zum **Camp Paso.** Es gibt hier kein Wasser! Also besser gleich weiter zum **Camp Los Guardas** (4 Std.). Der Pfad führt durch dichten Urwald immer oberhalb des

Zu Füßen der Torres del Paine

lang des Sees mit wunderbaren Ausblicken, dann durch eine Hügellandschaft und ein felsiges Tal. Am Ufer des smaragdgrünen Lago Pehoé liegen das **Camp Pehoé** und das Refugio Paine Grande. Ein Boot setzt über nach Pudeto (im Sommer dreimal tgl.). Alternativ kann man nach Südosten zum Lago del Toro wandern (Camp und Parkverwaltung, Busanbindung, 5 Std.). Wer die Rundwanderung vollenden will, kann auch am Nordufer des Lago Nordenskjöld entlang zum **Camp und Refugio Los Cuernos** (4 Std.) und zurück zum **Camp Las Torres** (4 Std.) wandern – eine lohnenswerte Strecke, die zudem die Möglichkeit gibt, sie mit dem Abstecher ins Valle Francés (s.u.) und mit dem Aufstieg zu den Torres del Paine (s.u.) zu verbinden.

Gletschers entlang, teilweise auch durch Reste eines Waldbrands. Felsabstürze müssen umgangen werden, ein Aufstieg per (installiertem) Seil erklommen. Unten sieht man den Gletscher in den Lago Grey vorstoßen und die Eisberge davontreiben. Wer am Camp Los Guardas noch Kraft hat, kann noch eine Stunde weiter laufen zum **Refugio und Camp Grey** am Seeufer. Ein Spaziergang führt von hier zu einer Aussichtsstelle auf die Gletscherwand.

Die Strecke zwischen dem Grey-Camp und dem Lago Pehoé ist eine leichte Übung (4 Std.). Erst geht es ent-

Zu den Torres del Paine

Einen Extra-Tag lohnt auf jeden Fall der **Aufstieg zu den Füßen der drei grandiosen Torres del Paine** (2600–2850 m). Die Tour beginnt beim Camp Las Torres und muss mit gut 8 Stunden hin und zurück eingeplant werden. Höhendifferenz: 900 Meter. Vom Camp führt ein breiter Weg südwestlich zum Río Ascensio. Gut 2 Stunden schraubt man sich, stets mit dem Blick auf den Lago Nordenskjöld im Rücken, ordentlich nach oben, bis man die Schlucht des Río Ascensio erreicht hat. Bis zum Camp Chileno geht es harmlos weiter mit schönen Blicken auf den Cerro Paine auf der einen und der Sierra del Toro auf der anderen Seite. Hinter dem Camp beginnt dichter Wald mit vielen Bächen. Der Weg schlängelt sich stetig nach oben zum Camp Torres. Dort trifft man auf Bergsteiger und Kletterer aus aller Welt, denn hier ist das Basislager für alpine und Klettertouren im Paine-Massiv. Über ein Geröllfeld geht es steil aufwärts zum Gebirgssee vor den drei Torres. Wenn man Glück hat, öffnet sich der Wolkenvorhang, der die meiste Zeit um die Spitzen der Türme wabert, und man kann die gigantischen Felsnadeln bestaunen.

Ins Valle Francés

Eine weitere Extra-Tour führt ins Valle Francés **unterhalb des gleichnamigen Gletschers.** Ausgangspunkt können die Camps Los Cuernos oder Pehoé sein. Bei dieser etwa siebenstündigen Wanderung (hin und zurück) passiert man die beiden Camps Italiano und Británico (Zeltmöglichkeit). Auf halbem Weg zum Camp Italiano, ungefähr am Lago Skottsberg, bietet sich eine herrliche Aussicht auf die verschrobenen Paine-Hörner (2200–2600 m). Am Río del Francés geht es steil talaufwärts, mit gelegentlichem Blick auf den Gletscher. Weiter oben trifft man auf ein atemberaubendes **Naturschauspiel:** Der Río Francés schießt mit ungeheurer Wucht durch den Canyon. Bevor man das Camp Británico erreicht, sieht man noch die Zacken der beiden Cerros Hoja (2200 m) und Espada (2500 m). Am Talende liegt eine kleine Lagune, die Endstation der Trekkingtour ist.

Die W-Wanderung

Das „W" ist eine **beliebte Alternative** für alle, die nicht die Zeit für die Rundwanderung haben. Sie berührt mit den Torres, dem Valle Francés und dem Grey-Gletscher drei der schönsten Ziele im Park und kann in drei bis vier Tagen bewältigt werden. Ausgangspunkt sind entweder das Camp Las Torres oder das Camp Pehoé.

Gletscher-Trekking

Die einzige Gelegenheit für Nicht-Bergsteiger in Chile, mit einem Gletscher auf Tuchfühlung zu gehen, bietet sich im **Nationalpark Torres del Paine.** Hier kommt man an den Grey-Gletscher gut heran und mit Steigeisen auf ihn hinauf – ein unvergleichliches Erlebnis: Erst auf diesen grenzenlos erscheinenden Eismassen bekommt man ein Gefühl dafür, dass Patagonien von einer Inlandseisdecke beherrscht wird, die 18.000 Quadratkilometer groß ist. Zum Vergleich: Die Gletscher in den europäischen Alpen kommen auf 3500 Quadratkilometer.

Der **Grey-Gletscher** kann von der Ostseite her bestiegen werden. Es sei aber davor gewarnt, dies im Alleingang zu tun; eine geführte Tour kann z.B. über Turismo Aonikenk in Punta Arenas (s.u.) oder Bigfoot in Puerto Natales (Bories 206, Tel. 61/414525) gebucht werden. Auch einige Hotels im Park bieten diese Tour für ihre Gäste an. Kosten: ca. 150–200 US-$ inkl. Transport, Ausrüstung und Verpflegung.

Zum Cabo Froward, Großer Süden

Der südlichste Punkt Kontinental-Amerikas, das Kap Froward an der Magellanstraße, kann auf einer fünftägigen **Wildnis-Expedition** erreicht werden. Die Strecke führt durch Urwälder ohne

Weg und Steg, Flüsse und Zypressensümpfe müssen durchquert werden – ein absolutes Abenteuer! Auf dem Weg entlang der Magellanstraße findet man außer einer verlassenen Walfängerbucht und einem einstigen Leuchtturm keine Zeichen der Zivilisation. Der starke patagonische Wind und das wechselhafte Wetter können die Tour körperlich anspruchsvoll machen. Am Abend sitzt man bei Mate ums Lagerfeuer.

Die Anfahrt erfolgt von Punta Arenas über die Straße zum Fuerte Bulnes und bis zu deren Ende. Die Tour ist nur mit einem **ortskundigen Führer** möglich, Gepäck und Verpflegung müssen selbst getragen werden. Kosten ab 200 US-$ p.P., Buchung über Turismo Aonikenk in Punta Arenas, www.aonikenk.com.

Bergsteigen

Die **Andenkette**, das **Paine-Massiv** in Patagonien und der **Vulkangürtel** entlang des Pazifiks begründen den bergsteigerischen Reiz Chiles. **2085 Vulkane** werden hier gezählt, davon 55 aktive. Der **höchste Vulkan der Welt** ist der **Ojos del Salado (6891 m)** im Norden des Landes.

Informationen

Etliche Vulkane, v.a. in Nationalparks, dürfen nur bestiegen werden, wenn ein **lizensierter Bergführer** dabei ist oder man sich selbst entsprechend ausweisen kann; Informationen erteilt die Nationalparkbehörde Conaf, deren regionale Büros in den entsprchenden Kapiteln dieses Bandes aufgelistet werden. Für alle Berge im Grenzgebiet gilt noch eine weitere Besonderheit: Ausländer müssen bei der chilenischen Auslandsvertretung in Deutschland oder direkt bei der *Dirección de Fronteras y Límites del Estado* (DIFROL) in Santiago eine **Genehmigung** einholen: Teatinos 180, piso 7, Tel. 8275900, www.difrol.cl.

● Ausführliche **Informationen zu Kletter- und Bergwandertouren** in ganz Chile enthält die exzellente deutschsprachige Website **www.trekkingchile.com.** Hier finden sich genaue Routenbeschreibungen mit GPS-Daten und Fotos sowie Kontakte zu Bergführern und Spezialagenturen, außerdem werden Karten angeboten.

Ausrüstung und Tipps

Eine gute Ausrüstung ist beim Bergsteigen mit das Wichtigste. In Nationalparks wird die Ausrüstung nicht zuletzt an den Rangerstationen **kontrolliert.** Neben der Standardausrüstung sollte man bei Bergtouren in Chile vor allem beachten, dass in den meisten Wander- und Klettergebieten keinerlei Infrastruktur vorhanden ist. Das bedeutet: alle Lebensmittel mitbringen, die Ausrüstung gut planen, sich auf Wetterumschwünge einstellen. Da vielfach keine markierten Wege vorhanden sind, sollte man

---

Bergsteigern/-wanderern bietet sich in Chile ein breites Betätigungsfeld

BERGSTEIGEN

nicht ohne gute Karten und GPS-Gerät losziehen. Vorsicht ist auch geboten mit der **Höhenkrankheit!** Schon ab 3000 Metern Höhe kann der Körper Probleme bereiten. Diese äußern sich in Kopfschmerzen, Atemnot, Übelkeit und Kreislaufversagen. Mate-Tee ist ein gutes Mittel dagegen. Wem es nicht schnell besser wird, der sollte die Tour unbedingt abbrechen und in tiefere Gefilde absteigen. Überschätzen Sie sich nicht: Jeder Körper reagiert anders, aber mit Höhenkrankheit ist nicht zu spaßen. Schlimmstenfalls kann sie zum Tod führen.

Adressen von **Oudoor-Ausrüstern** finden sich im Kapitel Santiago, Hinweise zum Thema **Kartenmaterial** im Anhang dieses Bandes.

Kosten

Für gute **Bergführer** in Chile muss man zwischen 120 und 180 US-$ pro Tag veranschlagen. Hinzu kommen die Kosten für **Transport, Verpflegung, Ausrüstung, Übernachtung** und die **Nationalparkgebühren,** die zwischen 2 und 30 US-$ liegen. Billiger wird es, wenn man sich Gruppen anschließt. Ein Beispiel: Die Tagestour auf den Vulkan Villarrica kostet ca. 80–90 US-$ p.P. inkl. Transport, Gebühren für den Nationalpark, aber ohne Verpflegung. Bei einigen Agenturen ist ein Teil der Ausrüstung im Pauschalpreis enthalten. Für die Besteigung mancher Gipfel in den Nationalparks müssen Kletterer darauf gefasst sein, eine zusätzliche Gebühr be-

rappen zu müssen. Für die Torres im Nationalpark Torres del Paine beispielsweise sind ca. 100 US-$ p.P. fällig.

Führer und Agenturen

Für viele Vulkane gilt, wie eingangs schon erwähnt: **nicht ohne Bergsteigerlizenz oder einen Bergführer.** Das macht auch Sinn, denn die schneebedeckten Vulkane sind wegen ihrer Gletscherspalten besonders gefährlich. Hinzu kommen Wolkenbänder und rasche Wetterwechsel. Immer wieder ereignen sich Unfälle, teils mit tödlichem Ausgang. Wer kein Spanisch kann, findet in Chile immer deutsch- oder englischsprachige Agenturen, die entsprechende Guides beschäftigen (s.u.).

Einen erfolgreichen Aufstieg kann keine Agentur garantieren. Man muss immer damit rechnen, dass das Wetter nicht mitspielt und eine Expedition abgebrochen werden muss. Manchmal scheitert eine solche Tour auch an der schlechten Kondition eines Teilnehmers. In den seltensten Fällen wird beim Scheitern der Tour eine Ersatzbesteigung angeboten oder das Geld zurückerstattet.

● Gute **Beratung** und Anschluss an Bergtouren jeder Art bieten der **Club Alemán Andino** (Deutscher Andenverein) in Santiago, Arrayán 2735, Providencia, Tel. 2324338, www.dav.cl, und die **Federación de Andinismo de Chile (FEACH),** Almirante Simpson 77, Providencia, Tel. 2220888, www.feach.cl.
● **In Deutschland und Österreich** gibt es zahlreiche Spezialanbieter für Berg- und Wandertouren in Chile. Adressen stehen im Kapitel „Praktische Reisetipps A–Z/Organisierte Touren".

Anbieter in Chile

In Chile gibt es zahlreiche Anbieter für große Bergtouren. Eine kleine Auswahl deutsch- oder englischsprachiger Agenturen (weitere in den Regionalkapiteln):

● **Azimut 360**
General Salvo 159, Providencia, Santiago, Tel. 2/2351519, www.azimut360.com.
Besteigungen und Expeditionen: Ojos del Salado, Aconcagua, San Valentín etc.
● **Cascada Expediciones**
Don Carlos 3219, Las Condes, Santiago, Tel. 2/2329878, www.cascada.travel.
Trekking und Klettern in den Anden.
● **Cumbre Andina**
Av. Portugal 1770, Santiago, Tel. 2/3601948, www.cumbreandina.cl.
Bergsteigen, Trekking, Reiten und Rafting.
● **Pared Sur Expediciones**
Juan Esteban Montero 5497, Las Condes, Santiago, Tel. 2/2073525, www.paredsur.cl.
Trekking- und Mountainbike-Programme.
● **Turismo Caminante**
Franz Schubert, Casilla 143, Talca, Tel. 71/1970097, www.trekkingchile.com/caminante.
Sehr gute Berg- und Wandertouren in ganz Chile, deutschsprachige Leitung.
● **Turismo Aonikenk**
Sebastian Borgwardt, Magallanes 619, Punta Arenas, Tel. 61/221982, www.aonikenk.com.
Trekking- und Bergtouren in Patagonien, deutschsprachig.

Berg- und Vulkanbesteigungen

Die nachfolgend beschriebenen Touren (von Nord nach Süd) bieten eine **Auswahl der unterschiedlichsten Schwierigkeitsgrade.** Informieren Sie sich vorher unbedingt über die aktuellen Bedingungen!

Vulkan Parinacota, 6342 m (Arica)

Im Lauca-Nationalpark im Dreiländereck Chile/Peru/Bolivien ragen mehrere über 6000 Meter hohe Vulkane in den

BERGSTEIGEN

Himmel empor. Genau auf der Grenze zu Bolivien liegen der Parinacota (6342 m) und sein etwas kleinerer Zwilling, der 6282 Meter hohe **Pomerape**. Für erfahrene Alpinisten stellt der Parinacota technisch keine Herausforderung dar. Dafür liegt er landschaftlich wunderschön am Lago Chungará. Vom Ausgangspunkt an den Lagunas de Cotacotani kann der Vulkan üblicherweise in zwei Tagen bestiegen werden.

Zu erreichen ist der Parinacota von Arica aus über die asphaltierte Staatsstraße 11 Richtung Bolivien (etwa 200 km). Kurz vor dem Lago Chungará führt eine Sandpiste Richtung Norden zu den Lagunas de Cotacotani. Am Fuß des Berges auf etwa 4700 Metern kann ein **Basislager** eingerichtet werden. Das Hochlager ist auf 5300 Metern im Südosten des Vulkans an einem markanten Gratrücken. Es gibt keine Hütten, es ist also ein Zelt erforderlich. Nach 6 Stunden hat man den Krater erreicht. Der eisbedeckte **Krater kann umrundet werden.** Dafür muss man eine Stunde einplanen.

Ojos del Salado, 6891 m (Copiapó)

Der **höchste Vulkan der Welt** liegt mitten in der lebensfeindlichen Atacama-Wüste zur Grenze nach Argentinien. Gefürchtet wird er wegen seiner Höhenstürme und der damit verbundenen Kälte. Erstmals bestiegen wurde er 1937. Eine gute Akklimatisierung ist unerlässlich, deshalb – und wegen möglicher Wettereinbrüche – sollte man ausreichend Zeit einplanen. Alpintechnisch gilt der Vulkan, abgesehen von einem Kletterstück auf den Gipfel, als einfach.

Von Copiapó aus ist die Basisstation des Ojos del Salado mit einem gelände- und höhentauglichen Fahrzeug über die Staatsstraße Richtung argentinischer Grenze zu erreichen. Dabei müssen die Cordillera de Domeyko überwunden und der Salzsee Salar de Maricunga umfahren werden. Bestiegen wird der Vulkan von Norden, von der **Laguna Verde** her (mögliches Basislager auf 4250 m). Hier gibt es eine heiße Mineralquelle und sogar ein kleines Badehaus. Das Refugio Atacama liegt auf 5200 Metern, das Refugio Tejos auf 5800 Metern. Bis maximal hierher kann man mit Allradantrieb und unter großer Mühe fahren. Die beiden Containerhütten bieten max. 15 Personen Platz. Die achtstündige **Route zum Gipfel** führt zunächst über den rechten Teil der Nordflanke. Nur die letzten Höhenmeter zum Kraterrand auf 6700 Metern gehen über den oberen Westgrat. Wer auf den eigentlichen Gipfel will, muss über schwefelgelbe Felsformationen teilweise mit Fixseil klettern.

Cerro Marmolejo, 6110 m (Santiago)

Der Zugang zum Marmolejo liegt ca. zwei Autostunden von Santiago entfernt am Ende des Maipo-Tales. Er zählt zu den leichtesten und ungefährlichsten Sechstausendern Südamerikas, sollte aber – wie alle Berge dieser Kategorie – nicht unterschätzt werden. Er hat eine **vergletscherte Gipfelstrecke.**

Über den Ort El Volcán geht es zum Refugio Lo Valdés, der bewirtschafteten Berghütte des Deutschen Andenvereins auf 1980 Metern Höhe. Für die Tour

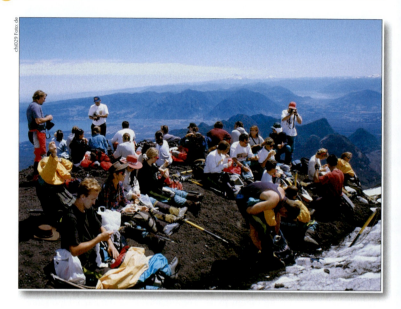

Vulkan Villarrica – Basislager Blanca

vom Refugio Lo Valdés bis zum Gipfel und zurück sollten **bis zu sechs Tage** eingeplant werden. Zum ersten Lager auf 3100 Metern geht es den Estero Marmolejo entlang, dann nördlich zum unteren Ende des gleichnamigen Gletschers zum zweiten Lager auf 4000 Metern und am Gletscher entlang zum dritten Lager auf 4900 Metern Höhe. Die Lager sind keine festen Stützpunkte; man benötigt ein windfestes Hochlagerzelt. Vom Camp 3 führt die Aufstiegsroute über die flache Westflanke des Marmolejo-Gletschers zum Gipfel.

Vulkan Villarrica, 2850 m (Pucón)

Der beliebteste Vulkan Chiles liegt im mittleren Seengebiet am gleichnamigen See unweit des Urlaubsortes Pucón. Seine Attraktivität liegt zum einen in der perfekten Kegelform mit dem Schneekragen. Zum anderen kann er **auch von unerfahrenen Bergsteigern** an einem Tag bezwungen werden – gute Kondition vorausgesetzt. Zudem wird er deshalb gern bestiegen, weil man hier – einzigartig in Chile – die glühende Lava sehen kann: Wenn der Schwefeldampf nicht völlig die Sicht verhüllt, dann gibt der Vulkan den Blick frei in seinen Schlund, in dem das Magma brodelt.

Der Villarrica darf nur im Rahmen einer **organisierten Tour** bestiegen werden, es sei denn, man kann sich als Mitglied eines Bergsteigervereins ausweisen (z.B. DAV) und die nötige Ausrüstung vorweisen (Steigeisen und Pickel). Der Aufstieg dauert etwa 5 Stunden, der Abstieg rund 3 Stunden. Dabei sind rund 1500 Höhenmeter zu überwinden. Die Schneegrenze liegt im Sommer auf 2300 Metern Höhe. Im Hochsommer ist der Villarrica allerdings sehr vereist. Trotzdem muss nicht mit Seil gegangen werden, es sei denn, das Wetter ist beim Abstieg schlecht.

Die Tour startet an der Skistation auf 1410 Metern Höhe. Bis dahin führt ein befahrbarer Weg. Zu Fuß braucht man vom Parkeingang etwa eine Stunde. Ab der Skistation läuft man auf Lavagestein quasi auf der Skipiste Calafquén bis zum Cumbre Piramide; das erste Stück kann auch mit dem Skilift abgekürzt werden. Weiter geht es über die Piedra Negra (Schwarzer Stein) zur Piedra Blanca (Weißer Stein), die zumindest im Sommer gut sichtbar aus dem Schnee ragen. Die plateauartigen Steine bieten sich als Rastplatz an. Nach der Piedra Blanca kommt zunächst ein sehr flaches und ungefährliches Stück. Die letzten 500 Höhenmeter sind die schwierigsten, da am steilsten und glattesten. **Die Umrundung des Kraters ist möglich** und unbedingt zu empfehlen, der Rundblick ist traumhaft. Beim Abstieg kann man teilweise auf Schneebahnen rutschen.

Vulkane Mocho und Choshuenco, 2420 m (Panguipulli)

Die beiden schneebedeckten Vulkane El Mocho und Choshuenco westlich der Seen Panguipulli und Riñihue werden allzu gern verwechselt, da sie wie Geschwister nebeneinander stehen. Zudem sind sie gleich hoch, 2420 Meter, und haben zunächst denselben Aufstieg. Beginnend auf etwa 1000 Meter, dauert der Aufstieg insgesamt 5 Stunden, runter geht es in nur 2¼ Stunden. Die Bergtouren sind bei guter Kondition bestens zu bewältigen. Man sollte aber nicht unerfahren sein.

Zu erreichen sind die Schwesternvulkane von Panguipulli aus über Choshuenco nach **Enco**. Bis zu der Siedlung am Lago Riñihue gelangt man mit einem normalen Auto. Dann allerdings ist ein Allradfahrzeug vonnöten, um die etwa 10 Kilometer bis zu den Refugios des Club Andino und der Universidad Austral zurückzulegen. Je nach Zustand des Weges kann die Fahrt bis zu 2 Std. dauern. Es ist kein Verlass darauf, dass die Refugios geöffnet sind! Eine Rangerkontrolle gibt es nicht, obwohl die Vulkane im Naturschutzgebiet liegen.

Hinter den Refugios der Universität beginnt ein Weg durch dichten Wald, dessen Verlauf oft schwierig zu finden ist. Auf 1400 Metern ist die Baumgrenze, nach der es auf der Westseite **1000 Meter über Gletschereis zu den jeweiligen Gipfeln** geht, die durch die Eismassen faktisch miteinander verbunden sind. Zwischen den Gipfeln, die ca. einen Kilometer auseinanderliegen, gibt es auf 1950 Metern Höhe eine gletschergefüllte Senke, die sich Richtung Osten fortsetzt. Hier kann man sich entscheiden, ob man sich lieber den felsigen Gipfelaufbau des Choshuenco oder den klassisch geformten Vulkan El Mocho vornimmt. Beim weiteren Aufstieg auf den Mocho geht es noch über ein Geröllfeld aus roter Lava, bis die Hangneigung von ca. 45° bis zum Gipfel einiges abverlangt.

**Vulkan Osorno, 2652 m
(Puerto Varas)**

Der Vulkan am Lago Llanquihue besticht durch seine – von weitem betrachtet – ebenmäßige Schönheit. Von seinem Gipfel bietet sich ein fantastisches Panorama über die Seen der Umgebung. Der erloschene Vulkan ist zwar etwas niedriger als der Villarrica, doch der Aufstieg ist ungleich schwerer und wegen der **unzähligen tiefen Gletscherspalten** nur mit Seil zu bewältigen. Außerdem ist der Gipfel nur selten ganz frei von Wolken. Die Tour ist auch für Anfänger zu schaffen, erfordert aber eine sehr gute Kondition. Wie beim Villarrica ist auch beim Osorno der Alleingang verboten. Immer wieder kommt es zu Unfällen; erst 2007 verunglückte hier wieder ein deutscher Tourist.

Auf der Südseite des Vulkans befindet sich auf 1500 Meter Höhe die **Skihütte Teski;** hier beginnt der Aufstieg. Für den Aufstieg wie für den Abstieg müssen je 4 Stunden eingeplant werden. Nach 2 Stunden hat man die Gletschergrenze erreicht. Nach nochmals 2 Stunden steht man auf dem Gipfel.

Canyoning

Für Westeuropäer schon seit Jahren ein Begriff, hat sich das Canyoning in Chile im Vergleich zu anderen Fun- und Extremsportarten bislang nicht wirklich etablieren können. Ein wesentlicher Grund liegt in der **Schwierigkeit, zu den Schluchten zu gelangen,** die obendrein für das Canyoning geeignet sein müssen. Das Gelände ist unwegsam, Urwald eben, und Pfade sind deswegen nur mit der Machete zu schlagen. Ein ziemlicher Aufwand, wenn man bedenkt, wie schnell der Wald wieder zuwächst. Dafür wird man nach dem Canyoning mit dem Gefühl belohnt, quasi eine Pionierat vollbracht zu haben. Weder passiert es, dass Minuten später schon die nächste Gruppe im Canyon steht, noch begleiten johlende Schaulustige die Tour.

Ausrüstung und Anbieter

Die Liste der Anbieter hält sich in Grenzen. Empfehlenswert sind **zwei Agenturen:**

● **Canyoning El Puma**
Bei Pucón, www. canyoning-chile.cl.
● **Expediciónes Petrohué**
Im gleichnamigen Hotel in Petrohué, Tel./Fax 65/212025, www.petrohue.com.
● **Expediciónes Chile**
In Futaleufú, Tel./Fax 65/721386 oder 2/ 5856960, www.exchile.com.

Dabei muss man mit 70–80 US-$ für eine halbtägige Canyoning-Tour rechnen, mit etwa dem Doppelten für einen ganzen Tag. Verpflegung, Transfer, Ausrüstung und Guides sind in der Regel inklusive. Die **Ausrüstung** besteht aus einem **Sturzhelm, Neoprenanzug, Schwimmweste** und **Seilsiche-**

rung. Gut sitzende **Wanderschuhe** sollte man natürlich selbst haben. Von Vorteil ist **Fleece-Unterwäsche,** die unter dem Neoprenanzug, auch wenn man vollkommen durchnässt ist, für Wärme sorgt..

Río León (Puerto Varas)

Der Río Leon mündet seitlich in den Lago de Todos los Santos. Von **Petrohué** startet ein Motorboot, die Überfahrt bis zur Flussmündung dauert 20 Minuten. Der Rio León wartet mit vielen kleinen Wasserfällen, Wasserbecken, Kletter- und Abseilstrecken und Rutschpartien auf. Highlight ist ein etwa 30 Meter hoher Wasserfall. Landschaftlich ist die Exkursion traumhaft schön, aber nichts für Angsthasen. Das Wasser ist kalt, so kalt, dass hin und wieder das Atmen schwer fällt. Erholsam ist nach der Tour das Picknick am Strand.

Lago Espolón (Futaleufú)

Diese Schlucht liegt etwa 8 Kilometer östlich von Futaleufú und mündet in den Espolón-See. Der **Gelves** ist ein wildromantischer Canyon mit mehreren Wasserfällen, Rutschpartien und Pools. Der längste Wasserfall mit ca. 45 Metern ist eine echte Herausforderung, der man sich aber durchaus stellen kann. Auf einem schönen Pfad geht es per pedes zum Canyon. Dort gibt es erst einmal eine Pause mit Picknick. Schließlich werden alle mit ausgerüstet, und es kann losgehen.

Skifahren

Skifans werden es wissen: Die chilenischen Skigebiete hoch oben in den Anden bei Santiago sind jedes Jahr **Anziehungspunkt für die Profis der westlichen Skiwelt.** In Chile können sie sich zwischen Juni und Oktober auf die kommende Abfahrtssaison vorbereiten. Die Skigebiete sind kleiner als in der Schweiz oder Österreich, dafür ist das Skilaufen hier ein Erlebnis der besonderen Art, des weichen Schnees und der gewaltigen Andenlandschaft wegen. Chile kann zudem mit dem südlichsten Skigebiet der Welt aufwarten, wo man zudem noch mit Blick aufs Meer Ski fahren kann: in Patagonien vor den Toren von Punta Arenas. Darüber hinaus gibt es etliche Vulkane mit Skigebieten.

Informationen und Anbieter

- Das Fremdenverkehrsamt **Sernatur** gibt jährlich eine neu aufgelegte Broschüre zu den Skigebieten heraus.
- **www.skitotal.cl**, aktuelle Infos zu Transport, Tagespässen und Ausrüstungsverleih.
- **Skireisen** nach Chile und Argentinien werden von Tourismus Schiegg veranstaltet (Tel. 08362/9301-0, www.lateinamerika.de).
- Ein besonderes Vergnügen ist das **Heli-Skiing.** Dabei wird man vom Helikopter auf einem Gipfel abgesetzt und kann durch Tiefschnee hinunterwedeln: **Alfa Helicópteros** in Santiago, Aeródromo de Tobalaba, Av. Larraín 7941, Tel. 2/2739999, www.alfa-helicopteros.com; Kostenpunkt: ca. 150 US-$ p.P.

Anfahrt und Kosten

Leider ist Skifahren in Chile ein **teures Vergnügen;** je nach Skizentrum zahlt man für ein Tagesticket sogar mehr als in Europa. Unterkünfte sind kaum unter 80 US-$ pro Person und Nacht zu bekommen, in den meisten Zentren ist es sogar deutlich teurer. Wer so viel nicht ausgeben möchte, der kann aufgrund der Nähe zu Santiago problemlos dort übernachten und mit einem der Zubringerbusse oder mit einem Mietwagen pendeln (ca. 1 Stunde Fahrzeit). Die Zufahrten zu den Skigebieten werden von der Polizei streng überwacht; Schneeketten sind Pflicht (man kann sie an den Zufahrtsstraßen überall ausleihen, ca. 6 US-$). Die Strecke nach Farellones/Valle Nevado/La Parva kann nur bis 13 Uhr bergauf befahren werden, Rückfahrt ab 15 Uhr. An Wochenenden ist auf der schmalen, kurvenreichen Straße mit Staus zu rechnen.

Die **Tageskarte** in den Skigebieten bei Santiago kostet je nach Saison für Erwachsene 37–52 US-$. In den übrigen Skigebieten ist es billiger. Die Hochsaison dauert vom 7. Juli bis 15. August. In einigen Zentren gibt es auch Halbtagestickets, die aber nur geringfügig billiger sind.

Skibusse

● **Ski Total**
Av. Apoquindo 4900, Edificio Omnium, Tel. 2460156. 18 US-$ hin und zurück, außer Portillo (35 US-$). www.skitotal.cl

Skizentren in den Anden

Valle Nevado

Das **modernste und beliebteste Skigebiet** wurde erst im Jahr 1988 eröffnet und liegt 44 km östlich von Santiago. Es

gibt neun Lifte und 34 Abfahrten aller Schwierigkeitsgrade (insgesamt 37 km). Hier tummelt sich die Weltelite. Die Pisten reichen bis auf die beachtliche Höhe von 3670 Metern. Auch Snowboardfahrer kommen hier auf ihre Kosten (Snow Park und Half Pipe). Luxushotels sind ebenso vorhanden wie Ferienwohnungen, Diskothek, Schwimmbad, Bars, Restaurants. Das Niveau ist etwa mit dem in St. Moritz zu vergleichen.

●www.vallenevado.cl

El Colorado – Farellones

Dies ist das **älteste und größte Skigebiet,** 32 Kilometer von Santiago. Es verfügt über 18 Lifte, 62 gut ausgebaute Pisten verschiedener Schwierigkeitsgrade (insgesamt 40 km, die längste ist 4,3 km lang) und geht bis auf eine Höhe von 3333 Metern. Der Ort ist relativ groß, hat viele kleine Hotels, in erster Linie aber Apartments und Ferienhäuser. Es gibt natürlich auch hier Ausrüstungsverleih und Skischulen für Gruppen- oder Einzelunterricht.

●www.elcolorado.cl

La Parva

In der Nähe von Farellones (38 km von Santiago) liegt La Parva, ein vergleichsweise **leichtes Skigebiet** mit 14 Liften und 30 Pisten (38 km, die längste 4 km). Die Pisten gehen bis auf 3630 Meter hinauf – mit großartigem Blick auf Santiago.

●www.laparva.cl

Portillo

Eines der berühmtesten Skigebiete in den Anden liegt an der Straße nach Mendoza, kurz vor der Grenze zu Argentinien (164 km von Santiago): Portillo. Der Skiort auf 2855 Metern Höhe hat seine Glanzzeiten hinter sich und strahlt heute eher einen 1960er-Jahre-Charme aus. Mittelpunkt ist das Hotel Portillo, mit beheiztem Pool und wunderschön an der Laguna de Inca gelegen; daneben gibt es auch Cabañas. Zwölf Skilifte versorgen 20 Pisten zwischen 2880 und 3330 Metern Höhe.

●www.skiportillo.com

Die zwei südlichsten Skigebiete der Welt

El Fraile

El Fraile liegt 29 Kilometer von Coyhaique entfernt. Auf 1000 Metern Höhe gibt es am bewaldeten Hang **fünf Pisten in allen Schwierigkeitsgraden.** Es sind zwar nur zwei Lifte vorhanden, dafür ist der eine 930 Meter lang. Viel Service darf man nicht erwarten.

Cerro Mirador

Das **südlichste Skigebiet der Welt** liegt am Cerro Mirador, 8 Kilometer vor den Toren von Punta Arenas. Ein Schlepplift und ein Doppelsessellift mit einer Länge von 1200 Metern bedienen immerhin elf Pisten mit allerfeinstem

Skigebiet Valle Nevado bei Santiago

Pulverschnee auf 600 Metern Höhe; von oben sieht man die Magellanstraße. Einige Pisten sind schwierig, da sie sehr eng durch bewaldete Hänge führen. Das Skizentrum verfügt über eine Skischule, Ausrüstungsläden und ein Restaurant.

Skifahren auf den Vulkanen

Vulkan Antuco

Das überschaubare Skigebiet im **Nationalpark Laguna de la Laja** weist mittelschwere Abfahrten und drei Lifte auf. Immerhin kann man im Skiclub Equipment ausleihen. Der Club betreibt ganzjährig eine komfortable Hütte mit Übernachtungsmöglichkeit, Cafeteria und Restaurant.

Vulkan Chillán

Der Vulkan Chillán, etwa 80 Kilometer von der Stadt Chillán entfernt, ist wohl der am leichtesten zugängliche Vulkan und bietet an seinen bewaldeten Westhängen ein **bekanntes Skigebiet** mit acht Schleppliften und einem 2½ Kilometer langen Doppelsessellift, der auf 2500 Meter hochgeht und der längste in ganz Südamerika sein soll. Die 28 Pisten sind miteinander verbunden, bieten verschiedene Schwierigkeitsgrade, inklusive Tiefschneefahrten. Ein langer Skitag lässt sich wunderbar mit einem entspannenden Bad in einem der Thermalbäder abschließen. Die Unterkünfte am Skigebiet selbst sind luxuriös, preiswerter kann man in Las Trancas, 9 Kilometer vor dem Skizentrum, absteigen (mehrere Cabaña-Anlagen und Hosterías, s. dort).

Vulkan Villarrica

Der Vulkan Villarrica, am gleichnamigen See gelegen, bietet ein **kleines, kompaktes Skigebiet.** 13 Abfahrten mit sieben Liften weisen alle Schwierigkeitsgrade auf, es gibt Skischule, Skiverleih, Restaurant und Cafétería. Hier kann man auch Langlauftouren unternehmen. Im nahen Pucón gibt es vielfältige Übernachtungsmöglichkeiten.

●**Skitouren** auf dem Vulkan organisieren verschiedene Agenturen, Adressen siehe unter Pucón.

Vulkan Casablanca

Das **Skigebiet Antillanca** am Vulkan Casablanca im **Nationalpark Puyehue** hat mit seinen vier Schleppliften und zwölf Abfahrten der verschiedensten Schwierigkeitsgrade einiges zu bieten, dazu ein größeres Hotel, Restaurant, Café und Pistenservice.

Vulkane Lonquimay, Llaima und Osorno

Das Skifahren an diesen Vulkanen ist nur **guten Skifahrern** vorbehalten. Hier wird man, wenn überhaupt, nur mit einem oder zwei Liften befördert und das auf nur geringe Höhe. Wer höher hinaus will, muss selbst aufsteigen, mit Fellen unter den Skiern. Hier sind auch richtige **Skiwanderungen** möglich, die man jedoch ohne Ortskenntnisse nicht auf eigene Faust unternehmen sollte.

Reiten

Expeditionen hoch zu Ross sind nicht nur etwas für Pferdefreunde, sondern auch eine ideale Möglichkeit, tiefer in die **unberührten Landschaften** Chiles vorzudringen und Kontakt zur **lokalen Bevölkerung** zu bekommen, für die das Pferd vielfach das einzige Transportmittel ist. Die Palette reicht von Tagesritten bis zu 10-Tage-Treks. Neben den Angeboten professioneller Agenturen kann man eine Reittour vielerorts auch selbst organisieren. Pferde kann man in den Anden fast überall leihen; oft sind die Pferdebesitzer in ländlichen Gegenden durchaus aufgeschlossen, ihre Pferde zu verleihen und als Guide mitzugehen.

Vor einer Reittour muss man sich nicht scheuen, wenn man nicht Reiten gelernt hat. Die Pferde in Chile sind meist sehr umgänglich und gehen ohnehin anders als in Europa. Man reitet sie wie ein Cowboy mit einer Hand, und sie reagieren auf die leichteste Zügelführung sowie Zungenschnalzen. Wildes Umherschlagen mit den Zügeln, wie man es vielleicht aus Westernfilmen kennt, verbietet sich hier. Nicht zuletzt sind die Sättel in aller Regel sehr sicher und ausnehmend bequem.

Ausrüstung

Tagesritte erfordern keine besonderen Anforderungen an die Ausrüstung. Man sollte lediglich an festes Schuhwerk, eine **bequem sitzende lange Hose** und eventuell eine Regenjacke denken. Im Norden und in Mittelchile ist ein Sonnenhut dringend notwendig, ebenso ein dünnes, langärmeliges Hemd.

Für mehrtägige Touren braucht man auf jeden Fall **widerstandsfähige Hosen**, feste **Wanderschuhe** (im Gebirge muss man hin und wieder absteigen und das Pferd führen), einen dicken **Pullover** sowie **regenfeste Oberbekleidung**. Von Vorteil ist auch ein **Regenhut**. Wenn die Tage in Patagonien frisch sind, dann freut man sich auch über ein Paar wärmende **Handschuhe** im Gepäck.

Üblicherweise bekommt jeder Teilnehmer eine große **regensichere Packtasche**; an die dort verpackten Dinge kommt man tagsüber nur schlecht heran, daher einen **Tagesrucksack** mitführen. Für die Übernachtungen in Blockhäusern oder in Zelten braucht einen warmen **Schlafsack** und eine **Unterlage**. Bei organisierten Touren wird beides meist zur Verfügung gestellt.

● Die Website **www.pferde.trekkingchile.com** enthält umfassende Erläuterungen zum Thema Reiten in Chile, zu den Eigenarten der chilenischen Pferde sowie Links auf Anbieter von Pferdetouren, die Wert auf den Kontakt zur lokalen Bevölkerung legen. Dazu gibt es auch eine praktische Broschüre im Taschenformat, „Pferdetrekking Chile" (auf Deutsch), zu beziehen über www.trekkingchile.com/karten.

Reiterhöfe und Pferde-Trails

Das Angebot an Pferde-Exkursionen hat in den vergangenen Jahren in allen Landesteilen Chiles enorm zugenommen. Anbieter sind Pferdehöfe, Outdoor-Camps und -hotels sowie Reiseveranstalter. Erkundigen Sie sich vorher ein-

REITEN

Das Angebot an Reittouren ist groß

gehend nach den Modalitäten, insbesondere auch der Verpflegung und Übernachtung. Die ausgewählten Reitregionen werden von Nord nach Süd vorgestellt.

Hacienda Los Andes (La Serena)

Inmitten einer Flussoase in der Wüstenkordillere des Kleinen Nordens liegt am **Río Hurtado** die Hacienda los Andes (2½ Stunden Autofahrt von La Serena). Unter deutscher Leitung wurde hier ein wunderschönes, 100 Jahre altes Hacienda-Anwesen im Kolonialstil neu aufgebaut. Im Angebot sind **ein- bis achttägige Reittouren,** wobei die längeren Trail-Offerten so angelegt sind, dass zwischendrin immer mal eine Nacht in den komfortablen Gästezimmern der Hacienda verbracht wird. Auf den Touren geht es durch grüne Täler und wilde Canyons mit Wildwestromantik, vorbei an verlassenen Goldminen und über felsige Kuppen, die von langarmigen Kakteen gesäumt werden. In der Gegend finden sich zahlreiche **Felsmalereien** der Molle-Indianer. Am Abend taucht die Sonne die Wüstenhänge in rote, braune, gelbe und blaue Farbschattierungen. Schließlich erstrahlt der klarste Sternenhimmel über dem Outdoor-Camp.

- **Hacienda Los Andes**
Hurtado, Tel./Fax 53/691822,
www.haciendalosandes.com.
- **Corral Los Andes (La Serena)**
Hurtado, kein Telefon, www.naturalhorsemanshipchile.com. Mehr als einfach nur reiten kann man bei *Clark Stede* aus Deutschland und *Manuela Paradeiser* aus Österreich auf ihrer Ranch bei Hurtado am gleichnamigen Fluss, ganz in der Nähe der Hacienda Los Andes, die die beiden früher betrieben haben. Auf ihrer organischen Farm bieten sie Kurse im partnerschaftlichen Umgang mit Pferden (Natural Horsemanship, gern auch als „Pferdeflüstern" bezeichnet), dazu Unterkunft in zwei Gästezimmern und private Reittouren.

Cajón del Maipo (Santiago)

Bei Santiago gibt es sehr schöne Reittrails. Zwei empfehlenswerte Ausgangspunkte sind der **Cajón del Maipo** und der im Sommer völlig verschlafene Ort **Farellones**, der im Winter als Skizentrum zum Leben erwacht. Auf diesen Touren geht es oft sehr, sehr steil Serpentinen hinauf. Besonders am Abend leuchten die mineralhaltigen Felsen der Anden in immer neuen Farben. Die Landschaft wird sehr rau, vorherrschend sind Büsche, Weideland und Blumen. Die Bäche sind eiskalt vom Gletscherwasser, das aus den höheren Regionen herunterfließt. Es finden sich wunderschöne Lagunen in dieser majestätischen Landschaft.

- **Cascada Expediciones**
Don Carlos 3219, Las Condes, Santiago,
Tel. 2/2329878, www.cascada.travel.
- **Altue Active Travel**
Encomenderos 83, Las Condes, Santiago,
Tel. 2/2321103, www.altue.com.
- **Fundo el Toyo**
San José del Maipo, Puente Las Vertientes,
Tel. 2/8611290.

- **Terracota Excursiones**
Agustinas 1547, of. 705, Santiago,
Tel. 2/6961097, www.terracotachile.cl.

Melado-Tal (Talca)

Die Anden in **Mittelchile** eignen sich aufgrund ihres beständigen, sonnigen Klimas und der Übergangslandschaft zwischen dem wüstenhaften Norden und dem grünen Süden hervorragend für Reittouren. Die Agentur Turismo Caminante unter deutsch-österreichischer Leitung bietet ein **mehrtägiges Pferdetrekking** im Melado-Tal an, dessen besondere Attraktivität neben der beeindruckenden, weitgehend einsamen Landschaft im Kontakt zu den wenigen Bergbauern liegt, die hier leben. Übernachtet wird in Berghütten wie der Lama-Lodge, die Pferde werden von lokalen Huasos (den chilenischen Cowboys) betreut, deren ganz eigene Lebenswelt man abends am Lagerfeuer und bei Mate-Tee näher kennen lernt. Immer wieder öffnen sich tolle Ausblicke auf Naturwälder und vergletscherte Gipfel, man überquert kristallklare Flüsse und weite Gebirgskämme. Wer ganz auf Abenteuer aus ist (und sparen will), kann sich die Reittour mit Hilfe der unten genannten Website selbst organisieren, indem er Kontakt zu den Pferdebesitzern aufnimmt (Kosten ca. 30 US-$ pro Tag, plus Führer).

- **Turismo Caminante**
Talca, Tel. 71/1970097,
www.pferde.trekkingchile.com.

Campo Antilco (Pucón)

12 Kilometer außerhalb von Pucón hat der deutsche Pferde- und Kajaknarr

Mathias Boss einen Reiterhof aufgebaut. Er bietet **halb- bis siebentägige Reitouren** durch die Gebiete einer Mapuche-Gemeinde und die Täler der Cerros de Quelhue, durch den Nationalpark Huerquehue und zum Río Blanco. Diese Touren eignen sich vorzüglich, um das ursprüngliche Leben der Leute auf dem Land kennen zu lernen. Die Touren werden begleitet und geführt von einem chilenischen *Arriero* (Cowboy) und einem deutsch oder englisch sprechenden Guide. Übernachtet wird in Zelten; Kochen, Zeltaufbau etc. erledigt die Gruppe gemeinsam. Jeder kümmert sich dabei im Rahmen seiner Möglichkeiten um sein Pferd. Der **Colonos-Trail** führt etwa in sechs Tagen durch unberührten Urwald mit tausendjährigen Araukarien und zu einsamen Bergseen. Zweimal wird an heißen Quellen übernachtet.

● **Campo Antilco**
Mathias Boss, Tel. 09/97139758,
www.antilco.com.

Rancho de Caballos (Pucón)

Am Rande des Nationalparks Villarrica liegt der Rancho de Caballo, die „Pferderanch" der beiden Deutschen *Christa* und *Wolfgang*. Hier werden **ein- bis neuntägige Reittouren** „wie bei den Pionieren" angeboten, quer durch die Regenwälder des Nationalparks, vorbei an Wasserfällen und hinauf auf die schneebedeckten Vulkane. Eine sehr vielseitige Tour ist die zur **Laguna de los Patos.** Man erlebt die Landschaft um den Vulkan Quetrupillan mit der Laguna Azul, die die umliegenden Quellgebiete speist. Es geht durch dichten Urwald zu Hochgebirgsmooren, dann durch sanfte Hügellandschaften und schließlich über schroffe Felsformationen. Am Gebirgssee Laguna de los Patos wird ein Zeltcamp aufgeschlagen. Von hier aus geht es noch höher in die Anden, mit guten Chancen, Kondore zu sehen. Die Ranch selbst beherbergt Gäste in **Blockhäusern.** Ein eintägiger Trail per Pferd kostet inkl. Lunchpaket etwa 60 Euro.

● **Rancho de Caballos**
Tel. 09/83461764,
www.rancho-de-caballos.com.

Campo Aventura Cochamó (Puerto Varas)

Im südlichen Seengebiet, 3 Kilometer entfernt von Cochamó und gut von Puerto Varas aus zu erreichen, liegt das Campo Aventura. Die Ranch liegt am **Río Cochamó** am Anfang des gleichnamigen Tals abseits der Zivilisation in herrlicher Idylle. Die Basisstation ist eine einfache Lodge mit Komplettversorgung. Das Programm richtet sich auch an Familien mit Kindern und nicht nur an Pferdeabenteurer. Es gibt ein Restaurant mit guter, insbesondere vegetarischer Küche. Reittouren können individuell abgestimmt und auch mit Trekking, Kajak, Raften und Angeln kombiniert werden. Das Angebot reicht von einem bis neun Tagen.

Reitausflug in Peulla

Der **Pioneer-Trail** zum Beispiel dauert drei Tage und führt mitten hinein in die dicht bewaldete Kordillere: durch Dickicht, dunklen Urwald mit Flechten und Moosen, über wilde Felspassagen und Gräben. Manchmal sind die Wege so verschlammt, dass die Reiter absteigen müssen, damit sich die Pferde vorsichtig alleine einen Weg bahnen können. Ob die Sonne scheint oder der Regen sich über die Reiter ergießt – der Trail ist ein beeindruckendes Erlebnis, man glaubt jeden Moment, ein Kobold könnte um den nächsten Baum lugen. Hier oben ragen **3000 Jahre alte Alerce-Bäume** in den Himmel, manche 30 Meter hoch mit einem Umfang von 15 Metern, dazu 20 Meter hohe Ulmen, an denen sich Lianen abseilen, Calafate-Sträucher sowie viele Farn- und Bambusarten. Übernachtet wird in einem rustikalen **Blockhaus** in der Wildnis, am Abend gibt es Asado vom Lamm – Huaso-Romantik pur. **Kosten:** ca. 350 US-$.

● **Buchung** über Outsider in Puerto Varas, San Bernardo 318, Tel./Fax 65/232910, www.campo-aventura.com.

Reserva Llanquihue (Puerto Varas)

Ausschließlich **eintägige,** dafür landschaftlich fantastische **Pferdetouren für Nichtreiter** bietet der Chilene *Francisco* in der Reserva Nacional Llanquihue rund um den **Vulkan Calbuco** an. Es handelt sich um fünf- bis achtstündige Trails mit Ausflugscharakter. *Francisco* legt viel Wert darauf, den Teilnehmern die Flora und Fauna des valdivianischen Regenwaldes nahezubringen. Dabei passiert man Flüsse, hat herrliche

Blicke auf die umliegenden Vulkane, reitet vorbei an traumhaften Wasserfällen und romantischen Lagunen. Es werden keine Lunchpakete mitgenommen, sondern Station gemacht bei Bergbauern, die die Gäste bewirten. Auch der Calbuco kann bestiegen werden.

● **Buchung** entweder direkt bei *Francisco,* der mit seinen Bergpferden im Naturschutzgebiet lebt, über die Handynummer 09/ 99499387 (er spricht auch englisch), oder über das Fremdenverkehrsamt Puerto Varas, Tel. 65/237956, www.puertovaras.org, corporacion@puertovaras.org.

Torres del Paine (Puerto Natales)

Eine Reittour im Nationalpark Torres del Paine zählt zu den **schönsten Outdoor-Erlebnissen in Chile.** Mit dem Pferd hat man die Möglichkeit, abseits der Wanderpfade in die Landschaft des Parks vorzudringen. Die Estancia Lazo liegt sehr schön an der Laguna Verde im westlichen Areal des Parks, mit tollem Blick auf das Paine-Massiv. Sie bietet komfortable Unterkunft in der Hostería Mirador del Payne (DZ ab 160 US-$) sowie gute Pferde. Tagestouren können direkt organisiert werden (ca. 80 US-$), längere Touren bis zu neun Tagen mit entsprechendem Vorlauf.

● **Chile Nativo**
Puerto Natales, Tel. 61/ 411835, 2/7175961, www.chilenativo.com.

Mountain-Biking

In der Sparte Mountain-Biking hat sich einiges getan. Die Chilenen selbst kommen langsam auf den Geschmack, mit dem Fahrrad auf Tour zu gehen. Dennoch ist Chile Lichtjahre von der Entwicklung in Europa oder den USA entfernt. Immerhin werden Mountain-Biker nicht mehr als verrückte Fremdlinge angesehen, die nichts Besseres zu tun haben, als mit ihrem galaktischen Drahtesel den patagonischen Stürmen oder der sengenden Hitze der Atacama-Wüste zu trotzen. Die Freaks, die früher fast ausschließlich individuell unterwegs waren, haben dazu beigetragen, den chilenischen Anbieter-Markt anzuschieben. Damit hat die **Bandbreite der Tourangebote zugenommen.** Dennoch gibt es kaum eigens für Mountain-Biker ausgewiesene Routen. Vielmehr entsprechen diese den Trekking- oder Off-Road-Touren.

Besonders häufig sind Biker auf der **Carretera Austral** anzutreffen. Inzwischen wird die Carretera nach und nach ausgebaut und teilweise sogar asphaltiert. Trotzdem wird Patagonien wegen der vielen Strecken abseits der Hauptrouten beliebt bleiben. Das gilt zum Beispiel für die Gegend um Cochrane, für den Nationalpark Torres del Paine sowie für Feuerland. Für **Tagesrouten** in der patagonischen Wildnis ist **Futaleufú** ein echter Tipp. Hier gibt es landschaftlich wunderschöne Trails, die 4 bis 6 Stunden in Anspruch nehmen.

Ein **Kontrastprogramm** bieten die **Routen im Norden Chiles,** beispielsweise in der Region von San Pedro de

Atacama mit dem Valle de la Luna sowie den angrenzenden Kordilleren mit den Geysiren von El Tatio.

Für **Tages- und einfachere Touren** empfiehlt sich die **Seenregion zwischen Temuco und Puerto Montt.** Hier ist das Straßennetz gut ausgebaut, und trotzdem finden sich ausreichend Wege, die abseits liegen und zum Biken einladen.

● **Buchtipp: Radwanderführer Chile. Mit dem Fahrrad entlang der Carretera Austral.** Von *Kathrin Rudolf* und *Thomas Heidbüchel*, mit Streckenprofilen und Insidertipps, erschienen 2007. Der Führer kann beim Verlag Worthandel, www.worthandel.de, auch als e-book bestellt werden (25 Euro).

Anbieter und Kosten

Mountain-Bikes für Tagestouren auszuleihen ist vielerorts kein Problem mehr; in den touristischen Zentren gibt es ausreichend Anbieter. Dabei sollte man keine allzu hohen Ansprüche an die Qualität der Gefährte stellen. Im Folgenden ein paar Anbieter von gut organisierten mehrtägigen Touren. Hinsichtlich der **Kosten** muss man durchschnittlich mit 40–50 US-$ für eine Halbtagestour rechnen.

● **Pared Sur Expediciones**
Juan Esteban Montero 5497, Las Condes, Santiago, Tel. 2073525, www.paredsur.cl.
MTB-Touren in ganz Chile und auf der Osterinsel.
● **Talinay Adventure Expeditions**
Prat 470, local 22, La Serena, Tel. 51/218658, www.talinaychile.com.
Touren im Kleinen Norden.
● **La Torre Suiza**
Francisco Bilbao 969, Villarrica,
Tel. 45/411213, www.torresuiza.com.

Weniger eine Agentur als vielmehr ein super Ausgangs- und Informationspunkt für Biketouren im Seengebiet. Die schweizerischen Besitzer der Herberge sind selbst fanatische Biker und haben für die gesamte Region MTB-Routen zum Selberfahren dokumentiert.
● **Turismo Yamana**
Errázuriz 932, Punta Arenas, Tel. 61/710567, www.yamana.cl.
Touren in Südpatagonien.

Kajak und Rafting

Beim Rafting und Kajakfahren auf chilenischen Wildwassern geht es meist richtig zur Sache. Einige Flüsse zählen sogar zu den Topdestinationen weltweit, so dass man hier auf die Weltelite im Kajak treffen kann. Doch keine Sorge – die Raftingveranstalter bieten Fahrten in verschiedenen Schwierigkeitsstufen an, unter denen immer auch sanftere Abfahrten sind. Wer dennoch Bedenken hat, der könnte Spaß am **Floating** haben. Floating hat eher was von einem netten Ausflug auf dem Wasser, bei dem man hin und wieder mit dem Paddel ein wenig aktiv ist, sich dann aber genüsslich treiben lassen und die Landschaft genießen kann. Meist besteht auch die Gelegenheit, unterwegs mal aus dem Gummiboot zu steigen, um eine Runde zu schwimmen.

Die Ausrüstung zum Rafting, Floating oder Kajakfahren wird üblicherweise gestellt. Dazu zählen auch **Helm, Neoprenanzug** und **Schwimmweste.** Unter den Neoprenanzug zieht man sinnvollerweise **Badesachen** an. Beim Rafting sollte man als Schutz vor Verletzungen und wegen des besseren Halts **Trek-**

Kajak und Rafting

kingsandalen oder Wanderschuhe (sie trocknen ja wieder) tragen. Wer Spaß am Fotografieren hat, sollte außerdem an eine wasserdichte Kamera denken; es gibt günstige Einwegkameras.

Kajak- und Raftinggebiete

In Anbetracht der unzähligen Flüsse Chiles kann hier nur eine Auswahl aufgelistet werden (von Nord nach Süd). Die Klassifizierungen entsprechen denen der Internationalen Kajak-Föderation. Zur Orientierung wird die nächstliegende größere Stadt genannt.

Río Maipo (Santiago)

Wildwasserfahrten auf dem Río Maipo – im Naherholungsgebiet von Santiago – ist von San Gabriel bis San Alfonso **überaus schwer (V) bis zur Grenze der Befahrbarkeit (VI).** Die Agenturen setzen erst unterhalb der komplizierten Stellen ein (Grad III–IV). Leider ist das Wasser aufgrund der Gletschersedimente graubraun.

Río Tinguiririca (San Fernando)

Dieser glasklare Fluss, der in den Kordilleren zwischen Curicó und San Fernando entspringt und in den Lago Rapel fließt, zählt zu den wuchtigsten Flüssen und ist an seinem Oberlauf **mit sehr schwer (IV) und überaus schwer (V)** zu bewerten.

Río Biobío (Concepción)

Über den Río Biobío können nur noch Legenden erzählt werden. Der **einst spektakulärste Wildwasserfluss**

KAJAK UND RAFTING

Chiles ist in solchem Ausmaß gestaut worden, dass die Stromschnellen der Vergangenheit angehören.

Río Trancura (Pucón)

Der Río Trancura, der in den Lago Villarrica mündet, ist **mittelschwer (II)** bis **überaus schwer (V)**. Er sprudelt überaus attraktiv durch die Naturwälder östlich von Pucón und ist eines der beliebtesten Touristenziele der Gegend. Die Agenturen bieten Touren verschiedener Schwierigkeitsstufen an, auch Hydrospeed: Dabei liegt man mit dem Oberkörper auf einer Schale und mit dem Rest direkt im Wasser – sehr aufregend!

Río Fuy (Panguipulli)

Der Río Fuy ist unterhalb der bekannten Wasserfälle Huilo-Huilo wegen seiner vielen Abfälle sehr beliebt. Die ersten 6 Kilometer nach dem Einstieg sind **extremes Wildwasser.** Zwei Abfälle müssen mit dem Seil überwunden, teilweise das Kajak durch den Urwald getragen werden. Ab der Straße wird der Fluss leichter, **Schwierigkeitsgrad: IV abnehmend.**

Río Petrohué (Puerto Varas)

Am Río Petrohué, der dem Lago Todos Los Santos entspringt und in den Fjord von Reloncaví mündet, gelten die ersten drei Kilometer wegen der Wasserfälle als **überaus schwer (V)**. Es geht **schwer (III)** weiter und wird gegen En-

Kajakfahrer auf dem Río Cautín

de **leicht (I)** – ideal zum Floating. Die Tagestour geht 17 Kilometer auf dem Fluss entlang mit Postkartenblicken auf die Vulkane Osorno und Calbuco. Zwischendurch gibt es sogar Gelegenheit zum Schwimmen.

Río Futaleufú (Chaitén)

Der Río Futaleufú zwischen Futaleufú und dem Lago Yelcho inmitten der wilden patagonischen Landschaft ist das **Mekka der Weltelite.** Mit ungefähr 50 Kilometer Stromschnellen am Stück ist er nur im Sommer befahrbar. Der Schwierigkeitsgrad reicht von **leicht (I)** bis **überaus schwer (V)**. In den letzten Jahren hat sich der „Futa" zu **dem Wildwasserspot schlechthin** entwickelt, es gibt Kajak- und Raftinglodges und mehrere Agenturen.

Río Palena (Chaitén)

Eine ruhige, idyllische Tour über eine Länge von nicht ganz 200 Kilometern bietet der Río Palena. Der Fluss ist **leicht (I) bis mittelschwer (II),** man kann zwischendurch vom Kajak aus Forellen fischen oder in Thermen im Urwald baden. Der Einstieg bietet sich bei Alto Palena an, dann kann man ab La Junta (Kreuzung Carretera Austral) **bis ins Meer fahren.**

Río Cisnes (Coyhaique)

Als **sehr schwer (V)** bis zur **Grenze der Befahrbarkeit (VI)** gilt der Río Cisnes von La Tapera an der argentinischen Grenze bis Puerto Cisnes am Kanal von Puyuhuapi. Der Fluss ist etwa 150 Kilometer lang und kann gut in Abschnitten befahren werden. Im Allge-

Kajak und Rafting

meinen ist der Zugang von der Straße aus gut möglich.

Río Simpson (Coyhaique)

Ein gern befahrener Fluss ist der Río Simpson von Coyhaique flussabwärts (**schwer – III – bis sehr schwer – IV**). Deshalb eignet er sich auch ausgezeichnet für Rafting-Touren. Leider wird gerne verschwiegen, dass Coyhaique seine Abwässer in diesen Fluss leitet.

Río Baker (Cochrane)

Der Río Baker ist der wasserreichste Fluss Chiles, der auf seinen **200 Kilometern Länge** von Puerto Bertrand bis Caleta Tortel angeblich noch nie komplett befahren worden ist. Türkisfarben schlängelt er sich durch die wilde patagonische Steppe und den Urwald. Es gibt drei Fahretappen mit Schwierigkeiten **von I bis V**. Flussfans sollten sich beeilen: Der Río Baker soll demnächst aufgestaut werden.

Informationen und Agenturen

- „Einzelkämpfer" können sich beim **Deutschen Andenverein** (Club Alemán Andino, Arrayán 2735, Providencia, Santiago, Tel. 2324338, www.dav.cl) Tipps für Einstiegsmöglichkeiten holen.
- Kajaks ausleihen, ohne eine Tour buchen zu müssen, kann man u.a. in der **Casa Chueca** in Talca, Tel. 71/1970096 (s. dort), bei **Campo Antilco** und **Kayak Pucón** in Pucón (s.u.), bei **Expediciones Chile** in Futaleufú, und in der **Casa Cecilia** in Puerto Natales (s. dort).

Empfehlenswert für Rafting- und Kajaktouren sind folgende, z.T. landesweit agierende **Anbieter:**

- **Altué Expediciones**
Encomenderos 83, Santiago, Tel. 2/2321103, www.altue.com. Río Maipo, Futaleufú.
- **Grado Diez Expediciones**
Camino el Volcán 17867, San José de Maipo, Tel. 09/98920107, 09/93451390, www.gradodiez.cl. Río Maipo.
- **Cascada Expediciones**
Don Carlos 3219, Las Condes, Santiago, Tel. 2/232 9878, www.cascada.travel. Río Maipo, Futaleufú.
- **Campo Antilco**
Mathias Boss, Pucón, 09/97139758, www.antilco.com. Río Liucura, Río Trancura u.a.
- **Kayak Pucón**
O'Higgins 211, Pucón, Tel. 09/97162347, www.kayakpucon.net. Río Trancura u.a.
- **Expediciones Chile**
Futaleufú, Tel./Fax 65/721386, 2/5856960, www.kayakchile.com. Río Futaleufú, Palena.
- **Patagonia Adventure Expeditions**
Riquelme 372, Coyhaique, Tel. 09/82594017, www.adventurepatagonia.com. Río Baker.
- **Bigfoot Patagonia**
Bories 206, Puerto Natales, Tel. 61/414525, www.bigfootpatagonia.com. Río Serrano, Torres del Paine, Fjorde.

Wer sich eine Rafting-Tour lieber **von Deutschland aus organisieren** lassen möchte, der ist gut aufgehoben bei:

- **Tourismus Schiegg**
Kreuzweg 26, 87645 Schwangau, Tel. 08362/9301-0, Fax 9301-23, www.lateinamerika.de.

Kosten

Die Preise für die Rafting- und Kajaktouren variieren sehr stark **je nach Länge, Aufwand und Komfort.** Eine einfache Raftingtour ohne Verpflegung kostet je nach Etappenlänge zwischen 20 und 40 US-$. Eine Rafting-Tagestour mit Verpflegung beläuft sich auf etwa 80–100 US-$. Bei den mehrtägigen Touren sind Unterkunft in Zelten, Transfers und Verpflegung inklusive.

Surfen

Sea-Kajaking

Als Alternative zum sportlich extremen Wildwasser-Kajaking bietet sich das sanftere Sea-Kajaking an. Man geht in sportlicher Form auf Entdeckungsreise und kann das auch getrost mit der ganzen Familie tun. Dafür eignen sich vor allem das Seengebiet und die geschützten Fjorde Patagoniens. Einige der oben genannten Agenturen bieten auch Sea-Kajaking an. Besonders empfehlenswert sind die Inselwelt von Chiloé, die Fjorde des Naturparks Pumalín und die Kanäle Südpatagoniens.

Ausrüster und Anbieter

- **AlSur Expeditions**
Aconcagua 8, Puerto Varas, Tel. 65/ 232300, www.alsurexpeditions.com. Sechstägige Kajaktour im Pumalín-Park.
- **Aqua Motion**
San Francisco 328, Puerto Varas, Tel. 65/ 232747, www.aquamotion.de. Zu den Inseln Chiloés.
- **Altué Expediciónes**
Adresse s.o. Eigenes Sea Kayak Center in Dalcahue auf Chiloé.
- **Yak Expediciónes**
Tel. 65/234409, www.seakayakpatagonia.com. Professionelle Touren im Raum Puerto Varas und in ganz Patagonien.
- **Kayak Austral**
Trigal 312, Puerto Montt, Tel. 65/262104, www.kayakaustral.com. Individuell zugeschnittene Touren südlich von Puerto Montt, auch Kajakverleih.

Surfen

Surfen zählt in Chile nicht gerade zu den populären Sportarten. Aber – wo auf dieser Welt findet man keine Surfer? **Vier Dinge sollte man wissen:**

- In Chile kann man eigentlich überall surfen.
- Die **Wellen** sind überwiegend linksbrechend. Die besten Wellen gibt es von September bis November sowie im März und April.
- Das **Wasser** ist teilweise verdammt kalt – also den Thermoanzug nicht vergessen!

Die **besten Reviere** für Wellenreiter finden sich bei Arica, Iquique, Ritoque, Pichilemu und Curanipe. Aktuelle Infos bieten die Websites **www.chilesurf.cl** und **www.surfchile.cl** (nur spanisch).

Surfen ist in Chile noch nicht allzu weit verbreitet

SURFEN

Wind- und Kitesurfer kommen ebenso an der Pazifikküste auf ihre Kosten und können ihr Glück außerdem auf den unzähligen Seen und Stauseen im Land versuchen.

Surfreviere

Arica

Gleich südlich der Stadt Arica gibt es die **Playa Gringo**. Wie der Name schon sagt, surfen hier tatsächlich viele Gringos. Die Wellen sind 4 Meter hoch, es gibt jede Menge gefährliche Felsen. Dennoch werden hier Meisterschafts-Qualifikationen ausgetragen. Nördlich von Arica liegt **Chinchorro**. Auf sehr sandigem Grund gibt es hier die große Ausnahme – rechts- und linksbrechende Wellen.

Iquique

Auch an der **Playa Las Urracas** direkt in Iquique werden Vorentscheidungen der Professional Surfers Association (PSA) veranstaltet – die Wellen sind dementsprechend gut. An der benachbarten **Playa Cavancha** trifft man eher die Bodyboarder. Ein echter Tipp ist die **Playa Yape**, etwa 40 Kilometer südlich von Iquique (nach dem Flughafen, keine öffentlichen Verkehrsmittel). Die Wellen steigen hier auf 6 Meter Höhe.

Ritoque

Einer der schönsten Surfstrände ist die 13 Kilometer lange **Playa Ritoque** nördlich von Viña del Mar mit ihren bis zu 7 Meter hohen Wellen. Besonders in der Sommerferienzeit tummelt sich hier alles, was Rang und Namen hat.

Pichilemu

Die **Hauptstadt der chilenischen Surfszene** ist der Badeort Pichilemu südwestlich von Santiago. Alljährlich werden hier die nationalen Surfmeisterschaften ausgetragen. Für die Anfänger gibt es die **Strände Las Terrazas** und **La Puntilla**, flache Strände mit 1 Kilometer langen Wellen. Schwieriger ist der Felsenstrand **El Infiernillo**, und nur Könnern ist die Landspitze **Punta de Lobos** vorbehalten, die in Kennerkreisen in einem Atemzug mit Australien oder Hawaii genannt wird. Hier muss man über Felsen klettern, einen Wildwasserkanal durchschwimmen, erneut Felsen erklimmen und sich schließlich in eine der bis zu 6 Meter hohen Wellen stürzen. In Pichilemu gibt es mehrere Surfschulen und Ausrüstungsverleiher sowie zahlreiche Unterkünfte.

Curanipe und Pullay

Die Strände bei Curanipe sind deshalb so beliebt, weil sich hier die Wellen am Stück 1 Kilometer lang brechen. Ein Insidertipp ist die **Playa Pullay**, etwa eine Autostunde südlich von Curanipe. Hier wird man mit 4 Meter hohen, Röhren bildenden Wellen belohnt. Einfache Unterkünfte gibt es in Curanipe und Pelluhue.

Ausrüster

Surfausrüster bzw. -schulen sind wegen der mangelnden Popularität der Sportart rar. Für eine Surfstunde (2 Zeitstunden) muss man mit 20 US-$ rechnen. Die Tagesmiete für eine Surfausrüstung (Brett, Anzug und Sicherheitsleine) beläuft sich auf 12–15 US-$. Surftouren inklusive Transport, Übernachtung im Zelt und Surflehrer kosten im Arrangement für zwei Tage ca. 100 US-$, je nachdem, wie viele Personen mit von der Partie sind. Zu empfehlende Surfer-Adressen sind:

- **Adrenalin**
Surfausrüster mit Lokalen in mehreren Malls, u.a. Parque Arauco und Alto Las Condes, www.adrenalin.cl.
- **Fuera de Pista**
Av. Apoquindo 5226, Las Condes, Santiago, Tel. 2/2243836.
- **Windsurfing Chile**
Las Tranqueras 98, Las Condes, Santiago, Tel. 2/2111959, www.windsurfingchile.com.
- **Vertical Store**
Arturo Prat 580, Iquique, Tel. 57/376031.
- **Escuela de Surf Manzana 54**
Costanera, Pichilemu, www.manzana54.cl.

Paragliding

In Chile kann man wunderbar abheben und bis zu 200 Kilometer am Stück segeln. Von der **welthöchsten Sanddüne Alto Hospicio** bei Iquique aus ist im Tandem ein Weltrekord geflogen worden. Die Voraussetzungen zwischen Iquique und Antofagasta sind optimal: Parallel zur Küstenstraße steigen die Hänge der Kordillere steil an. Durch die extreme Trockenheit und die geringe Vegetation heizt sich der Untergrund sehr schnell auf, die Hitze wird sofort wieder abgegeben. Das Ergebnis ist eine **starke Thermik,** die die Himmelsstürmer bis zu **1000 Meter hoch** trägt, ihnen allerdings auch heftig zu schaffen macht. Als die besten Startplätze im Norden werden Punta Paquica (20 km nördlich von Tocopilla), Patillos (60 km südlich von Iquique) und La Portada (18 km nördlich von Antofagasta) gehandelt.

Weniger hoch hinaus geht es an der **Pazifikküste bei Viña del Mar.** Mirasol, Aguas Blancas und Marbella bieten ruhige Flüge, ideal für Anfänger. Man startet von 60 bis 100 Meter hohen Dünen oder Hängen und lässt sich gemächlich auf 200 bis 300 Meter tragen, bevor man sanft zum Strand hinuntersegelt. Die Könner spielen mit dem gleichmäßigen Aufwind und segeln an der Küste entlang wie Albatrosse – **Soaring** heißt das Zauberwort.

Eine Herausforderung ganz anderer Art ist der Thermikflug bis auf 2000 Meter **über der Metropole Santiago.** Der Start von La Pirámide im Stadtviertel Vitacura ist allerdings nur etwas für Fortgeschrittene. Diese fliegen auch gern im **Santuario de la Naturaleza El Arrayán** am Nordostrand der Hauptstadt. auch für Anfänger geeignet ist das Fluggebiet **Las Vizcachas** am Anfang des Cajón del Maipo, südlich von Santiago. Hier gibt es das Outdoor-Zentrum Geo Expediciones, wo auch Tandemflüge angeboten werden.

Das mittlere Seengebiet ist für Paraglider weniger geeignet, da die windstillen Tage gezählt sind. Eine Ausnahme bildet das **Gebiet Antillanca** am Vulkan Casablanca im Nationalpark Puyehue. Das Mikroklima macht wunderschöne lange Flüge möglich. Wenn es der Wettergott gut meint, kann man sich auch den **Vulkan Osorno (2652 m)** am Lago Llanquihue hinunterschwingen.

Anbieter und Flugschulen

- **Parapente Chile**
  Juan Sikic, Arica, Tel. 09/76712827, www.parapentechile.cl.
- **Altazor Skysports**
  Philip Maltry, Iquique, Tel. 57/380110, www.altazor.cl.
- **Sky Adventure**
  Jens Tanner, Santiago, Tel. 2/4930335, www.skyadventure.cl.
- **Génesis**
  Augusto Olivares, Santiago, Tel. 09/95375441, www.parapenteonline.cl.
- **Geo Expediciónes**
  Las Vizcachas, Tel. 2/8424206, www.geoexpediciones.cl.

Kosten

Von den Agenturen werden Flüge zumeist in den genannten Gebieten angeboten. Die Preise sind **abhängig vom Zielort und der Teilnehmerzahl.** Ein Grundkurs kostet ca. 500 US-$, ein Tandemflug ca. 50–60 US-$. Der Tagessatz für eine Ausrüstung (Verleih nur an Piloten mit Fluglizenz) beläuft sich auf ca. 50 US-$.

Sportangeln

Neben Kanada und Neuseeland gilt Chile bei Fliegenfischern als Eldorado. Lachse und Forellen tummeln sich in Hülle und Fülle in den Flüssen und Seen, die insbesondere in Patagonien weitgehend unberührt sind. Vielerorts muss vom Boot aus geangelt werden, die Ufer der Flüsse sind selten zugänglich. Am häufigsten kommt in den chilenischen Gewässern die **Regenbogenforelle** vor, dicht gefolgt von der **Braunen Forelle.** Sie tummeln sich u.a. in den Seen Villarrica und Llanquihue sowie in den Flüssen Petrohué und Puelo. In Patagonien finden sich Forellen u.a. in den Seen südlich von Coyhaique sowie in den Flüssen Baker und Paloma. Auch in Feuerland kann man kapitale Exemplare fangen. Verschiedene **Lachs-Arten** wandern die Flüsse im Seengebiet und in Patagonien aufwärts.

- Eingehende **Infos** über das Sportangeln in Chile finden sich auf **www. gochile.cl.**

Allgemeine Informationen

Da man im Prinzip überall im Seengebiet und in Patagonien angeln kann, ist es relativ einfach, an das nötige **Equipment** zu kommen. In allen touristisch erschlossenen Orten werden Boote und Ausrüstung (im Schnitt ca. 50 US-$ am Tag) und/oder **Angeltouren** (80–100 US-$ pro Tag) angeboten. Hotels, Cabaña-Besitzer etc. vermitteln gerne weiter, wenn sie nicht selbst die Möglichkeit offerieren. In den größeren Ferienzentren im Seengebiet und in Patagonien gibt es Geschäfte, die Ausrüstungen verkaufen/verleihen (s.u.).

Voraussetzung ist eine **Angellizenz** *(Carnet de Pesca).* Sie kostet für Ausländer 15 US-$ und kann bei den örtlichen Sernatur-Vertretungen, in Conaf-Büros oder direkt beim **Servicio Nacional de Pesca (Sernap)** besorgt werden. Verkaufsstellen unter www.sernap.cl.

Ausrüster in Santiago

- **Escamas**
  Brasil 121, Santiago, Tel. 6710285.

SPORTANGELN

- **Immaval**
Bulnes 137, Santiago, Tel. 2/6981748, www.immaval.cl.
- **Fly Shop**
Manquehue Norte 1260, Vitacura, Tel. 2018571.
- **Reinares & Thöne**
Padre Hurtado Norte 1267, Vitacura, Tel. 2293539, www.reinares.cl.

Agenturen

- **Gray Fly Fishing**
San Francisco 447, Puerto Varas, Tel. 65/232496, www.grayfly.com.
Flüsse Puelo, Petrohué und Maullín.
- **Expediciones Chile**
Futaleufù, Tel./Fax 65/721386, www.exchile.com/flyfishing.html.
Lago Yelcho und Río Futaleufú.
- **Expediciones Coyhaique Fly Fishing**
Julio Meier, Portales 195, Coyhaique, Tel. 67/231783, www.misteriosolodge.cl.
Angeltouren im Raum Coyhaique, Unterkunft in Fishing-Lodges.

Angel-Lodges

Es gibt zahlreiche Cabañas und Lodges, die sich auf Flugangler spezialisiert haben und komplette Pakete anbieten. Einige Empfehlungen:

- **Cabañas Río Pescado**
Am Lago Llanquihué, 26 km von Puerto Varas, Tel. 65/335394, www.cabanasriopescado.cl.
Ferienanlage mit schönem Blick auf den Vulkan Osorno, Bootsverleih, Angeltouren.
- **Yan Kee Way Lodge**
Ensenada (Lago Llanquihue), Tel. 65/212030, www.yankeewaylodge.com.
Gilt als eine der besten Angellodges weltweit; entsprechend teuer.
- **Fundo El Salto Lodge**
Bei Petrohué; Tel./Fax 65/237372, www.dufflocq-fishing.com.
Schön eingerichtete Cabaña, Flyfishing-Ausflüge mit Experten.

- **Río Puelo Lodge**
Am Río Puelo, Tel. Stgo. 2/2298533, www.riopuelolodge.com.
Exklusive Lodge fernab der Zivilisation.
- **Isla Monita Lodge**
Lago Yelcho, Tel. Stgo. 2/2732198, www.islamonita.cl.
Familiäre Lodge auf einer privaten Insel im Lago Yelcho.
- **Patagonian Base Camp**
Am Río Palena bei La Junta, Tel. 2/1960031, www.patagonian-basecamp.com.
Exklusive Fishing- und Reitlodge unter holländischer Leitung.
- **Picacho Lodge**
Am Río Picacho bei Puerto Cisnes, Tel. Stgo. 2/6037211, www.picacholodge.com.
Rustikale Lodge mitten in der patagonischen Wildnis.
- **Cabañas La Pasarela**
Coyhaique, km 2 camino a Puerto Aysén, Tel./Fax 67/240700, www.lapasarela.cl.
Bungalows und Angeltouren mit einem Kenner der Region.
- **Campo Chileno**
Am Lago Pólux bei Coyhaique, www.campochileno.com.
Ranch eines Alaska-Anglers mit langjähriger Erfahrung in Patagonien.
- **Patagonia Baker Lodge**
Bei Puerto Bertrand, Tel. 67/411903, www.pbl.cl.
Angelhotel am Río Baker, direkt an der Carretera Austral.
- **Cameron Lodge**
Am Río Grande auf Feuerland, Tel. 61/617107, www.magallanesflyfishing.com.
Einsame Angellodge in einem fischreichen Gebiet.

Land und Leute

Land und Leute

Araukarienwald am Vulkan Lonquimay

Mähnenrobbe oder Südamerikanischer Seelöwe (Otaria flavescens)

Huasos – die chilenischen Bauern

Geografie

Lage und Größe

Benjamín Subercaseaux prägte 1940 das passende Wort: Der chilenische Forschungsreisende veröffentlichte damals sein Werk **„Chile oder Eine verrückte Geografie"**. Gemeint waren die Proportionen des rekordverdächtigen Landes: mehr als 4300 Kilometer sind es von der Südspitze Feuerlands bis zum Grenzposten bei Arica im Norden, bei einer durchschnittlichen Breite von nur 180 Kilometern. Gemeinsam mit Argentinien kommt Chile dem Südpol am nächsten: Die Südspitze Feuerlands liegt 3200 Kilometer südlich des Kaps der Guten Hoffnung (Südafrika) und noch 1500 Kilometer südlich der Südspitze Neuseelands.

Chile erstreckt sich zwischen 67° und 76° westlicher Länge sowie zwischen 17°15′ und 56° südlicher Breite. Überträgt man die Nord-Süd-Ausdehnung koordinatengetreu auf die Nordhalbkugel, würde das etwa der Strecke von Helsingborg (Südschweden) bis nach Timbuktu (Mali) entsprechen. Kaum verwunderlich, dass das Land bei solch einer Ausdehnung auch eine besonders abwechslungsreiche Gestalt besitzt. Der Volksmund beschreibt das mit einer Legende: „Als Gott seine in sieben Tagen erschaffene Welt betrachtete, stellte er fest, dass noch einiges übrig geblieben war: Vulkane, Urwälder, Wüsten, Fjorde, Flüsse und Eis. Er gab den Engeln den Auftrag, alles das hinter einem langen Gebirge aufzu-

Chile auf einen Blick

Staatsname: República de Chile.

Staatsform: Präsidiale Republik.

Staatsoberhaupt:
Michelle Bachelet, Amtszeit 2006–2010.

Staatsflagge: Oberes Viertel links blau mit einem weißen Stern in der Ecke, oberes rechtes Viertel weiß, untere Hälfte rot.

Staatssprache: Spanisch (castellano).

Grenzen: Chile grenzt im Osten an Argentinien, im Nordosten auch an Bolivien und im Norden an Peru. Im Westen besitzt das Land eine mehr als 7000 Kilometer lange Küste zum Pazifik, die in der Südhälfte in Fjorde und Buchten mit vorgelagerten Inseln ausfranst. Zu Chile gehören auch die küstennahe Insel Chiloé, der Juan-Fernández-Archipel (etwa 670 km vor der Küste) sowie die Osterinsel (3800 km).

Fläche: Mit 756.626 km² ist Chile eines der kleineren Länder Südamerikas, aber immer noch mehr als doppelt so groß wie Deutschland. Zusätzlich erhebt Chile Anspruch auf einen Teil der Antarktis von 1.250.000 km².

Lage: Chile erstreckt sich zwischen 67° und 76° westlicher Länge sowie 17°15′ und 56° südlicher Breite. Die größte Nord-Süd-Ausdehnung beträgt mehr als 4300 km, die größte Ost-West-Ausdehnung etwa 400 km. An seiner schmalsten Stelle, bei Puerto Natales, ist das Land nur 16 km breit.

Höchster Berg:
Nevado Ojos del Salado, 6891 m.

Chile auf einen Blick

Wichtigster Fluss: Río Biobío (256 km).

Gesamtbevölkerung:
16,9 Millionen Einwohner (2009).

Mittlere Bevölkerungsdichte:
22 Einwohner je km² (zum Vergleich: In Deutschland teilen sich 228 Einwohner einen km²).

Bevölkerungswachstum:
0,94%; die Geburtenrate beträgt 15 pro 1000 Einwohner, die Sterblichkeitsrate 5,5 pro 1000 Einwohner.

Anzahl der Kinder pro Frau: 1,9.
Bevölkerung unter 15 Jahren: 22%.
Bevölkerung über 60 Jahren: 13%.
Indigene Bevölkerung: 692.000 (4,6%) davon: 87% Mapuche, 7% Aymara, 3% Atacameños.

Hauptstadt: Santiago de Chile
(4,7 Millionen Einwohner).

Wichtigste Städte:
Antofagasta (319.000 Einwohner).
Viña del Mar (287.000 Einwohner).
Valparaíso (276.000 Einwohner).
Talcahuano (250.000 Einwohner).
Temuco (235.000 Einwohner).

Lebenserwartung:
78 Jahre; männlich 75 Jahre, weiblich 81 Jahre.

Analphabetenrate: 3,8%.

Religionen:
70% Katholiken, 15,1% Protestanten; Minderheiten von Zeugen Jehovas, Mormonen und anderen.

Währung: Chilenischer Peso (CLP):
1 US-$ = ca. 550 Pesos, 1 Euro = ca. 750 Pesos (Stand: Juli 2009).

Bruttoinlandsprodukt:
14.500 US-$ pro Kopf (kaufkraft-korrigiert, 2008); reales Pro-Kopf-Einkommen: 10.000 US-$ (2008).

Nationale Symbole: Die Nationalblume ist der rote Copihue, Nationalbaum die Araukarie, der Tanz die Cueca und das Nationalgetränk der Pisco.

Playa Socos bei Tongoy

schütten. Das Gebirge waren die Anden – und so entstand Chile, das vielgestaltigste Land der Erde."

Oft wird Chile auch mit einer Insel verglichen. Das ist so falsch nicht, ist das Land doch stärker als jeder andere Festlandstaat der Erde von seinen Nachbarn getrennt. Im Westen der Pazifik, und im Osten trennt die bis zu 7000 Meter hohe Kette der Andengipfel Chile von den Nachbarn Argentinien und Bolivien. Diese Ostgrenze verläuft fast durchgängig über die Andengipfel und passt sich somit den natürlichen Bedingungen an. Lediglich im Norden besteht eine einfache, nicht von einer natürlichen Barriere gebildete Grenze nach Peru, und auf Feuerland wurde sie per Strich auf der Landkarte fixiert. Die Grenze südlich des Fitz-Roy-Massivs auf dem Patagonischen Inlandeis ist zwischen Chilenen und Argentiniern immer noch umstritten, genauso die Grenzziehung in der Antarktis: Die Nachbarn erheben Ansprüche auf teilweise dasselbe Stück vom rohstoffreichen Kuchen.

Geografische Gliederung

Chile wird traditionell in **fünf Teilräume** untergliedert. Es sind der **Große Norden, der Kleine Norden, die Zentralzone, der Kleine Süden und der Große Süden.** Jede dieser Teilzonen verfügt über spezifisch eigene klimatische und geografische Bedingungen. Senkrecht zu diesen fünf Teilzonen, nämlich durchgehend in Nord-Süd-Richtung, verlaufen die unterschiedlichen Großformen des Landes: die Hochkordillere der Anden (Cordillera de los Andes), die von Norden nach Süden an Höhe und Breite abnimmt, die Längssenke (Valle Longitudinal), die in Mittelchile südlich der Hauptstadt Santiago am deutlichsten ausgeprägt ist, sowie die Küstenkordillere (Cordillera de la Costa). Im Süden laufen Hochkordillere und Küstenkordillere zusammen, letztere zerflattert in Tausende kleine Inseln.

Der Große Norden

Der Große Norden umfasst die drei nördlichen **Regionen Arica-Parinacota, Tarapacá** und **Antofagasta** sowie die **Provinz Chañaral,** die zur Region Atacama gehört. Er nimmt ein knappes Viertel der Landesfläche ein. Der Große Norden besteht vorwiegend aus Wüsten, aus braun-grauen Stein- und Sandflächen, aus Dünen und steilen Anstiegen zu den mächtigen Gipfeln der Hochkordillere.

Geprägt wird der Große Norden von der **Atacama-Wüste,** die in ihrem Kernbereich die **trockenste Wüste der Erde** ist. Sie umfasst die östlichen Teile des Küstenberglandes sowie die anschließende, etwa 1000 Meter über dem Meeresspiegel liegende Senkzone, die auch **Pampa del Tamarugal** genannt wird. Hier wurden in den letzten Jahrzehnten keine Niederschläge gemessen, an manchen Wetterstationen sogar seit Beginn der Aufzeichnungen. Tagsüber kann es in der Atacama-Wüste sehr warm werden, nachts empfindlich

Laguna Miscanti bei San Pedro de Atacama

kühl, und in den Wintermonaten (Mai bis Sept.) sinkt die Temperatur oft auf unter 0°C. Tagsüber wehen häufig starke Winde von Westen und Südwesten, die in den Wintermonaten oft stürmisch werden und große Mengen Staub und Sand mit sich führen. Die Atacama-Wüste darf nicht mit der Region namens Atacama verwechselt werden. Letztere hat trotz ihres Namens nur einen geringen Anteil an der Kernwüste.

Dass die Atacama-Wüste in ihrem Kernbereich so trocken ist, hat zwei Ursachen: den Humboldt-Strom, der kaltes Wasser an die Küste bringt, sowie die steil aufragenden Küstengebirge. Die Steilwand, die beispielsweise bei Iquique gut 600 Meter direkt hinter dem schmalen Küstenstreifen aufragt, hält den dort vorhandenen, aufsteigenden Küstennebel vom Landesinnern ab.

Weiter südlich gelingt es der „camanchaca" aber, küstennahe Gebiete zu bewässern. Im Nationalpark Pan de Azúcar nördlich von Chañaral wächst immergrüner Nebelwald.

Östlich der Kernwüste ändern sich mit der Höhe langsam Klima und Vegetation. Zwischen 1500 und 2000 Meter Höhe fallen sporadische Winterregen, ab 3000 Meter Höhe verzeichnet man auch im Sommer Niederschläge. Wie auf dem bolivianischen Altiplano kann man hier im Trockenfeldbau Getreide und Knollenfrüchte anbauen. Die Andengipfel erreichen im Großen Norden leicht 6000 Meter, die Schneegrenze liegt bei etwa 5400 Meter.

Der Große Norden ist nur dünn besiedelt. Die wichtigsten Städte liegen an der Küste. Arica, Iquique und Antofagasta leben von ihren Häfen, der Fi-

VULKANISMUS UND ERDBEBEN

Die Vulkane Villarrica und Lanín im Seengebiet

Vulkanismus und Erdbeben

Im Stadtmuseum von Santiago kann man es im Diorama bewundern, und *Heinrich von Kleist* hat es eindrucksvoll beschrieben – das **große Erdbeben,** das **am 13. Mai 1647** fast die komplette Innenstadt von Santiago zerstörte und dem ein Zehntel der Bevölkerung zum Opfer fiel. Eine Passage aus Kleists „Erdbeben in Chili": „Hier stürzte noch ein Haus zusammen, und jagte ihn, die Trümmer weit umherschleudernd, in eine Nebenstraße; hier leckte die Flamme schon, in Dampfwolken blitzend, aus allen Giebeln, und trieb ihn schreckenvoll in eine andere; hier wälzte sich, aus seinem Gestade gehoben, der Mapochofluß auf ihn heran, und riß ihn brüllend in eine dritte."

Chile ist erdbebengefährdet. Mehr als 500 Erschütterungen verzeichnen staatliche Stellen jedes Jahr. Doch sind die **meisten Beben nicht gefährlich** – lediglich kleine Erschütterungen, die für Menschen nicht fühlbar sind. Aber durchschnittlich einmal im Jahr ist ein größeres dabei: Zwar stürzen heute keine Häuser mehr ein, denn in Chile wird weitgehend erdbebensicher gebaut, aber mit Gebäuderissen oder auch Straßenverwerfungen muss man rechnen. Weiter in der Statistik: Einmal im Jahrhundert verzeichnet man eine richtige Naturkatastrophe – die letzte passierte am 22. Mai 1960: Ein Erd- und Seebeben mit einer Stärke von 8,9 auf der Richterskala (andere Quellen sprechen von 9,5) zerstörte Valdivia und zahlreiche weitere Städte im Süden Chiles. Riesige Flutwellen schoben

Vulkanismus und Erdbeben

sich über den Pazifik. Auf der Osterinsel (fast 4000 Kilometer entfernt) spülten sie die größte Plattform mit bis zu 90 Tonnen schweren Steinfiguren, den Ahu Tongariki, einfach weg, und selbst in Neuseeland und Japan waren sie noch zu spüren.

Solche Beben sind Jahrhundertkatastrophen – bei den leichteren sollte man **einige Tipps** befolgen:

- Suchen Sie in Gebäuden Schutz unter stabilen Möbeln oder unter den Türstürzen.
- Gehen Sie in dicht bebauten Gebieten (Innenstädten) nicht auf die Straße. Es besteht erhöhte Gefahr durch herabstürzende Gegenstände wie Straßenlaternen und Leuchtreklamen. Auch die Stromleitungen sind in Chile meist oberirdisch verlegt und eine Gefahr, auch wenn die Elektrizitätswerke bei stärkeren Beben den Strom automatisch abschalten.
- Halten Sie sich im Freien von Gebäuden, Stromleitungen und Bäumen fern.
- Benutzen Sie mit dem Auto keine erhöhten Fahrspuren und Brücken, parken Sie Ihren Wagen an einem „sicheren" Platz, und bleiben Sie im Auto sitzen.

Wie entstehen nun **Erdbeben überhaupt?** Die beste Erklärung liefert die Plattentektonik. Die Erdoberfläche, die Lithosphäre, ist in sechs große und zahlreiche kleinere Platten aufgeteilt. Alle zusammen bilden ein kugelförmiges Mosaik – die Erdkugel. Diese Platten treiben auf dem geschmolzenen Gestein des Erdmantels, der Asthenosphäre. Wichtig ist nun: Die Grenzen dieser Platten stimmen nicht mit denen der Landmasse überein; so umfasst die Amerikanische Platte nicht nur den Doppelkontinent, sondern auch etwa die Hälfte des Atlantischen Ozeans. Wie ein Stück Holz, das, in einer Eisscholle festgefroren, sich mit dieser bewegt, so bewegt sich die Landmasse der Kontinente als Teil der driftenden Kontinentalplatten.

Diese Platten treiben nicht alle in dieselbe Richtung, sondern oftmals gegen- oder auseinander. Mitten im Pazifik findet sich eine Trennlinie, hervorgerufen durch intensive vulkanische Tätigkeit. Das dort austretende Basaltgestein, neuer Meeresboden, drückt die Pazifische Platte nach Westen und die Nazca-Platte, eine der kleineren Platten, nach Osten. Im Atlantik geschieht ähnliches – dort tritt ebenfalls Basaltgestein aus und drückt die Südamerika-Platte und mit ihr den Kontinent nach Westen.

Was nun passiert, ist klar. Zwei Platten treffen aufeinander, und wo das eintritt, bewegt sich die Erde. Treffen sie direkt aufeinander und tragen beide Landmassen, schieben sie sich gegenseitig in die Höhe. Es entstehen Faltengebirge wie die Alpen oder der Himalaya. Bewegen sich die Platten dicht aneinander vorbei, verhaken sich dabei und reißen sich wieder los, bricht die Erde oft in Beben – das Musterbeispiel ist die berühmte San-Andreas-Spalte in Kalifornien.

Komplizierter ist es jedoch, wenn wie an der südamerikanischen Pazifikküste eine ozeanische Platte, die Nazca-Platte, auf eine kontinenttragende trifft. „Subduktion" heißt der Fachausdruck der Geologen dafür, und er bedeutet, dass sich eine Platte unter die andere schiebt. Die dünnere ozeanische sinkt wegen ihres höheren spezifischen Gewichtes ab und schiebt sich mit großem Druck unter die Festlandplatte bis hinab in die Asthenosphäre. Zunehmender Druck und Hitze bringen das Gestein mehr und mehr zum Schmelzen, gleichzeitig führt die Kollision der beiden Platten zu Stauchungen, Verformungen und Verkrustungen. Überall bricht die Erde auf, und entlang dieser tektonischen Bruchzonen dringt Magma nach oben. Daher sind auch große Teile der Anden aus vulkanischem Gestein aufgebaut.

schereiindustrie und dem Bergbau. Im Landesinnern wurden besonders dort Städte gegründet, wo Bodenschätze gefördert werden, etwa in Calama. Die kleinen Dörfer im Hochland leben vorwiegend von der Landwirtschaft.

Der Kleine Norden

Der Kleine Norden umfasst den südlichen Teil der Region Atacama, die Region Coquimbo und einen Teil der Region Valparaíso, insgesamt etwas mehr als ein Siebtel der Landesfläche. Er reicht im Süden bis zum Río Aconcagua, der 10 Kilometer nördlich von Viña del Mar in den Pazifik mündet. Von Norden nach Süden nehmen im Kleinen Norden die Niederschläge zu, und so kann man gut den Vegetations- und Landschaftswechsel beobachten. Die **Vollwüste wird** allmählich **zur Strauch- und Sukkulentenwüste,** später dann wird die Vegetation dichter. Um den Río Aconcagua ist die Pflanzenwelt bereits sehr reichhaltig. Dort herrscht schon das wechselfeucht-subtropische Klima Zentralchiles vor.

Wasserreiche Flüsse, die aus der Kordillere gespeist werden, bewässern große Teile des Landes und schaffen landwirtschaftlich stark genutzte Vegetationsoasen, wie beispielsweise das Valle de Elqui. Die Küste ist durchgehend reicher an Niederschlägen: Kondensierende Feuchtigkeit schafft Lebensräume für laubabwerfende und immergrüne Sträucher und Bäume – so im Nationalpark Fray Jorge, in dem Pflanzen gedeihen, die ansonsten Tausende Kilometer weiter südlich im Regenwald des Kleinen Südens vorkommen.

Der Kleine Norden ist traditionell eine **Bergbauzone.** Kupfer, Gold, Silber und andere Edelmetalle werden vorwiegend östlich von Copiapó in den Anden gefunden.

Die Zentralzone

Die Zentralzone, die etwa ein Siebtel des Landes umfasst, ist der **am dichtesten besiedelte Teil Chiles.** Sie reicht im Süden bis etwa Concepción und umfasst die Region Valparaíso, die Region Metropolitana (Hauptstadt-Region Santiago) die Region Libertador General O'Higgins, die Region Maule sowie Teile der Region Biobío.

Auch hier nehmen die Niederschläge von Norden nach Süden zu; sind es in Santiago noch etwa 300 mm pro Jahr, fallen in Concepción bereits 1300 mm jährlich. Das Klima ist mediterran.

In Mittelchile lässt sich die in Nord-Süd-Richtung verlaufende **Dreiteilung des Landes** am besten beobachten: direkt an die Küste anschließend das Mittelgebirge der Küstenkordillere, dann das weite, hier sehr fruchtbare Längstal, in dem vorwiegend Obst und Wein angebaut werden, und im Osten die Hochkordillere, die hier ihre höchste Erhebung hat, den **Aconcagua,** dessen Gipfel (6959 m) leider – so die meisten Chilenen – auf argentinischem Gebiet liegt.

Der Kleine Süden

Der Kleine Süden umfasst wiederum etwa ein Siebtel des Landes und reicht von Concepción bis nach Puerto Montt und dem Kanal von Chacao, der die Insel Chiloé von Festlandchile trennt. Zu

GEOGRAFIE

ihm gehören der südliche Teil der Region Biobío und die Regionen Araucanía, Los Ríos und Los Lagos. Das **regenreiche Gebiet** mit großen Seen, den wichtigsten Flüssen des Landes und schneebedeckten Vulkanen in der Andenkette war jahrhundertelang das Siedlungsgebiet der Mapuche-Indianer, und der Río Biobío trennte bis etwa zur Mitte des 19. Jahrhunderts das Indianergebiet von dem der weißen Eroberer.

Die Region ist **relativ dicht besiedelt** – Städte wie Valdivia, Temuco, und Puerto Montt sind bedeutende Wirtschaftszentren. Bis Mitte des 19. Jahrhunderts war der Kleine Süden weitgehend von undurchdringlichem Urwald bewachsen. Im Längstal gediehen überwiegend Lorbeerbäume und die laubabwerfende Südbuche, an den feuchteren Andenhängen immergrüne Regenwälder. Heute wird der Wald wirtschaftlich genutzt – die einstige Artenvielfalt musste vielerorts Aufforstungen von Eukalyptus-Bäumen oder Kiefern weichen.

Der Kleine Süden ist das beliebteste Reiseziel der Chile-Besucher.

Der Große Süden

Fast ein Drittel des Landes nimmt der sogenannte Große Süden ein. Er reicht von Puerto Montt bis nach Feuerland und umfasst **Urwälder, Gletscher und Eismassen, schneebedeckte, bizarre Gipfel, reißende Bäche, riesige Seen, tief eingeschnittene Fjorde und Tausende kleiner und kleinster Inseln.**

Der Große Süden ist noch dünner besiedelt als der Große Norden. Lediglich zwei größere Städte finden sich hier: Coyhaique, die Hauptstadt der Region Aisén, und Punta Arenas, die der Region Magallanes. Warum das so ist, leuchtet schnell ein: Zum einen sind die **klimatischen Bedingungen eher rau** – starke Westwinde bringen viel Schnee, Eis und einen langen Winter, obwohl es um den Lago General Carrera Mikroklimata gibt, die mild sind und an Mittelchile erinnern –, zum anderen ist die Region verkehrsmäßig nur **schlecht erschlossen.** Nur die Carretera Austral (siehe „Der Große Süden") führt über 1200 Kilometer durch die Urwälder nach Süden. Das Campo de Hielo Patagónico – das Patagonische Inlandseis – mit dem äquatornächsten Gletscher der Erde, der ins Meer mündet (San-Rafael-Gletscher), trennt danach die südlichste Region vom Rest Chiles ab: Magallanes ist nur per Schiff über den Pazifik, per Flugzeug oder auf dem Landweg durch Argentinien zu erreichen.

Durch die Magellanstraße vom Kontinent getrennt ist der **Feuerland-Archipel,** der zur Hälfte zu Argentinien gehört. Einzige chilenische Siedlungen hier sind Porvenir und Puerto Williams; man lebt vor allem von der Schafzucht.

Die Anden

Die Anden, das **„Rückgrat Südamerikas",** durchziehen Chile auf voller Länge. Die Anden sind ein recht junges Gebirge. Sie entstanden größtenteils während des Tertiär und sind etwa so alt wie die europäischen Alpen. Allerdings ist die Gebirgsbildung hier noch nicht abgeschlossen – die vielen, auch aktiven Vulkane, sprechen eine deutliche Sprache.

Vor allem im nördlichen Teil bestehen die Anden aus zwei parallel laufenden Gebirgssträngen. Einzelne Senken auf etwa 3000 Meter Höhe sind umgeben von Gipfeln, die leicht mehr als 5000 oder 6000 Meter erreichen: etwa der Vulkan Licancabur (5930 m), der Cerro Aucan (6180 m) und der Vulkan Llullaillaco (6723 m). Besonders sehenswert sind die Zwillings-Vulkane (Pallachata, über 6000 m) an der chilenisch-bolivianischen Grenze im Nordosten des Landes. Weiter südlich, etwa auf der Höhe von Copiapó, liegt auch der **höchste Gipfel des Landes: der Nevado Ojos del Salado (6893 m).**

Von hier bis zum Río Maule nehmen die Anden fast die halbe Breite des Landes ein. In dieser Region sind die Anden weniger von isoliert stehenden Vulkanen geprägt. Vielmehr erinnern sie mit steilen Graten, Gletschern und den von Eismassen eingeschliffenen Tälern an die Alpen. Nach Süden sind die Höhen abnehmend, die Pässe liegen oft bei unter 2000 Metern.

Bis zur Bucht von Reloncaví ändert sich das Bild der Anden erneut. Niedrige Passhöhen, dazwischen stehen einzelne isolierte Vulkane – der Geologe bezeichnet sie als junge Basalt- und Andesitkegel. Oft sind sie perfekt geformt: Die Vulkane Villarrica und Osorno sind mit Schneekragen und Kegelform Vulkane wie aus dem Bilderbuch.

In **Patagonien** nimmt die Höhe der Anden immer weiter ab, auch wenn einzelne Gipfel noch herausragen, so der Cerro San Valentín (4058 m), der Cerro Arenales (3437 m), der Fitz Roy (Argentinien, 3406 m) oder der Cerro Paine Grande (2400 m). Die Täler sind tiefer eingeschnitten und werden zu richtigen Quertälern, die das ganze Gebirge durchschneiden. Das größte ist das des Río Simpson bei Coyhaique, aber auch am Lago General Carrera ist eine Andenquerung ohne Pass möglich.

Gewässer

Chile lässt sich einfach in **zwei Zonen** einteilen: eine nördliche, sehr niederschlagsarme und eine südliche, niederschlagsreiche. Die ungefähre Grenze bildet ein Fluss: der Río Biobío.

Nordchile (von 18° bis 30° südlicher Breite – von Arica bis La Serena) erhält Feuchtigkeit v.a. aus den Schmelzwassern der Anden. Das meiste Wasser verdunstet jedoch schnell oder versickert im Boden. Lediglich am Andenrand, in bereits größeren Höhenlagen (um 2000 m), finden sich einzelne Lagunen, so beispielsweise in der Gegend von San Pedro de Atacama. Nur ein Fluss durchquert die große Wüste im Norden des Landes, alle anderen versiegen mittendrin, hinterlassen dabei aber teilweise tief eingeschnittene Schluchten (Quebradas). Der **Río Loa** entspringt am Vulkan Miño (5611 m) und mündet nach 440 Kilometern bei El Loa ins Meer, nicht als breiter Fluss, eher als dünnes, brackiges Rinnsal. Größer ist erst der **Río Elqui**, der bei La Serena in den Pazifik mündet: Er bewässert das fruchtbare Valle de Elqui, eine Landwirtschaftsregion inmitten der Wüste.

Mittelchile bis zum Río Biobío ist niederschlagsreicher als der Norden und erhält zudem mehr Wasser aus den zentralen Anden. Beispielsweise entspringt in der Nähe von Portillo (direkt an der Straße nach Argentinien) der Río Juncal, der nördlich von Viña del Mar als Río Aconcagua in den Pazifik fließt. Der **Río Maipo** – seine Mündung liegt bei San Antonio – entspringt beim gleichnamigen Vulkan (5323 m) südöstlich von Santiago, fließt Richtung Nordwesten und wendet sich südlich von Santiago dem Meer zu. Einer seiner größten Nebenflüsse ist der **Río Mapocho,** der durch Santiago fließt. Bei La Boca, ungefähr 40 Kilometer südlich von San Antonio, mündet der **Río Rapel** ins Meer, ein Fluss, der an seinem Unterlauf zu einem riesigen See, dem Lago Rapel, gestaut wird.

Der **Río Maule** ist der größte Fluss der Zentralzone. Er entspringt ebenfalls in den Anden, in der Laguna del Maule, und fließt – sieht man von dem einen oder anderen Stausee ab – in direkter Linie durch das Land, bis er nach knapp 200 Kilometern bei Constitución ins Meer mündet.

Im **wasserreicheren Süden** gibt es mehrere bedeutende Flüsse. Der wichtigste ist der **Río Biobío,** der in den Anden im Lago Gualletué entspringt. Der wasserreichste Fluss Chiles, der im Unterlauf bis zu 3000 Meter breit wird, war auch in der Geschichte des Landes bedeutsam: Bis Mitte des 19. Jahrhunderts bildete er die Grenze zum Indianergebiet. Einer seiner Nebenflüsse ist der **Río Laja,** der etwa 30 Kilometer nördlich von Los Angeles die größten Wasserfälle Chiles bildet.

Weiter südlich ist das Land von zahlreichen Flüssen durchzogen. Nennenswert sind der Río Toltén (Mündung bei Nueva Toltén), der Río Valdivia (bei Valdivia) und der Río Maulín (bei Maulín).

In Patagonien sind die wichtigsten Ströme der **Río Futaleufú,** der den Lago Yelcho speist und dann als Río Yelcho ins Meer fließt, der **Río Palena** und der **Río Baker.** Nur ein chilenischer Fluss mündet in den Atlantik: der **Río Grande,** der im chilenischen Teil Feuerlands entspringt und im argentinischen Teil der Insel, bei Río Grande, seine Mündung hat.

Die **größten Seen Chiles** sind in Patagonien zu finden. Der größte, der **Lago General Carrera,** gehört in seinem Ostteil zu Argentinien und heißt dort Lago Buenos Aires. Er ist mit einer Fläche von mehr als 184.000 Hektar nach dem Titicaca-See (Bolivien/Peru) der zweitgrößte See Südamerikas. Andere große Seen im chilenisch-argentinischen Grenzgebiet in Patagonien sind der **Lago Cochrane** (Lago Pueyrredón in Argentinien) und der **Lago O'Higgins** (Lago San Martín). In Südchile heißt eine Region nicht ohne Grund *Los Lagos* („Die Seen") – hier finden sich die meisten Seen des Landes. Die größten von Norden nach Süden: Lago Colico, Lago Villarrica, Lago Calafquén, Lago Panguipulli, Lago Ranco, Lago Puyehue, Lago Rupanco, Lago Todos Los Santos und Lago Llanquihue. Der größte dieser Seen ist der **Lago Llanquihue** mit einer Fläche von 86.000 Hektar.

Die Inseln

Chile besitzt außerhalb des Festlandes eine Reihe von Inseln. Die meisten werden im Reiseteil vorgestellt: Es sind **Feuerland und seine Nachbarinseln**, die **Insel Chiloé** mit Nachbarinseln, der **Juan-Fernández-Archipel** bestehend aus den Inseln Robinson Crusoe, Alejandro Selkirk und Santa Clara sowie die **Osterinsel**.

Südlich von 46° südlicher Breite zerfranst die chilenische Küste in **Abertausende kleiner und kleinster Inseln**. Nördlich von Chiloé finden sich hingegen nur noch einzelne Inselchen. So beispielsweise das Eiland **Mocha** auf 38° 21′ südlicher Breite und 73°58′ westlicher Länge, ein Stück Land von gerade mal 4 Kilometern Länge und 6 Kilometern Breite. Näher am Land liegen die Inseln **Santa María** und **Quiriquina**, beide in der Bucht von Concepción/Talcahuano.

Weit – etwa 900 Kilometer – vor der Küste, ungefähr auf der Höhe von Copiapó, finden sich unter 26°19′ südlicher Breite und 80°80′ westlicher Länge die drei Inseln der Gruppe der **Desventurados**: San Ambrosio, San Félix und Gonzales. San Félix ist etwa 3 km² groß und damit die größte der drei unbewohnten Guano-Inseln. Noch weiter von der Küste entfernt liegt die unbewohnte Insel **Salas y Gómez** (26°27′ südlicher Breite, 125°28′ westlicher Länge). Sie ist ein Klacks im Ozean – 1200 Meter lang und 150 Meter an der breitesten Stelle breit.

Klima

Aufgrund der riesigen Nord-Süd-Ausdehnung und der starken Differenzierung in der Höhe besitzt Chile **eine Fülle unterschiedlicher Klimata** mit entsprechenden Extremen. Trotzdem unterliegen weite Teile des Landes – von den Extremen in der Wüste abgesehen – dem mäßigenden Einfluss des Meeres und der Binnengewässer.

Grob gesagt gilt: **Nordchile** besitzt subtropisches Wüstenklima, Mittelchile ein warm gemäßigtes Winterregenklima und insgesamt mediterrane Verhältnisse. In **Südchile** ist das Klima kühl und niederschlagsreich, Feuerland besitzt subantarktisches Klima.

Für die Küsten im Norden ist der **Humboldt-Strom** wetterbestimmend. Er bringt kaltes Wasser mit sich, daher sind Küstennebel vorherrschend, und es fallen nur geringe Niederschlagsmengen.

Pflanzen- und Tierwelt

Aufgrund der großen Nord-Süd-Ausdehnung des Landes und der großen klimatischen Differenzen hat sich in Chile eine **sehr artenreiche und je nach Landesteil unterschiedliche Tier- und Pflanzenwelt** entwickelt. Da die Andenkette das Land nach Osten zum nächsten Nachbarn Argentinien abschließt, finden sich in Chile auch heute noch zahlreiche Arten, die ansonsten eher in Neuseeland oder auf den pazifischen Inseln vorkommen.

KLIMATABELLE

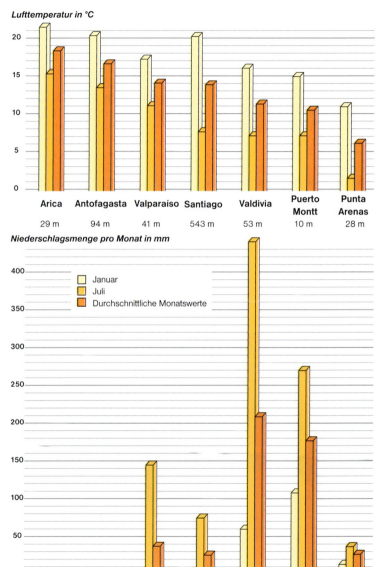

PFLANZEN- UND TIERWELT

Menschliche Eingriffe – das Land wird seit der Kolonialzeit intensiv landwirtschaftlich genutzt – haben besonders im Süden den Charakter der Landschaft nachhaltig verändert. Wo noch bis vor einhundert oder auch fünfzig Jahren im dichten Urwald Pumas und Andenhirsche umherstreiften, erstrecken sich heute infolge exzessiver Brandrodung ausgedehnte Weiden, wachsen Kiefernschonungen, und Stauseen haben enge Flusstäler überflutet.

Man unterscheidet in Chile **vier Naturräume** – eine Einteilung, die weitgehend der geografischen folgt: die Wüste und Puna im Norden, die sich etwa bis 29° südlicher Breite (nördlich von La Serena) erstreckt; die anschließende Strauchsteppe – sie reicht bis zum Río Maule auf 35° bis 36° südlicher Breite; die südlich folgenden lichten Buchenhaine, die alsbald von dichten Urwäldern abgelöst werden (bis etwa zum Río Baker auf 47° südlicher Breite) und später dann in den antarktischen Buchenwald südlich vom Río Baker bis nach Feuerland übergehen. Als vierten eigenständigen Naturraum bezeichnet man die pazifischen Inseln, besonders den Juan-Fernández-Archipel. Die Osterinsel bietet eine Natur, die gänzlich von der des Kontinents verschieden ist.

Wüste und Puna im Norden

Vegetationsarm, aber nicht vegetationslos ist die Wüste im Norden. Selbst außerhalb der Oasen, in denen zahlreiche Nutzpflanzen angebaut werden und an deren Rändern oft Opuntien und andere Kakteen wachsen, gedeihen einige seltene Pflanzen: so finden

sich in der Pampa de Tamarugal, südöstlich von Iquique, Mimosaceenbäume, sogenannte **Tamarugos** *(Prosopis tamarugo),* ansonsten wachsen Kakteen häufig an der Kante, an der der aufsteigende Seenebel auf das Hochplateau trifft, oder am Rand der Anden oberhalb von 2000 Metern, wo sie bereits mit dem Schmelzwasser, das von den Andengipfeln kommt, gewässert werden. Die Puna ab 3500 Meter Höhe ist artenreicher. Auffälligste Pflanze hier ist die Polsterpflanze, die **Yareta** oder *Llareta* genannt wird, erst ab Höhen von 4000 Meter gedeiht und im Jahr angeblich nicht mehr als einen Millimeter wächst. Ihre dunkelgrünen Dolden erscheinen weich wie Moos, sind aber in Wirklichkeit steinhart.

Vor allem auf dem **Altiplano** (auch *Puna* genannt) ist die **Tierwelt** relativ artenreich. Lamas, Alpacas, Vicuñas und Guanacos (vgl. Exkurs weiter unten) kommen hier vor und werden teils auch als Nutztiere gehalten. In den felsigeren Regionen leben *Vizcachas,* die mit den *Chinchillas* verwandt sind. Man findet sie meist erst oberhalb von 2000 Metern. Die Nager werden bis zu 30 Zentimeter lang und sind leicht an ihrem charakteristischen langen Schwanz und der mehr springenden als laufenden Art der Fortbewegung zu erkennen. Die Chinchillas selbst sind wegen der Pelzjagd fast ausgestorben. Wildenten, Flamingos und Kondore sind v.a. in den größten Höhenlagen zu finden (ab 4000 m).

An der Küste finden sich nicht nur die meisten Vogelarten – Pelikane, Möwen und die *jotes* genannten Geier, schwarz mit rotem, nacktem Kopf –, sondern auch die gesamte Palette der Meeresbewohner: Der Humboldt-Strom bringt kaltes, nährstoffreiches Wasser, in dem wie fast überall in Chile *Congrio* (Seeaal), *Corvina* (Adlerfisch) sowie große Mengen an Muscheln gedeihen. Stellenweise kann man Pinguine, Delfine und Wale beobachten.

Die Strauchsteppe

Diese Region ist die am dichtesten besiedelte Chiles, und so ist hier **nur wenig** von der **Ursprungsvegetation** erhalten. Weizen, Gerste, Mais, Kartoffeln, die Futterpflanze Alfalfa und, in den klimatisch günstigen Gebieten, Obst und Wein werden vorwiegend gepflanzt. Hauptarten der Strauchsteppe waren ursprünglich der *Espino (Acacia caven),* ein dorniges Mimosenbäumchen, und ein Wolfsmilchstrauch, der *Colihuai (Colliguaya odorifera)* genannt wird.

Einheimische Baumarten sind im Norden der *Algarrobo,* der bis zu 8 Meter hoch werden kann und lange biegsame Äste mit starken Dornen besitzt, weiter südlich die chilenische Palme *(Jubaea chilensis)* und noch weiter südlich der *Canelo* (Zimtbaum, *Drimys winteri),* der bis zu 20 Meter hoch wird. Er hat sein Hauptverbreitungsgebiet aber erst in Araukanien. Typisch für die Zentralzone sind weiterhin die Laubbäume *Litre* und *Quillay*.

Andenkondor (Vultur gryphus)

PFLANZEN- UND TIERWELT

Auch hier leben die meisten **Tierarten** an und von der See: Seeschwalben und Kormorane sind die auffälligsten Vertreter der Vogelwelt. Wild lebende Tiere sind in der dicht besiedelten Region nur selten zu finden: Mit sehr viel Glück erspäht man am Andenrand die Raubkatze *colo-colo,* eher schon einen Fuchs oder einen schrillen Schwarm von *loros* (Papageien). Oberhalb der Baumgrenze ziehen Kondore gemächlich ihre Kreise.

In den nördlichen Teilen des Gebietes findet man Stinktiere, Beutelratten und einige ungiftige Schlangenarten.

Die Urwälder des Südens

Auf der Höhe des Río Maule wird die **Vegetation dichter.** Hier begannen ursprünglich ausgedehnte, aber lichte Buchenhaine, dann der immergrüne Urwald bis zum Río Baker. In dieser Zone haben menschliche Eingriffe die natürliche Vegetation am stärksten verändert, so die Landnahme durch die Kolonisten, die Rodung der Wälder für die Viehzucht oder die Aufforstung mit gigantischen Kiefernplantagen. Dennoch finden sich hier **ausgedehnte Waldgebiete** mit Alercen, mit Araukarien, mit Roble, Lenga und Ñirre, der „wilde chilenische Wald", über den *Pablo Neruda* schrieb: „Die Füße versinken im toten Laub, ein brüchiger Zweig knackt, die riesigen Araukarien recken ihre krause Gestalt, ein Vogel des kalten Urwaldes kommt geflogen, flattert, läßt sich im schattigen Gezweig nieder."

Der „wilde chilenische Wald" machte es den Eroberern nicht leicht. Sie kamen und staunten, mühten sich durch das Dickicht und suchten Namen für die unbekannten Bäume. Teilweise nahmen sie die Bezeichnungen der Indianer, teilweise die europäischer Bäume,

Pflanzennamen

Chilenischer Name	Deutscher Fantasiename	Botanischer Name
Alerce	Andenlärche	*Fitzroya cupressoides*
Algarrobo	Johannisbrotbaum	*Prosopis chilensis*
Canelo	Zimtbaum	*Drimys winteri*
Coihue	Südbuche	*Nothofagus dombeyi*
Laurel	Lorbeer	*Laurelia sempervirens*
Lenga	Südbuche	*Nothofagus pumilio*
Ñirre	Südbuche	*Nothofagus antarctica*
Raulí	Südbuche	*Nothofagus alpina* oder *N. procera*
Roble	Eiche (eigentl. Südbuche)	*Nothofagus gluca* oder *N. obliqua*
Ulmo	Ulme	*Eucryphia cordifolia*

PFLANZEN- UND TIERWELT

denen die chilenischen ähnlich sahen, die aber botanisch wenig miteinander gemein haben. So entstand eine ziemliche **Begriffsverwirrung:** Als „Andenlärchen", „Zimtbäume" oder „Ulmen" bezeichnen wir endemische Bäume, die nur in Chile bzw. Südamerika existieren, und das spanische Wort für die europäische Eiche *(roble)* hat sich sogar in Chile als (botanisch falsche) Bezeichnung für einen Baum der Nothofagus-Familie eingebürgert. Letztere wiederum wird im Deutschen unter dem Sammelbegriff „Südbuche" geführt, obwohl unsere Buche mit dieser Gruppe nicht verwandt ist (siehe Tabelle).

Die Urwälder des Südens lassen sich am leichtesten als **immergrüne, kalte Regenwälder** charakterisieren, mitunter werden sie auch als „Valdivianischer Regenwald" bezeichnet. Sie erstrecken sich bis in die patagonische Inselwelt hinein. Auf Feuerland finden sich mehr und mehr Wälder, die nicht immergrün sind, sondern in den Herbstmonaten golden und rot glühen. Unter Naturschutz stehen die prächtigsten Baumarten des Regenwaldes: die riesenhaften, bis zu 4 Meter dicken und 70 Meter hohen, leider fast ausgestorbenen **Alercen,** deren hartes Holz von den Siedlern als Baumaterial für Dachschindeln geschätzt wurde, und die **Araukarien,** die wie die Alercen weit über 1000 Jahre alt werden können. Der artenreiche Wald im Süden besitzt oft ein **dichtes Unterholz** aus Farnen, Fuchsienarten, Bambus und den typischen Nalca-Pflanzen, deren Blätter wie Riesen-Rhabarber aussehen.

Der Süden ist die tierreichste Region des Landes. Hier leben die größten und kleinsten Vögel – Kondore und Kolibris, letztere sind häufiger zu sehen. **Kondore** wurden im 19. Jahrhundert gnadenlos von den Grundbesitzern gejagt und getötet: Angeblich richteten sie im mittleren Chile große Schäden unter den Weidetieren an, dabei sind die stolzen Gleitflieger keine Raubvögel, sondern Aasfresser.

Andere **Vogelarten** sind Schwarzhalsschwäne, Flamingos, Adler, Papageien und, ganz im Süden, Albatrosse und Pinguine.

Kleintiere wie Hasen und Wildkatzen bevölkern die dichten Wälder, Füchse

Junger Humboldt-Pinguin (Spheniscus humboldti)

Llamas, Alpacas, Guanacos und Vicuñas

Bevor die spanischen Eroberer in die Andenländer kamen, gab es dort keine großen Säugetiere – weder Pferde noch Schafe, Rinder oder Schweine. Die Spanier fanden lediglich einige seltsame Kamelarten vor: Lamas, Alpacas, Guanacos und Vicuñas. Alle vier sind Fluchttiere, das heißt sie flüchten vor drohender Gefahr und haben nur wenige Möglichkeiten, sich selbst zu verteidigen. Lediglich mit Tritten, kurzen Bissen oder mit ihrem berühmten Spucken. *Carl Martin* schrieb 1923 in seiner Landeskunde Chiles über die Guanacos: „Sie beißen, und vor allem spucken sie abscheulich. Ehe man sich's versieht, hat das alberne Tier einen mit einer bedeutenden Ladung von lauem Wasser, Schleim und halbverdautem Futter übergossen (...)."

Lamas, chilenisch *Llamas,* kommen nur im Norden des Landes vor. Sie sind Nutztiere der Bewohner des Altiplano, der sich von Peru und Bolivien bis nach Nordchile und Nordargentinien erstreckt. Sie dienen als genügsame Lasttiere sowie als Milch- und Wolllieferanten, wobei ihre Wolle recht grob ist. Auch das Fell wird genutzt. Lamas sind gelbbraun bis schwarzbraun, mitunter auch weiß oder gescheckt.

Alpacas sind ebenso wie die Lamas Haustiere. Sie sind kleiner und pummeliger, haben längeres und feineres Fell als die Lamas und sind weißlich-gelb, schwarzbraun oder schwarz. Sie dienen in erster Linie als Lieferanten für feine Wolle. Ihr Fleisch gilt mancherorts als Delikatesse.

Vicuñas bieten die feinste Wolle. Sie haben ein gelblich-goldbraunes, kurzhaariges Fell. Im Inka-Reich war ihr Besitz nur den Herrschern vorbehalten, heute braucht man dafür nur das nötige Kleingeld: Einige exklusive Modefirmen lassen Vicuña-Garn verweben, und der Meterpreis für das Gewebe liegt bei etwa 600 US-$; dafür sind solche Stoffe aber auch fein wie Seide. Das Problem dabei: Die ausschließlich wild lebenden Vicuñas lassen sich nur schwer einfangen und scheren, deshalb wurden sie oft einfach gejagt. Ein staatliches Schutzprogramm hatte in den letzten Jahren Erfolg: Waren sie in den 1950er Jahren in Chile schon fast ausgestorben, so hat ihre Population heute wieder etwa 200.000 Tiere erreicht. Dabei erlaubt man den Aymara-Indianern, die Tiere zusammenzutreiben, zu scheren und die Wolle zu vermarkten.

Guanacos sind die größten der Andenkamele und die einzigen, die auch weiter südlich anzutreffen sind. Während in den Hochanden der Zentralzone nur vereinzelte Populationen überleben, haben sich die Bestände in Südpatagonien dank des Schutzprogramms so weit erholt, dass man sie etwa im Nationalpark Torres del Paine oder auf Feuerland auf Schritt und Tritt antrifft. Die Tiere haben langes und dichtes Fell, in einer fahlen rot-braunen Farbe. Wie das Vicuña ist das Guanaco nicht als Haustier domestiziert.

Guanaco	Llama	Alpaca	Vicuña
Lama guanicoe	*Lama glama*	*Vicugna pacos*	*Vicugna vicugna*

streifen durchs Gelände, ungiftige Schlangen- und andere Reptilienarten sind ebenso zu finden wie zahlreiche Insekten. Ganz selten ist der **Pudú**, ein Zwerghirsch, der vorwiegend in der Region zwischen Chillán und Chiloé vorkommt. Selten geworden ist auch der stattliche Andenhirsch **Huemul,** den man am ehesten noch in Schutzgebieten südlich von Coyhaique beobachten kann.

König der Tiere ist der **Puma,** auch *león*, Löwe, genannt. Er kommt im gesamten Andengebiet vor. Der Puma kann über einen Meter lang werden, in der Höhe bis zu 60 Zentimeter. Er ist dunkelgelb, am Bauch etwas rötlich, auf dem Rücken am hellsten. Menschen brauchen den Puma nicht zu fürchten, es sei denn, er wird in die Enge getrieben oder ist verletzt.

Vor der Küste leben nicht nur zahlreiche Fisch- und Krustentiere, darunter die *centolla* (Königskrabbe), sondern auch viele verschiedene Säugetierarten. Die Mähnenrobbe, *lobo del mar*, ist nicht so selten, viel seltener wird man einen See-Elefanten zu Gesicht bekommen. Delphine sind häufiger; sie sieht man oft von Booten bei der Fahrt durch die chilenische Fjordlandschaft im Süden oder auch bei der Überfahrt vom Festland nach Chiloé oder Feuerland. Die größten Säugetiere, die **Barten- oder Buckelwale,** trifft man nur mit viel Glück, am ehesten noch im Golfo Corcovado südlich von Chiloé, in den westpatagonischen Kanälen und bei Schiffsfahrten rund um Feuerland. Ende des 19. Jahrhunderts lebten sie überall im Pazifik, heute sind sie stark dezimiert.

Geschichte

Die **präkolumbische Geschichte** Chiles lässt sich vor allem aus archäologischen Fundstücken rekonstruieren. Um 30.000 v.Chr. überqueren die ersten Menschen die Beringstraße zwischen Russland und Alaska. Sie wanderten langsam südwärts und erreichten, wie man aus Ausgrabungsfunden weiß, um 10.000 v.Chr. schließlich Feuerland. Daher schließt man, dass die ersten Menschen um etwa 13.000 v.Chr. das Gebiet des heutigen Chile erreichten.

Sie siedelten zunächst in den Oasen der Hochwüste im Atacama-Gebiet. Weiter südlich fand man etwa 11.000 Jahre alte Spuren von Andenhirsch- und Mastodontenjägern, und in Patagonien wurden Funde gemacht, die auf hier lebende Tehuelche-Indianer vor knapp 11.000 Jahren verweisen.

Im Norden entwickelte sich in den folgenden Jahrtausenden die **Chinchorro-Kultur,** die spektakuläre Zeugnisse hinterließ: Die ältesten **Mumien** der Welt, die man mit komplizierten Messungen (Radiokarbon- oder C-14-Methode) auf ein Alter von 7810 (+/- 180) Jahre datierte. Einige dieser Mumien sind heute im Archäologischen Museum im Valle de Azapa bei Arica zu bewundern.

Die Urbevölkerung

Zur Zeit der Eroberung durch die Inka und später durch die Spanier lebten auf dem heutigen Gebiet Chiles **verschiedene Völker.** Nur die wichtigsten seien hier genannt: Im Norden waren es die Atacameños, die Changos und die Diaguitas, südlich des Río Maule die Mapuche, in den Fjorden Patagoniens die Alakaluf, im südlichen Feuerland die Yamaná (Yahgan), und auf der Insel selbst lebten die Ona (Selk'nam) als nomadisierende Jäger. **Die meisten Völker lebten nomadisch oder halbnomadisch.** Zwischen 1000 v.Chr. und ungefähr 100 n.Chr. verändert sich der Norden: Halbnomadische Völker ziehen von Argentinien aus über die Anden und lassen sich als Ackerbauern, Viehzüchter (Zähmung von Lamas) und Töpfer nieder. Die höchstentwickelte dieser Kulturen ist die der **Diaguita**, eines Indianerstammes, der auch in Nordwestargentinien vertreten war. Die Diaguita besaßen eine wundervolle Keramiktechnik. Sie töpferten extrem dünnwandige Schalen mit geometrischen Mustern – Meisterstücke sind heute im Museo Antropológico in La Serena zu bewundern. Die Diaguita unterhielten bereits Handelsbeziehungen zu den Inka.

Ab Mitte des 15. Jahrhunderts rückten die **Inka** mehr und mehr nach Süden vor. Bis etwa 1490 hatten sie unter ihrem Herrscher *Tupac Yupanqui* ihr Reich weit nach Süden ausgedehnt: Südlich von Santiago verlief damals die Grenze; sie hatten die Diaguita verdrängt und im Süden auch die Mapuche bis südlich vom Río Maule.

Die **Mapuche (Araukaner)** waren vermutlich im 12. und 13. Jahrhundert aus der ostpatagonischen Steppe ins Gebiet des heutigen Chile gekommen. Als Nomaden lebten sie zunächst von der Jagd und der Sammelwirtschaft (mehr über die Mapuche eingangs des Kapitels „Der Kleine Süden").

Auf Feuerland lebten die **Ona**, die sich selbst **Sélk'nam** nannten und mit den Tehuelches verwandt sind. Sie waren ein mit Pfeil und Bogen jagendes Volk, das Guanaco lieferte ihm alles, was es zum Leben brauchte: Fleisch, Fell für Kleidung und den Zeltbau, die Knochen wurden als Werkzeug und die Sehnen als Faden genutzt. Die Sélk'nam zogen ursprünglich den Guanaco-Herden hinterher.

Das heute chilenische Gebiet Feuerlandes war der Lebensraum der **Yámana** und der **Alakaluf**. Sie waren Wassernomaden und jagten von ihren Kanus, auf denen sie sogar Feuer transportierten, v.a. Robben, Pinguine und Fische mit Speeren, Harpunen und Netzen.

Die Ankunft der Spanier

Am 12. Oktober 1492 landete **Christoph Columbus** auf San Salvador, einer kleinen Insel der Bahamas, am 27. Oktober auf Kuba und am 6. Dezember auf Hispaniola, der Insel, die heute zwischen Haiti und der Dominikanischen Republik geteilt ist. Damit war für die Europäer eine „Neue Welt" (wieder) entdeckt worden. Sie wurde später nach dem Entdecker und Geografen *Amerigo Vespucci* benannt. Der deutsche Karthograf **Martin Waldseemüller führte den Namen Amerika 1507 ein.** Vespucci selbst hatte den neuen Erdteil immer als *Nuevo Mundo*, als „Neue Welt", bezeichnet.

Nach *Columbus'* Rückkehr setzte ein Entdecker- und Erobererboom ein. In den ersten beiden Jahrzehnten des 16. Jahrhunderts rüsteten Spanier und Portugiesen zahlreiche Expeditionen in die Neue Welt aus. Insbesondere Spanien drängte auf weitere Ausdehnung seines Reiches. Ziel war es, eine **Seepassage um den neuen Kontinent von Osten nach Westen zu finden.** Denn die Neue Welt bedeutete den Spaniern zunächst nichts. Ihnen ging es um den **Seeweg nach Indien,** zu den Molukken, den sagenumwobenen Gewürzinseln. Die Entdeckung des neuen Kontinents war bislang ein kommerzieller Misserfolg gewesen. Man wusste aber, dass sich hinter dem riesigen neuen Kontinent ein neues Meer erstreckte; schließlich hatte 1513 *Vasco Núñez de Balboa* die Landenge von Panama durchquert und als erster Europäer den Pazifik gesehen.

Der Portugiese **Fernando de Magallanes** segelte 1519 unter spanischer Flagge los. Er durchforschte wochenlang den Río de la Plata, vermutete er dort doch die ersehnte Ost-West-Passage. Fast besessen setzte er seine Fahrt nach Süden fort, monatelang ließ er jede Bucht erforschen, immer auf der Suche nach der Durchfahrt. Schließlich fand er sie, und im November 1520 durchsegelte er die Meerenge, die das Festland von Feuerland trennt: die **Magellan-Straße.** Die Ost-West-Passage war gefunden.

Die spanische Eroberung

Doch inzwischen war die Schiffspassage in den Pazifik nicht mehr so wichtig: Erstens war der Seeweg sehr viel länger als erwartet, und zweitens waren die Spanier in Mittelamerika inzwischen auf Wichtigeres gestoßen: **Gold. Hernán Cortés** hatte 1519/20 das Aztekenreich in Mexiko unterworfen und riesige Schätze nach Spanien gebracht. Ihm folgten andere Eroberer nach.

Der wichtigste war **Francisco Pizarro,** der 1531 im Nordwesten Perus landete. Er lockte den Inkaherrscher **Atahualpa** in einen Hinterhalt, verlangte ein Lösegeld und tötete den Inka am 29. August 1533 trotz erfolgter Lösegeldzahlung. Damit war das Inkareich geschlagen – die Spanier beherrschten theoretisch sogar die Nordprovinzen des heutigen Chile, obwohl ihnen das Ausmaß ihrer Eroberung längst nicht bekannt war.

Diego de Almagro, ein Mitstreiter *Pizarros,* war der erste, der sich 1536 gen Süden wandte. Er stieß westlich der

Auf dem „Sprung" in die Neue Welt (Illustration vom Anfang des 16. Jh.)

Hauptanden durch das heutige Bolivien und Nordargentinien vor, querte unter großen Strapazen die Anden über den Paso San Francisco und gelangte auf chilenischer Seite bis ins Aconcagua-Becken. Aber *Almagro* hatte sich von Chile mehr versprochen – statt der erhofften Goldschätze gab es nur Wüste, und so kehrte er 1537 nach Peru zurück. Dort wurde er 1538 von *Pizarro* hingerichtet, weil er Gebietsansprüche gegen diesen mit Waffengewalt durchsetzen wollte.

Zwei Jahre später, 1540, zog *Pizarros* Feldmeister **Pedro de Valdivia** nach Süden. Begleitet wurde er zunächst angeblich von nur elf Gefolgsleuten, doch nach und nach schlossen sich mehr als einhundert abenteuerlustige Europäer an. Rund tausend Indianer verstärkten die Expedition. Recht unbedrängt zogen sie nach Süden, denn anders als sein Vorgänger soll *Valdivia* einen anderen Typus Kolonisator verkörpert haben: In der Rückschau wird er weniger als brutaler Eroberer, nur an Gold und Beute interessiert, vielmehr als Städtegründer und Bewirtschafter des Landes gesehen. Viel zitiert wird sein Lob des Landes: „Das Leben in diesem Land ist mit nichts zu vergleichen. Nur vier Monate herrscht Winter ... und der Sommer ist so mild, mit solch angenehmem Wind, daß man den ganzen Tag in der Sonne sein kann, ohne Schaden zu nehmen. Es gibt Gras in Hülle und Fülle, jede Art Vieh und Pflanzen kann hier gedeihen; sehr schönes Holz zum Bau von Häusern ist reichlich vorhanden, ebenso viel Brennmaterial zum Heizen und Betreiben der reichen Minen. Das Land scheint wahrlich von Gott gesegnet zu sein."

Pedro de Valdivia gründet die ersten Städte in Chile: am 12. Februar 1541 Santiago de Chile, das er Santiago de la Nueva Extremadura (nach seiner spanischen Heimatprovinz) nannte, 1544 La Serena und im selben Jahr an der Stelle, an der sich 1536 bereits ein Stützpunkt *de Almagros* befand, die Hafenstadt Valparaíso. Diese Siedlungen waren kleine Nester; Santiago war der Hauptstützpunkt, die beiden anderen Städte wurden nur zur Sicherung der Herrschaft im Zentraltal gegründet. Denn nach und nach, in kleinen Schritten, eroberten die Spanier das Land; sie vertrieben die hier lebenden Araukaner (Mapuche), mussten sich aber immer wieder deren massiver Gegenwehr stellen: So gab es bereits am 11. September 1541 den ersten Mapuche-Angriff auf die Siedlung Santiago. Die Mapuche waren ein unangenehmer Gegner, denn sie waren nicht so hochgradig organisiert wie die Inka. Deren hierarchisch beschaffenes Gemeinwesen war der größte Schwachpunkt gewesen: Mit der Ermordung des Herrschers und der Eroberung der Hauptstadt war das gesamte Reich zusammengebrochen. Gegen die Mapuche hingegen musste jedes Dorf und jeder Meter Land erobert und befestigt werden.

1550 war der Río Biobío erreicht. An dessen Mündung in den Pazifik gründete *Valdivia* die Stadt Concepción, die er sicher befestigte und zur Hauptstadt seines Generalkapitanats machte. Hier stoppte der Vormarsch Richtung Süden, der **Widerstand der Mapuche** wurde im zentralen Längstal zu groß. So entschlossen sich die Spanier, entlang der Küste weiter nach Süden vorzudringen. Sie gründeten im Jahr 1552 die Stadt Valdivia, im selben Jahr am Andenrand Villarrica und umgaben das zentrale Gebiet der Araukaner zwischen dem Río Biobío, dem Lago Villarrica im Süden und der Andenkette mit drei Forts (Arauco, Angol und Tucapel).

Als *Pedro de Valdivia* im Frühjahr 1553 von Concepción nach Süden zog, kam es beim Fort Tucapel zur Schlacht mit den Araukanern: Die Spanier wurden aufgerieben, und angeblich band man *Valdivia* an einen Baum und zwang ihn, flüssiges Gold zu trinken – die Gier nach dem Edelmetall schien zumindest für die Mapuche doch eines der Hauptmotive *Valdivias* gewesen zu sein.

Anführer der Mapuche war **Lautaro**; er zog mit seinen Truppen nordwärts, um auch Santiago einzunehmen, wurde aber in der Nacht vor dem Angriff ermordet. So blieb die Stadt verschont, und die Nachfolger *Valdivias* konnten unter der Führung von *García Hurtado de Mendoza* die Araukaner besiegen: Deren Führer **Caupolicán** wurde 1558 von den Spaniern getötet. Im selben Jahr gründeten sie eine neue Stadt im Süden: Osorno. Damit endete zunächst die Kolonisation des südlichen Chile – abgesehen von der 1567 erfolgten Gründung der Stadt Castro auf der Insel Chiloé. Die Spanier wandten sich nun ostwärts, die Westprovinzen des heutigen Argentinien wurden von Chile aus besiedelt.

Die spanische Herrschaft war keineswegs sicher, nur innerhalb der Orte und im Land unmittelbar drumherum herrschten sie wirklich. Denn dort waren je etwa fünfzig, bis an die Zähne bewaffnete Spanier stationiert, dort saßen die spanischen Herren, denen das Land in der Umgebung zugesprochen worden war. Sie lebten nicht auf ihren Gütern, diese wurden von den unterworfenen Indianern bewirtschaftet. Die Spanier bedienten sich dazu der **Encomienda,** einer Art Lehenssystem, das theoretisch so funktionierte: Der König „anempfahl" (spanisch *encomendar*) einem seiner Konquistadoren ein Stück Land mit den dort lebenden Indianern. Dieser Eroberer sollte nun als Schutzherr („Encomendero") für die Verteidigung, die Sicherheit, die politische und religiöse Unterweisung seiner Anvertrauten sorgen. Dafür musste er natürlich belohnt werden. Er durfte im Namen des Königs von den ihm anvertrauten Indianern Zahlungen verlangen: Sklavenarbeit, Nahrungsmittel, Gold. Dem Encomendero gehörte das Land nicht – es blieb Eigentum der Krone –, er hatte nur ein **lebenslanges Nutzungsrecht,** das später auch erblich wurde. *Eduardo Galeano* schreibt: „Von 1536 an wurden die Indianer im Encomienda-Verhältnis (d.h. als Anvertraute) zusammen mit ihrer Nachkommenschaft für die Dauer von zwei Lebensaltern, nämlich dem des Encomendero und dem seines unmittelbaren Erben, zugeteilt; von 1629 an wurde das System auf drei und von 1704 an auf vier Lebensalter ausgedehnt. Im 18. Jahrhundert sicherten die Indianer bereits, soweit sie am Leben blieben, ein bequemes Leben für vier Generationen."

Diese Form der Sklaverei hatte Folgen für die gesamte wirtschaftliche Entwicklung in den Kolonien: Da die Großgrundbesitzer nichts mit der Produktion zu tun hatten, wurde das Land de facto nicht kolonisiert. Überschüsse ließen sich leicht erwirtschaften, es gab genug **billige Arbeitskräfte und genug verfügbares Land.** So bildete sich in den Städten nach und nach eine im Wortsinn begüterte Oberschicht mit verfeinertem, am europäischen Vorbild orientiertem Lebensstil heraus, während auf dem Land altertümliche Herrschaftsverhältnisse zementiert wurden – in der Tendenz ist das heute noch spürbar.

Die Kolonialzeit

Chile war eine der ärmsten Provinzen in der Neuen Welt: Hier fanden sich nur wenig wertvolle und leicht abbaubare Bodenschätze. Nicht Gold und Silber exportierten die neuen Herren, statt dessen Weizen, Kupfer, Leder, Holz, Obst und Wein, das meiste in die Minenstädte im heutigen Bolivien oder Peru. Hindernisse für eine günstige Entwicklung Chiles waren die isolierte Lage und die Handelsbeschränkungen der spanischen Krone. Bereits 1503 hatte diese verfügt, dass aller **Südamerika-Handel** einen **bestimmten Handelsweg** einhalten musste: Von den spanischen Häfen wurden die Waren zum Karibikhafen Cartagena (Kolumbien) verschifft, dort ausgeladen und über die Landenge von Panama transportiert, dort erneut auf Schiffe geladen und die Pazifikküste entlang über Callao, den Hafen von Lima, bis nach Valparaíso geschippert. Gegen den Humboldt-Strom kreuzend, brauchten die Schiffe von Callao bis nach Valparaíso bis zu drei Monate. Unterwegs wurden sie häufig Opfer von **englischen Freibeutern** – der berühmteste war Ende des 16. Jahrhundert *Francis Drake* –, die auch ganze Hafenstädte überfielen und ausraubten.

1543 hatte Spanien das **Vizekönigreich Peru** gegründet. Es umfasste mit Ausnahme von Venezuela das gesamte spanische Südamerika, dazu noch das heutige Panama. Sitz des Königreiches und des Vizekönigs wurde die peruanische Stadt Lima. Eine gewisse Eigenständigkeit erhielt das chilenische Gebiet, als 1567 in Concepción eine königliche *Audiencia* eingesetzt wurde, die im Jahr 1609 nach Santiago verlegt wurde. Zwar unterstand das gesamte Chile immer noch dem Vizekönig in Lima, hatte aber eine eingeschränkte Selbstverwaltung, so eine eigene Gerichtsbarkeit.

Ende des 17. Jahrhunderts kamen die ersten **Jesuiten** ins Land. Sie waren bis zu ihrer Vertreibung aus den spanischen Kolonien 1767 vor allem auf der Insel Chiloé aktiv.

1778 wurde Chile ein selbstständiges **Generalkapitanat** und damit unabhängig vom Vizekönigreich Peru. Gleichzeitig wurden einige Handelsbeschränkungen aufgehoben. Chile entwickelte sich, neue Städte wurden gegründet: Um 1800 lebten etwa 500.000 Menschen im Land, darunter nur 15.000 Spanier, die in den Städten wohnten. Santiago war mit 40.000 Einwohnern bereits die größte Stadt.

GESCHICHTE

Das Streben nach Unabhängigkeit

Die Unabhängigkeitsbewegung in den südamerikanischen Kolonien entstand nicht zufällig und auch nicht plötzlich. Sie war vielmehr das **Ergebnis eines länger andauernden Prozesses. Vier Faktoren** waren dabei wichtig:

- das zunehmende **britische Wirtschaftsinteresse** an den südamerikanischen Ländern bei gleichzeitiger politischer Schwäche Spaniens;
- die Veränderung der europäischen Gesellschaft durch den **Aufstieg des Bürgertums;** die Güterproduktion wuchs, und neue Märkte mussten erschlossen werden;
- die **Oberschichten Lateinamerikas** strebten ebenfalls nach freien Handels- und Konsummöglichkeiten;
- **kulturelle Wandlungen** durch die Ideen der Aufklärung, die in Lateinamerika vor allem durch die Freimaurerlogen und Geheimgesellschaften verbreitet wurden.

Zudem gab es Beispiele: 1776 hatten die nordamerikanischen Kolonien ihre Unabhängigkeit gegen die britischen Kolonialherren erkämpft. Auch die Ergebnisse der Französischen Revolution wurden in Santiago natürlich bemerkt.

Anfang des 19. Jahrhunderts wurden die spanischen Kolonien direkt in innereuropäische Konflikte hineingezogen. Spanien hatte seit 1796 einen Bündnisvertrag mit Frankreich und wurde 1803 von *Napoleon* zur Hilfe gegen England gerufen. Die Engländer, inzwischen eine wichtige Seemacht, begannen spanische Schiffe zu kapern, worauf **Spanien im Dezember 1804 England den Krieg erklärte.** Der wurde mit einer wichtigen Schlacht entschieden: Am 21. Oktober 1805 versenkten die Briten in der **Seeschlacht von Trafalgar** die spanische Flotte – Spaniens Seemacht war gebrochen.

Als *Napoleon* 1808 Spanien besetzte, der spanische König abdankte und *Napoleon* seinen Bruder *Josef (José) Bonaparte* zum König machte, bildeten sich in den Städten sowohl im Mutterland als auch in den Kolonien *juntas,* die im Namen der Krone weiter regierten. Am **18. September 1810** – heute Nationalfeiertag – konstituierte sich in Santiago die **erste Nationalregierung,** gewählt von einer vom Gouverneur einberufenen Bürgerversammlung *(cabildo abierto).* Von den mehr als 40.000 Einwohnern Santiagos nahmen an dieser Versammlung 350 ausgesuchte Bürger teil. Die dort bestätigte Junta bekannte sich zur spanischen Krone, allerdings mit der Einschränkung, französische Ansprüche auf Chile bei einer Niederlage Spaniens gegen *Napoleon* zurückzuweisen. Gleichzeitig stellte die Junta ein eigenes Heer auf und beschloss Gesetze über Handelsfreiheit. 1811 rief sie den ersten Nationalkongress aus, und 1812 legte sie unter Führung der drei Brüder *José Miguel, Juan José* und *Luis Carrera* eine neue Verfassung vor: Zwar blieb der spanische König formal Staatsoberhaupt, er sollte jedoch umgekehrt Chiles Verfassung, in der festgeschrieben war, dass die Regierung vom Volk gewählt werde, und Chiles Souveränität anerkennen.

Spanien konnte solch eine Verfassung natürlich nicht akzeptieren. Von Peru aus kontrollierte die Kolonialmacht immer noch weite Teile des Kontinents.

Spanische Truppen fassten im Süden, in der Festung Valdivia, wieder Fuß und begannen von dort, Chile zurückzuerobern. **José Miguel Carrera** und **Bernardo O'Higgins** führten die chilenischen Truppen, und O'Higgins gelang es zunächst, die spanischen Eindringlinge zu besiegen. In Rancagua wurden die Chilenen dann aber am 1. Oktober 1814 vernichtend geschlagen; O'Higgins und Carrera mussten nach Mendoza in Argentinien fliehen. Dort trafen sie auf **José de San Martín,** den argentinischen Freiheitskämpfer. Gemeinsam stellte man ein Heer auf. Der Plan: Mit argentinischer Hilfe wollte man die Spanier zunächst aus Chile und schließlich aus dem gesamten Süden des Kontinents vertreiben.

Anfang 1817 war es soweit: Mit etwa 5000 Männern, 10.000 Pferden und Maulesel überquerte das Heer von San Martín und O'Higgins die Hochanden, über 4000 Meter hohe Pässe, vollgepackt mit Waffen und tragbaren Brücken, um die engen Schluchten zu überwinden. Am 12. Februar 1817 schlugen Chilenen und Argentinier die zahlenmäßig überlegenen Spanier bei Chacabuco, drei Tage später waren sie in Santiago de Chile. **Am 12. Februar 1818 erklärte Chile seine Unabhängigkeit.** Knappe zwei Monate später fand die letzte Schlacht gegen die Spa-

nier statt: Bei Maipú wurde am 5. April 1818 die chilenische Unabhängigkeit endgültig erkämpft.

Die chilenische Flotte unter Führung des englischen Admirals *Thomas Cochrane* eroberte 1820 Valdivia von den Spaniern, und sechs Jahre später wurden die Spanier auch von ihrem letzten Stützpunkt auf Chiloé vertrieben.

San Martín von Süden und *Simón Bolívar* von Norden her vollendeten unterdessen die Befreiung Südamerikas.

Das 19. Jahrhundert – zwischen konservativ-autoritärer und liberaler Politik

Mit dem Ausrufen der Unabhängigkeit war *Bernardo O'Higgins* zum „director supremo" ernannt worden. Er genoss weitgehende Machtbefugnisse und setzte zahlreiche Reformen durch: So schaffte er die Adelstitel und das Majorat (Erbfolgeregelung) ab, förderte den kleinen Landbesitz und verbesserte die Grundbildung (Einrichtung von Volksschulen) und das Gesundheitssystem. Vor allem die ländlichen Großgrundbesitzer wehrte sich gegen die Reformen, und so musste *O'Higgins* bereits 1823 zurücktreten und ins Exil nach Peru gehen. Dort starb er 1842 in Lima. Erst im Jahr 1869 wurde sein Leichnam nach Chile überführt, und heute gibt es keine Stadt im Land, die nicht ihre O'Higgins-Straße besitzt.

Nach kurzem Bürgerkrieg zwischen den liberalen, reformfreudigen und den konservativen Kräften – die Liberalen wurden *pipiolos* („Anfänger", „kleine Wichte"), die Konservativen *pelucones* („Perückenträger") genannt; Träger des Liberalismus waren vor allem die Stadtbewohner und die intellektuelle Elite, während die Konservativen unter dem ländlichen Großgrundbesitz zu finden waren – **setzten sich die Konservativen durch.** Sie schufen 1833 eine neue Verfassung, die komplett auf den Präsidenten zugeschnitten war: Er besaß umfangreiche Rechte, an erster Stelle jenes, alle Gesetze mit seinem Veto blockieren zu können. Die Verfassung war das Werk eines Mannes, der zwar zweimal kurzfristig Minister war, aber ansonsten still aus dem Hintergrund die Fäden zog: **Diego Portales.** Sein Credo: „Natürlich müssen wir das republikanische System übernehmen, aber in welcher Form? Ich befürworte eine starke Zentralregierung von tüchtigen und patriotisch gesinnten Männern, die die Bürger in ihrem Streben nach Recht und Ordnung unterstützen. Wenn eine wahrhaft sittliche Gesinnung erreicht ist, kommt die Zeit für eine wirklich liberale Regierung, welche die Ideale von Freiheit verwirklicht und alle Bürger teilhaben läßt."

Trotz (oder wegen) dieser wenig demokratischen Ansichten machte Portales Chile zu einem funktionierenden Gemeinwesen, das fest und hierarchisch strukturiert war: **agrarisch ausgerichtet, die Oberschicht fest im**

Seeheld Arturo Prat und Staatsgründer Bernardo O'Higgins werden bis heute verehrt

Sattel. Sie bestand weitgehend aus den Großgrundbesitzern – meist Nachfahren spanischer Einwanderer. Die wichtigsten Präsidenten dieser Zeit waren: *Manuel Bulnes* (1841–51) und *Antonio Varas* und *Manuel Montt*, die gemeinsam von 1851–1861 herrschten. Nach ihrer Doppelpräsidentschaft verschob sich allmählich das politische Gewicht hin zu den Liberalen, die im Zuge des Handelsaufschwungs an Macht und Einfluss gewannen. Denn seit Mitte des 19. Jahrhunderts hatte sich Chile sukzessive geändert: Der Kupferexport war enorm gesteigert worden, 1860 betrug er 55% der Gesamtexporte des Landes. Valparaíso wurde zur wichtigsten Hafenstadt an der südamerikanischen Pazifikküste, im Norden des Landes wurden Guano und Salpeter gefördert, britische Kapitalgesellschaften investierten in den Ausbau der Minen und der Infrastruktur – Chile boomte.

Territoriale Ausdehnung

Betrachtet man alte Karten, fällt auf, dass Chile bis zur zweiten Hälfte des 19. Jahrhunderts nur ungefähr zwei Drittel seiner heutigen Größe besaß. Im Süden gab es zwischen dem Río Biobío und etwa dem Lago Llanquihue, der Stadt Temuco und den Gipfeln der Anden das freie Mapuche-Gebiet, und im Norden endete das chilenische Territorium südlich von Antofagasta. Den nördlichen Küstenabschnitt bis Arica teilten sich Bolivien und Peru.

Schon von 1862 bis 1866 hatte Chile mit Spanien erneut Krieg geführt. Damals ging es um die Ausbeutung der **Guano-Inseln** vor der Küste. 1878 entbrannte dann der Streit mit den nördlichen Nachbarn um die Schürfrechte an den **Salpetervorkommen** der Atacama-Wüste. Chile besetzte das bolivianische Antofagasta und erklärte Bolivien und Peru den Krieg. Die „Guerra del Pacífico" – in Europa als „Salpeterkrieg" bekannt – endete mit dem Triumph der Chilenen: Zwar verlor der heute als Seeheld gefeierte Hauptmann **Arturo Prat** die Seeschlacht bei Iquique am 21. Mai 1879, aber die Chilenen gewannen den Krieg. Bolivien verlor dabei seinen Zugang zum Meer. Die Gewinn bringende Ausbeutung des Salpeters übernahmen allerdings vorwiegend britische Gesellschaften – während des Krieges hatten sie billig die meisten Minen erwerben können.

Im Süden hatten sich die **Mapuche** 1881 letztmalig gegen die Kolonisierungspolitik der Chilenen erhoben. Das Militär schlug den Aufstand blutig nieder – das Mapuche-Land wurde zum Staatseigentum erklärt, in Parzellen aufgeteilt und an neue Siedler verkauft. Die Mapuche wurden in Reservate oder in die Anden verdrängt.

Das frühe 20. Jahrhundert

Zu Beginn des 20. Jahrhunderts **änderte sich die politische Struktur Chiles** erneut: Der Präsident verlor de facto an Macht, statt dessen wurden die Parteien immer wichtiger. In den Salpeterlagerstätten und Kupferminen **organisierten sich erstmals die Arbeiter;** 1912 wurde die Sozialistische Arbeiterpartei gegründet. Streiks wurden aller-

GESCHICHTE

dings blutig niedergeschlagen – 1907 richtete das Militär in Iquique unter streikenden Minenarbeitern und deren Familien ein furchtbares Massaker an, über 2000 Menschen starben im Kugelhagel.

Nach dem Ersten Weltkrieg schlitterte Chile langsam in die Wirtschaftskrise. Die Einkünfte aus den Salpeterminen wurden immer geringer – Stickstoff ließ sich inzwischen auch aus Luft gewinnen – und die Steuereinnahmen sanken bedrohlich, zumal man versäumt hatte, die Gewinne aus dem Salpetergeschäft zu investieren. 1924 setzte das Militär den Präsidenten *Arturo Alessandri Palma* ab, der erstmals ein **Sozialversicherungssystem** in Chile eingeführt hatte. In den 30er und 40er Jahren des 20. Jahrhunderts wechselten sich linke und konservative Regierungen ab, in den Kriegsjahren erlebte Chiles Wirtschaft dank des erhöhten **Kupferbedarfs** auf dem Weltmarkt einen deutlichen Aufschwung. Die **USA** hatten inzwischen als stärkste Wirtschaftsmacht in Chile England abgelöst, US-amerikanischen Firmen gehörten bei Kriegsende die meisten Kupferminen im Land. Im Zweiten Weltkrieg trat Chile auf Druck der USA den Alliierten bei, beteiligte sich jedoch nicht aktiv am Kriegsgeschehen. 1949 wurde das Frauenstimmrecht eingeführt.

1958 siegten die Konservativen letztmalig bei einer Parlamentswahl: *Jorge Alessandri* erhielt als Kandidat der Konservativen und liberalen Parteien knapp 32% aller Stimmen. Mit 29% zweitstärkste Gruppierung wurde die Linkskoalition FRAP *(Frente de Acción Popular)* unter *Salvador Allende,* drittstärkste Kraft mit 21% die Christdemokratische Partei unter *Eduardo Frei Montalva.*

Die kurze christdemokratische Herrschaft

Die Christdemokratische Partei war bereits in den 1930er Jahren gegründet worden. Sie verstand sich als Vertreterin eines gemäßigten **christlichen Sozialismus,** war aber **streng antikommunistisch,** und hatte ihre Anhänger vorwiegend in der Mittelschicht und auch der Arbeiterklasse.

1959 hatte in Kuba die Revolution gesiegt – ein Sieg, der Ausstrahlungskraft in ganz Lateinamerika entwickelte und auch die Linke in Chile stärkte. Die USA fürchteten, dass im Sinne des **„Dominoeffektes"** ein Land nach dem anderen in Lateinamerika „umkippen" könnte, und verstärkten ihren Einfluss auf dem Kontinent.

Bei den **Präsidentschaftswahlen im Jahr 1964** unterstützten die USA die Christdemokratische Partei, die denn auch unter Führung von *Eduardo Frei Montalva* gegen den Kandidaten des Linksbündnisses, *Salvador Allende,* gewann. *Pablo Neruda* schrieb in seinen Memoiren, dass die antikommunistische Propaganda „haarsträubend" gewesen sei: „Die Nonnen würden erschossen, die Kinder von fidel-ähnlichen Bärtigen auf Bajonette gespießt und nach Sibirien verschleppt. Später wurde durch Erklärungen vor der Sonderkommission des nordamerikanischen Senats bekannt, dass der CIA für diese schaurige Schreckenskampagne

Salvador Allende (1908–1973)

Salvador Allende Gossens wird am 26. Juli 1908 in Valparaíso geboren. Er stammt aus einer bürgerlichen Familie und kann nach dem Besuch der Oberschule in Valparaíso Medizin studieren. Bereits während der Studienzeit engagiert er sich politisch, wird mehrfach inhaftiert und zeitweilig von der Universität verbannt.

1933 ist Allende Mitbegründer der Sozialistischen Partei Chiles, 1937 wird er Parlamentsabgeordneter und 1939–42 Gesundheitsminister in der Volksfrontregierung von *Pedro Aguirre Cerda*. Ansonsten arbeitet er als Arzt für verschiedene Gesundheitsorganisationen, unterrichtet an der Universität und äußert sich immer wieder zu (gesundheits)politischen Themen. 1943 wird er Generalsekretär der Sozialistischen Partei. Dreimal – 1952, 1958 und 1964 – scheitert er als Vertreter linker Bündnisse bei den Präsidentschaftswahlen. Die Linksbündnisse werden aber von Wahl zu Wahl größer und bedeutsamer – auch die Stimmenzahlen steigen.

Am 4. September 1970 gewinnt die Unidad Popular, eine Listenverbindung von Kommunisten, Sozialisten, Liberalen und linken Christdemokraten, erstmals die relative Mehrheit im Land. Am 3. November zieht Allende als weltweit erster frei gewählter marxistischer Präsident in den Regierungspalast Moneda ein.

Nur drei Jahre kann Allende sein Regierungsamt ausüben. Am 11. September 1973 putschen die Militärs unter Führung von *Augusto Pinochet*. Allende begeht Selbstmord, als das Militär den Palast stürmt. Er erschießt sich mit einer Maschinenpistole, die er vom kubanischen Revolutionsführer *Fidel Castro* geschenkt bekommen hatte. Die Militärs lassen ihn in Valparaíso begraben – nur seine Frau darf ihm das letzte Geleit geben. Erst im September 1990 erhielt der Präsident sein Statsbegräbnis. Seitdem ist sein Grab auf dem Cementerio General, dem Hauptfriedhof Santiagos, zu finden.

Hier ein kurzer Auszug aus seiner letzten Rundfunkrede vom 11. September 1973:
„Meine Worte sind nicht von Bitternis geprägt, sondern von Enttäuschung; sie sind auch eine moralische Züchtigung derjenigen, die den Eid, den sie geleistet haben, gebrochen haben: Soldaten Chiles, amtierende Oberbefehlshaber. ... Ich werde nicht zurücktreten. In eine historische Situation gestellt, werde ich meine Loyalität gegenüber dem Volk mit dem Leben bezahlen. ... Sie haben die Gewalt, sie können zur Sklaverei zurückkehren, aber man kann weder durch Verbrechen noch durch Gewalt die gesellschaftlichen Prozesse aufhalten. Die Geschichte lehrt uns, es sind die Völker, die sie machen. ... Es werden andere Chilenen kommen. In diesen düsteren und bitteren Augenblicken, in denen sich der Verrat durchsetzt, sollen Sie wissen, dass sich früher oder später, sehr bald, erneut die großen Straßen auftun werden, auf denen der würdige Mensch dem Aufbau einer besseren Gesellschaft entgegengeht. Es lebe Chile! Es lebe das Volk! Es leben die Werktätigen! Das sind meine letzten Worte, und ich habe die Gewißheit, dass dieses Opfer zumindestens eine moralische Lektion sein wird, die den Treuebruch, die Feigheit und den Verrat verurteilt."

zwanzig Millionen Dollar ausgegeben hatte."

Der christdemokratische Slogan lautete „Revolution in Freiheit" und propagierte damit eine nicht-marxistische Entwicklung für Chile. *Frei* sprach aber nach der Wahl nicht mehr von der Nationalisierung der Kupferminen, sondern von der **„Chilenisierung"** *(Chilenisación):* Gemeint war eine Teilnationalisierung der Minen, die ebenso wie die Enteignung bestimmter Latifundien durchgeführt wurde. Insgesamt wurden mehr als 3,4 Millionen Hektar Land enteignet und an über 1000 Bauerngenossenschaften verteilt.

Wie die Regierungszeit der Christdemokraten zu bewerten ist, ist umstritten. Linke Kritiker, auch innerhalb der Partei, monierten, dass Präsident *Frei* eben keine Revolution begonnen habe, sondern lediglich eine mehr oder weniger weit führende Reformpolitik, rechte Kritiker hingegen sahen in der Frei-Regierung bloß den Wegbereiter für die Kommunisten.

Der Sieg der Unidad Popular

Bei den Wahlen vom 4. September 1970 stellten die Christdemokraten *Radomiro Tomic* vom linken Parteiflügel auf, die vereinigten konservativen Parteien *Jorge Alessandri* und die Vereinigte Linke, die Unidad Popular, **Salvador Allende** (vgl. Exkurs). Denkbar knapp, mit 36,6% der Stimmen, gewann *Allende* die Wahlen, gefolgt von *Alessandri* (35,3%) und *Tomic* (28,1%). Vier Wochen später wählte ihn das chilenische Parlament, in dem die Unidad-Popular-Parteien nicht die Mehrheit hatten, zum Präsidenten. **Erstmalig auf der Welt übernahm ein Marxist im Rahmen freier Wahlen die Regierungsgewalt.**

Allendes erste Maßnahmen waren populär und bezeichnend für die weitere Politik: Er löste sein Wahlversprechen ein, dass jedes chilenische Kind Schuhe tragen und kostenlos Milch in der Schule erhalten sollte. Die Mindestlöhne wurden sofort um 35–60% erhöht, die Preise für Grundnahrungsmittel ebenso wie die Mieten eingefroren, die Gesundheitsfürsorge wurde unentgeltlich. Die **Landreform** wurde vorangetrieben, Banken und Teile der Industrie wurden enteignet. **1971 wurden die Kupferminen verstaatlicht** – übrigens mit der Zustimmung aller Parteien im Parlament. Die US-amerikanischen Konzerne erhielten keine Entschädigung – der US-Außenminister *Kissinger* sprach damals erstmals von einem eventuellen Eingreifen der Vereinigten Staaten. Die USA strichen sofort alle Hilfs- und Kreditprogramme und froren Kredite ein. Gleichzeitig begann ein internationaler Kapitalabzug, und mit Unterstützung von CIA und dem Industriekonzern ITT wurde wild gegen den Kupferpreis an den internationalen Börsen spekuliert. Die **CIA** wühlte im Untergrund – in den drei Jahren der Allende-Regierung setzten die USA mehr als 8 Millionen US-$ zur **Destabilisierung** ein. Die Devisenbestände des Landes gingen zu Ende, die Investitionen stockten und blieben zuletzt gänzlich aus.

Das Klima im Land radikalisierte sich: Streiks der Lastwagenfahrer verschärften die Lieferengpässe, der Schwarzmarkt und die Inflation wuchsen, auch die Wahlen von 1973 brachten keine Klärung. Die Unidad Popular verfehlte die notwendige absolute Mehrheit, die rechte Opposition die angestrebte Zwei-Drittel-Mehrheit, die genügt hätte, den Präsidenten zu entlassen. Der **Putschversuch** eines Panzerregiments aus Santiago im Juni 1973 scheiterte. Am 22. August 1973 sprach das Parlament *Allende* das Misstrauen aus. Doch *Allende* musste nicht zurücktreten und tat es auch nicht.

Der Putsch

Am **11. September 1973** war es dann soweit: In den frühen Morgenstunden putschte das Militär. Es besetzte die strategisch wichtigsten Punkte: Versorgungseinrichtungen wie Wasser- und Elektrizitätswerke, Flugplätze, Straßen, Häfen, die Grenzposten und Rundfunkstationen. An der Spitze des Militärs stand der Oberbefehlshaber des Heeres, **General Augusto Pinochet** (vgl. Exkurs). In den Städten wurde nur wenig Widerstand geübt. Nur in einzelnen Fabriken verschanzten sich die Arbeiter, die größten Kämpfe fanden am Regierungspalast La Moneda im Zentrum der Hauptstadt Santiago statt. *Allende* hatte sich dort mit Mitarbeitern verschanzt. Über Rundfunk lehnte er die Forderung der Putschisten ab, zurückzutreten und den Palast zu übergeben. Um 9 Uhr morgens wurde die Moneda von Panzern umstellt. Flieger griffen den Präsidentenpalast an, dann wurde er gestürmt. *Salvador Allende* beging beim Sturm auf die Moneda Selbstmord, was viele Freunde und politische Gefolgsleute lange bezweifelten, heute aber erwiesen ist.

Direkt nach dem Putsch setzte **grenzenloser Terror** ein. Zehntausende wurden verhaftet, im Zentralstadion von Santiago interniert und gefoltert, Tausende ohne Verfahren verurteilt und getötet und in Massengräbern verscharrt. Auch der bekannteste Liedermacher Chiles, *Victor Jara,* wurde im Stadion zuerst gefoltert, dann von Soldaten ermordet. In der Wüste im Norden und auf den Inseln vor Patagonien wurden Konzentrationslager eingerichtet. Wie viele Menschen in den ersten Tagen ermordet wurden, ist unklar: Schätzungen sprechen von mehreren Tausend. Hunderttausende Chilenen mussten ins Exil gehen.

Die Militärdiktatur

Viele demokratische Politiker aus dem rechten Spektrum hatten erwartet, dass das Militär nur die Regierung stürzen und sich danach wieder in die Kasernen zurückziehen würde. Doch *Pinochet* hatte andere Pläne: Bis 1990 blieb er im Amt, er regierte mit Dekreten, verbannte die linken Parteien, löste das Parlament auf und verbat sich alle Oppositionspolitik. **Folter, Mord und Drohungen** waren an der Tagesordnung: Am 21. Dezember 1976 ermordeten der chilenische Geheimdienst DINA *(Dirección de Inteligencia Nacional)* und die US-amerikanische CIA gemeinsam den früheren Außenminister der Unidad Popular *Orlando Letelier* in einem Washingtoner Diplomatenviertel.

Augusto Pinochet (1915–2006)

Augusto Pinochet (1915–2006)

Das Bild des finsteren Putschisten-Generals mit der Sonnenbrille ging nach dem 11. September 1973 um die Welt und wurde im Ausland bald zum Symbol für blutige Diktaturen schlechthin. Dass *Pinochet* von einem nicht unwesentlichen Teil der Bevölkerung als Retter vor der „marxistischen Gefahr" begrüßt und noch lange nach dem Ende der Diktatur als erfolgreicher Reformator der Wirtschaft gefeiert wurde, ist international kaum bekannt.

Augusto Pinochet Ugarte wird am 25. November 1915 in Valparaíso geboren. Seine Familie gehört dem unteren Mittelstand an, er schlägt nach dem Schulabschluss die Militärlaufbahn ein. 1936 wird er bereits Leutnant im Heer, 1953 Major. 1954 geht er als Lehrer an die Kriegsakademie und noch im selben Jahr ins Verteidigungsministerium. Im Jahr 1956 ist Pinochet dann für kurze Zeit Militärattaché in Washington. Die Verbindung zu den USA lässt er auch in den folgenden Jahren nicht abreißen.

In der Zeit der Allende-Regierung macht Pinochet weiter Karriere. Er wird Stabschef des regierungsloyalen Heereskommandanten *Carlos Prats* und, als dieser im August 1973 zurücktritt, von *Allende* selbst zu dessen Nachfolger ernannt. Nur drei Wochen später, am 11. September 1973, führt er die Putschisten gegen die Allende-Regierung an.

Bis dahin war Pinochet, wie es der Tradition des chilenischen Militärs entsprach, nie politisch in Erscheinung getreten. Doch nach dem Putsch zeigt sich, dass er ganz konkrete politische Ziele verfolgt: Nationalismus, Disziplin und Marktwirtschaft sind die Eckpunkte. Als Führer der Militärjunta lässt er sich 1981 zum Präsidenten wählen (bis 1989). 1986 entgeht er nur knapp einem Attentat und verhängt sofort wieder den Ausnahmezustand, der bereits von September 1973 bis zum Juni 1985 gegolten hatte.

Nach seiner Abdankung als Präsident im Jahr 1990 besteht Pinochet darauf, Oberbefehlshaber der Streitkräfte zu bleiben. Nach den Wahlen 1989 hatte er verkündet, er werde den Verteidigungsminister der neuen Regierung nicht als Vorgesetzten akzeptieren.

Im März 1998 tritt Pinochet als Oberster Befehlshaber des Heeres ab und ernennt den 54-jährigen General *Ricardo Izurieta* zu seinem Nachfolger. Er selbst tritt wie selbstverständlich, ungeachtet von massiven Protesten im Land, seinen Posten als Senator an. In der von ihm 1989 auf den Weg gebrachten Verfassung wird Staatspräsidenten, die länger als sechs Jahre im Amt waren, ein Senatorenposten auf Lebenszeit eingeräumt.

Die Reise in eine Londoner Spezialklinik wird ihm 1998 zum Verhängnis: Auf den internationalen Haftbefehl eines spanischen Richters hin, der Menschenrechtsklagen gegen Pinochet untersucht, wird er am Krankenbett unter Arrest gestellt. Sämtliche Instanzen bis zum House of Lords werden bemüht, und nur knapp entgeht der Ex-Diktator der Auslieferung.

Nach der Rückkehr Pinochets nach Chile gelingt es dem mutigen Richter *Juan Guzmán*, der einige der schwerwiegendsten Fälle von Morden an Diktaturgegnern untersucht, die parlamentarische Immunität des Senators aufzuheben und offiziell Anklage gegen Pinochet zu erheben. Der Prozess wird zwar letztlich wegen „Altersdemenz" eingestellt, doch der Nimbus des Unberührbaren ist dahin. In der Folgezeit muss sich der gebrechliche Ex-Diktator immer neuen Anklagen stellen und wird zwischenzeitlich unter Hausarrest gestellt. Als schließlich 2004 ruchbar wird, dass Pinochet mehrere Millionen Dollar über eine amerikanische Bank beiseite geschafft hatte, ist das Ansehen des angeblichen Saubermanns selbst bei seinen ehemaligen Mitstreitern ramponiert. Pinochet stirbt am 10. Dezember 2006 im Alter von 91 Jahren an den Folgen eines Herzinfarkts.

Die Militärjunta änderte sofort die Wirtschaftspolitik: Neoliberale Wirtschaftswissenschaftler (die sogenannten „Chicago-Boys") berieten die Junta. Die Verstaatlichungen wurden – bis auf die der Kupferminen – zurückgenommen, ebenso die Landreform. Bis 1979 wurden ein Fünftel der Staatsangestellten entlassen und die Staatsausgaben insgesamt um die Hälfte gekürzt, vor allem bei den Sozialleistungen.

Internationaler Druck zwang *Pinochet* 1978, fünf Jahre nach dem Putsch, seine Regierung zu legitimieren. Die Abstimmung war eine Farce. Drei Viertel der Chilenen stimmten mit „Ja" bei der Fragestellung: „Unterstützen Sie die Regierung gegen internationale Aggressoren?". Ein „Nein" wäre wahrscheinlich gefährlich gewesen, denn Stimmzettel und -umschlag waren so dünn, dass man von außen genau sehen konnte, wie abgestimmt worden war ...

Im Jahr 1980 ließen sich die Militärs eine **neue Verfassung** maßschneidern, die per Volksabstimmung mit Zwei-Drittel-Mehrheit angenommen wurde. Zuvor waren die Wähler massiv eingeschüchtert worden. Wer sich öffentlich gegen die neue Verfassung aussprach, musste mit seiner Verhaftung rechnen. *Pinochet* legalisierte mit dieser neuen Verfassung seine Herrschaft: Er war nun bis 1989 Staatsoberhaupt.

Trotz verschärfter Repression kam es in den Jahren der Diktatur immer wieder zu Protesten der Bevölkerung: Während der Wirtschaftskrise 1982 zogen Tausende von Chilenen bei „Hungermärschen" durch die Städte, 1983 riefen die Gewerkschaften zu nationalen Protesttagen auf, immer wieder wurden Attentate auf prominente Militärs verübt. Ab 1987 nahmen die ersten politischen Parteien langsam die Arbeit auf.

Rückkehr zur Demokratie

1988 versuchte Pinochet erneut, seine Alleinherrschaft zu verlängern: Doch bei der Volksabstimmung am 5. Oktober darüber, ob er weitere acht Jahre im Amt bleiben darf, musste er erstmals eine Niederlage einstecken. 54% der Wähler stimmten mit „Nein". Bei den daraufhin angesetzten Wahlen am 14. Dezember 1989 setzte sich der Kandidat des Mitte-Links-Blocks „Concertación", der Christdemokrat **Patricio Aylwin,** eindeutig gegen den Kandidaten der Rechten, *Hernán Büchi,* den auch *Pinochet* unterstützte, durch. Im März 1990 übernahm *Aylwin* die Regierung, Pinochet blieb Oberbefehlshaber des Heeres.

Aylwin agierte geschickt: Sein Ziel war die „convivencia democrática", das demokratische Zusammenleben. Bereits 1978 hatten sich die Militärs eine Amnestie spendiert – dennoch fielen nicht alle Verbrechen der Diktatur darunter. 1993 wurden erstmals Offiziere wegen Menschenrechtsverletzungen zur Verantwortung gezogen. Die beiden Auftraggeber für den Mord an *Orlando Letelier* (s.o.) wurden zu mehrjährigen Haftstrafen verurteilt. Ein Großteil der fast 250.000 während der Diktatur exilierten Chilenen kehrte in die Heimat zurück. Wirtschaftspolitisch war die Beseitigung der Armut *Aylwins*

POLITIK

wichtigstes Ziel: Neue Arbeitsplätze senkten die Quote um fast ein Viertel. 1994 galten etwa 3 Millionen Chilenen als arm (Haushalte mit weniger als 250 US-$ im Monat).

Nachfolger *Aylwins* wurde 1994 der Christdemokrat **Eduardo Frei,** Sohn des Amtsvorgängers von *Salvador Allende.* Er wurde 2000 von **Ricardo Lagos** abgelöst. Unter *Lagos,* der 30 Jahre nach *Allende* als zweiter Sozialist in die Moneda einzog, gelang es, die „transición", den Übergang von der Militärherrschaft zur vollständigen Demokratie, zu vollenden. Wie schon *Frei* rüttelte *Lagos* nicht am bestehenden neoliberalen Wirtschaftsmodell, sondern versuchte, dessen negative Effekte sozial abzufedern. Vor allem aber setzte er auf die weitere internationale Öffnung Chiles und den Ausbau von Autobahnen, Häfen, Bahnlinien und Kraftwerken – wie kein zweiter galt *Lagos* als „Einweihungspräsident".

Im März 2006 übergab er sein Amt an **Michelle Bachelet,** ebenfalls Sozialistin und die erste Frau auf dem Präsidentensessel (siehe Exkurs). *Bachelet,* auf die viele, vor allem weibliche Wähler, große Hoffnungen gesetzt hatten, hat bislang eher glücklos agiert. So sah sie sich mit sozialen Protesten ebenso konfrontiert wie mit „geerbten" Korruptionsskandalen in der Regierungskoalition. Auch die katastrophale Fehlplanung bei der Einführung des Nahverkehrssystems Transantiago (siehe Kapitel Santiago) hat ihre Popularität untergraben.

Politik

Verfassung und Regierungsform

Gemäß der Verfassung von 1981 ist Chile eine **präsidiale Republik mit einem Zweikammerparlament.** Die damals – zu Zeiten der Militärdiktatur – von einer Volksabstimmung mit etwa Zwei-Drittel-Mehrheit angenommene Verfassung wurde federführend von den Militärs ausgearbeit. Sie enthielt mehrere Paragrafen, die nicht mit den Prinzipien freiheitlicher Demokratien übereinstimmten. Diese wurden seit 1989 nach und nach eliminiert bzw. abgewandelt. Erst 2005 wurden die nicht gewählten Senatoren abgeschafft und dem Präsidenten das Recht zurückgegeben, die Chefs der Streitkräfte zu berufen und abzusetzen.

Das Zweikammerparlament, das seit 1990 in Valparaíso tagt – der Präsident residiert weiterhin in der Moneda in Santiago –, besteht aus **Abgeordnetenkammer (Cámara de Diputados) und Senat (Senado).** Die 120 Mitglieder der Abgeordnetenkammer werden für je vier Jahre gewählt, die 38 Senatoren für acht Jahre.

Der **Staatspräsident** wird direkt vom Volk gewählt und bleibt vier Jahre im Amt. Die unmittelbare Wiederwahl des Präsidenten ist nicht zulässig.

Bei den letzten Präsidentschaftswahlen im Januar 2006 setzte sich **Michelle Bachelet,** die sozialistische Kandidatin des Parteienbündnisses *Concertación de los Partidos por la Democracia,* das seit 1990 regiert, in einer Stichwahl mit 53,5% gegen den Vertreter der rechten Parteien, *Sebastián Piñera,* durch. Die Concertación verfügt in beiden Kammern des Parlaments über die einfache Mehrheit.

Es herrscht **allgemeine Wahlpflicht,** d.h. jeder Chilene, der sich einmal ins Wählerregister hat einschreiben lassen, muss zur Wahl gehen. Eine grundlegende Reform des Wahlrechts wird seit einiger Zeit diskutiert.

Legislative (Gesetzgebung), **Exekutive** (Regierung) und **Judikative** (Rechtsprechung) **sind nach der Verfassung getrennt,** und laut Verfassung herrscht auch ein Gleichgewicht zwischen den drei Gewalten. Beide Parlamentskammern wie auch der Präsident haben das Recht, Gesetzesinitiativen einzubringen, diese brauchen dann die Zustimmung beider Kammern. Die **oberste Gerichtsbarkeit** wird vom 13-köpfigen Obersten Gerichtshof ausgeübt, dem alle anderen Gerichte des Landes unterstellt sind. Die Richter dort werden vom Präsidenten ernannt und vom Senat bestätigt, ebenso die der 15 Appellationsgerichte. Mit dem Militärputsch war die unabhängige Gerichtsbarkeit nahezu vollständig zum Erliegen gekommen, und auch in den Jahren der Demokratie verweigerte sich der Oberste Gerichtshof zunächst, Verstöße gegen die Menschenrechte aus der Zeit der Militärdiktatur zu verfolgen. Mittlerweile ist eine neue, unabhängigere Generation von Richtern in obere Positionen nachgerückt. Im Zuge einer umfassenden Justizreform wurden vor kurzem erstmals Staatsanwaltschaften und mündliche, öffentliche Verfahren eingeführt – teilweise nach deutschem Vorbild. In der Verfassung ist die Autonomie der Zentralbank verankert.

Insgesamt ist es Chile binnen 15 Jahren nach Ende der Diktatur gelungen, die **Demokratie** wieder auf feste Füße zu stellen. Einer Studie der Konrad-Adenauer-Stiftung von 2006 zufolge ist Chile im lateinamerikanischen Vergleich führend in der Entwicklung der Demokratie. Dabei wurden Indikatoren wie die Achtung politischer Rechte, die Effizienz politischer Institutionen, Armut, Bildung und wirtschaftliche Eckdaten verglichen.

Verwaltung

Chile ist in **14 Regionen und die Hauptstadtregion Santiago** *(Región Metropolitana)* untergliedert. Erst 2006 wurden zwei neue Regionen geschaffen (Arica-Parinacota und Los Ríos) und gleichzeitig die bisherige Durchnummerierung mit römischen Zahlen offiziell abgeschafft. Man trifft sie (z.B. III. Región Atacama) allerdings noch häufig an. Die Region Magallanes umfasst neben dem äußersten Süden des Landes auch den Teil der Antarktis, auf den Chile Anspruch erhebt. Die bewohnten Inseln im Pazifik – Osterinsel und der Archipel Juan Fernández – gehören offiziell zur Region Valparaíso, und besonders auf der Osterinsel herrscht Unmut darüber.

Die einzelnen Regionen sind in **Provinzen** untergliedert, diese wiederum in **Kommunen.** Auf kommunaler Ebene werden Gemeinderäte und Bürgermeis-

Michelle Bachelet

von *Petra Albütz*

Sie verkörpere alle „Todsünden Chiles", sagt *Michelle Bachelet,* die **erste chilenische Staatspräsidentin,** über sich selbst. Tatsächlich steht Bachelet politisch weit links von der Mitte, sie ist Atheistin, sie führt als geschiedene Frau einen Haushalt mit drei Kindern, die sie von zwei Männern hat. Und sie ist eben eine Frau, die nun einem Land vorsteht, in dem sonst Konservative, Traditionalisten und Patriarchen das Sagen haben.

Michelle Bachelet, die durch eine außergewöhnliche Herzlichkeit und Bürgernähe überzeugt, hat einen langen Weg bis ins höchste Amt des Landes zurückgelegt. Wie keine andere politische Figur Chiles ist sie Symbol für die während der Diktatur unterdrückte Bevölkerung. Ihr Vater, ein Allende-treuer Luftwaffengeneral, starb an den Folgen der Folter in *Pinochets* Gefängnissen. Auch sie selbst wurde verhaftet und eine Zeit lang vom Geheimdienst in der berüchtigten Folterzentrale „Villa Grimaldi" festgehalten, bevor sie in die DDR flüchten konnte, wo man ihr Exil gewährte.

Michelle Bachelet Jeria wurde am 29. September 1951 in Santiago geboren. Sie engagierte sich in Studentengremien und war Mitglied der „Sozialistischen Jugend". Den Putsch am 11. September 1973 erlebte sie vom Dach der Medizinischen Fakultät aus mit.

An der Humboldt-Universität Berlin setzte sie ihr Medizinstudium fort, das sie später in Chile, nach ihrer Heimkehr im Jahr 1979, abschloss. Nach der Rückkehr zur Demokratie 1990 arbeitete Bachelet zunächst im Gesundheitsministerium und absolvierte in Santiago und Washington Kurse über Militärstrategie. Im Jahr 2000 wurde sie Gesundheitsministerin, 2002 erste lateinamerikanische Verteidigungsministerin. Eine ungewöhnliche Toleranz zeigte die Sozialistin schon immer: Der Arzt *Aníbal Henríquez,* mit dem sie fünf Jahre zusammenlebte und eine gemeinsame Tochter hat, unterstützte das Pinochet-Regime.

Bei ihrer Amtsübernahme im März 2006 sagte Bachelet, sie werde mit „neuen Gesichtern" und mit ebenso vielen Frauen wie Männern im Kabinett regieren. Die aktive Bürgerbeteiligung sollte das Markenzeichen ihrer Regierung sein. Doch schon im ersten Jahr ihrer Amtszeit musste Bachelet im patriarchalischen Chile Zugeständnisse machen: mit den Kabinettsumbildungen tauchten die altgedienten Gesichter wieder auf, siegte Parteienproporz über „Frauenpower". Auch die zahlreichen interdisziplinären Kommissionen, die von Bachelet eingesetzt wurden, spiegeln eher ihren unschuldigen Traum von Bürgerbeteiligung wider, als dass sie einen echten Beitrag zur Politikgestaltung lieferten.

Michelle Bachelet hat ihre Regierung unter guten politischen und wirtschaftlichen Vorzeichen angetreten; daraus hat sie kaum Profit schlagen können. Sozialer Protest, Bildungskrise, Energiekrise – wichtige Fortschritte wie die Rentenreform oder die Verdoppelung der Kindergarten- und Krippenplätze gehen darüber unter. Als Präsidentin im Patriarchat hat Bachelet es nicht einfach, die durchweg von Männern hinterlassenen Missstände auszubügeln.

chi140 Foto: ms

Die Regionen

Hauptstadt	Fläche in km²	Flächenanteil	Bevölkerungsdichte	
			Einwohner	Ew/km²
Region Arica-Parinacota	16.873	2,2%	189.644	11,2
Arica				
Region Tarapacá				
Iquique	42.226	5,5%	238.950	5,7
Region Antofagasta				
Antofagasta	126.049	16,7%	493.984	3,9
Region Atacama				
Copiapó	75.176	9,9%	254.336	3,4
Region Coquimbo				
La Serena	40.580	5,4%	603.210	14,9
Region Valparaíso				
Valparaíso	16.396	2,2%	1.539.852	93,9
Hauptstadtregion (Región Metropolitana)				
Santiago de Chile	15.403	2,0%	6.061.185	393,6
Region Libertador General Bernardo O'Higgins				
Rancagua	16.387	2,2%	780.627	47,6
Region Maule				
Talca	30.296	4,0%	908.097	30,0
Region Biobío				
Concepción	37.063	4,9%	1.861.562	50,3
Region la Araucanía				
Temuco	31.842	4,2%	869.535	27,3
Region Los Ríos	18.429	2,4%	356.396	19,3
Valdivia				
Region Los Lagos				
Puerto Montt	48.584	6,4%	716.739	14,7
Region Aisén del General Carlos Ibáñez del Campo				
Coyhaique	108.494	14,3%	91.492	0,8
Region Magallanes y Antártica Chilena				
Punta Arenas	132.297	17,5%	151.826	1,1
Gesamt	**756.096**	**100%**	**15.116.435**	**20,0**

Einwohnerzahlen: Volkszählung 2002, Quelle: INE

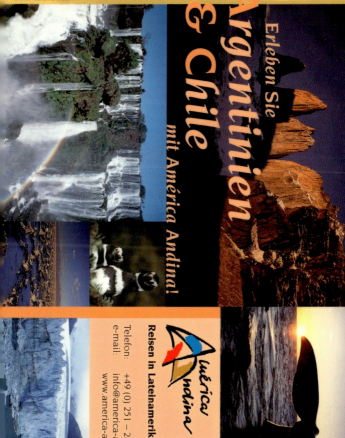

Fotos: © vision 21, Fürth, Germany
abendfüllende Multivisionsshows
über alle Länder Südamerikas
Fotoreisen nach Südamerika
www.Vision21.de

Erleben Sie **Argentinien & Chile** mit América Andina!

Reisen in Lateinamerika

Telefon: +49 (0) 251 - 28 91 94 0
e-mail: info@america-andina.de
www.america-andina.de

Bitte freimachen

Faxnummer
0251 - 28 91 94 20

América Andina GmbH & Co. KG
Bernhardstraße 6 – 8
D – 48153 Münster

Name
Strasse
PLZ/Ort
Telefon
e-mail

Für die individuelle Planung Ihrer Reise nach
Argentinien/Chile bitten wir um folgende Angaben:
Wann soll die Reise stattfinden?
☐ Gruppenreise ☐ Individualreise
Sie soll ___ Tage dauern. Es fahren ___ Personen mit.
Welche Städte/Regionen möchten Sie besuchen?

Hotel ☐ 3* ☐ 4* ☐ 5*
Was darf Ihre Reise kosten?
☐ Bitte rufen Sie uns zur individ. Beratung zurück.

ter frei gewählt, die Regional- und Provinzgouverneure werden hingegen von der Zentralregierung eingesetzt.

Traditionell ist Chile ein **stark zentralistisch regiertes Land.** Die Regionalverwaltungen genießen bloß eingeschränkte Autonomie, alle wichtigen Entscheidungen werden in der Hauptstadt gefällt.

Parteien und Gewerkschaften

Nach einigen Kräfteverschiebungen während der Diktatur – erst Mitte der 1980er Jahre konnten einige Parteien wieder aktiv werden – hat sich ein übersichtliches Parteienspektrum herausgebildet. Insgesamt gibt es sieben relevante politische Parteien, nicht alle sind im Parlament vertreten. Dort stehen sich **zwei große Blöcke, jeweils Parteienbündnisse,** gegenüber: die *Concertación de los Partidos por la Democracia* und die *Alianza por Chile.*

Die **Concertación,** die die vier Präsidenten nach Ende der Diktatur stellte, versammelt ein breites politisches Spektrum. Im politischen Zentrum ist die Christdemokratische Partei (*Partido Demócrata Cristiano,* PDC) angesiedelt, mit ihren mitunter stark von Mitte rechts bis Mitte links auseinander driftenden Flügeln. Der *Partido por la Democracia* (PPD) steht links der Christdemokraten, genau wie der *Partido Socialista* (PS). Hinzu kommt der kleinere, ebenfalls eher sozialdemokratisch ausgerichtete *Partido Radical Socialdemócrata* (PRSD). Insgesamt strebt die Concertación eine sozial ausgerichtete Marktwirtschaft an. Wie lange das als Anti-Pinochet-Bündnis gebildete Konglomerat noch hält, ist ungewiss. Von Korruptionsskandalen und Flügelkämpfen geschüttelt, zeigt die Concertación deutliche Verschleißerscheinungen.

Wie die Concertación ist auch das Oppositionsbündnis **Alianza por Chile** eher Resultat einer Zweckehe denn einer Liebesheirat. Die *Unión Demócrata Independiente* (UDI) und die *Renovación Nacional* (RN) setzen in unterschiedlichem Maße auf konservative und neoliberale Werte und das Wirken des freien Marktes, wobei insbesondere die Rechtsaußen-Partei UDI als Auffangbecken ehemaliger Pinochet-Mitstreiter und -Anhänger sowie Opus-Dei-Ideologen fungiert. Zuletzt hat sie ihrer gemäßigteren Schwesterpartei RN mit einem gezielt unpolitischen, populistischen Diskurs den Rang als stärkste Opppositionspartei abgelaufen.

Der **Partido Comunista** (PC) hat nicht an seine große Zeit vor der Militärregierung anknüpfen können. Anfang der 1970er Jahre war die Kommunistische Partei Chiles mit mehr als 200.000 Mitgliedern die drittgrößte der westlichen Welt. Heute kann sie sich nur schwer von ideologischen Altlasten lösen und mobilisiert nur noch wenige Anhänger; für eine Präsenz im Parlament reicht es schon deshalb nicht, weil das Wahlgesetz die kleinen Parteien benachteiligt.

Ähnlich ergeht es den einst sehr starken **Gewerkschaften:** Von der Militärregierung verboten, gehörten sie dennoch zu den Trägern der Protestbewegung. Im Zuge der Rückkehr zu Demokratie und neoliberaler Wirtschaftspolitik schwand das Interesse der Chilenen an gewerkschaftlicher Aktivität. Heute gibt es noch etwa 50 nationale Einzelgewerkschaften, zusammengefasst in mehreren größeren Dachverbänden. Deren größter ist die *Central Unitaria de Trabajadores de Chile* (CUT), die 1988 neu gegründet wurde.

Die beiden größten **Unternehmerverbände,** die Confederación de la Producción y el Comercio (CPC) und die Sociedad de Fomento Fabril (Sofofa), verfolgen eine stark konservativ orientierte Politik.

Insgesamt ist die **politische Beteiligung der Bevölkerung seit Ende der Diktatur eher gering.** So erklärten 2006 in einer Umfrage über 50 Prozent der Chilenen, dass keine der politischen Parteien ihre Interessen oder Werte vertrete, und nur 20 Prozent zeigten Vertrauen in das Parlament. Anders als zu Beginn der 1970er Jahre setzt man heute eher auf individuellen und familiären Fortschritt denn auf gesellschaftlichen.

Außenpolitik

Die chilenische Außenpolitik bestimmen zwei Faktoren: das Bemühen um ein gutes Verhältnis zu den internationalen Wirtschaftspartnern (vor allem in Europa, Ostasien und Nordamerika) und die Notwendigkeit, sich in der lateinamerikanischen Staatengemeinschaft sowohl territorial als auch politisch zu behaupten.

Dabei gibt es mit den unmittelbaren Nachbarn nach wie vor Querelen. Mit Peru ist man uneins über die Grenzziehung innerhalb der 200-Meilen-Zone im Pazifik, und mit Bolivien unterhält man nicht einmal diplomatische Beziehungen auf Botschafterebene. Hintergrund ist der Konflikt um den Zugang Boliviens zum Meer, den das Land im Pazifikkrieg vor über 120 Jahren an Chile verlor. Bolivien drängt auf die Abtretung eines „Korridors" zum Pazifik entlang der Grenze zwischen Peru und Chile, doch die chilenische Regierung will sich darauf nicht einlassen und bietet Bolivien lediglich einen Freihafen an.

Auch mit **Argentinien** bestehen noch Streitigkeiten. Erst 1994 wurde der Konflikt um die Laguna del Desierto in Patagonien, etwas nördlich des Fitz-Roy-Massivs, beigelegt, ein internationales Schiedsgericht hatte vermittelt. 1984 hatte der Papst im Streit um drei Inseln im Beagle-Kanal (bei Feuerland) eingegriffen und diese Inseln Chile zugesprochen. Offen sind noch ein Gletschergebiet südlich des Fitz Roy und große Teile der Antarktis. Chile erhebt seit 1940 Anspruch auf einen Teil der Antarktis zwischen 53° und 90° westlicher Länge, ein Gebiet, auf das auch Argentinien, nämlich zwischen dem 25. und dem 74. westlichen Längengrad, Ansprüche erhoben hat und das auch Großbritannien für sich reklamiert.

Chile ist **Mitglied** der Vereinten Nationen (UN) und zahlreicher ihrer Unterorganisationen, der Organisation Amerikanischer Staaten (OAS), des Allgemeinen Zoll- und Handelsabkom-

Einsamer Grenzposten
an der Laguna Verde

POLITIK

mens (GATT), des Internationalen Währungsfonds und der Weltbank. Nach dem Ende der Diktatur hat Chile seine Isolation in der internationalen Politik aufgebrochen und ist zunehmend aktiv geworden. Deutlichstes Zeichen dafür ist vielleicht die Entsendung chilenischer Polizei- und Militärkontingente im Rahmen von UN-Friedenseinsätzen in Afghanistan und Haiti. Seit 1996 ist Chile auch dem Mercado Común del Cono Sur (**Mercosur**) assoziiert, dem gemeinsamen Markt, dem Argentinien, Brasilien, Paraguay, Uruguay und Venezuela angehören.

Menschenrechte

Die Aufarbeitung der Verbrechen gegen die Menschenrechte während der Diktatur ist bis heute noch nicht abgeschlossen, hat aber in den letzten Jahren an öffentlicher Aufmerksamkeit eingebüßt. Lange Zeit war es dem Militär gelungen, diesbezügliche Diskussionen durch die **Amnestie-Gesetzgebung** zu verhindern. Anstöße zu vielen Verfahren kamen oft von außen – zuletzt von den spanischen Untersuchungsbehörden (siehe Exkurs zu *Pinochet*).

In Chile sind die **Gerichte** inzwischen dazu übergegangen, die Amnestiegesetze so auszulegen, dass sie zumindest die Menschenrechtsverbrechen untersuchen und sich um Wahrheitsfindung bemühen können. In etlichen Fällen konnten so immerhin der Tathergang geklärt und die Täter benannt werden – auch wenn die Verfahren dann ohne Verurteilung eingestellt werden muss-

ten. In einigen wenigen Fällen, die nicht von den Amnestiegesetzen abgedeckt wurden, wurden auch hohe Militärs zu Haftstrafen verurteilt, darunter z.B. der ehemalige Geheimdienstchef *Manuel Contreras*.

Bis heute weiß man wenig oder gar nichts über das Schicksal hunderter Opfer der Militärs: Wurden sie irgendwo verscharrt? Oder von Hubschraubern ins Meer geworfen, wie die Luftwaffe zugab? Den Familien geht es weniger um die Bestrafung der Täter, als vielmehr darum, die Wahrheit zu erfahren und ihre Angehörigen gebührend bestatten zu können. Ein von Präsident *Lagos* einberufener **Runder Tisch der Menschenrechte** bemühte sich, den Verbleib der Opfer aufzuklären – mit eher bescheidenem Erfolg, obwohl Mitwissern und Mittätern Anonymität zugesichert wurde. 2004 legte die **„Kommission zu Politischer Gefangenschaft und Folter"** ihren Bericht vor. Darin wird die Leidensgeschichte zehntausender Opfer dokumentiert; insgesamt stehen auf der Kommissionsliste 27.253 Namen „anerkannter Folteropfer". Der Staat verpflichtet sich, die Opfer zu entschädigen: mit einer lebenslangen Rente, die monatlich rund 200 US-$ beträgt. Das soll – so *Lagos* – für die Opfer „die Folgen von so viel Schmerz etwas lindern."

Die Jahresberichte von **amnesty international** sprechen auch heute noch von Menschenrechtsverletzungen in Chile und erwähnen insbesondere Misshandlungen in Gefängnissen sowie Polizeiaktionen gegen Landbesetzungen von Mapuche-Indianern.

Auf die **Colonia Dignidad** wird im entsprechenden Exkurs unter „Bevölkerung und Gesellschaft" eingegangen.

Das Militär

Nach wie vor ist das Militär ein **gewichtiger (innen)politischer Faktor.** Schon vor dem Pinochet-Putsch mischte sich das Militär immer wieder gewaltsam in die Politik ein; Bürgerkriege und mehr als ein knappes Dutzend Putsche kamen in den Jahrzehnten nach der Befreiung von der spanischen Herrschaft zusammen.

Nach der Diktatur ist es den Regierungen von *Aylwin, Frei* und *Lagos* gelungen, das Verhältnis zwischen politischer Macht und Militär schrittweise zu normalisieren. Die aus Spitzenpositionen ausscheidenden Pinochet-Zöglinge wurden durch moderatere Generäle ersetzt. Seit der Verfassungsreform von 2005 werden die Chefs der Teilstreitkräfte wieder vom Präsidenten berufen.

In Chile besteht **allgemeine Wehrpflicht** für Männer ab dem 19. Lebensjahr. Zwei Jahre Dienst im Heer, bei der Marine oder der Luftwaffe sind Pflicht, die große Mehrheit der Rekruten meldet sich jedoch freiwillig. Die Gesamtstärke der Streitkräfte liegt bei etwa 80.000 Mann, davon gehört der größte Teil dem Heer an. Die paramilitärisch ausgerüsteten **Carabineros** umfassen etwa 30.000 Mann.

Der **Militäretat** ist mit 4,5 Mrd. US-Dollar (2008) der dritthöchste aller lateinamerikanischen Staaten (nach Brasilien und Kolumbien). Gemessen am Bruttoinlandsprodukt liegt Chile mit Militärausgaben von 2,6% ebenfalls an dritter Stelle in Lateinamerika. Das hängt vor allem mit zwei Gesetzen zusammen, die noch von *Pinochet* stammen: Erstens darf der Militäretat nicht unter den von 1989 sinken, zweitens besitzt das Militär eine weitgehende Finanzautonomie: 10% der Erlöse der staatlichen Kupferminen fallen ihm direkt zu, ohne dass es über deren Verwendung Rechenschaft ablegen muss. Außerdem besitzt das Militär eigene Ländereien und weitreichende Befugnisse und Mitspracherechte; so muss die Marine bei allen Belangen, die den Küstenausbau betreffen, gehört werden.

Wirtschaft

Chiles Wirtschaftspolitik spaltet: Auf der einen Seite gibt es Bewunderung und Lob für die hohen Wachstumsziffern, auf der anderen Seite herrscht Besorgnis über die Kosten des Modells Chile: über den Raubbau an der Natur und über die anhaltende Armut, die sich nicht verstecken lässt. Während die glitzernden Hochhäuser in der Metropole Santiago wachsen, ist auf der anderen Seite die große Zahl derer nicht zu übersehen, die außerhalb der formalen Wirtschaft gerade mal mit Mindestlöhnen oder weniger überleben müssen. Offiziellen Angaben zufolge ist jeder siebte Chilene arm (2,3 Millionen), 4,7% der Bevölkerung werden als „extrem arm" eingestuft. Unabhängige Studien, die eine realistischere Armutsgrenze zugrunde legen, sprechen hingegen von vier Millionen, was etwa 25% der Bevölkerung entspricht (alle Zahlen von 2006). Immerhin ist es den Regierungen der Concertación gelungen, mit gezielten Sozialprogrammen Tausenden Chilenen den Sprung über die Armutsgrenze zu ermöglichen und den Anteil der Armen von fast 40% Anfang der 1990er Jahre auf offizielle 14% zu senken.

Armut heißt dabei nicht unbedingt, dass ein Siebtel aller Chilenen auf der Straße lebt oder nichts besitzt. Sie bedeutet aber, dass **in einem relativ reichen Land bestimmte Gruppen von Bildungschancen und sozialem Aufstieg abgeschnitten sind.** Im Andenhochland in Nordchile hungern die Kinder der Aymara-Indianer nicht unbedingt, denn die Lama-Zucht wirft für den Eigenbedarf genügend ab, aber die Hoffnung auf ein besseres Leben existiert kaum. Und: Es gibt eine neue Armut, eine, die früher nicht bekannt war. Der Politikwissenschaftler *Elmar Römpczyk,* der für die Friedrich-Ebert-Stiftung lange in Chile war, schrieb dazu: „Durch den Modernisierungsprozeß gibt es verarmte Mittelschichtsegmente, Rationalisierungsopfer, Privatisierungsopfer. Und es gibt strukturelle Folgen der Armut in Form einer immer weiter um sich greifenden Umweltzerstörung; durch das Anschwellen des informellen Sektors und durch die Erleichterung, die Armut für die Beibehaltung traditioneller gesellschaftlicher Funktionen bedeutet: die Armen beseitigen den Dreck der Reichen; die Armen arbeiten im Dienstleistungsbereich bis spät in die Nacht, an Sonn- und Feierta-

Lateinamerika im Vergleich

Wirtschaftliche und sozioökonomische Eckdaten der Länder Südamerikas und Mexikos

	Bevölkerung in Mio.	BIP in Mrd. US-$	BIP/ Kopf in US-$ (KK)	Wirtschaftswachstum %	Inflation%	Armutszahl%	Lebenserwartung
Argentinien	39.746	326.474	14.413	7,0	8,6	7	75
Bolivien	10.028	17.413	4.330	5,9	14,0	23	66
Brasilien	191.870	1.572.839	10.325	5,1	5,7	8	72
Chile	16.750	169.573	14.510	3,2	8,7	2	78
Ecuador	13.922	52.572	7.685	5,3	8,4	16	73
Kolumbien	48.274	240.654	8.215	2,5	7,0	7	74
Mexiko	106.316	1.088.128	14.560	1,3	5,1	3	74
Paraguay	6.154	16.006	4.778	5,8	10,1	14	75
Peru	28.657	127.598	8.580	9,8	5,8	11	73
Uruguay	3.200	32.262	13.294	8,9	7,9	2	75
Venezuela	28.050	319.443	12.785	4,8	13,4	19	74
Deutschland	82.120	3.667.513	35.441	1,3	2,7	0	80

BIP = Bruttoinlandsprodukt KK = kaufkraftbereinigt
Armutszahl Nach dem Kriterium der WHO gelten als arm alle Menschen, die weniger als 1 US-$ am Tag verdienen. Den im Text genannten Armutzahlen der chilenischen Regierung liegen andere Kriterien zugrunde.
Lebenserwartung: bei Geburt im Jahr 2007
Quellen: Internationaler Währungsfond (www.imf.org), Weltgesundheitsorganisation (www.who.int)
Alle Zahlen von 2008

gen etc., die Reichen müssen nicht ihre Herrenklasse-Attitüde aufgeben."

Die Weltbank, die ansonsten die chilenische Wirtschaftspolitik sehr lobt, vergibt schlechte Noten, wenn es um die **Verteilung des Einkommens** in Chile geht. Die Einkommen klaffen stark auseinander: Vom Nationaleinkommen besitzen die reichsten 20% der Bevölkerung etwa 62%, die ärmsten 20% der Bevölkerung gerade mal 3%.

Dabei gehört Chile zu den wirtschaftlich **stabilsten und dynamischsten Ländern Südamerikas** und wird von Experten gern als Muster-Schwellenland gepriesen. Von Mitte der 1980er Jahre bis 1997 wuchs das Bruttoinlandsprodukt um durchschnittlich 7% jährlich. Nach einer Flaute Ende der 1990er, bedingt durch die weltweiten Börsenkrisen, hat sich das **Wachstum** immerhin wieder bei 3–4% eingepegelt. In Lateinamerika ist Chile mit einem **Bruttoinlandsprodukt (BIP)** von 170 Mrd. US-Dollar (2008) nach Brasilien, Mexiko, Argentinien, Venezuela und Kolumbien die sechstgrößte Volkswirtschaft, beim BIP pro Kopf der Bevölkerung liegt Chile mit rund 10.100 US-$ sogar in der Spitzengruppe. Zum Vergleich: Das Pro-Kopf-Produkt Deutschlands beträgt mit 44.700 Dollar mehr als das Vierfache. Das anhand der Kaufkraft korrigierte Pro-Kopf-Inlandsprodukt betrug 2008 rund 14.500 US-$.

Nach Pinochets Putsch wurde die chilenische Wirtschaft total umgekrempelt. Im Zeichen des **Neoliberalismus** wurde der Glaube an den internationalen Markt zum alles beherrschenden Prinzip. Die Staatsbetriebe wurden mit Ausnahme des Kupferkonzerns Codelco privatisiert – heute beschäftigt der Staat nur noch 7–8% aller Lohnabhängigen, die anderen lateinamerikanischen Staaten haben im Schnitt doppelt so viele Bedienstete. Gleichzeitig zog sich der Staat aus der Sozialpolitik zurück – die Renten- und Krankenversicherungen wurden teilweise von privaten Unternehmen übernommen.

Grundprinzipien der Wirtschaftsordnung wie die **Garantie des Privateigentums sowie die Unternehmerfreiheit sind in der Verfassung festgeschrieben,** und Leitlinie der Politik auch der demokratischen Nachfolger Pino-

Chiles Exportschlager: Rohkupfer

chets war die politische Absicherung der nationalen und internationalen Rahmenbedingungen für chilenische und internationale Investitionen im In- und Ausland. Chile ist für seine klaren, investorenfreundlichen Regeln ebenso bekannt wie für die solide Verwaltung der Staatsfinanzen. Der Risikofaktor, in Chile zu investieren, wird international mit A+ bewertet; damit steht Chile in Lateinamerika am besten da.

Land- und Forstwirtschaft, Fischerei

Im Vergleich zu anderen lateinamerikanischen Ländern besitzt die Landwirtschaft in Chile eine nicht so große Bedeutung. Der Grund sind die geografischen und klimatischen Besonderheiten des Landes, die **nur auf einem Drittel der Landesfläche** (35%) eine **landwirtschaftliche Nutzung** zulassen. Nur 3% werden für den Ackerbau genutzt, 17% als Weideland. In den ausgedehnten Wüstengebieten im Norden und in den vereisten oder unzugänglichen Regionen des Südens ist Landwirtschaft unmöglich, lediglich in einzelnen Oasengebieten des Nordens – beispielsweise im Valle de Elqui – ist der Anbau von Obst und Gemüse, hier vor allem Wein, möglich. Insgesamt tragen Land- und Forstwirtschaft und Fischerei gerade mal 3% zum Bruttoinlandsprodukt bei, obwohl hier 13% aller Erwerbstätigen beschäftigt sind. Die Betriebsstruktur ist durch zahlreiche **Klein- und Kleinstbetriebe** gekennzeichnet, deren durchschnittliche Größe gerade mal 1,7 Hektar erreicht.

Hauptanbaugebiete sind Mittelchile und der Kleine Süden, die wichtigsten Exportprodukte der klassischen Landwirtschaft sind Frischobst und Frischgemüse, dazu Tafeltrauben und Wein. Zu den Shooting Stars beim Export gehören in diesem Jahrzehnt auch Oliven, Nüsse sowie Obst wie Kirschen, Pflaumen und Blaubeeren.

Die **Forstwirtschaft** hat sich zu einem der wichtigsten Exportzweige entwickelt. Allerdings sind die Gewinne recht schwankend, da es die Preise für Zellstoff ebenso sind. Abnehmerland Nummer 1 sind die USA. Chile besitzt vor allem im Süden günstige Bodenverhältnisse und Witterungsbedingungen, so dass die Kiefer in Chile etwa dreimal so schnell wie in den USA wächst. So setzt die Forstwirtschaft vor allem auf **Monokulturen mit Kiefern oder Eukalyptus,** mit den entsprechenden Konsequenzen für die Umwelt und das Landschaftsbild: Die Pflanzungen sind keine Wälder, wie die Forstkonzerne glauben machen wollen, sondern eingezäunte Plantagen mit Bäumen in Reih und Glied. Sie werden, wenn die Bäume die entsprechende Größe erreicht haben, großflächig geschlagen. 2008 exportierte Chile Holzprodukte im Wert von 5,4 Milliarden Dollar, Tendenz steigend. Ca. 48% davon war Zellulose, weitere 13% Kiefernholz.

Ebenso wie die Forstwirtschaft ist die **Fischerei** im letzten Jahrzehnt mehr und mehr expandiert. Das nährstoffreiche Wasser des Humboldt-Stroms beschert einen großen Reichtum an Fischen und machte Chile zur größten Fischereination Lateinamerikas. Die Bestände sind inzwischen aber weitgehend **überfischt,** und küstennah wird kaum noch etwas gefangen. Hauptabnehmerland ist Japan, japanische Industrieschiffe kreuzen teilweise direkt an der Grenze der chilenischen Hoheitsgewässer und kaufen ganze Fänge der chilenischen Fischereiflotten auf. Im Jahr 2000 unterzeichneten die südamerikanischen Pazifik-Anrainerstaaten den **„Galápagos-Vertrag",** der die Zusammenarbeit beim Schutz der Fisch-Ressourcen regeln und den Raubbau innerhalb einer 200-Meilen-Zone vor der Küste eindämmen soll. Doch das Abkommen greift nicht, da es bislang nur Chile und Ecuador ratifiziert haben.

Die mageren Fangquoten werden zumindest teilweise durch die **Fischzucht** wett gemacht. Chilenische und internationale Konzerne haben die Produktion von Lachsen und Forellen als lukratives Geschäft entdeckt.

Chile ist inzwischen nach Norwegen der **zweitgrößte Lachsexporteur der Welt;** 2008 wurden 317.000 Tonnen des Edelfisches exportiert; tiefgekühlt gelangen sie auf die Tische nordamerikanischer und japanischer Verbraucher. Während sich die Unternehmen über den Rekorderlös von 2,2 Milliarden Dollar freuten, sehen Umweltschützer die Ausbreitung der „schwimmenden Käfige" in Pazifikbuchten und -fjorden mit Sorge, vor allem wegen der Folgen für das natürliche Gleichgewicht in den Gewässern. Lachszucht und Fischerei sind wie die Forstwirtschaft Beispiele für Wirtschaftszweige, deren Wachstum auf dem Verbrauch oder der Schädigung von Ressourcen beruht.

Industrie, Bergbau und Energie

Chile gehört zu den stärker industrialisierten Ländern Südamerikas. Schwerpunkte sind der Bergbau, die Nahrungs- und Genussmittelindustrie sowie die chemische Industrie. Mehr als ein Drittel des chilenischen Bruttoinlandsprodukts wird durch die Industrieproduktion erwirtschaftet.

Wichtigster Bereich ist der **Bergbau** – Chile verfügt über bedeutende Erzlagerstätten. Die größten Kupfervorkommen befinden sich im Norden des Landes. **Kupfer** ist immer noch der größte Einzelposten in der Ausfuhrstatistik des Landes (über 30% der gesamten Exporterlöse), und Chile liefert mehr als ein Drittel (35%) der auf dem Weltmarkt gehandelten Kupfermenge. Damit ist das Land mit großem Abstand vor Peru (7,7%) und den USA (7,6%) der größte Kupferproduzent. Ein knappes Drittel des chilenischen Kupfers wird vom staatlichen Konzern Codelco gefördert. Daneben ist der Kupferbergbau auch interessant für ausländische Konzerne. Hohe Investitionen kommen vor allem aus den USA und Kanada. Schon vor einigen Jahren hat die private Förderstätte Escondida dem großen staatlichen Tagebau Chuquicamata den Rang als (dem Produktionsvolumen nach) größte Kupfermine der Welt abgelaufen: Escondida förderte 2007 rund 1,5 Mrd. Tonnen Reinkupfer, Chuquicamata knapp 0,5 Mrd. Weitere Milliardenprojekte im Norden des Landes, wie Collahuasi oder El Abra, erschließen ebenfalls neue Lagerstätten.

Andere Bergbauprodukte von hohem Wert sind die Minerale Molybdän, Rhenium und Lithium, Jod, Eisen, Silber, Gold, Mangan, Borax, Schwefel, Phosphat und verschiedene Salze. Die Salpetergewinnung, der Nordchile zu Beginn des 20. Jahrhunderts seinen Reichtum verdankte, bringt heute nicht einmal mehr 1% der Exporterlöse. Die **Kohleminen** im Süden des Landes sind zwar reich, die Förderung ist aber wegen der niedrigen Weltmarktpreise unwirtschaftlich geworden, und viele Minen wurden geschlossen.

Chiles **Energiebedarf** wird heute vorwiegend durch Erdöl (40%), Erdgas (16%), Kohle (15%) und Wasserkraft (8%) gedeckt. Da die eigenen Erdöl- und Erdgasreserven auf den extremen Süden begrenzt sind und sich erschöpfen, importiert man Erdgas aus Argentinien. Außerdem setzt man mehr und mehr auf Wasserkraft. Zurzeit werden 8% dieses Potenzials genutzt, damit werden aber 50% des Stromes erzeugt. Angesichts der unzuverlässigen Versorgung mit argentinischem Erdgas werden – neben der Rückkehr zu Kohlekraftwerken – neue Staudammprojekte vorangetrieben. Nach dem Bau großer Kraftwerke am Río Biobío – gegen die Proteste von Umweltschützern und unter Vertreibung der Ureinwohner – wird derzeit heftig über geplante Stauseen an den patagonischen Flüssen Baker und Pascua diskutiert.

Auf **Kernenergie** hat Chile bislang verzichtet. Die **Nutzung erneuerbarer Energien,** von denen Chile eine Menge hat (Sonne, Wind, Erdwärme), steckt noch in den Kinderschuhen. Lediglich im Kleinen Norden und in Patagonien sind vereinzelte Windräder im Einsatz.

Erwerbsstruktur

Wie in allen Ländern Lateinamerikas sind auch in Chile die Grenzen zwischen Arbeit, Gelegenheitstätigkeiten, Familienarbeit und Arbeitslosigkeit fließend. Den statistischen Daten zur Erwerbsstruktur ist nur bedingt zu trauen. Dennoch die offiziellen Zahlen: 2008 betrug die **Arbeitslosenrate** rund 8%. Etwa 40% der Bevölkerung stehen im Erwerbsleben – die niedrige Quote hat zwei Gründe: zum einen den geringen Anteil an Frauenerwerbstätigkeit, zum andern den hohen Anteil von Kindern und Jugendlichen an der chilenischen Bevölkerung. **Handel und Dienstleistungen** haben mit 28% aller Beschäftigten das produzierende Gewerbe (27%) als größter Arbeitgeber abgelöst.

Außenhandel

Chiles Außenhandelsbilanz ist in der Regel positiv, dank der massiven Ausfuhr von Kupfer, Zellulose und landwirtschaftlichen Produkten. Die Exporterlöse sind in hohem Maße **abhängig von der Preisentwicklung auf den internationalen Märkten;** verfallen die Preise für Rohstoffe, dann sinken Chiles Einnahmen dramatisch. So geschehen mit dem **Kupferpreis,** der seit einem Hoch 1995 fast kontinuierlich fiel, 2001 vorübergehend sogar unter die 60-Cent-Marke (pro Pfund), womit viele kleinere und ältere Minen unter ihren Produktionskosten ankamen. Die chilenischen

WIRTSCHAFT

Kupferkonzerne versuchten zunächst, die Verluste durch höhere Exportvolumen wettzumachen, drosselten dann aber die Produktion, um den Weltmarktpreis zu stützen. Was auch gelang: Seit 2003 schraubte sich der Weltmarktpreis für das rote Metall in ungeahnte Höhen. Der Aufschwung und die verstärkte Nachfrage auf wichtigen Zielmärkten wie USA und China katapultierten den Kupferpreis in den Jahren 2006 und 2007 zwischenzeitlich über die 400-Cent-Grenze. Doch dann brach der Preis für das rote Metall im Zuge der Weltwirtschaftskrise binnen weniger Monate auf ein Drittel ein (ca. 140 Cent pro brit. Pfund Ende 2008) – und zog die Exportbilanz mit hinunter. Immerhin verbuchte Chile trotz der Krise 2008 noch einen Exportrekord mit rund 68 Mrd. Dollar. Allein der Bergbau war daran mit 61% beteiligt.

Die **Weltmarktorientierung** macht es schwierig, für Chiles Außenhandel verlässliche Prognosen abzugeben. Zudem wurden erst in den 1990er Jahren verstärkt Kapital- und Konsumgüter nach Chile importiert. Auch hier in den letzten Jahren mit rasanter Tendenz: Von 2003 bis 2008 verdreifachten sich die **Einfuhren** auf 58 Mrd. Dollar.

Chile hat die offenste Wirtschaftsform Lateinamerikas. Es gibt außer bei Gebrauchtwagen keinerlei Einschränkungen beim **Import** von Gütern und Dienstleistungen. Importiert werden vor allem Konsumgüter, Kapitalgüter und Halbwaren, besonders beachtlich ist die Zunahme bei Lebensmittelimporten, Metallprodukten, Maschinen, Chemikalien sowie den Konsumgütern allgemein. Im Jahr 2006 stammte die Mehrheit der Importe aus den Ländern des Mercosur (26%), gefolgt von den USA (16%), der EU (15%) und China (10%). Innerhalb der EU ist Deutschland der wichtigste Handelspartner.

Die chilenische Wirtschaftspolitik hat den **Export** in den letzten Jahren zielstrebig gefördert. Dabei werden Exporthilfen vor allem für sogenannte nicht-traditionelle Produkte gewährt, d.h. solche, die nicht wie Kupfer, Gold und Silber sowie Zellstoff, Papier, Frischobst und Fischmehl zu den klassischen Exportschlagern gehören. Gefördert werden u.a. Agrarprodukte wie Wein und Lachs, aber z.B. auch Blaubeeren, Pilze oder Schnittblumen. Ziel ist es, die einseitige Abhängigkeit des Landes von der Kupferausfuhr zu mindern und die Exporte zu diversifizieren.

Diversifiziert wurden auch die **Zielmärkte** für chilenische Produkte. In den letzten Jahren hat Chile mehrere Freihandelsabkommen unterzeichnet, darunter mit der NAFTA-Region (USA, Kanada und Mexiko) und mit der Europäischen Union. Zielstrebig wird auch der Fernost-Markt erschlossen: Mit China, Japan und Südkorea bestehen entweder Freihandelsverträge oder Zollerleichterungen. Größter Exportmarkt für chilenische Produkte ist Ostasien (Japan, China, Südkorea) mit 31% aller Exporte (Zahlen von 2008), gefolgt von der Europäischen Union (25%) und Nordamerika (17%). Die wichtigsten Abnehmerländer im Einzelnen: China (14%), die USA (11%) und Japan (10%). Deutschland liegt als Zielmarkt chilenischer Waren mit einem Volumen von

WIRTSCHAFT

1,8 Mrd. Dollar innerhalb der EU an fünfter Stelle.

Informeller Sektor

Wie in allen Ländern Lateinamerikas spielt auch in Chile der sogenannte informelle Sektor eine **wichtige Rolle.** Es entwickeln sich vorwiegend Dienstleistungen, die nicht in den offiziellen Statistiken auftauchen. In Klein- und Kleinstunternehmen, oft Ein-Mann-Betrieben, wird gekauft und verkauft, ohne Steuern zu zahlen, ohne Sozial- oder Rentenversicherung. An den Busbahnhöfen in Santiago und der Provinz verkaufen die einen Sonnenbrillen oder Cola-Dosen, die anderen Sandwiches. Ein fast „klassischer Beruf" im informellen Sektor ist der des Schuhputzers, wieder andere erledigen Botengänge, stehen vor Ämtern und Behörden Schlange oder arbeiten als Dienstboten für Geschäftsleute. Die Fußgängerzonen und Bürgersteige werden von „fliegenden" Händlern bevölkert, die alle Arten von Raubkopien anpreisen (und sich bei Annäherung eines Polizisten in Luft auflösen): Musik-CDs, Computerprogramme, DVDs zu Spottpreisen – und zum großen Ärger der Hersteller.

In manchen Ländern trägt der informelle Sektor inzwischen mehr zum Bruttosozialprodukt bei als die konventionellen Wirtschaftsbereiche. Das ist für Chile wenig wahrscheinlich, konkrete Zahlen aber sind aus diesem Bereich nicht zu bekommen.

Tourismus

Auch im Tourismus sind viele Arbeitsverhältnisse informell. Nicht jede *Casa de Familia* ist bei den zuständigen Behörden angemeldet, viele vermieten in der Saison das eine oder andere leer stehende Zimmer. So sind Statistiken über den Tourismus immer mit Mängeln behaftet, dennoch liegen einige Zahlen vor: **2008** besuchten **über 2,6 Mio. ausländische Touristen** Chile, die für **Deviseneinkünfte von etwa 2 Mrd. US-$** sorgten. Die meisten Besucher stammen aus amerikanischen Ländern, die größte Gruppe sind die Argentinier (869.000), gefolgt von Bolivianern (308.000), Brasilianern (261.000), Peruanern (252.000) und US-Amerikanern (216.000), wobei von den Lateinamerikanern viele auf Arbeitssuche nach Chile kommen. Die meisten der 422.000 europäischen Besucher stammen aus Deutschland (76.000), Großbritannien (63.000), Frankreich (63.000) und Spanien (62.000). Die chilenischen Behörden setzen auf den Ausbau eines hochpreisigen Tourismus, im Ausland wird offensiv um Investoren für schicke, große Hotelanlagen geworben.

Mapuche-Hütte bei Lonquimay – die Ureinwohner gehören zu den Ärmsten in Chile

Naturschutz und Umweltprobleme

Umwelt und Wirtschaft

Als „Tiger Lateinamerikas" sieht sich Chile gern und präsentiert voller Stolz die Spitzenplätze in den Wirtschaftsrankings des Kontinents. Tatsächlich kann sich das Land gute Chancen ausrechnen, in absehbarer Zeit den Sprung vom Schwellenland zum entwickelten Land zu schaffen. Doch wie sieht die **ökologische Bilanz** des chilenischen Wachstums aus?

Traditionell basiert die Wirtschaft des Landes auf der **Ausbeutung natürlicher Ressourcen,** angefangen mit dem Salpeter über Kupfer bis hin zu Holz und Fisch. Umweltschutz spielte dabei bis zum Ende des 20. Jahrhunderts kaum eine Rolle. Die giftigen Rückstände des Bergbaus wurden in die Wüste oder ins Meer gekippt, Urwälder zu Holzchips verarbeitet und durch schnell wachsende Plantagen ersetzt, der Pazifik im industriellen Maßstab abgefischt. Erst in den letzten zehn bis 15 Jahren ist allmählich das Bewusstsein gewachsen, dass dieser Raubbau an den Ressourcen nicht nur die Umwelt schädigt und die Lebensbedingungen der Menschen beeinträchtigt, sondern auf lange Sicht auch die Grundlagen der Wirtschaft gefährdet.

So sind **„grüne" Ideen** inzwischen auch in Chile salonfähig und haben Regierung und Wirtschaftslenker wenn nicht zum Um- so doch zum Nachdenken gebracht. Einiges wurde erreicht:

Größere Investitionsvorhaben müssen inzwischen relativ strenge Umweltauflagen erfüllen, einige Megaprojekte wie die Abholzung der Naturwälder auf Feuerland oder die Zerstörung von Gletschern durch eine Goldmine in der Region Coquimbo konnten sogar ganz gestoppt werden. Mehr und mehr Kläranlagen werden gebaut, immer mehr Abluftfilter kommen in der Industrie zum Einsatz.

Doch nach wie vor ist man schnell dabei, Umweltaspekte hintanzustellen, wenn es um die wirtschaftliche Entwicklung geht.

Beispiel Río Cruces bei Valdivia: Eine große Zellulosefabrik wurde gebaut und schuf viele Arbeitsplätze. Doch erst als die Schwarzhalsschwäne im Naturreservat flussabwärts zu Hunderten verendeten, wurde der Konzern gezwungen, die Produktion zu drosseln und seine giftigen Abwässer nicht mehr in den Fluss zu leiten.

Beispiel Río Baker in der Region Aysén: Hier und am Río Pascua, zwei wasserreichen Flüssen in Patagonien, wollen die Energiekonzerne Colbún und Endesa mehrere große Staudämme errichten und die gewonnene Energie über eine 2000 Kilometer lange Fernleitung nach Zentralchile transportieren. Umweltschützer warnen vor den Folgen dieses Eingriffs in einen der letzten unberührten Naturräume Chiles. Doch die Konzerne können auf den Rückhalt der Zentralregierung hoffen, für die der wachsende Energiebedarf des Landes Priorität hat.

Und nach wie vor ist Chile weit entfernt von einer nachhaltigen Nutzung seiner Naturschätze. **Beispiel Forstwirtschaft:** 15 Jahre brauchte ein Gesetzentwurf zum Schutz des Naturwaldes im Parlament, wo sich Politiker und Lobbyisten gegenseitig blockierten, bevor 2007 endlich ein Kompromiss verabschiedet wurde. Das neue Gesetz schafft u.a. wirtschaftliche Anreize, Naturwälder nicht einfach abzuholzen, sondern nachhaltig zu bewirtschaften und einheimische Arten nachzupflanzen. Bis dahin wurden nur die Aufforstung mit schnell wachsenden Exoten wie Kiefer oder Eukalyptus vom Staat gefördert. Doch die Plantagen zerstören die Artenvielfalt des Urwalds und laugen den Boden aus.

Dabei gibt es gerade beim Thema Naturwald **positive Ansätze:**

In einer langjährigen Kooperation des Deutschen Entwicklungsdienstes mit der Forstbehörde Conaf zeigten deutsche Forstexperten den kleinen Waldbauern, wie sie ihr Stück Naturwald nachhaltig bewirtschaften können. Leider ist das Projekt im Zuge des Abzugs der deutschen Entwicklungshilfe inzwischen ausgelaufen – Chile gilt nicht mehr als Entwicklungsland.

Dank der Unterstützung nordamerikanischer Umweltschutzorganisationen wie Forest Ethics wächst der Druck auf chilenische Holzkonzerne, ihre Produkte nach dem internationalen Zertifizierungs-Standard FSC herzustellen. Dieses Zertifikat erhalten nur Unternehmen, die eine nachhaltige Bewirtschaftung von Naturwald nachweisen können.

Das **Beispiel Douglas Tompkins** macht Schule: Der nordamerikanische Ökomillionär kaufte in Patagonien rund

Naturschutz und Umweltprobleme

450.000 Hektar Naturwald und schuf damit den privaten Naturpark Pumalín (Näheres siehe dort). Inzwischen zogen andere nach: Die Investitionsbank Goldman Sachs übergab riesige Flächen der letzten Feuerland-Wälder an die Wildlife Conservation Society (siehe Feuerland), und der chilenische Unternehmer und Politiker *Sebastián Piñera* erwarb ausgedehnte Naturwälder am Südzipfel der Insel Chiloé für das Schutzprojekt Tantauco (siehe Quellón).

Umweltprobleme

Wer nur ein paar Tage in **Santiago** bleibt, sieht die Anden mitunter nur hinter einem Dunstschleier: Die **Luftverschmutzung** macht der Stadt an manchen Tagen erheblich zu schaffen. Doch der Ruf, eines der verpestetsten Ballungszentren Lateinamerikas zu sein, hält der Realität nicht mehr stand. In den letzten zehn Jahren ist es gelungen, die Luft Santiagos nachhaltig zu verbessern – und das trotz starken Wirtschaftswachstums und eines jährlich um zehn Prozent wachsenden Fuhrparks. Dabei wird die Luftverschmutzung durch Industrieabgase und Straßenverkehr noch durch die Kessellage der Hauptstadt verschärft. Bergketten auf allen Seiten verhindern vor allem im Winter den Luftaustausch. Inversionswetterlage heißt das, wenn die braungraue Luft stündlich dicker und dicker wird, je länger kein Wind weht oder es nicht regnet.

Noch Mitte der 1990er Jahre wurde an 80 Tagen im Jahr **Smogalarm** ausgerufen. 2008 waren es noch 20, davon sechs Tage mit der zweiten, höheren Alarmstufe „preemergencia". Einiges wurde getan: Ältere Busse wurden zwangspensioniert, heute importierte Busse und Nutzfahrzeuge erfüllen europäische oder US-amerikanische Abgasnormen. Abgasintensive Industrien werden stärker kontrolliert und bei Smogalarm stillgelegt. Dann gilt auch ein Fahrverbot für einen Teil der Autos ohne Katalysator; ohnehin werden seit 1992 nur noch Neuwagen mit Kat verkauft.

Weitere Vorschläge gibt es viele, besonders die Comisión Nacional del Medio Ambiente (Nationale Umweltkommission) ist rührig, kann aber nur Anregungen machen. Nicht alles ist politisch durchsetzbar, aber hierin liegt sowieso das Problem der chilenischen Umweltpolitik: **Wirtschaftswachstum genießt Vorrang,** sei es bei der Frage der Luft- und Wasserverschmutzung durch die Kupfergewinnung, der Überfischung der chilenischen Meere, der Wasserverschmutzung durch die Lachszucht, des Dünger- und Pestizideinsatzes beim Obstanbau oder der Waldwirtschaft/-abholzung.

Nationalparks und andere Schutzzonen

Chile besitzt eine **Fülle unterschiedlicher Naturschutzgebiete.** Die meisten liegen im Bereich der zentralen Andenkordillere.

Die chilenische **Nationalparkbehörde Conaf** (*Corporación Nacional Forestal,* Nationale Forstbehörde), eine Unterabteilung des Ministeriums für Land-

Naturschutz und Umweltprobleme

wirtschaft, verwaltet die Schutzzonen: 33 Nationalparks *(parques nacionales)*, 48 Reservate *(reservas nacionales)* und 15 Naturmonumente *(monumentos naturales)*. Insgesamt steht in Chile eine Fläche von etwa 14 Millionen Hektar Land unter **Naturschutz,** das sind **etwa 19% der gesamten Staatsfläche.**

Nachfolgend werden in aller Kürze **die wichtigsten und bekanntesten Nationalparks** vorgestellt. Mehr zu diesen Parks (und auch zu vielen anderen) ist den Reiserouten zu entnehmen.

In den nördlichsten Regionen Arica und Tarapacá liegen an der chilenisch-bolivianischen Grenze drei Schutzgebiete, die direkt aneinander grenzen: der **Parque Nacional Lauca, die Reserva Nacional Las Vicuñas** und das **Monumento Natural Salar de Surire.** Ein viertes Schutzgebiet folgt nur wenige Kilometer weiter südlich: der **Parque Nacional Volcán Isluga.** Alle vier Schutzgebiete liegen im Andenhochland – sie erstrecken sich auf Höhen oberhalb von 3000 Metern und beeindrucken mit Vulkanlandschaften, Hochwüsten, Lagunen und Seen (darunter der Lago Chungará, einer der höchsten Seen der Erde), Geysiren, hochandiner Tier- und Pflanzenwelt mit Lamas, Vicuñas und Llareta-Pflanzen sowie kleinen Indianerdörfern mit wundervollen Kolonialkirchen.

In der Region Antofagasta ist die **Reserva Nacional Los Flamencos,** in der Umgebung von San Pedro de Atacama, das bedeutendste Schutzgebiet. Auf den Salzseen und Lagunen kann man die unterschiedlichen Flamingoarten beobachten.

Die wichtigsten Naturdenkmäler der Region Atacama liegen direkt am Meer: Es sind **La Portada,** das Felsentor bei Antofagasta, und der nördlich von Chañaral gelegene **Nationalpark Pan de Azúcar.** Die vom Meer aufsteigende Feuchtigkeit lässt hier eine spezielle Vegetation gedeihen.

Auch in der Region Coquimbo liegen die wichtigsten Schutzzonen am Meer: Im **Parque Nacional Bosque de Fray Jorge** wächst dank des Küstennebels ein feuchter Regenwald, wie man ihn eigentlich erst mehrere hundert Kilometer weiter südlich findet, und die **Reserva Nacional Pingüino de Humboldt** schützt drei Inseln vor der Küste nördlich von La Serena, auf denen Pinguine und Seelöwen leben.

Zwei Inseln gehören zu den Nationalparks der Region Valparaíso: die **Osterinsel** und der **Archipel Juan Fernández,** der von der UNESCO als Welt-Biosphärenreservat anerkannt wurde. In dieser Region liegen – verkehrsgünstig nah bei Santiago – zahlreiche Naturschutzgebiete: unter anderen der **Parque Nacional La Campana** mit großem Roble- und Palmenbestand. Zur Región Metropolitana gehören die **Reserva Nacional Río Clarillo,** 45 Kilometer südöstlich von Santiago, die einen guten Querschnitt durch die Andenvegetation bietet, und das **Monumento Natural El Morado,** rund 70 Kilometer östlich von Santiago, mit dem schönen Morales-Gletscher.

Die Region O'Higgins besitzt ein großes Naturschutzgebiet: die **Reserva Nacional Río Los Cipreses,** die sich in Höhenlagen zwischen 900 und 4900

Naturschutz und Umweltprobleme

Metern erstreckt und Heimat zahlreicher Tiere ist, darunter Guanacos, Vizcachas und Füchse.

In den Anden der Region Maule liegen der **Nationalpark Siete Tazas** (bei Curicó) und das **Naturreservat Altos de Lircay** (bei Talca) mit fantastischen Berglandschaften und ersten Urwäldern. Beide sind leicht zu erreichen und bilden zusammen eins der besten Trekkinggebiete Chiles.

Am besten von Los Angeles und Antuco aus erfolgt der Zugang in den **Nationalpark Laguna del Laja** in der Region Biobío. Hier gibt es in Höhenlagen zwischen 1000 und 3000 Metern gute Wandermöglichkeiten entlang von Wasserfällen, Vulkanen und Seen.

Die Region Araucanía hat einige der schönsten und abenteuerlichsten Nationalparks in Chile zu bieten. Im **Nationalpark Nahuelbuta,** nordwestlich von Angol, finden sich riesige Bestände von Araukarien, von Lenga, Roble und Coigüe, mithin fast die gesamte Palette des chilenischen Regenwaldes. Araukarien in großen Beständen kann man auch im **Nationalpark Conguillío** bewundern – vor der imposanten Kulisse des Vulkans Llaima, der sich mitten im Park 3125 Meter hoch erhebt. Der Zugang erfolgt am besten vom 80 Kilometer westlich liegenden Temuco aus. Nur wenig südlich erstreckt sich der kleine, aber feine **Nationalpark Huerquehue.** Ihn erreicht man am einfachsten von Pucón aus, ebenso wie den **Nationalpark Villarrica,** der inzwischen einer der beliebtesten in Chile ist. Der Villarrica-Park bietet ausgezeichnete Wandermöglichkeiten – einer der Höhepunkte ist die geführte Besteigung des aktiven Vulkans Villarrica (2840 m) mit Blick in den Krater, in dem die Lava kocht.

In der Region Los Lagos grenzen zwei Parks direkt aneinander: der **Nationalpark Puyehue** und der **Nationalpark Vicente Pérez Rosales,** der 1926 als erster chilenischer Nationalpark eingerichtet wurde. Sie liegen östlich der Seen Puyehue, Rupanco und Llanquihue; im Pérez-Rosales-Park erstreckt sich der Lago Todos Los Santos, über den man per Boot (und dann ein kurzes

Im Naturreservat Altos de Lircay

Stück mit dem Bus) in den angrenzenden argentinischen Nationalpark Nahuel Huapi gelangen kann. Größere Bestände der gigantischen Alercen findet man im **Nationalpark Alerce Andino,** etwa 50 Kilometer östlich von Puerto Montt. Nur gelegentlich trifft man Wanderer im dicht bewaldeten, dünenbesetzten **Nationalpark Chiloé** an der Westküste der gleichnamigen Insel. Kaum erschlossen sind die Märchenwälder des **Nationalparks Hornopirén** nahe der gleichnamigen Ortschaft an der Carretera Austral. Südlich davon erstreckt sich der private **Naturpark Pumalín,** dessen ausgedehnte Urwälder, stille Fjorde und Alerceriesen die umständliche Anreise (per Fähre von Hornopirén oder auf dem Landweg von Chaitén) allemal lohnen.

In der Region Aisén liegen einige sehr große Naturschutzgebiete. Die meisten sind allerdings weitab und nur schwer zu besuchen. Zugänglich über die Carretera Austral sind der **Nationalpark Queulat, die Reserva Nacional Coyhaique,** direkt bei der gleichnamigen Stadt gelegen, der **Parque Nacional Río Simpson** zwischen Coyhaique und Puerto Aisén und die **Reserva Nacional Cerro Castillo.** Bis auf das Naturreservat Coyhaique sind sie alle wild und einsam, und der Aufenthalt dort ist wirklich nur etwas für Abenteuerlustige. Einer der Höhepunkte der Region Aisén ist der **Nationalpark Laguna San Rafael.** Die Lagune, in die der gleichnamige Gletscher mündet, ist nur per Boot oder Flugzeug zu erreichen.

Der bekannteste und schönste Park der Region Magallanes ist der Nationalpark **Torres del Paine,** wildromantisch und mit wunderbaren Trekkingmöglichkeiten, vielgeliebt und daher auch vielbesucht.

Völlig unzugänglich und nur vom Schiff aus zu bewundern ist hingegen das mit 3,5 Millionen Hektar größte Schutzgebiet Chiles, der **Nationalpark Bernardo O'Higgins,** das weite Teile der zerklüfteten Fjord- und Insellandschaft der Region Magallanes umfasst.

Informationen sowie die eine oder andere Karte von den Nationalparks und Naturreservaten erhält man bei der für den Schutz zuständigen **Forstbehörde Conaf** im zentralen Büro in Santiago, Paseo Bulnes 265 (Metro Moneda), sowie in den Conaf-Provinzbüros, die unter den jeweiligen Städten gelistet werden. Einen guten Überblick mit Fotos und groben Karten gibt die **Broschüre „Parques Nacionales"** (auf Spanisch), die als Teil des Führers „Chiletur Copec" (ehemals Turistel) erscheint und auch einzeln an den Copec-Tankstellen erhältlich ist.

Bevölkerung und Gesellschaft

Chile hat **fast 17 Millionen Einwohner** und ist damit von der Einwohnerzahl her das fünftgrößte Land Südamerikas. Durchschnittlich leben 22 Chilenen auf jedem Quadratkilometer, in Wirklichkeit aber ist die Bevölkerung sehr ungleich verteilt: In der Hauptstadtregion Santiago leben 400 Menschen auf jedem Quadratkilometer, in den nördli-

Bevölkerung und Gesellschaft

chen und südlichen Randregionen sind es weniger als zehn, in der Region Aisén sogar weniger als ein Mensch. 90% aller Chilenen leben zwischen La Serena und Puerto Montt, zwei Fünftel gar in der Hauptstadtregion.

Das Bevölkerungswachstum liegt zurzeit bei 0,94% mit abnehmender Tendenz und damit unter dem lateinamerikanischen Durchschnitt. Im Vergleich zu den mitteleuropäischen Ländern ist **Chile ein sehr junges Land.** Die Alterspyramide ist wirklich eine Pyramide mit breiter Basis, anders als z.B. in Deutschland, wo sich der Überhang an 20- bis 65-Jährigen als deutlicher „Bauch" in der Pyramide abzeichnet. Es fehlt in Chile allerdings das breite Fundament, das Entwicklungsländer auszeichnet. Die durchschnittliche Familiengröße wird heute auf vier Personen geschätzt. Die Lebenserwartung beträgt 78 Jahre. Sie lag 1970 noch bei 62 Jahren und ist heute erheblich höher als in den Nachbarländern.

Volksgruppen/Indigene Völker

Die Zusammensetzung der chilenischen Bevölkerung ist ethnisch und kulturell weitaus homogener als die anderer Andenstaaten. Bei der Volkszählung 2002 gaben 692.000 Menschen (4,6%) an, einer von **acht indigenen Ethnien** anzugehören. Chile ist lange Jahre ein Einwandererland gewesen, und die indianische Urbevölkerung wurde im Zuge der Landnahme durch die Kolonisatoren vertrieben oder ausgerottet. Die heutigen Chilenen sind vorwiegend Nachfahren eingewanderter Spanier, Franzosen, Italiener, Serben, Kroaten und deutschsprachiger Nationen. Viele würden sich nicht als Mestizen bezeichnen, auch wenn der indianische Anteil nicht zu übersehen ist.

Größere indianische Gruppen leben nur noch im Süden und Norden des Landes. Im Süden sind es etwa 600.000 **Mapuche-Indianer,** im Norden etwa 50.000 **Aymaras** und 20.000 **Atacameños.** Mapuches und Aymaras sprechen neben dem Spanischen noch ihre eigenen Sprachen. Auf der Osterinsel leben 5.000 Nachfahren der Rapa Nui, der polynesischen Urbevölkerung der kleinen Insel.

Religionen

Der überwiegende Teil der Chilenen (70%) gehört der **römisch-katholischen Kirche** an. Bis 1925 war diese auch Staatskirche, dann wurden Staat und Kirche getrennt. Eine wachsende Minderheit (ca. 15%) gehört protestantischen Glaubensrichtungen an; in den letzten Jahrzehnten ist Chile wie viele lateinamerikanische Länder zum begehrten Missionsziel anglikanischer Sekten aus Nordamerika geworden. Kleine Minderheiten bilden die Zeugen Jehovas und die Mormonen (je 1%), 8,3 Prozent gehören keiner Religion an.

Der chilenische Staat erhebt **keine Kirchensteuer,** daher sind die Gemeinden und Kirchen auf andere Einkünfte angewiesen. Die katholische Kirche ist die reichste des Landes, da sie große Ländereien besitzt.

Die katholische Kirche gehörte lange zu den größten Kritikern der Militärjunta. Kirchliche Einrichtungen dienten als Sammelbecken für die politische Opposition, mutige Priester halfen Verfolgten und prangerten Verbrechen der Diktatur an. Ab 1983 wurden aber verstärkt konservative Kleriker vom Vatikan zu Bischöfen ernannt. Heute ist die Rolle der Kirche eher zwiespältig. Auf der einen Seite bemühen sich engagierte Padres um die Armen und Kranken, auf der anderen greift der konservative Klerus massiv in politische Prozesse ein und versucht mit erbitterten Attacken, liberale Entwicklungen zu bremsen. Da kommt es schon mal vor, dass Abgeordnete vor der Abstimmung über das Scheidungsgesetz öffentlich an ihren katholischen Glauben „erinnert" werden, oder die Katholiken von ihrem Kardinal aufgefordert werden, bei Wahlen nur solchen Kandidaten ihre Stimme zu geben, die sich gegen Abtreibung und Ehescheidung aussprechen.

Bildung

Die Statistiken sprechen eine deutliche Sprache: Nur **4% Analphabeten** gibt es, und die heute 20- bis 29-Jährigen sind im Durchschnitt 11,4 Jahre zur Schule gegangen; zwölf Schuljahre sind obligatorisch. Das hört sich erst einmal gut an, und zweifellos haben die demokratischen Regierungen seit 1990 einiges unternommen, um das Bildungssystem zu verbessern. Die Lehrergehälter wurden angehoben, um den Beruf attraktiver zu machen und sein angekratztes Sozialprestige aufzupolieren. Verstärkt wurde in die oft prekär ausgestat-

BEVÖLKERUNG UND GESELLSCHAFT

teten Landschulen investiert, Stipendien ermöglichen leistungsstarken Schülern aus einfachen Verhältnissen den Zugang zur Universität.

Dennoch sind die **mangelhafte Qualität** der Schulbildung und die ungleichen Bildungschancen die Achillesferse des Modells Chile. Die Realität in dem Indianerdorf auf dem Altiplano, wo in der Dorfschule 50 Kinder aller Altersgruppen von zwei Lehrerinnen unterrichtet werden, und wo es selbst an Papier und Stiften mangelt, steht in krassem Kontrast zu der hauptstädtischen Privatschule mit Computerkabinett, Theatersaal und Sportstadion.

So ist das **Bildungswesen sehr gespalten**. In Santiago und anderen großen Städten genießt die Mittelschicht alle Bildungschancen – vorausgesetzt, man greift tief in die Tasche. Eine gute Schulbildung ist praktisch nur an teuren Privatanstalten zu bekommen, wo die Eltern leicht bis zu 400 Euro monatlich an Schulgeld bezahlen. Bei den Universitäten sieht es ähnlich aus: Hier genießen zwar nach wie vor die großen staatlichen bzw. korporativen Hochschulen den besten Ruf (Universidad de Chile und Universidad Católica), doch wer hier studieren will, muss nicht nur gute Leistungen aufweisen, sondern ebenso wie an den zahlreichen Privatuniversitäten reichlich Kapital in seine berufliche Zukunft investieren.

Der Staat hat sich in den letzten Jahren mehr und mehr aus der Hochschulbildung zurückgezogen; in Santiago und anderen großen Städten bieten unzählige private Hochschulen oder Berufsakademien heute mehr oder weniger gute und teure Weiterbildungsprogramme an. Eine **akademische Ausbildung** genießt hohes Prestige; so hat sich die Zahl der Chilenen mit Hoch- oder Fachschulabschluss innerhalb der letzten zehn Jahre auf über 2,2 Millionen (16,4% der Bevölkerung) verdoppelt – in manchen Branchen weit mehr, als der Markt aufnehmen kann. Auf der anderen Seite mangelt es an qualifizierten Facharbeitern. Es gibt kaum eine verankerte Berufsausbildung für Handwerker. Handwerker müssen keinerlei Gesellen- oder gar Meisterprüfung ablegen, wenn sie sich irgendwo mit einem Betrieb niederlassen wollen.

Soziales

Chile hatte lange Zeit eines der besten Sozialversicherungssysteme Lateinamerikas. Unter der Allende-Regierung war dieses System noch weiter verbessert und zugunsten der Arbeiter ausgebaut worden. **1981 privatisierte** die Militärregierung nahezu sämtliche **Sozialversicherungen** wie Arbeitslosenunterstützung, Krankenkassen sowie Renten- und Pensionskassen. Die Mitgliedschaft in einer der privaten Vorsorgegesellschaften *(Administradoras de Fondos Previsionales,* AFP) ist seither obligatorisch für jeden Arbeitnehmer. Die AFPs arbeiten wie normale Kapitalgesellschaften oder Banken: Sie legen

Skulptur in „Sanhattan", dem neuen Geschäftsviertel von Santiago das Geld der bei ihnen Versicherten an und verzinsen diese Beiträge. Daraus werden dann im Idealfall die Renten ausgezahlt. Dieser Versicherungsform ist der Solidaritätsgedanke gänzlich fremd. Theoretisch können solche privaten Versicherungsunternehmen den Staatshaushalt zwar entlasten, ein Problem gibt es jedoch: Verspekuliert sich eine Kapitalgesellschaft und ist nicht mehr in der Lage, die Renten der Versicherten aufzubringen, muss der Staat die Verluste ausgleichen. Er bzw. die Steuerzahler haften also für eventuelle Verluste, während die möglichen Gewinne privatisiert werden.

Das **Gesundheitssystem** ist recht gut ausgebaut, doch bestehen wie im Bildungssystem auch hier große Unterschiede zwischen Stadt und Land sowie Arm und Reich. Denn auch hier gilt: Wer gut verdient, kann sich eine teurere Absicherung bei einer der privaten Krankenkassen (Isapres) leisten. Alle anderen müssen im Krankheitsfall entweder hohe Zuzahlungen oder die prekären Bedingungen staatlicher Krankenhäuser in Kauf nehmen.

Verstädterung

Chile hat in den letzten Jahrzehnten einen gewaltigen Verstädterungsprozess erlebt. 1930 lebten 37% der damals 4,3 Millionen Chilenen in Städten, 1960 waren es bereits 67% von 7,3 Millionen Menschen, und heute sind es 87% von 17 Millionen. Dabei nimmt die Hauptstadt Santiago noch eine Sonderstellung ein – kein anderer Ort im Land wuchs in einem derartigen Tempo.

Landflucht ist der Hauptgrund für das schnelle Wachstum der städtischen Siedlungen. Familien oder Einzelpersonen ohne eigenes Land und Zukunftsperspektive wandern in die Großstädte – oftmals in mehreren Etappen: zunächst in die nächste Provinzstadt, dann weiter in die nächste größere Stadt, und schließlich gelangen sie in die Hauptstadt. Denn dort gibt es Arbeit – sei es als Hausmädchen in einem Oberschichtshaushalt, sei es als Verkäufer auf der Straße, als Handlanger auf dem Markt, als Schuhputzer oder Zeitungsverkäufer.

Die **Städte ändern** so **ihr Gesicht.** Die Außenbezirke werden immer mehr zu Mischungen aus geplanten Großsiedlungen des sozialen Wohnungsbaus, abgeschlossenen Wohnvierteln der Reichen und wild wachsenden Elendsvierteln, die spontan entstehen. Diese provisorischen Unterkünfte werden später legalisiert und erweitert.

Sozialstruktur und Alltagsleben

Die Gesellschaft wird von starken sozialen Kontrasten geprägt, auch wenn die Regierungsprogramme der letzten beiden Jahrzehnte Früchte getragen und die Zahl der Armen deutlich gesenkt haben. Offiziellen Zahlen zufolge leben 2,2 Millionen Chilenen (14%) unter der **Armutsgrenze;** 1990 waren es noch 39% gewesen. Die Armutsgrenze wird freilich sehr niedrig angesetzt: rund 62 Euro monatlich in urbanen und 42 Euro in ländlichen Gebieten. Etwa 3% der Bevölkerung (in den o.g. Zahlen enthal-

Huasos und Rotos

Zwei Typen, wie sie unterschiedlicher nicht sein könnten, stehen in der Literatur, der Folklore und den volkstümlichen Erzählungen stellvertretend für den chilenischen Charakter: Es sind der Roto und der Huaso.

Der **Huaso**, der oft mit dem argentinischen Gaucho verglichen wird, ist im Kern etwas vollständig anderes. Er war ursprünglich der Pächter von Randgebieten großer Haciendas, wandelte sich später und gilt heute als der typische, leicht konservative chilenische Landbewohner. Er führt anders als der Gaucho kein Vagabundenleben, sondern war von Beginn an den großen Haciendas zugehörig, sorgte dort für das Vieh, schützte den Gutsbesitzer vor Viehdieben und kümmerte sich um die Zäune. So entwickelte sich eine sesshafte, nicht nomadische Kultur, die dennoch Elemente der Eigenständigkeit des Gauchos aufweist. Heute hat sich die Bezeichnung „Huaso" auf alle auf dem Land lebenden Reitersmänner übertragen. Besonders oft sieht man echte Huasos bei Rodeos (das wichtigste findet in Rancagua statt), Pferderennen oder anderen Festen auf dem Land: Sie tragen stolz ihre großen, breitkrempigen und meist schwarzen Hüte, die kurze mehrreihige Jacke mit silbernen Knöpfen, eine Weste und meistens noch einen kurzen Poncho, die „chamanta". Auffällig sind die hölzernen Steigbügel, in denen die oft etwas hochhackigen, mit großen silbernen Sporen verzierten Stiefel stecken.

Der **Roto** ist von ganz anderem Schlag. *Daniel Riquelme* (1857-1912) beschrieb ihn erstmals in seinen Berichten vom Salpeterkrieg. Der Name „Roto" leitet sich vom spanischen Wort für liederlich und zerlumpt ab. Der Roto ist leichtlebig, verwegen und heldenhaft, von großer körperlicher Kraft und ebensolchem Mut. Rotos erstürmten den Morro, den Felsen von Arica, nachdem sie sich mit einer Mischung aus hochprozentigem Alkohol und Schießpulver Mut angesoffen hatten. Kennzeichnend ist auch eine große Autonomie; der Roto verdingt sich als Bergmann in den Salpeterminen, als Landarbeiter oder als Gelegenheitsarbeiter in der Stadt. Seine Lebensform ist ungebunden, gleichzeitig ist er unstet und unzuverlässig bis ins Betrügerische – Witz und Verlogenheit liegen dicht beisammen, Ehrlichkeit und Hilfsbereitschaft können schnell in Betrug und Diebstahl umschlagen.

Bevölkerung und Gesellschaft

ten) werden als extrem arm *(indigente)* eingestuft; sie haben weniger als monatlich 31 bzw. 22 Euro zum Leben. Auf der anderen Seite steht der Reichtum der Oberschicht: Das reichste Zehntel der Bevölkerung verdient ca. 31 Mal mehr als das ärmste.

Für lateinamerikanische Verhältnisse besitzt Chile eine **ausgeprägte, große Mittelschicht.** „Mittel" ist sie nur im Vergleich zu den Armen: 70% der chilenischen Haushalte, so eine offizielle Studie von 2004, müssen mit Monatseinkommen von 100.000 bis 600.000 Pesos (130 bis 800 Euro) zurechtkommen. Der Durchschnittsverdienst der Arbeitnehmer mit Arbeitsvertrag lag 2006 bei monatlich 360.000 Pesos brutto (ca. 480 Euro), davon gehen noch ca. 20% Sozialabgaben ab.

Diese Schicht ist sehr heterogen, sie umfasst Handwerker ebenso wie kleine Unternehmer, leitende Angestellte und Freiberufler wie Rechtsanwälte, Künstler, Journalisten etc. So unterschiedlich wie ihre Berufe sind ihre Ziele: Die einen haben den chilenischen „arribismo" verinnerlicht, eine strikte **Aufsteigermentalität.** Ihr Ziel ist es, aufzusteigen, sich oben zu halten und noch mehr Geld zu verdienen. Am wirtschaftlichen Erfolg bemisst sich der persönliche, und Teilen der Mittelschicht ist es auch gelungen, die Oberschicht – die traditionellen Eliten – von deren Machtpositionen zu verdrängen. Gleichzeitig finden sich in der Mittelschicht auch herausragende **Intellektuelle,** die unter persönlichem Verzicht ihren Lebenszielen nachgehen, die Träger politischer und sozialer Ideen sowie der chilenischen Kultur insgesamt sind. Die chilenische Mittelschicht ist stark auf das Ausland fixiert, und die Bewunderung für den US-amerikanischen oder europäischen Lebensstil ist groß. Sie fürchtet nur eines – den Abstieg in die Unterschicht, die in armseligen Barackensiedlungen, den sogenannten *poblaciones,* lebt.

Die Grenzen zwischen den sozialen Schichten sind in den letzten 20 Jahren poröser geworden. Dennoch vollzieht sich **sozialer Aufstieg** nicht immer nach nachvollziehbaren Kriterien. Das Leistungskriterium gilt nur für die einfachen Leute; Spitzenpositionen werden in Chile oft nicht nach Leistung, sondern nach anderen „Verdiensten" vergeben. Arbeit gehört nicht unbedingt dazu. Wichtiger ist die **gesellschaftliche Stellung** der Familie ebenso wie Protektion oder der beeinflusste Zufall, die Wahl der richtigen Freunde usw. Die Zugehörigkeit zu einer bestimmten Klasse, die richtigen Einladungen, das richtige Umfeld – all das ist für die Karriere entscheidend. So muss es auch nicht wundern, dass in den wichtigsten Tageszeitungen die „Sociedad" (Gesellschaft) überschriebenen Seiten einen breiten Stellenwert einnehmen. Hier wird ausführlich berichtet, wer auf welcher Hochzeit der Oberschicht mit wem tanzte, wer Gast bei welchem Empfang war und welcher Sohn welcher namhaften Familie seinen wievielten Geburtstag feierte.

Familie, Mann und Frau

Familie ist in Lateinamerika immer **mehr als Mann, Frau und Kinder.** Sie

BEVÖLKERUNG UND GESELLSCHAFT

umfasst die Großeltern, die Onkel und Tanten, die Cousinen und Cousins, sie ist ein kompliziertes Geflecht von Beziehungen, das intensiv gepflegt und auch zum gesellschaftlichen Aufstieg genutzt wird. Die Großfamilie spannt das soziale Netz, das der Staat nicht bietet: Wird der Vetter arbeitslos, verhilft man ihm zu einem Job, kann der Neffe sich das Studium nicht leisten, legen alle zusammen.

In der Familie sind die **Rollen streng verteilt:** Der Mann hat außerhalb der vier Wände zu bestimmen, er ist der Wortführer bei den „großen" Themen, die Frau hingegen, die Mutter, ist – zwar nicht direkt, sondern mitunter versteckt – die letzte Instanz bei allen die Familie betreffenden Fragen.

So ist das **Frauenbild recht gefestigt:** Die Frau ist zuständig für den familiären Halt, sie muss die Mutterrolle erfüllen und auch die der Geliebten des Mannes. Perfekt im Haushalt und bei der Kindererziehung, dazu gepflegt und schön, modisch up to date, gleichzeitig nur wenig fordernd und zurückhaltend – so wünscht sich der chilenische Mann seine Frau. Ob er sie auch so bekommt, ist zweifelhaft. Denn längst hat die Emanzipation auch in Chile Fuß gefasst. Gerade Frauen aus der Mittelschicht sind meist voll berufstätig – zu Hause kümmert sich die *nana* um die Kinder –, sie machen Karriere und engagieren sich politisch: Auch der Kampf gegen die Diktatur der Militärs wurde zu wesentlichen Teilen von Frauen getragen. Dabei haben sie zwar gleichberechtigten Zugang zu Ausbildung und Studium, ziehen im Berufsleben aber den Kürzeren: Chilenische Frauen verdienen für vergleichbare Arbeit im Schnitt 61 Prozent weniger als Männer, und nur wenigen gelingt es, die Phalanx der Männer auf den Führungsposten in Wirtschaft und Politik zu durchbrechen.

Das Männerbild bzw. das Selbstverständnis des Mannes lässt sich mit einem Wort charakterisieren: **Machismo,** die Betonung der Männlichkeit, abgeleitet vom spanischen Wort *macho,* welches das männliche Tier bezeichnet. „Bien macho" muss man sein, kräftig, mutig, sexuell potent. Soweit die Theorie, aber die Praxis? Hier brechen die Rollenklischees auf, der Machismo zieht sich zurück ins Private, aber auch nur, bis endlich die Frau des Herzens erobert ist. Chile ist ein gut funktionierendes Land, in dem auch mann in erster Linie zu funktionieren hat und erst in zweiter Linie den Visionär, den Unbeugsamen gibt. Das Land ist in Lateinamerika berühmt für seine effektive Verwaltung. Träger von Aktenkoffern und Befehlsempfänger, die gründlich und pünktlich ihre Arbeit verrichten, sind hier wichtiger als Kämpfernaturen. Im Berufsleben ist der Macho daher wenig gefragt.

Chile war bis vor kurzem das einzige Land des christlichen Kulturkreises, in dem **Scheidung** offiziell nicht möglich war. Stattdessen pflegte man die Ehe mit juristischen Tricks zu annullieren. Im Jahr 2004 gelang es der Regierungskoalition nach zwölfjährigem Tauziehen mit den konservativen Kräften, ein Scheidungsgesetz durchzuboxen, das Trennung und Unterhalt regelt.

Verhältnis zu Ausländern

Die Chilenen zeigen ein aufrichtiges, dabei unaufdringliches **Interesse an Besuchern aus Europa**. Es speist sich zum einen aus den europäischen Wurzeln der Einwanderer, die das chilenische Volk geformt haben, zum anderen aus der geografischen Abgeschiedenheit des Landes. Die meisten Chilenen können sich eine Flugreise nicht leisten und kennen andere Länder oder gar Kontinente nur aus dem Fernsehen. Um so größer ist ihre Neugier und auch Bewunderung dessen, was Länder wie Deutschland oder die Schweiz in Sachen Lebensstandard erreicht haben.

Wer blond, groß oder blauäugig ist oder sich durch seinen Akzent als Europäer zu erkennen gibt, kann daher fast immer auf die liebenswürdige Gastfreundschaft der Chilenen setzen. Als **gringo** bezeichnete man in Lateinamerika ursprünglich die US-Amerikaner, heute wird der (meist freundlich gemeinte) Begriff gern auch auf Nord- und Mitteleuropäer angewendet. Schnell kommt man ins Gespräch, und ebenso schnell wird man auf einen Tee oder gar zum *Asado* (Grillnachmittag) eingeladen. Schlagen Sie solche Einladungen nicht aus: Sie würden nicht nur die Gastgeber verstimmen, sondern auch eine Chance verpassen, die Lebensweise der Chilenen kennen zu lernen.

Neugier und Freundlichkeit sind übrigens nicht zu verwechseln mit bedingungsloser Bewunderung. Wer sich anders kleidet, (als Mann) längere Haare trägt oder sonstwie aus dem Rahmen fällt, kann zwar auf einen gewissen „**Gringo-Bonus**" hoffen, aber auch schnell ausgegrenzt werden. Toleranz und Respekt gehören nicht unbedingt zu den Stärken der Chilenen, was Ausländer durchaus zu spüren bekommen, die sich in Chile niederlassen.

Die Gastfreundlichkeit erstreckt sich übrigens nicht gleichermaßen auf alle Ausländer. Insbesondere gegenüber Menschen aus den Nachbarstaaten hegt man in Chile Vorbehalte, die leicht in Chauvinismus und offene Diskriminierung umschlagen. Gespeist wird diese Kehrseite des allgegenwärtigen Patriotismus durch die traditionelle **Rivalität mit Argentinien** und die Tatsache, dass viele Peruaner und Bolivianer als **Wirtschaftsimmigranten** nach Chile kommen und sich als billige Arbeitskräfte verdingen.

Zumindest auf dem Papier haben sie alle die gleichen Chancen. Wer eine geregelte Arbeit findet, bekommt ein Visum, nach zwei Jahren kann man eine permanente Aufenthaltserlaubnis beantragen, und wer fünf Jahre mit einem Visum im Lande gelebt hat, kann an sämtlichen Wahlen teilnehmen. Ja, er kann Stadtrat, Bürgermeister und sogar Parlamentsabgeordneter werden, ohne die chilenische Staatsbürgerschaft annehmen zu müssen. Als Einwanderungsland zeigt sich Chile großzügig in der **Übertragung von Bürgerrechten**. Nicht von ungefähr konnte hier in den 1960er Jahren der Sohn eines Einwanderers Präsident werden (*Eduardo Frei*

Deutsche Feuerwehr in Frutillar

Montalva, sein Vater war aus der Schweiz gekommen). Für das Präsidentenamt und den Senat muss man allerdings Chilene sein.

Die Deutschsprachigen in Chile

„Wir werden ebenso ehrliche und arbeitsame Chilenen sein, wie nur der beste von ihnen zu sein vermag. In die Reihen unserer neuen Landsleute eingetreten, werden wir unser Adoptiv-Vaterland gegen jeden fremden Angriff mit der Entschlossenheit und Tatkraft des Mannes zu verteidigen wissen, der sein Vaterland, seine Familie und seine Interessen verteidigt." Von *Carl(os) Anwandter* stammen diese Sätze, die man als „Gelöbnis der deutschen Einwanderer" noch häufig im Süden Chiles in Holz geschnitzt an den Hauswänden alter Einwandererfamilien findet.

Carlos Anwandter war eine der wichtigsten Persönlichkeiten während der deutschsprachigen Einwanderung. Er war in Deutschland Apotheker und Bürgermeister von Calau (in der Niederlausitz, Brandenburg) gewesen, dazu Mitglied des Preußischen Landtages und der Nationalversammlung in der Frankfurter Paulskirche von 1848. Wie viele andere war er enttäuscht vom Wiedererstarken des preußischen Obrigkeitsstaates nach der gescheiterten Revolution und suchte als Demokrat und Idealist die Freiheit fernab der Alten Welt. Er wurde schnell zum Spre-

BEVÖLKERUNG UND GESELLSCHAFT

cher der deutschsprachigen Einwanderergemeinde, die anfangs mit großen juristischen und ökonomischen Schwierigkeiten zu kämpfen hatte.

Mitte des 19. Jahrhunderts, vor allem in den Jahren zwischen 1849 und 1866, kamen die meisten deutschsprachigen Siedler nach Chile. Der erste war bereits unter den spanischen Eroberern gewesen: **Bartholomäus Blümlein** (oder *Blumen*), der bald seinen Namen hispanisierte und sich *Bartolomé Flores* nannte. Der Nürnberger gehörte mit zu den Stadtgründern Santiagos. Später kamen v.a. durchreisende deutsche Gelehrte *(Adalbert von Chamisso, Georg Forster, Eduard Poeppig)* und Missionare. Auch unter den Jesuiten, die bis 1677 in Südamerika wirkten, waren viele Deutschstämmige.

Nach der Unabhängigkeit wurde Chile als **Handelspartner deutscher Unternehmen** interessant. Wohl nicht zufällig erzählt *Thomas Mann* in seinen „Buddenbrooks" davon, dass die Familie ein Handelskontor in Valparaíso unterhielt. Den unmittelbaren Anstoß zur systematischen deutschen Einwanderung gab **Bernhard Philippi,** der ab Mitte der 30er Jahre des 19. Jahrhunderts die Region östlich von Osorno und Valdivia erforschte. Er war einer der ersten Europäer am Llanquihue-See und von der dortigen Landschaft so begeistert, dass er der chilenischen Regierung unter *Manuel Bulnes* vorschlug, die Region mit Deutschen zu kolonisieren.

1848 ernannte *Bulnes Philippi* zum Beauftragten für die deutsche Kolonisation und schickte ihn nach Europa, um dort 150 bis 200 katholische Familien anzuwerben. Doch *Philippi* warb vorwiegend Protestanten an – die katholische Kirche hatte sich gegen die Kolonisation gewandt – und wurde deshalb seines Amtes enthoben. Dass er mehrheitlich Protestanten rekrutiert hatte, war einer der Gründe, warum die deutsche Kolonie trotz ihre geringen Größe so einflussreich wurde und kulturell autonom blieb: Sie lebte in bewusstem Gegensatz zu ihrer katholisch-spanischen Umgebung, dazu kamen ein hohes Bildungsniveau und eine hohe Organisationsstruktur mit unterschiedlichsten Vereinen, Schulen, Kirchengemeinden und Clubs.

Die Deutschen im Süden waren wirtschaftlich sehr erfolgreich: Es gab genügend Land, das sich gerodet gut für Ackerbau und Viehzucht eignete, fähige Handwerker fanden in den Städten ihr Auskommen, und mit Hilfe deutscher Technik entstanden auch die ersten größeren Unternehmen. In Valdivia gründeten noch vor 1890 Deutsche die **erste Brauerei Südamerikas.**

Mit deutscher Hilfe wurde auch das **chilenische Militär** organisiert. 1888 durfte *Krupp* erstmalig Waffen aus Essen nach Valparaíso liefern, chilenische Offiziere wurden an deutschen Militärakademien geschult. Preußische Generäle reformierten das chilenische Heer, wo bis heute die preußischen militärischen Tugenden hochgehalten werden und deutsche Uniformen in Gebrauch sind.

Zu Beginn des 20. Jahrhunderts wandelte sich nach und nach das politische Bewusstsein der Deutschen in Chile: Waren die meisten der ersten Einwan-

Colonia Dignidad

Die „Kolonie der Würde" wurde 1961 von dem deutsche Laienprediger **Paul Schäfer** gegründet. Schäfer wanderte damals mit seiner etwa 200 Mitglieder starken sektenähnlichen Gemeinde aus Deutschland aus, weil gegen ihn ein Verfahren wegen sexuellen Missbrauchs von Minderjährigen eingeleitet worden war. Rund 350 Kilometer südlich von Santiago, 50 Kilometer südöstlich der Stadt Parral, kaufte Schäfer Land, gründete dort die Colonia Dignidad und errichtete unter dem Deckmantel sozialer Wohltätigkeit und selbst organisierter Lebensweise ein Regime brutaler Unterdrückung und Entmündigung, lange Jahre unbeachtet von den Behörden bzw. sogar mit deren Protektion. Die wenigen Berichte von aus der Kolonie Geflüchteten erzählten immer wieder dasselbe: Dass in der Colonia Dignidad Menschen eingesperrt hinter Stacheldraht in völliger Unterwerfung leben, vollständig kontrolliert, isoliert von ihren Familien, getrennt nach Geschlechtern, die männlichen Kinder und Jugendlichen regelmäßig von *Paul Schäfer* sexuell missbraucht.

Mitte der 1970er Jahre berichteten Exil-Chilenen, wie sie gefoltert worden waren. Doch es passierte nichts, selbst nachdem 1977 ein ehemaliger Agent des Geheimdienstes Dina der Opposition eine Liste mit 112 Namen von in der Kolonie gefangen gehaltenen Folteropfern übergeben hatte. *Pinochet*, der deutschstämmige Chef der Carabineros, *Rodolfo Stange*, und der Chef des Geheimdienstes, *Manuel Contreras*, waren enge Freunde der Kolonie, und der bundesdeutsche Botschafter in Santiago, *Erich Strätling*, berichtete nach Bonn, dass die Colonia keineswegs ein **Folterzentrum** sei. Bei manchen Politikern in Deutschland genoss sie sogar hohe Sympathien.

Patricio Aylwyn, der erste Präsident nach der Pinochet-Diktatur, beschnitt 1991 die Rechte der Kolonie. Die Gemeinnützigkeit wurde aberkannt, ebenso die Steuerfreiheit. Unter diesem Deckmantel hatte die Kolonieführung jahrzehntelang **schmutzige Geschäfte** gemacht und ein Vermögen angehäuft: Der Wert der Güter auf dem 15.000-Hektar-Grundstück wird auf 200 Mio. US-$ geschätzt.

In den 1990er Jahren gelang es Kolonie-Opfern und ihren Anwälten, den Schutzwall um die Sekte aufzubrechen. Paul Schäfer entzog sich den Haftbefehlen und tauchte jahrelang ab. Vergeblich durchkämmte die Polizei mehrfach das weitläufige Gelände der Colonia, die sich offiziell ganz harmlos „Villa Baviera" nannte. Gefunden wurden hingegen die berüchtigten unterirdischen Folterzellen und ein Waffenarsenal. 2005 wurde der inzwischen 83-jährige Schäfer in Argentinien gefasst und nach Chile abgeschoben, wo er in Abwesenheit wegen Kindesmissbrauch verurteilt worden war. Hier sitzt er seither in Haft, gibt aber keine Auskünfte und macht einen senilen Eindruck.

Gegen etliche Mitglieder der Führungsriege der Kolonie sind seit Jahren zähflüssige **Prozesse** anhängig, nur wenige wurden bislang rechtskräftig verurteilt.

Nach Schäfers Verhaftung veröffentlichten die verbliebenen rund 200 Kolonie-Mitglieder in der chilenischen Presse einen offenen Brief mit einem Schuldbekenntnis: „Wir tragen die Schuld, dass wir uns nicht gegen den despotischen Führer erhoben haben; die Schuld, dass auf unserem Grundstück Menschen ungesetzlich festgehalten wurden, von denen einige umgebracht worden sein sollen und deren Leichen verschwunden sind." Villa Baviera ist inzwischen der Öffentlichkeit zugänglich, und die Bewohner versuchen, sich neu zu ortientieren – kein leichtes Unterfangen nach jahrzehntelanger Gehirnwäsche. Schäfer hatte die Familienstrukturen auseinandergerissen und Ehen verboten; es fehlt quasi eine ganze Generation von unter 30-Jährigen. Viele der Älteren sprechen nicht einmal spanisch und wissen nur wenig über Chile. Und so lange die alte Führungsriege noch Einfluss hat (ihr gehören etliche Firmen der Kolonie), wird eine konsequente Öffnung der Sekte und eine Aufarbeitung ihrer Verbrechen kaum möglich sein.

derer noch liberale Demokraten wie *Carl Anwandter*, so entwickelten sich die nachfolgenden Generationen mehr und mehr zu Monarchisten, die fest hinter der aggressiven deutschen Außen- und Wirtschaftspolitik unter Kaiser *Wilhelm II.* standen. Nationalismus war auch nach dem Ersten Weltkrieg weit verbreitet, und so gab es nach der Machtübernahme der **Nationalsozialisten in Deutschland auch in Chile zunächst eher Beifall** als laut geäußertes Unbehagen. Allerdings nahm der Deutsch-Chilenische-Bund (DCB) ab 1938 keine reichsdeutschen Mitglieder mehr auf und ließ nur noch in Chile geborene Deutschstämmige für den Vorstand zu. Offenbar wollte man sich von Hitler-Deutschland nicht vollständig vereinnahmen lassen, zudem war mit der Wahl einer linken Volksfront-Regierung in Chile im Dezember 1938 die Stimmung umgekippt.

Der Schachzug des DCB sicherte den deutsch-chilenischen Institutionen das Überleben, als Chile auf Drängen der USA den Alliierten beitrat und reichsdeutsche Firmen und Institutionen auf die schwarze Liste kamen. Spätestens nach dem Zusammenbruch Hitler-Deutschlands hatten deutsche Nachnamen keinen guten Klang mehr, und die Deutschstämmigen beeilten sich, ihr Chilenentum zu betonen. So brachen die jahrzehntelang abgeschotteten deutschen Zirkel auf, und die Deutschstämmigen assimilierten sich mehr und mehr in der chilenischen Gesellschaft. Heute tragen viele deutsche Vereine nur noch den Namen, längst wird dort ausschießlich Spanisch gesprochen.

Etwa 13.000 Menschen, v.a. Juden, konnten sich **während der Nazi-Zeit nach Chile retten.** Zwischen ihnen und den alteingesessenen Deutschen gab es allerdings fast keine Kontakte; die deutschen Vereine und Schulen blieben den deutschen Juden versperrt.

Nach dem Zweiten Weltkrieg suchten ehemalige **Nazi-Funktionäre** auch in Chile ein Versteck. Zwar waren es nicht so viele wie in anderen Ländern Lateinamerikas – beispielsweise in Argentinien oder Brasilien –, Aufsehen erregten einige Fälle aber doch. So lehnte 1961 die chilenische Justiz die Auslieferung von *Walter Rauff* nach Deutschland ab – *Rauff* war der Erfinder der mobilen Gaskammern gewesen.

Die letzte Etappe der deutsch-chilenischen Migration begann mit dem Putsch der Militärs unter *Pinochet*. Mehrere zehntausend Chilenen suchten und fanden in den beiden deutschen Staaten politisches Asyl. Ab 1988 kehrten sie mehr und mehr nach Chile zurück, teilweise mit ihren deutschen Familien.

Die Deutschsprachigen in Chile gehörten im 20. Jahrhundert oft nicht zu den liberalen politischen Kräften, was alte Ausgaben der deutschsprachigen Zeitung „Condor" verdeutlichen. Nach dem Putsch 1973 war eine Zensur für das Blatt nicht nötig, denn offensiv wurde in Artikeln und Kommentaren der Staatsstreich gewürdigt, was wohl auch der Lesermeinung entsprach.

Kunst und Kultur

Bildende Kunst

1849 wurde in Santiago die **„Academia de Pintura"**, die erste Kunstakademie des Landes, gegründet. Man orientierte sich lange an **europäischen Vorbildern** und schuf Bilder im Stile des europäischen Realismus, ehe man sich ganz langsam, im Zuge auch der Auflösung der europäischen Malerschulen, eigenen Formen zuwandte.

Wichtige Impulse lieferten Künstler wie *Juan Francisco Gonzales* (1853–1933), der als erster *antiacadémico* bezeichnet wird – er schuf mit raschem Pinselstrich und lichten Farben Bilder ohne die strengen Konturen der akademischen Malerei –, oder auch *Pablo Burchard* (1873–1964). Beide setzten auf andere Lehrmeister: Einflüsse der französischen Impressionisten, im Falle Burchards z.B. *Pierre Bonnards* mit seinem Spiel von Farben, Luft und Licht, sind nicht zu leugnen. Dritter herausragender Künstler dieser Zeit war der auch als Diplomat und Schriftsteller berühmt gewordene **Ramón Subercaseaux** (1854–1936). Statt festgelegter Sujets malten diese drei das „wirkliche Leben", den Alltag, meist allerdings poetisch überhöht. Später kamen dann Künstler hinzu, die soziale Aspekte in ihre Bilder aufnahmen: Das Elend der Stadtbevölkerung wurde eines der wichtigsten Themen der Malerei des frühen 20. Jahrhunderts.

Die auch **international angesehensten Künstler des 20. Jahrhunderts** sind der auf Kuba geborene *Mario Carreño* (1913–99) mit seinen episch angelegten Bildern, *Nemesio Antúnez* (1918–93), der lange Jahre das Museo de Bellas Artes in Santiago leitete und die Welt der „kleinen Dinge" im Alltag eindringlich zeigt, sowie der bekannteste chilenische Maler, **Roberto Matta** (1911–2002), der die meiste Zeit in Paris lebte und mit seinen abstrakten surrealistischen Bildern weltweit hohe Reputation genoss.

Die heutige Kunstszene Chiles ist im Ausland bislang nicht sehr bekannt – das mag auch mit den lähmenden Jahren der Diktatur zusammenhängen. Das heißt freilich nicht, dass es an nachrückenden Talenten mangelt. Bei einem Gang durch die Museen (u.a. Museo de Arte Contemporáneo und MAVI in Santiago, siehe dort) und Kunstgalerien (z.B. im Viertel Alonso de Córdoba im Stadtteil Vitacura) kann man sich ein Bild von der florierenden und experimentierfreudigen Kunstszene des Landes machen.

Medien

Den sehr kleinen **Zeitungsmarkt** kontrollieren seit eh und je zwei große Konzerne in Santiago: Auf der einen Seite der **Mercurio-Konzern** mit seinem rechtslastigen Flaggschiff „El Mercurio" (überregional und in mehreren Regionalausgaben), den „Últimas Noticias" und der Abendzeitung „La Segunda", auf der anderen Seite die ebenfalls von konservativen Kräften kontrollierte **Copesa-Gruppe** mit „La Tercera", dem Boulevardblatt „La Cuarta", der Gratiszeitung „La Hora" und dem Wochenmagazin „Qué pasa". Parteiunabhängigen und kritischen Journalismus findet man am ehesten noch in einigen Wochenblättern und in dem Satiremagazin „The Clinic" (siehe auch „Praktische Reisetipps A–Z/Medien"). Ein Pressegesetz erschwert die juristische Verfolgung kritischer Journalisten.

In Chile gibt es etwa **400 Radiosender,** allerdings strahlen nur wenige ein landesweites Programm aus. Die meisten sind winzige Stationen, die kleine oder mittelgroße Städte mit Programm und lokaler Werbung versorgen. Das **Fernsehen** ist sowohl privat als auch staatlich. Es ist werbefinanziert und konkurriert heftig um Zuschauer. Garanten für die Publikumsgunst sind **Telenovelas** (tägliche Seifenopern). Jede Sendestation hat mindestens eine im Programm, und die Hauptdarsteller sind als Stars berühmt. Hinzu kommen auch hier Reality-Shows nach bekanntem Muster und vor allem Spiel- und Unterhaltungsshows wie der legendäre „Sábado Gigante" (jeden Samstagabend).

Theater und Film

Die Theaterszene Santiagos und erst recht die der anderen Städte Chiles kann nicht mit deutschen Maßstäben gemessen werden. Es gibt **nur wenige subventionierte Bühnen.** Außer dem Nationaltheater und Nationalballett sind alle Bühnen auf private Finanzierung angewiesen, und so besitzen nur die wenigsten Theater ein festes Ensemble und die wenigsten Ensembles ein eigenes Theater. Mit großem Engagement und (finanziellem) Risiko agieren die privaten Bühnen und Gruppen.

Die chilenische Theaterszene ist nach den langen, lähmenden Jahren der Diktatur seit Ende der 1980er Jahre wieder sehr agil. Das **Teatro Nacional,** das in den 50er und 60er Jahren des 20. Jahrhunderts zu den fortschrittlichsten Bühnen Südamerikas gehörte, bietet heute schauspielerisch gutklassige, wenn auch harmlose Inszenierungen. Eine andere führende Bühne ist das **Teatro de la Universidad Católica,** das vom sozialkritischen Stück bis zu Kindertheater eine breite Palette bietet.

Entscheidende Impulse kommen eher von **unabhängigen Theatergruppen.** So experimentierte der Gran Circo Teatro des an AIDS gestorbenen Regisseurs *Andrés Pérez* erfolgreich mit Elementen des Zirkus und des Straßentheaters. International bekannt wurde La Troppa mit einer ausgefeilten Ästhetik, die Darsteller und Marionetten mischt. Gruppen wie La Puerta wenden sich, ebenfalls auf hohem künstlerischem Niveau, immer wieder zeitkritischen Themen und zeitgenössischen Stücken zu. Zu den produktivsten Regisseuren gehören derzeit *Luis Ureta, Alfredo Castro, Rodrigo Pérez* und *Alejandro Goic.* Gutklassige Inszenierungen sind fast immer zu finden in der „Kulturfabrik" Matucana 100 (www.m100.cl) sowie im Teatro San Ginés, im Galpón 7 oder im Teatro Alcalá (alle drei in Bellavista).

Der chilenische **Film** ist in den letzten Jahren aus einem Dornröschenschlaf erwacht. Ein gutes Dutzend Spielfilme kommt pro Jahr ins Kino, teils vom Staat

Kunst und Kultur

gefördert, teils unter Beteiligung internationaler Produzenten. Nicht nur im Inland erfolgreich sind dabei mit Humor erzählte soziale oder Beziehungsdramen wie „La Buena Vida" von *Andrés Wood* (2008), der in Spanien mehrere Preise bekam. Bereits in „Machuca" (2004) gelang es *Wood* mit großem Publikumserfolg, die Brüche in der jüngeren Geschichte Chiles zu thematisieren: Aus der Perspektive eines Halbwüchsigen erzählt er von den sozialen Experimenten und Konfrontationen in der Unidad-Popular-Zeit und derem abrupten Ende durch den Putsch.

Heute zeigt der chilenische Film zwei Tendenzen: einerseits die kommerzielle Ausbeutung erprobter Formate (Beziehungskomödien im Stil der TV-Serien), andererseits das unprätentiöse Experimentieren mit neuen Themenfeldern und Stilen. Filme wie „Play", „En la cama", „La sagrada familia" oder „La nana" zeichnen ein intimes Bild des heutigen Chile. Zum traditionellen Filmfestival von Viña del Mar (Oktober) haben sich weitere gesellt, so das von Valdivia und zwei Kurz- bzw. Dokumentarfilmfeste in Santiago.

Literatur

Viele chilenische Schriftsteller sind weltweit bekannt geworden – drei überstrahlen aber alle anderen: *Gabriela Mistral* und *Pablo Neruda,* die beiden Nobelpreisträger Chiles, und *Isabel Allende,* die erfolgreichste Schriftstellerin der Gegenwart.

Gabriela Mistral kennt in Chile zwar jeder, ihre Verse werden hingegen kaum noch gelesen. Die 1889 in Vicuña im Valle de Elqui geborene Dichterin war Lehrerin, später Schulleiterin und Diplomatin. Ihre empfindsame Lyrik ist geprägt von Humanismus und Christentum, von vergeistigter Liebe und tiefer Sensibilität. 1914 entstanden ihre „Sonetos de la Muerte", Sonette über den Tod, mit denen sie ihren Schmerz über den Selbstmord ihres Verlobten bekämpfte. In deutscher Sprache sind nicht viele ihrer Werke erschienen. *Gabriela Mistral* erhielt 1945 den Nobelpreis; sie starb am 10. Januar 1957 in Hempstead (New York, USA).

Anders als die schwermütige Lyrik *Mistrals* finden die Verse **Pablo Nerudas** bis heute begeisterte Leser. Insbesondere seine schwärmenden Liebes- und Naturgedichte werden von jungen Leuten immer wieder neu entdeckt. *Neruda* wurde 1904 als Sohn eines Eisenbahners unter dem Namen *Neftalí Reyes Basolto* in Parral geboren. Unter dem Pseudonym *Pablo Neruda* veröffentlichte er seine ersten Gedichte und gewann als 16-Jähriger seinen ersten Dichterwettbewerb. Er studierte Französisch und schrieb Gedichte, wurde mit 24 Jahren Konsul, schrieb Gedichte, trat der Kommunistischen Partei bei, schrieb Gedichte, vertrat als Konsul Chile in vielen Ländern der Erde, schrieb Gedichte, heiratete mehrfach und ließ sich mehrfach scheiden, schrieb Gedichte, sammelte Schnecken, Muscheln, Galionsfiguren alter Schiffe, Gläser und Flaschen, schrieb Gedichte und zuletzt seine Memoiren „Confieso que he vivido" („Ich bekenne, ich habe gelebt").

Nerudas Lyrik unterscheidet sich vollständig von der *Gabriela Mistrals*. Deren Schlichtheit kontrastiert mit seiner Wort- und Sprachgewalt, seinen surrealistischen Bildern, der metaphernreichen, überbordenden, gefühlsbeladenen und auf der Grenze zum Kitsch balancierenden Sprache. *Neruda* machte sich als Dichter der Unterdrückten Freunde und Feinde. Sein „Canto General" (Der Große Gesang) beschreibt als Versepos die Geschichte Lateinamerikas als Geschichte der Unterdrückten, er ist ein Lobgesang auf die Ureinwohner, auf die Bauern im Hochland und die Arbeiter in den Salpeterminen. Als kommunistischer Senator vertrat er die Minenarbeiter im Großen Norden, als Kommunist musste er 1948 fluchtartig sein Land verlassen, als Kommunist sollte er 1969 Präsidentschaftskandidat seiner Partei werden. Doch verzichteten er und seine Partei auf eine eigene Kandidatur zugunsten des gemeinsamen Kandidaten der Unidad Popular, des Neruda-Freundes *Salvador Allende*. 1971 erhielt *Neruda* den Nobelpreis für Literatur. Am 23. September 1973 starb der Dichter, zwölf Tage nach dem Putsch gegen seine Unidad-Popular-Regierung. *Nerudas* Herz setzte aus; General *Augusto Pinochet* ordnete heuchlerisch eine dreitägige Staatstrauer an, während gleichzeitig Militärs die Häuser *Nerudas* in Valparaíso, Isla Negra und Santiago verwüsteten.

Von *Neruda* ist das Gesamtwerk auf Deutsch erschienen, die meisten Bände bei dtv; besonders empfehlenswert sind „Liebesgedichte" (span./deutsch, dtv) mit den berühmten „20 Poemas de amor y una canción desesperada" („20 Liebesgedichte und ein Lied der Verzweiflung"), „Der Große Gesang" (dtv) und die Memoiren „Ich bekenne, ich habe gelebt" (dtv). Die besten Biografien über *Neruda* stammen von *Volodia Teitelboim* und *Jorge Edwards*.

Neben *Neruda* und *Mistral* hatten es andere Autoren schwer. Dabei gab es schon zu Zeiten der spanischen Eroberer Glanzstücke: **Alonso de Ercilla y Zúñiga** (1533–1594) schuf das aus 37 Gesängen bestehende Werk „La Araucana", das den Widerstand der Mapuche gegen die Spanier besang. Eine eigenständige chilenische Literatur bildete sich aber erst Mitte des 19. Jahrhunderts heraus, 1842 wurde in Santiago die Sociedad Literaria gegründet, der *Andrés Bello,* erster Rektor der Universidad de Chile, vorstand. Wichtige Autoren der damaligen Zeit waren *José Victorino Lastarria, Salvador Sanfuentes* und *Alberto Blest Gana*.

Vicente Huidobro (1893–1948) war einer der wichtigsten Autoren des frühen 20. Jahrhunderts. Der Lyriker war Mitbegründer des sogenannten „Creacionismo", einer Variante des Surrealismus, die ein lyrisches Kunstwerk als eigenständige Schöpfung *(creación)* ohne notwendige Verbindung zur realen Welt auffasste.

Vollständig anders war die Arbeitsweise des ehemaligen Anstreichers, Bauarbeiters, Buchdruckers und späteren Romanciers und Professors **Manuel Rojas** (1876–1973), der in seinem „Hijo de Ladrón" („Der Sohn des Diebes", Suhrkamp-TB) mit innerem Monolog, Rückblenden und zahlreichen Perspektivwechseln eindrucksvoll das Leben der Vagabunden, Tagelöhner, Arbeitslosen und kleinen Gauner in Chile und Argentinien beschreibt – ein Standardwerke der chilenischen Literatur.

Wichtig für die chilenische Literatur, auch als Lehrer bei Schreibseminaren, ist weiterhin **José Donoso**, 1924 in Santiago geboren, wo er auch 1996, nach langen Jahren des Exils, starb. Sein wohl wichtigstes Werk ist „Casa del Campo" („Das Landhaus", Hoffmann und Campe sowie Serie Piper).

Die international berühmteste Autorin der Gegenwart ist zweifellos **Isabel Allende** (*1942), die Nichte von Salvador Allende. Sie landete mit „La Casa de los Espíritus" („Das Geisterhaus", Suhrkamp-TB) einen absoluten Welterfolg in der Tradition des „magischen Realismus". Auch folgende Werke wie „Von Liebe und Schatten", „Eva Luna" und „Paula" (alle Suhrkamp) wurden internationale Erfolge. Mit der Realität des heutigen Chile haben ihre Bücher freilich nur wenig zu tun. Das liegt daran, dass Allende nach dem Putsch zunächst ins Exil nach Venezuela ging und seit Ende der 1980er Jahre in Kalifornien lebt. Zudem hat sich Allende in den letzten Jahren zunehmend historischen Sujets (z.B. „Retrato en Sepia", dt. „Porträt in Sepia", 2000) und fantastischen Jugendromanen gewidmet.

Auch andere Autoren ihrer Generation sind in Chile und im Ausland erfolgreich. So beispielsweise **Antonio Skármeta** (*1940), der lange im Exil in Berlin lebte und 2000 als chilenischer Botschafter dorthin zurückkehrte. Sein bekanntestes Buch „Mit brennender Geduld" (Serie Piper) wurde zweimal erfolgreich verfilmt (zuletzt als „Il Postino"). Es erzählt die Geschichte des Briefträgers von Pablo Neruda und dessen Liebe zu Beatriz, alles vor dem Hintergrund des politischen Lebens im Chile der späten 1960er Jahre – in der letzten Verfilmung blieb davon jedoch nur wenig übrig. **Ariel Dorfman** (*1942) ist als Autor des (von Roman Polanski verfilmten) Theaterstückes „Der Tod und das Mädchen" bekannt geworden, in Deutschland sind Erzählungen unter dem Titel „Der Tyrann geht vorüber" bei Lamuv in Göttingen erschienen. Ein weiterer bekannter Autor ist **Luis Sepúlveda** (*1949) mit seinen kurzen Romanen „Der Alte, der Liebesromane las" und „Die Welt am Ende der Welt" (Fischer Taschenbuch).

In seiner Heimat verkannt, dafür im Ausland umso erfolgreicher war **Roberto Bolaño** (1953–2003). Er machte sich mit surrealistischen, ausgeklügelten und satirischen Werken wie „Los Detectives Salvajes" (dt. „Die wilden Detektive") oder „Estrella Distante" („Stern in der Ferne") einen Namen. Bolaño, der aus dem Exil in Spanien nicht nach Chile zurückging, war ein scharfzüngiger Kritiker der Kunst- und Literaturszene seiner Heimat. Als er 2003 erst 50-jährig in Barcelona an einem Leberleiden starb, hinterließ er eine Reihe unvollendeter Werke, die inzwischen postum erschienen sind, darunter der Roman „2666".

Musik

Santiago ist das **Zentrum der klassischen Musik in Chile.** Vier Orchester

KUNST UND KULTUR

werden dort dauerhaft unterhalten, dazu kommen das städtische und das Nationalballett. Am Teatro Municipal werden regelmäßig Opern inszeniert.

Berühmtester Interpret klassischer Musik war **Claudio Arrau** (1903–91), der sich als Pianist vor allem mit seinen Einspielungen der Werke von *Chopin, Brahms, Liszt* und *Beethoven* internationalen Ruf erwarb. In seine Fußstapfen treten heute Pianisten wie *Alfred Perl* und *Roberto Bravo*.

Bekannter ist die populäre chilenische Musik, weniger Rock- oder Jazz-Musik, vielmehr die Folkmusik, die als Neue Gesangsbewegung oder **„Nueva Canción Chilena"** bekannt wurde. Zwei Einzelkünstler und eine Gruppe werden dabei immer wieder genannt: *Violeta Parra, Víctor Jara* und die Gruppe *Inti-Illimani*.

Violeta Parra wurde 1917 geboren und beging 1967 Selbstmord, angeblich aufgrund finanzieller und persönlicher Probleme. Sie gilt als Begründerin der Gesangsbewegung, die in den 1960er und 1970er Jahren international populär wurde und deren wichtigste Vertreter nach dem Militärputsch ermordet wurden oder im Ausland Asyl suchen mussten. Ihr wichtigstes Lied wurde von zahlreichen Interpreten weltweit gesungen: *Joan Baez* in den USA und *Mercedes Sosa* in Argentinien machten auch außerhalb von Chile ihr „Gracias a la Vida" („Dank an das Leben") berühmt.

1965 eröffneten *Isabel* und *Angel Parra*, zwei Kinder der Sängerin, in Santiago eine *peña*, eine Musikkneipe. Hier begann eigentlich die Geschichte der Nueva Canción Chilena, denn die Parra-Geschwister stellten ihr Lokal jungen, unbekannten Künstlern zur Verfügung. Man hörte aufmerksam die nordamerikanische Folklore und besann sich gleichzeitig auf die traditionellen Instrumente der Andenländer, auf die kurzen, klagenden und jubilierenden Flöten, die *quena* und die *zampoña*, auf den *charango*, ein Saiteninstrument, dessen Klangkörper ein Gürteltierpanzer ist.

Inti-Illimani war eine der Gruppen, die mit diesen traditionellen Instrumenten Musik auf die Bühne brachten. Die Gruppe existiert heute noch, inzwischen hat sie sich aber von der reinen Folkore verabschiedet und mehr Jazz-Elemente in ihre Musik integriert. Wie die „Intis" verstanden sich auch andere Gruppen, beispielsweise *Quilapayún*, als explizit politische Künstler, sie unterstützten die Unidad Popular und deren Präsidenten *Salvador Allende* mit ihren Auftritten und wirkten nach dem Sieg der Unidad Popular als „kulturelle Botschafter" des „neuen Chile" mit Auftritten bei Festivals im Ausland.

Das rettete manchen Musikern das Leben. Denn etliche befanden sich zum Zeitpunkt des Putsches im September 1973 außerhalb von Chile, Inti-Illimani beispielsweise auf einer Europa-Tournee. Andere jedoch nicht. Der wahrscheinlich berühmteste Künstler der Nueva Canción Chilena wurde von den Militärs grausam ermordet. Soldaten verhafteten **Víctor Jara** (1938–73), brachten ihn mit Tausenden anderer Gefangener ins Stadion von Santiago de Chile, folterten und schlugen ihn. Als er auf die Aufforderung eines Wachposten zu singen die Hymne der Unidad

Popular anstimmte („Venceremos" – „Wir werden siegen"), brach man ihm die Hände und erschoss ihn schließlich. *Víctor Jara* ist unvergessen, viele seiner Lieder werden bis heute in immer neuen Versionen gesungen.

Heute versuchen viele Gruppen mehr oder weniger erfolgreich an die Nueva Canción Chilena anzuknüpfen. Wer im Veranstaltungsplan Konzerte von altgedienten Bands wie *Los Jaivas, Congreso, Illapu* oder *Los Prisioneros* entdeckt, sollte sie sich ebenso wenig entgehen lassen wie Künstler, die in den 1990er Jahren bekannt wurden, worunter etwa *Joe Vasconcellos, Javiera Parra, Los Tres* und *La Ley* zu nennen sind. Die Rockszene wird momentan bestimmt von jungen Bands wie *Los Bunkers, Chancho en Piedra* oder *La Floripondio*.

populär, und für die gehobene Mittel- und die Oberschicht ist es sehr wichtig, einem der **prestigeträchtigen Sportclubs,** wie dem Golfclub Los Leones, dem Poloclub oder dem Country Club, anzugehören.

Dennoch: Die wichtigste Sportart heißt **Fußball,** auch wenn die letzten internationalen Erfolge schon einige Jahre zurückliegen. Die wichtigsten Vereine des Landes sind Universidad de Chile, Universidad Católica und Colo-Colo, alle aus Santiago. Eine Begegnung dieser Clubs ist für viele Menschen eine lebenswichtige Angelegenheit und lohnt schon des Spektakels wegen einen Besuch. Es ist freilich davon abzuraten, sich zwischen die harten Kerne der Fanblocks zu begeben.

Sport

Tennis hat einen enormen Aufschwung erlebt, seitdem *Marcelo Rios* („El Chino") sich eine Zeit lang in den Top Ten der Weltrangliste festspielen konnte und 1998 sogar als erster Südamerikaner für kurze Zeit die Nummer 1 wurde. Vorläufiger Höhepunkt dieses Booms waren die Triumphe von *Nicolás Massú* und *Fernando González* bei den Olympischen Spielen in Athen 2004: Sie gewannen sowohl im Einzel (Gold für *Massú* und Bronze für *González*) als auch im Doppel und holten damit die ersten Goldmedaillen überhaupt für Chile. Vier Jahre später holte *Fernando González* erneut eine Silbermedaille in Peking. Auch **Pferderennen** sind sehr

Unterwegs in Chile

Blick auf Santiago und die Anden

Fischer im Hafen von Caldera

Unterwegs im patagonischen Urwald

Santiago de Chile

♪ IX/B2

An klaren Tagen ist schon der Anflug auf Santiago wunderbar: **die schneebedeckten Gipfel der Anden, das satte Grün der Ebene und das Häusermeer,** aus dem die Bürotürme in der Innenstadt herausragen. Der zweite Eindruck ist der unerwarteter Vertrautheit: Wer das Südamerika-Klischee einer indianisch-bunten, chaotischen Metropole im Hinterkopf hat, der ist überrascht angesichts des europäischen Stadtbilds, der modernen Autobahnen und der hellhäutigen Menschen.

Santiago ist zum einen typisch für Chile, zum anderen auch überhaupt nicht. Typisch, weil im Großraum der Hauptstadt immerhin **ein Drittel der Chilenen** lebt (rund 6 Millionen Menschen), untypisch, weil der Kontrast zu den Siedlungen im Norden oder im Süden des Landes, ja schon zu den Dörfern 30 Kilometer weiter, kaum größer sein könnte. Santiago steht für das Wirtschaftswachstumsland: die in graue Anzüge gekleideten und gelfrisierten Jungmanager, die ihre Jacketts auch bei größter Hitze nicht ausziehen, die kreischenden Alarmanlagen der Autos, die Villen in Vitacura, deren englischer Rasen morgens von den Hausmeistern gefegt wird, und die verspiegelten Shopping-Center in Las Condes, in denen in teures Tuch gekleidete Damen edel dekorierte Schaufenster betrachten. Aber es ist auch die Stadt, in der fliegende Händler billige Plastikwecker auf der Straße verkaufen und sich danach die Schuhe putzen lassen, in der sich Hausmädchen und Büroboten am Nachmittag auf der Plaza de Armas treffen und Händchen haltend am Cerro Santa Lucía spazieren gehen, und in der ein Elternpaar stolz seine herausgeputzte Tochter auf einem Plüschpferd vor der Kathedrale fotografieren lässt. Die weißen Söckchen und die Lackschühchen werden normalerweise nur beim Sonntagsausflug auf den Cerro San Cristóbal getragen, von dem die riesige Muttergottesfigur, eingerahmt von Mobilfunkantennen, durch den Dunstschleier auf Santiago heruntershaut.

Geschichte

Der Blick vom Cerro Santa Lucía oder auf einen Stadtplan macht eines schnell deutlich: **Pedro de Valdivia** hatte sich im **Februar 1541** den Ort für eine **Stadtgründung** gut und nach strategischen Gesichtspunkten ausgesucht. *Santiago del Nuevo Extremo* hieß die Stadt damals (der Heilige Jakob, *San Diego*, war Schutzpatron des spanischen Heeres). Der Name nutzte zunächst nicht viel, **Mapuche-Krieger** zerstörten die erste Siedlung knapp sechs Monate später. Doch die spanischen Eroberer waren hartnäckig – schon bald wurde die nächste Siedlung am selben Ort gegründet, diesmal besser befestigt. Doch zunächst blieb Santiago nichts weiter als eine kleine Siedlung mit Häusern aus ungebrannten Lehmziegeln.

Erst nachdem die Spanier weiter südlich erste Festungen gegründet hatten (um 1550), wuchs die Stadt. Ende des 16. Jahrhunderts hatte sie etwa 200 Häuser – sie erstreckte sich westlich des Cerro Santa Lucía zwischen dem Río Mapocho und der heutigen Alameda. Die Kirche San Francisco, 1586 erbaut, war damals das südlichste Gebäude der Stadt. Insgesamt lebten einige tausend Menschen hier, die meisten waren Indianer, lediglich 700 Spanier und Mestizen wurden damals verzeichnet. Bis Mitte des 17. Jahrhunderts ging es langsam, aber stetig aufwärts, dann kam der **13. Mai 1647:** das erste schwere von mehreren Dutzend **Erdbeben**, die im Lauf der Jahrhunderte die Stadt erschütterten. „Hier stürzte noch ein Haus zusammen, und jagte ihn, die Trümmer weit umherschleudernd, in eine Nebenstraße; hier leckte die Flamme schon, in Dampfwolken blitzend, aus allen Giebeln, und trieb ihn schreckenvoll in eine andere; hier wälzte sich, aus seinem Gestade gehoben, der Mapochofluß auf ihn heran, und riß ihn brüllend in eine dritte." So schrieb *Heinrich von Kleist* über „Das Erdbeben in Chili", das damals die Stadt nahezu komplett zerstörte.

Dennoch, **Wachstum und Aufstieg** Santiagos waren nicht mehr aufzuhalten: Die Stadt wurde immer wichtiger, sie erhielt 1609 den Titel einer „Real Audiencia" mit eigener Gerichtsbarkeit und eingeschränkter Selbstverwaltung, dann wurde 1743 die Casa de Moneda gegründet (Geldprägung) und 1793 das Konsulatstribunal, das über den Handel der Kolonien mit dem Mutterland wachte. Mehr als 30.000 Einwohner hatte Santiago damals nicht; die Stadt war eine Ansammlung von mehr oder weniger gediegenen Gebäuden. „Von der Stadt selbst habe ich nichts Besonderes zu erwähnen", notierte der durchreisende *Charles Darwin* am 27.

August 1834 in seinem Reisetagebuch. Fünfzig Jahre später hätte *Darwin* anders geurteilt: Denn in der zweiten Hälfte des 19. Jahrhunderts änderte sich das Gesicht der Stadt. **Santiago wuchs** – 1875 lebten bereits 150.000 Menschen hier – und blühte auf: Mit dem Geld aus dem Salpetergeschäft ließen sich prächtige Gebäude errichten; Architekten aus Frankreich und Italien wurden verpflichtet und schufen viele der heute noch zu bewundernden öffentlichen und privaten Bauten. Immer mehr Menschen zogen in die Stadt – 1920 waren es bereits 16% aller Chilenen.

Santiago heute

Heute leben in der Stadt fast **5 Millionen Menschen,** mit Vororten und Trabantenstädten sogar über 6 Millionen. Das sind **40 Prozent aller Chilenen,** aber das Wachstumspotenzial der Stadt ist längst nicht ausgeschöpft. Jährlich legt Santiago um mehr als 100.000 Einwohner zu.

Santiago ist das **uneingeschränkte Zentrum Chiles.** Hier sind alle wichtigen politischen, wirtschaftlichen und kulturellen Institutionen des Landes angesiedelt – nur das Parlament tagt in Valparaíso.

Übrigens: Als Santiago wird verwaltungstechnisch nur das Zentrum der chilenischen Hauptstadt bezeichnet, drumherum gruppieren sich **31 comunas (Stadtbezirke),** die alle eine eigene Verwaltung mit eigenem Bürgermeister besitzen und gemeinsam Gran Santiago bilden.

Unterwegs in Santiago

Orientierung

Obwohl Santiago de Chile sehr groß ist, fällt die Orientierung in der Stadt leicht. Das **Zentrum ist überschaubar,** die Straßen verlaufen rechtwinklig zueinander, und einzelne **markante Punkte** wie der Verlauf des Río Mapocho oder der Avenida O'Higgins, der Cerro Santa Lucía und der Cerro San Cristóbal sorgen dafür, dass man sich in der City gut zurechtfindet.

Das **absolute Zentrum** Santiagos erstreckt sich um die **Plaza de Armas** und von dort etwa vier bis fünf Blocks in alle Richtungen. Im Süden wird es begrenzt von der Avenida O'Higgins, die von allen Alameda genannt wird, im Norden reicht es bis zum Río Mapocho, im Westen bis zur Calle Amunátegui und im Osten bis zum Cerro Santa Lucía. In diesem Geviert befinden sich die wichtigsten Sehenswürdigkeiten des kolonialen Santiago und auch die Fußgängerzonen Paseo Ahumada, Paseo Huérfanos und Paseo Estado.

Östlich dieses Zentrums, an der Plaza Baquedano, treffen Río Mapocho und Alameda aufeinander. Denn der Fluss und die Hauptstraße laufen nicht genau parallel, sondern spitzwinklig aufeinander zu. Auf der Nordseite des Flusses erstreckt sich unterhalb des Cerro San Cristóbal, leicht an der Marienstatue auf dem Gipfel zu erkennen, das **Kneipen- und Künstlerviertel Bellavista.**

Die **Plaza Baquedano** (auch Plaza Italia genannt) ist ein wichtiger Knotenpunkt in Santiago. Ab hier beginnt die **Zählung aller Hausnummern** der

Übersicht Großraum Santiago

Stadt. Hier, an der Kreuzung der Straßen Av. O'Higgins/Av. Providencia mit der Av. Pío Nono bzw. Av. Vicuña Mackenna, ist der Nullpunkt, der nächste Block beginnt in jede Richtung bei Hausnummer 100. **Zwischen zwei Querstraßen liegen meist 100 Hausnummern,** auch wenn es nie 100 Häuser sind. Theoretisch sollten zwischen den einzelnen Blocks auch immer genau 100 Meter liegen, deshalb kann man sich ungefähr ausrechnen, wie weit bestimmte Adressen voneinander entfernt liegen. Ein Beispiel: Will man vom Paseo Ahumada Ecke Av. O'Higgins zum Büro von Sernatur in der Av. Providencia 1550, so rechnet man einfach: Der Paseo Ahumada liegt etwa bei Hausnummer 800 an der Av. O'Higgins; bis zur Plaza Baquedano sind es also acht Blocks (etwa 800 Meter) und von dort etwas mehr als 15 Blocks (1500 Meter) bis zum Sernatur-Büro (insgesamt also 2300 Meter).

Östlich der Plaza Baquedano beginnt die **Av. Providencia.** Sie führt von hier in den so genannten *Barrio Alto*, die höher gelegenen Stadtteile: **Providencia, Las Condes** und **Vitacura** haben sich zu wichtigen Geschäftsvierteln gemausert. Hier haben sich viele nationale und internationale Firmen angesiedelt, hier leben die gehobene Mittelschicht und die Oberschicht, teilweise in Apartmenthäusern mit allem Komfort, teils – weiter außerhalb – in Villenvierteln.

Gefahren

Santiago ist **keine besonders gefährliche Stadt.** Es drohen keine Gefahren für Leib und Leben, vor Kleinkriminalität sollte man sich jedoch in Acht nehmen: „¡Ojo! – Augen auf!" heißt das in Lateinamerika. Zum Beispiel in der Metro: Sie ist ein beliebtes Arbeitsgebiet von **Taschendieben,** die im Gedränge sehr geschickt Portemonnaie und Papiere aus Taschen und Brustbeuteln ziehen. Das schreit nach Vorsichtsmaßnahmen: Geldgürtel (unter der Kleidung getragen) sind nützlich, Rucksäcke immer genau beobachten und möglichst ebenso wie Handtaschen immer vor dem Körper tragen. Lassen Sie Ihre Papiere im Hotel(safe), und nehmen Sie nur Fotokopien mit auf Ihren Stadtrundgang. Bewaffnete Überfälle sind sehr selten, sollten Sie aber das Pech haben, wehren Sie sich nicht.

Nachts sollten Sie bestimmte Viertel meiden. **Der Cerro Santa Lucía und der Cerro San Cristóbal sind nach Einbruch der Dunkelheit unsicher,** auch die Gegend westlich und nordwestlich der Plaza de Armas. Stadtrandgebiete und die Armenviertel (*poblaciones*) sollte man auch tagsüber nicht ohne ortskundige Begleitung aufsuchen.

Stadtbesichtigung

Im Stadtzentrum – um die Plaza de Armas

Die Stadtbesichtigung beginnt im Herzen der Stadt, an der **Plaza de Armas.** Hier ist das historische Zentrum, das des kolonialen Santiago. An der Plaza de Armas standen die wichtigsten Gebäude der Stadt: die Kathedrale, die Intendencia, Stadtverwaltung und die Häuser der wichtigsten Familien.

Atlas IX, X und Stadtpläne S. 197, 202

STADTBESICHTIGUNG

Das ist heute anders – dennoch ist die schattige Plaza de Armas das Herz der chilenischen Hauptstadt, und wer die Metropole bis dahin nur als laute und stressige Großstadt erlebt hat, ändert vielleicht jetzt seine Meinung: Morgens sitzen die Rentner auf den Bänken, studieren ihre Zeitungen, Geschäftsleute lassen noch schnell ihre Schuhe auf Hochglanz bringen, später bauen die Fotografen gemächlich ihre riesigen Kameras, Stellwände und Plüschpferde auf. Staunende und quengelnde Kinder stehen vor den riesigen Trauben gasgefüllter Ballons, Liebespaare vor den in Kupfer getriebenen und in Holz geschnitzten Sinnsprüchen, Verkäuferinnen essen hier ihr Mittagsbrot, und die Schachspieler sitzen – umringt von schweigenden und mitunter fachmännisch den Kopf schüttelnden Zuschauern – mit ernster Miene vor ihren Brettern. Abends spielt vielleicht noch eine Musikcombo gegen den Gesang einer anglikanischen Sekte an, ein paar Gaukler führen ihre Kunststücke vor, und geschäftstüchtige Besitzer großer Teleskope lassen in klaren Sommernächten Passanten gegen ein paar Pesos einen Blick auf den dicken, bleichen Mond über Santiago werfen.

Größtes Gebäude an der Plaza ist die **Kathedrale,** deren wuchtiger Bau weitgehend aus dem späten 18. Jahrhundert stammt. Die vier Vorgängerbauten wurden zerstört – die erste Kirche, noch unter *Pedro de Valdivia* errichtet, kurz nach der Vollendung durch Indianer, die späteren, immer größeren, durch Erdbeben: 1552, 1647 und 1730 wurden weite Teile der Altstadt in Schutt und Asche gelegt. 1747 begann man mit dem Bau der jetzigen dreischiffigen Kirche, einer der wichtigsten Architekten war *Joaquín Toesca,* der für viele Gebäude im Stadtbild Santiagos verantwortlich zeichnet. Er gestaltete 1780–89 die neoklassizistische Fassade zur Plaza. Die beiden Türme kamen erst 1899 hinzu.

Die Innenausstattung der Kirche ist schwer und wuchtig – die wichtigsten Kunstgegenstände sind im **Museum** nebenan zu bewundern: barocke Altäre, alte Manuskripte, liturgische Geräte,

Die Kathedrale an der Plaza de Armas spiegelt sich in einer modernen Fassade

die meisten stammen aus der Werkstatt bayrischer Jesuiten (Mo bis Sa 9.30–20, So 9.30–14 Uhr). Links neben der Kirche steht der alte **Erzbischöfliche Palast**. Er ist heute fast nicht mehr zu erkennen, gut getarnt hinter den Tischen, Stühlen und Sonnenschirmen der Restaurants.

Am Nordende begrenzen drei Gebäude die Plaza de Armas: die Hauptpost, **Correo Central,** Ende des 19. Jahrhunderts im neobarocken Stil auf den Grundmauern des Gouverneurspalastes erbaut, daneben der **Palacio de Real Audiencia,** in dem sich heute das **Museo Histórico Nacional** befindet, und daneben das schöne Gebäude der **Municipalidad de Santiago** (Stadtverwaltung), ein Bau aus dem späten 18. Jahrhundert (Architekt: *Joaquín Toesca*).

Der **Palacio de Real Audiencia** wurde Anfang des 19. Jahrhunderts erbaut. Er diente den letzten spanischen Kolonialherren als Dienstsitz, wurde dann vom ersten chilenischen Kongress und der Nationalregierung genutzt, bis diese unter *Manuel Bulnes* 1846 in die Moneda umzog. Seit 1982 ist in dem neoklassizistischen Gebäude mit dem charakteristischen Turm das Nationalhistorische Museum untergebracht. Möbel, Bilder, religiöse und profane Kunstgegenstände, Waffen, Uniformen und Trachten aus vorkolumbischer Zeit bis ins 20. Jahrhundert sind hier ausgestellt; hin und wieder finden auch Sonderausstellungen statt (im Sommer: Di bis So 10–17.30).

Die Ostseite der Plaza begrenzen einige Geschäftshäuser, an der Südseite lässt sich unter den Arkaden ein schneller Snack einnehmen: *Empanadas,* gefüllt mit Käse oder Fleisch, ein Stück Pizza oder einer der beliebten *Completos*. Nicht übersehen sollte man zwei Gebäude an der Südostecke der Plaza, dort, wo sich die Straßen Merced und Estado kreuzen: das blau-weiße, kuppelgekrönte **Edificio Comercial Edwards,** ein schönes Beispiel für die Stahlgerüstarchitektur des späten 19. Jahrhunderts (1892), sowie die **Casa Colorada,** einer der wichtigsten Kolonialbauten Santiagos (Merced 860). 1769 ließ sich der reiche Kaufmann und spätere Präsident *Mateo de Toro y Zambrano* das zweistöckige Haus erbauen – im unteren Geschoss waren die Geschäftsräume untergebracht, das Obergeschoss wurde von der Familie bewohnt. In der Casa Colorada ist heute das **Museo de Santiago,** das stadthistorische Museum, untergebracht. Möbel, Gemälde und andere Einrichtungsgegenstände vermitteln ein Bild von der Wohn- und Lebensart der oberen Schichten Santiagos bis zum Ende des 19. Jahrhunderts. Interessanter sind jedoch die zahlreichen Modelle, die Episoden aus der Stadtentwicklung verdeutlichen: So sieht man beispielsweise das brennende Santiago nach dem Erdbeben von 1647, bei dem ein Zehntel der Stadtbevölkerung sein Leben verlor (Di bis Fr 10–18 Uhr, Sa 10–17 Uhr, So 11–14 Uhr).

Jeden Sonntag bauen Antiquare und Antiquitätenhändler in der **Fußgängerzone Estado** ihre Stände auf, spielt das Polizeiorchester (!) Pop-Schmonzetten nach, mitunter treten Puppenspieler und Folkloregruppen auf.

Im Stadtzentrum – von der Plaza de Armas bis zur Alameda und zum Cerro Santa Lucía

Südlich der Plaza de Armas führt der **Paseo Ahumada** Richtung Alameda. Doch zunächst wenden wir uns nach Westen in die Straße Compañía und treffen an der nächsten Ecke (Compañía und Bandera) auf eine der größten Sehenswürdigkeiten in Santiago. Im **Palacio Real Casa Aduana,** dem ehemaligen Zollgebäude, ist das **Museo Chileno de Arte Precolombino,** das Chilenische Museum für präkolumbische Kunst, untergebracht. Nicht nur Kunstwerke aus Chile werden hier präsentiert, vertreten sind auch die alten Kulturen Ecuadors (Funde aus Valdivia, um 3000 v. Chr.), Perus und Mittelamerikas. Insgesamt besitzt das Museum einen Fundus von mehr als 2000 präkolumbischen Stücken, Keramiken, Textilien, Gemälden und Plastiken (Di bis So 10–18 Uhr, Eintritt 5 US-$).

Einen Block weiter westlich führt die Calle Compañía zwischen zwei schönen Gebäuden hindurch. Rechts liegt der **ehemalige Kongress,** in dem heute das Außenministerium untergebracht ist. Mitte des 19. Jahrhunderts erbaut, ist das Gebäude von einem kleinen Park umgeben, in dem eine Marienstatue steht. Diese erinnert an die 2000 Menschen, die 1863 beim Brand der Iglesia de la Compañía ums Leben kamen. Die Kirche hatte an diesem Ort gestanden.

Das Gebäude auf der linken Seite, das den gesamten Block einnimmt, ist der **Palast des Obersten Gerichtshofes,** zwischen 1907 und 1929 im neoklassizistischen Stil erbaut. Im Innern sind schöne Jugendstilfenster zu bewundern (im Sommer: Mo 13–18.30, Di bis Fr 8–13 Uhr, im Winter: Mo bis Fr 13–18.30 Uhr).

An der Calle Morandé wendet man sich nach links, folgt ihr einen Block und biegt dann wieder links in den **Paseo Huérfanos** ein. Ihm folgt man bis zur Calle Mac Iver, wendet sich dort nach links und steht an der nächsten Ecke vor der **Basílica de la Merced.** So, wie die Kirche sich heute als Neorenaissancebau präsentiert, stammt sie vor allem aus der Mitte des 18. Jahrhunderts, die ersten Mauern sind noch von 1549, die letzten aus dem späten 19. Jahrhundert. Der Grund: Erdbeben ließen die Basilika immer wieder einstürzen. Die dreischiffige Kirche besitzt wertvolle Kunstgegenstände, darunter eine Marienstatue von 1548, die schon in der ersten Kirche gestanden hatte. Im angeschlossenen Museum ist auch eine Schrifttafel von der Osterinsel zu bewundern (Di bis Fr 10–13, 15–18, Sa 10–13 Uhr).

Der Mac Iver wieder nach Süden folgend, erreicht man die Calle Agustinas, wendet sich dort nach rechts und passiert bald das **Teatro Municipal.** Wie so viele prunkvolle Bauten des Zentrums stammt auch das Theater ursprünglich aus der Mitte des 19. Jahrhunderts, musste aber nach einem Brand 1870 und einem Erdbeben Anfang des 20. Jahrhunderts umfassend restauriert werden. In seinem prunkvollen Saal werden klassische Musik, Opern und Ballett aufgeführt.

Vorbei am **Templo San Agustín** aus dem 17. Jahrhundert folgt man der Cal-

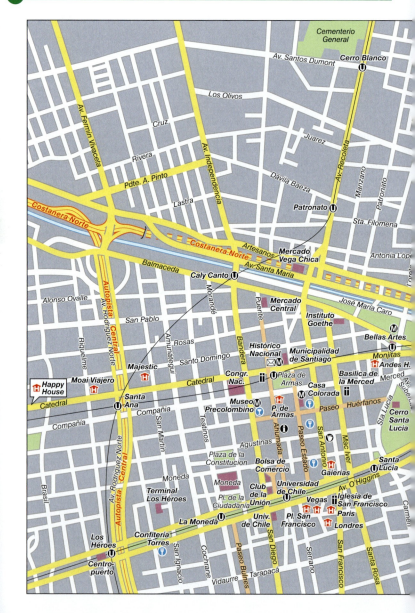

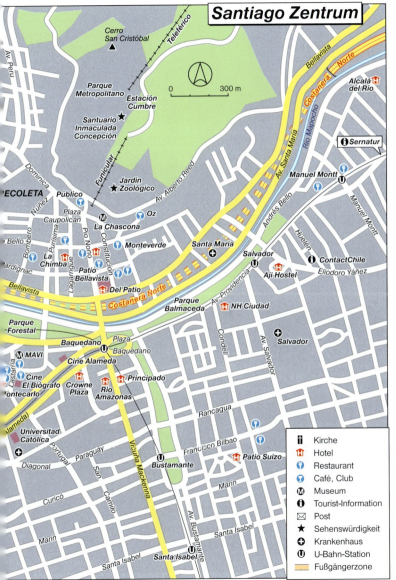

STADTBESICHTIGUNG

le Agustinas über den Paseo Ahumada hinaus und erreicht nach zwei Blocks an der **Plaza de la Constitución** die Stirnseite der Moneda, des Regierungspalastes. An der Plaza liegt unter anderem das ehemalige **Luxushotel Carrera,** aus dessen Fenstern 1973 internationale Filmteams den Putsch gegen die Allende-Regierung filmten, und das seit 2005 Sitz des Außenministeriums ist. Seit kurzem steht an der Plaza neben anderen Statuen von chilenischen Präsidenten auch ein Denkmal für *Salvador Allende*.

Der **Palacio de la Moneda** wurde 1788 bis 1805 unter Leitung des italienischen Architekten *Joaquín Toesca* erbaut – angeblich so breit und niedrig, um eine höhere Sicherheit bei Erdbeben zu erreichen. Er diente als Münzstätte des Landes, wurde aber schon ab 1846 als Residenz des Staatspräsidenten genutzt. Seit 1958 wohnen die Präsidenten nicht mehr in der Moneda, sondern haben hier ihre Büros, ebenso wie einige wichtige Regierungsstellen und Berater. *Allende* starb während des Putsches im Gebäude. *Pinochet* zog 1981 nach umfassender Restaurierung in die Moneda, und auch der erste wieder frei gewählte Präsident *Aylwin* nutzte den Palast erneut als Regierungssitz. Die Öffnung der Moneda für Besucher war eine der ersten Amtshandlungen von *Ricardo Lagos* nach seiner Wahl zum Präsidenten im Jahr 2000. Die Innenräume sind freilich tabu, man kann stattdessen durch die Innenhöfe schlendern und trifft dabei mit ein bisschen Glück den einen oder anderen Minister oder gar die Präsidentin selbst.

Die Südseite des Regierungspalastes wurde 2005/06 komplett zur großen **Plaza de la Ciudadanía** (Bürgerplatz) umgestaltet, mit aufwendigen Wasserspielen und dem unterirdischen **Centro Cultural Palacio La Moneda.** In dem modern gestalteten Kulturzentrum ist das Nationale Filmarchiv untergebracht und finden Ausstellungen statt, sehenswert ist auch eine Schau regionalen Kunsthandwerks. Auf der Südseite des Platzes liegen die sterblichen Reste von Staatsgründer *Bernardo O'Higgins* in einer unterirdischen, von oben durch Glasplatten sichtbaren Marmor-Krypta begraben.

Der weitere Weg unseres Rundgangs führt nach Osten, und zwar auf der nördlichen Seite der Alameda. An der Ecke zur Calle Bandera ist der **Club de la Unión** nicht zu übersehen. Er wurde 1864 gegründet, und jeder, der im Land Rang und Namen hat, sollte diesem Club angehören. Das Gebäude wurde 1917–21 erbaut, es dient auch als Empfangssaal bei Staatsbesuchen und als Treffpunkt von Geschäftsleuten. Nicht zufällig ist direkt neben dem Club die **Bolsa de Comercio,** die Börse Santiagos. Während man in den Club nur in Begleitung eines Mitglieds darf, steht die Börse zu Handelszeiten (Mo bis Fr 9.30–16.30 Uhr) auch Besuchern offen.

Gegenüber dem Club de la Unión erstrecken sich die Gebäude der **Universidad de Chile.**

La Moneda, der Regierungspalast im Zentrum der Hauptstadt

Wenige Schritte weiter auf der Südseite der Alameda steht man vor der rot getünchten **Iglesia San Francisco,** der ältesten Kirche Santiagos, die noch erhalten ist. *Pedro de Valdivia* hatte hier die erste Kapelle seiner neu gegründeten Stadt erbauen lassen, die Kirche selbst wurde ab 1586 errichtet und hat alle Erdbeben, die Santiago in den letzten Jahrhunderten heimgesucht haben, überstanden. Ihr Turm wurde 1857 zugefügt; die drei Vorgänger hatten die Erdbeben nicht überlebt. Das Innere der Kirche ist bis auf die vergoldete Kassettendecke recht schlicht, es birgt jedoch eine große Kostbarkeit: am Hochaltar die Statue der Virgen del Socorro, ein Kunstwerk aus Italien, das *Pedro de Valdivia* selbst nach Santiago gebracht hat. Zur Kirche gehört auch der **Franziskanerkonvent** mit seinem schönen **Museum** – hier wird vor allem kirchliche Kunst ausgestellt, darunter Werke der berühmtesten Kunstschulen Lateinamerikas (Quito, Cusco und Potosí), aber auch ein Faksimile der Nobelpreisurkunde von *Gabriela Mistral*. Schließlich war die Dichterin bis an ihr Lebensende Laienschwester des Franziskanerordens (Di bis Sa 10–13.30, 15–18 Uhr, So 10–14 Uhr).

Südlich des Konvents schließt sich der **Barrio París-Londres** an – ein schönes Stadtviertel mit Patrizierhäusern aus den 1920er Jahren. Die Besonderheit: Hier finden sich die einzigen geschwungen verlaufenden Straßen im gesamten Zentrum Santiagos.

Wieder zurück auf der Alameda, wendet man sich nach rechts (Osten), wechselt die Straßenseite und steht vor der monumentalen **Biblioteca Nacional,** erbaut 1913–24. Sie ist mit einem Medienbestand von etwa 5 Millionen Titeln eine der größten Bibliotheken Lateinamerikas. Über die Plaza Vicuña Mackenna erreicht man den Treppenaufgang zum **Cerro Santa Lucía.** Passend, denn zur Regierungszeit von *Benjamín Vicuña Mackenna* wurde der Hügel im Stadtzentrum zum öffentlichen Park umgebaut. Der Park ist heute ein beliebtes Ziel – von oben genießt man an klaren Tagen einen wunderbaren Blick über die Stadt bis zur Kette der Anden. Allerdings sollte man die einsamen Plätze oben nach Einbruch der Dunkelheit meiden. An der Calle Huérfanos führt ein gläserner Fahrstuhl zum Hügel hinauf.

Im Stadtzentrum – von der Plaza de Armas zum Río Mapocho

Der Paseo Puente führt von der Plaza de Armas nach Norden. Hier beginnt das Reich der Straßenhändler – „¡a mil, a mil!" – „für tausend, für tausend" (1,50 Euro) ist das meistgehörte Wort. Nur wenn ein paar Carabineros durch die Fußgängerzone schlendern, wird es plötzlich sehr ruhig. Schnell wird alles zusammengepackt, ein wenig gewartet, dann werden die Waren wieder auf einem Tuch ausgebreitet.

Drei Blocks nördlich der Plaza liegt das Gebäude des **Mercado Central,** das 1872 eigentlich aus einem völlig anderem Grund hier errichtet wurde: Es war als Ausstellungshalle für chilenische Künstler gedacht. Die Eisenkonstruktion wurde in England gefertigt und hier zusammengebaut, und bald nach der Vollendung mussten sich die Künstler einen anderen Platz suchen: Die Marktleute kamen, und wo ursprünglich Bilder hängen sollten, werden heute Fische, Meeresfrüchte oder auch Birnen, Äpfel und Trauben verkauft. Der Markt ist nicht nur ein Platz zum Einkaufen, alles kann auch an Ort und Stelle frisch zubereitet verspeist werden.

Nordwestlich der Markthalle, direkt am Río Mapocho, liegt ein anderes zweckentfremdetes Gebäude. Die **Estación Mapocho** war bis in die 1980er Jahre der Bahnhof für die Züge nach Valparaíso. Das beeindruckende Gebäude wurde 1912 von dem französischen Architekten *Emile Jacquier* entworfen, es dient jetzt als Kulturzentrum, in dem große Konzerte und Messen stattfinden.

Die Brücke an der Estación Mapocho führt über den Fluss hinüber zum farbenprächtigen **Blumen- und Gemüsemarkt La Vega Chica** – ein kurzer Abstecher lohnt sich. Auf der Südseite des Río Mapocho erstreckt sich eine weitläufige Parkanlage, die zunächst **Parque Venezuela**, später dann (weiter östlich) **Parque Forestal** heißt. Mitten im Park lockt das **Museo de Bellas Artes** mit seiner großen Kunstsammlung. In dem klassizistischen Gebäude mit der lichtdurchfluteten zentralen Ausstellungshalle werden v.a. Werke chilenischer und anderer lateinamerikanischer Künstler gezeigt, aber immer wieder finden auch Ausstellungen internationaler Größen statt.

Zwischen dem Parque Forestal und dem Cerro Santa Lucía liegt eines der schönsten Viertel der Innenstadt: der **Barrio Lastarria,** auch Barrio Bellas Artes genannt. Hier haben in den letzten Jahren zahlreiche gemütliche Cafés, schmucke Designerläden und Restaurants eröffnet. Mittendrin ist die kleine **Plaza Mulato Gil de Castro** (Lastarria 307), ein großer Innenhof mit Restaurant und Café, Töpferwerkstatt und dem lohnenswerten, der modernen Kunst gewidmeten **Museo de Artes Visuales** (MAVI, Di bis So 10.30–18.30 Uhr). Wenige Schritte weiter, an der Ecke Lastarria/ Villavicencio, sollte man einen Blick in das **Observatorio Lastarria** werfen, ein schön restauriertes Bürgerhaus mit einem gemütlichen Café, einem Ausstellungssaal und einem Laden mit erlesenem Kunsthandwerk.

Bellavista und der Cerro San Cristóbal

Der Stadtteil **Bellavista** nördlich des Río Mapocho hat sich zum beliebtesten **Ausgehviertel** von Santiago entwickelt. Entlang der Avenida Pío Nono und in den Seitenstraßen locken unzählige Restaurants, Kneipen und Diskotheken; an den Wochenenden im Sommer sind die Straßen schwarz vor Menschen. Nur eines fehlt dann den Bewohnern des Viertels: Nachtruhe. Tagsüber flaniert man durch die baumbestandenen Straßen, trinkt irgendwo einen Kaffee, stöbert in den Designerläden der Straße Constitución oder besucht eine Lapislazuliwerkstatt (Calle Bellavista). Die Straßen Ernesto Pinto Lagarrigue und Antonia López de Bello wurden zum **Paseo de las Artes** umgestaltet, mit von Künstlern bemalten Fassaden, Steinmosaiken im Pflaster und originellen Bänken. Neu ist ebenfalls der **Patio Bellavista** (Pío Nono 55), wo ein Innenhof entkernt und zur Flaniermeile mit netten Kneipen und schickem Kunsthandwerk umgebaut wurde. (Weitere Tipps in den Abschnitten „Restaurants", „Discos" sowie „Kneipen und Clubs".)

Außer Nachtschwärmern und Edelsteinfreunden kommen auch Literaturliebhaber nach Bellavista. In der Calle Fernando Marqués de la Plata 0192 steht **La Chascona,** das von außen unscheinbar und mit den kleinen, engen Fenstern der ersten Etage eher abweisend wirkende **Haus Pablo Nerudas** in Santiago. Das war auch die Absicht des Dichters – niemand sollte wissen, was sich hinter diesen Mauern abspielte. *Neruda* richtete La Chascona – am besten mit Strubbel- oder Lockenkopf zu übersetzen – als heimliches Liebesnest ein. Als er es 1953 für die lockige *Matilde Urrutia* erwarb, war er noch mit *Delia del Carril* verheiratet. Nur durch eine schmale Pforte gelangt man ins Innere, und dort ändert sich der abweisende Eindruck: Zur Rückseite ist das Gebäude licht und offen (Di bis So 10–18 Uhr, Führungen auf Spanisch und Englisch, Eintritt 6 US-$).

Nur wenige Schritte sind es von hier zur **Plaza Caupolicán,** von der aus der **Funicular** (Standseilbahn) hinauf zum Cerro San Cristóbal rattert. Unterwegs macht er einmal Rast – am Eingang des Zoos, in dem traurige Tiere in traurigen engen Freigehegen zu sehen sind. Rund 250 Meter höher als die Plaza Caupolicán liegt die Endstation, von dort sind es fünf Minuten Fußweg bis zur Statue der **Virgen de la Immaculada Concepción,** die – 14 Meter hoch und 36 Tonnen schwer – über der Stadt thront. Bei klarem Wetter ist der Ausblick von oben wundervoll.

Ein kurzer Fußweg führt bis zur Estación Cumbre. Dort startet die 1200 Meter lange Fahrtstrecke des **Teleférico** (Kabinenseilbahn) über die Station Tupahue zur Endstation am Nordende der Av. Pedro de Valdivia Norte. An der **Station Tupahue** locken die beiden schönsten **Freibäder** Santiagos, Tupahue und Antilén (Letzteres mit 360°-Rundblick, beide Di bis So 10–18 Uhr geöffnet), sowie das Camino Real, ein Restaurant mit Weinmuseum und Aussichtsterrasse (Mo geschlossen). Unterwegs eröffnen sich tolle Fotomotive des Hochhausmeers im Osten der Stadt vor der Andenkulisse.

Providencia und Las Condes

Die **Plaza Baquedano** ist der Schnittpunkt in Santiago. Hier endet die Alameda und beginnt die nach Osten führende Av. Providencia, auf der man von der Innenstadt in den Barrio Alto, die höher gelegenen Stadtviertel, gelangt. Das moderne Gebäude der Telefongesellschaft CTC an der Plaza, gestaltet in der Form eines riesigen Handys, stimmt darauf ein, was kommt: die **neuen Stadtviertel,** die neuen Zentren der Stadt.

Entlang der **Av. Providencia,** vor allem etwa ab den 1500er Hausnummern, haben zahlreiche internationale Unternehmen ihren Sitz, hier finden sich schicke Boutiquen, Restaurants und Pubs, große Shopping-Malls und Hotels. Während in den Seitenstraßen

prächtige alte Villen dem Vormarsch der Hochhäuser trotzen, schießen an den Hauptachsen immer neue Wolkenkratzer mit Großraumbüros oder Apartments aus dem Boden. Ein schon klassischer Pol mit Kaufhäusern und Ladengalerien liegt rund um die Metrostation Los Leones. Weiter Richtung Berge schließt sich das **teuerste Viertel der Hauptstadt** an: **El Golf.** Hier, zwischen den Metrostationen Tobalaba und Alcántara, kostet der Quadratmeter mehr als in der Münchner Innenstadt, hier versuchen sich spiegelnde Glaspaläste gegenseitig zu übertreffen (entlang und nördlich der Av. Apoquindo), hier reiht sich ein erlesenes Restaurant ans andere (El Bosque Norte/Isidora Goyenechea). Eine Adresse in diesem Barrio – ob als Firmensitz oder Privatwohnung – zeigt Status an.

Gänzlich in die USA versetzt fühlt man sich schließlich in einem der riesigen Einkaufszentren in Las Condes. Es sind **Shopping-Center** wie der **Parque Arauco,** Av. Kennedy 5413 (per Bus ab der Metrostation Escuela Militar zu erreichen), oder das Shopping-Center **Alto Las Condes** mit drei Kaufhäusern, über 200 Läden der Güteklasse Gucci und Laura Ashley, einem Supermarkt und einem Multiplexkino – das größte in ganz Lateinamerika (Av. Kennedy 9001). Wer von Chile bisher nur die Dörfer im Altiplano oder in Patagonien oder von Santiago nur die Plaza de Armas kannte, bekommt hier ein völlig anderes Lateinamerika-Bild vermittelt.

Hochhaus-Landschaft in Santiago

Parks und Gärten

● Parque Quinta Normal

Dieser Park liegt westlich des Stadtzentrums und ist einer der beliebtesten Treffpunkte an schönen Sommersonntagen. Hier picknicken Familien, Kinder und Jugendliche jagen dem Fußball hinterher, Liebespaare schmusen unter alten Bäumen. Inmitten des 40 Hektar großen Parks gibt es einige Museen: direkt am Südeingang (Av. Portales 3530) das **Museo Artequín,** das weniger wegen seiner Ausstellung (Repliken alter europäischer Meister, sehr didaktisch und interaktiv aufgebaut; Di bis So 10–17 Uhr), als vielmehr wegen seiner Architektur interessant ist. Das Gebäude war 1898 der Pavillon Chiles bei der Weltausstellung in Paris, erbaut in der damals modernen Stahlgerüstweise.

Das schönste Museum im Park ist das **Museo Nacional de Historia Natural.** Es vermittelt mit Schaukästen und Dioramen einen Einblick in die faszinierende Naturgeschichte Chiles. Momentan leider nicht zu bewundern ist die Mumie eines zwölfjährigen Inka-Kindes, die man 1954 in mehr als 5000 Metern Höhe am Cerro Plomo in der Nähe von Santiago fand. Dazu kommen Knochen von Walen und Urtieren, wie beispielsweise des Mylodons (Di bis Sa 10–17.30, So 11–17.30 Uhr). Zu erreichen ist der Park bequem mit der Metro-Linie 5 (Endstation Quinta Normal).

● Parque O'Higgins

Auch dieser, leider etwas vernachlässigte Freizeitpark in Santiago ist Treffpunkt von Familien, Fußballspielern und Liebespaaren. Am Parkeingang wartet „El Pueblito", eine Ladenstraße mit Nachbauten alter Häuser, in denen Restaurants, aber auch ein Museo del Huaso, das sich dem chilenischen Landmann widmet, untergebracht sind. Hauptattraktion für die meisten Besucher ist Fantasilandia, ein Freizeitpark für Kinder. Der Parque O'Higgins ist einfach per Metro zu erreichen, die Linie 2 hält direkt am Eingang.

Cementerio General

Eine schattig-grüne Oase der Ruhe ist auch der ausgedehnte **Zentralfriedhof** der Stadt. Hier sind fast alle Präsidenten Chiles sowie zahlreiche wichtige Persönlichkeiten begraben, zum Teil in pompösen Mausoleen. Ein ausgewiesener Rundweg führt zu den interessantesten Stellen, darunter auch das Grabmal *Allendes* und das Mahnmal für die *Detenidos-Desaparecidos,* die während der Militärdiktatur Verhafteten und „Verschwundenen". Im Rahmen von Führungen (Mo bis Fr 9.30, 11.30 und 15.30 Uhr sowie – besonders stimmungsvoll – auch abends) erfährt man zahlreiche Anekdoten und kann viel über die chilenische Geschichte lernen (Metrostation Cementerios, Linie 2, Tel. 7379469, www.cementeriogeneral.cl).

Touristeninformation und nützliche Adressen

● **Vorwahl von Santiago: 2**

Sernatur

● **Av. Providencia 1550,** Tel. 600-73762887, nahe der U-Bahnstation Pedro de Valdivia. Geöffnet Mo bis Fr 8–18 Uhr, Sa 9–14 Uhr. Informationen über Santiago de Chile und

das gesamte Land, darunter Listen mit Hotels und Broschüren.
- Sernatur unterhält auch einen **Informationskiosk am Flughafen.**

Stadtverwaltung
- Die Stadtverwaltung von Santiago verfügt über einen eigenen **Informationsdienst.** Die Zentrale ist in der Casa Colorado, Merced 860, an der Plaza de Armas (Tel. 6327785). Geöffnet ist das Büro Di bis Fr 10–17.45, Sa 10–17, So 11–14 Uhr.

Stadtpläne
- **Bei allen Informationsstellen** erhält man einen kleinen **kostenlosen Stadtplan von Santiago,** auf dem auch das U-Bahn-Netz eingezeichnet ist. Detailliertere Pläne gibt es an den Kiosken zu kaufen.
- Einen detailgenauen, speziell für ausländische Besucher gestalteten **Stadtplan mit Kurzführer** gibt **ContactChile** auf Englisch und Spanisch heraus. Erhältlich im Buchhandel sowie im ContactChile-Büro, Huelén 219, piso 2, Metrostation Salvador. Unter www.mapcity.cl und www.planos.cl kann man sich jede Adresse in der Stadt sowie die Route dorthin als Detailkarte anzeigen lassen.

Conaf
- Die **besten Informationen über die chilenischen Nationalparks,** inkl. simple Karten, erhält man bei Conaf (Corporación Nacional Forestal), der staatlichen Nationalparkbehörde: Bulnes 285, Santiago, Tel. 3900000.

Instituto Geográfico Militar
- **Dieciocho 369** (Metrostation: Toesca), Tel. 4109463; hier gibt es Landkarten. Online-Bestellung unter www.igm.cl.

Hostelling International
- Wer einen Jugendherbergsausweis braucht, wende sich an die Zentrale der **Jugendherbergsorganisation:** Hernando de Aguirre 201, of. 602, Metrostation: Tobalaba, Tel. 4112050, 26–30 US-$, Passfoto erforderlich.
- Die **Jugendherberge** selbst ist in Cienfuegos 151 im Barrio Brasil (Metrostation: Los Héroes, Tel. 6718532). Sie kostet mit Her-

bergsausweis 8 US-$, ohne 12 US-$. Übernachtet wird in Vier- bis Sechsbettzimmern, es gibt Schließfächer, eine Caféteria und einen Aufenthaltsraum.

Hotels

Einfach und preiswert
- **La Casa Roja**
Agustinas 2113, Barrio Brasil, Tel. 6964241. Backpackerhostel in einem riesigen alten Aristokratenpalais, das vom australischen Besitzer *Simon* nach und nach renoviert wird; neue Betten, moderne Gemeinschaftsbäder, Internet, Patio. 11 US-$ p.P. im Mehrbettzimmer, DZ 27 US-$. www.lacasaroja.cl
- **Hostal La Chimba**
Ernesto Pinto Lagarrigue 262, Barrio Bellavista, Tel. 7358978. Gelobtes Backpacker-Hostel mitten im Nachtleben, nette Atmosphäre, ab 13 US-$ p.P. www.lachimba.com
- **Hostal Plaza de Armas**
Compañía 960 depto. 607, Zentrum, Tel. 6714436. Schön restaurierte Etage eines alten Palais direkt an der Plaza, mit Balkonblick auf diesen, internationale Atmosphäre. 10 US-$ p.P. www.plazadearmashostel.com
- **Andes Hostel**
Monjitas 506, Zentrum, Metro: Bellas Artes, Tel. 6329990. Neues Backpacker-Hostel mitten im Viertel Bellas Artes, mit Küchenbenutzung, W-Lan-Internet, Bar, Wäscheservice, Zentralheizung, Fahrradverleih und Sonnenterrasse. Mehrbettzimmer ab 17 US-$ p.P., DZ ab 42 US-$. www.andeshostel.cl
- **Aji Hostel**
Triana 863, Providencia, Metro: Salvador, Tel. 2364401. Schönes, lebhaftes Hostel mit Küchenbenutzung, Internet (auch W-Lan), Restobar, Fahrradverleih, Wäscheservice. Mehrbettzimmer 11 US-$ p.P.
www.ajihostel.cl
- **Moai Viajero Hostel**
Riquelme 536, Barrio Brasil, Tel. 6990229. Von Lesern empfohlene freundliche Unterkunft nahe der Metro Santa Ana, mit Mehrbett- oder Doppelzimmern, schönem Garten mit Grillplatz, Küchenbenutzung, W-Lan-Internet, Videothek. Ab 13 US-$ p.P., DZ 30 US-$. www.moaiviajerohostel.cl

HOTELS

- **Happy House Hostel**
Catedral 2207, Barrio Brasil, Metro: Cumming, Tel. 6884849. Restaurierte hundertjährige Villa mit hohen, großen Räumen und elegant-eklektische Einrichtung. Komplette Küche, Dachterrasse, Internet gratis, Bar und Sauna, leider viel Verkehrslärm. DZ 52–62 US-$. www.happyhousehostel.cl
- **El Patio Suizo**
Condell 847, Metro: Salvador, Tel. 4740634. Familiäre, gemütliche Herberge, geführt von einem Schweizer. Schöne Zimmer, Bar, grüner Garten, Internet, Touren, Gemeinschafts- oder Privatbad, DZ 35 bzw. 53 US-$. www.patiosuizo.com
- **Hostal Río Amazonas**
Vicuña Mackenna 47, Zentrum, Metro: Baquedano, Tel. 6351631. Zentral, Parkplatz, gutes Frühstück, DZ mit Bad 47 US-$. Der Ableger des Hostals im Barrio Brasil ist eher nicht zu empfehlen.
- **Hotel París**
París 813, Tel./Fax 6394037. Sauber und freundlich, zentral gelegen, einige Zimmer sind neu eingerichtet, andere etwas abgewohnt, sichere Gepäckaufbewahrung. Am besten vorbestellen. DZ mit eigenem Bad 27–34 US-$.
- **Residencial Londres**
Londres 54, Tel./Fax 6382215. Etwa gleicher Standard wie das um die Ecke gelegene Hotel París, ebenfalls ein Klassiker unter den Pensionen und Treffpunkt. Vorbestellung auch hier notwendig. DZ mit Bad 34 US-$.
- **Apart-Hotel Monteverde**
Pío Nono 193, Tel. 7773607, Fax 7370341. Hotel mit kleinen Apartments im Ausgehviertel Bellavista, daher gut für Nachtschwärmer, aber nichts für Geräuschempfindliche. Nur Mikrowelle als Kochgelegenheit. Apartment für 1 Person 44 US-$, 2 Personen 58 US-$. www.aparthotelmonteverde.cl

Mittelklasse-Hotels

- **Hotel Montecarlo**
Subercaseaux 209, Tel. 6339905, Fax 6335577. Schön am Cerro Santa Lucía gelegen, freundlich, mit etwas kleinen Räumen, Restaurant. DZ ab 65 US-$. www.hotelmontecarlo.cl
- **Hotel Tokyo**
Almirante Barroso 160, Tel. 6984500. Sehr freundlich, großer Garten. DZ ab 50 US-$.
- **Principado**
Av. Vicuña Mackenna 30, nahe der Plaza Baquedano, Tel. 2228142, Fax 2226065. Kabel-TV, freundlich, gut. DZ ab 70 US-$. hotelprincipado@123.cl
- **Hotel Vegas**
Londres 49, Tel. 6322498, Fax 6325084. Geräumige Zimmer, ruhige Lage, sehr freundlich. DZ ab 72 US-$. www.hotelvegas.net
- **Hotel del Patio**
Pío Nono 61, Metro: Baquedano, Tel. 7327571. Neue Herberge in einer restaurierten Fachwerkvilla am Patio Bellavista, mittendrin im Nachtleben; nett, aber laut, DZ 120 US-$. www.hoteldelpatio.cl
- **Hotel Lyon**
Av. Ricardo Lyon 1525, Providencia, Tel. 2257732. Gutes, gepflegtes Mittelklassehotel, deutschsprachig, DZ 75 US-$. www.hotellyon.cl
- **Los Españoles**
Los Españoles 2539, Providencia, Tel. 2321824. Hotel der Best-Western-Kette, guter Vier-Sterne-Service, mit angeschlossenem Apart-Hotel. DZ ab 90 US-$. www.losespanoles.cl
- **Hotel Galerías**
San Antonio 65, Tel. 4707400. Mitten im Zentrum, schön dekoriert, mit Lärmschutzverglasung. DZ 143 US-$, Suite 232 US-$. www.hotelgalerias.cl
- **Hotel Rugendas**
Callao 3123, Las Condes, Tel. 3705700. 4-Sterne-Hotel im Boutique-Stil im exklusiven Viertel El Golf, Außenpool, empfohlen. DZ ab 110 US-$. www.rugendas.cl
- **Hotel Atton**
Alonso de Cordova 5199, Las Condes, Tel. 4227900. Modernes Hotel, auch Suites für Familien. DZ ab 130 US-$. 2007 eröffneter **Ableger Atton El Bosque,** Roger de Flor 2770, Las Condes, DZ 150 US-$. www.atton.cl
- **Alcalá del Río**
Padre Mariano 331, Providencia, Tel. 2360871. Ruhiges Mittelklasse-Hotel in guter Lage, Nähe Metro Pedro de Valdivia. DZ ab 100 US-$. www.hotelalcala.cl

Hotel Majestic
Santo Domingo 1526/Ecke San Martín, Tel. 6958366. Gutes Hotel mit Pool, Safe im Zimmer, Gepäckaufbewahrung und exzellentem indischen Restaurant. Frühstücksbuffet. DZ ca. 110 US-$. www.hotelmajestic.cl

Hotel NH Ciudad
Condell 40, Providencia, Tel. 3417575. Bequemes, beliebtes Hotel an der Metrostation Salvador, DZ 135 US-$. www.nh-hotels.com

Hotel Orly
Pedro de Valdivia 027, Providencia, Tel. 2318947. Gemütliches Hotel im Herzen von Providencia mit 28 Zimmern im französischen Stil, DZ ab 110 US-$. www.orlyhotel.com

Hotel Fundador
Paseo Serrano 34, Tel. 3871200. Schönes Hotel im europäischen Stil, mitten im Barrio Paris-Londres. DZ 124 US-$. www.hotelfundador.cl

Luxus-Hotels

Crowne Plaza Hotel
Alameda 136, Zentrum, Tel. 6381042. 300 Zimmer mit Blick über die Stadt, dazu Pool, Sauna und Tennisplätze. DZ ab 104 US-$. www.ichotelsgroup.com

Plaza San Francisco
Alameda 816, Tel. 3604444, Fax 3604486. Luxuriöses 5-Sterne-Hotel der internationalen Spitzenklasse mitten im Stadtzentrum. DZ ab 169 US-$. hotel@plazasanfrancisco.cl

Radisson Royal Santiago
Av. Vitacura 2610, Tel. 203600-0, Fax -1. 5-Sterne-Luxushotel im Santiago World Trade Center mit allem Service für Geschäftsleute, sogar Hubschrauber-Transfer zum Flughafen. DZ ab 179 US-$. radisson@radisson.cl

Plaza El Bosque Park & Suites
Ebro 2828, Las Condes, Tel. 4981800. Sehr bequemes, distinguiertes Hotel im neuen Geschäftsviertel „Sanhattan", 179 Suiten, 2 Restaurants und Pool. DZ ab 270 US-$. www.plazaelbosque.cl

Marriott Santiago
Av. Kennedy 5741, Tel. 4262000, Fax 4262126. Luxus in einem neuen Hochhausfinger mit toller Aussicht, Schwimmbad, Sauna etc., edle Restaurants. DZ ab 209 US-$. www.santiagomarriott.com

Hyatt Regency Santiago
Av. Kennedy 4601, Tel. 9501234, Fax 9503155. Eines der teuersten und elegantesten Hotels in Santiago (5 Sterne), mit großen Restaurants, Fitnesscenter, großem Pool, Sauna etc. DZ ab 464 US-$. reservas@hyatt.cl

Sheraton Santiago
Av. Santa María 1742, Tel. 2335000. Erprobte Eleganz am Cerro San Cristóbal, mit allem Drum und Dran. Mit neuem Luxusgebäude „San Cristóbal Tower". DZ ab 250 US-$. 4-Sterne-Ableger **Four Points Sheraton** in Santa Magdalena 111, Tel. 7500300, DZ ab 145 US-$. info@sheraton.cl

Ritz-Carlton
El Alcalde 15, Metro El Golf, Tel. 4708500. Brandneu und todschick: das einzige Hotel der berühmten Kette in Südamerika. Mit Spa unterm Glasdach, erlesenen Restaurants und Weinbar. DZ ab 269 US-$. www.ritzcarlton.com/hotels/santiago

Camping

In Santiago selbst gibt es keinen Campingplatz. Die nächsten Zeltplätze finden sich in **Cajón de Maipo** bei El Manzano (ca. 40 km vom Zentrum Santiagos entfernt) und in **San José** (ca. 50 km).

Längere Aufenthalte

Eine Unterkunft für länger zu finden ist nicht ganz einfach. Einen Blick lohnen die Schwarzen Bretter im Goethe-Institut oder in den Universitäten. Der Wohnungsteil der Zeitungen (v.a. „Mercurio") ist für Santiago-Neulinge nur schwer zu entziffern, und der Anteil an winzigen Kammern bei einsamen Wirtinnen ist hoch. Ein akzeptables möbliertes Zimmer im Stadtteil Providencia ist ab ca. 160 Euro im Monat zu haben, eine Wohnung mit ein oder zwei Schlafzimmern kostet das Doppelte bis Dreifache.

Die deutschsprachige Agentur **Contact-Chile** vermittelt zu günstigen Preisen Zimmer in Familien, Studenten-WGs oder -Pensionen sowie möblierte Wohnungen. Auf ihrer Website www.contactchile.de listet sie zahlreiche konkrete Angebote mit Fotos und

Beschreibungen auf. Darüber hinaus organisiert die Agentur Praktika in chilenischen Firmen und Institutionen. Adresse: Huelén 219, piso 2, Providencia, Tel. 2641719, info@contactchile.cl.

Restaurants

Egal welche Küche man bevorzugt – in Santiago wird jeder auf seinen Geschmack kommen. Es gibt eine Überfülle an Restaurants, vom einfachen Imbiss an der Ecke bis hin zum eleganten Feinschmeckerpalast. Die billigeren sind meistens Fast-Food-Restaurants, in denen in passendem Ambiente Geflügel, Sandwiches, Pizza und Pommes serviert werden. Wer schön und gut essen will, muss abends mit mindestens 12 Euro (inklusive Getränke) pro Person rechnen, zum Mittagessen bieten viele Restaurants preiswertere Menüs an.

Ein gutes Mittagessen bekommt man in der **Markthalle**, dem **Mercado Central**, auf der Calle San Pablo/Ecke Puente. Hier werden frisch alle Fischarten und Meeresfrüchte serviert, die in Chile zu haben sind. Die preiswerteren Garküchen befinden sich außen an der Markthalle oder direkt neben den Fischverkaufsständen – hier sitzt man auf wackligen Stühlen vor Plastiktischen. Etwas vornehmer, aber immer noch rustikal geht es im Innern der Markthalle zu, wo „Don Augusto" die Szenerie beherrscht.

Die Markthändler selbst essen im **Mercado La Vega,** nördlich der Markthalle und des Río Mapocho. Dort gibt es einen gebratenen Fisch schon ab 1 Euro.

Im Zentrum
● **Bar Nacional**
Bandera 317 und Huérfanos 1151. Beide Restaurants sind mittags immer voll, sehr beliebt bei Geschäftsleuten, wechselnde Tageskarte, hervorragende Empanadas.
● **De los Reyes**
Compañía 1073. Authentische peruanische Gerichte in diesem und weiteren Restaurants im „Klein-Lima" westlich der Plaza de Armas.

- **La Piccola Italia**
Alameda 870, neben dem Hotel Plaza San Francisco. Italienisches auf gutem Niveau, nicht teuer.
- **Bar Unión**
New York 1. Trotz der dunklen Einrichtung eine echte Bier- und Weinbar mit guter, einfacher Küche, große Portionen.
- **Confitería Torres**
Alameda 1570. Klassiker mit Tangomusik, nicht billig.
- **Bristol**
Im Hotel Plaza San Francisco, Alameda 816. Vielfach ausgezeichnete kreative Spitzenküche, die allerdings auch ihren Preis hat.
- **Zabo Sushi**
Plaza Mulato Gil, Lastarria 305. Sehr leckeres Sushi und flotte Drinks an einem romantischen Ort der Ruhe inmitten der hektischen Innenstadt.
- **Gatopardo**
Lastarria 192. Landestypische Küche vom Feinsten, guter Service, nur abends geöffnet.
- **Opera/Catedral**
Merced 395 Ecke de la Barra. Neu und angesagt: unten exzellentes, französisch inspiriertes Restaurant, oben Lounge-Bar mit Terrasse und Live-Musik.

Barrio Bellavista

Im Ausgehviertel von Santiago liegen zahlreiche Restaurants und Kneipen. Einige Empfehlungen:
- **El Caramaño**
Purísima 257. Typisch chilenisch in uriger Atmosphäre.
- **Eladio**
Pío Nono 251; weitere Lokale in Av. Ossa 2234 und Av. 11 de Septiembre 2250. Gute, große Fleischportionen.
- **Venecia**
Pío Nono 200, Ecke López de Bello. Alteingesessene, etwas heruntergekommene Kneipe, berühmt als früheres Stammlokal von *Pablo Neruda* – der hatte es von seinem Haus in Bellavista auch nicht weit.

- **Galindo**
Dardignac 098 Ecke Constitución. Klassisch, preiswert und immer gut besucht: chilenische Gerichte, Sandwiches und Fassbier.
- **Azul Profundo**
Constitución 111. Exzellente Meeresfrüchte in passendem Ambiente.
- **Santería**
Chucre Manzur 1. Kulinarische Kreationen in schickem Ambiente, mit Lounge-Terrasse.
- **Ky**
Av. Perú 631, Tel. 7777245. Thailändisch inspirierte Küche in einer witzig-eklektisch dekorierten weitläufigen Villa. Nicht billig, Voranmeldung empfohlen.

Providencia

- **Bar und Restaurant Liguria**
Av. Providencia 1373, direkt an der Metrostation Manuel Montt. Sehr beliebter, oft voller Treffpunkt mit guter italienisch-chilenischer Küche, üppige Portionen. Weitere Filialen, mit etwas weniger Boheme-Ambiente, in Pedro de Valdivia 048 und Luis Thayer Ojeda 019 (Metro: Tobalaba).
- **Astrid y Gastón**
Antonio Bellet 201. Der Ableger des peruanischen Originalrestaurants hat sich mit kreativen internationalen Gerichten schnell unter die Top Ten der Stadt gekocht.
- **Osadía**
Av. Tobalaba 477. Jung, gewagt und gut – wie der Besitzer und Spitzenkoch *Carlo von Mühlenbrock*. Innovative Innenarchitektur.
- **Barandiarán**
Manuel Montt 315. Peruanische Küche pur, von Ceviches über Meerschwein bis zur *Chifa* (peruanisch-chinesisches Gericht).
- **Le Flaubert**
Orrego Luco 125. Französische Speisen, klein und fein, mit gemütlichem Innenhof. Teespezialitäten.
- **El Parrón**
Av. Providencia 1184, Nähe Manuel Montt. Neu aufgelegter Klassiker mit fleischbetonter chilenischer Küche.
- **Sukalde**
Bilbao 460, Tel. 6651017. Innovative Spitzenküche von Ferran-Schüler *Matías Palomo*, im Gastro-Viertel rund um die Av. Italia.

Straßencafé im Patio Bellavista

CAFÉS, KINOS

● **De Cangrejo a Conejo**
Av. Italia 805, Tel. 6344041. Kreative Küchenzaubereien zwischen Orient und Latino, in nettem Ambiente.

Las Condes und Vitacura

● **Europeo**
Alonso de Córdova 2417, Tel. 2083603. Vor allem französisch inspirierte Kreationen des Spitzenkochs *Carlos Meyer*. Mehrfach als bestes chilenisches Restaurant ausgezeichnet, dabei angemessene Preise.

● **Adra**
El Alcalde 15. Gastronomische Spitzenklasse im feinen Ambiente des Ritz-Carlton-Hotels.

● **La Mar**
Av. Nueva Costanera 3922, Tel. 2067839. Peruanisches vom Feinsten, saftige Preise, Voranmeldung empfohlen.

● **Puerto Fuy**
Nueva Costanera 3969. Hochgelobte kulinarische Kreationen von *Giancarlo Mazzarelli*.

● **La Sal**
Av. Vitacura 2911. Steaks, Fisch und Pasta auf spanische Art, sehr gutes Preis-Leistungs-Verhältnis.

Vegetarisch

● **El Naturista**
Moneda 846. Vegetarische Kost, meist aus biologischem Anbau.

● **El Vegetariano**
Huérfanos 827, Local 18. Das zweite vegetarische Restaurant im Zentrum der Stadt.

● **Café del Patio**
Providencia 1670, Local 8-A. Tofu-Gerichte und leckere Salate in nettem Ambiente.

● **El Huerto**
Orrego Luco 054, nicht ganz preiswerte, kreative Küche.

Cafés

In Sachen Kaffeekultur hat Chile und insbesondere Santiago in den letzten Jahren einen großen Sprung gemacht. Wo man früher nur Nescafé serviert bekam, gibt es heute vielerorts Espressomaschinen. Explodiert ist vor allem das Angebot an Cafés, wo Kaffee in **verschiedensten Varianten** zubereitet und eine reiche Auswahl an süßem Gebäck und Eis serviert wird. Wo es die Örtlichkeiten erlauben, werden Tische auf die Straße gestellt, liegen Zeitungen bereit oder kann man im Internet surfen. Auch in den Einkaufszentren hat die Kultur des leckeren Kaffees zwischendurch Einzug gehalten. Aus der Fülle der Cafés hier nur einige Beispiele:

● **Mosqueto**
Mosqueto 440, Centro. Gemütliches Buchladen-Café.

● **Patagonia**
Lastarria 96. Liebevoll eingerichtetes Tagescafé, gutes Frühstück und Salate.

● **Café Magdalena**
Las Urbinas 27, Providencia. Leckere Fruchtsäfte, Tee, Kaffee und Kuchen. Fungiert am Abend als Bar.

● **Cory**
Av. Providencia 2155 (im Mall Panorámico). Österreichische Kaffeekultur vom Feinsten.

● **Melba**
Don Carlos 2898, Las Condes. Das beste Frühstück der Stadt.

● **Starbucks**
Isidora Goyenechea 2940. Die amerikanische Kette mit drahtlosem Internet.

Eine skurrile chilenische Spezialität sind die **„Cafés con piernas"** (Café mit Beinen), die sich insbesondere in den alten Ladenpassagen des Zentrums finden. Hier lassen sich in graue Anzüge gekleidete Männer von jungen Damen in Miniröcken oder Bikini einen *cortado* (Espresso mit Milch) servieren. Frauen ist vom Besuch dieser zwielichtigen, von außen nicht einsehbaren Kaffeebars abzuraten.

Kinos

Die Kinos in Santiago zeigen dieselben Filme wie die in London, Paris oder Köln – die internationalen Verleihfirmen bestimmen auch hier das Programm. Die Besonderheit: Die **meisten Filme** laufen **in der Originalsprache** und sind spanisch untertitelt. Die meisten Kinos liegen im Zentrum auf dem Paseo Huérfanos, das größte Multiplex im Zentrum ist das Hoyts San Agustín (San Antonio Ecke Moneda). Weitere große Multiplex-Kinos finden sich in Einkaufszentren wie Parque Arauco und Alto Las Condes. Das Programm wird in den Tageszeitungen veröffentlicht. Mittwochs gelten ermäßigte Preise.

Wer Originelleres möchte – einige **„Kunstkinos" (Cines Arte)** bieten ein Programm neben dem Mainstream:
- **Alameda**
Av. O'Higgins 139, Tel. 6648821.
- **Biógrafo**
J.V. Lastarria 181, Tel. 6334435.
- **Normandie**
Tarapacá 1181, Tel. 6972979.
- **Sala Blanca**
In der Universidad Católica, Centro de Extensión, Alameda 390, Tel. 3546507.

Theater und Konzerte

Die Theaterszene Santiagos ist nicht sehr groß, aber ambitioniert. Die wenigsten Bühnen haben feste Ensembles. Ihr Programm wird in der Tagespresse veröffentlicht, am besten schaut man in den „Mercurio" oder in „La Tercera". Viele Theater spielen nur von Donnerstag bis Sonntag.

Die wichtigsten Theater oder Spielstätten, an denen freie Ensembles auftreten:
- **Centro Cultural Matucana 100**
Av. Matucana 100, Metro: Quinta Normal, Tel. 6824502, www.m100.cl.
- **Teatro Nacional Chileno**
Sala Antonio Varas, Morandé 25, Tel. 6961200.
- **Centro Mori**
Constitución 183, Bellavista, Tel. 7776246, www.centromori.cl.
- **Teatro San Ginés**
Mallinkrodt 108, Tel. 7382159.
- **Galpón 7**
Chucre Manzur 7, Tel. 7355484, www.galpon7.cl.
- **Teatro de la Universidad Católica**
Jorge Washington 25, Tel. 2055652.
- **Teatro Ictus**
Merced 349, Tel. 6391523.

Klassische und zeitgenössische E-Musik steht in folgenden Konzerthäusern neben Ballett und Oper auf dem Programm:

- **Teatro Municipal**
San Antonio 149, Tel. 4631000. U.a. klassische Konzerte des Orquesta Filarmónica. www.municipal.cl
- **Teatro Universidad de Chile**
Providencia 043, Tel. 6344746. Konzerte des Orquesta Sinfónica de la Universidad de Santiago. www.teatro.uchile.cl
- **Teatro Oriente**
Pedro de Valdivia 079, Tel. 2312173. Kammerkonzerte der Beethoven-Stiftung. www.fundacionbeethoven.cl

Konzerte mit populärer Musik finden v.a. in den kleineren Clubs statt (siehe Tagespresse), ab und an kommen aber auch internationale Stars nach Santiago, die dann im Estadio Nacional oder dem Estadio Víctor Jara auftreten (Plakatierung beachten). Der Vorverkauf dafür läuft über die Filialen des Plattenladens „Feria del Disco", z.B. auf der Ahumada 286, der Ahumada/Ecke Alameda oder in Providencia auf der Ecke der Av. Providencia mit der Av. Suecia, sowie über die Websites www.ticketmaster.cl und www.feriaticket.cl.

Discos

In den letzten Jahren haben sich vor allem die Straßen von Bellavista, die Calle Suecia und General Holley in Providencia sowie die Av. Vitacura (Höhe 9000) – hier besonders betucht und etabliert – zu den beliebtesten Ausgehvierteln entwickelt. Hier befinden sich die meisten Diskotheken (unten eine Auswahl). Vor Mitternacht ist in den Discos nichts los, am besten kommt man nicht vor 1 Uhr. Die Eintrittspreise betragen in der Regel zwischen 6 und 15 Euro.
- **Club La Feria**
Constitución 275, Bellavista. Beliebter Treff für Fans elektronischer Musik.
- **Heaven**
Recoleta 345. Kleiner, feiner Tanzschuppen.
- **Oz**
Bilbao 477. Beliebter Techno-Tempel.
- **La Maestra Vida**
Pío Nono 380. Salsothek, oft Live-Musik.
- **Clan-Destino**
Guardia Vieja 35. Techno und Folk.

KNEIPEN UND CLUBS

- **Sala Murano**
Av. Las Condes 14.950, Lo Barnechea. Schicke Disco.
- **Aura Club**
Av. Vitacura 9339. Elektronische Musik in gestyltem Ambiente.

Kneipen und Clubs

An verschiedenen Brennpunkten der Stadt konzentrieren sich angesagte Kneipen (Pubs) und Clubs. Eine Auswahl:

Barrio Brasil

- **Baires**
Brasil 255. Großer Sushi-Pub, weitere derselben Kette in der Nähe.
- **Per Piacere**
Catedral 2201 Ecke Maturana. Weinbar mit relaxtem Ambiente.

Zentrum

- **Unión Chica**
Nueva York. Wein trinken, Domino spielen, Sandwich essen im Schatten der Börse.
- **Diablito**
Merced 336. Nostalgisch eingerichtete, gemütliche Bar mit gutem Essen.

Barrio Bellavista

- **Étniko**
Constitución Ecke López de Bello. Live-DJs spielen Ethno-Techno, gute Sushis.
- **Perseguidor**
López de Bello 0126. Treff für Literaten und Nachtwandler, oft Live-Jazz.
- **La Casa en el Aire**
López de Bello 0125. Einfach und preiswert, Balladensänger und Geschichtenerzähler.
- **El Mesón Nerudiano**
Dominica 35. Jazz, Boleros, Liedermacher, gutes Essen.
- **Thelonious**
Bombero Núñez 336. Urige Jazzkneipe, intime Konzerte.

Providencia/Las Condes

- **Bar Central**
Av. Providencia 1391, neben dem Liguria. Coole Bar.
- **Ummo**
Pérez Valenzuela 1470. Junges Publikum, Fusion-Küche.
- **Bar Yellow**
General Flores 47. Angesagt, gutes Bier und coole Drinks.
- **Orgániko**
Manuel Montt 442. Modern und angesagt: Sushi, Maisfladen und Sandwiches, Freitagnacht Party.
- **Ecléctico**
Condell 639, Metro: Bustamante. Stimmungsvolle, immer gut besuchte Bar mit großer Auswahl an Wein und Drinks.
- **Sushito**
Paseo Orrego Luco, Metro: Los Leones. Eine von mehreren beliebten Bars und Straßencafés in dieser Fußgängerzone. Nach Mitternacht Diskothek im Subterráneo nebenan.
- **Brannigan's**
General Holley/Ecke Suecia. Der Klassiker unter den Dutzenden Pubs im nordamerikanischen Stil in diesem Karree.
- **Ilé Habana**
Bucarest 95. Live-Musik aus Cuba.
- **Geo-Pub**
Encomenderos 83. Internationales Traveller-Publikum, mit Internet-Café.

Plaza Ñuñoa

Ein relativ neuer, aber immer beliebterer Treff für junge Leute. Nicht so versnobt wie die Calle Suecia. Alle genannten Lokale sind direkt an der oder in unmittelbarer Nähe der Plaza.

- **Las Lanzas**
Humberto Trucco 25. Einfach und unschlagbar, ein Dauerbrenner.
- **Ébano**
Jorge Washington 176. Weine, Whisky, Sushi und nette Snacks.
- **La Batuta**
Jorge Washington 52. Verrauchte Grunge-Atmosphäre, oft Live-Gigs.

Das Teatro Municipal

Tango-Bars

- **El Cachafaz Tango Bar**
Guardia Vieja 188. Do bis Sa Tango mit einer tollen argentinischen Altherrenband, zum Zuschauen oder Mittanzen.
- **Confitería Las Torres**
Alameda 1570. Atmosphäre und Ausstattung wie zur vorletzten Jahrhundertwende mit Tango live.

Flugverkehr

Der **internationale Flughafen von Santiago** mit dem schönen Namen **Arturo Merino Benítez**, mit dem nationalen Terminal direkt verbunden, liegt im Ortsteil Pudahuel, mehr als 25 Kilometer vom Stadtzentrum entfernt. Auch die Flüge auf die **Osterinsel** gehen von diesem Flughafen. Die **Verkehrsverbindungen** zum/vom Flughafen sind sehr gut.

Die **billigste Möglichkeit, ins Zentrum zu gelangen**, bieten die **Flughafenbusse**, die von 6 bis 22.30 Uhr im 20-Minuten-Takt zwischen Flughafen und City pendeln. Die Fahrtzeit beträgt 30–45 Min., je nach Verkehrsaufkommen. Die Busunternehmen heißen Centropuerto (Tel. 6019883; 1,50 US-$) und Tour Express (Moneda 1529, Tel. 6019573; 2 US-$). Die Busse starten direkt vor dem Flughafengebäude (nicht zu übersehen), im Zentrum ab Calle Moneda/Ecke San Martín sowie an den Metrostationen Los Héroes, Estación Central und Las Rejas, jeweils auf der Nordseite der Alameda (Av. O'Higgins). Die Busse nehmen auch Gepäck mit.

Zweitbilligste Variante ist der **Kleinbusservice:** Anbieter sind Tur-Transfer (Tel. 6773600) und TransVip (Tel. 6773000). Diese Busse verlangen ca. 10 US-$ je Person, dafür bieten sie eine Art Sammeltaxiservice, d.h. sie fahren mehrere Kunden direkt zur gewünschten Adresse bzw. holen sie dort ab. Die Kleinbusse sind bei der Ankunft nicht zu verfehlen, die Schalter sind gleich nach der Zollkontrolle, noch vor dem Ausgang. Für die Fahrt zum Flughafen bestellt man sie einen

Tag vorher. Der Service ist gut, besonders wenn man viel Gepäck mit sich führt.

Taxis sind auch erschwinglich und ab zwei Personen eine gute Alternative zum Kleinbus. Die Kosten liegen bei 25–30 US-$ (Preis vorher aushandeln!).

Achtung: Im Ausgangsbereich des Flughafens wartet eine aufdringliche Meute von Taxifahrern und Transfer-Anbietern auf die Touristen. Die wenigsten von ihnen haben eine Genehmigung. Unser Rat: Wollen Sie nicht Abzockern auf den Leim gehen, schütteln Sie alle mit einem freundlichen „No, gracias" ab, und buchen Sie das Taxi oder den Kleinbus am Schalter der offiziellen Anbieter! Lassen Sie Ihr Gepäck nicht aus den Augen, und vergewissern Sie sich, in das richtige Fahrzeug zu steigen! Die deutlich mit dem Firmenlogo „TurTransfer" oder „TransVip" gekennzeichneten Kleinbusse halten direkt vor dem mittleren Ausgang des Flughafens.

Bei **Flügen ab Santiago** ist es ratsam, sich vor der Fahrt zum Flughafen zu vergewissern, dass die Maschine im Zeitplan liegt, um sich unnötige Wartezeiten zu ersparen. Dicker Morgennebel kann den Flughafen schon mal einen Vormittag lang lahm legen ... Zentrales Flughafen-Tel.: 6763000 bzw. direkt bei den Fluglinien oder unter www.aeropuertosantiago.cl.

Nur LAN und Sky Airline bieten zurzeit **Inlandsflüge** an (siehe „Reisen in Chile/Flugzeug").

Die wichtigsten **nationalen und internationalen Fluggesellschaften** sind mit ihren Büros in Santiago de Chile vertreten:
- **Aerolíneas Argentinas**
Roger de Flor 2921, Los Condes, Tel. 800-610200.
- **Air Canada**
Av. Andrés Bello 2687, piso 16, Tel. 4602206.
- **Air France/KLM**
Tel. 800-835832.
- **Alitalia**
Av. Providencia 1998 of. 208, Tel. 3351010.
- **American Airlines**
Huérfanos 1199 und Av. El Bosque Norte 0107, Local 11, Las Condes, Tel. 6790300.
- **British Airways**
Tel. 800-207207.
- **Delta Airlines**
Isidora Goyenechea 2939, of. 601, Tel. 800-202020.
- **Iberia**
Bandera 206, piso 8, Tel. 8701070.
- **LAN**
Huérfanos 926 (Zentrum) sowie in Providencia 2006 Ecke Pedro de Valdivia; zentrales Buchungstelefon: 600-5262000.
- **Lassa**
Avenida Larraín 7941, La Reina, Tel. 2735209.
- **Lufthansa/Swiss**
El Bosque Norte 500, piso 16, Tel. 6301655.
- **Sky Airline**
Andrés de Fuenzalida 55, Providencia, Tel. 3533169; Buchungstelefon landesweit: 600-6002828.
- **United Airlines**
Av. Andrés Bello 2687, piso 16, Tel. 3370000.

Busverkehr

Fernbusse

Von Santiago aus fahren Busse in alle Orte des Landes. Die **Fahrzeiten** zu den wichtigsten Zielen betragen:
- **Arica:** 30 Stunden
- **Antofagasta:** 19 Stunden
- **Concepción:** 6 Stunden
- **Copiapó:** 11 Stunden
- **Iquique:** 26 Stunden
- **La Serena:** 7 Stunden
- **Osorno:** 13 Stunden
- **Puerto Montt:** 15 Stunden
- **Punta Arenas:** 60 Stunden
- **Temuco:** 9 Stunden
- **Valdivia:** 11 Stunden
- **Valparaíso:** 2 Stunden
- **Villarrica:** 11 Stunden

Die **Preise** hängen von der Busklasse, der Saison und der Strecke ab. So bekommt man ein Ticket für die 1000 Kilometer nach Puerto Montt in der einfachen Touristenklasse schon ab 12.000 Pesos (ca. 16 Euro), der Schlafbus kostet etwas mehr als das Doppelte. Auf überlangen Strecken wie nach Arica (2100 km) verkehren nur Semi-Cama- und Cama-Busse, die Preise liegen hier an normalen Tagen zwischen 35 und 60 Euro. Zu Busfahrten über Land siehe auch den Abschnitt „Reisen in Chile".

Santiago hat **vier Busbahnhöfe, die alle an der Alameda (Av. O'Higgins) liegen:**
• **Terminal de Buses Alameda**
Av. O'Higgins 3750, Tel. 2707500; leicht zu erreichen, da direkt am südlichen Ausgang der Metrostation Universidad de Santiago. Zwei große Busgesellschaften starten von hier, Pullman Bus und Tur-Bus. Beide Gesellschaften fahren von hier nach Valparaíso und Viña del Mar, Pullman-Bus nach Norden bis nach Arica (inkl. Zwischenstationen), Tur-Bus nach Arica im Norden (inkl. Zwischenstationen) und Puerto Montt im Süden (inkl. Zwischenstationen) – so kann fast jeder Ort Chiles von hier aus erreicht werden. Im Busbahnhof gibt es eine kleine Shopping Mall mit Restaurants, Frisör und Internet-Café.
• **Terminal de Buses Santiago**
Av. O'Higgins 3848, nur 150 Meter westlich des südlichen Ausgangs der Metrostation Universidad de Santiago, Tel. 3761750. Von hier starten mehrere Busgesellschaften vor allem in den Süden des Landes. Ziele sind einzelne Orte im Seengebiet, alle Orte entlang der Panamericana bis nach Puerto Montt und die Küstenorte im Süden und auf Chiloé. Einzelne Buslinien fahren sogar bis Punta Arenas, und auch einige, aber wenige Orte in der nördlichen Hälfte des Landes werden von hier angesteuert. Infos unter www.terminaldebusessantiago.cl.

Der Terminal de Buses Santiago ist auch der wichtigste Busbahnhof für die **internationalen Linien.** Von hier starten **Busse in fast jedes lateinamerikanische Land.** Wer will und Zeit hat, kann sich und sein Sitzfleisch testen: Die Fahrt nach Caracas (Venezuela) etwa nimmt fast zehn Tage in Anspruch. Realistisch sind Fahrten nach **Argentinien.** Viele Unternehmen fahren von Mendoza (Argentinien, 7 Stunden, ca. 15 US-$) mit Anschluss nach Buenos Aires oder bieten andere Ziele im Nachbarland an. Auch Verbindungen nach Montevideo (Uruguay, 24 Stunden, 80 US-$) oder Asunción (Paraguay, 30 Stunden, 100 US-$) sind noch erträglich. Der **Preis-, Service- und Zeitvergleich** für die einzelnen internationalen Linien im Terminal de Buses Santiago lohnt sich.
• **Terminal Los Héroes**
Tucapel Jiménez 21, direkt an der Av. O'Higgins, nahe der Metrostation Los Héroes, Tel. 4200099. Von hier fahren Busse in alle Landesteile; der Busbahnhof ist wesentlich kleiner und übersichtlicher als die anderen.
• **Terminal San Borja**
San Borja 184, direkt an der Estación Central. Der Zugang zum Busbahnhof erfolgt durch die Ladengalerie rechts vom Eingang des Eisenbahn-Bahnhofs. Von hier fahren vor allem Busse in kleinere Orte in der Umgebung von Santiago und in der Zentralzone. Etwa 25 verschiedene Busgesellschaften verkaufen hier ihre Tickets, aber nicht alle Busse starten von hier (nachfragen). An der Information kann man erfahren, welche Buslinie welchen Zielort ansteuert.

Stadtbusse

Der 2007 eingeführte **Verkehrsverbund Transantiago** hat versucht, Ordnung in das bis dahin herrschende Chaos der Buslinien zu bringen. Das ist nur zum Teil gelungen: Speziell zu den Spitzenzeiten reichen die Busse nicht aus, fehlende Busspuren und Staus verlängern die Fahrzeiten, und das Linien- und Umsteigesystem ist selbst für die Santiaguinos kaum zu durchschauen. Um so schwieriger wird es für den Besucher herauszubekommen, welcher Bus ihn zum gewünschten Ziel bringt. Die wichtigsten Stationen oder Achsen sind an der Windschutzscheibe angeschrieben, einen Strecken- oder gar Fahrplan sucht man an den Haltestellen jedoch vergebens. Unter www.transantiago.cl kann man versuchen, sich die Route zurechtzulegen. Unterschieden wird zwischen den weiß-grün-weiß gespritzten *buses troncales,* die die Hauptachsen bedienen, und den *buses alimentadores,* den lokalen Zubringern in acht verschiedenen Farben (je nach Stadtviertel). Der Standard-Fahrpreis beträgt 380 Pesos (ca. 0,55 Euro). Bezahlt wird ausschließlich mit der **Prepaid-Karte „Bip!"** oder mit der **Metro-Karte „Multivía",** die man beide in der Metro und an entsprechend gekennzeichneten Verkaufsstellen und Automaten (z.B. in Banken) vorher aufladen kann. Nach dem ersten Einsteigen kann man 120 Min. lang in andere Busse und Metrolinien umsteigen, ohne erneut zu bezahlen (man hält die Karte ans Lesegerät, das die Fahrt registriert, aber nicht erneut abbucht).

Eisenbahn

Personenzüge verkehren von Santiago nur noch bis **Chillán.** Sie halten in allen größeren Städten auf der Strecke. Die Wiederaufnahme des Zugverkehrs bis Temuco ist ungewiss. Immerhin vier- bis sechsmal am Tag verkehrt der Schnellzug von Santiago nach Chillán. Er bewältigt die Strecke in 4,5 Stunden und ist damit schneller als die Busse.

Darüber hinaus verkehrt etwa stündlich der ebenfalls schnelle Vorortzug **Metrotrén** über Rancagua nach San Fernando.

Außer in der **Estación Central** (gleichnamige Metrostation, Mo bis Sa 7–22.45 Uhr, So 8–22.45 Uhr) an der Alameda kann man **Bahntickets** in der EFE-Verkaufsstelle in der Metrostation Universidad de Chile erwerben.

Zugauskunft unter Tel. 600-5855000, Fahrpläne unter www.efe.cl. Zum Zugfahren vgl. auch „Reisen in Chile/Mit dem Zug".

Taxis

Die Taxis in Santiago sind **schwarz mit gelbem Dach** und Taxizeichen darauf. Es gibt sie in Hülle und Fülle, und man kann sie überall anhalten. Sie sind **recht preiswert**, die Einzelfahrt beginnt bei 0,40 US-$, alle 200 Meter kommen weitere 0,15–0,20 US-$ hinzu. Fast alle Taxis sind mit Taxameter ausgestattet, und die Taxifahrer schalten diese in der Regel auch ein. Bei längeren Strecken wie zum Flughafen lohnt es sich, vorher einen Preis auszuhandeln (vgl. auch „Reisen in Chile/Mit dem Taxi").

Taxi Colectivo

Das sind **Sammeltaxis**, die auf festen Routen durch die Stadt kreuzen. Sie sind in der Regel ganz schwarz und haben auf dem Dach ein Schild, das ihre Fahrtroute anzeigt. Sie kosten etwa 1 US-$ je Fahrt, abhängig von der Route.

U-Bahn

Die Metro war bis zur Einführung des Transantiago 2007 das beste Verkehrsmittel, um schnell durch Santiago zu kommen. Leider hat die moderne Untergrundbahn durch den Kollaps des Bussystems und den daraufhin einsetzenden Ansturm auf die Metro erheblich **an Attraktivität eingebüßt**. Insbesondere zu den Stoßzeiten (7–9 Uhr und 18–20 Uhr) kommt es an neuralgischen Stationen zu Menschenstaus, und die Personendichte in den Zügen steigt auf bedenkliche sieben pro Quadratmeter. Sogenannte Klonbusse (*buses clones*), die an der Oberfläche dieselbe Strecke abfahren, versuchen dann, die U-Bahn zu entlasten.

Außerhalb der Spitzenzeiten ist die Metro nach wie vor die **schnellste und beste Möglichkeit**, sich durch die Stadt zu bewegen. Die Wagen verkehren auf fünf Linien (siehe Plan), die wichtigste ist die Linie 1 in Ost-West-Richtung, die das alte Zentrum mit Providencia und Las Condes verbindet. Alle Stationen sind gut ausgeschildert, in jeder Station hängt ein Plan der Umgebung. Leider ist die Metro kein Verkehrsmittel für Nachtschwärmer, sie fährt nur zwischen 6 und 22.45 Uhr, an den Wochenenden startet der Betrieb eine Stunde später.

Die **Metropreise** sind nach Tageszeit gestaffelt und bewegen sich zwischen 0,70 und 0,80 US-$ je Einzelfahrt. Man erwirbt Einzelfahrscheine und steckt diese in die automatische Sperre. Mit dem einmal gelösten Ticket kann man auch auf eine andere Linie umsteigen.

Wer öfter fahren will, für den lohnt sich die Anschaffung der **Prepaid-Karte „Multivía"** für 1000 Pesos (ca. 2 US-$), die beliebig nachgeladen werden kann. Damit wird die einzelne Fahrt etwas billiger, und man kann kostenlos in die Stadtbusse umsteigen.

Die **Bus-Prepaid-Karte „Bip!"** kann man ebenfalls in der Metro verwenden. Wer mit einer dieser Karten aus einem Transantiago-Bus in die Metro umsteigt, muss nicht neu zahlen.

Mietwagen

Für alle, die mit dem Mietwagen das Land bereisen wollen, bietet sich die Ausleihe in der Hauptstadt an, da die Preise hier günstiger sind als in anderen Städten. Obwohl es im Verkehr in Santiago für lateinamerikanische Verhältnisse recht gesittet zugeht, sollten sich nur geübte Fahrer mit dem Wagen durch die Hauptstadt bewegen (s.a. „Reisen in Chile/Leihwagen"). Hier einige Adressen:

● **Avis**
San Pablo 9900, Tel. 7953996, sowie im Hotel Radisson und im Flughafen. Gebührenfreies Buchungstelefon: 600-6019966.

● **Budget**
Av. Francisco Bilbao 1439, Providencia, Tel. 3623200. Filiale am Flughafen.

● **ContactChile**
Huelén 219, piso 2, Providencia, Tel. 2641719, www.contactchile.de. Sachkundige Beratung auf Deutsch, Vermittlung preiswerter Angebote verschiedener Verleiher.

● **First**
Rancagua 0514, Providencia, Tel. 2256328.

● **Hertz**
Av. Andrés Bello 1469, Providencia, Tel. 4961000. Flughafen-Filiale (Ankunftshalle).

BOTSCHAFTEN, GELDWECHSEL UND KREDITKARTEN

Botschaften

- **Deutschland: Embajada de Alemania,** Las Hualtatas 5677, Santiago de Chile (Vitacura), Tel. 4632500.
- **Österreich: Embajada de Austria,** Barros Errázuriz 1968, piso 3, Santiago de Chile (Providencia), Tel. 2234774, 2234281 oder 2741590.
- **Schweiz: Embajada de Suiza,** Américo Vespucio Sur 100, piso 14, Santiago de Chile (Las Condes), Tel. 9280100.

Wer von Chile nach Argentinien, Bolivien oder Peru einreisen möchte, sollte die Einreisevorschriften bei den Botschaften dieser Länder in Santiago erfragen. Zurzeit ist die Einreise in alle drei Länder für Deutsche, Schweizer und Österreicher mit Reisepass problemlos möglich.

- **Argentinien**
Vicuña Mackenna 41, Tel. 5822606.
- **Bolivien**
Av. Santa María 2796, Tel. 6581281.
- **Peru**
Bucarest 162, Tel. 2318020.

Geldwechsel und Kreditkarten

Geldwechsel ist unproblematisch in Santiago. In der Calle Agustinas, zwischen der Fußgängerzone Paseo Ahumada und der Calle Bandera, findet sich eine **Wechselstube** neben der anderen, fast alle bieten denselben Kurs. Weitere finden sich in der Nähe der U-Bahnstationen Manuel Montt, Pedro de Valdivia und Los Leones. Wechselstuben haben einen schnelleren Service als Banken, auch die Kommissionen sind dort niedriger. Sie tauschen Bargeld oder auch Travellerschecks (etwas schlechterer Kurs). Vor den Wechselstuben bieten oft Anreißer einen geringfügig besseren Kurs in einer anderen Wechselstube; dabei kann es sich leicht um Betrüger handeln.

Entlang der Haupteinkaufsstraßen finden sich zahlreiche Banken, in denen mit Euroscheck- oder Kreditkarten und PIN-Code problemlos **Geld am Automaten** gezogen werden kann.

Hier die Adressen der wichtigsten **Kreditkartenbüros:**
- **American Express**
Isidora Goyenechea 3621, piso 10, Las Condes, Tel. 800-361002, bei Notfällen oder Kartenverlust 800-381002 (24 Stunden).
- **Diner's Club International**
Filialen der Citibank, z.B. Ahumada 40, Huérfanos 770 oder Av. Providencia 655, Tel. 3385000; bei Notfällen (gestohlene oder verlorene Kreditkarte) Tel. 800-220220.
- **Eurocard/MasterCard**
Av. Apoquindo 3200, piso 11, Tel. 3737200, bei Notfällen (gestohlene oder verlorene Kreditkarte) Tel. USA +1-230-020-2012.
- **Visa International**
Notruf für Europa: Tel. +44-20-79378091.

Post

Die **Hauptpost** befindet sich **an der Plaza de Armas.** Sie ist Mo bis Fr von 8.30–19 Uhr geöffnet, Sa bis 15 Uhr. Sollten die Schlangen drinnen vor dem Briefmarkenverkauf zu lang sein: Die Händler vor dem Gebäude verkaufen neben Ansichtskarten, Umschlägen und allerlei Verpackungsmaterial auch Briefmarkenheftchen zum Originalpreis.

Postlagernde Sendungen (poste restante) werden hier auch gelagert (ganz durch die Schalterhalle hindurch).

Auch wer nicht schreiben will und keinen Brief erwartet, sollte das Gebäude aufsuchen – die wunderschöne Schalterhalle sucht ihresgleichen.

Mobilität in der Großstadt – die Metro

Telefon

Öffentliche Telefonzentralen finden sich in allen größeren Metrostationen und in den Fußgängerzonen, von dort lassen sich auch Faxe versenden.

Zeitungen

Einige **Zeitungskioske auf dem Paseo Ahumada** verkaufen erstaunlich aktuelle Zeitungen und Zeitschriften aus aller Welt: „Spiegel", „Zeit" und „Süddeutsche Zeitung" sind dort problemlos – und sehr teuer – zwei bis drei Tage nach Erscheinen in Deutschland zu bekommen, dazu viele bunte Blättchen.

E-Mail/Internet

Internet-Cafés gibt es mittlerweile an jeder Ecke, je nach Lage und Ausstattung liegen die Tarife **zwischen 1 und 3 US-$ pro Stunde.** Einige ausgewählte Adressen:
- **Té y Café**
Merced 333, Metro: Bellas Artes, 1,20 US-$ pro Std., auch IP-Telefonieren.
- **Entretarros**
Monjitas 436, Metro: Bellas Artes, 1 US-$ pro Std., bis 24 Uhr und länger.
- **Cyberia**
Pedro de Valdivia 032, Metro: Pedro de Valdivia, 1,20 US-$ pro Std., mit gutem Café, bis 23 Uhr.
- **Café Melba**
Don Carlos 2898, Metro: Tobalaba, Tel. 2324546, 2 US-$ pro Std., 1 Kaffee = Internet gratis.

Sonstiges

Einkaufen

Die großen **Kaufhäuser** Almacenes París, Falabella und Ripley sind im Zentrum und in Providencia mehrfach vertreten. **Shopping Malls** mit Ladengalerien sind z.B. Mall del Centro, Puente 689, Stgo. Centro; Mall Panorámico, Av. 11 de septiembre Ecke Lyon, Providencia; Apumanque, Manquehue Ecke Apoquindo, Las Condes; Parque Arauco, Av.

Kennedy 5413, Las Condes; Alto Las Condes, Av. Kennedy 9001, Las Condes.

Kunsthandwerk

- **Feria Santa Lucía**
Alameda Ecke Carmen; bunt und preiswert, guter Schmuck und Kleidung, viel Kitsch; gegenüber, etwas versteckt im Cerro Santa Lucía (Zugang von Miraflores), gibt es authentisches und hochwertiges Kunsthandwerk der chilenischen Ureinwohner.
- **Patio Bellavista**
Pío Nono 55/Constitución 38. Viel originelles und hochwertiges Kunsthandwerk und Schmuck gibt es in dieser relativ neuen Laden- und Kneipengalerie. Tgl. geöffnet.
- **Constitución 8**
Gleich neben dem Patio Bellavista. Hier haben einige Textilkünstler ihre Werkstätten, in einem kleinen Laden wird anspruchsvolles Kunsthandwerk verkauft. Hinzu kommt ein nettes Café.
- **Artesanías de Chile**
Av. Bellavista 0357. Schöner Laden einer gemeinnützigen Stiftung mit authentischen Erzeugnissen ausgewählter Kunsthandwerker aus ganz Chile. Mo bis Fr 10–19, Sa 10–18.30 Uhr. Weitere Lokale in Los Dominicos (s.u.) und im Centro Cultural La Moneda. www.artesaniasdechile.cl
- **Los Dominicos**
Av. Apoquindo 9085, Las Condes (Busse von Escuela Militar); Kunsthandwerker-Dörfchen neben einem alten Kloster; schöne Atmosphäre, gute Qualität, nicht billig, vielfach Einblick in die Werkstatt. Mo geschlossen.

Sprachschulen (Auswahl)

- **Tandem Santiago**
Triana 853, Metro: Salvador, www.tandem-santiago.cl; beliebt, gute Lehrer, flexibel, Beiprogramm.
- **Instituto de Idiomas Bellavista**
Calle Arzobispo 0609, Bellavista, Tel. 7323443, www.escuelabellavista.cl; familiär, kleine Gruppen, flexibel.
- **Natalis Language Center**
Vicuña Mackenna 6, Metro: Baquedano, Tel. 2228721, www.natalislang.com; preiswert, engagiert.
- **Goethe-Institut**
Esmeralda 650, Metro: Bellas Artes, Tel. 5711950; große Gruppen, Einstieg nur monatlich, dafür preiswert; am Schwarzen Brett des Goethe-Instituts wird auch immer wieder privater Spanisch-Unterricht angeboten oder ein deutsch-spanischer Sprachaustausch gesucht.
- Die deutschsprachige Agentur **Contact-Chile** vermittelt gute und preiswerte Spanischkurse mit Unterkunft in der Hauptstadt und anderen Städten. Tel. 2641719, www.contactchile.de.
- Das Non-Profit-Projekt **Spanish4students.com** listet rund ein Dutzend Sprachschulen, teilweise mit Rabatten. Leider nicht immer aktuelle Informationen.

Outdoor-Shops

- **Al Sur**
Calle Arzobispo 0637, Metro: Salvador, Tel. 8250813; Bergsteigen und Klettern, internationale Marken.
- **Doite**
Av. Américo Vespucio 1670, Quilicura, Tel. 5705300; Fabrikverkauf des größten chilenischen Herstellers, Camping- und Outdoor-Ausrüstung in guter Qualität, leider weit außerhalb der Stadt. Doite-Produkte sind aber auch in den großen Kaufhäusern zu erwerben.
- **La Cumbre**
Av. Apoquindo 5258, Metro: Escuela Militar, Tel. 2209907, www.lacumbreonline.cl; der beste Outdoor-Laden der Stadt, hilfsbereit, großes Angebot an internationalen Marken, nicht billig.
- **Lippi**
Av. Italia 1586, Metro: Santa Isabel, Tel. 3440452; eigene Produktion von preiswerter Kleidung, Ruck- und Schlafsäcken.
- **Andesgear**
Ebro 2794, Metro: Tobalaba, Tel. 2457076, www.andesgear.cl; Outdoor-Ausrüstung und -Kleidung, internationale Marken, ziemlich teuer.
- **Mall Sport**
Av. Las Condes 13.451, Tel. 4293000, www.mallsport.cl; Konsumtempel für Freizeitsportler, zahlreiche Outdoor-Läden.

Atlas IX, X und Stadtpläne S. 197, 202

Stadtrundgänge/-fahrten

● Eine sehr gute Möglichkeit, in relativ kurzer Zeit mehr von Santiago zu sehen, als nur das alte Zentrum, bieten die **roten Panorama-Busse der Firma Turistik** (Tel. 2201000, www.turistik.cl). Die Doppeldecker funktionieren nach dem Prinzip „hop-on/hop-off", man kann also mit einem Tagesticket für 32 US-$ beliebig oft aus- und in den nächsten Bus wieder einsteigen. Sie verkehren ca. alle 30 Minuten zwischen den wichtigsten Sehenswürdigkeiten des Zentrums, von Providencia, Las Condes und Vitacura. Zusteigen kann man u.a. an der Plaza de Armas, an der Moneda, vor der Universidad de Chile, am Mercado Central und an der Plaza Baquedano; die Fahrt endet im Einkaufszentrum Parque Arauco.
● **TurisTour**
Tel. 4880444, www.turistour.com; Standard-Stadtrundfahrten für 34 US-$, auch Ausflüge in die Umgebung (z.B. Weingüter).

Ausflüge

Etliche in Santiago ansässige Veranstalter für ganz Chile werden im Abschnitt „Organisierte Touren" sowie im Outdoor-Kapitel aufgelistet. Hier zusätzlich drei Adressen für Touren rund um Santiago:
● **Chile Fun Travel**
Pío Nono 73 local 67, Tel. 7621315, www.chilefuntravel.cl. Maßgeschneiderte Exkursionen zu Weingütern, typischen Dörfern und Skizentren, bei Bedarf auch deutschsprachig.
● **Cumbre Andina**
Moneda 772, of. 402, Tel. 4707470, www.cumbreandina.cl. Tagesausflüge und längere Touren in die Anden, professioneller Service.
● **Santiago Adventures**
Guardia Vieja 255, of. 406, Tel. 2442750, www.santiagoadventures.com. Ausflüge zu Weingütern, Wander- und Reittouren in den Anden und an der Küste. Englischsprachig.

Kulturinstitute

● **Centro Cultural Estación Mapocho**
Im ehemaligen Bahnhof Mapocho (Norden de der Straße Bandera, Metro: Cal y Canto). Hier finden Konzerte, Ausstellungen und Messen statt. www.estacionmapocho.cl
● **Centro Cultural Palacio La Moneda**
Plaza de la Ciudadanía, auf der Südseite des Regierungspalastes. Sonderausstellungen, Filmarchiv. www.ccplm.cl
● **Centro Cultural Matucana 100**
Av. Matucana 100, www.m100.cl, Metro: Quinta Normal. Spannendes Programm auf einem ehemaligen Fabrikgelände: Bildende Kunst, Theater, Konzerte.
● **Instituto Cultural de Providencia**
Av. 11 de Septiembre 1995. Kunstausstellungen, Filmreihen, Lesungen.
● **Casa de la Cultura de Nuñoa**
Av. Irarrázaval 4055. Wechselnde Veranstaltungen, Ausstellungen.
● **Instituto Cultural de Las Condes**
Av. Apoquindo 6570. Wechselnde Veranstaltungen, Ausstellungen.

Wichtig für das Kulturleben Santiagos sind auch die **ausländischen Kulturinstitute.** Sie organisieren Ausstellungen, Lesungen, Theater- und Filmreihen, bieten Kurse in Spanisch und der eigenen Landessprache, viele besitzen umfangreiche Bibliotheken, manche auch ein Café.
● **Centro Cultural de España**
Av. Providencia 927, Tel. 2351105, Veranstaltungen und Bibliothek.
● **Goethe-Institut**
Esmeralda 650, Tel. 4621800. Abwechslungsreiches Kulturprogramm. Gute Bibliothek und kleines Café.
● **Instituto Chileno-Británico de Cultura**
Santa Lucía 124, Tel. 6382156. Veranstaltungen, Bibliothek, Café.
● **Instituto Chileno-Francés de Cultura**
Francisco Noguera 176, Tel. 4708060. Veranstaltungen und Bibliothek.
● **Instituto Chileno-Israelí de Cultura**
Av. Eliodoro Yáñez 2342, Tel. 2094624, Veranstaltungen und Bibliothek.
● **Instituto Chileno-Norteamericano de Cultura**
Moneda 1467, Tel. 6777000. Veranstaltungen, Bibliothek und Café.

Die Umgebung von Santiago

Pomaire ♪ IX/A2

Etwa auf halber Strecke zwischen Santiago und San Antonio an der Pazifikküste liegt, 65 Kilometer von der Hauptstadt entfernt, das Dörfchen Pomaire. Es ist per Bus vom Terminal San Borja in Santiago problemlos zu erreichen.

Im **Töpferzentrum** Chiles sitzen Dutzende von Töpfern in ihren Werkstätten und produzieren Tassen, Teller und Töpfe zu durchaus konkurrenzfähigen Preisen – vielleicht das richtige Mitbringsel aus dem Chile-Urlaub.

Berühmt ist Pomaire auch für seine **Riesen-Empanadas** (1 kg), an denen sich zwei bequem satt essen können. Auch sonst gibt es hier deftige Gerichte, z.B. im Restaurant San Antonio auf der Ecke der Straßen San Antonio und Prat.

Weingüter

Direkt in Hauptstadtnähe können einige sehr gute Weingüter besichtigt werden (vgl. Exkurs „Weinbau in Chile"). Das nächstgelegene ist die **Viña Santa Carolina** in Rodrigo de Araya 1431 in der Comuna Macul, Metrostation Rodrigo de Araya. Santa Carolina wurde 1875 gegründet und ist heute eigentlich ein Ex-Weingut: In Santiago sind lediglich noch das Haupthaus und die alten *bodegas* (Weinkeller) zu besichtigen, der Weinbau selbst wird längst woanders betrieben. Besichtigung von Mo bis So möglich, Anmeldung unter Tel. 2/4503000, 12 US-$ inkl. Verkostung.

Am Stadtrand Richtung Berge liegt die **Viña Cousiño Macul,** Av. Quilín 7100 (Metro: Quilín, dann 30 Min. Fußweg oder Taxi). Cousiño Macul ist das älteste Weingut Chiles, angeblich wurde es bereits 1546 gegründet. Es besitzt einen wundervollen Park, der allerdings nicht zugänglich ist. Besichtigt werden können die Bodegas Mo bis Fr um 11, 12, 15 und 16 Uhr sowie Sa um 11 und 12 Uhr, Führungen jeweils auch auf Englisch, Eintritt: 12 US-$ inkl. Verkostung; Anmeldung notwendig unter Tel. 2/3514175, www.cousinomacul.com.

Zur **Viña Concha y Toro** siehe unter Cajón del Maipo (s.u.).

Das Weingut **Santa Rita**, Alto Jahuel, Buin, Tel. 2/3622520, ist per Auto (Panamericana nach Süden bis Buin, dort Richtung Alto Jahuel) oder per Metrotren (ab Estación Central, in Buin aussteigen, von dort Colectivo) zu erreichen. Die denkmalgeschützte Anlage im Maipo-Tal, die 1880 gegründet wurde, lohnt allein wegen des wunderschönen Parks den Besuch. Zweisprachige Führungen nur nach Anmeldung, 15 US-$ inkl. Weinprobe, am Wochenende nur bei gleichzeitiger Reservierung im Restaurant des Weingutes.

Die **Viña Undurraga** liegt 34 Kilometer südwestlich der Stadt zwischen Peñaflor und Talagante (Buses Peñaflor ab San Borja). Undurraga ist eines der bekanntesten Weingüter in Chile und wurde wie viele andere Ende des 19. Jahrhunderts (1885) gegründet. Umgeben ist das Haupthaus von einem sehr schönen Park. Tägliche Führungen mit Verkostung, auch englischsprachig, für 12 US-$; Zeiten unter www.undurraga.cl, Anmeldung unter Tel. 2/3722850.

Den Kontrast zu den altehrwürdigen Kellereien markieren die modernen Weingüter im **Casablanca-Tal,** das man auf dem Weg nach Valparaíso/Viña del Mar durchfährt. Hier wird erst seit Beginn der 1990er Jahre Wein angebaut, mit exzellenten Ergebnissen insbesondere bei Weißweinen. Etliche Viñas haben sich das kalifornische Napa Valley zum Vorbild genommen und nicht nur viel Geld in Reben und Keltertechnik, sondern auch in touristische Infrastruktur gesteckt. Sie locken mit Restaurants, Verkostungen und Läden, in denen man vom T-Shirt bis zum Korkenzieher alles bekommt – natürlich auch und vor allem Wein. Zu nennen sind die etwas großspurig angelegte **Viña Veramonte** (Ruta 68 km 66, Tel. 32/2329924, Mo bis Fr 9–18, Sa/So 9–15 Uhr), die **Viña Indómita** mit gutem Mittagsrestaurant und Talblick (km 63, Tel. 32/2754400, Mo bis So 10.30–17 Uhr, Führung und Weinprobe 8 US-$) und das Weinrestaurant House of Morandé der **Viña Morandé** mit preisgekrönter Spitzenküche (km 61, Tel. 32/2754700, geöffnet Di bis So 10–17 Uhr).

Cajón del Maipo IX/B2

Südöstlich der Hauptstadt, direkt hinter ihren letzten Ausläufern bei Puente Alto, beginnt der Cajón del Maipo, die **tiefe Schlucht,** die der Río Maipo in die Vorkordillere gegraben hat. Sie ist eines der beliebtesten Naherholungsgebiete der Hauptstädter und lädt zu schönen Touren ein. Der Cajón del Maipo ist mit Bussen einfach zu erreichen (s.u.).

Ausgangspunkt für Touren könnte **Pirque** sein, ein kleines Dorf südlich von Puente Alto. An den Wochenenden gibt es hier einen Kunsthandwerkermarkt, in der Woche lädt das **Weingut Concha y Toro,** das größte des Landes, zu einer Besichtigung ein (Virginia Subercaseaux 210, Pirque, Tel. 2/4765269). Die Viña ist gut besucht, daher gibt es von Mo bis So (außer an Feiertagen) von 10–17 Uhr ständig Führungen, auch auf Englisch (12 US-$). Voranmeldung ist nötig, besichtigt werden der herrschaftliche Park, das Palais (von außen), die Weinfelder und die Weinkeller, natürlich mit Verkostung. Pirque ist per Colectivo oder Taxi ab Plaza Puente Alto (Endstation der Linie 4 der Metro) zu erreichen. Informationen unter www. conchaytoro.cl.

Pirque eignet sich auch für einen Ausflug in die **Reserva Nacional Río Clarillo** 23 Kilometer südlich des Ortes, die per Bus zu erreichen ist. In den 10.000 Hektar großen Park (Eintritt 6 US-$) führen einige Wanderwege hinein, die teils als Naturlehrpfade angelegt sind. Es gibt im Park keine Übernachtungsmöglichkeit, Campen ist aber erlaubt.

Folgt man dem Río Maipo flussaufwärts, gelangt man in den Ort **San José de Maipo** (50 Kilometer von Santiago). Es ist der größte Ort im Cajón del Maipo, und er bietet neben einer schönen, denkmalgeschützten Kolonialkirche von 1798 auch bescheidene Übernachtungsmöglichkeiten (Alojamiento Inesita, Comercio 301, etwa 12 US-$ pro Person). 16 Kilometer weiter zweigt ein Weg nach links (Nordosten) ab, er steigt steil an und führt zum **Skigebiet Lagunillas** auf 2250–2580 Meter Höhe (einfaches Refugio des Club Andino, Tel. 09/98253578).

60 Kilometer von Santiago entfernt liegt das Dorf **San Alfonso,** in dessen Nähe sich die **Cascada de las Animas** findet. In dem privaten Naturschutzgebiet werden Touren durchgeführt, man kann wandern, reiten oder auch raften. Für die Übernachtung stehen Cabañas bereit (2 Pers. 80 US-$) und ein wenig attraktiver und zu teurer Zeltplatz (11 US-$ p.P.). Reservierung nötig, Tel. 2/8611303, www.cascadadelasanimas.cl.

Hinter San Gabriel endet der Asphalt und die Straße gabelt sich. Nach Norden führt sie weiter entlang des **Río Yeso.** Sie passiert den gleichnamigen türkisfarbenen Stausee (auf 3000 Meter Höhe) und endet bei den **Termas de Plomo.** Hier finden sich schlichte Becken mit Thermalwasser, die im Sommer gut besucht sind (Zelten möglich).

Die südliche Straße führt zunächst weiter am Río Maipo entlang, dann nach links (Osten) entlang des **Río Volcán.** Nach 14 Kilometern erreicht man das heimelige **Refugio Alemán Lo Valdés** (Übernachtung 30 US-$ mit Frühstück, im Schlafsaal mit eigenem Schlafsack 18 US-$, Camping möglich, Tel. 09/92208525, www.refugiolovaldes.com). Das Steinhaus war 1932 die erste Hütte in den Anden und ist bis heute weit und breit die einzige Baude im europäischen Stil.

Auf der anderen Flussseite liegt **Baños Morales** mit lauwarmen, kaum empfehlenswerten Thermalquellen, einfachen Restaurants und Unterkünften (Pensión Díaz und Los Chicos Malos, beide freundlich und gut, ca. 12 US-$ p.P.). Hier beginnt das **Naturschutzgebiet El Morado** (Eintritt 3 US-$). In zwei grünen Hochandentälern mit schroffen Wänden kann man schöne Tageswanderungen und Reittouren unternehmen, Ziel sind verschiedene Lagunen und Gletscher; Informationen bei den Parkwächtern oder im Refugio Alemán, Zelten gestattet. 10 Kilometer oberhalb des Refugio gelangt man zu den heißeren und schön gelegenen **Baños Colina** (Eintritt 8 US-$), die allerdings im Januar und Februar hoffnungslos überlaufen sind.

Auf Freunde des **Bergwanderns und -steigens** warten in den schroffen Hochanden oberhalb von Lo Valdés großartige Herausforderungen: Einige der schwierigsten Kletterwände Chiles finden sich hier, und hoch oben thronen mehrere Fünf- und Sechstausender, darunter der Vulkan San José (5850 m) und der Cerro Marmolejo (6109 m). Nähere Infos im Outdoor-Kapitel, im Refugio Lo Valdés und auf der erstklassigen Website www.trekkingchile.com.

Die schnellste Verbindung mit **öffentlichen Verkehrsmitteln** in den Cajón sind die Metrobusse und Sammeltaxis, die ab der Metrostation Las Mercedes (Linie 4, vorletzte Station) nach San José de Maipo fahren, seltener bis San Alfonso. Der Metrobus Nr. 72 verkehrt ca. stündlich (1 US-$), die Colectivos, wenn 3 bis 4 Passagiere zusammenkommen (ca. 2 US-$). Wer weiter hinauf will, muss auf die Minibusse zurückgreifen, die morgens die gesamte Strecke von Santiago bis zu den Thermen Morales und Colina und abends wieder zurück fahren. Abfahrt ist 7.30 Uhr an der Plaza Baquedano vor dem Teatro Universidad de Chile, abhängig von der Saison nicht an allen Wochentagen (vorher checken und reservieren bei Turismo Arpué, Tel. 6818475, oder Turismontaña, Tel. 8500555, 12 US-$). Beide Firmen bieten Sonderfahrten und -preise für Gruppen.

Los Andes und die Ruta 60 nach Argentinien

Die hier beschriebene Tour führt über einen atemberaubenden Andenpass nach Argentinien und lässt sich am besten mit einem geliehenen Pkw machen. Alle Busse nach Mendoza (Argentinien) benutzen diese Route, man kann sich also unterwegs an jedem beliebigen Ort absetzen lassen.

Man verlässt Santiago **nach Norden** Richtung Colina. Die zur Autobahn ausgebaute Ruta 57 führt durch das fruchtbare Längstal, und man sieht gut, woher das Obst für die Hauptstadt stammt. Vor dem Tunnel von Chacabuco, der die Hauptstadtregion mit der Region Valparaíso verbindet, erinnert das Siegesdenkmal **Monumento a la Victoria** an die Schlacht von Chacabuco, bei der am 12. Februar 1817 die Chilenen den Spaniern im Unabhängigkeitskampf eine entscheidende Niederlage beibrachten.

Kurz hinter dem Tunnel führt ein Abzweig Richtung Norden nach **San Felipe,** eine Agrarstadt mit 45.000 Einwohnern. 10 km vor San Felipe kann man ländlich-rustikal in der **Herberge Los Juncos,** deren freundliche Besitzer auch Ausflüge anbieten, übernachten (DZ 39 US-$, Tel. 09/92516676, www.hostalosjuncos.es.tl).

LOS ANDES UND DIE RUTA 60 NACH ARGENTINIEN

Vor San Felipe liegt das **Santuario Santa Teresa de Los Andes,** ein Karmelitinnen-Kloster, in dem die erste Heilige Chiles (heiliggesprochen 1993 durch Papst *Johannes Paul II.*) beerdigt liegt.

Die Ruta 57 umgeht die Stadt Los Andes in weitem Bogem. **Los Andes** wurde 1791 gegründet. Der Ort bietet außer seinem Museo Arqueológico und der Keramikfabrik „Cala" nicht viel Sehenswertes (Hotel Central, Esmeralda 278, freundlich und sauber, einzelne Zimmer ohne Fenster, ca. 12 US-$ p.P.; Hotel Plaza, Esmeralda 353, gute DZ mit Bad ca. 40 US-$).

Wenige Kilometer nördlich von Los Andes liegt die exklusive, überteuerte **Thermalanlage El Corazón** (DZ ab 192 US-$, Tel. 34/482852, www.termaselcorazon.cl).

Die Ruta 60 steigt östlich von Los Andes zunächst sanft, dann immer steiler und kurvenreicher an. Kurz vor der chilenisch-argentinischen Grenze liegt linker Hand an der Laguna del Inca das **Skizentrum Portillo,** das angeblich zu den zehn besten der Welt gehört. Auf 2855 Metern Höhe gibt es Abfahrten jeden Schwierigkeitsgrades, dazu ein mit allem Komfort versehenes Sporthotel, in dem man mindestens 1450 US-$ die Woche bezahlt. Nach oben gibt es fast keine Grenze. Die Skisaison dauert von Juni bis September/Oktober (Tel. 2/2630606, www.skiportillo.com).

Auf 3815 Meter Höhe führt seit 1980 ein **Tunnel** durch die Anden nach Argentinien. Der Tunnel ist 3900 Meter lang, 2400 Meter davon wurden von Chile, die restlichen 1500 Meter von Argentinien gebaut. Die offizielle Grenze befindet sich mitten im Tunnel, die Formalitäten werden davor und dahinter erledigt. Die alte Grenze verlief über den **Bermejo-Pass,** dort steht die **Statue des Cristo Redentor;** sie ist nur von der argentinischen Seite aus über eine abenteuerliche Serpentinen-Erdpiste zu erreichen und liegt einige hundert Meter oberhalb des Tunnels. Von hier hat man einen herausragenden Blick über die **Andengipfel,** die Sicht reicht bis zum Aconcagua, dem höchsten Gipfel Amerikas (6959 m). Wer zum Cristo Redentor hinauf will, muss entweder mit einem Pkw unterwegs sein oder sich bei Puente del Inca (in Argentinien) absetzen lassen. Von dort kann man in mehreren Stunden zu Fuß zum Bermejo-Pass aufsteigen. Puente del Inca ist auch Ausgangspunkt für Touren in den argentinischen Parque Provincial Aconcagua. Von der Grenze bis Mendoza sind es noch 200 Kilometer, insgesamt 340 Kilometer von Santiago.

Skizentren

Die Skigebiete bei Santiago werden im Kapitel „Outdoor" beschrieben.

Atlas III, IV und S. 235

VON ARICA BIS ANTOFAGASTA

Der Große Norden:

Von Arica bis Antofagasta

Wüste, Wüste, Wüste – der Große Norden (oder auch Hoher Norden, **Norte Grande** in Chile), der sich mehr als 1000 Kilometer von Arica bis südlich von Antofagasta erstreckt, ist eine der eindrucksvollsten Landschaften Chiles: Die Wüste ist alles andere als eintönig – es gibt ockerfarbene Wüstenberge, schneebedeckte Vulkane, tiefblaue und grüne Lagunen, in denen rosa Flamingos stehen, grüne Oasen, und im Abendlicht glühen selbst die ansonsten schroffen und lebensfeindlich aussehenden Salzseen (Salare) in wundervollen Pastelltönen.

Der Große Norden umfasst **drei Regionen**: die **Region Arica-Parinacota** (Hauptstadt: Arica), die **Region Tarapacá** mit der Hauptstadt Iquique sowie die **Region Antofagasta** mit der gleichnamigen Hauptstadt. Alle drei Regionen sind dünn besiedelt, und alle großen Städte wie Arica, Iquique und Antofagasta liegen direkt am Pazifik. Im Landesinnern sind lediglich Kleinstädte zu finden, die Ausnahme ist die Bergbaustadt Calama.

Kupfer und andere Bodenschätze sind auch die einzigen Gründe, warum der Norden von den Chilenen besiedelt wurde. Seit Jahrtausenden waren hier verschiedene **indianische Völker** ansässig, sie lebten von der Fischerei und vom Ackerbau in den wenigen Oasen. Sie durchquerten die Wüste, und die Küstenvölker trieben Handel mit denjenigen im Andenhochland. Sie hinterließen bedeutende Zeichen ihrer Kultur, die ältesten Mumien der Welt wurden hier gefunden, und riesige Geoglyphen (Landzeichnungen) erstaunen

Wissenschaftler und Touristen. Die **ersten Spanier** kamen 1536 und 1540, es waren die Expeditionen von *Diego de Almagro* und *Pedro de Valdivia*. Arica war die erste Siedlung, von hier wurde ab 1545 Silber aus dem heute bolivianischen *Potosí* nach Europa verschifft. Andere Orte auf der Strecke von/nach Potosí folgten: 1580 Putre und später Belén (im heutigen Bolivien).

Für die spanischen Eroberer war die Wüstenregion weitgehend uninteressant. Erst im 19. Jahrhundert wurde sie auf einmal bedeutsam. Man entdeckte, dass sich mit der Wüste doch etwas anfangen ließ – Bodenschätze wurden gefunden. Genauer gesagt: Der deutsche Forschungsreisende *Thaddaeus Haenke* entdeckte Anfang des 19. Jahrhunderts, dass die Atacama-Wüste voller **Natriumnitrat** ist, besser bekannt als **Salpeter**. Salpeter war damals gefragt – als unverzichtbarer Grundstoff für die Herstellung von Schießpulver. Als *Justus Liebig* später noch herausfand, dass man aus Natriumnitrat Kunstdünger herstellen kann, war der Salpeterboom nicht mehr aufzuhalten. Überall in der Wüste entstanden so genannte *oficinas*, Bergbausiedlungen, in denen das „weiße Gold" gefördert wurde.

Doch bis ins späte 19. Jahrhundert gehörte die Atacama noch nicht zu Chile. **Peru und Bolivien** teilten sich das riesige Gebiet, Chile war lediglich durch viele Wanderarbeiter, die nördlich der Grenze arbeiteten, und durch eine Gesellschaft in Antofagasta am Salpeterboom beteiligt. Als die bolivianische Regierung 1879 dieses Unternehmen zunächst hoch besteuern und dann enteignen wollte, schlug Chile zu: Chilenische Truppen besetzten die Stadt, und der so genannte **Salpeterkrieg** (in Chile **Guerra del Pacífico,** Pazifikkrieg) begann. 1883 waren Peru und Bolivien geschlagen, Chile besaß ab sofort das Salpetermonopol und war um zwei Provinzen reicher: Antofagasta und Tarapacá. Bolivien ist seither ein Binnenstaat, allerdings wurde den Bolivianern damals die Nutzung der Häfen von Arica und Antofagasta zugesagt.

Es folgten knappe vierzig Jahre Reichtum. Doch so schnell, wie der Salpeter-Aufschwung begann, so schnell endete er auch. *Fritz Haber,* ein Chemiker aus Berlin, entdeckte, dass sich Natriumnitrat auch künstlich und billiger herstellen lässt – Salpeter wurde überflüssig.

Heute sind die meisten Salpeterstädte von einst verfallen. Dafür wuchsen anderswo mitten im Staub Städte heran: **Chuquicamata** beispielsweise. Dort wurde in den letzten Jahrzehnten ein inzwischen 700 Meter tiefes, vier Kilometer langes und zweieinhalb Kilometer breites Loch in die Wüste gebuddelt und gesprengt. Die gigantische Maschinerie in der Wüste, in der 8000 Arbeiter täglich mehr als 600.000 Tonnen Gestein umwälzen und allein 5% der Weltkupferproduktion fördern, war lange Zeit die größte Kupfermine der Welt, bis sie vor wenigen Jahren im Produktionsvolumen von dem weiter südlich gelegenen Tagebau Escondida überholt wurde. Bis über das Jahr 2020 hinaus soll in Chuqui noch abgebaut werden, dann irgendwann ist die Grube erschöpft. Doch die Chilenen sind optimistisch: Andere Gruben werden sie er-

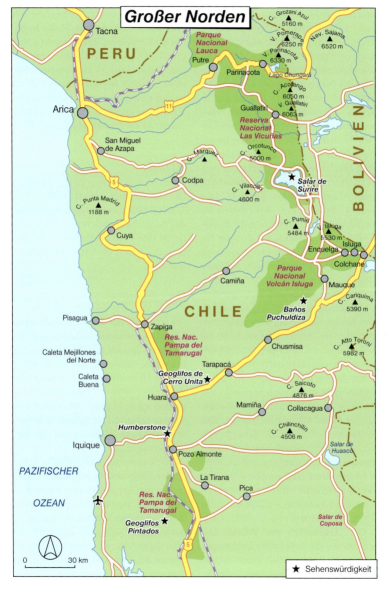

setzen, außerdem birgt die Wüste noch viel mehr **Bodenschätze:** Schwefel, Phosphate, Gold, Silber, Mangan oder auch weniger bekannte wie Molybdän, Rhenium und Lithium.

In der Neuzeit war der Große Norden auch ein Ort der großen **politischen Auseinandersetzungen.** Hier entstand die chilenische Linke, hier fanden die ersten großen Streiks für bessere Lebens- und Arbeitsbedingungen statt, hier hatte die Unidad Popular (vgl. „Geschichte/Der Sieg der Unidad Popular") ihren größten Rückhalt. Das muss nicht wundern, denn anders als im Süden – Ausnahme sind die Kohlereviere bei Concepción – sind die Arbeitsverhältnisse hier eher industriell geprägt. Die Minen wurden aus dem Boden gestampft, die Menschen zogen in bis dahin nicht besiedelte Gegenden, sie lebten nur dort, weil und so lange es die Minen gab. Den Minenbesitzern gehörten die Häuser, die Geschäfte, sie ließen eigenes Geld prägen und bestimmten natürlich auch, wie viel sie ihren Arbeitern bezahlten. Sie selbst lebten nicht in der Einöde der Wüste, sondern in den aufstrebenden Städten an der Küste. Widerspruch gegen ihre Willkürherrschaft wurde unterdrückt, oft mit Waffengewalt und Unterstützung durch das staatliche Militär. 1907 schossen Regierungstruppen in Iquique demonstrierende Arbeiter und deren Familien zusammen – 2000 bis 3000 Menschen starben.

Die **„Eigenarten der Wüste"** beschrieb der Wissenschaftler *Otto Bürger* 1926 sehr lapidar: „Die Wüste ist ein unruhiges, welliges, hügeliges Gelände, bedeckt von einem gelblichen bis braunroten Guß, den die Sonne leuchten und erglühen läßt, die tote Landschaft mit einer eigenartigen Farbenpracht belebend. In der Salpeterwüste ist es tagsüber heißer, nachts kälter als an der Küste. Die feuchten Nebel verschwinden gegen das Innere. Das Klima gilt als hervorragend gesund."

Arica   III/A1

Die **nördlichste Stadt Chiles** (mit 175.000 Einwohnern) liegt am Ausgang des Azapa-Tales, geschützt nach Süden durch den 260 Meter hohen Bergrücken des Morro de Arica, der die Stadt überragt.

Geschichte

Arica ist **eine der ältesten Siedlungen Chiles,** denn schon lange vor der Ankunft der Spanier war der Platz an der Mündung des heute nur noch selten Wasser führenden Río San José von indianischen Völkern bewohnt. Diese trieben eifrig Handel mit Völkern im Andenhochland. Der Handelsweg folgte dem Azapa-Tal, heute verläuft dort eine Straße.

Die Spanier übernahmen die Indianer-Siedlung und legten einen Hafen an, um von hier das Silber aus Potosí zu verschiffen. Bereits 1570 erhielt Arica die Stadtrechte, und bis 1776 ging es nur bergauf. Dann aber wurde das Vizekönigreich Río de la Plata gegründet, und die Silbertransporte nahmen einen anderen Weg: Sie wurden über Buenos

Atlas III und S. 235, Stadtplan S. 238

ARICA

Aires und den Río de la Plata verschifft. Arica wurde bedeutungslos, und als dann noch 1782 die heute peruanische Stadt Arequipa regionale Hauptstadt innerhalb des Vizekönigreiches Peru wurde, war die Blütezeit Aricas zunächst vorbei. Doch nach der Entdeckung des Salpeters wuchs auch Arica als Hafenstadt wieder, erreichte allerdings nie die Bedeutung von Iquique oder Antofagasta – was auch heute im Stadtbild abzulesen ist.

Bis 1880 gehörte Arica zu Peru; damals erstürmten die Chilenen den Morro, auf dem sich die Peruaner hinter starken Befestigungen verschanzt hatten. Man sagt, die chilenischen Truppen hätten sich „gedopt" – mit einer Mischung aus Branntwein und Schießpulver. Gnadenlos wurden flüchtende Peruaner niedergemacht. Seither ist Arica de facto chilenisch, offiziell wurde es das erst 1929. Gleichzeitig ist Arica die wichtigste Hafenstadt Boliviens und eine der wichtigsten Perus, denn beiden Ländern wurden Sonderrechte in den Häfen eingeräumt.

Wirtschaftlich stand Arica immer im Schatten der bisherigen Regionalhauptstadt Iquique und neidet dieser vor allem den Freihafen. Seit Arica sich 2006 von Iquique „abspaltete" und Hauptstadt der neu geschaffenen Region Arica-Parinacota wurde, erhofft man sich neue Impulse. Ob allein dadurch der Boom eintritt, darf bezweifelt werden.

Der Morro von Arica
bei Sonnenuntergang

ARICA

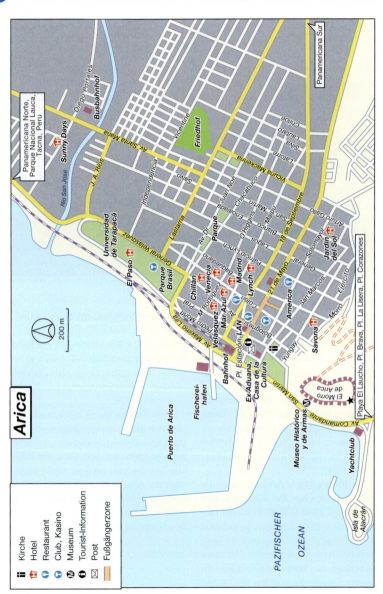

Die dekorativen Hibiskusbüsche in den Straßen können das Flair der reichlich verlotterten Grenzstadt nur schlecht verbergen. Ohne den Strandtourismus und die gelegentlich anlegenden Kreuzfahrtschiffe wäre Arica verloren.

Sehenswertes

Arica hat für eine chilenische Stadt einen recht **ungewöhnlichen Grundriss – es fehlt die zentrale Plaza.** Dennoch wird man sich in dem kleinen Zentrum kaum verlaufen – es zieht sich parallel zur Wasserfront vom Morro im Süden bis zum Parque Brasil im Norden, die wichtigsten Straßen sind die **Fußgängerzonen** Bolognesi und 21 de Mayo.

Ein Stadtbummel geht schnell und führt durch die schmale **Calle Bolognesi** – die lebhafte Fußgängerzone – hinunter zur **Plaza Colón,** an der eine der wichtigsten Sehenswürdigkeiten Aricas steht: die **Iglesia San Marcos,** die 1875 als Fertigbau-Eisenkonstruktion errichtet wurde. Ihr Architekt brachte es 14 Jahre später (1889) mit einer anderen, ungleich höheren Eisenkonstruktion zu unsterblichem Ruhm: Es war der Franzose **Alexandre Gustave Eiffel.**

Wendet man sich an der Kirche Richtung Wasserfront, so sieht man rechts den **Bahnhofsvorplatz** (Plazoleta Estación), der leicht an der alten Lokomotive, die dort als Denkmal aufgestellt wurde, zu erkennen ist. Die Lok wurde 1924 in der „Maschinenfabrik Esslingen" gebaut; früher zog sie den Zug, der von Arica nach La Paz (Bolivien) fuhr. Am Bahnhofsvorplatz steht ein weiteres Werk von *Eiffel* – er entwarf auch die Pläne für das Gebäude der **Aduana** (Zoll, 1874). Heute wird das Haus als Casa de la Cultura (Haus der Kultur) und für Wechselausstellungen genutzt. Wenige Schritte führen von hier aus zum **Fischereihafen,** wo man auch gut essen kann. Hier werden auch Bootstouren zu Pinguin- und Seelöwenkolonien angeboten.

Vom Südende der Calle Colón führt ein zehnminütiger Fußweg hinauf auf den **Morro,** von dem man einen guten Blick über die Stadt, den Hafen und weit ins Landesinnere hat. Oben gibt es natürlich ein Museum, das an die entscheidende Schlacht im Salpeterkrieg zwischen Peru und Chile am 7. Juni 1880 erinnert.

Bleiben die **Strände** – derentwegen kommen vielleicht nicht die meisten Touristen, doch wegen ihnen bleiben viele länger als geplant. *Otto Bürger* schrieb 1923 voller Emphase über sie: „Der vegetationslose Felsstrand Aricas ist einer der malerischsten und eigenartigsten. Er zieht sich unter dem lotrecht aufsteigenden düsteren, zerwaschenen und zerklüfteten Gestein des Morros mit Zungen und Graten, mit natürlichen Wannen und tiefeinschneidenden Kanälen hin, umbrandet vom tiefblauen Meer mit dem Ausblick auf die weißen Gestade der Insel Alacrán (Skorpioneneiland)." So begeistert äußert sich heute niemand mehr – vor allem die Strände nahe der Innenstadt sind doch ein wenig verschmutzt und verbaut. Man sollte einige Kilometer nach Süden oder Norden fahren. Die besten sind die **Playa Corazones,** 10 Kilometer südlich der Stadt und per Bus Nr. 8 von der Ecke

ARICA

Velázquez und Chacabuco zu erreichen, und die 2 Kilometer nördlich des Zentrums liegende **Playa Chinchorro**.

Außerhalb des Zentrums (in Richtung Osten zur Panamericana hin, nahe der Rotonda O'Higgins) befindet sich das so genannte **Poblado Artesanal,** ein Kunsthandwerkerdorf; von Kunst bis Kitsch wird hier alles verkauft. Man gelangt am einfachsten per Taxi-Colectivo dorthin (Linien 2, 7, 8, 13, U) oder per Bus (2, 3, 5, 7, 8, 9, 12). Das „Dorf" ist Mo bis So von 9.30–13.30 und 15.30–20 Uhr geöffnet.

Touristeninformation

- **Vorwahl von Arica: 58**

Sernatur
- San Marcos 101 (neben der Aduana), Tel. 252054, infoarica@sernatur.cl.

Nationalparkbehörde Conaf
- Vicuña Mackenna 820, Tel. 250739.

Unterkunft

Sehr viele **preiswerte Residenciales befinden sich auf der Calle Velásquez;** diese ist die Verlängerung der Fußgängerzone Paseo Bolognesi nach Norden. Die meisten dieser Residenciales verlangen etwa 8–12 US-$ p.P.; z.B. Residencial Velásquez (Hausnummer 685, okay), Residencial Valencia (719, mit Koch- und Wäschewaschgelegenheit), Residencial Chillán (749, freundlich, gut), Residencial Inés (725, Koch- und Wäschewaschgelegenheit). Andere sind:

- **Madrid**
Baquedano 685. Sauber, billiger mit Jugendherbergsausweis, alle Zimmer zum Patio, mitunter etwas laut. Pro Person ab 8 US-$.
- **Venecia**
Baquedano 741, Tel. 252877. Familiär und sauber. 9 US-$ p.P., DZ mit Bad ca. 18 US-$.
- **Residencial América**
Sotomayor 430, Tel. 254148. Sauber und relativ neue Zimmer, ab 12 US-$.
- **Jardín de Sol**
Sotomayor 848, Tel. 232795. Alle Zimmer um einen Patio, freundlich, sauber. DZ mit Bad ab 35 US-$.
- **Lynch**
Lynch 589, Tel. 231581. Sauber, hilfsbereit, schöne Anlage, zentral, Parkplatz. DZ mit Bad ab 31 US-$.
- **Hostal Sunny Days**
Tomás Aravena 161, Poblacion Chinchorro, Tel. 241038. Familiäre Backpacker-Herberge unter neuseeländisch-chilenischer Leitung in der Nähe des Busbahnhofs. Große saubere Zimmer mit Küchenbenutzung, Wäscheservice, Internet und üppigem Frühstück. DZ mit Bad ab 31 US-$. www.sunny-days-arica.cl
- **Hotel Mar Azul**
Colón 665, Tel. 256272. Kleine Zimmer mit Privatbad, Sauna, Pool, DZ ab 28 US-$. mar-azul@mail.com
- **Hotel El Paso**
General Velásquez 1109, Tel. 230808. Elegant, mitten im Park beim Casino, großer Pool. DZ ab 70 US-$. www.hotelelpaso.cl
- **Hotel Savona**
Yungay 380, Tel. 231000. Sauber, ruhig, von Lesern empfohlen, mit Pool, Internet und Fahrradverleih. DZ 54 US-$. www.hotelsavona.cl
- **Hotel Arica**
San Martín 599, Tel. 254540. Das Beste am Ort, etwas außerhalb direkt am Strand, gute Küche. DZ ab 160 US-$. www.hotelarica.cl

Essen und Trinken

Gut und preiswert kann man im **Mercado Colón** in den dortigen kleinen Restaurants essen, **gut, aber etwas teurer** (die Lage wird mitbezahlt) in den **Fischlokalen am Hafen.** Ansonsten:

- **Casino de Bomberos**
Colón 357. Guter Mittagstisch in der Feuerwache (auch für Nicht-Feuerwehrleute).
- **Maracuyá**
San Martín 0321. Sehr guter Fisch und Meeresfrüchte (teuer!).

- **Los Aleros de 21**
21 de Mayo 736. Speziell Fleisch und Fisch, preiswerter als das Maracuyá.
- **Terra Amata**
Yungay 201. Erlesene Küche, schöne Einrichtung, Blick auf den Morro.
- **Cantaverdi**
Bolognesi 453. Einfache, nette Kneipe in der Fußgängerzone.

Verkehrsverbindungen

Flugzeug

Der **Internationale Flughafen Chacalluta** liegt 18 Kilometer nördlich des Zentrums, nahe der peruanischen Grenze. Radio Taxi Aeropuerto Chacalluta (Lynch/Ecke 21 de Mayo) unterhält einen Shuttle-Service (Sammeltaxi 4 US-$ pro Person, einzeln 7,50 US-$). Beim Flug nach Santiago sollte man links sitzen (Andenblick).

Die **Fluggesellschaften** und ihre Büros:
- **LAN**
Arturo Prat 391. Mehrfach täglich nach Santiago über Iquique und Antofagasta.
- **Sky**
21 de Mayo 356, Tel. 251816. Zweimal tgl. nach Santiago, dreimal wöchentlich nach La Paz (Bolivien).

Eisenbahn

- Von Arica fahren zweimal täglich Züge nach **Tacna** (Peru). Die Fahrt dauert 1,5 Stunden, kostet ca. 2 US-$ (Ticket am Tag zuvor kaufen) und ist interessanter als per Colectivo. Adresse: Máximo Lira 889.
- Bis vor einigen Jahren verkehrte ein Schienenbus zwischen Arica und **La Paz** (Bolivien). Er überwand auf einer Strecke von nur 180 Kilometern einen Höhenunterschied von 4256 Metern. Heute ist der Personenverkehr auf dieser Route leider eingestellt, dem Anschein nach definitiv.

Überlandbusse

Der zentrale **Busbahnhof** ist auf der Av. Diego Portales 948/Ecke Av. Santa María, zu erreichen per Bus oder besser Taxi-Colectivo (8 und 18) oder Taxi (2 US-$ bis ins Zentrum). Da Arica Grenzstadt und Drogenumschlagplatz ist, wird alles Gepäck vom Zoll untersucht, erst im Bahnhof, später auf der Strecke noch einmal. Von Arica starten Busse nach:

- **Santiago de Chile,** 30 Std., 50–110 US-$ je nach Service; vor allem die luxuriöseren Busse auch für Teilstrecken früh buchen
- **Iquique,** 4,5 Stunden, 10 US-$
- **Antofagasta,** 10 Stunden, 20–33 US-$
- **Calama,** 10 Stunden, 20–32 US-$
- **San Pedro de Atacama,** 12 Std., 25 US-$
- **La Serena,** 18 Stunden, 38–88 US-$
- **Salta** (Argentinien), 28 Std., 85–96 US-$
- **La Paz** (Bolivien), 8 Stunden, 30 US-$
- **Lima** (Peru), 40 US-$
- **Tacna** (Peru), 3 US-$

- Nach **La Paz** fährt man am besten mit Pullman Bus, ab dem Busbahnhof.
- **Tacna** (Peru) wird auch von Colectivos angefahren (5 US-$, ab dem „internationalen" Terminal neben dem Busbahnhof – in 1,5 Stunden ist man, Zollformalitäten eingeschlossen, in der Nachbarstadt.
- Nach **Putre** fährt direkt und viermal täglich die Gesellschaft La Paloma, Tel. 222710, ab dem Busbahnhof, 4 US-$.
- Tur-Bus (im Busbahnhof) fährt jede Nacht (22 Uhr) über Calama durch nach **San Pedro de Atacama.**

Reiseveranstalter/Touren

Tourveranstalter in Arica bieten meist das selbe Programm: **Tagesausflüge in den Lauca-Nationalpark** (um 25 US-$ p.P., 7.30–20.30 Uhr), **Halbtagestouren ins Valle de Azapa** (15 US-$) oder auch **Stadtrundfahrten.** Das Problem bei allen Tagestouren in den Lauca-Nationalpark ist die Zeit (man verbringt die meiste im Bus) und die enorme Höhendifferenz, die man in nur wenigen Stunden überwindet. Wenn Sie es trotzdem wagen, lassen Sie sich den Tourverlauf genau erklären, auch mit was für einem Fahrzeug Sie unterwegs sind. Einige Reiseveranstalter haben Sauerstoff (in Flaschen) dabei, um die akute **Höhenkrankheit** zu kontrollieren. Die Tour in den Nationalpark geht von null auf etwa

4500 Meter Höhe, das kann starke Kopfschmerzen und Schlimmeres mit sich bringen. Scheuen Sie sich nicht, dem Reiseleiter zu sagen, wenn Sie Kopfschmerzen haben, schlecht Luft bekommen oder Ihnen übel wird – mit der Höhenkrankheit sollte man nicht spaßen! Wenn Sie irgendwie können, wählen Sie lieber eine Zwei- oder Mehrtagestour auf den Altiplano (s.u.).

Einige Tourveranstalter

- **Clinamen**
Tel. 313289, www.clinamen.cl.
Exkursionen auf den Altiplano und zu Aymara-Dörfern, deutschsprachig, gut.
- **Raíces Andinas**
Galería comercial Las 3 Esquinas local 29, Tel. 233305, www.raicesandinas.com.
Empfohlene Rundtouren auf dem Altiplano, am besten mit Guide *Orlando*.
- **Latinorizons,** Bolognesi 449, Tel. 250007.
- **Olas de Arica,** Tel. 252125. Surfschule.
- **Arica en Vuelo**
Tel. 09/84556797, www.aricaenvuelo.cl.
Gleitschirmfliegen am Strand und an Geoglyphen, auch im Tandem.

Mietwagen

- **Avis,** Chacabuco 314, Tel. 584820.
- **Budget,** Colón 996, Tel. 258911.
- **Cactus,** General Lagos 666, Tel. 257430.

Sonstiges

Wechselstuben
Tausch von **Geld und Schecks** bei:
- **Turismo Sol y Mar,** Colón 650, of. 4.
- **Daniel Concha,** Chacabuco 300.
- **Marta Daguer,** 18 de Septiembre 330.
- **Yanulaque,** 21 de Mayo 175.

Fahrradverleih
- **Bicircuitos,** *Verónica Valente,* 21 de Mayo 51. Deutschsprachig.

Post und Telefon
Die **Hauptpost** befindet sich auf der Calle Prat 305. **Telefonzentralen** finden sich z.B. in der 21 de Mayo 211, 345 und 477 sowie Colón 430.

Wäschereien
- **La Moderna,** 18 de Septiembre 457.
- **Americana,** Lynch 260.

Die Umgebung von Arica

Valle de Azapa   III/A1

Arica liegt an der Mündung des Azapa-Tales in den Pazifik. Das Tal ist ein schmaler, fruchtbarer Einschnitt in die Wüste, genährt vom Río San José, der im Hochland entspringt. Hier werden Obst und Gemüse für die Märkte in Arica, aber auch für die in Zentralchile angebaut, und – im Tal befindet sich eines der besten archäologischen Museen Chiles, das **Museo Arqueológico San Miguel de Azapa**. Es liegt 12 Kilometer vom Zentrum Aricas entfernt, ist leicht per Taxi-Colectivo von der Ecke Chacabuco und Lynch in Arica zu erreichen (1 US-$) und hat von Januar bis Mitte März täglich von 9–20, ansonsten von 10–18 Uhr geöffnet (Tel. 205551).

Das Museum präsentiert anschaulich die verschiedenen präkolumbischen Kulturen der Region – im Azapa-Tal wurden wertvolle Ausgrabungen gemacht. Die wichtigsten Ausstellungsstücke sind die **Chinchorro-Mumien.** Mit der C 14-Methode (Radiokarbonmethode) hat man ihr Alter herausfinden können: Man schätzt sie auf 7810 +/- 180 Jahre, **7630 Jahre** wären sie demnach mindestens alt. Die Chinchorros benutzten komplizierte Techniken zur Mumifizierung ihrer Toten: Sie entfernten mit Messern aus Pelikanschnäbeln sämtliche Weichteile und Muskeln der Toten, leerten die Schädel und bauten im Prinzip um das Skelett den Körper neu auf. Der Kopf wurde mit einem Holzstab mit dem Körper verbunden, die Hohlräume mit Stroh und Wolle gefüllt, Arme und Beine wurden bandagiert und ausgepolstert, der Körper aus Lehm teilweise neu modelliert, und der Kopf erhielt schließlich eine Totenmaske. Den Toten wurden auch Speisen in Bastkörben und Tonkrügen mit ins Grab gegeben.

Im Azapa-Tal lassen sich auch einige große **präkolumbische Scharrbilder (Geoglyphen)** und **Befestigungsanlagen** bewundern. Am nächsten kommt man ihnen auf einer Nebenstraße, die zwei Kilometer südöstlich von Arica abzweigt und an den Südhängen des Azapa-Tals entlang führt. Am Cerro Sombrero und Cerro Sagrado sind 600 bis 1000 Jahre alte, überdimensionale Darstellungen verschiedener Symbole und Tiere (Lamas) zu sehen. Nach 13 Kilometern erreicht man auf der Höhe des Museums die Ruinen des **Pukará de San Lorenzo,** einer Befestigungsanlage aus dem 12. Jahrhundert.

Pisagua III/A2

Knappe 100 Kilometer Luftlinie südlich von Arica, aber 235 Kilometer über die Straße entfernt, liegt der Ort Pisagua (200 Einwohner), der eine **düstere Geschichte** besitzt. Einst als Salpeterhafen gegründet und ausgebaut mit britischem Uhrturm und riesigem städtischen Theater, wurde die Stadt nach dem Zusammenbruch des Salpetermarktes zu einer **Gefangenenkolonie.** Auch nach dem Militärputsch von 1973 wurden hier politische Gefangene inhaftiert; 1990 grub man ein Massengrab mit Pinochet-Opfern aus.

Für die **Anreise** braucht man ein eigenes Fahrzeug oder viel Glück beim Autostopp, denn kein Bus fährt nach Pisagua; sie halten alle nur an der Abzweigung von der Panamericana, von dort sind es noch 38 Kilometer. Übernachten kann man im Hostal La Roca, Tel. 57/731502, puertopisagua@hotmail.com, mit freundlicher Betreuung und schöner Aussicht (12 US-$ p.P.).

Auf den Altiplano

Die **Passstraße nach Bolivien** ermöglicht eine atemberaubende Fahrt über das Altiplano genannte **Andenhochland.** Auf weniger als 200 Kilometern schraubt man sich dabei vom Meeresspiegel auf 4500 Meter Höhe, hinauf zum **Lago Chungará,** der wiederum von 6000er Vulkanen überragt wird. Eine tolle mehrtägige Rundtour führt über die einsame Hochebene durch mehrere Nationalparks und wieder hinunter nach Iquique (s.u.).

Valle de Lluta III/A1

Die **Ruta 11,** die internationale Straße nach Bolivien, führt zunächst durch das Tal des **Río Lluta.** Nach wenigen Kilometern sieht man rechter Hand große

Geoglyphen (Erdzeichnungen, vgl. den Exkurs weiter unten). Es sind die **Geoglifos de Lluta,** die Lamas und Menschen darstellen, auch ein Adler soll zu sehen sein.

In **Poconchile** (35 km von Arica) steht eine der ältesten Lehmziegelkirchen (1605) der Region. Etwa 10 Kilometer weiter führt die Straße aus dem Tal hinaus und in Schwüngen immer weiter bergan; oft ergeben sich wunderbare Ausblicke auf die grüne Flussoase zwischen den kahlen Bergen, die stellenweise mit riesigen, weit ausladenden Kandelaberkakteen bewachsen sind.

Nach 116 Kilometern führt links ein schmaler Weg nach **Socoroma** ab (5 km). Das kleine Dorf auf 3060 Metern Höhe besitzt ebenfalls eine Adobe-Kirche, die bereits im 16. Jahrhundert erbaut wurde, und zwar auf einer künstlichen Plattform. Leider wurde sie beim letzten Erdbeben stark beschädigt. Hinter der Kirche fällt das Gelände in kultivierten Terrassen gestuft steil bis in die Schlucht des Río Lluta ab.

Putre   III/A1

Der einzige größere Ort auf der Strecke (153 km von Arica) hat ca. 1200 Einwohner und liegt bereits auf 3500 Metern Höhe. Die meisten Einwohner sind **Aymara, Indianer** aus einem Volksstamm, der ursprünglich weite Teile des heute von Peru, Bolivien und Chile geteilten Hochlands bewohnte. Sie leben vorwiegend von der Landwirtschaft und Viehzucht (Lamas und Alpacas), von der Spinnerei und dem Verkauf der Wolle. Ihre eigene Sprache gerät immer mehr in Vergessenheit, die meisten Kinder lernen sie nicht mehr von ihren Eltern, und in der Dorfschule von Putre soll sie als Unterrichtsfach erst wieder eingeführt werden.

Der Ort liegt, umgeben von grünen Terrassenfeldern, in großartiger Szenerie zu Füßen der schneebedeckten Gipfel der **Nevados de Putre** (5825 m). In den vergangenen Jahren ist hier langsam, aber stetig eine bescheidene touristische Infrastruktur entstanden, die es nahelegt, hier zu verweilen und sich an die Höhe zu gewöhnen. Ein Ausflug etwa zu den **Termas de Jurasi** (11 km entlang der Passstraße) eignet sich hervorragend als Akklimatisierungstour, bevor es in den Nationalpark Lauca geht. Die 50 Grad heißen Becken auf 4100 Metern Höhe sind von Putre aus zu Fuß in etwa 2 Stunden zu erreichen. Andere Wanderwege führen durch tiefe Schluchten voller Kakteen zu prähispanischen Felszeichnungen. In der Umgebung lassen sich Guanacos beobachten, und mit etwas Glück sieht man eine Taruca, auch *Huemul del Norte* genannt – der kleine Verwandte des in Südchile heimischen Andenhirschs *Huemul*. Beide sind vom Aussterben bedroht.

Touristeninformation
● Tourismusbüro **am Hauptplatz,** Tel. 58/245989.

Unterkunft
● **Hostal La Paloma**
O'Higgins 353, Tel. 09/91979319. Neu, simpel und sauber, mit Restaurant. 8 US-$ p.P.
● **Hostal Cali**
Baquedano 399, Tel. 09/85361242. Sauber und einfach. 11 US-$ p.P.

Atlas III und S. 235

AUF DEN ALTIPLANO

- **La Chakana**
Unterhalb des Ortes hinter der Kaserne, Tel. 09/97459519, www.la-chakana.com. 2007 eröffnete gemütliche Backpacker-Unterkunft unter deutscher Leitung. Federbetten, Heizung, Bergblick, gutes Frühstück und viele Tipps. 14 US-$ p.P. im Mehrbettzimmer, DZ mit Bad 56 US-$.
- **Hostal Pachamama**
Lord Cochrane, Tel. 58/231028, ukg@entelchile.net. Chilenischer Standard, Mehrbettzimmer ab 15 US-$ p.P.
- **Hotel Kukuli**
Baquedano 301, Tel. 09/91614709. Helle, geräumige Zimmer, gutes Frühstück, netter Service (Leserlob), DZ mit Bad 44 US-$, preiswertes Restaurant.
- **Hostería Las Vicuñas**
Neben dem Friedhof, Tel. 58/231028, www.chilenaltiplano.cl. 112 Zimmer, schlichte Einrichtung, hauptsächlich von Minenarbeitern genutzt. DZ mit Bad ca. 70 US-$.
- **Hotel Q'antati**
Hijuela 208, Tel. 228916. Bestes Hotel im Ort, 10 kühl-moderne Zimmer mit Bergblick, DZ mit Bad ca. 85 US-$.

Essen und Trinken

- **Cantaverdi**
An der Plaza. Lecker und preiswert, auch vegetarisch.
- **Rosamel**
An der Plaza. Typisch chilenische Küche.
- **Kuchu Marka**
Baquedano 351. Regionale Gerichte.

Verkehrsverbindungen

- **Busse** ab der Plaza. La Paloma fährt tgl. um 14 Uhr **nach Arica,** Gutiérrez Mo bis Do um 17 Uhr (5 US-$).

Reiseveranstalter/Touren

Alle Agenturen tummeln sich auf der Baquedano und haben Ausflüge in die nähere Umgebung und Rundtouren auf dem Altiplano im Angebot.
- **Tour Andino**
Baquedano 340, Tel. 09/90110702, www.tourandino.com.
- **Cali Tours**
Baquedano 399, Tel. 85361242, cali_tours@hotmail.com.
- **Birding Alto Andino**
Baquedano 229, Tel. 09/92826195, www.birdingaltoandino.com. Die US-amerikanische Biologin *Barbara Knapton* bietet individuell geführte, hochgelobte Naturtouren an, insbesondere zur Vogelbeobachtung. 3-Tage-Tour mit 2 Pers. 350 US-$ p.P., 4 Pers. 260 US-$ p.P. Vorabreservierung nötig. Auch Übernachtung in ihrem Haus, DZ 30 US-$.

Sonstiges

- **Internet und Telefon:** Baquedano und direkt an der Plaza.
- **Kein Bankautomat,** daher genügend Bargeld aus Arica mitbringen.
- **Benzin:** erhältlich bei Cali-Tours und im Hotel Kukuli.
- Eine sehr gute **Karte** der gesamten Gegend, mit Wanderwegen, ist erhältlich unter www.trekkingchile.com/karten.

Nationalpark Lauca   III/B1

Hinter Putre steigt die Ruta 11 steil an. Nach 22 Kilometern erreicht man die **Conaf-Station Las Cuevas** im Nationalpark Lauca. Er umfasst eine Fläche von 138.000 Hektar, die Ruta 11 von Arica nach Bolivien ist durchgehend asphaltiert und führt mitten hindurch.

Unterwegs sieht man immer mehr **Lama- und Alpacaherden.** Sie werden als Nutztiere gehalten und sind meistens im Ohr markiert. Ihre frei lebenden Verwandten, die schlanken **Vicuñas,** lassen sich meist nur aus gebührendem Abstand beobachten (vgl. den Exkurs in „Tier- und Pflanzenwelt"). An felsigen Stellen sind **Vizcachas** zu sehen, Verwandte der Chinchillas. Auf Steinen und Felsen wachsen die grün leuchtenden **Yareta-Pflanzen,** die nur in Höhen ab

AUF DEN ALTIPLANO

4000 Meter gedeihen. Sie sehen weich wie ein Polster aus, ihre Oberfläche ist aber rau, da die Zweige verharzen und verholzen.

Parinacota (48 km von Putre), etwas abseits der internationalen Straße, ist ein fast verlassenes Dorf auf 4450 Metern Höhe, mit 50 Häusern und 15 Menschen, die meisten Häuser werden von ihren Besitzern nur bei großen Festen aufgesucht. Hier steht eine der schönsten Kirchen des Nordens – ein typischer Bau mit seinen wuchtigen, frei stehenden, gestuften Glockentürmen. Im Innern der Kirche sind Fresken zu bewundern, wahrscheinlich Arbeiten der Schule aus Cuzco. In Parinacota gibt es neuerdings das von *Aymara* betriebene Hostal Uta Kala Don Leo (Tel. 58/261526, 09/90106315, leonel_parinacota@hotmail.com, 6 US-$ p.P., auch Essen).

Von Parinacota führt eine Erdpiste direkt an den **Lagunas de Cotacotani** vorbei, die smaragdgrün zu Füßen einer atemberaubenden Kulisse leuchten: Es sind die **Zwillingsvulkane Pomerape** (6250 m) und **Parinacota** (6330 m), zwei ebenmäßige Kegel mit Schneekragen direkt auf der Grenze zu Bolivien.

Zurück auf der Ruta 11 sind es nur noch wenige Kilometer bis zum **Lago Chungará**, dem angeblich höchsten See der Erde: Mit 4570 Metern Höhe ist er allemal rekordverdächtig. Bei gutem Wetter spiegeln sich in ihm die Vulkane Parinacota und **Sajama** (6520 m) – eins der schönsten Naturpanoramen des Nordens. Am Ufer gibt es eine Schutzhütte von Conaf, von hier bis zur Grenze sind es noch 12 Kilometer.

Von Arica kommen Busse mit Tagesgästen hier herauf. Von dieser Strapaze – in wenigen Stunden von null auf 4500 Meter Höhe – kann aber nur abgeraten werden. Die unbarmherzige Höhenkrankheit sorgt dafür, dass viele das Naturschauspiel nicht genießen können.

Altiplano-Rundfahrt

Die Fahrt über den Altiplano durch die südlich an den Lauca-Park anschließenden Schutzgebiete gehört zu den großartigen Naturerlebnissen in Chile. Sie kann nur mit einem **Mietwagen** oder im Rahmen einer **organisierten Tour** bewältigt werden, öffentliche Verkehrsmittel gibt es hier nicht. Die Route führt auf Höhen von 3500 bis 4500 Meter durch die Reserva Nacional Las Vicuñas, vorbei am Monumento Natural Salar de Surire und in den Nationalpark Vulkan Isluga. Vorbei an weiteren Attraktionen geht es wieder hinunter in die Atacama-Wüste, zurück nach Arica oder nach Iquique.

Einige wichtige Tipps

Die Rundfahrt sollte nur mit einem **geländegängigen Fahrzeug** unternommen werden; Allradantrieb ist nicht zwingend notwendig, wird aber empfohlen. Von Arica bis Huara (Panamericana) sind es etwa 650 Kilometer, von dort 242 Kilometer über die Panamericana zurück nach Arica oder 85 Kilometer hinunter nach Iquique. Nur in Putre (km 153) und in Pozo Almonte (40 km südlich von Huara) kann man sicher sein, **Benzin** oder Diesel zu bekommen, in den wenigen anderen Orten ist das Glückssache. Im Allradmodus verbraucht ein Wagen mehr Treibstoff, daher kann ein voller 20-Liter-Ersatzkanister nützlich sein.

Man kann diese Tour bei einer der unter Arica, Putre und Iquique genannten **Agenturen** buchen. Dabei muss man pro Person mit ca. 100 US-$ am Tag rechnen, Verpflegung und Übernachtung inklusive. Oft wird die komplette Route an drei Tagen gemacht (zwei Übernachtungen, in Putre und Isluga), wesentlich besser ist es aber, sich einen Tag mehr Zeit zu nehmen.

Wer **selber fahren** möchte, sollte sich auf ein echtes Abenteuer vorbereiten: Die Tour führt in weitgehend menschenleere Wildnis auf über 4000 Metern Höhe, ohne Handynetz und ärztlichen Notdienst. Die Strecke ist zwar halbwegs ausgeschildert, und die Karten von Copec sind hilfreich. Trotzdem sollte man unterwegs so oft wie möglich nach dem Weg und seinem Zustand fragen. Hat es geregnet, sind bestimmte Stellen evtl. unpassierbar. Fahren Sie nie in der Dunkelheit!

Übernachten kann man zwischen Putre (s.o.) und Colchane (s.u.) nur in einfachen Hütten der Nationalparkverwaltung Conaf: zwei im Lauca-Park (in Parinacota und am Lago Chungará), eine in Guallatiri, eine am Salar de Surire, eine in Enquelga. Alle Refugios sind spärlich ausgestattet, sie kosten jeweils etwa 13 US-$ pro Person, ein eigener Schlafsack ist erforderlich. Vergewissern Sie sich vor der Abfahrt, ob die Refugios überhaupt geöffnet sind, und melden Sie sich dort an (Tel. 58/250739, siehe Arica).

Lebensmittel sollte man in ausreichender Menge mitnehmen. **Kochen** kann man in der Regel in den Refugios; **Restaurants** gibt es nur in Putre und Colchane.

Im Hochland wird es **nachts sehr kalt** (warme Kleidung und Handschuhe mitnehmen), tagsüber braucht man einen guten Sonnenschutz.

Die Route

25 Kilometer östlich von Putre zweigt eine Rüttelpiste von der Teerstraße (Ruta 11) ab und erreicht nach etwa 25 Kilometern eine Brücke über den Río Lauca und die **Reserva Nacional Las Vicuñas** (210.000 ha), das Schutzgebiet für die wilden Verwandten des Lamas. Nachdem die Vicuñas Anfang der 1970er Jahre in dieser Region fast verschwunden waren, richtete man Schutzzonen für sie ein; der Erfolg war phänomenal: Heute leben auf dem chilenischen Altiplano wieder mehr als 30.000 Tiere.

Nach 83 Kilometern ab Putre ist **Guallatiri** zu Füßen des gleichnamigen Vulkans (6063 m) erreicht. Wie die meisten Hochlanddörfer ist auch dieses weitgehend verwaist, die Bewohner sind in die Städte abgewandert. Außer der üblichen Adobe-Kirche gibt es noch das Refugio von Conaf und eine Station der Carabineros (anmelden).

Weitere 45 Kilometer, immer begleitet von Sechstausendern zur Linken, sind es zur Polizeistation Chilcaya am Nordrand des **Salar de Surire.** Der 17.500 Hektar große Salzsee erstreckt sich blendend weiß zwischen rotbraunen Höhenzügen. Auf 4250 Metern Höhe nisten hier drei Flamingo-Arten, die in den salzkrustenfreien Lagunen ausreichend Kleinstkrebse als Nahrung finden. Obwohl ein Naturdenkmal im Naturschutzgebiet, gibt es am Salar eine Mine, in der in großen Mengen Borax abgebaut wird. Deshalb sind die Straßen nach Norden auch vergleichsweise gut ausgebaut. Im Conaf-Refugio am Westufer des Salzsees (140 km ab Putre) kann man übernachten.

Den Salzsee umrundend, gelangt man zu den naturbelassenen **Thermalquellen Polloquere** an seinem Südrand (24 km vom Refugio). Das Bad in den schwefeldampfenden, bis zu 50 Grad heißen Schlammtümpeln, vor sich das Panorama des berggesäumten Salzsees, gehört zu den Höhepunkten der Fahrt. 13 Kilometer vor den Thermen biegt eine Erdpiste südwärts ab (Richtung Colchane). Sie führt zunächst über einen Höhenrücken; an der Grenze zur Provinz Iquique (Kreuzung, 36 km vom Abzweig am Salzsee) biegt man nach rechts ab. 7 Kilometer weiter gelangt man zur Furt durch den **Río Mucomucone** und zum gleichnamigen Dorf.

Hier beginnt der **Nationalpark Volcán Isluga**, der 175.000 Hektar umfasst und einige typische Hochmoore *(bofedales)* schützt, in denen Wasservögel und Nandus leben. Man passiert zwei weitere winzige Siedlungen und hält sich an der Kreuzung nach 11 Kilometern links (Osten); das Dorf **Paserijo** folgt schnell. Linker Hand sieht man nun den **Vulkan Isluga** (5530 m), sein Panorama bleibt bis **Enquelga** (25 km weiter) erhalten. In dem Aymara-Dorf auf 3850 Metern Höhe gibt es ein Conaf-Refugio, etwa 90 Häuser mit ca. 300 Einwohnern, eine Kirche, eine Schule und eine einfache Thermalquelle.

Von Enquelga sind es 10 Kilometer bis nach **Isluga**. Die Siedlung ist vollständig verlassen, es handelt sich um ein reines **„Ritualdorf" der Aymara**. Sie kommen hier nur an ihren hohen Feiertagen zusammen, Feiertage, die mitunter mit den katholischen zusammenfallen, aber einen gänzlich anderen Ursprung haben. Die Religion der Aymara ist synkretistisch, sie haben auf Druck der Eroberer christliche Elemente übernommen, eigene aber behalten. So feiern die Aymara ihre Feste nicht in der Kirche – die von Isluga ist eine der

schönsten Adobe-Kirchen im ganzen Norden –, sondern auf dem unscheinbaren Platz nebenan (der noch von den Kirchenmauern eingeschlossen ist). Die spanischen Missionare errichteten ihre Kirchen oft mit Absicht neben dem rituellen Versammlungsort der Indianer.

Von Isluga sind es 6 Kilometer bis zur internationalen Straße, die Iquique mit Bolivien verbindet, und weitere 5 Kilometer bis zum **Grenzort Colchane**, mit einfacher Übernachtungsmöglichkeit im freundlichen Hostal Camino del Inca (Tel. 09/84463586, hostal_caminodelinka@hotmail.com, DZ 30 US-$ mit Halbpension). Endlich wieder auf Asphalt (allerdings mit großen Löchern und einigen Schotterabschnitten), geht es hinunter nach **Huara** (183 km). Der schönere Weg aber führt zunächst zurück nach Enquelga. Kurz vorher biegt man nach Westen ab, überquert den Fluss und biegt nach 14 Kilometern links nach **Mauque** ab (weitere 19 km, hübsche Kirche). 4 Kilometer südlich von Mauque führt ein lohnender Abstecher rechts ab nach **Puchuldiza** (22 km, schlechte Piste). Hier, auf 4200 Metern Höhe, sprudeln die schönsten Geysire in Nordchile. Mit hohem Druck wird das bis zu 85 Grad heiße schwefelhaltige Wasser aus dem Boden gepresst und mehrere Meter hoch gespritzt. Wo es als Sprühregen zur Erde fällt, entstehen im Winter Salzeishügel, die mehrere Meter hoch werden können. In einem kleinen Thermalbecken kann man baden.

Zurück zur Kreuzung, erreicht man nach 8 Kilometern die Straße von Colchane nach Huara, biegt dort rechts ein und fährt durch spektakuläre Canyons und bizarre Mondlandschaften. Nach 68 Kilometern führt links eine schmale Straße ab, auf der man nach 5 Kilometern die **Termas de Chusmiza** auf 3600 Metern Höhe erreicht (einfache Cabañas mit Verpflegung).

Zurück auf der Hauptstraße sind es noch 82 Kilometer bis zur Panamericana bei Huara. Unterwegs passiert man noch **Tarapacá** (49 km) und die **Geoglifos del Cerro Unita (Gigante de Atacama)**; beide Sehenswürdigkeiten werden im Kapitel „Die Umgebung von Iquique" beschrieben. Wer nach Iquique weiterfährt, kann die Rundtour noch mit einem Besuch in den Salpeterstädten **Humberstone** und **Santa Laura** verbinden (ebenda). Von Huara sind es 242 Kilometer bis Arica und 85 Kilometer bis Iquique.

Wer nicht wieder zur Panamericana hinunterfahren, sondern **weiter den Altiplano erkunden** will, kann das dank der neuen Verbindung Colchane – Cariquima – Lirima – Salar de Huasco, immer auf abenteuerlichen Pisten entlang des Westrands der Hochanden. Hinter dem **Salar de Huasco** (siehe „Die Umgebung von Iquique") geht es zunächst auf Asphalt weiter südwärts (die Straße führt zur Kupfermine Collahuasi), dann auf überaus prekären Pisten bis zum Grenzübergang Ollagüe und – wieder auf besserer Straße – hinunter ins **Loa-Tal** und nach Calama. Das größte Pro-

Altiplano - Kandelaberkaktus im Valle de Lluta

blem dieser reizvollen, absolut einsamen Strecke (ca. 430 km von Colchane nach Calama) ist die Logistik: In Colchane bekommt man mit Glück noch Treibstoff und Lebensmittel, danach nicht mehr. Einfachste Unterkünfte gibt es in Cariquima, Collacagua und Ollagüe.

Iquique   ♪ III/A3

Charles Darwin war ein genauer Beobachter, und er notierte im Juli 1835 über Iquique: „Die Stadt enthält ungefähr tausend Einwohner und steht auf einer kleinen Ebene von Sand am Fuße einer großen, 2000 Fuß hohen, hier die Küste bildenden Felswand. Das Ganze ist vollkommen wüst." Von *Darwins* Beschreibung stimmt fast nichts mehr – außer der Lage der Stadt. Sie erstreckt sich tatsächlich auf einer **schmalen Uferplattform** zwischen dem Pazifik und einer direkt hinter der Stadt auf mehr als 600 Meter Höhe aufragenden Kordillerenwand.

Aus *Darwins* ödem Fischernest, in dem in vorspanischer Zeit bereits Chango-Indianer vom Fischfang und dem Guano-Abbau lebten, ist inzwischen die nach Antofagasta zweitgrößte Stadt im chilenischen Norden geworden. Iquique hat heute 215.000 Einwohner, ist die **Hauptstadt der Region Tarapacá** und **einer der wichtigsten Häfen im Norden.** „Welcher Seemann Deutschlands kennt nicht Iquique?", schrieb *Otto Bürger* 1923 emphatisch. Damals war es wahrscheinlich so. Aus Iquique wurde in Massen **Guano** exportiert, stickstoffhaltiger Vogelmist, der als Dünger weltweit genutzt wurde, dazu Salpeter aus den großen Salpeterminen. Iquiques große Zeit war zwischen 1880 und 1920, als der Hafen boomte und mit Salpeter gute Geschäfte zu machen waren. Die reichen Salpeterbarone bauten sich ihre Stadtpaläste, sorgten für ein repräsentatives Theater und eine ebensolche Plaza. Nach kurzem Niedergang lebte Iquique seit den 1950er Jahren wieder auf. Der Hafen mauserte sich zum größten Exporthafen für Fischmehl, und seit 1985 besitzt die Stadt auch einen **Zollfreihafen** und eine Freihandelszone mit angeschlossenem Einkaufszentrum.

Iquique gehört zweifellos zu den **schönsten Städten Chiles,** insbesondere nach der Restaurierung des **historischen Stadtkerns** in den letzten Jahren, bei der u.a. Fassaden renoviert, die hölzernen Gehwege wieder hergestellt und eine Strandpromenade angelegt wurden. Das öffentliche Leben spielt sich zwischen den beiden Plätzen Prat und Condell ab, die wichtigsten Einkaufsstraßen sind die Tarapacá und die Pasaje Alessandri sowie die Barros Arana, die am Mercado Centenario vorbeiführt. Der westliche Teil des Zentrums, westlich der Obispo Labbé, ist der schönere Teil der Stadt mit allen Sehenswürdigkeiten.

Sehenswertes

Bester Ausgangspunkt für einen Rundgang ist die **Plaza Prat,** das restaurierte Schmuckstück der Stadt. Umgeben von hoch gewachsenen Palmen, auf denen abends schwarze Geiervögel sitzen, steht mitten auf der Plaza der **Uhrturm** (Torre Reloj), das 1877 aufgestellte Wahrzeichen von Iquique. Auffälligster Bau ist das neoklassizistische **Teatro Municipal** an der Südseite des Platzes, das 1890 als Opernhaus eingeweiht wurde. Daneben steht das Gebäude der **Sociedad Protectora de Empleados de Tarapacá** (1913), eines der ersten Gewerkschaftshäuser des Landes.

Eines der schönsten Gebäude an der Plaza fällt architektonisch aus dem Rahmen: Es ist das blau gekachelte **Centro Español,** das 1904 nach Plänen von *Miguel Retornano* in maurisch-spanischem Stil für die spanische Kolonie der Stadt erbaut wurde. Fragen Sie, ob Sie einen Blick hinein werfen können, oder gehen Sie zum Abendessen hierher – das Centro beherbergt ein teures Restaurant.

Die beiden Plätze des Zentrums wurden nach den wichtigsten Seehelden Chiles benannt. **Arturo Prat** und **Carlos Condell** waren zwei Kapitäne der chilenischen Kriegsmarine, die bei Iquique am 21. Mai 1879 – der 21. Mai ist Nationalfeiertag – eine wichtige Schlacht im Salpeterkrieg verloren. *Prat* kam dabei um, als er todesmutig, wie immer versichert wird, dem Feind entgegentrat. *Condell* konnte sich damals nach Antofagasta retten.

Am Südostende der Plaza beginnt die **Av. Baquedano,** eine der wenigen Straßen, deren bauliches Ensemble komplett noch so erhalten ist, wie es sich vor hundert Jahren, zur Blütezeit der Stadt, darstellte. *Otto Bürger* beschrieb 1923 Iquique so: „Die Straßen sind breit und gut im Stande, die mit Holz getäfelten Steige sauber und die Holzhäuser oft villenartig elegant. (...) Die meist mit behaglicher Raumverschwendung aufgebauten Wohnungen in dem frischen hellen Anstrich (...), mit der Veranda straßenwärts, haben eine Eigentümlichkeit, die man sonst in Chile nicht findet. Sie besitzen ein zweites Dach, die Asotea, das die Hitze abhält, und unter dem man abends einen luftigen Aufenthalt findet." Viele solcher Bauensembles sind allerdings nicht erhalten. Die Stadt wurde oft Opfer von Erdbeben und Feuersbrünsten – 1868 ein Erdbeben, 1875 ein Großbrand, 1877 ein Erd- und Seebeben, 1880,

Die Plaza Prat mit dem Stadttheater

1883 und 1907 erneut große Brände. Die Fußgängerzone zeigt sich heute restauriert und wieder mit den von *Bürger* bewunderten hölzernen Fußwegen. Auch die Kabel wurden unterirdisch verlegt, was in Chile die Ausnahme ist.

An der Av. Baquedano steht auch das **Museo Regional** (Hausnummer 951, Mo bis Fr 9–17.30, Sa, So 10–17 Uhr). Es bietet einen hervorragenden Überblick zur Natur- und Kulturgeschichte der Region, angefangen von den ältes-

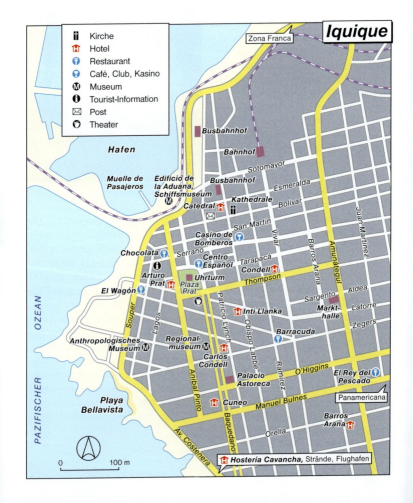

ten Mumien über den Nachbau eines Aymara-Dorfes bis hin zu komplett eingerichteten oficinas der Salpeterminen – sehr empfehlenswert.

Wendet man sich einen Block weiter südlich nach links in die Calle O'Higgins, trifft man auf den **Palacio Astoreca,** eines der besterhaltenen Wohngebäude der Salpeter-Zeit. Hier sieht man, wie der Geldadel damals wohnte, einige Originalmöbel sind auch ausgestellt (Di bis So 10–13, 16–20 Uhr).

Nur wenige Blocks entfernt, in der Calle Grumete Bolados 127, liegt das **Museo Antropológico** (Mo bis Fr 9–13, 15–19 Uhr, Sa 11–13 Uhr).

Von dort ist es auch nicht weit zum Hafen, zum **Muelle de Pasajeros,** an dem die Boote für die sehr lohnende Hafenrundfahrt starten. Dabei passiert man auch die Stelle, an der Arturo Prats Schiff „Esmeralda" sank, sowie eine kleine Seehundkolonie (1 Std., etwa 4 US-$). Dicke Seelöwen und gefräßige Pelikane lassen sich einige Meter weiter nördlich an der **Mole für die Fischer** beobachten. Vergnügt und fast regungslos treiben die Seelöwen im Wasser, sie hoffen auf Fischabfälle, ebenso wie die Pelikane, die die Fischer mitunter fast zur Seite schieben müssen, um arbeiten zu können.

Direkt an den beiden Molen steht das doppelstöckige Gebäude der **Aduana,** das 1871 im klassischen Kolonialstil mit Patio und einem achteckigen Ausguck erbaut wurde. Heute ist hier das **Museo Naval** untergebracht; ausgestellt sind Gegenstände von Prats „Esmeralda" sowie aus seinem Leben (Di bis Sa 9.30–12.30, 14.30–18, So 10–13 Uhr).

Direkt südlich des Zentrums beginnen die **Strände** von Iquique. Der erste große innenstadtnahe Strand ist die Playa Cavancha: An der Uferpromenade gibt es neben dem Spielcasino einen Themenpark mit Kakteen, Lamas und Alligatoren sowie eine Seelöwenshow (dreimal täglich, Eintritt frei). Weiter südlich folgt die Playa Brava, und kilometerweit ziehen sich die Strände südwärts. Sie sind leicht mit dem Auto zu erreichen, die Ruta 1 führt immer an der Küste entlang.

Die meisten Chilenen besuchen Iquique wegen der riesigen **Zona franca,** kurz „Zofri" genannt. Die Freihandelszone beschäftigt etwa 10.000 Menschen in weit mehr als 1000 Unternehmen, große Geschäftszentren mit mehreren hundert Läden sind auf dem Gelände zu finden. Zu kaufen gibt es vor allem elektronische Güter (Kameras sind hier billiger als sonstwo in Chile, allerdings immer noch teurer als in Europa). Auch gebrauchte Pkw aus Japan sind hier preiswert zu haben. Die Zofri erreicht man per Colectivo-Taxi (alle nach Norden fahrenden). Geöffnet ist sie Mo bis Sa von 11–21 Uhr.

Nicht zuletzt ist die Stadt ein Paradies für **Gleitschirmflieger,** die sich von der Düne zum Strand hinuntertragen lassen, und für Surfer, die sich in bis zu sechs Meter hohe Wellen stürzen können (Näheres im Outdoor-Kapitel).

Touristeninformation

- **Vorwahl von Iquique: 57**
- **Sernatur,** Serrano 145, Tel. 427686, info-iquique@sernatur.cl
- **Im Internet: www.iquique.cl.**

Unterkunft

- **Backpacker's Hostel Iquique**
Amunátegui 2075, Tel. 320223. Lebendiges Haus mit internationalem Flair, nur wenige Schritte vom Strand, Gemeinschaftsbäder, Leserlob. Ab 10 US-$ p.P. im Mehrbettzimmer. www.hosteliquique.cl
- **Hostal Cuneo**
Baquedano 1175, Tel. 428654. Gepflegte Pension in älterem Haus, einige Zimmer fensterlos. DZ mit Bad inkl. Frühstück ca. 31 US-$.
- **Hostal Catedral**
Obispo Labbé 253, Tel. 426372. Direkt gegenüber der Kathedrale. Alle Zimmer zum Patio, dunkel, bescheidenes Frühstück. DZ ohne Bad ca. 26 US-$, mit Bad ca. 31 US-$.
- **Hotel Inti Llanka**
Obispo Labbé 825, Tel. 311104. Altmodisch und unfreundlich, kleine Zimmer mit Bad und Kabel-TV, zur Straße laut, sehr bescheidenes Frühstück. DZ ab 40 US-$.
www.inti-llanka.cl
- **Hotel Arturo Prat**
Aníbal Pinto 695, Tel. 520000. Zentral, mit Schwimmbad und Sauna, bessere Zimmer im neuen Teil. DZ ab 68 US-$.
www.hotelarturoprat.cl
- **Hotel Barros Arana**
Barros Arana 1302, Tel. 412840. Gepflegtes Haus, modern, schöne Zimmer, netter Service, Pool, DZ mit Bad 71 US-$.
- **Hotel Cavancha**
Los Rieles 250, Tel. 431007. Guter Standard der Oberklasse am Strand, DZ ab 85 US-$.
- **Terrado Suites**
Los Rieles 126, Tel. 488000. Das Feinste, was Iquique zu bieten hat. DZ ab 120 US-$, mit Palmen-Schwimmbad direkt am Meer.
www.terrado.cl

Essen und Trinken

Gute und preiswerte Restaurants (Fisch und Meeresfrüchte) sind **im zweiten Stock der Markthalle** zu finden, etwas teurer ist es in denen, die am Hafen etwa auf Höhe des Busbahnhofs sind. Dafür ist von dort die Aussicht schöner. Sehr schön essen und sitzen kann man in den Bars und Restaurants der **Fußgängerzone Baquedano;** vielerorts gibt es frisch gepresste tropische Fruchtsäfte. Ansonsten:
- **Casino de Bomberos**
Serrano 520. Gutes Mittagsmenü, preiswert.
- **Neptuno**
Riquelme 234. Muschel-Empanadas und Fisch, preiswert und gut.
- **Casino Español**
Plaza Prat. Wundervolles Ambiente, aber mäßiges Essen (teuer!). Nachlässige Bedienung.
- **El Rey del Pescado**
Bulnes/Ecke Juan Martínez. Gute Fischgerichte, sehr preiswert.
- **El Wagón**
Thompson 85. Gute regionale Küche und Live-Musik, stimmungsvoller Treff der Einheimischen, moderate Preise.
- **El Tercer Ojito**
P. Lynch 1420. „Fusion-Küche" in schönem Innenhof, hochgelobt, nicht billig.
- **Barracuda**
Gorostiaga 601. Angesagte Bar im Western-Stil, mit Reliquien aus der Salpeterzeit.
- **La Chocolata**
Aníbal Pinto Ecke Serrano. Traditionscafé mit gutem Kuchenangebot.

Verkehrsverbindungen

Flugzeug

Der **Flughafen Diego Aracena** liegt 41 Kilometer südlich der Stadt an der Ruta 1, ein Taxi-Colectivo vom Hotel Arturo Prat dorthin kostet ca. 7 US-$, vom Airport fährt ein Bus ins Zentrum. Die Kleinbusse von Aerotransfer holen Passagiere am Hotel ab und bringen sie zum Flughafen (5 US-$, Tel. 310800).
- **LAN**
Tarapacá 465, Tel. 427000. Mehrfach täglich nach Santiago sowie nach Antofagasta und Arica; fast täglich nach La Paz (Bolivien).

Am Strand Cavancha in Iquique

● Sky
Tarapacá 530, Tel. 415013. Dreimal tgl. nach Santiago, mehrmals wöchentlich nach Arequipa (Peru).

Überlandbusse

Der zentrale **Busbahnhof** ist am nördlichen Ende der Patricio Lynch, **nahe des Hafens.** Die meisten Busunternehmen haben hier ein Büro, fast alle zusätzlich ein zweites in den Blocks um den **Mercado Centenario** (Straßen Aldea und Arana). **Tur-Bus** hat seinen eigenen Terminal am nördlichen Ende der Straße Ramírez. Da Iquique Freihandelszone ist, wird alles Gepäck vom Zoll untersucht, einmal im Bahnhof, später auf der Strecke nach Süden bei Quillagua noch einmal. Vom Busbahnhof starten Busse nach:
- **Santiago,** 26 Stunden, 38–105 US-$
- **Arica,** 4 Stunden, 9–23 US-$
- **Calama,** 7 Stunden, ca. 15 US-$
- **Antofagasta,** 7 Stunden, ca. 15 US-$
- **Copiapó,** 15 Stunden, ca. 25–58 US-$
- **La Serena,** 18 Stunden, ca. 29–63 US-$
- Cuevas y González (Sargento Aldea 884, Tel. 412471) fährt einmal täglich nach **La Paz,** Bolivien (14 Stunden, 30 US-$).
- Wechselnde Gesellschaften bieten die Verbindung nach **Colchane** an der bolivianischen Grenze an.

Reiseveranstalter/Touren

Die meisten Reiseveranstalter bieten von Iquique aus dasselbe **Programm** an: Stadtrundfahrten (ca. 15 US-$ p.P.), Ausflüge in die Salpeterstädte und zu den Geoglyphen (30–40 US-$ p.P.), ins Tarapacá-Tal (35 US-$) oder nach Pisagua (50 US-$). Mindestens vier Personen müssen sich finden, damit eine solche Tour zustande kommt.

Viele Veranstalter bieten eine **dreitägige Tour** (mit zwei Übernachtungen) **auf den Altiplano** an; sie verläuft entgegengesetzt zu der, die oben vor Iquique beschrieben ist. Für diese drei Tage muss man pro Person mit mindestens 100 US-$ am Tag rechnen.

Agenturen, die solche Touren anbieten:

- **Civet Adventure**
Sergio Cortez, Bolívar 684, Tel./Fax 428483. Abenteuertourismus im Hochland, speziell ausgearbeitete Trips von einem Tag bis zur dreiwöchigen Fahrradrundtour durch den Altiplano, sehr guter Service, etwas teurer, auch Autowerkstatt, deutschsprachig.
civetcor@vtr.net
- **Turismo Lirima**
Manuel Solis, Gorostiaga 301 Ecke Baquedano, Tel. 391384. Sehr freundlich und hilfsbereit, *Manuel Solis* ist ein sehr guter Führer, spricht allerdings nur spanisch. Individuelle Vereinbarungen.
turismolirima@turismoprochile.cl
- **Extremo Norte**
Aníbal Pinto 432, of. 1-Z, Tel. 422055. Jede Menge Wüstenprogramme.
www.extremonorte.cl

Iquique gilt als Mekka der **Gleitschirmflieger, Surfer und Taucher.** Drei Agenturen:
- **Altazor Skysports**
Vía 6, Manzana A, Sitio 3, Bajo Molle, Tel. 380110, 09-8862362, www.altazor.cl. Alles rund ums Gleitschirmfliegen, deutschsprachig. Tandemflüge für 50 US-$, 2 Wochen Gleitschirmkurs 600 US-$, auch Unterkunft.
- **Vertical Store**
Arturo Prat 580, Tel. 376031. Surfschule.
- **Centro de Buceo de Iquique**
Sector Bajo Molle, Tel. 09/95233113. Tauchkurse und Ausrüstungsverleih.

Mietwagen

- **Hertz,** Anibal Pinto 1303, Tel. 510432.
- **Continental,** 18 de Septiembre 1054, Tel. 411426.
- **ProCar,** Serrano 796, Tel. 413470.

Sonstiges

Wechselstuben
Einige Casas de Cambios sind in der Zona franca, eine auf der Calle Serrano 396.

Post und Telefon
Die **Hauptpost** befindet sich auf der Calle Bolívar 458. Die Adressen von **Telefonzentralen** sind z.B. Serrano 620, Ramírez 587, Gorostiaga 287 und Diego Portales 840.

Internet
Preiswerte Internet-Anbieter gibt es zahlreich in den Straßen östlich der Plaza Prat, gemütlich ist das Café an der Ecke Obispo Labbé/Gorostiaga.

Wäschereien
Gute Wäschereien sind Bulnes 170 und Obispo Labbé 1446.

Die Umgebung von Iquique

Die meisten Ausflüge von Iquique führen ins Landesinnere. Man erklettert in Serpentinen die 600 Meter hohe Kordillerenwand. Oben kann man von einem Aussichtspunkt den Blick über die Stadt, den Pazifik sowie über die gigantische, mehrere hundert Meter hohe Sanddüne, die sich südlich der Stadt erstreckt und wegen ihrer Form **El Dragón** (der Drache) genannt wird, genießen. Die meisten Ausflüge können miteinander kombiniert werden.

Die Salpeterstädte Humberstone und Santa Laura   ♪ III/A3

Fast direkt an der Kreuzung der Zufahrtsstraße (Ruta 16) nach Iquique mit der Panamericana und daher einfach auch mit dem Bus zu erreichen (alle von Iquique nach Osten oder Norden fahrenden Busse kommen hier vorbei) liegen die beiden verlassenen Salpeteroficinas – *oficinas* nannte man die Abbaustellen – Santa Laura und Humberstone. Beide waren fast hundert Jahre in Betrieb, sie wurden 1862 bzw. 1872 eröffnet und 1960 endgültig geschlossen, obwohl der Salpeterboom bereits Mitte der 1920er Jahre vorüber war. Bis dahin entstanden rund um die Industrieanlagen richtige Kleinstädte, mit Wohnungen für die Arbeiter, selten auch – wie in Humberstone – mit Freizeitanlagen für diese, mit Geschäften und einem Theater. Diese **Salitreras,** Salpeterorte, gehörten de facto den Minenbesitzern, den Salpeterbaronen, ihnen gehörten die Häuser der Arbeiter ebenso wie die wenigen Geschäfte, die Kneipen und die Freizeiteinrichtungen. Ausbezahlt wurden die Arbeiter mit *fichas,* Münzen, die nur in den jeweiligen Salitreras gültig und außerhalb, z.B. in anderen Salitreras oder in Iquique, wertlos waren. So wurde mit einem einfachen System gewährleistet, dass die Arbeiter ihre Löhne direkt wieder bei ihrem Arbeitgeber ablieferten.

Mit der Einstellung der Betriebe rosteten die Industrieanlagen zunächst mehrere Jahrzehnte vor sich hin; heute sind Humberstone und Santa Laura **Industriemuseen.** Im Museum von Santa Laura wurden Zimmer im Stil der Salpeterzeit restauriert, allerdings sind nur noch Teile der Industrieanlagen erhalten. Dafür kann man sich in **Humberstone** noch gut das Leben in der kleinen Salpeterstadt vorstellen. Die ziemlich verfallenen Unterkünfte der Arbeiter sind zu besichtigen, ebenso das restaurierte Theater und das Schwimmbad, das aus dem Wrack eines Schiffes gebaut wurde.

Geoglifos del Cerro Unita/ Gigante de Atacama   III/A3

Etwa 14 Kilometer östlich von Huara führt von der Straße Richtung Colchane eine Schotterpiste nach Norden, zum Cerro Unita, einem isoliert stehenden Hügel in der Wüste. An dessen Westseite ist eine der schönsten Geoglyphen zu bewundern: der **Gigante de Atacama,** der Riese der Atacama-Wüste, angeblich mit einer Länge von 86 Metern die größte menschliche Figur, die Archäologen bislang weltweit gefunden haben.

Der Gigante wurde mit Hilfe der „raspaje"-Technik (siehe nachstehenden Exkurs) geschaffen. Die Figur stellt vermutlich einen **indianischen Herrscher oder** eine **Gottheit** dar, sie trägt eine Maske und Federschmuck. Die vier nach oben aufragenden Federn sind sehr gut zu erkennen, die vier jeweils zu den Seiten zeigenden nicht ganz so gut (alle sehen auch irgendwie wie Strahlen aus). Deutlich sieht man hingegen den langen, eckigen Körper sowie die Gliedmaßen.

Neben dem Gigante sind **zwei weitere Figuren** zu sehen: links (vom Betrachter aus) ein Zeige- oder Spazierstock oder Herrschaftsstab (relativ undeutlich), rechts (ebenfalls nur mit viel Fantasie zu erkennen) ein Reptil, das die Verbindung zur Unterwelt bedeuten soll. Andere sehen in dieser Figur einen Affen.

Am besten ist der Gigante aus einiger Entfernung zu erkennen. Klettern oder fahren Sie auf keinen Fall den Berg hinauf!

Geoglyphen – Erdzeichnungen

Laut Meyers Lexikon ist „Land-art eine Richtung der Konzeptkunst, die sich mit landschaftlichen Formveränderungen beschäftigt, indem Eingriffe in den natürlich gewachsenen, aber auch besiedelten Landschaftsraum vom Künstler selbst inszeniert (...) werden."

Viele Land-art-Künstler schufen in Wüstenregionen ihre eindrucksvollsten Werke – in den Wüsten Nordchiles kann man einige bewundern, die schon vor Jahrhunderten entstanden sind, lange bevor von Land-art überhaupt die Rede war. Zwischen 1000 und 1400 wurden die großformatigen Erdbilder, die Geoglyphen, von heute unbekannten Künstlern geschaffen – man weiß wann und wie, aber nicht warum.

Drei Techniken wurden angewandt, zwei sehr unterschiedliche und eine als Mischung aus den beiden. Bei der Mosaiktechnik („Mosaico" oder „Técnica de Adición") legte man einfach auf dem hellen Wüstensand mit dunkleren (meist Lava-) Steinen flächige Muster aus; so entstanden die Bilder in der Quebrada de Chiza, im Valle de Azapa und im Valle de Lluta, alle drei in der Nähe von Arica. Es sind alles dunkle Figuren auf einem hellem Hintergrund.

Die zweite Technik wird „raspaje" (Abschaben) genannt, das Ergebnis sind helle Figuren auf dunklem Hintergrund. Die dunkle oxidierte obere Schicht des Wüstenbodens wurde abgeschabt, so dass darunter das hellere Gestein zum Vorschein kam – auch so entstehen Bilder, Negative der Mosaiktechnik. Die wichtigsten Beispiele für diese Technik sind in der Nähe von Iquique zu finden – es sind der Gigante de Atacama am Cerro Unita und die Geoglyphen an den Cerros Pintados. Dort sieht man auch Beispiele für die Mischtechnik.

Die meisten Geoglyphen finden sich an den Osthängen der Küstenkordillere. Sie sind in Chile über eine Strecke von knapp 700 Kilometern verbreitet, die nördlichsten kann man im Valle de Lluta, die südlichsten bei María Elena bewundern. In Peru findet man ebenfalls Geoglyphen, die bekanntesten sind die merkwürdigen Linien von Nazca im Süden des Landes.

Unterscheiden lassen sich **drei verschiedene Motivgruppen:** Es gibt rein geometrische Figuren, Tierdarstellungen (vor allem Lamas) und menschenähnliche.

Warum die wahrscheinlich in Gemeinschaftsarbeit entstandenen Erdbilder gezeichnet wurden, weiß man nicht. Vermutungen gibt es reichlich, vor allem abstruse – die mit den Außerirdischen darf selbstverständlich auch hier nicht fehlen. Realistischer ist schon die Behauptung, die Bilder seien „lediglich" Wegweiser für nomadisch lebende Wüstenvölker gewesen. Wahrscheinlich hatten sie eine mythisch-religiöse, kultische Bedeutung. Aber welche?

Tarapacá ⌕ III/B3

Der Ort, der der gesamten Region ihren Namen gab, war in kolonialen Zeiten eine der wichtigsten Siedlungen im Norden. Erst als 1855 die Provinzregierung von hier nach Iquique verlegt wurde, sank die Bedeutung Tarapacás – so wie die von Iquique stieg. Einige **Zeugen der kolonialen Vergangenheit** sind noch erhalten: ein Dutzend Privathäuser aus dem 17. bis 19. Jahrhundert, dazu die Kirche San Lorenzo, erbaut im 18. Jahrhundert aus Stein und Lehmziegeln mit dem für die Region üblichen freistehenden, gestuften Glockenturm.

Tarapacá liegt 15 Kilometer östlich vom Cerro Unita, etwas abseits der Straße nach Colchane. Im Ort gibt es weder Hotel noch Restaurant.

Mamiña ⌕ III/B3

Von **Pozo Almonte,** wenige Kilometer südlich der Einmündung der Ruta 16 von Iquique auf die Panamericana, führt eine Schotterstraße nach Mamiña (73 km), einen **Thermalbadeort** in der Präkordillere auf 2700 Metern Höhe. Heute wird das 500-Seelen-Dorf wegen seiner heißen Quellen besucht, man kann aber auch Zeugnisse der Vergangenheit bewundern. Beispielsweise den

Der „Atacama-Riese" bei Huara

Pukará del Cerro Inca, eine präkolumbische Festungsanlage, und die Iglesia de Nuestra Señora del Rosario, die aus dem Jahr 1632 stammt und die einzige Kolonialkirche in Nordchile ist, die zwei direkt ans Kirchenschiff angebaute Türme besitzt.

Zu erreichen ist Mamiña ab Iquique mit dem **Kleinbus** (täglich von der Ecke Arana und Latorre, etwa 8 US-$). **Übernachten** kann man recht preiswert im Residencial Sol de Ipla (ca. 15 US-$ p.P.), teurer im Hotel Tamarugal (Tel. 57/519937, ca. 40 US-$ p.P. inkl. Vollpension) und am besten im Hotel Refugio del Salitre (Tel. in Iquique 420330, 70 US-$ p.P. inkl. Vollpension). Einige Hotels verfügen über eigene Thermalbecken oder Thermalbadewannen, ein öffentliches Bad ist Baños de Ipla.

Salar de Huasco   ⌕ III/B3

Abseits in der Hochwüste, jedoch vergleichsweise gut erreichbar („nur" 210 km von Iquique, aber davon 200 asphaltiert), liegt **einer der schönsten Salzseen Nordchiles.** Im Salar de Huasco, einer riesigen, von Bergen umrundeten Salzlagune, leben drei Flamingoarten und zahlreiche weitere Wasservögel. Der Salar soll noch 2009 zum Nationalpark deklariert werden. 45 km weiter auf einer guten Erdpiste in Richtung Norden gelangt man in das pittoreske Aymara-Dorf **Collacagua** auf 3800 Metern Höhe, dessen Bewohner von der Lamazucht leben (einfache Herberge). Auf dem Rückweg kann man auch über Pica und La Tirana (s.u.) fahren – eine schöne Rundtour.

Reserva Nacional
Pampa de Tamarugal   ⌕ III/A3

Kaum zu glauben, dass in der Wüste des Nordens etwas wächst: Der **Tamarugo-Baum** (Prosopis tamarugo) trotzt den nicht vorhandenen Regenfällen und dem versalzenen Boden. Bis der Salpeterboom begann und man für den Aufbau der Orte und der Industrieanlagen den Tamarugo-Baum gedankenlos abholzte, waren weite Teile der Wüste mit lichten Tamarugo-Wäldern bewachsen. Die sehr tief reichenden Wurzeln können das Grundwasser aus 5 bis 12 Meter Tiefe ziehen. Der Baum besitzt kleine harte Blätter, sie werden wie auch die Fruchtschoten als Viehfutter genutzt.

Knapp 110.000 Hektar ist das **aus drei Teilen bestehende Schutzgebiet** groß, auf einem Viertel der Fläche wachsen heute wieder Bäume, die fast alle aufgeforstet wurden. Der schönste Teil liegt südlich von Pozo Almonte, wo sich der Salar de Pintados erstreckt. Hier befinden sich auch das Informationszentrum von Conaf, dazu ein Refugio (15 US-$ pro Person) sowie ein kleiner Campingplatz (8 US-$ fürs Zelt). Das Centro liegt direkt an der Panamericana, 24 Kilometer südlich von Pozo Almonte.

Etwa 20 Kilometer weiter südlich führt ein Schotterweg nach Westen. Folgt man ihm, erreicht man 7 Kilometer weiter, nahe einer alten Bahnlinie, die **Geoglifos Pintados,** die vermutlich größte Ansammlung von Geoglyphen. Hier finden sich alle Arten von Darstellungen: rein geometrische Figuren, Tie-

La Tirana
⚓ III/A3

Eine der besten Möglichkeiten, die für den Norden typische Synthese aus indianischen Bräuchen und katholischen Riten zu erleben, bietet sich alljährlich in La Tirana. Dann lebt das staubige 500-Seelen-Dorf 19 Kilometer südöstlich von Pozo Almonte auf: Zum **Wallfahrtsfest der Jungfrau Carmen,** das vom 12. bis 18. Juli gefeiert wird, strömen bis zu 100.000 Menschen zusammen. Bei dem Spektakel tanzen maskierte und farbenfroh gekleidete Folklore-Gruppen vom Altiplano unermüdlich auf Straßen und Plätzen, dazu spielen Blechbläser und Trommler stampfende Rhythmen. Aus der Aymara-Tradition stammen beispielsweise die Tänze mit wilden Teufelsmasken (*diabladas*).

Während der Festwoche gibt es sehr einfache, aber übertuerte und überfüllte Unterkunftsmöglichkeiten. Man steigt besser in Iquique ab und pendelt mit einem der vielen Busse und Colectivos, die dann nach La Tirana fahren.

Pica
⚓ III/B3

Die kleine **Oasenstadt** (ca. 1800 Einwohner, 42 km hinter La Tirana) lebt vom Anbau von Wein und tropischen Früchten, die überall in Chile vertrieben werden. Hier gedeihen Mangos, Guaven, Maracujas und Datteln. Vor allem die kleinen, kräftigen **Limonen** aus Pica sind geschätzt, mit ihnen lässt sich der beste Pisco Sour mixen. Die Oase liegt an einer alten Inkastraße, hier kam auch *Diego de Almagro* bei seinem Erkundungs- und Eroberungszug 1535 vorbei. 1559 ließen sich die ersten Spanier nieder. Später wurde die Stadt zum Versorgungszentrum für die nahe gelegenen Minen. Heute ist Pica auch ein beliebtes Ausflugsziel. Die Besucher kommen, um in dem Naturschwimmbecken mit Thermalwasser und Grotten zu baden, durch die winzige Altstadt zu schlendern oder die Kirche aus dem späten 19. Jahrhundert zu besichtigen. Die beiden Vorgängerbauten wurden bei Erdbeben zerstört.

Pica ist leicht per Bus von Iquique zu erreichen, die Straße ist gut ausgebaut. **Übernachten** kann man einfach und gut in einigen Hostales, u.a. im Hotel San Andrés, Balmaceda 197, Tel. 57/741319 (DZ 26 US-$), oder im Hostal Café Suizo, Gral. Ibáñez 210, nahe der Thermen, Tel. 57/741551 (modern, sauber, DZ 35 US-$).

Von Pica sind es 56 km auf einer Erdpiste zum **Salar de Huasco,** der oben beschrieben wird. Zur Weiterfahrt nach Ollagüe siehe den Abschnitt „Altiplano-Rundfahrt" weiter oben.

Valle Dinosaurio

100 Millionen Jahre alte Dinosaurierspuren haben sich dank des extrem trockenen Klimas der Atacama-Wüste an den Lehmwänden der Quebrada de Chacarilla erhalten. Die Schlucht, die erst seit kurzem wissenschaftlich erforscht wird, stellt eine **paläontologische Sensation** dar. Das 2004 zum Na-

turheiligtum erklärte Valle Dinosaurio liegt ca. 70 Kilometer südöstlich von Pica; für die abenteuerliche Strecke (Vierradantrieb unabdingbar) braucht man ca. 3,5 Stunden. Am besten fragt man im Museum oder bei der Touristeninformation von Pica nach einem ortskundigen Führer.

Von Iquique nach Süden

Von Iquique führen zwei Routen nach Süden: die **Panamericana** oder die schönere **Ruta 1,** immer die Küste entlang (einsame Krabbenstrände und schöne Bademöglichkeiten unterwegs). Die Panamericana führt über die Hochebene der Küstenkordillere als endloses Band durch die Wüste, vorbei an Salaren, Geoglyphen, stillgelegten Salpeterminen und auch noch an einer aktiven: In **María Elena** wird heute noch Salpeter gefördert. 1926 von der nordamerikanischen Guggenheim Brothers gegründet (denen auch Chuquicamata gehörte), bildete María Elena zusammen mit der benachbarten oficina Pedro de Valdivia den mit Abstand modernsten Salpeterkomplex der Welt. Davon zeugt ein instruktives **Museum** (Mo bis Fr 8–13 und 16–22 Uhr, Sa, So 10–14 und 16–22 Uhr). Alle Busse benutzen die Küstenstraße, über die man nach 188 Kilometern die Küstenstadt Tocopilla erreicht.

Tocopilla   IV/A1

Tocopilla (25.000 Einwohner) ist nicht besonders schön, wirtschaftlich aber abgesichert. Die Stadt wurde 1843 als **Salpeterhafen** gegründet, erlebte Ende des 19. Jahrhunderts deshalb eine Blütezeit – einige Gebäude im Zentrum zeugen davon –, und auch heute noch wird Salpeter von hier aus verschifft, die Produktion der Mine María Elena. Zudem steht hier das 1929 erbaute **Kraftwerk,** das die Mine von Chuquicamata mit Energie versorgt. Auch mit der Fischerei und dem Tourismus wird ein bisschen Geld verdient.

Wer in Tocopilla bleiben muss, sollte sich die Zeit mit einem Besuch des **Archäologischen Museums** vertreiben (Pinto/Ecke 21 de Mayo). **Übernachten** kann man im Hotel Sucre, Bolívar 1329, Tel. 55/812783 (sauber, freundlich, ca. 12 US-$ p.P.) oder im Hotel Vucina, 21 de Mayo 2069, Tel. 55/813088 (sauber, DZ mit Bad 26 US-$). Ein gutes Menü wird im Club de la Unión, Prat 1354, serviert. Alle **Busunternehmen** sind auf der 21 de Mayo zwischen dem 1200er und dem 2100er Block. Busse nach Chuquicamata und Calama fahren etwa zweimal täglich (3 Std., 7 US-$), nach Iquique dauert es 3 Std. (5 US-$), nach Antofagasta 2–3 Std. (5 US-$).

Von Tocopilla geht es weiter nach Süden, immer an der abwechslungsreichen Küste entlang. Bei km 118 führt ein Abzweig nach **Mejillones** (weitere 16 km), einem verträumten kleinen Badeort mit Sandstränden an der gleichnamigen Bucht nebst Hafen. Hier legt man gern eine Reisepause ein. In der Nähe gibt es Seelöwen und Meeresschildkröten. **Übernachten** kann man im Hotel Miramar (San Martín 650, Tel. 55/621638, DZ 47 US-$), von Lesern wird das Restaurant Zlatka empfohlen.

Rund 60 km südlich von Mejillones erreicht man Antofagasta, das weiter unten beschrieben wird. Zwischen beiden Orten gibt es regelmäßigen Busverkehr.

Calama ♂V/C1

Die meisten Besucher verlassen Calama (etwa 140.000 Einwohner) schnell wieder Richtung San Pedro de Atacama oder zum Altiplano – und sie tun recht daran. Calama hat wirklich **nicht viel zu bieten;** es ist lediglich ein **Durchgangsort.** Hier leben die **Minenarbeiter** von Chuquicamata – Calama „ist für die am Río Loa aufwärts liegenden Bergwerke der nächste städtische Ort, mit Läden, Vergnügungslokalen, Bars und Hotels, Post und Verwaltung. Es ist wohl all dies vorhanden, doch darf man an die Art der Ausführung keine hohen Anforderungen stellen." Das schrieb der deutsche Reisende *Fritz Klute* 1925, und viel hat sich bis heute daran nicht geändert.

Die auf 2250 Meter Höhe liegende Stadt ist im Zentrum recht übersichtlich. Alles Wichtige spielt sich zwischen dem Bahnhof im Osten und der Av. Santa María im Westen ab; die beiden Punkte sind durch die Hauptstraßen Ramírez und Sotomayor verbunden. Zwischen ihnen liegen die Plaza 23 de Marzo und der Mercado Central sowie die drei wichtigen Nord-Süd führenden Straßen Abaroa, Latorre und Vivar.

Die wichtigste Sehenswürdigkeit der Stadt liegt außerhalb dieses Zentrums, 2 Kilometer südlich an der Av. O'Higgins: der **Parque El Loa** mit dem Nachbau eines typischen Kolonialdorfes (Mo geschlossen), dabei auch der verkleinerte Nachbau der **Kirche von Chiu Chiu,** einer der schönsten Kolonialkirchen der Region. Chiu Chiu selbst liegt 33 Kilometer östlich von Calama, die Kirche dort wurde 1672 erbaut, sie besitzt über ein Meter dicke Lehmziegel-

---

Charles Darwin im Jahr 1835 über die Lebensweise der chilenischen Minenarbeiter:

„Die chilenischen Bergleute sind in ihrer Lebensweise eine eigentümliche Rasse Menschen. Da sie wochenlang in den wüstesten Orten zusammenleben, von wo sie nur an Festtagen nach den Dörfern herabsteigen, gibt es keine Art von Exzessen oder Ausschweifungen, welche sie nicht darböten. Zuweilen gewinnen sie eine beträchtliche Summe und versuchen dann, wie Matrosen mit Prisengeldern, in wie kurzer Zeit sie es wieder verschwenden können. Sie trinken ganz ungeheuerlich, kaufen Massen von Zeugs und kehren nach zwei Tagen ohne einen Pfennig nach ihrer elenden Arbeitsstätte zurück, wo sie schwerer als Lasttiere arbeiten. Diese Gedankenlosigkeit ist wie bei den Matrosen offenbar das Resultat einer ähnlichen Lebensweise. Ihre tägliche Nahrung wird ihnen verabfolgt, und sie erlangen nicht die Gewohnheit der Sorglichkeit; überdies wird sowohl die Versuchung als das Mittel, ihr nachzugeben, zu derselben Zeit in ihre Hand gelegt."

mauern und ist im Innern stellenweise mit Kakteenholz verkleidet. Im Parque Loa (täglich 10–18 Uhr) gibt es auch das **Museo Arqueológico y Etnológico**, gewidmet den präkolumbischen Kulturen (Di bis Fr 10–13 und 14.30–18 Uhr, Sa und So 11–18.30 Uhr).

Touristeninformation

- Die **städtische Touristeninformation** ist Latorre 1689, Tel. 531707.

Unterkunft

- **Residencial Los Andes**
Vivar 1920, Tel. 341073. Sauber, renoviert, oft voll. Ab 9 US-$ pro Person.
- **Residencial Splendid**
Ramírez 1960, Tel. 341841. Mini-Zimmer, aber sauber. Ab 8 US-$ p.P., DZ mit Bad 19 US-$.
- **Hotel El Loa**
Abaroa 1617, Tel./Fax 341963. Gut und sauber. DZ mit Bad 28 US-$.
- **Residencial John Kenny**
Ecuador 1991, Tel. 341430. Kleine, dunkle Zimmer mit Fenster zum Gang, Parkplatz. DZ mit Bad ab 46 US-$.
- **Hotel Universo**
Sotomayor 1822, Tel. 361640. Zentral, einfach, Fenster zum Gang, unpersönliche Atmosphäre, schlichtes Frühstück. DZ mit Bad ab 57 US-$.
- **Hotel El Mirador**
Sotomayor 2064, Tel. 340329. Sehr freundlich, stilvoll, große Zimmer, schöne Bäder, Innenhof. DZ mit Bad ca. 70 US-$.
- **Hostería Calama**
Latorre 1521, Tel. 310306. Mit gutem Restaurant. DZ mit Bad ab 74 US-$.

Essen und Trinken

Die billigsten Plätze finden sich in der Markthalle. Ansonsten ist Calama teurer als viele andere Städte Chiles. Ausprobieren kann man folgende Restaurants:

- **Bavaria**
Sotomayor 2093. Restaurant der gleichnamigen Kette. Das Essen ist in Ordnung, aber nichts Besonderes.
- **Club Croata**
Abaroa 1869. Üppige und preiswerte Mittags- und Abendmenüs.
- **Mariscal JP**
Felix Hoyos 2127. Fisch, Meeresfrüchte.

Verkehrsverbindungen

Flugzeug

Der **Flughafen El Loa** liegt wenige Kilometer außerhalb der Stadt. Ein Taxi kostet etwa 5 US-$, preiswerter (3 US-$) ist der Transfer City Express, Tel. 341022. Um nach San Pedro zu gelangen, muss man nicht extra nach Calama fahren, sondern es bestehen vom Flughafen direkte Busverbindungen.

- **LAN**
Latorre 1726. Mehrmals tägl. über Antofagasta nach Santiago.
- **Sky**
Latorre 1499, Tel. 310190. Zweimal tägl. nach Santiago.

Überlandbusse

Calama hat keinen zentralen Busbahnhof. Die meisten Busgesellschaften haben ihre Büros im Zentrum. Die wichtigsten **Busgesellschaften und Verbindungen** sind:
- **Tur Bus**
Büro: Ramírez 1850, Terminal: Av. Granaderos 3000, Tel. 316699. Antofagasta, Santiago, Arica, Iquique, San Pedro. Die Busse nach San Pedro halten auch am Stadtbüro.
- **Flota Barrios**
Ramírez 2298, Tel. 341497. Alle Ziele entlang der Panamericana bis Santiago.
- **Pullman Bus**
Sotomayor 1808. Antofagasta, Santiago, Arica, Iquique.
- **Géminis**
Antofagasta 2239, Tel. 263968. Antofagasta, Santiago, Arica, Iquique. Di, Fr, So um 9 Uhr nach Jujuy und Salta (beides Argentinien).
- **Frontera del Norte**
Antofagasta. Sechsmal täglich nach San Pedro de Atacama.

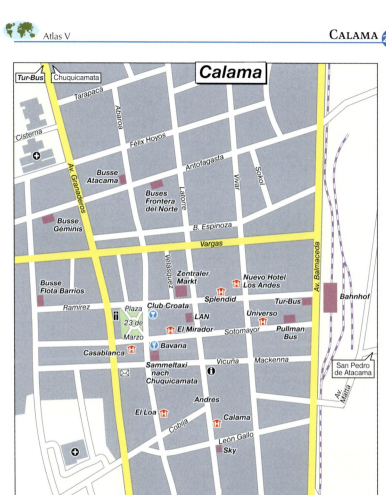

- **Atacama 2000**
Abaroa Ecke Antofagasta. Mehrmals täglich nach San Pedro und Toconao, mehrmals wöchentlich nach Socaire und Peine.

- Nach **Chuquicamata** fahren gelbe Taxi-Colectivos ab der Plaza 23 de Marzo (2 US-$).
- Vom Flughafen Calama fahren Kleinbusse direkt nach **San Pedro,** ohne den Umweg über die Stadt. 16 US-$ p.P.

Preise und Fahrzeiten:
- **Santiago,** 23 Stunden, 34–88 US-$
- **Iquique,** 7 Stunden, 14 US-$
- **Tocopilla,** 3 Stunden, 8 US-$
- **Antofagasta,** 3 Stunden, 8 US-$
- **San Pedro de Atacama,** 90 Min., 5 US-$
- **Jujuy** und **Salta** (Argentinien), ca. 13 Std., etwa 33 US-$, frühzeitig buchen, da nur dreimal wöchentlich

Eisenbahn

Der Passagierzug, der früher einmal wöchentlich auf einer atemberaubenden Strecke von Calama nach **Uyuni** (Bolivien) fuhr, wurde leider 2007 eingestellt. Die Wiederaufnahme der Verbindung war bei Drucklegung dieses Bandes ungewiss, aktuelle Informationen am Bahnhof Calama, Tel. 348900.

Reiseveranstalter/Touren

In Calama bieten einige Tourveranstalter **Ausflüge in die Wüste oder zu den Tatio-Geysiren** an, die meisten Besucher machen diese Ausflüge aber von San Pedro de Atacama aus. Von dort sind sie preiswerter und meistens auch besser. Wer dennoch in Calama starten will, für den hier ein Veranstalter:
- **Tour Aventura Valle de la Luna**
Abaroa 1620, Tel. 310720.

Mietwagen

Wer auf eigene Faust die Wüste um Calama und San Pedro erleben will, muss sein Auto in Calama mieten – in San Pedro de Atacama gibt es keinen Autoverleih. Am besten eignet sich ein 4WD-Fahrzeug mit großer Bodenfreiheit. Man muss mit 90–120 US-$ je Tag rechnen, bei vier Personen kann sich das schon lohnen.
- **Econorent,** Granaderos 2925, Tel. 341076.
- **Hertz,** Granaderos 1416, Tel. 341380.
- **First,** Félix Hoyos 2146, Tel. 315453.

Sonstiges

Geldwechsel

Geld und Schecks können bei Moon Valley, Sotomayor 1818, getauscht werden.

Post und Telefon

Die **Hauptpost** befindet sich auf der Av. Vicuña Mackenna 2167. Die **Vorwahl** von Calama ist **55; Telefonzentralen** finden sich z.B. in der Abarao 1756 und 1987, Sotomayor 2027 und Vargas 1927.

Internet-Cafés

Internet-Cafés finden sich u.a. in der Calle Vargas (Nr. 2014 und 2054), das gemütlichste ist das Cyber Café Machi in Vivar 1944.

Wäscherei

- **Lavaexpress,** Sotomayor 1867.

Einkaufen

Bevor man in die Wüste oder auf den Altiplano fährt, kann man sich in Calama mit Proviant und Ausrüstung eindecken, am besten im **Einkaufszentrum Mall Calama,** Av. Balmaceda 3242, das auch Sa/So geöffnet ist.

Die Umgebung von Calama

Chuquicamata ⟶ V/C1

Die Anfahrt nach „Chuqui", wie Chuquicamata meist genannt wird, ist vierspurig ausgebaut, und so brauchen Colectivos von Calama aus nur 15 Min. für die 14 Kilometer. Einst lebten hier auf knapp 3000 Meter Höhe über 10.000 Menschen in, wie *Fritz Klute* 1925 schrieb, „einstöckigen Häusern aus grauem Stein, die älteren mit einem Zimmer und Küche, die neueren mit drei Zimmerchen und Küche, davor ein zementierter Gehweg. Staub ist hier überall und soweit er nicht an sich vom Boden stammt, wird er im Werk reichlich erzeugt beim Zerkleinern des Erzes." Vor kurzem wurden die letzten Arbeiter nach Calama umgesiedelt, was Chuquicamata, so lange es nicht von Halden zugeschüttet wird, zu einem riesigen **Freiluftmuseum** macht.

Die Besucher von Chuqui kommen heute aus dem selben Grund wie *Fritz Klute* 1925: wegen der **größten offenen Kupfermine der Welt,** die hier besichtigt werden kann. Sie ist ein riesiges Loch mit Industrieanlagen drumherum: 4 Kilometer lang, 2 Kilometer breit und in Terrassen etwa 700 Meter tief. Täglich werden hier mehrere hunderttausend Tonnen Gestein gesprengt, abgefräst, auf gigantische Lastwagen verladen, hochgekarrt, zertrümmert, geschmolzen oder ausgewaschen mit Chemikalien und schließlich zu Abraumhalden aufgeschüttet. Übrig bleiben im Jahr etwa **500.000 Tonnen reinen Kupfers** (99,6%) sowie – als Abfallprodukte – andere wertvolle Mineralien in geringeren Mengen, darunter auch Gold und Silber.

Kupfer ist das **wichtigste Exportprodukt Chiles,** knapp die Hälfte aller Exporterlöse wird mit dem roten Metall erwirtschaftet. Doch schwanken die Einnahmen von Jahr zu Jahr, der Kupferpreis ist wie der aller anderen Rohstoffe starken Schwankungen und Spekulationen unterworfen.

Codelco, die staatliche Kupfergesellschaft (Corporación del Cobre de Chile) ist heute **Betreiber der Mine,** die seit 1915 ausgebeutet wird. Damals gehörte sie der US-amerikanischen Anaconda Copper Mining Company, unter deren Ägide entstanden das große Loch und damit die Stadt in der Wüste. Die Kupfervorräte waren und sind erheblich größer, als man damals vermuten konnte. So wundert es nicht, dass bereits in den 1950er Jahren viele Chilenen forderten, die Kupferbergwerke zu verstaatlichen. Unter christdemokratischer Regierung erwarb der Staat in den 1960er Jahren nach und nach die Mehrheit einzelner Kupfergesellschaften, darunter auch von Anaconda, und 1971 wurden die Kupfergesellschaften gänzlich verstaatlicht. Nach dem Putsch wurden diese Verstaatlichungen nicht rückgängig gemacht.

Chuqui ist noch lange nicht am Ende. Die Kupfervorräte reichen noch zwei oder drei Jahrzehnte. Außerdem sorgt man vor: Mit der Mine Radomiro Tomic in der Nachbarschaft hat man einen Kupferarm erschlossen, aus dem man

DIE UMGEBUNG VON CALAMA

heute über 300.000 Tonnen des roten Metalls gewinnt. Zwar ist das Gestein nicht sehr rein, aber selbst bei weniger als 0,8% Kupfer lohnt die Förderung noch. Weitere Lagerstätten in der Umgebung werden derzeit erschlossen.

Die **Arbeiter von Chuqui** gehören zu den bestbezahlten in Chile. Der Durchschnittsverdienst liegt bei monatlich 1800 US-$, sie wohnen mietfrei und haben eines der bestausgestatteten Krankenhäuser des Landes. Die leitenden Angestellten bekommen von Codelco Freiflüge in die Ferien spendiert, ihre Kinder dürfen auf Firmenkosten studie-

Kupferstadt Chuquicamata – riesige Lkws transportieren das Kupfererz zur Schmelze

ren. Und trotzdem: Die wenigsten höheren Angestellten wollen lange in Chuqui bleiben. „Wer in einer Großstadt studiert hat, wer den Süden kennt oder andere Länder, der will hier nicht sein Leben verbringen", verrät einer der Minen-Ingenieure im Gespräch.

Vielleicht nicht nur, weil Chuqui und Calama öde Bergbaustädte mitten in der Wüste sind, vielleicht auch, weil das größte offene Kupferbergwerk der Welt **eine der größten Dreckschleudern Chiles** ist. Im klaren Wüstenhimmel sind der Rauch der Verhüttungsanlagen und der Staub der riesigen Lastwagen weit zu sehen – ein wichtiger Grund für die Umsiedlung der Arbeiter nach Calama. Nicht zu sehen sind die giftigen Chemikalien, die beim Reinigen des Rohkupfers freigesetzt werden. Schwefelsäure und Arsen sind darunter, und Ökologen befürchten, dass inzwischen die gesamte Umgebung der Stadt, sogar das Trinkwasser, das bis nach Antofagasta gelangt, mit diesen Stoffen schwer belastet ist.

Darüber erfährt man bei der **Führung durch die Mine** nichts. Man weiß hinterher, dass die Reifen der Lastwagen vier Meter hoch sind, dass ihre Ladefläche 225 Tonnen Gestein fasst, wieviel Gestein zur Zeit gefördert wird und wie groß dessen Kupfergehalt ist. Man sieht das große Loch, in dem die Lastwagen wie Kinderspielzeug wirken, insgesamt ein beeindruckendes Erlebnis, nicht nur für Technikfreunde. Zur Einführung wird zunächst ein Film gezeigt (Spanisch und Englisch), die Führungen sind ebenfalls in beiden Sprachen.

Das PR-Büro von Chuqui führt die Touren durch. Sie beginnen Mo bis Fr um **14 Uhr** am Haupteingang zur Mine gegenüber der ehemaligen Schule. Man muss sich drei Tage vorher für die Touren anmelden: Tel. 55/322122 oder visitas@codelco.cl. Die Bustour durch die Mine ist kostenlos, eine Spende für das Kinderhilfswerk von Chuquicamata wird erwartet.

San Pedro de Atacama ⚓ V/C2

Sagt jemand in Chile: „Ich fahre in die Wüste", dann meint er fast immer: Ich fahre nach San Pedro de Atacama. Die 2000-Seelen-Oase hat sich in den vergangenen zwei Jahrzehnten zum **Standardziel** gemausert. Entscheidend für diese Karriere sind vor allem drei Faktoren: die wundervolle Umgebung, deren Attraktionen sich von San Pedro in bequemen Tagestouren erschließen lassen, die gute Anbindung über eine Asphaltstraße und eine ständig wachsende touristische Infrastruktur. San Pedro liegt auf 2440 Metern Höhe, umgeben von einem knappen Dutzend Fünf- und Sechstausendern, von denen der Vulkan Licancabur (5916 m) der auffälligste Gipfel ist.

Geschichte

Der Ort hat eine lange Vergangenheit. Er war das Zentrum einiger Siedlungen der **Atacama-Indianer,** bevor er um 1450 von den Inka eingenommen wurde. Sie errichteten hier eine Festung. Auch die spanischen Eroberer *Diego de Almagro* (1536) und *Pedro de Valdivia* (1540) machten San Pedro de Atacama zum Stützpunkt auf ihrem Eroberungszug. Im 19. Jahrhundert lebte die Siedlung von durchziehenden Viehtreibern, die Vieh und andere Waren von Salta und Jujuy zu den Minen in der Wüste und zu den Häfen am Pazifik brachten.

Heute ist der **Tourismus** die größte Einnahmequelle des Ortes. Das Klischee der abgeschiedenen Wüstenoase stimmt längst nicht mehr, auch darf der ausländische Besucher nicht unbedingt darauf hoffen, dass die einheimischen Bewohner von ihm begeistert sind: An vielen geht der Aufschwung durch den Tourismus vorbei. Zahlreiche Hotels, Pensionen und Reiseunternehmen sind in Händen von

San Pedro de Atacama

Ausländern oder Santiaguinos, und wenig begeistert schauen manche alteingesessenen Bewohner auf die europäischen Aussteiger, die sich hier einfacher als sie selbst mit dem Ersparten aus Europa und dank ihrer Sprachkenntnisse eine neue Existenz aufbauen können. So gab es in jüngster Zeit vermehrt Auseinandersetzungen zwischen Atacameños und Tourismus-Unternehmern, z.B. wegen der hohen Wasserzölle und dem Bestreben der Gemeinden, an beliebten Touristenzielen wie dem Valle de la Luna Eintritt zu verlangen.

Sehenswertes

Verlaufen kann man sich in San Pedro nicht. Der eigentliche Ort besteht lediglich aus vier Straßen in Nord-Süd- und dreien in Ost-West-Richtung. Kein wichtiger Punkt ist mehr als 250 Meter von der Plaza entfernt.

An der Plaza steht die **Kathedrale,** die 1744 erbaut wurde. Sie besteht aus einem schlichten, sehr geräumigen einschiffigen Raum, angebaut ist ein wuchtiger, gestufter Glockenturm, und umgeben ist der gesamte Komplex von einer Mauer. Alles ist erbaut aus Adobe (luftgetrockneten Lehmziegeln), die blendend weiß gestrichen sind. Das Innere ist von beeindruckender Schlichtheit: Der dunkle Raum ist fast gar nicht ausgeschmückt, auffällig ist die Dachkonstruktion aus Kaktusholz, die mit Lederriemen anstelle von Nägeln oder Holzdübeln zusammengehalten wird.

Gegenüber der Kirche, ebenfalls an der Plaza, findet sich die **Casa Incaica,** das älteste Gebäude des Ortes. Angeblich hat darin bereits *Pedro de Valdivia* im Jahr 1540 übernachtet. Es ist nicht zu besichtigen.

Etwa 50 Meter östlich der Plaza steht das **Museo Arqueológico Padre Gustavo Le Paige,** eines der besten archäologischen Museen Chiles, begründet von dem belgischen Pater *Gustavo Le Paige*. Der kam 1955 als Seelsorger nach San Pedro und wurde hier zum Archäologen: Er grub in der Atacama-Wüste, entdeckte die Gräber und Wohnhäuser der früheren Bewohner, fand Werkzeuge, Wohnungen, Mumien und Rauschgeräte – alles perfekt erhalten, weil im trockenen Wüstenklima nichts zerfiel. Bis zu seinem Tod 1980 trug der Pater eine riesige Sammlung zusammen – von den vielen tausend Fundstücken kann das Museum nur einen Bruchteil zeigen. Dokumentiert werden die Lebensweise der frühen Atacama-Bewohner, die unterschiedlichen Kulturen, auch der Lebensraum Wüste sowie die spanische Eroberung. Die Mumien werden – aus Respekt vor den Ureinwohnern – inzwischen nicht mehr gezeigt, dafür Stoffe, Rauschmittel-Geräte, Spielzeug und Schmuck (Mo bis Fr 9–12, 14–18 Uhr, Sa, So 10–12, 14–18 Uhr; Eintritt 4 US-$).

Touristeninformation

- **Vorwahl von San Pedro: 55**
- Das **städtische Infobüro** an der Plaza ist oft geschlossen.
- Auf der Website **www.sanpedroatacama. com** finden sich die meisten Unterkünfte, Restaurants und Agenturen, dazu gibt es Wissenswertes über das Dorf, einen virtuellen Rundgang, Panoramafotos der Ausflugs-

ziele, Videos und jede Menge mehr. Auch in (etwas holprigem) Englisch.

● Die beste **Karte** zum gesamten Gebiet um San Pedro, mit sämtlichen Ausflugszielen, Wanderwegen und einem Ortsplan, hat Trekkingchile publiziert. Sie ist online erhältlich unter www.trekkingchile.com/karten.

Unterkunft

● **Casa Adobe**
Atienza 582, etwa 300 m südlich von Caracoles, Tel. 851249. Eine der wenigen Herbergen in einheimischer Hand. Sehr freundlich und sauber, großes Grundstück, Gemeinschaftsbäder, kein Frühstück, aber Küchenbenutzung möglich. Ab 8 US-$ p.P. casadobe@sanpedroatacama.com

● **Residencial Rayko**
Gustavo Le Paige 202, Tel. 851008. Einfach, mit Innenhof, kein Frühstück. Ab 8 US-$ p.P. im Mehrbettzimmer, DZ ohne Bad 22 US-$, mit Bad 45 US-$.

● **Hostal Iquisa**
Puripica 172, Tel. 851303. Familiäre Unterkunft 10 Fußminuten von der Plaza entfernt, einfach, sauber und ruhig, mit Innenhof, Küchenbenutzung, Internet; Leserempfehlung. Ab 9 US-$ p.P. rcopa40@hotmail.com

● **Residencial Chiloé**
Atienza 404, Tel. 851017. Freundlich, sauber, Wäschewaschgelegenheit. 14 US-$ p.P., DZ mit Bad 57 US-$.

● **Hostal Sumaj-Jallpa**
Volcán El Tatio 703, Tel. 851416. Etwas außerhalb, sehr freundlich und familiär, einfach

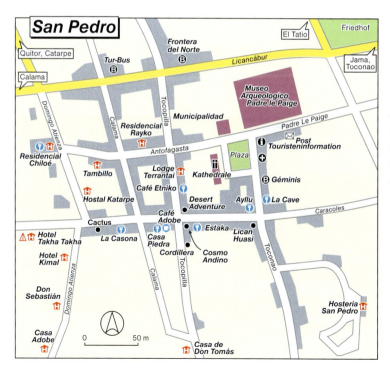

und sauber, Küchenbenutzung, Internet gratis. Zimmer mit und ohne Bad ab 35 US-$. sumajjallpa@sanpedroatacama.com

●**Hostal Don Sebastian**
Atienza 140, Tel. 851972. Leserempfehlung. Abholservice von Calama, gutes Frühstück, DZ 47 US-$. www.hostaldonsebastian.cl

●**Tambillo**
Gustavo Le Paige 159, Tel. 851078. Neu, sauber und freundlich. DZ mit Bad 61 US-$. tambillo@sanpedroatacama.com

●**Hostal Katarpe**
Atienza 441, Tel. 851033. Einfach und sauber, Parkplatz, Frühstück extra. DZ mit Bad 60 US-$. katarpe@sanpedroatacama.com

●**Hotel Takha Takha**
Caracoles 101-A, Tel. 851038. Das einstige Hostel hat sich zum schlichten Mittelklassehotel gemausert. Mit Pool, großem Garten und Frühstück. DZ mit Gemeinschaftsbad ca. 40 US-$, mit Privatbad (neu) 64 US-$, Camping 14 US-$ p.P. www.takhatakha.cl

●**La Casa de Don Tomás**
Tocopilla, etwas außerhalb, Tel. 851105. Typische Atacama-Architektur, Parkplatz, Touren. DZ mit Bad und Frühstück 131 US-$. dontomas@rdc.cl

●**Hostería San Pedro**
Solcor, Tel. 851011. Kleine Zimmer, mit Pool und Restaurant. DZ mit Bad ca. 156 US-$. hosteria@sanpedroatacama.com

●**Hotel Kimal**
Atienza Ecke Caracoles, Tel./Fax 851152. Gehobener Standard, stilvolle Architektur, Pool. DZ 184 US-$. www.kimal.cl

●**Hotel Altiplánico**
Atienza 282, Tel. 851212. Großzügige Anlage im traditionellen Lehmziegelbau, spartanisch-schöne Zimmer, Pool. DZ 200 US-$. www.altiplanico.cl

●**Hotel La Aldea**
Ckilapana 69B, Tel. 851149. Schicker Adobe-Stil, etwas außerhalb. DZ 180 US-$. www.hotelaldea.cl

●**Lodge Terrantai**
Tocopilla 411, Tel. 851045. Für gehobene Ansprüche, sehr schöne Zimmer, Schwimmbecken, Pauschalpakete (2–6 Tage). DZ mit Bad, Vollpension und Touren ab 212 US-$. www.terrantai.com

●**Hotel Alto Atacama**
Ayllú de Quitor, Tel. 2/9123900. Das Nonplusultra des modernen, von der lokalen Natur und Kultur inspirierten Hoteldesigns:

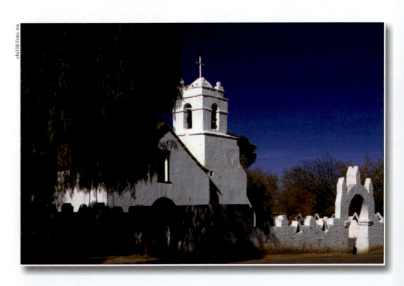

Neue Luxusanlage im Adobe-Schick nahe der Festung Quitor, mit 32 Zimmern von raffinierter Schlichtheit, 6 Schwimmbecken, Spa und Restaurant. Ab 197 US-$ p.P. im DZ mit Halbpension. www.altoaltiplano.cl

Seit einiger Zeit bietet das **Red de Turismo Rural „Lican Huasi" auch Unterkünfte in abgelegenen Andendörfern** an – und damit eine gute Alternative zum überlaufenen San Pedro. Im Rahmen einer staatlich geförderten Initiative entstand eine Reihe einfacher, gemütlicher Herbergen, die von den Ureinwohner-Gemeinden selbst verwaltet werden. Die Übernachtung kostet je nach Standard 9–12 US-$, zumeist werden auch Essen und Ausflüge in die Umgebung angeboten. Diese Refugios stehen u.a. in Solor, Peine, Socaire, an der Laguna Miscanti, in Machuca, Ollagüe und in San Pedro selbst. Das zentrale Büro des „Netzes für ländlichen Tourismus" ist in San Pedro in der Caracoles 349, Tel. 851593, **www.licanhuasi.cl.** Weitere Informationen unter den jeweiligen Orten.

Essen und Trinken

Neben den Restaurants in den Residenciales und Hotels gibt es zahlreiche, oft wechselnde Restaurants in der **Calle Caracoles.** Das ist auch die beliebteste „Ausgehstraße". Empfehlenswert sind:
- **Ayllu**
Caracoles/Toconao. Luftig-schattiger Patio, gutes Essen, Menü für 6 US-$.
- **Estaka**
Caracoles 259-B. Pub mit guter Musik und teuren Drinks.
- **La Casona**
Caracoles. Gutes Essen, etwas ungemütlich.
- **Casa Piedra**
Caracoles 225. Preiswertes Menü, abends spielt die Kellnerband.
- **Café Adobe**
Caracoles 211. Der Gringo-Treff mit echtem Kaffee, Pizzas und Internet.

Die Kirche von San Pedro

- **Café Etniko**
Tocopilla. Gute Sandwiches und Fruchtsäfte, echter Kaffee, Büchertausch, Internet.
- **Blanco**
Caracoles 195. „Fusions-Küche" und Sushi in minimalistischem Ambiente.
- **Ckunna**
Tocopilla 359. Kreative Gerichte auf Basis einheimischer Ingredienzen.
- **Tierra, Todo Natural**
Caracoles 271. Gelobtes Essen mit frischen Zutaten.
- **La Cave**
Toconao 447. Französisch, gemütlicher Innenhof, Karaoke-Bar.
- **Paacha**
Im Hotel Kimal, Atienza Ecke Caracoles. Gerichte mit mediterranem Einschlag, teuer, aber gut.

Verkehrsverbindungen

Überlandbusse

San Pedro besitzt keinen Busbahnhof. Die Busse starten auf der Calle Licancabur oder auf dem Platz vor dem Fußballplatz an der Calle Licancabur, dort, wo der Paseo Artesanal auf sie trifft – nicht zu verfehlen.
- **Tur-Bus**
Calama Ecke Licancabur. Ca. 15x tägl. nach Calama (5 US-$), 12x tägl. nach Antofagasta (12–20 US-$), ein Nachtbus nach Arica (25 US-$), 6x tägl. nach Santiago (ca. 24 Std., 45–114 US-$).
- **Frontera del Norte**
Licancabur. Ca. alle 2 Stunden nach Calama (4 US-$), 3x täglich nach Toconao (3 US-$), 4x wöchentlich nach Socaire.
- **Atacama 2000**
Licancabur/Fußballplatz. Mehrmals täglich nach Calama (4 US-$), täglich nach Toconao und Peine.
- **Géminis**
Toconao Nähe Plaza, Tel. 263968. Di, Fr, So um 10 Uhr (Stand 2009) nach Jujuy und Salta/Argentinien (ca. 11 Stunden, 30 US-$). Die Busse sind oft voll, Tickets besser vorher in Calama oder Antofagasta kaufen. Die Strecke führt über den landschaftlich reizvollen Jama-Pass (4200 m), vorbei an Salzlagunen

SAN PEDRO DE ATACAMA

und schneebedeckten Fünf- und Sechstausendern.

Reiseveranstalter/Touren

San Pedro quillt über von Reiseveranstaltern, die alle (fast) dasselbe Programm zu den selben Preisen anbieten. **Standardausflüge: Valle de la Luna** (ab 8 US-$), **Tatio-Geysire** (ab 20 US-$), **Toconao** und **Salar de Atacama** (ab 10 US-$), **Lagunas Altiplánicas** (30 US-$ oder in Kombination mit dem Salar de Atacama für etwa 30 US-$). Erkundigen Sie sich vorher genau nach dem gebotenen Service, den Sicherheitsvorkehrungen, der Mehrsprachigkeit des Führers, ggf. der Qualität der Ausrüstung und der nötigen Kleidung, insbesondere bei Touren ins Andenhochland! Die einzelnen Ausflüge sind unten genauer beschrieben. Einige **Reiseveranstalter** mit guter Reputation sind:

●**Cosmo Andino Expediciónes**
Caracoles Ecke Tocopilla, Tel. 851069. Der Besitzer ist ein deutschsprachiger Holländer. Hier zahlt man etwas mehr, hat dafür aber einen besseren Service. Auch Extra-Touren (Trekking) sind im Angebot.
cosmoandino@entelchile.net

●**Azimut 360**
Caracoles 66, Tel. 851469. Professionell. Bietet auch spezielle Trekking- und Bergtouren an, z.B. Aufstieg auf den Vulkan Láscar (1 Tag, ab 90 US-$) und den Vulkan Licancabur (2 Tage, ab 170 US-$).
www.azimut360.com

●**Atacama Connection**
Caracoles/Toconao, Tel. 851421. Englischsprachig. www.atacamaconnection.com

●**Desert Adventure**
Caracoles Ecke Tocopilla, Tel. 851067. Gute Fahrzeuge, deutschsprachige Führer, empfohlen. www.desertadventure.cl

●**Nomade Expediciónes**
Caracoles 163, Tel. 851526. Touren abseits ausgetretener Pfade, Besteigungen; Leserempfehlung. www.nomadeexpediciones.cl

●**Cordillera Traveller**
Toconao nahe Caracoles, Tel. 851291. Empfohlene Dreitages-Touren im 6-Personen-Jeep nach Bolivien, von San Pedro über den Cajón-Pass (4480 m), vorbei an den Lagunen Verde, Blanco und Colorada zum Salar de Uyuni und dem gleichnamigen Städtchen. Übernachtung an der Laguna Colorada und im Hotel del Sal am Salar de Uyuni. Preis inkl. Übernachtung und Mahlzeiten 135 US-$. Über einen weiteren Anbieter dieser Tour, die bolivianische Agentur Colque Tours, berichten Leser Negatives.
www.cordilleratraveller.com

●**Cactus**
Atienza 419, Tel. 851534. Empfohlen: Bietet neben den Standardausflügen auch Pferdetouren an. www.cactustour.cl

●**La Herradura**
Tocopilla, Tel. 851087. Renommierter Veranstalter für Reitausflüge in die Täler der Umgebung.

●**Space**
Caracoles 166, Tel. 55/851935, 09/ 98178354. Von einem Franzosen aufgebautes touristisches Observatorium außerhalb von San Pedro; große, sehr gute Teleskope. Jeden Abend spannende Sternentour (26 US-$ inkl. Transport, warm anziehen!). www.spaceobs.com

Sonstiges

Geldwechsel

Geld und Schecks lassen sich bei Cambio Atacama, Caracoles, oder in Toconao 422 wechseln. Besser aber ist es, **genügend Bargeld mit sich zu führen**, da der Kurs in San Pedro de Atacama sehr schlecht ist. Der einzige Geldautomat des Ortes steht an der Plaza und funktioniert nur mit Maestro- und MasterCard – man sollte sich aber keinesfalls auf ihn verlassen!

Post und Telefon

Die **Post** befindet sich auf der Calle Padre Le Paige, gegenüber dem Museum. **Telefonzentralen** finden sich direkt an der Plaza und auf der Calle Caracoles, nahe der Plaza.

Internet

In den Cafés Adobe (Caracoles), Etniko (Tocopilla) und Apacheta (Toconao, an der Plaza), jeweils für 2 US-$/Std.

 Atlas V und S. 276

Fahrradtouren

Halbwegs gute Fahrräder verleihen u.a. Azimut (Caracoles) und Suri (Tocopilla/Le Paige), sie kosten etwa 10 US-$ pro Tag. Sehr schöne Fahrradtouren kann man ins Valle de la Muerte, zur Quebrada del Diablo oder ins Valle de la Luna unternehmen. Nähere Infos bei den Verleihern.

Wasser

Trinkwasser braucht man in San Pedro viel, und es ist in normalen Läden recht teuer. In der Calle Caracoles wird im Laden „H2O" nichts als Trinkwasser verkauft (5-l-Kanister zum Schnäppchenpreis von 4 US-$).

Benzin

Neben der Hostería San Pedro, Calle Toconao – die letzte Tankstelle für alle Touren zum Salzsee und auf den Altiplano!

Die Umgebung von San Pedro de Atacama

Pukará de Quitor und Catarpe   ⚐V/C2

Nur drei Kilometer von San Pedro entfernt liegen die **Ruinen der Festung** (*pukará*) Quitor (Eintritt 2 US-$). Sie sind gut zu Fuß zu erreichen – man folgt einfach der Straße Atienza nach Norden und hält sich dann immer parallel zum Lauf des Río San Pedro (dabei kann man nach einem Kilometer sehen, wie die Bewässerungsanlage für das Dorf und die Oase funktioniert). Die Festung wurde im 12. Jahrhundert erbaut und 1540 von *Francisco de Aguirre* mit dreißig berittenen und mit Musketen bewaffneten Soldaten im Handstreich blutig erobert – sie war der letzte Rückzugsort der damals hier herrschenden Inkas. Die hatten ihr eigentliches Zentrum fünf Kilometer weiter nördlich auf der östlichen Seite des Flusses in Catarpe. Die Festungsanlage von Quitor zieht sich in Terrassen einen Hügel hinauf, von oben hat man einen hervorragenden Blick über die gesamte Oase um San Pedro bis weit über den weiß glänzenden Salar de Atacama.

Valle de la Luna   ⚐V/C2

Ein Muss für alle San-Pedro-Besucher: der **Sonnenuntergang** im Tal des Mondes. Das Tal war vor Urzeiten ein See, dessen Boden bei seismischen Erschütterungen in die Höhe gedrückt und aufgefaltet wurde. Wind und Wetter hatten dann die Chance, sich einmal mehr als begabtes Bildhauerteam hervorzutun. Sie schufen in Jahrmillionen eine bizarre Formenwelt, schliffen Türme und Figuren aus Sand, Salz und Lehm und schichteten große Dünen auf. Von der höchsten Düne hat man den besten Abendblick auf den in der Ferne aufragenden Vulkan Licancabur. Bei Sonnenuntergang leuchten er und das Tal zunächst gelb-orange, dann tiefrot, später violett und am Ende dunkelblau, bis der Mond alles in fahles Licht taucht.

Das Valle de la Luna liegt etwa 12 Kilometer westlich des Dorfes an der alten Straße von San Pedro nach Calama. Zu Fuß braucht man etwa zwei Stunden für den sehr anstrengenden Weg (Sonnenhut, Sonnencreme, aber auch dicke Kleidung für den Abend sind Pflicht), mit dem Fahrrad etwa dreißig Minuten. Touren ins Valle werden von allen

Die Umgebung von San Pedro

Agenturen in San Pedro angeboten. Am Eingang kassiert die Gemeinde einen Eintritt von 4 US-$. Wer zu Vollmondzeiten in San Pedro ist, sollte in jedem Fall auch einen Nachtausflug dorthin unternehmen. Campen ist im Valle de la Luna verboten.

Tatio-Geysire V/C1

Heiße Wasserfontänen, dampfende Erdlöcher und blubbernder Schlamm – das **Hochtal von Tatio,** knappe 100 Kilometer nördlich von San Pedro, gehört wie das Valle de la Luna zum Pflichtpro-

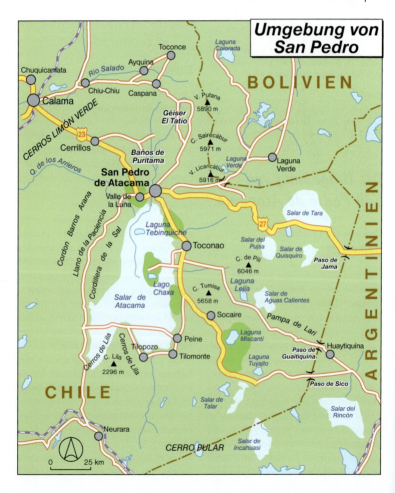

Im Valle de la Luna

gramm für die Besucher des Wüstenortes. Aus Dutzenden von Erdlöchern dampft und sprudelt heißes Wasser, mitunter schießen auch größere Fontänen in die Luft – nicht an vielen Orten merkt man so gut, dass die Anden ein junges, vulkanisches Gebirge sind, das nicht zur Ruhe gekommen ist. Man sieht es sogar deutlich: Wer in mehrjährigem Abstand zu den Geysiren kommt, merkt, dass sich das Tal verändert. Mal tritt mehr, mal weniger Dampf aus – die Erde lebt und bebt. Die Tatio-Geysire liegen auf fast 4300 Metern Höhe und sollen damit das **höchstgelegene Geysir-Feld der Welt** sein. In der Nähe lassen sich gut Vizcachas beobachten.

Man erreicht die Geysire über eine eher schlecht als recht ausgebaute Schotterstraße, die von San Pedro nach Norden führt. Am einfachsten ist es per **organisiertem Ausflug,** denn man sollte vor Sonnenaufgang im Tatio-Tal sein. In der Dämmerung und im frühen Morgenlicht ist das Schauspiel des aus den Fumarolen austretenden Dampfes vor dem blauen Himmel des Altiplano am besten zu beobachten, nach 9 Uhr wird der Dampf weniger, und der Morgenwind zerstreut ihn. Wer selbst fahren will, kann das mit einem Leihwagen machen – die Strecke ist allerdings nicht sehr gut ausgeschildert. Im Zweifelsfall

DIE UMGEBUNG VON SAN PEDRO

sollte man immer der breitesten Piste folgen. Der Eintritt zu den Geysiren kostet 7 US-$.

Einige Kilometer vor den Geysiren gibt es Baracken, in denen man spartanisch **übernachten** kann. Oder man schläft im Auto oder im Zelt an den Geysiren. Dann sollte man sich mit dicker Kleidung, Decke und Schlafsack gegen die bittere Kälte nachts (Temperaturen bis -15°C sind keine Seltenheit) wappnen. Das Wasser der Geysire ist nicht trinkbar, und man sollte vorsichtig sein und nicht zu nahe an den Rand der Geysire treten: Der Boden ist brüchig, und man kann sich am heißen Wasser furchtbar verbrennen. In den letzten Jahren sind immer wieder Menschen an den Verbrennungsfolgen gestorben, darunter ein deutscher Tourist, der sich für ein Foto zu nahe an einen Geysir gewagt hatte.

Einige Überwindung kostet es, sich in der eisigen Morgenkälte seiner Sachen zu entledigen und direkt neben den Geysiren in einen **Naturpool mit Thermalwasser** zu steigen. Liegt man erst mal drin, ist es urgemütlich (Badezeug einpacken!).

Nach dem Geysir-Besuch führt die Tour noch einige Zeit durch den **Altiplano**, vorbei an eiskristallverzierten Bachläufen, an mit Yareta-Polstern bewachsenen Steinhängen und schneebedeckten Vulkanen, vielleicht sieht man Füchse oder frei lebende Vicuñas.

Früher gehörten die **Baños de Puritama,** ca. 30 Kilometer von San Pedro entfernt, zum Standardprogramm auf dem Rückweg von den Geysiren. Seit die Thermalquelle vom Fünf-Sterne-Hotel Explora in San Pedro zur edlen Anlage umgebaut wurde (Eintritt 12 US-$), bieten die Veranstalter den Abstecher nicht mehr im Paket an.

Dafür fahren die meisten auf der Rückfahrt in **Machuca** vorbei, einer malerischen Siedlung mit roter Sandsteinkirche auf 3800 Meter Höhe. Hier steht ein Refugio des Lican-Huasi-Verbandes (Übernachtung 10 US-$, Küchenbenutzung). Wer will, kann sich hier absetzen lassen und am nächsten oder übernächsten Tag mit einer Tatio-Tour nach San Pedro zurückfahren. Die nähere Umgebung lockt mit schönen Wanderungen: ein Feuchtgebiet mit Flamingos und Andengänsen, ein spektakulärer Canyon oder der 4300 Meter hohe Mirador mit tollem Rundblick (3–4 Std.).

Über den Altiplano nach Calama   V/C1

Einen eindrucksvollen Einblick in die **Kultur der Hochandenvölker** vermittelt die Weiterfahrt von den Tatio-Geysiren über den Altiplano nach Calama. Wer etwa in Calama ein geländegängiges Fahrzeug gemietet hat und damit im Raum San Pedro unterwegs war, kann diese Route als Bonbon für die Rückfahrt aufheben. Man fährt frühmorgens zu den Geysiren und von dort auf weitgehend guten Schotterpisten zu den malerischen Aymara-Dörfern **Caspana** und **Toconce.** Im Gegensatz zum touristisch überlaufenen San Pedro wirken diese Siedlungen, die von der Lamazucht und dem Terrassenfeldbau leben, weit authentischer. Vorbei an tief eingeschnittenen Canyons und den Ruinen des **Pukará de Turi** gelangt man in das Wüstendorf **Ayquina,** das sich alljährlich zur Feier der ortsansässigen Jungfrau (7./8. September) in einen wilden Jahrmarkt mit Tanzgruppen aus ganz Nordchile verwandelt – übrigens ähnlich wie Caspana (1.–3. Februar) und Toconce (25. Juli). Vorbei an dem verblüffenden Wüstensee **Inka-Coya** und durch die Oase **Chiu Chiu** mit ihrer berühmten Kirche geht es schließlich hinunter nach Calama. Die Tour (ca. 200 Kilometer ab El Tatio) ist anhand einer guten Karte gut auf eigene Faust und an einem langen Tag zu bewältigen. Einfache Unterkünfte gibt es in Caspana, Toconce und Chiu Chiu.

Salar de Atacama   V/C2,3

Der Salar de Atacama erstreckt sich auf 2300 Metern Höhe über eine Fläche von ca. 3000 km² südlich von San Pedro de Atacama. Er ist das zentrale Sammelbecken für das stark mineralische Wasser, das der **Río San Pedro** führt, dazu wird er gespeist von zahlreichen unterirdischen Zuflüssen. In der abflusslosen Senke verdunstet das Wasser, und an der Oberfläche setzt sich eine stark salzhaltige Schicht ab, die im Salar de Atacama mit Lehm vermischt ist. Die krustige und körnige Oberfläche ist nur stellenweise blendend weiß, meist aber gräulich, hin und wieder auch ins Braun changierend.

Im Salar befinden sich Wasserbecken, an denen die Salz-Lehm-Kruste der Oberfläche durchbrochen ist. Es sind kleinere Lagunen, die vor allem Flamingos Lebensraum bieten. Die größte und am leichtesten zugängliche ist der **Lago Chaxa,** ziemlich im Zentrum des Salar (Eintritt 5 US-$). Hier ist es vor allem bei Sonnenuntergang fantastisch – die Salzwüste glänzt in allen Kitschfarben, die Flamingos stehen im Wasser, und in der Ferne glitzern die Vulkane.

Der Salar de Atacama ist **kein Nationalpark,** nur einzelne Zonen gehören, wie auch das Valle de la Luna, zur **Reserva Nacional Los Flamencos.** Der größte Salar Chiles ist gleichzeitig eines der größten Reservoirs an Bodenschätzen, allein zwei Fünftel der Weltvorräte an Lithium sollen hier verborgen sein.

Maskenfest in Ayquina

Dazu finden sich Kalium und Borax – alles Metalle und Mineralien, die sehr viel Geld einbringen.

Obwohl der Salar sich direkt südlich an San Pedro anschließt, braucht man für die Besichtigung doch ein Fahrzeug, da der attraktivste Punkt (Lago Chaxa) etwa 50 Kilometer von San Pedro entfernt ist. Man fährt über die Ruta 23 bis Toconao (s.u.), biegt 2 Kilometer dahinter rechts ab (ausgeschildert), nach 13 Kilometern noch einmal rechts, und nach weiteren 11 Kilometern erreicht man den Zugang zur geschützten Lagune, wo ein **Eintrittsgeld von 5 US-$** fällig ist. Organisierte Touren zum Salar starten nachmittags, um den Sonnenuntergang an der Lagune nicht zu verpassen. Tagsüber ist es ruhiger dort, aber mitten auf der Salzebene brennt die Sonne ganz gehörig.

Toconao, Socaire und die Lagunen Meñiques und Miscanti ⤴ V/C2,D3

Eine der schönsten Touren von San Pedro aus führt vorbei am Salar de Atacama über die Dörfer Toconao, Socaire zu den Lagunen Meñiques und Miscanti. **Abstecher** lassen sich zur Laguna Lejía, zum Lago Chaxa auf dem Salar de Atacama und nach Peine machen.

Man verlässt San Pedro auf der Ruta 23 und erreicht, vorbei an einer Tamarugo-Baum-Pflanzung, nach 33 Kilometern **Toconao.** Das Dörfchen mit seinen 550 Einwohnern besitzt eine sehr schö-

DIE UMGEBUNG VON SAN PEDRO

ne Kolonialkirche, die vor 1744 erbaut wurde. Fotografiert wird meist der frei stehende, dreistufige Glockenturm auf der Plaza mit seiner schweren Tür aus Kakteenholz. Er wurde um 1750 aus Liparita-Gestein erbaut, einem weichen weißen Vulkangestein, aus dem die Bewohner von Toconao auch kleine Figuren schlagen (kleiner Kunsthandwerkermarkt direkt an der Plaza). In Toconao sollte man unbedingt den Friedhof besichtigen; er liegt etwas außerhalb. Hinter den kreuz und quer durcheinander stehenden Grabkreuzen und Stelen, verziert mit buntem Papierblumenschmuck, erheben sich eindrucksvoll die Wüste und die Vulkane. Preiswert und gut übernachten kann man im Residencial Valle de Toconao, Calle Láscar 236, Tel. 55/852009, 8 US-$ p.P.

Eine wundervolle Oase in der Wüste ist die **Quebrada de Jerez**, etwas östlich von Toconao (Eintritt 2 US-$). Der kleine Fluss, der auch das Dorf versorgt, hat in seiner Schlucht ein grünes Paradies gezaubert: Obstgärten, satte grüne Feigenbäume und natürliche Planschbecken.

Vier Kilometer hinter Toconao geht es rechts ab zum **Lago Chaxa** auf dem Salar de Atacama (27 km, s.o.). Geradeaus erreicht man 32 Kilometer weiter die Abzweigung (nach rechts, Westen) zum Dörfchen **Peine** (Abstecher, ca. 32 Kilometer). Der Ort hat durch die intensive Salzgewinnung, die hier betrieben wird, viel von seinem Charme verloren.

Salar de Atacama

Lediglich die Kirche, die Inka-Ruinen von Peine Viejo und die Felszeichnungen nahe des Ortes lohnen einen kurzen Besuch. Übernachtung in der schönen Lican-Huasi-Herberge (12 US-$).

Besser folgt man weiter dem Camino Internacional (Ruta 23). 15 Kilometer nach der Abzweigung gelangt man ins Dörfchen **Socaire** (250 Einwohner, 3250 m, auf direktem Weg 84 Kilometer von San Pedro), ebenfalls vor allem wegen seiner Kolonialkirche bekannt. Übernachten (ab 10 US-$) und essen kann man in dem Refugio der Lican-Huasi-Kette.

Die Ruta 23, mittlerweile bis hierher asphaltiert, steigt steil an, das Bergpanorama wird immer großartiger, vereinzelt stehen kleine Lamaherden am Rand der Piste. Die Straße führt über den 4079 Meter hohen **Paso de Sico** hinüber in die Provinzhauptstadt Salta.

Nordöstlich der Straße erheben sich die prächtigen Gipfel des **Cerro Miscanti** (5622 m) und des **Cerro Meñiques** (5910 m), zwischen ihnen zwei wundervolle **Lagunen**, die die Namen der Berge tragen (knappe 120 km von San Pedro), zu erreichen über einen Fels- und Sandweg, der 20 Kilometer südlich von Socaire von der Ruta 23 abzweigt (7 km bergauf, dann ist das Panorama da). Das Wasser ist tiefblau wie der Himmel, aber viel dunkler, auf den Gipfeln liegt ein Hauch von Schnee, darüber gestreut wie Puderzucker, und am Rande der Lagunen glitzert es ebenfalls weiß – Salzkristalle, die sich ablagern. Am Ufer der Laguna Miscanti steht ein einfaches Refugio des Lican-Huasi-Verbandes (Büro in San Pedro; 4

Betten, Küchenbenutzung, Wasser und Essen mitbringen!, 10 US-$ p.P.). Der Zugang zu den Lagunen kostet 4 US-$.

Weiter oberhalb an der Passstraße kommt man am **Salar de Talar** und der **Laguna Tuyajto** vorbei, ebenfalls einsam und großartig.

Diese Route lässt sich **nicht komplett mit öffentlichen Verkehrsmitteln** machen, lediglich Toconao, Peine und Socaire sind per Bus zu erreichen. Einzelne **Reiseagenturen in San Pedro** bieten Ausflüge zu den „Lagunas Altiplánicas" an, teilweise kombiniert mit einem Besuch des Lago Chaxa.

Nach Argentinien über den Paso de Jama ⟋V/D2

Wer nach Argentinien weiterreisen will, sollte den Paso de Jama nehmen. Die Strecke von **San Pedro bis nach Jujuy** (Argentinien) ist **514 Kilometer** lang, sie ist in etwa zehn Stunden zu schaffen. Am besten startet man in San Pedro gegen 7 oder 8 Uhr morgens (Grenze öffnet offiziell um 8 Uhr). Die Straße ist inzwischen komplett asphaltiert. Der chilenische Teil der Strecke lohnt auch einen Tagesausflug: Er führt über spektakuläre Altiplano-Ebenen, vorbei an Salzseen und skurrilen geologischen Formationen, auf über 4600 Meter Höhe.

Man beginnt in San Pedro auf 2440 Metern Höhe. Die ersten 45 Kilometer führen steil bergan, bis auf 4000 Metern der **Altiplano** erreicht ist. Nach links (km 41) geht die Straße zum Portezuelo del Cajón (4480 m, Pass nach Bolivien) ab. Zur Linken erhebt sich der fast 6000 Meter hohe Vulkan Licancabur. Weiter bergauf ist bei km 48 mit 4825 Metern der höchste Punkt der Strecke erreicht. Kurz danach lohnt sich der Halt an einem Aussichtspunkt über vereiste Lagunen mit Salzkrusten und Flamingos. Auf der Ebene von **Chajnantor** (ca. km 60, nicht von der Straße aus sichtbar) entsteht derzeit die **größte Radioteleskop-Anlage der Welt,** ein europäisch-amerikanisches Projekt namens ALMA, bei dem 64 Parabolspiegel von je 12 Metern Durchmesser gekoppelt werden sollen.

Weiter geht es durch schier endlose Hochsteppen, vorbei an vereisten Lagunen und Salzseen. Bei km 99 erreicht man die zerklüfteten Felswände der **Farellones de Tara,** und kurz dahinter, bereits mit Blick auf die Lagunen des Salar de Aguas Calientes, bietet sich auf einer Fläche links von der Straße ein verblüffender Anblick: die **Moai de Tara,** bis zu 30 Meter hohe, völlig frei stehende, vom Wind verwitterte Felsfinger, nach den Steinfiguren der Osterinsel „Moais" genannt. Vorbei am vielfarbig schimmernden **Salar de Aguas Calientes** geht es weiter zum Paso de Jama in 4200 m Höhe; die argentinische Grenzstation (langwierige Formalitäten) liegt wenige Kilometer unterhalb des Passes.

Es folgt weiterhin die herrliche Landschaft des Altiplano. Sanft geht es bergab, bis nach 311 Kilometern das Städtchen Susques erreicht ist. Weiter geht es durch tolle Kaktusschluchten und quer über den Salzsee Salinas Grandes, wo man die primitive Technik des Salzabbaus besichtigen kann. Ab km 410, beim Örtchen Lipán, geht es steil bergab – von 4170 Metern Höhe führen atemberaubende Serpentinen hinunter nach **Purmamarca** auf 2250 Metern, das sind 1920 Meter Höhenunterschied auf einer Strecke von 37 Kilometern! Von Purmamarca geht es durch die **Quebrada de Humahuaca** in die argentinische Provinzhauptstadt **Jujuy** (km 514).

Über den Paso de Jama fahren **Busse** von San Pedro nach Jujuy, allerdings halten sie nicht, um die Landschaft zu bewundern. Besser ist es, ihn mit einem **Leihwagen** zu überqueren.

Antofagasta ⌕ IV/A3

Die **größte Stadt des Nordens** – Antofagasta hat etwa 320.000 Einwohner – verdankt ihre Bedeutung dem **Hafen**, der auch heute noch einer der wichtigsten des Landes ist. Hier wird das Kupfer aus den beiden größten Minen in Chile verladen (Chuquicamata und La Escondida), dazu ist Antofagasta größter Import- und Exporthafen Boliviens.

Die Hauptstadt der Region Antofagasta zieht sich mehr als 20 Kilometer am Pazifik entlang. Sie ist wie Iquique eingezwängt auf der schmalen Küstenplattform zwischen dem Meer und der steil aufragenden Küstenkordillere. Sie ist eine **junge Stadt;** der erste Bewohner war angeblich *Juan López* aus Copiapó, der 1845 hierher kam, um an der Küste Guano und Kupfer zu gewinnen. Er blieb nicht lange allein, seit 1866 ist ein Dorf namens La Chimba überliefert. Von da an ging es bergauf, die Salpeterminen im Inland sowie deren Bahnverbindung mit der Hafenstadt sorgten dafür. 1907 wurden schon über 32.000 Einwohner gezählt, 1920 waren es bereits 65.000. „Von Antofagasta kann man sagen, daß ihm jegliche Schönheit mangelt", schrieb 1923 *Otto Bürger.* Das stimmt nicht ganz, es gibt neben schäbigen Häuserblocks im Zentrum einige sehenswerte Bauten, die auch schon *Bürger* gekannt haben muss.

Sehenswertes

Das **Zentrum der Stadt** erstreckt sich um die schöne **Plaza Colón,** deren **Uhrturm** eine (stark) verkleinerte Nachbildung des Big Ben in London darstellt. Der palmenbestandene Platz lädt dazu ein, sich niederzulassen.

Die schönsten Bauten neben dem Uhrturm sind der **Musikpavillon,** die neogotische **Kathedrale** (erbaut 1906–1917) sowie das **Stadttheater.**

Antofagasta rühmt sich eines **Barrio Histórico** zwischen der Plaza und dem alten Hafen, dreier Blocks, in denen sich tatsächlich einige alte Bauten finden. Zunächst der **Bahnhof** (Bolívar/Ecke Balmaceda), der 1887 erbaut und 1900 erweitert wurde. Leider stehen weder das schöne, gepflegte Gelände noch das Bahnhofsgebäude offiziell Besuchern offen. Fragen lohnt aber! Gegenüber des Bahnhofs ist das Gebäude, in dem früher das **Zollamt (Aduana)** untergebracht war. Heute beherbergt es das **Museo Regional,** es zeigt Mineralien und Fossilien der Region und berichtet auch von der präkolumbischen Kulturgeschichte, alles präsentiert anhand von ausgesuchten Fundstücken und schönen Dioramen. Das Obergeschoss ist der Kultur und Geschichte

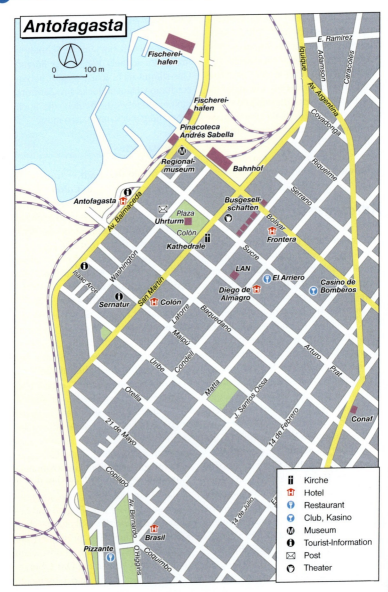

vom 17. Jahrhundert bis in unsere Zeit gewidmet (November bis März: Mo bis Sa 10-13, 14-19 Uhr, So 11-14 Uhr, ansonsten: Di bis Sa 10-13 und 15.30-18.30 Uhr, So 11-14 Uhr).

In der früheren **Gobernación Marítima (Hafenbehörde),** dem dritten alten Gebäude an der Ecke, ist ebenfalls ein Museum untergebracht. Es ist dem Antofagastiner Dichter *Andrés Sabella* gewidmet (Di bis Fr 10-13 und 15.30-19 Uhr, Sa, So 11-14 Uhr). Von dort sind es nur wenige Schritte bis zum **Terminal Pesquero,** der Anlegestelle der Fischer, wo auch ein lebhafter Markt abgehalten wird. Hier kann man den Fischern bei der Arbeit und den Pelikanen beim Fischschnorren zusehen.

Touristeninformation

- **Vorwahl von Antofagasta: 55**
- **Sernatur,** Büro: Maipú 240, dazu kommt ein Kiosk auf der Ecke Balmaceda und Prat direkt am Hotel Antofagasta.
- **Conaf** (Nationalparks), Av. Argentina 2510, Tel. 227804.

Unterkunft

- **Hotel Brasil**
J. S. Ossa 1978, Tel. 267268. Große Zimmer, akzeptabel und sauber. DZ ab 30 US-$.
- **Hotel Frontera**
Bolívar 558, Tel. 281219. Große Zimmer, sauber, freundlich, DZ ab 30 US-$.
- **Colón**
San Martín 2434, Tel. 261851. Kleines Hotel nahe der Plaza, schön. DZ mit Bad 45 US-$.
- **Diego de Almagro**
Condell 2624, Tel. 251721. Alteingesessenes Haus, gut. DZ mit Bad ab 88 US-$.
- **Hotel Antofagasta**
Balmaceda 2575, Tel. 228811. Mit Garage und Pool, gute Sicht über Stadt und Hafen, das größte Hotel im Ort. DZ mit Bad ab 75 US-$. www.hotelantofagasta.cl

Essen und Trinken

Am Fischereihafen und am Mercado Central (Maipú/Ecke Ossa) finden sich zahlreiche einfache Fischrestaurants, gut für den Mittagstisch. Ansonsten:
- **Casino de Bomberos**
Sucre 763. Guter Mittagstisch.
- **El Arriero**
Condell 2644. Große und gute Fleischportionen, aber nicht billig, abends unterhält Pianomusik.
- **Mexall**
Orchard/Ecke Poupin. Mexikanische Gerichte, teuer.
- **Pizzante**
Carrera 1857. Hier gibt es die beste Pizza der Stadt.
- **Casa Vecchia**
O'Higgins 1456. Gutes, stilvolles italienisches Restaurant, nicht billig.

Nachtleben

Das Nachtleben Antofagastas spielt sich außerhalb der Innenstadt **an der Playa Huáscar** ab. Dort findet sich eine Disco neben der nächsten, sie kosten alle ca. 12 US-$ Eintritt. Man erreicht die Playa (kein Badestrand!), indem man der Küstenstraße nach Süden folgt (15 Minuten mit dem Auto).

Verkehrsverbindungen

Flugzeug

Der **Flughafen Cerro Moreno** liegt 20 Kilometer nördlich der Stadt, ein Taxi dorthin kostet etwa 12 US-$. Busse starten alle 2 Std. (ab 7.30 Uhr) von der Ecke San Martín und Prat.
- **LAN**
Arturo Prat 445. Täglich mehrmals nach Santiago, Iquique und Arica.
- **Sky**
General Velásquez 890, local 3, Tel. 459090. Viermal täglich nach Santiago.

Überlandbusse

Antofagasta hat keinen zentralen Busbahnhof. Dennoch ist das Finden des richtigen Busses einfach, denn fast alle wichtigen Busgesellschaften haben ihre Büros auf der Calle Latorre zwischen Sucre und Covadonga:
- **Géminis**
Latorre 3055. Calama, Arica und Santiago mit allen Stopps auf den Strecken, Salta (Argentinien), Asunción (Paraguay).
- **Pullman Bus**
Latorre 2805. Calama, Chuquicamata, Arica, Santiago mit allen Stopps auf den Strecken.
- **Chile-Bus** und **Tur-Bus**
Bolivar 468. Arica und Santiago mit allen Stopps auf den Strecken.
- **Bazar Mejillones**
Latorre 2719. Taxi-Colectivos und Kleinbusse nach La Portada und Mejillones. Daneben weitere Anbieter.
- Riquelme 514/Ecke Latorre ist ein **kleiner Busbahnhof,** der von einigen Gesellschaften genutzt wird.

Fahrzeiten und Preise:
- **Santiago,** 18 Std., 30–80 US-$
- **Arica,** 10 Stunden, 20–47 US-$
- **Iquique,** 7 Stunden, 16–30 US-$
- **Calama,** 3 Stunden, 6 US-$
- **Taltal,** 3 Stunden, 7 US-$
- **Copiapó,** 8 Stunden, 21–25 US-$
- **La Serena,** 13 Stunden, 20–24 US-$
- **La Portada,** 3 US-$
- **Mejillones,** 3 US-$

Eisenbahn

Kein Personenverkehr von Antofagasta aus. Die Strecke nach Calama wird nur von Güterzügen befahren (eventuell besteht die Chance mitzufahren).

Mietwagen

- **Avis,** Baquedano 364, Tel. 563140.
- **Budget,** Av. Pedro Aguirre Cerda 13.358-A, Tel. 214445.
- **Hertz,** Pedro Aguirre cerda 15030, Tel. 428042.
- **Felcar,** San Martín 2792, Tel. 263334.

Sonstiges

Wechselstuben
- **Cambio San Marcos,** Baquedano 524.
- **Cambio Ancla Inn,** Baquedano 508.

Post und Telefon
Die **Hauptpost** befindet sich auf der Calle Washington 2613, direkt an der Plaza Colón. **Telefonzentralen** finden sich z.B. in der Baquedano 751, Uribe 645 und Condell 2527.

Wäscherei
- **Laverap,** Ecke 14 de Febrero/Aconcagua.

Die Umgebung von Antofagasta

La Portada IV/C3

La Portada, das **Wahrzeichen der Stadt und Region Antofagasta,** ist ein hoch aus der Brandung des Pazifiks aufragendes **Felsentor.** Die Steilküste aus Muschelkalk ist hier ausgewaschen, La Portada ruht aber auf dem härteren Gestein des Küstenkliffs. Der Strand vor dem Felsentor ist ein toller Ort, um Seevögel zu beobachten. Hier nisten Tausende von Pelikanen.

La Portada ist 16 Kilometer nördlich des Stadtzentrums gelegen und problemlos per Minibus oder Taxi-Colectivo von Antofagasta aus zu erreichen (s.o.). Es gibt kein Hotel hier, dafür ein in der Saison geöffnetes Restaurant.

Salpeterstadt Chacabuco IV/B2

Die Straße von Antofagasta nach Calama wird von Dutzenden verlassenen

Salpeterminen gesäumt. Das beeindruckendste **Zeugnis des einstigen Industriebooms** in der Atacamawüste ist die Salpeterstadt Chacabuco, 100 km von Antofagasta an der Gabelung der Straßen 5 (Panamericana) und 25 (Richtung Calama) gelegen. Die 1924 in Betrieb genommene Minenanlage war eine gigantische Fehlinvestition der britischen Firma Anglo Nitrate. Deutschland hatte während des Ersten Weltkriegs mit der industriellen Herstellung künstlichen Salpeters begonnen. Damit war Chiles Monopol auf den Rohstoff für Düngemittel und Sprengstoff gebrochen. Dennoch wurde Chacabuco kurzzeitig zur größten Salpeterstadt Chiles. Hier wurden pro Monat 15.000 Tonnen des Minerals gewonnen, und bis zu 7000 Arbeiter und ihre Familien lebten in den Barackensiedlungen. Es entstand eine komplette urbane Struktur mit Markthalle, Kirche, Krankenhaus, Hotel, Theater und Tanzsaal. Doch bald war die Produktion nicht mehr lukrativ, bereits 1938 wurde sie ganz eingestellt. Chacabuco verödete und wurde Opfer von Plünderungen. 1972 stellte die Regierung *Allende* die Anlage unter **Denkmalschutz.** 1973/74 nutzte die Militärjunta die Baracken als Lager für politische Gefangene, größtenteils Intellektuelle aus ganz Chile. Sie organisierten unter den widrigen Bedingungen eine Schule, eine Poliklinik und Theatergruppen und hinterließen so ebenfalls ihre Spuren.

In den 1990er Jahren wurden Teile der Anlage, u.a. mit Unterstützung des Goethe-Instituts, restauriert, insbesondere das Theater und der Tanzsaal. Heute kümmert sich eine Stiftung um Chacabuco. Die **Corporación Museo del Salitre Chacabuco** organisiert auch lohnenswerte Touren mit deutschsprachiger Führung. Dabei bekommt man einen lebendigen Eindruck vom Leben in der Wüstenstadt, und zum Abschluss wird auf der Dachterrasse des Theaters ein Mittagessen serviert (13 US-$ inkl. Essen, Anmeldung mind. 2 Wochen vorher unter Tel. 09/83141745, corporacionchacabuco@gmail.com).

Die **Geisterstadt** kann auch ohne Führung besichtigt werden (geöffnet Mi bis Sa 10–17 Uhr, jeden zweiten So 10–19 Uhr, Eintritt 2 US-$, Sonnenschutz und Wasser nicht vergessen!). Zufahrt 4 km nördlich der erwähnten Straßengabel von der Ruta 5 aus.

Observatorium Cerro Paranal

130 Kilometer südlich von Antofagasta stehen auf dem 2600 Meter hohen Cerro Paranal vier riesige, silbern blitzende „UFOs": Es sind die Kuppeln des Observatoriums der europäischen Astronomie-Organisation ESO (European Southern Observatory). Der Name der Anlage, **Very Large Telescope** (VLT), lässt die Herzen von High-Tech-Begeisterten ebenso höher schlagen wie die von Astronomen und Hobby-Sternguckern. Das VLT kombiniert vier Spiegel von je 8,2 Meter Durchmesser sowie drei kleinere und simuliert so die optische Auflösung eines 200-Meter-Teleskops – eine bisher unvorstellbare Beobachtungs-Reichweite und -Genauigkeit. Theoretisch kann man damit ei-

nen Mann auf dem Mond erkennen, doch die Astronomen sind vielmehr hinter fernen Galaxien und den Ursprüngen des Universums her (siehe bei „Umgebung von La Serena").

Die 2001 fertig gestellte Anlage steht an den **beiden letzten Wochenenden des Monats** (außer im Dez.) auch **Touristen offen.** Die kostenlose, ca. zweistündige Führung beginnt um 14 Uhr, nach einem einführenden Film werden die Teleskope und der Kontrollraum besucht, man kann überall fotografieren oder filmen. Die Anfahrt (ca. 2 Stunden von Antofagasta, zunächst 24 Kilometer auf der Panamericana, dann über die Erdpiste Richtung Paposo) muss selbst organisiert werden, nehmen Sie auch ausreichend Wasser und Verpflegung mit. Die Besucheranzahl ist beschränkt, eine **frühzeitige Voranmeldung** ist unbedingt erforderlich: Tel. 55/435335, Fax 435995, sstrunk@eso.org. Nähere Infos unter www.eso.org/public/abouteso/visitors/paranal/tourist.html.

Taltal

Dem kleinen Fischerort mit knapp 10.000 Einwohnern steht vielleicht eine ungeahnte Karriere bevor: Es gibt Pläne, die Ruta 1 als Küstenstraße von hier bis Antofagasta durchgehend zu asphaltieren, und eine kanadische Minengesellschaft hat sich die Schürfrechte für ein vermutetes Goldfeld in der Nähe gesichert. Dann wird der Ort wieder aufblühen, wie zur Zeit des Salpeterbooms, als er der drittgrößte Hafen des Nordens war und mehr als 20.000 Einwohner hatte.

Aus dieser Zeit stammen auch die **Sehenswürdigkeiten:** der Muelle Salitrero (Salpeterpier) von 1903, die Locomotora Número 59, eine Dampflokomotive, die zu Beginn des Jahrhunderts die Salpeterzüge zog, die Kirche und das 1921 eröffnete Stadttheater, das längst nicht mehr bespielt wird. Taltal ist ein ruhiges Nest, vielleicht zu ruhig, vielleicht aber genau richtig, um den einen oder anderen Tag an einem Strand der Umgebung zu verbringen. Ganz in der Nähe lockt die Quebrada San Ramón, eine Wüstenschlucht voller Kakteen, zu einer Wanderung. Und in der **Reserva Nacional Paposo,** 60 km nördlich von Taltal, lässt der Küstennebel eine erstaunliche Vegation gedeihen.

Am besten wohnt man in der Hostería Taltal, Esmeraldas 671, direkt am Strand (Tel. 55/611173, DZ ohne Bad 25 US-$, mit Bad 34 US-$), preiswerter sind das Hotel Verdy, Ramírez 345 (Tel. 55/611105, pro Person 12 US-$) und das Hotel San Martín, Martínez 279 (Tel. 55/611088, ab 35 US-$ pro Person). Das beste Restaurant hat ebenfalls die Hostería Taltal, gut ist auch das Restaurant Las Brisas am Terminal Pesquero (Fischermole).

Alle **Busgesellschaften** haben ihre Büros auf der Calle Prat. Nach Arica bezahlt man etwa 25 US-$, nach Santiago ebenso – der Ort liegt ja auch fast genau auf der Mitte.

Der Kleine Norden:

Von Caldera bis Los Vilos

Der Kleine Norden – **Norte Chico** – umfasst eine Region, die sich von der Linie Caldera – Copiapó (auf Höhe des 27. Breitengrades) bis zum Tal des Río Aconcagua (33°) erstreckt. Politisch gehört der Kleine Norden zu den **Regionen Atacama** mit der Hauptstadt Copiapó und **Coquimbo** mit der Hauptstadt La Serena.

Nach Süden hin nehmen im Kleinen Norden die Niederschläge zu. Erscheint die Region um Copiapó noch als vollständige **Trockenwüste,** so ist das Kerngebiet eine **Halbwüste,** und je weiter südlich man kommt, desto größer die Fruchtbarkeit des Landes. Die Wüstengebiete durchziehen einige Flussläufe; in diesen Regionen wird intensive Landwirtschaft betrieben. Das bekannteste Flusstal ist das des **Río Elqui.**

Die Wüstengebiete des Kleinen Nordens waren lange als das **„Land der 10.000 Minen"** berühmt. In Copiapó zeugt davon ein eindrucksvolles mineralogisches Museum; nahe der Stadt entdeckten die spanischen Eroberer große Silbervorräte und ließen dort die drittgrößte Silbermine der Welt graben. Inzwischen werden vor allem am Andenrand zunehmend auch andere Mineralien gefördert.

Der klare Himmel über der Wüste begünstigt die **Himmelsbeobachtung;** bei La Serena befinden sich einige der größten und wichtigsten Observatorien der Welt.

Vor Ankunft der ersten Spanier im Jahre 1535 war die Region Siedlungsgebiet vorwiegend der **Diaguita-Indianer** gewesen. Auch die Inka hatten ihren Machtbereich fast bis hierher ausgedehnt. Die Spanier suchten sich nicht den leichtesten Weg in die Region aus: **Diego de Almagros Expedition** kam über den Paso de San Francisco aus dem heutigen Argentinien; dieser ist mit 4727 Metern Höhe einer der höchsten Andenpässe überhaupt und selbst mit der Technik, die uns heute zur Verfügung steht, nicht leicht zu überqueren. Was sie auf chilenischer Seite sahen, begeisterte die Spanier nicht: Endlos dehnte sich die Wüste, nachts froren sie erbärmlich, tagsüber war es heiß, Nahrungsmittel und Wasser waren nur schwer zu finden. Nach ihrer Rückkehr nach Cuzco wollten die Spanier längere Zeit nichts mehr von dem Land wissen, erst *Pedro de Valdivia* durchquerte erneut die Wüste und gründete 1541 die Stadt La Serena.

Erst die **Silberfunde bei Copiapó** gaben dem Kleinen Norden Auftrieb – allerdings lediglich den Minenstädten, und auch dort blieben die Menschen nur so lange, wie sie Gewinn machen konnten. *Charles Darwin* notierte im Jahr 1835 über Copiapó: „Es ist aber ein ungemütlicher Ort, und die Wohnungen sind ärmlich eingerichtet. Jeder scheint nur das eine Ziel vor Augen zu haben, Geld zu machen und dann so schnell als möglich auszuwandern. Alle Einwohner stehen mehr oder weniger direkt mit Bergwerken in Beziehung; und Minen und Erze sind die einzigen Gegenstände der Unterhaltung." Zum Ende des 19. Jahrhunderts ging der Silberbergbau zurück, aber auch heute noch wird Silber gefördert, ebenso andere Bodenschätze wie beispielsweise Kupfer.

Besucherhöhepunkte im Kleinen Norden sind die ausgedehnten Strände bei La Serena, die küstennahen Nationalparks, das Valle del Elqui und der Altiplano östlich von Copiapó.

Caldera und Bahía Inglesa ♪ VI/B2

Badeort und wichtiger Hafen – die 14.000-Einwohner-Stadt **Caldera** erfüllt beide Funktionen gut. Sie ist mit ihrer 6 Kilometer südlich liegenden **Schwesterstadt Bahía Inglesa** zwar noch nicht zusammengewachsen, dennoch werden die beiden Orte immer zusammen erwähnt. Sie liegen an einem besonders schönen Stück des Pazifiks. Caldera ist der geschäftigere, industrielle Teil der Doppelstadt – der Hafen sorgt für Arbeitsplätze. Bahía Inglesa dagegen lebt vom Tourismus, angeblich gibt es hier die schönsten Strände Chiles. Doch wer will das beurteilen, angesichts dieser langen Küste?

Bahía ist ruhig und gediegen, durchsetzt mit Eigentumswohnungen, Ferien- und Apartmenthäusern, in denen Chilenen aus dem Norden und aus Santiago im Januar und Februar ihre Ferien verbringen. Dann ist der Ort überlaufen; ruhiger (und billiger) wird es ab März. Und das Wetter ist für Badeferien dann immer noch gut genug.

Das **Zentrum von Caldera** gruppiert sich um die Plaza de Armas, dort steht auch die Hauptkirche der Stadt, die **Iglesia de San Vicente,** 1862 aus Holz und Stein errichtet und mit einem goti-

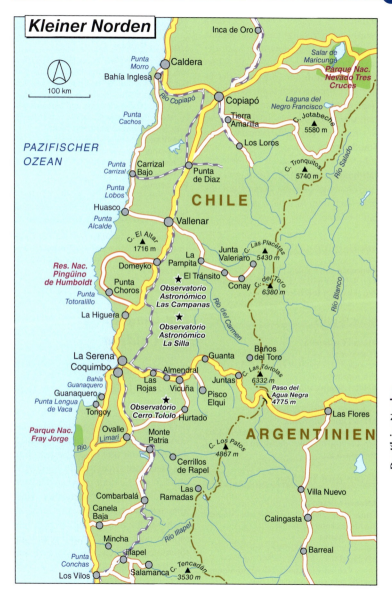

Die Umgebung von Caldera

schen Turm bekrönt. Drei Blocks nach Nordwesten gelangt man zum lebhaften Fischereihafen, dort steht auch der riesenhafte, immerhin 82 x 32 Meter große **Bahnhof,** der Endstation der Linie von Copiapó nach Caldera war. Damals wurden hier die Erze aus den Minen um Copiapó verschifft. Heute ist der Bahnhof ein Kulturzentrum. Beim Stadtbummel wird man auch auf einige sehenswerte alte Bauten aus dem 19. Jahrhundert treffen, sie bezeugen den Aufschwung, den die Hafenstadt damals nach dem Anschluss an die Eisenbahn erlebte.

Touristeninformation

- **Vorwahl von Caldera: 52**
- Im Sommer gibt es auf der Plaza de Armas in Caldera ein **Touristenbüro.**

Unterkunft

- **Hotel Costanera**
Wheelwright 543, Tel. 316007. Einfach und freundlich. DZ mit Bad 26–35 US-$.
cbertogliab@123.cl
- **Hotel Montecarlo**
Carvallo 627, Tel. 315388. Schöner Innenhof, sauber, freundlich. DZ mit Bad 42 US-$.
- **Hotel Rocas de Bahía**
Av. El Morro, Bahía Inglesa, Tel. 316005. Großer 4-Sterne-Komplex direkt am Strand. DZ ab 108 US-$.

Essen und Trinken

- **Nuevo Miramar**
Gana 090. Direkt am Pier. Gute Meeresfrüchte, leckerer Fisch.
- **New Charles**
Ossa Cerda 350. Chilenische Küche.
- **El Coral**
Paseo Costanera in Bahia. Fisch und Meeresfrüchte, sehr gut, aber nicht billig.

Verkehrsverbindungen

Überlandbusse

Caldera besitzt keinen zentralen Busbahnhof, aber die Unternehmen Pullman Bus, Tur-Bus, Inca Bus und Recabarren befinden sich alle innerhalb eines Blocks, der von den Straßen Gana, Gallo, Cousiño und Edwards gebildet wird und direkt an die Plaza anschließt. Gute Verbindungen bestehen nach:
- **Santiago,** 12 Stunden, 20–45 US-$
- **Copiapó,** 1 Stunde, 3 US-$
- **Chañaral,** 1,5 Stunden, 3 US-$
- **Antofagasta,** 7 Stunden, 18–23 US-$
- **La Serena,** 6 Stunden, 9 US-$

Sonstiges

Die **Hauptpost** befindet sich auf der Calle Edwards 325. Standorte von **Telefonzentralen** sind z.B. Edwards 360, Tocornal 383 sowie Ossa Cerda 370.

Die Umgebung von Caldera

Parque Nacional Pan de Azúcar VI/B1

Etwa 110 Kilometer nördlich von Caldera erstreckt sich der küstennahe Nationalpark Pan de Azúcar. Er umfasst 44.000 Hektar und ist am besten über die Kleinstadt Chañaral, 86 Kilometer nördlich von Caldera, direkt an der Panamericana gelegen, zu erreichen. Eine gute Schotterstraße führt von Chañaral nach Norden in den Park, zweigt mittendrin nach Osten ab und endet 45 Kilometer nördlich von Chañaral am zweiten Ein-/Ausgang des Parks wieder auf der Panamericana.

Atlas VI und S. 291, Stadtplan S. 295

Übernachten in Chañaral kann man preiswert im netten Hostal Sutivan, Comercio 365, Tel. 52/489123, 10 US-$ p.P. (auch Internet und Nationalpark-Touren), im simplen Hotel Carmona, Costanera 402, Tel. 480522, DZ ca. 35 US-$, im freundlichen Hostal Pan de Azúcar, Dr. Herrera 1527, Tel. 480754, und teurer in der Hostería Chañaral, Miller 268, Tel. 480055, DZ mit Bad 61 US-$. Mehrere Anbieter besorgen den Transport von Chañaral in den Park für ca. 20 US-$ hin und zurück (u.a. Chango Turismo, Tel. 480232). Eine komplette Tagestour mit Nationalpark-Eintritt, Essen und Bootsfahrt kostet 40–50 US-$.

Der immer populärer werdende **Nationalpark Pan de Azúcar** zieht sich entlang der Küste, er umfasst **Sandstrände, Wüstengebiete, Teile der steil ansteigenden Küstenkordillere** – die Höhenlagen reichen vom Meeresspiegel bis auf 900 Meter – und die **Insel Pan de Azúcar.** Die Vegetation und die Tierwelt sind in dieser lebensfeindlich erscheinenden Wüstenregion erstaunlich: Kakteenfreunde können in höheren Lagen zwanzig unterschiedliche Arten ihrer Lieblinge bewundern – alle erhalten die nötige Feuchtigkeit zum Überleben durch die *camanchaca*, den aufsteigenden Küstennebel, der sich hier niederschlägt (siehe dazu im Kapitel „Geografie"). Bei Wanderungen durch den Park trifft man mit Glück Guanacos und Füchse; auf der Insel Pan de Azúcar leben große Kolonien von Pelikanen, Kormoranen, Humboldtpinguinen sowie Robben. Die Insel selbst darf nicht betreten werden, aber Ausflugsfahrten (ca. 60 US-$ für das komplette Boot mit max. zehn Personen) führen von Caleta Pan de Azúcar, der einzigen „Siedlung" im Park, nah an sie heran – die Mitnahme von Ferngläsern ist sinnvoll.

Das **Informationsbüro von Conaf** befindet sich in Caleta Pan de Azúcar, hier erhält man Infomaterial zum Park. Auf zwei kleineren **Campingplätzen** kann man sein Zelt aufschlagen (pro Stellplatz 12 US-$), es gibt auch einige **Cabañas.** Alle Lebensmittel müssen mit in den Park genommen werden; nur frischen Fisch kann man problemlos in Caleta Pan de Azúcar von den Fischern kaufen. Der Eintritt zum Park beträgt etwa 4 US-$.

Südlich von Caldera wendet sich die Panamericana von der Küste **ab ins Landesinnere.** Es geht zunächst steil bergauf zur Küstenkordillere. Nach einstündiger Fahrt (73 km) durch die Wüste ist Copiapó erreicht.

Copiapó ⇗ VI/B3

Dass die Indianer den Ort „Copiapó" **(Grünes Land)** nannten, ist zunächst wenig einleuchtend. Egal, aus welcher Himmelsrichtung man kommt, man nähert sich immer durch die Wüste. Aber es stimmt: Der Zusammenfluss einiger Bäche mit dem Río Copiapó südlich der Stadt hat zur Folge, dass die Gegend um die Hauptstadt der Region Atacama im Vergleich zu den Wüstengebieten drumherum recht grün ist.

Geschichte

Copiapó, das heute etwa 125.000 Einwohner zählt, ist das Zentrum einer Region, die seit mehreren hundert Jahren vom **Bergbau** geprägt ist. Die ersten Spanier kamen unter *Diego de Almagro* 1536, *Pedro de Valdivia* folgte 1540 und nahm das Tal offiziell in Besitz – bis dahin lebten Diaguita-Indianer hier –, aber bis die ersten Spanier sich hier dauerhaft niederließen, vergingen noch mehr als zwei Jahrhunderte. Ende des 18. Jahrhunderts bestand hier eine kleine Siedlung, die nach 1832 rasch wuchs: Damals hatte der Maultiertreiber *Juan Godoy* bei Chañarcillo eine **Silbermine** entdeckt, aus der das Edelmetall ungeahnt rein gewonnen werden konnte. Copiapó wuchs sofort. Zunächst unansehnlich, wie *Charles Darwin* bei seinem Besuch 1835 bemerkte, später entstanden einige schöne Patrizierhäuser, dazu wegweisende Bauten und Einrichtungen: Zwischen 1849 und 1852 wurde in die Hafenstadt Caldera eine der ersten Eisenbahnlinien Südamerikas gebaut, dann entstanden hier die ersten Telegrafen- und Telefonanlagen, außerdem das erste Gaswerk Chiles.

Sehenswertes

Dass Copiapó in der zweiten Hälfte des 19. Jahrhunderts eine der modernsten Städte des Kontinents war, glaubt man kaum, wenn man heute durch das Zentrum schlendert. Es wird gebildet von der **Plaza Prat,** die damals im Silberboom mit 84 Pfefferbäumen (*Schinus molle*) bepflanzt wurde. Diese Bäume sind ideale Schattenspender, sie brauchen, anders als der Schwarze Pfeffer (*Piper nigrum*), nur wenig Wasser und sind daher in den Wüstengebieten Chiles und Perus häufiger anzutreffen. Der Brunnen mit den Figuren aus Carrara-Marmor stammt ebenfalls aus der großen Zeit der Stadt, ebenso wie das Gebäude der **Municipalidad** und die **Iglesia Catedral,** beide an der Plaza.

Rechts vorbei an dem Gebäude der Intendencia führt die Calle Colipí Richtung Nordosten. Einen Block von der Plaza entfernt steht das **Museo Mineralógico.** Neben streng wissenschaftlich geordneten Mineralien, die mehr den Fachmann ansprechen, gibt es eine Reihe schöner Stücke, die auch Laien begeistern: Meteoriten, gefunden in der Atacama-Wüste, Edelsteine, Silber und Arsen aus den Minen der Umgebung (Mo bis Fr 9–13 und 15–19 Uhr, Sa 9–13 Uhr). Auf dem kleinen (Park)platz neben dem Museum findet hin und wieder ein **Kunsthandwerkermarkt** statt. Interessant ist weniger das Kunsthandwerk – das sieht aus wie das in fast allen anderen Städten Nordchiles –, interessant sind vielmehr die Gesteinsproben und Fossilien, die hier verkauft werden: versteinerte Muscheln, Stücke versteinerter Baumstämme oder auch versteinerte Haifischzähne.

Folgt man der Straße Carrera, die an der Plaza entlangführt, nach Nordwesten, erreicht man nach sieben Blocks die Alameda Matta, auf der einige schöne alte **Patrizierhäuser** aus der Zeit der Silberbarone stehen. Wenige sind restauriert, die meisten arg verfallen. Zu den besser erhaltenen gehört die Casa Habitación de Empleados del Ferrocarril, das Wohnheim der Eisenbahnangestellten an der Ecke zur Calle Juan Martínez.

Der Martínez stadtauswärts folgend erreicht man nach etwa 400 Metern das **Museo Ferroviario,** das Eisenbahnmuseum (Mo bis Fr 15–18 Uhr). Die drittälteste Lokomotive Südamerikas steht aber nicht hier; sie ist im Innenhof der **Bergbauschule** (Universidad de Atacama) ausgestellt. Man geht vom Museo Ferroviario die Straße Batallón

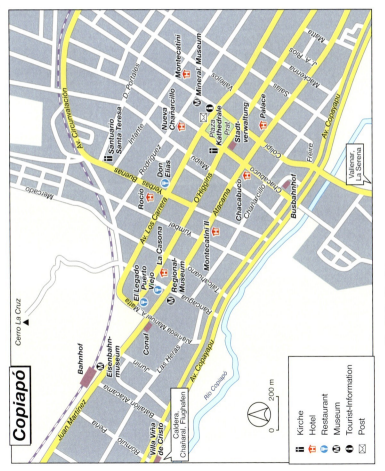

COPIAPÓ

Atacama entlang bis zur Av. Copayapu und trifft dort einen Block stadtauswärts auf die **Villa Viña de Cristo,** die im Jahr 1860 im italienischen Stil für *Apolinario Soto,* den Besitzer der zweitwichtigsten Silbermine der Region, gebaut wurde. Nach rechts der Av. Copayapu folgend erreicht man das Universitätsgelände.

Über die Calle Juan Martínez und deren Verlängerung, die Calle Atacama geht man vorbei am **Museo Regional** (Atacama 98, Mo bis Fr 9–17.45, Sa 10–12.45 und 15–17.45, So 10–12.45 Uhr) wieder ins Zentrum.

Touristeninformation

- **Vorwahl von Copiapó: 52**
- **Sernatur,** Carrera 691, direkt an der Plaza Prat, Tel. 212838.
- **Conaf,** Juan Martínez 55, Tel. 237042.

Unterkunft

- **La Casona**
O'Higgins 150, Tel. 217278. In einem alten renovierten Kolonialgebäude untergebracht, Zimmer zum Patio, freundliche Besitzer, auch Organisation von Exkursionen. DZ mit Bad 71 US-$.
www.lacasonahotel.cl
- **Residencial Rocío**
Yerbas Buenas 581. Mit schönem Innenhof, abgewohnt. Ca. 8 US-$ pro Person.
- **Residencial Nueva Chañarcillo**
Rodríguez 540, Tel. 212368. Sauber, ordentlich. DZ ohne Bad 23 US-$, mit Bad 27 US-$.
- **Hotel Palace**
Atacama 741, Tel. 212852. Schöne Zimmer, angenehmer Patio. DZ 45 US-$.
- **Hotel Montecatini**
Infante 766, Tel. 211363. Ruhig, mit schönem Innenhof, Pool. DZ ab 52 US-$. Neuer **Ableger Montecatini II** in Atacama 374, Tel. 211516, DZ 71 US-$.

Essen und Trinken

- **Puerto Viejo**
Atacama 99. Meeresfrüchte, eher teuer.
- **Don Elias**
Los Carrera 421. Chilenische Küche.
- **El Legado**
O'Higgins 12. Regionale Gerichte.

Verkehrsverbindungen

Flugzeug

Der **Aeropuerto Chamonate** liegt 15 Kilometer westlich von Copiapó, direkt an der Panamericana. LAN hat einen Minibus-Service dorthin (5 US-$).
- **LAN**
Colipí 484, täglich Flüge von und nach Santiago.
- **Sky**
Colipí 526, Tel. 214640. Zweimal täglich nach Santiago.

Überlandbusse

Der **zentrale Terminal de Buses** ist auf der Calle Chacabuco 112, nur drei Blocks von der Plaza entfernt. Von hier starten Busse nach:
- **Santiago,** 12 Stunden, 20 US-$
- **La Serena,** 5 Stunden, 8–19 US-$
- **Arica,** 16 Stunden, 28–72 US-$
- **Iquique,** 14 Stunden, 23–65 US-$
- **Antofagasta,** 8 Stunden, 20–40 US-$
- **Calama,** 11 Stunden, 28–35 US-$
- **Caldera,** 1 Stunde, 3 US-$

Mietwagen

- **Hertz,** Copayapu 173, Tel. 216259.
- **Avis,** Rómulo Peña 102, Tel. 524591.
- **Carmona,** Freire 466, Tel. 216030.
- **Rodaggio,** Colipí 127, Tel. 212153.

Die erste chilenische Eisenbahn fuhr von Copiapó nach Caldera

Ein **geländegängiger Wagen** kostet **am Tag** mindestens **80–100 US-$**.

Sonstiges

Post und Telefon

Die **Hauptpost** befindet sich im Gebäude der Intendencia Regional, Carrera 691. **Telefonzentralen** finden sich z.B. Carrera/Ecke Chacabuco, Colipí 500, auf der Chacabuco zwischen O'Higgins und Atacama und auf der Ecke Atacama/Peru.

Wäschereien

- Mackenna 430
- Maipu 771

Reisebüro

Ein Reisebüro für **Touren in die Umgebung** ist Atacama Expeditions, Infante 661, Tel. 223640 oder 09/98918212.
www.atacamaexpeditions.cl

Die Umgebung von Copiapó

Chañarcillo   VI/B3

Der Ort, dem Copiapó seinen Reichtum ursprünglich verdankte, ist heute eine **Ruinenstadt.** Am 16. Mai 1832 hatte *Juan Godoy* die Silberader entdeckt, und in der Blütezeit der Mine lebten bis zu 14.000 Menschen in dem dazugehörigen Dorf am Fuße der Mine. Heute ist die Gegend verlassen, das Dorf zerstört. Lediglich einige Ruinen sind noch zu erkennen, Reste von Häusern, der Polizeistation, des Krankenhauses und des Friedhofs. Genauso

DIE UMGEBUNG VON COPIAPÓ

schnell wie ihr Aufstieg kam der Untergang der Mine – bereits 1875 waren die Silbervorkommen erschöpft, und die Mine wurde geflutet.

Anfahrt: Man erreicht Chañarcillo über die Panamericana Richtung Süden. Bei km 59 führt nach links (Osten) eine gut ausgebaute Schotterstraße ab, die die Panamericana mit der Straße verbindet, die von Copiapó aus immer im Tal des Río Copiapó entlang nach Südosten führt. Bis zur Hälfte der Strecke ist dieser Verbindungsweg gut ausgebaut, also bis zur Mina Bandurrias und nach Chañarcillo; danach wird es holprig.

Die Laguna Verde kurz vor dem San-Francisco-Pass

Zum Paso San Francisco und zum Vulkan Ojos del Salado ↗ VII/D2

Zwei Routen führen hinauf zum Paso San Francisco in 4727 Metern Höhe, **einem der höchsten Andenpässe überhaupt.** Sie treffen sich an zwei Punkten, so dass derjenige, der hinauf zur Passhöhe und wieder zurück nach Copiapó, aber nicht nach Argentinien will, eine wunderbare Rundfahrt machen kann. Wer nach Argentinien möchte, sollte die südliche Route durch das Paipote-Tal nehmen, sie ist um Einiges reizvoller, allerdings sehr sandig und mit normalem Pkw nicht zu schaffen.

Man verlässt Copiapó auf der östlichen Ausfallstraße Richtung Tierra Amarilla und biegt nach 8 Kilometern auf die **Ruta 31** Richtung Diego de Almagro ab. Nach weiteren 17 Kilometern gabelt sich die Straße, linker Hand führt die asphaltierte Straße weiter nach Diego de Almagro, nach rechts die ab hier nur noch geschotterte Ruta 31 Richtung Paso San Francisco und zum Salar de Maricunga. Parallel zur **Quebrada de Paipote** steigt der Weg an. Nach 54 Kilometern folgt die nächste Straßengabelung. Hier muss man sich entscheiden. Wählt man die Nordroute oder die Südroute? Beide Strecken führen um den **Salar de Maricunga** herum, die südlichste zahlreicher Salzebenen *(salar)* im Andenhochland. Bei der Fahrt über die Nordroute durch das San-Andrés-Tal genießt man vom Paso de Codocedo einen wunderbaren Blick auf den Gipfel des Ojos del Salado.

Die Südroute folgt weiterhin der Quebrada de Paipote, vorbei an der blaugrün schimmernden **Laguna Santa Rosa,** einer Hochgebirgslagune zu Füßen des Cerro Maricunga (4895 m), und am Salar de Maricunga. In der großen Salzebene zwischen zwei Strängen der Andenkordillere schützt der neu eingerichtete **Nationalpark Nevado Tres Cruces** vor allem drei Flamingoarten und andere gefährdete Wasservögel, die in den Lagunen leben.

Östlich des Salar de Maricunga, nach 95 Kilometern, treffen die beiden Wege wieder aufeinander – und von dort bis zum Paso San Francisco ist man umgeben von **Fünf- und Sechstausendern:** Nördlich der Straße erheben sich der Cerro Colorado (5181 m), der Pico Wheelwright (5805 m), der Cerro Peña Blanca (5861 m) und der Cerro Laguna Verde (5872 m), südlich der Straße sind es der Nevados de Tres Cruces (6330 m) und der Cerro Carrancas Blancas (6119 m), der Cerro El Muerto (6470 m) und der Nevado Ojos del Salado (6891 m). Höhepunkt der Fahrt ist die türkisfarbene, in weiße Salzkrusten eingebettete **Laguna Verde** auf 4325 Meter Höhe. Zwei Grenzpolizisten trotzen hier dem eisigen Wind und der Einsamkeit. Wer freundlich fragt, bekommt von ihnen den Schlüssel zu einer überdachten Thermalquelle direkt am Seeufer.

Rund 25 Kilometer vor der Lagune sieht man auf der rechten Seite das Massiv des **Nevado Ojos del Salado (6891 m).** Er ist der **höchste Vulkan der Erde** (erloschen) und der **höchste Gipfel Chiles.** Die offizielle Höhe wurde nach einer Vermessungs-Expedition im Jahr 2007 von 6893 auf 6891 Meter korrigiert; damit bleibt der Aconcagua in Argentinien mit 6959 Metern der höchste Berg Amerikas. Am Ojos del Salado existieren zwei Refugios, eines auf 5100 Metern Höhe, das andere auf 5750 Metern. Wer den Gipfel besteigen möchte (vgl. „Outdoor/Bergsteigen"), braucht eine **Erlaubnis der chilenischen Grenzbehörde DIFROL,** www.difrol.cl. Eine ausführliche Routenbeschreibung findet sich unter www.trekkingchile.com.

271 Kilometer sind es von Copiapó bis zum Paso San Francisco. Man kann die Tour mit einem normalen Auto fahren, dabei kommt man allerdings streckenweise nur im ersten Gang vorwärts. Ein Fahrzeug mit mehr Hubraum und Bodenfreiheit (Pickup) wird daher empfohlen. Ausreichende Vorräte und

VALLENAR, LA SERENA

warme Kleidung sind Pflicht, dazu auch ein voller Ersatzkanister und ein Ersatzreifen. Es gibt unterwegs keine Tankstelle. Den Ausweis sollte man auch nicht vergessen, denn 12 Kilometer vor dem Paso de San Francisco ist eine Kontrollstation der Carabineros. Auf argentinischer Seite kann man erst in Fiambalá tanken (etwa 500 Kilometer von Copiapó entfernt). Dort ist auch die argentinische Zollstation.

Vallenar

Ambrosio O'Higgins, spanischer Gouverneur von Chile und Vater des Freiheitskämpfers *Bernardo O'Higgins,* benannte die Wüstensiedlung nach dem Herkunftsort Ballenagh seiner irischen Familie. Ansonsten gibt es wenig über die Kleinstadt zu berichten, sie ist das Zentrum einer Region, die früher vom Bergbau und heute mehr und mehr von der Landwirtschaft lebt. Im Tal des **Río Huasco** wachsen vor allem **Obst, Wein und Oliven,** von denen behauptet wird, sie seien die besten von Chile.

Zu besichtigen ist das **Museo del Huasco,** das mit einer reizvollen Fotosammlung aus der Gründerzeit der Besiedlung des Tals aufwarten kann (Sargento Aldea 742, Di bis Fr 10–12.50, 15.30–19 Uhr, Sa, So 10–12.30 Uhr).

Übernachten kann man preiswert (DZ mit Bad ca. 60 US-$) im Hotel Cecil auf der Calle Prat 1059, Tel. 51/614071, und vornehm in der Hostería Vallenar, Ercilla 848, Tel. 51/614379 (Pool und Restaurant, DZ ab 95 US-$).

Oberes Huasco-Tal

Ein lohnender Tagesausflug führt von Vallenar flussaufwärts, vorbei am Santa-Juana-Stausee und durch Terrassen-Weinfelder in das verträumte Dorf **Alto del Carmen** (39 km). Hier wird der legendäre Pisco gleichen Namens gebrannt, die Anlage kann in der Produktionssaison besichtigt werden (Februar bis Mai, Mo bis Fr 9–12, 14–18 Uhr, Sa 9–12 Uhr).

Noch interessanter ist der Besuch der kleineren, handwerklichen **Pisco-Destille Horcón Quemado** im 25 Kilometer flussaufwärts gelegenen **San Félix;** selbstverständlich darf man den leckeren Tropfen auch probieren (Mo bis Sa während der Arbeitszeit).

La Serena ♫ VIII/A1,2

La Serena ist so alt wie es aussieht – obwohl das, was alt aussieht, zum größten Teil nicht alt ist. Der Widerspruch löst sich schnell auf: La Serena wurde bereits 1544 gegründet, verdankt aber sein koloniales Gepräge mit andalusisch anmutenden Häusern nicht der Zeit der spanischen Eroberer, sondern dem Staatspräsidenten *Gabriel González Videla,* der in den 1950er Jahren im Zuge des „Plan Serena" seine Geburtsstadt zur **kolonialen „Mustersiedlung"** ausbauen ließ. Damals entstanden die meisten öffentlichen Bauten, die heute die Innenstadt zieren, im spanischen Kolonialstil, nur eine Handvoll wirklich alter Gebäude ist erhalten, darunter einige aus dem 19. Jahrhundert, als La Se-

Atlas VIII und S. 291, Stadtplan S. 302

LA SERENA

rena von vielen Silber- und Kupferbaronen bewohnt wurde.

La Serena hat rund 150.000 Einwohner und ist die **Hauptstadt der Region Coquimbo.** Sie liegt etwa 470 Kilometer nördlich von Santiago an der Panamericana, etwas südlich der Mündung des Río Elqui in den Pazifik. Mit ihrem Nachbarort Coquimbo ist die Stadt inzwischen fast zusammengewachsen; im Großraum der Hauptstadt leben heute etwa 320.000 Menschen.

Seit dem „Plan Serena" haben einige Jahrzehnte am andalusischen Charme der Innenstadt genagt. Die Behörden haben die Auflagen gelockert und schauen nicht so genau hin, wenn eine koloniale Fassade mit einer Leuchtreklame verschandelt wird. Der Müll auf den Straßen, die Wellblechzäune um unbebaute Flächen und die allgegenwärtigen Kabelstränge untergraben genauso wie anderswo in chilenischen Städten die Bemühungen um urbane Ästhetik.

Früher lebte die Stadt vorwiegend von den Minen in der Region, in denen Kupfer und Silber abgebaut wurden, heute vom Ackerbau im Valle del Elqui und immer mehr vom Tourismus. La Serena/Coquimbo laufen langsam aber sicher Viña del Mar den Rang als größter Badeort in Chile ab. Etwa acht Kilometer **Sandstrand** liegen allein zwischen den beiden Städten. Der ist gesäumt von einer Promenade und die wiederum von Apartmenthäusern und Hotels – in der Saison unterscheidet sich La Serena wenig von Benidorm, der Costa del Sol oder den Stränden am Teutonengrill in Italien. Außerhalb der Saison (ab März) aber teilt man sich den Strand nur mit wenigen Menschen, und auf das Wetter ist auch dann noch Verlass. Vorsicht: **Nicht alle Strände eignen sich zum Baden.** An einigen Stränden herrscht eine zu starke Strömung. Sicher sind die zwischen dem Leuchtturm (Faro) bei La Serena und Peñuelas (zwei Drittel des Wegs bis Coquimbo), die einzige Ausnahme dort ist die Playa 4 Esquinas. Das Sernatur-Büro informiert über die Strände. Alle sind per Bus oder Sammeltaxi zu erreichen.

Mercado La Recova

Der Kleine Norden

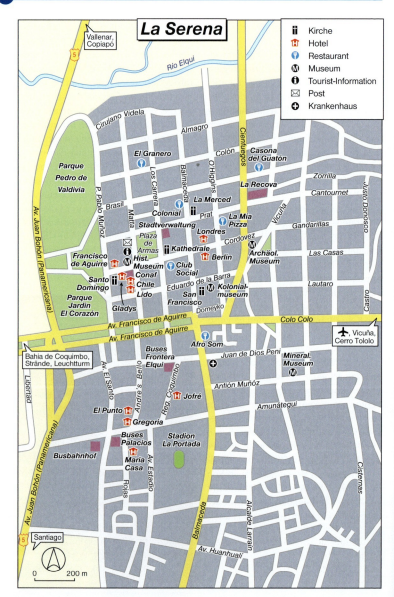

Sehenswertes

La Serena ist eine **recht weitläufige Stadt,** allerdings ist das Zentrum überschaubar. Es liegt oberhalb des Strandes, bis zum Pazifik sind es von der Stadtmitte, der Plaza, etwa zwei Kilometer. Dort hat man deshalb auch nicht das Gefühl, in einer Stadt direkt am Meer zu sein.

Der Stadtrundgang beginnt am besten an der **Plaza** mit einem ansprechenden Springbrunnen in der Mitte und zahlreichen einheimischen Bäumen. Dort stehen die **Kathedrale** (erbaut 1844, der Turm stammt aus dem 20. Jahrhundert), direkt daneben ein Musterbeispiel des Kolonialstils der Videla-Epoche, nämlich das große **Gebäude der Municipalidad** und – gegenüber der Kathedrale – das **Museo Histórico Gabriel González Videla.** Es zeigt Möbel, Bilder und Dokumente nicht nur aus dem Leben des Präsidenten (Regierungszeit 1946–1952), sondern auch aus anderen Epochen der Stadt (Matta 495, Mo bis Fr 10–18 Uhr, Sa 10–13 Uhr; Eintritt 1 US-$). *González Videla* war als Präsident umstritten; so ließ er sich von den Kommunisten bei seiner Präsidentschaftswahl unterstützen, um direkt anschließend genau deren Partei zu verbieten; *Pablo Neruda* entging der Verhaftung nur, weil er in einer Nacht- und-Nebel-Aktion das Land illegal verlassen konnte. In La Serena allerdings konnte *González Videla* sich breiter Unterstützung sicher sein, denn er sorgte für den Ausbau der Stadt.

Direkt in der Nähe der Plaza liegen noch zwei weitere Kirchen: die **Iglesia Santo Domingo** und die **Iglesia San Francisco** mit dem angeschlossenen Museo Colonial de Arte Religioso, in dem wundervolle religiöse Bilder und Plastiken aus den Kunstschulen von Cuzco und Quito zu sehen sind. Das meiste stammt aus dem 17. und 18. Jahrhundert (Balmaceda 640, täglich 11–13 Uhr, im Sommer auch Mo bis Fr 18–20 Uhr). Die Kirche wurde zwischen 1585 und 1627 erbaut, später allerdings mehrfach verändert. La Serena ist Chiles Stadt für Kirchenfreunde; sie war seit Beginn der Kolonialisierung ein wichtiger Stützpunkt der Spanier, und mit den Eroberern kamen die Missionare. So waren zahlreiche Orden in der Stadt vertreten, und jeder baute sich seinen Tempel. Insgesamt lassen sich im Rahmen eines Stadtbummels **29 Kirchen** besichtigen, die meisten aus dem 17. bis 19. Jahrhundert.

Wer das Mineralogische Museum in Copiapó versäumt hat, kann seine Kenntnisse in La Serenas **Museo Mineralógico Ignacio Domeyko** erweitern (Anfión Muñoz 870, Mo bis Fr 9–12 Uhr). Das beste Museum der Stadt ist das **Museo Arqueológico** auf der Calle Cordovez/Ecke Cienfuegos (Di bis Fr 9.30–17.50 Uhr, Sa 10–13 und 16–19 Uhr, So 10–13 Uhr, Eintritt 1 US-$). Es zeigt vor allem wundervolle **Keramikarbeiten der Diaguita-Indianer.** Die Diaguita kamen vermutlich – Genaueres weiß man bis heute nicht – aus dem Nordwesten Argentiniens und überquerten um etwa 800 die Anden. Bis die Inka sie 1470 vertrieben, siedelten sie im Gebiet zwischen Río Copiapó und Río Aconcagua.

Ihre Keramik lässt sich in vier Stilepochen einteilen. In der ersten (bis 900) gab es lediglich rotbraune (tonfarbige) runde Teller, die mit breiten Streifen in Schwarz und Ockergelb verziert waren. Später (um 1100) werden die Formen verspielter, verziert wird mit schwarz-weißen Zackenmustern. Um 1300 beginnt dann die Blütezeit: Die Gefäße sind kühner geformt, es gibt Tier- und Menschengesichter/-köpfe, manche Krüge haben die Form von Enten, und die Muster werden immer komplizierter. Ab 1470 kann man deutlich den Einfluss der Inka nachweisen.

Nun weiß man auch, wo die Töpfer im **Mercado La Recova** ihre Vorbilder fanden. Auf dem stimmungsvollen Markt (Cantournet/Ecke Cienfuegos) reiht sich in Innenhöfen und Säulengängen Stand an Stand, wie immer findet man neben viel Kitsch auch Attraktives. Auf jeden Fall sollte man in La Serena die kandierten Papayas probieren. In der ersten Etage gibt es einige gute Restaurants, in denen man Fisch und frische Meeresfrüchte genießen kann.

Zum **Strand** hinunter führt vom Zentrum aus die statuengeschmückte Av. Francisco de Aguirre. Sie passiert den **Parque Jardín El Corazón,** mit einem kleinen japanischen Garten darin, und endet an dem großen **Leuchtturm** am Strand, einem der Wahrzeichen von La Serena. Hier beginnt das Badeparadies.

Touristeninformation

- **Vorwahl von La Serena: 51**
- **Sernatur,** Matta 461, an der Westseite der Plaza, Tel. 225199, infocoquimbo@sernatur.cl.
- Die **Stadtverwaltung** unterhält einen **Kiosk im Busbahnhof.**
- **Conaf** (Nationalparks), Cordovez 281, Tel. 225685.

Unterkunft

- **Hostal Maria Casa**
Las Rojas 18, Tel. 229282. Freundlich und hilfsbereit. Saubere Zimmer ab 9 US-$ p.P.
- **Chile**
Matta 561, Tel. 211694. Mit Patio, sauber und preiswert, die helleren Zimmer sind im Anbau. 11 US-$ p.P.
- **Hostal Gladys**
Córdovez 247, Tel. 220324. Zentral, große saubere Zimmer mit Digital-TV, Internet und Küchenbenutzung, Abholung vom Busbahnhof; Leserlob. DZ 21 US-$.
gladyslaserena@chile.com
- **Hostal Jofré**
Regimiento Coquimbo 964, Tel. 222335. 12 helle Zimmer um einen Innenhof, teilweise mit eigenem Bad, aufmerksamer Besitzer, Internet. Auch Exkursionen. DZ mit Bad und Frühstück 28 US-$.
hostaljofre@hotmail.com
- **Hostal de Gregoria**
Andrés Bello 1067, Tel. 224400. Neues Backpacker-Hostal mit Sonnenterrasse, Patio und Garten, Zimmer für 1 bis 3 Pers., mit üppigem Müsli-Frühstück 14 US-$ p.P., DZ mit Bad 42 US-$.
- **Hostal El Punto**
Andrés Bello 979, Tel. 228474. Geschmackvoll eingerichtete Herberge der beiden Deutschen Katja und Jens, im Kolonialstil mit gefliesten Innenhöfen, Sonnenterrasse und vielen gemütlichen Ecken. 9 Zimmer mit Privatbad und Kabel-TV, 6 Zimmer teilen sich 3 saubere Gemeinschaftsbäder. Gutes Frühstück (Müsli und Bohnenkaffee gegen Aufpreis), auch Mittagsmenüs und Kuchen. Vermittlung von Ausflügen, eigener Parkplatz. EZ ab 17 US-$, DZ ab 26 US-$.
info@punto.de, www.punto.de
- **Acropolis Hospedaje**
Av. Francisco de Aguirre 0312, Tel. 219231. Einfaches Hostal auf dem Weg zum Strand. DZ ab 40 US-$. www.acropolishospedaje.cl

- **Berlín**
Cordovez 535, Tel. 222927. Guter Standard, aber nüchtern und unpersönlich. DZ mit Bad ca. 63 US-$.
- **Hotel Londres**
Cordovez 550, Tel. 219066. Schön eingerichtetes Mittelklassehotel, gegenüber vom Berlín und diesem vorzuziehen. Geräumige Zimmer mit Kabel-TV und Internetzugang. DZ 47 US-$.
- **Francisco de Aguirre**
Cordovez 210, Tel. 222991. Sehr gepflegt, gutes Restaurant. DZ mit Bad 102 US-$.

Essen und Trinken

- Preiswert und gut isst man im **Mercado La Recova** (siehe Stadtplan).
- **Club Social**
Cordovez 516, 1° Piso. Gut und billig.
- **Donde Elbita** und **Gladys**
Direkt nebeneinander am Strand, Av. del Mar km 7, gegenüber der Caleta de Pescadores. Frisches aus dem Pazifik, sehr beliebt.
- **Porota's**
Av. del Mar 900-B, Tel. 210937. Fisch und Fleisch mit regionaler Note, Terrasse zum Strand.
- **La Mía Pizza**
Av. del Mar 2100. Chilenisch-italienische Küche, das Essen ist gut und preiswert.
- **Afro Son**
Balmaceda 824. Restaurant-Pub, wochenends Livemusik, sehr günstiger Mittagstisch.
- **Café Colonial**
Balmaceda 475. Leckeres Essen, gute Sandwiches (auch vegetarisch) in gemütlicher Atmosphäre.
- **Tutti Nostra**
O'Higgins 360. Preiswerte italienische Gerichte.

Verkehrsverbindungen

Flugzeug

Der **Flughafen La Florida** liegt östlich des Zentrums (per Taxi ca. 8 US-$).
- **LAN**
Balmaceda/Prat, täglich Flüge von und nach Santiago.

Überlandbusse

Der Busbahnhof liegt El Santo Ecke Amunátegui. Gute Verbindungen nach:
- **Santiago,** 7 Stunden, 10 US-$
- **Valparaíso/Viña del Mar,** 7 Std., 11 US-$
- **Copiapó,** 5 Stunden, 8 US-$
- **Antofagasta,** 11 Stunden, 21 US-$
- **Calama,** 16 Stunden, ca. 24–28 US-$
- **Vicuña, Valle del Elqui,** 1 Std., 3 US-$

Autoverleih

- **Automóvil Club de Chile**
Fco. de Aguirre 435, Tel. 550070.
- **Avis,** Fco. de Aguirre 063, Tel. 545300.
- **First,** Balmaceda 2391, Tel. 299559.

Sonstiges

Wechselstuben

- **Gira Tour,** Prat 689.
- Im selben Block (Prat 645) finden sich zwei weitere Wechselstuben.
- Auf der Calle Balmaceda 431 ist **Intercam.**

Post und Telefon

Die **Hauptpost** befindet sich auf der Ecke der Straßen Prat und Matta, direkt an der Plaza. **Telefonzentralen** finden sich z.B. Cordovez 446 und O'Higgins 536 oder Prat 571.

Wäschereien

- Carrera 654
- Balmaceda/Ecke Brasil

Reisebüros

Die meisten Reisebüros bieten Ausflüge in die nähere Umgebung an: zum Observatorium Cerro Tololo (ca. 35 US-$), ins Valle de Elqui (ca. 40 US-$) und zum Naturreservat Pingüino de Humboldt (ab 50 US-$). Einige **Agenturen:**
- **Turismo Aventura Delfines**
Matta 591-A, Tel. 223624. Empfohlene Touren zur Isla Damas und zu anderen Zielen der Umgebung.
www.turismoaventuradelfines.cl

- **Talinay Adventure Expeditions**
Prat 470, Tel. 218658. Ausflüge, Tauch-, Reit- und Kajaktouren, Trekking.
www.talinaychile.com
- **Chile Safari**
Matta 367, Tel. 550434. Surf-, Bike- und sonstige Outdoor-Angebote.
www.chilesafari.com

Die Umgebung von La Serena

Coquimbo ♪ VIII/A2

Die Nachbarstadt La Serenas ist leicht per Bus oder Sammeltaxi zu erreichen. Sie ist vor allem eine geschäftige **Hafenstadt**. Coquimbo bedeutet in der Sprache der Diaguita-Indianer „ruhiges Wasser" – kein Wunder, dass in der geschützten Bucht ein Hafen angelegt wurde. Lohnenswert ist eine Rundfahrt durch den Hafen (tägliche Abfahrt von der Av. Costanera).

Coquimbo erinnert wegen seiner Lage am Hang und seines abgeblätterten Charmes an Valparaíso. Die wenigen erhaltenen Holzvillen aus der Gründerzeit fristen ein trauriges Dasein. Auf dem höchsten Punkt über der Stadt ragt unübersehbar die **Cruz del Tercer Milenio** auf, ein riesiges Betonkreuz, das anlässlich des 2000. Jahrestages von *Christi* Geburt errichtet wurde und eher an ein gestrandetes UFO erinnert. Der Besuch der Plattformen in den 63 Meter hohen „Armen" des Kreuzes lohnt sich zum einen wegen des Ausblicks, zum anderen wegen des Kontrasts zwischen dem in Beton gegossenen bigotten Größenwahn und den simplen Hütten der Armensiedlungen ringsum. Zu erreichen ist das Kreuz am besten per Colectivo oder Taxi.

Ein zweiter Blickfang macht seit 2006 dem Kreuz in Sachen Deplatziertheit den Rang streitig: die **Mezquita de Coquimbo**. Die Moschee mit ihrem 40 Meter hohen Minarett wurde teilweise von der marokkanischen Krone finanziert und war wie das Kreuz das Projekt eines inzwischen wegen Veruntreuung öffentlicher Gelder suspendierten Bürgermeisters.

Der **pittoreske Fischmarkt** von Coquimbo lohnt allemal einen Besuch. Wohl nirgends sonst in Chile findet man eine derartige Vielfalt an Pazifikgetier wie hier. Wer noch nie die enormen Thunfische, die vielarmigen Tintenfische oder den 2 Meter langen „Pez sol" (Sonnenfisch) gesehen hat, kann hier prächtige Exemplare bewundern. An den Ständen direkt am Hafen werden zu Spottpreisen Ceviche, Erizos und andere leckere Snacks angeboten, und in einfachen Lokalen mit Hafenblick kann man sich das Festmahl des Meeres schmecken lassen.

Preiswert übernachten kann man im lebhaften Hostal Nómade, das zum Hostelling-Verband gehört (Regimiento Coquimbo 5, Barrio Inglés, Tel. 51/315665, ab 12 US-$ p.P., www.hostal-nomade.cl).

Observatorium La Silla

Die Strände

Wem der Sinn nach **Relaxen, Tauchen oder Surfen** an einsamen weißen Stränden steht, der sollte sich ein Fleckchen an der Küste südlich von Coquimbo suchen. Zwar füllen sich im Januar/Februar die Pazifikorte mit argentinischen und chilenischen Urlaubern, ansonsten aber kann man ganz für sich sein. Vielerorts gibt es **Zeltplätze,** in einigen Orten auch **preiswerte Unterkünfte.** Die Palette reicht vom Südsee-Touch am Strand von **Totoralillo** (15 km südlich von Coquimbo) über die lebhafteren Fischerdörfer **Guanaqueros** (35 km) und **Tongoy** (48 km) bis hin zur mediterranen Luxus-Ferienburg von **Las Tacas** (19 km). Überall finden sich ausreichend Unterkünfte. In Tongoy empfehlen Leser die schönen und ruhigen Cabañas Anakena, El Totoral 1, Tel. 51/391126, ab 50 US-$, www.cabanasanakena.cl.

Die Observatorien

Der **Himmel über der Wüste** ist meistens **sehr klar,** und für den über der Wüste östlich und nördlich von La Serena, in Höhenlagen zwischen 2000 und 2500 Metern, gilt das in besonderem Maße. Das hat zwei Gründe: zum einen die Entfernung von den Städten, die ansonsten störende Lichteffekte auf den Nachthimmel zaubern, zum anderen die schützende Inversionsschicht des Küstennebels, die auf etwa 1000 Me-

tern Höhe alle störenden Staubpartikel festhält, die sonst die Lichtdurchlässigkeit der Atmosphäre einschränken würden. Deshalb ist es auch über der Wüste bei La Serena fast immer klar, an 350 Tagen und vor allem Nächten im Jahr trüben weder Staub noch Wolken den Himmel.

So muss es nicht wundern, dass **drei der wichtigsten Observatorien weltweit** in der Umgebung von La Serena errichtet wurden: Es sind Cerro Tololo (89 km südöstlich der Stadt), La Silla (150 km nordöstlich) und Las Campanas (156 km im Nordosten).

Cerro Tololo und Gemini   VIII/B2

Das Observatorium **Cerro Tololo** ist ein Gemeinschaftsprojekt von US-amerikanischen und chilenischen Universitäten mit zwei großen 4-Meter- und mehreren kleinen Teleskopen auf 2200 Metern Höhe. Auf dem benachbarten **Cerro Pachón** ist seit 2004 ein 8,1-Meter-Spiegelteleskop namens **Gemini** in Betrieb, das mit seinem „Zwillingsbruder" auf der Insel Mauna Kea (Hawaii) zusammengeschaltet ist. Ein weiterer, 8,4 Meter großer Teleskopspiegel namens Large Synoptic Survey Telescope (LSST) soll bis zum Jahr 2012 installiert werden.

El Tololo kann jeden Samstag um 9 und um 13 Uhr besucht werden, die **Führungen** dauern ca. 2 Stunden. Allerdings muss man sich langfristig vorher anmelden unter ctiorecp@noao.edu oder Fax 51/205212; Informationen unter Tel. 51/205200. Am einfachsten bucht man einen Ausflug über ein Reisebüro in La Serena.

Las Campanas

ist das kleinste der in der Umgebung von La Serena stehenden Observatorien, mit immerhin zwei modernen 6,5-Meter-Teleskopen (Magellan Project). Die Anlage gehört dem Carnegie-Institut und ist jeden Samstag von 14.30–17.30 Uhr zu besichtigen. Voranmeldung postalisch unter Casilla 601, La Serena, oder per Fax 51/227817, Infos unter Tel. 51/224680.

La Silla   VIII/B1

wird von der ESO (European Southern Observatory) unterhalten, einer Forschungsgemeinschaft, der Belgien, Dänemark, Deutschland, Frankreich, Italien, die Niederlande, Schweden und die Schweiz angehören. Hier stehen das mittlerweile vom VLT in Cerro Paranal überholte New Technology Telescope (NTT), dazu eine 15 Meter große Parabolantenne für Radioastronomie und ein gutes Dutzend kleinerer Spiegelteleskope. Führungen (span./engl.) jeden Samstag außer Juli/August um 13.30 Uhr, Dauer: ca. 3 Stunden. Voranmeldung erforderlich bei der ESO-Zentrale in Santiago unter Tel. 2/4633280, recepstg@eso.org.

In allen drei Fällen ist der **Aufwand für einen Besuch beträchtlich:** wochen- oder gar monatelange Voranmeldung, Transport auf eigene Kosten (keine öffentlichen Verkehrsmittel) usw. Einfacher kann man sich dem Thema Astronomie im **Lehrobservatorium Mamalluca** bei Vicuña nähern (s.u.).

Der klare Himmel über der Wüste sorgt übrigens für erstaunliche Erscheinungen. So wollen viele Menschen in der Umgebung von La Serena, im Valle del Elqui (s.u.) und andernorts hier im Norden **UFOs,** spanisch *OVNI (Objeto volante no identificado),* gesehen haben. An der Panamericana finden sich häufiger Schilder und große Tafeln, die auf eine „UFO-Zone" oder einen „UFO-Landeplatz" hinweisen ...

Naturreservat Pingüino de Humboldt ⚔ VIII/A1

Die einsame Felsenküste nördlich von La Serena hält ein Kleinod für Tierfreunde bereit. Vor den winzigen Fischerorten **Punta de Choros** und **Caleta Chañaral** stehen drei Inseln unter Naturschutz: Auf ihnen leben Seelöwen, Pelikane und **Humboldt-Pinguine.** Den putzigen Vögeln stiehlt freilich eine Kolonie von **Großen Tümmlern** *(Tursiops truncatus)* die Show, die wahrscheinlich im El-Niño-Jahr 1978 mit einer warmen Meeresströmung gekommen und geblieben sind – einzigartig in ganz Chile! Die neugierigen Delfine mit den „Flaschennasen" begleiten mit Vorliebe die Boote, mit denen Fischer die Touristen zu den Inseln fahren. In jüngster Zeit wurden hier auch vermehrt Buckelwale gesichtet. Betreten darf man nur die **Isla Damas;** hier kann man sogar zelten (Genehmigung bei Conaf in Punta de Choros). Das lohnt sich allemal: Durch flechtenbehangene Kakteenfelder ersteigt man eine Hügelkuppe, vom Leuchtturm oben hat man einen tollen Blick über die Insel und die Bucht bis zu den Anden, und an den **weißen Sandstränden** mit dem türkisfarbenen Meer fühlt man sich in die Karibik versetzt – nur die Wassertemperatur spielt nicht mit ...

Wer nicht bleiben will, kann das Panorama auch im Rahmen einer ca. dreistündigen **Bootstour** bewundern. Ausgangspunkt ist **Punta de Choros** (123 km von La Serena), ein staubiges Fischerdorf, das mit der Einrichtung des Schutzgebietes zu neuem Leben erwacht ist. Längst haben viele Fischer ihre Boote für Touristen umgerüstet. Das Programm ist bei allen gleich, schauen Sie sich das Gefährt aber nach Möglichkeit vorher an: Die großen Kunststoffboote mit flachem Kiel sind bei stärkerem Wellengang stabiler. Mit 12 US-$ pro Person ist die Tour überaus preiswert, zumal einiges geboten wird: Zunächst fährt man entlang der Küste der Isla Choros, wo es ganzjährig **Pinguine, Kormorane, Seetölpel, Seelöwen** und **Pelikane** aus nächster Nähe zu bestaunen gibt; mitunter auch die flinken *Chungungos* (Seeotter), die mit Vorliebe die Pinguineier aus den Felsennestern rauben. Unterwegs kommen mit etwas Glück **Delfine** ans Boot, schließlich wird an der Isla Damas für einen ca. einstündigen Spaziergang angelegt.

In Punta de Choros gibt es ein paar **Restaurants** und mehrere **Campingplätze,** jeweils auch mit Cabañas. Sehr empfehlenswert: die gepflegte Anlage Memoruz mit schönem Blick und nur wenigen Stellplätzen an einem kleinen Strand (Tel. 09/95343644, www.memoruz.cl, Zelten 9 US-$ p.P., Cabañas und Zimmer ab 53 US-$ für 2 Pers.).

Nach Punta de Choros gelangt man nur im eigenen Fahrzeug bzw. Taxi von

Das Valle de Elqui

Blick auf Pisco Elqui

La Serena oder Vallenar. Da kann es preiswerter sein, bei einer Agentur in La Serena für ca. 50 US-$ p.P. eine komplette **Tagestour** zu buchen, inkl. Transport, Bootsfahrt, evtl. Schnorcheltauchen und Mittagessen (u.a. Turismo Aventura Delfines, s. La Serena).

Wegen der vielfältigen Unterwasserwelt hat sich die Isla Damas in den letzten Jahren zum Ziel für **Tauchfahrten** entwickelt; mehrere Anbieter vor Ort leihen Ausrüstung und organisieren Touren, u.a. Memoruz (s.o.) und Explorasub (Tel. 2/8132996, www.explorasub.cl).

Das Valle de Elqui

Mehr als nur einen Tagesausflug lohnt das Tal des Río Elqui. Inmitten der Wüste, zwischen kahlen Bergen, erstreckt sich ein **subtropisches Paradies,** gespeist vom Wasser des schmalen Río Elqui. Hier gedeihen Trauben, Feigen, Papayas und andere Früchte – und ein **Mystizismus,** der Esoteriker, Sterngucker, Buddhisten und Hippies anzieht.

Vicuña   ⌀ VIII/B2

Der wichtigste Ort im Valle de Elqui ist Vicuña, eine Kleinstadt mit 8000 Einwohnern, Geburtsort von *Gabriela Mistral* (vgl. „Kunst und Kultur/Literatur"). Deren Geburtshaus ist eng und bescheiden, so klein, dass man daneben ein größeres Gebäude hinstellen musste, um der Literatur-Nobelpreisträgerin ein angemessenes **Museum** einzurichten (Av. Gabriela Mistral 759, Mo bis Sa 10–19, So 10–18 Uhr; Eintritt 1 US-$).

Nur wenige Schritte daneben ist in einem alten Kolonialhaus ein privates historisches Museum eingerichtet. Ausgestellt werden in der **Casa de los Madariaga** nur Gegenstände der gleichnamigen Familie; so bekommt man einen guten Einblick in die Lebensweise der einflussreichen Landbesitzer der vorletzten Jahrhundertwende (Av. Gabriela Mistral 683, täglich 10–19 Uhr).

Für manche die wichtigste Sehenswürdigkeit ist die **Planta Capel,** schließlich stammt von hier der berühmte Pisco Capel. Capel ist eine Genossenschaft, die aus den Trauben ihrer Mitglieder unterschiedliche Sorten **Pisco** brennt – vom einfachen mit 30–35% Alkohol bis hin zum Spitzenprodukt mit 50% Alkohol. Im Valle del Elqui herrschen besondere klimatische Bedingungen, die für sehr süße Trauben sorgen – den nötigen Grundstoff für einen guten Pisco. Die Planta Capel kann gratis besichtigt werden. Führungen gibt es auf Spanisch und Englisch; sie dauern eine halbe Stunde. Besichtigung Mo bis So 10–18 Uhr. Man erreicht die Destillerie entweder nach einem 15- bis 20-minütigen Spaziergang oder per Taxi vom Busbahnhof aus (2 US-$).

Auch wer bereits eins der großen Observatorien besucht hat, kann im **Observatorio Mamalluca** (9 km nordöstlich von Vicuña) noch das Staunen lernen. Die kommunale Anlage verfügt zwar nur über ein 12-Zoll-Teleskop und einige Lehrteleskope, dafür aber führen zwei Multimedia-Programme – eines wissenschaftlich, eines zum Weltbild der Andenvölker – in die Geheimnisse des Kosmos ein. Wechselnde Anfangszeiten (siehe Homepage). Voranmeldung im Mamalluca-Büro in Vicuña, Gabriela Mistral 260, geöffnet täglich 10–14 und 15–22 Uhr, Tel. 51/ 411352, www.mamalluca.org.

Leser empfehlen – als Alternative zum teilweise recht überlaufenen Mamalluca – das neue **Observatorio del Pangue,** 17 km südlich von Vicuña, welches u.a. mit einem stattlichen 25-Zoll-Fernrohr aufwartet. Hier gibt es zweistündige „Sterntouren" in kleinen Gruppen von max. 12 Personen, auch auf Englisch, ca. 15 US-$ inkl. Transport. Anmeldung mindestens 1 Tag vorher bei Astronómica del Sur, Chacabuco 226 in Vicuña, Tel. 51/543810, www. astronomicasur.org.

Unterkunft/ Essen und Trinken

- **Residencial La Moderna**
G. Mistral 718. Sauber, freundlich, aber keinesfalls modern. DZ 20 US-$.
- **Casa Rita Klamt**
Condell 443, Tel. 419611. Leserempfehlung: großzügige, saubere Zimmer, hilfsbereite Besitzerin, üppiges Frühstück, Garten- und Poolmitbenutzung. DZ ca. 38 US-$.
- **Hostal Valle Hermoso**
G. Mistral 706, Tel. 51/411206. In altem Kolonialhaus mit Patio, gratis Internet, Parkplatz, großes Leserlob. DZ mit Bad 35 US-$.
www.hostalvallehermoso.cl
- **Backpackers Vicuña**
Chacabuco 240, Tel. 09/99688577. Hostel des deutschen Hobby-Astronomen *Karlheinz (Carlo) Krob* in einem alten Herrenhaus.

Abends Sternbeobachtung im Innenhof mit Teleskop und angeschlossenen Laptops zur digitalen Fotobearbeitung. Küchenbenutzung, Fahrradverleih, Ausflüge. Vier DZ mit Bad ab 49 US-$, auch Camping möglich (7 US-$). www.backpackers.name
- **Hotel Halley**
Gabriela Mistral 542, Tel. 51/412070. Altehrwürdiges Haus im Kolonialstil, renoviert, große Zimmer mit schmiedeeisernen Bettgestellen und Spitzendecken, schöner Innenhof und großer Garten mit Pool, freundlicher Service. DZ 60 US-$. hotelhalley@yahoo.es
- **Hostería Vicuña**
Stgo. Aldea 101, Tel. 51/411301. Bestes Haus am Ort, auch gutes Essen. DZ 77 US-$. www.hosteriavicuna.cl
- **Restaurant Solar Elqui**
Villaseca, etwas außerhalb (hinter Pisco Capel), Tel. 09/94987537. Hier wird alles in Solaröfen gegart und gebacken! Preiswert und gut.

Sonstiges

In Vicuña besteht die letzte Möglichkeit im Valle de Elqui, das **Auto aufzutanken,** ebenso die Geldbörse (**Geldautomat** in Chacabuco 384).

Von Vicuña aus führt eine mit normalem Auto befahrbare, kurvenreiche Schotterpiste in südliche Richtung über den Tres-Cruces-Pass ins **Hurtado-Tal** (43 km bis Hurtado, siehe unten).

Fährt man weiter das Valle de Elqui aufwärts, gelangt man nach 36 Kilometern ins Dorf **Monte Grande,** in dem das Grab von *Gabriela Mistral* zu besichtigen ist und die Schule, in der sie unterrichtete. Kurz vor dem Ort werden in **Cavas del Valle**, einem Mini-Weingut mit charmanter deutschsprachiger Führung, vorzügliche organische Weine in Handarbeit hergestellt (Tel. 51/451352, www.cavasdelvalle.cl). Ansonsten verblasst Monte Grande neben dem kleineren Nachbarn 4 Kilometer talaufwärts: Pisco Elqui.

Pisco Elqui   ♫ VIII/B2

Das schmucke 1000-Seelen-Dorf hat sich in den letzten Jahren zum unbestrittenen **Magneten des Tals** gemausert. Beigetragen haben dazu nicht nur die sonnige Lage inmitten grüner Weinfelder, sondern auch erhebliche Investitionen in neue Hotels, Restaurants und touristische Attraktionen. Die Schattenseiten dieser Entwicklung bleiben nicht aus: Das Wasser wird knapp, und an langen Wochenenden sowie im Januar/Februar verwandeln jugendliche Besucherscharen das sonst so ruhige Pisco Elqui in eine Partyzone. Dann hilft nur mitzufeiern oder in entlegenere Dörfer wie Alcohuaz oder Cochiguaz auszuweichen. Seinen Namen bekam der Ort 1939 per Dekret, als Chile den Versuch der Peruaner abwehren wollte, „Pisco" als Warenzeichen schützen zu lassen. Gleich an der schattigen Plaza mit dem spitzen Kirchturm liegt denn auch die **Pisquería Mistral.** Die handwerklich betriebene Brennerei ist seit 1928 in Betrieb, Besuche Di bis So 10.30–18 Uhr, Führungen inkl. Verkostung alle 45 Min., Eintritt 8 US-$. Die älteste Pisquería des Tals, **Los Nichos,** liegt 4 Kilometer außerhalb des Dorfes und kann ebenfalls besichtigt werden. Hier sind die Führungen persönlicher (auch auf Englisch), der Eintritt ist frei.

In Pisco Elqui wie überhaupt im oberen Elqui-Tal ist das Wirken der **Esoteriker** nicht zu übersehen. Seit den 1980er Jahren haben sich in der Gegend Anhänger verschiedener Naturphilosophien und asiatischer Religionen angesiedelt und so lange von der „speziellen Energie" des Tals geraunt, bis sie zum touristischen Aushängeschild der Region wurde. Überall werden spirituelle Sitzungen, Therapien und esoterisches Kunsthandwerk angeboten.

So auch im **Pueblo Artesanal Horcón,** 10 Kilometer oberhalb des Dorfes. Wer einmal etwas anderes als die immer gleichen Artesanía-Standards sucht, kann hier originelle Arbeiten aus Steinen und Halbedelsteinen, Makramee, Kalabassen u.a. erwerben.

Ein lohnenswerter Abstecher führt ins grüne **Tal des Río Cochiguaz** (gute Schotterstraße), wo sich besonders viele Esoterik-Kommunen und UFO-Gläubige niedergelassen haben.

Ansonsten ist hier Entspannung angesagt: Tagsüber kann man im Fluss baden, reiten oder sich am Hotelpool sonnen, abends eine Reiki-Sitzung genießen und nachts die Sterne bewundern.

Touristeninformation

Aktuelle Informationen im **Tesoro de Elqui** (s.u.) sowie auf der deutschsprachigen Website **www.piscoelqui.com.**

Unterkunft

●**Hostal Triskel**
Calle Baquedano, Tel. 09/94198680. Neu, mit großem Garten und Gemeinschaftsküche, Zimmer mit geteilten Bädern. 14 US-$ p.P. triskelelqui@gmail.com
●**Hotel Elqui**
Calle O'Higgins (neben der Plaza), Tel. 51/451130. Einfach, abgewohnt, mit Swimmingpool, 11–15 US-$ p.P.
●**El Tesoro de Elqui**
Calle Arturo Prat, Tel. 51/451069. Gastfreundliche Ferienanlage, geführt von zwei jungen Deutschen. 10 Lehmziegel-Cabañas mit Bad und Kochecke sowie zwei helle, schöne Apartments mit Talblick. Grüner Garten mit Hängematten, Pool mit Sonnenstühlen und Restaurant auch mit vegetarischer Küche. Zum Angebot gehören u.a. Fußreflexmassagen, Reittouren und Ausflüge. Übernachtung im Mehrbettzimmer 15 US-$, DZ mit Sternenfenster 42 US-$, Cabañas je nach Größe 60–85 US-$. www.tesoro-elqui.cl
●**Elqui Domos**
3,5 km Richtung Horcón, Tel. 09/77092879. Laut Eigenwerbung das „einzige astronomische Hotel der Südhalbkugel". Luxuriöse Kuppelzelte mit Privatbad und Sternenfenster direkt über dem Bett, dazu Jacuzzi, Pool, zwei Teleskope und jede Menge Sternenkunde. DZ ab 85 US-$. www.elquidomos.cl
●**Los Misterios de Elqui**
Calle Arturo Prat, Tel. 51/451126. 6 solide, geräumige Bungalows mit schöner Aussicht und Pool, Restaurant. 2 Pers. 100 US-$, 4 Pers. 130 US-$. www.misteriosdeelqui.cl
●**Hotel El Galpón**
1 km Richtung Monte Grande, Tel. 51/1982554. Ruhige, gediegene Anlage mit 6 sehr schön dekorierten Zimmern und 6 einzelnen Cabañas. Schwimmbad, Restaurant und Massagen. DZ 102 US-$, Cabañas ab 122 US-$. www.galpon-elqui.cl
●**Refugios La Frontera**
Alcohuaz, Tel. 09/92798109. 4 schöne Cabañas am Fluss, mit Restaurant. 85 US-$ für 2 Pers.
●**Casona Distante**
Alcohuaz, Tel. 09/92265440. Schön restauriertes Gutshaus mit Talblick, ruhig am Talende gelegen, Reittouren, Fahrradverleih. DZ ab 112 US-$. www.casonadistante.cl
●**El Albaricoque**
6 km Richtung Cochiguaz, Tel. 09/ 90153075. Rustikale Bungalows direkt am Fluss, Therapieangebote, vegetarische Küche. Cabaña für 2 Pers. ab 50 US-$.
●**Casa del Agua**
13 km Richtung Cochiguaz, Tel. 51/321371, casadelagua@gmail.com. Schmucke Bungalowanlage in üppigem Grün mit Swimmingpool, Flussbecken und Restaurant. 97 US-$ für 2 Pers.

OVALLE

●**Zelten** kann man in Pisco Elqui auf drei privaten Plätzen, der schönste ist **Camping Rinconada** direkt am Fluss, im Sommer überfüllt, ca. 6 US-$ p.P. Weitere schöne Zeltplätze im Cochiguaz-Tal.

Essen und Trinken

●**Los Jugos**
Direkt an der Plaza: Pizzas, Salate und – nomen est omen – Fruchtsäfte.
●**La Escuela**
Calle Arturo Prat. Bar und Restaurant mit großem Patio mit Feuerkörben und gemütlichen Sitzgelegenheiten. Leckeres Wokgemüse, Pizza mit Vollkornteig, gute Drinks. Mo geschlossen.
●**El Durmiente Elquino**
Calle O'Higgins. Gemütliches Restaurant im Adobe-Stil mit traditioneller Küche.
●**Hacienda Miraflores**
1,5 km Richtung Horcón. Terrassen-Restaurant mit schönem Talblick, gutes Essen, nicht billig.

Verkehrsverbindungen

Via Elqui und Sol de Elqui fahren mehrfach täglich von La Serena (Busbahnhof) nach **Pisco Elqui**, 2,5 Stunden, 6 US-$.

Sonstiges

●**Ausflüge** zu den versteckten Attraktionen des Valle de Elqui (zu Pferd, zu Fuß, per Fahrrad oder Auto) organisiert **Turismo Migrantes,** Prat 280, Tel. 51/451917.
www.turismomigrantes.cl
●Ein motorradbegeisterter deutscher Fotograf verleiht im Tesoro de Elqui **Motorräder** (KTM-690 Enduro) für Touren mit oder ohne Führung. Ab 115 US-$ pro Tag.
www.elquienduro.com

Nach Argentinien

Statt bei **Rivadavia** (18 km hinter Vicuña) ins obere Elqui-Tal abzubiegen, kann man auch dem Río Turbio ostwärts folgen. Nach 170 Kilometern, vorbei am Embalse La Laguna (einem tiefblauen und eiskalten Stausee) und an spektakulär in allen Farben schillernden Bergen, gelangt man zum **Paso del Agua Negra,** der Grenze zu Argentinien. Der Pass ist mit 4775 Metern der höchste befahrbare **Grenzpass** zwischen Chile und Argentinien und einer der höchsten weltweit. Die Grenzformalitäten werden bereits in **Juntas de Toro** (92 km vor der Passhöhe) erledigt. Wer nur ein Stück Richtung Agua Negra weiterfahren will, kann an der Grenzstation seinen Pass hinterlegen – es lohnt sich! In Juntas del Toro endet der Asphaltbelag, und es geht auf Schotter weiter. Benzin gibt es zuletzt in Vicuña und mit Glück wieder in Las Flores (Argentinien, 90 km von der Grenze entfernt).

Ovalle VIII/A2

Ovalle ist das mittelgroße Zentrum (74.000 Einwohner) eines landwirtschaftlich stark genutzten Gebietes. Die Stadt ist touristisch nicht sehr interessant, sie wird meistens nur als Durchgangsort von Besuchern genutzt, die unterwegs zum Valle del Encanto, ins Hurtado-Tal oder zum Nationalpark Fray Jorge sind (s.u.).

Wer länger hier verweilen muss/will, sollte sich das **Museo del Limarí** nicht entgehen lassen. Es zeigt eine gute Auswahl von Keramikarbeiten der Diaguita-Indianer, aber auch ältere Fundstücke, wie die der Huentelauquén- und der Molle-Kulturen (Covarrubias Ecke Antofagasta, Di bis Fr 9–18 Uhr, Sa/So 10–13 Uhr, Eintritt 1 US-$).

Atlas VIII und S. 291 — DIE UMGEBUNG VON OVALLE — 315

Ansonsten locken noch die **Feria Modelo de Ovalle,** der Lebensmittel- und Kunsthandwerkermarkt, der Mo, Mi, Fr und Sa etwas außerhalb des Zentrums auf der Av. Benavente abgehalten wird, sowie das Alltagsleben auf der baumbestandenen Plaza de Armas.

Touristeninformation

Ein Kiosk der Touristeninformation befindet sich an der Plaza de Armas.

Unterkunft

- **Roxy**
Libertad 155, Tel. 53/620080. Das beste Hotel vor Ort, sauber, sehr freundlich, mit Patio und Restaurant. DZ mit Bad 38 US-$, ohne 31 US-$.

Essen und Trinken

- **Club Social Arabe,** Arauco 255.
- **El Quijote**
Arauco 294. Fisch und Meeresfrüchte.
- **Alamar**
Santiago 259. Fisch und Meeresfrüchte.

Verkehrsverbindungen

Ovalle hat keinen zentralen Busbahnhof. Fast alle Busunternehmen haben ihre Büros an der Calle Ariztía, und zwar zwischen der Calle Socos und der Calle Independencia.

Es bestehen gute Verbindungen nach **Santiago** (6–7 Std., 12 US-$) und **La Serena** (1–1,5 Std., 4 US-$).

Reisebüro

- **Turismo 10 Ríos**
V. Mackenna 490, Tel. 53/633883. Ausflüge in die Umgebung.

Die Umgebung von Ovalle

Valle del Encanto   VIII/A2

Das „Zaubertal" ist ein eingeschnittenes Seitental des Río Limarí und liegt etwa 20 Kilometer südwestlich von Ovalle, etwas abseits der Ruta 45, die zur Panamericana führt. In der grünen Flussoase kann man campen, es gibt Wasser, aber sonst keine Versorgungsmöglichkeit, der Eintritt beträgt 0,50 US-$.

Das Flusstal mit seinem **besonderen Mikroklima** war mehrere Jahrhunderte lang Siedlungsgebiet der **Molle-Indianer.** Sie lebten hier etwa vom 2. bis zum 7. Jahrhundert. Aus dieser Zeit stammen etwa dreißig **Petroglyphen,** Steingravuren, die entweder in den Fels eingeritzt oder geschlagen wurden. Viele sind schwer zu erkennen, am besten noch die auf der Südseite des Baches: Hier sieht man menschliche Figuren und Masken wie von Kinderhand.

Termas de Socos

Nur 1 km abseits der Panamericana, nahe des Abzweigs nach Ovalle (35 km von dort), liegt mitten im Grünen das **Thermalhotel** Termas de Socos. Die traditionelle Anlage ist gut gepflegt und besticht durch viele nette historische Details, vor allem aber durch ihre Ruhe und das freundliche Personal. Tagesgäste können hier in einem Wannenbad (8 US-$) Staub und Reisestress abwaschen und gut zu Mittag essen, die Übernachtung kostet ca. 70 US-$ p.P. mit Vollpension. Tel. 53/1982505, www.termasocos.cl.

Der Kleine Norden

Monumento Natural de Pichasca ⌕ VIII/A,B2

45 Kilometer nordwestlich von Ovalle, nahe der Straße nach Pichasca, erstreckt sich das 128 Hektar große Gebiet, in dem Archäologen nicht nur einen **versteinerten Wald,** sondern an der so genannten Casa de Piedra auch die ältesten Spuren menschlicher Besiedlung in der Region fanden (Wandmalereien). Fachleute schätzen, dass hier bereits vor mehr als 10.000 Jahren eine Siedlung existierte. Weiter nördlich findet man vereinzelte, verstreut liegende Stämme versteinerter Araukarien, außerdem grub man hier **Knochen verschiedener Saurier** aus (z.B. vom *Tyrannosaurus Rex*).

Busse von Ovalle nach Pichasca und Hurtado passieren den Abzweig zum Monumento Natural (und zum Dorf San Pedro); von dort sind es zwei Kilometer bis zum Parkeingang (Eintritt 3 US-$) und weitere drei zu den interessanten Punkten.

Río Hurtado ⌕ VIII/B2

Die kurvenvreiche Schotterstraße folgt dem Río Hurtado weiter in die Anden hinauf. Das grüne Tal inmitten der Halbwüste, touristisch weniger erschlossen als das Valle del Elqui, erlaubt einen Einblick in das traditionelle Leben der Bauern und Ziegenhirten. 77 Kilometer nordöstlich von Ovalle ist das Dorf **Hurtado** erreicht. Von Ovalle fahren zweimal am Tag Busse nach Hurtado.

Hacienda Los Andes

3 Kilometer vor Hurtado liegt in **Vado Morrillos** die Hacienda Los Andes. Die geschmackvolle Reiterlodge ist seit 2001 in Betrieb. Auf dem 500 ha großen Gelände einer alten Hazienda haben die deutschen Besitzer Gästezimmer im Kolonialstil errichtet, Wanderwege und einen Naturlehrpfad angelegt und bieten ausgiebige Reittouren in die Anden an (Pakete ab 465 Euro für 4 Tage, siehe Outdoor-Kapitel). Jacuzzi, Sauna und Restaurant runden das Angebot ab. Die Übernachtung mit Frühstücksbuffet ist ab 34 Euro p.P. zu haben, alternativ kann man am Flussufer zelten. Tel. 53/ 691822, www.haciendalosandes.com.

Parque Nacional Fray Jorge ⌕ VIII/A2

Der Nationalpark schützt ein ca. 400 Hektar kleines Gebiet **küstennahen Feuchtwaldes,** das von der UNESCO als **Welt-Biosphärenreservat** anerkannt ist. Dieser so genannte Valdivianische Nebel- oder Regenwald kommt ansonsten nur in den feuchten Regionen des chilenischen Südens vor, deshalb ist der Feuchtwald hier im Norden, umgeben von der Wüste, für Biologen von besonderem Interesse. Man weiß nicht genau, ob er der Überrest großer küstennaher Wälder ist, die in früheren Zeiten einfach abgeholzt worden sind, oder ob gravierende Klimaveränderungen in der Region zu seinem Rückgang führten.

Erklären kann man hingegen, warum der Wald hier wächst. Durch die *camanchaca*, den vor allem am Nachmit-

Mitten durch die Kaktuswüste

DIE UMGEBUNG VON OVALLE

tag aufsteigenden **Küstennebel,** erhält die Region etwa zehnmal so viel Niederschlag wie die anderen Orte in der Umgebung. An die 1500 mm fallen hier jährlich, das reicht aus, um einen dichten grünen Laubwald, ja sogar Aufsitzerpflanzen *(Epiphyten)* in ihm zu versorgen.

Der Nationalpark liegt etwa 50 Kilometer westlich von Ovalle, direkt an der Mündung des **Río Limarí** in den Pazifik. Am km 389 der Panamericana zweigt eine gut ausgebaute Schotterpiste ab, die nach 32 Kilometern in den Park führt. Keine öffentlichen Busse verkehren hierher, und wegen Wassermangels darf man nicht zelten. Dafür gibt es einen Picknickplatz, an dem sich immer wieder neugierige Füchse sehen und füttern lassen.

Der Park ist **ganzjährig täglich geöffnet,** Einlass von 9–16 Uhr, geschlossen wird um 18 Uhr. Der Eintritt beträgt 3 US-$, leider gibt es nur einen sehr kurzen Rundwanderweg (halbe Stunde). Wer weiter in den chilenischen Süden reist, braucht den Park nicht zu besuchen, wer hingegen seine Augen von der Wüste erholen will, ist hier richtig aufgehoben.

Combarbalá VIII/A3

Eine gute Alternative zur der zwar schnellen, aber eintönigen Autobahn in Richtung Los Vilos und Santiago bietet

die Route durch das Hinterland über Combarbalá und Illapel. Dabei kommt man durch ursprüngliche, vom Tourismus weitgehend unberührte Dörfer und Kleinstädte in Flussoasen, während hinter den kargen Wüstenhügeln die Schneegipfel der Hochanden einander ablösen.

112 km südlich von Ovalle gelangt man nach Combarbalá, an sich ein Städtchen wie viele andere auch, aber mit zwei Attraktionen: Zum einen wird hier ein Speckstein namens **Combarbalita** abgebaut, der nur in der näheren Umgebung vorkommt. Der zwischen Schneeweiß, Rot, Rosa und Grau changierende „Nationalstein" Chiles wird in Dutzenden kleinen Werkstätten zu Kunsthandwerk verarbeitet, vom Eierbecher bis zum kompletten Springbrunnen. Viel Kitsch ist dabei (den gibt's landesweit auf den Artesanía-Märkten), aber auch künstlerisch wertvolle Stücke. Selbst wer keinen Platz mehr im Gepäck hat, mag vielleicht den Steinmetzen bei der Arbeit zuschauen. Mehrere Werkstätten finden sich in der Straße Alonso de Ercilla, zwei Blocks nördlich der Plaza de Armas.

Die zweite Attraktion ist das 2009 eingeweihte touristische **Observatorium Cruz del Sur,** wo Besucher mit vier 14- bzw. 16-Zoll-Teleskopen die Sterne beobachten können. Die Anlage liegt auf einer Hügelkuppe drei Kilometer südlich des Städtchens und umfasst einen Ausstellungsraum und ein Amphitheater. Die Beobachtungstour dauert 2 Stunden und kostet 6 US-$ (ohne Transport), Karten gibt es in der Municipalidad an der Plaza de Armas (Tel. 53/741033, www.observatoriocruzdelsur.cl).

Es gibt ein paar **einfache Unterkünfte** im Ort, u.a. das Hotel Yagnam (Comercio 252, Tel. 53/741329, mit W-Lan und Terrasse, DZ 35 US-$; neuerer Ableger in Valdivia 465, mit Schwimmbad, Tel. 741561, gleicher Preis). Empfohlen wird das neue Hostal Apuwara, im Adobe-Stil mit Terrassen-Restaurant; hier werden auch Touren angeboten (Alonso de Ercilla 179, Tel. 53/741690, DZ 44 US-$, www.apuwara.cl).

Reserva Nacional Las Chinchillas VIII/A3

Von Combarbalá geht es auf kurvenreicher Asphaltstraße gen Süden, dabei überquert man zwei Passhöhen mit eindrucksvollen Ausblicken auf die Kaktuswüste und die Anden dahinter. Nach rund 90 Kilometern erreicht man die Reserva Las Chinchillas, in der die gleichnamigen Nagetiere ihr letztes Rückzugsgebiet in Chile gefunden haben. Ursprünglich lebten die **Chinchillas** zu Millionen im Norden und in der Zentralzone, doch wegen ihres dichten, weichen Fells wurden sie ab der zweiten Hälfte des 19. Jahrhunderts gnadenlos gejagt. Um 1900 sollen allein aus Chile ca. 500.000 Chinchilla-Felle jährlich exportiert worden sein – ein lukratives Geschäft für Trapper und Händler. Binnen weniger Jahrzehnte wurden die kleinen Nager quasi ausgerottet.

Das liebevoll betreute Reservat (Eintritt 3 US-$) lohnt den Abstecher allemal. Auf dem kleinen Campingplatz unter Pfefferbäumen (Zelten frei, Toiletten und Duschen) sagen sich „Fuchs und Chinchilla" gute Nacht, instruktive Wanderwege führen an Riesen-Kakteen vorbei, und in einem „Nocturama" kann man sowohl Chinchillas als auch Degús, Darwinmäuse und Beuteltiere bewundern. Da die Chinchillas äußerst scheue Nachttiere sind, ist es kaum möglich, sie in freier Wildbahn zu sehen.

Nach 18 Kilometern erreicht man die wenig lohnenswerte Provinzhauptstadt Illapel. Von hier sind es 53 Kilometer zurück zur Panamericana bei Los Vilos.

Los Vilos

Die Kleinstadt an der Panamericana (knapp 13.000 Einwohner) hat sich zu einem beliebten **Sommerbadeort** entwickelt – weniger schick und voll als La Serena oder Viña del Mar und recht nah an Santiago. Sonntag morgens findet direkt am Pazifik ein sehr lebhafter **Markt** statt, auf dem die Fischer ihre Produkte verkaufen. Damit ist der spröde Charme dieses leicht verlotterten Ortes auch schon beschrieben.

2 Kilometer südlich der Stadt befindet sich die **Quebrada de Quereo,** ein Ort, an dem Archäologen Reste prähistorischer Tiere sowie 14.000 Jahre alte Spuren menschlicher Besiedlung fanden. Zu besichtigen ist hier allerdings nichts, lohnender ist da schon ein Ausflug zur **Isla de los Lobos,** auf der etwa 1500 Robben und Seelöwen leben.

Übernachten kann man mit Meeresblick im traditionellen Hotel Lord Willow, Calle Hostería 1444, Tel. 53/ 541037, info@hotellordwillow.com (DZ 42 US-$, mit Bad), ohne Meeresblick im Hostal El Conquistador, Caupolicán 210, Tel. 541663 (schöne Cabañas, sehr gutes Frühstück, DZ ab 52 US-$). Es gibt jede Menge kleinerer **Restaurants** direkt am Strand und am Hafen.

Los Vilos ist problemlos per **Bus** zu erreichen. Zwar fahren nur wenige Busse direkt in den Ort, aber alle, die von Santiago nach Norden fahren, passieren auf der Panamericana den Ort (2–3 km) und können einen dort an der Zufahrt aufnehmen bzw. herauslassen.

Wer eher Ruhe und einsame Strände sucht, sollte nach **Pichidangui** (37 km südlich von Los Vilos) oder nach **Los Molles** (47 km) ausweichen. Insbesondere die Feriensiedlung Los Molles wird vom Massentourismus weitgehend verschont, bietet aber einen der außergewöhnlichsten Küstenstreifen weit und breit: Nördlich des Ortes erstreckt sich eine von vielfältigen Kakteen, Wüstenblumen und Sträuchern bewachsene, beeindruckende Felsenküste. Von einem Aussichtspunkt kann man Seelöwen beobachten. Zwei Tauchagenturen im Ort laden zu Expeditionen zu Unterwasserhöhlen ein, das Aparthotel Maimalicán bietet akzeptable **Unterkunft** mit Meerblick (Tel. 33/792049, DZ ab 61 US-$), und im Restaurant El Pirata Suizo speist man vorzüglich zu Mittag.

In Mittelchile:

Die Küste von Viña del Mar bis nach Concepción und die zentrale Ebene von Rancagua bis nach Chillán

Mittelchile umfasst neben der **Hauptstadtregion Metropolitana** die **Regionen Valparaíso, O'Higgins, Maule** und **Biobío.** Geografisch gehören dazu das Küstengebiet nördlich von Viña del Mar bis zur Costa del Carbón südlich von Concepción, der Abschnitt im zentralen Längstal von Santiago bis nach Los Angeles – immer der Panamericana folgend – und in der Cordillera de los Andes die dünn besiedelten Abschnitte östlich der Panamericana.

Mittelchile ist die **am dichtesten besiedelte und wirtschaftlich bedeutsamste Region des Landes.** Hier liegen die wichtigsten Häfen, die größten Städte und vor allem die wichtigsten **Obst- und Weinanbaugebiete.** Pfirsiche und Nektarinen, Äpfel, Aprikosen und Pflaumen – im zentralen Längstal wachsen die Früchte, die Chile in den letzten Jahrzehnten zu einem der führenden Obstexportländer der Welt gemacht haben.

Die Zentralzone des Landes wurde – abgesehen von den Pazifik-Badeorten – lange Zeit vom internationalen Tourismus links liegen gelassen. Zu Unrecht, finden sich hier doch **großartige Landschaften** und tolle Outdoor-Szenarien, und das bei konstant warmem, sonnigem Klima. Im Zentraltal liegen koloniale Haziendas neben hochmodernen Weingütern, und die *Huasos,* die chilenischen Cowboys, sind hoch zu Ross ebenso geschickt wie am Steuer ihres Geländewagens. In den Anden treffen die Ausläufer der Kakteenwüsten auf die ersten Regenwälder, und verschwiegene Schutzgebiete wie Siete Tazas, Altos de Lircay oder Laguna del

Laja laden Bergwanderer auf ihre einsamen Pfade ein. Dabei ist zu beachten, dass die Höhenlagen über 2000 m erst ab Mitte Dezember schneefrei sind, und viele Zeltplätze und Unterkünfte in den Anden erst ab dann in Betrieb sind.

Mittelchile ist **leicht zu bereisen.** Die Hauptachse ist die Panamericana, von der immer wieder Stichstraßen nach Osten in die Anden und nach Westen zur Küste abzweigen. An der Küste existiert keine durchgehende Straßenverbindung, sodass man hin und wieder zur Panamericana zurückkehren muss.

Valparaíso

Valparaíso, Hauptstadt der gleichnamigen Region und oft kurz „Valpo" genannt, ist weniger bekannt als **Parlamentssitz,** auch nicht als die viertgrößte Stadt des Landes – etwa 280.000 Menschen leben hier –, sondern vielmehr als **die Hafenstadt Chiles.** Dabei stimmt das nur bedingt, denn bezüglich der Warenmenge wurde Valparaíso vom südlicher gelegenen San Antonio längst überholt. In Valparaíso werden jährlich rund 11 Millionen Tonnen Güter umgeschlagen; in den nächsten Jahren soll das Volumen weiter gesteigert werden. Große Teile des Hafens wurden zu Beginn des Jahrzehnts privatisiert; die Konzession erwarb ein chilenisch-deutsches Konsortium mit Beteiligung der Hamburger Hafengesellschaft. Durch den Ausbau seiner Häfen will Chile zum wichtigsten Güterumschlagplatz im Lateinamerika-Asien-Handel werden.

Hafenstädte haben ihren ganz **speziellen Charme** – und Valparaíso hat den ganz besonders. Die Stadt lebt am Wasser, sie zieht sich am schmalen Uferstreifen entlang und dann die steil aufragenden Hügel hinauf. Von überall sieht man den Hafen und die an der Mole wartenden Schiffe, und mit den Containern gehen Fracht und Träume in die weite Welt: nach Rotterdam, Yokohama, Antwerpen oder Hamburg.

Geschichte

Valparaísos Geschichte und Entwicklung war **von jeher von seinem Hafen abhängig.** 1536 hatte *Juan de Saavedra* die Bucht, die schon vor Jahrtausenden von Chango-Indianern bewohnt worden war, entdeckt. Sie sah verlockend aus – Honigpalmen wuchsen am Ufer –, deshalb nannte sie Saavedra nach seinem andalusischen Heimatdorf Valparaíso, „Paradies-Tal". Es entstand ein erster improvisierter Hafen, nicht mehr als ein paar Häuser an einer kleinen Mole, und knappe 200 Jahre dümpelte die Siedlung so vor sich hin. Erst zu Beginn des 18. Jahrhunderts kam der Aufschwung. Er kam mit den Lastschiffen, die Waren aus Spanien brachten und Silber und Gold mit zurücknahmen, mit den Walfängern, die im Südpazifik ihrem Handwerk nachgingen; es kamen aber auch Piraten und Freibeuter auf der Suche nach reichen Prisen. Schließlich war Valparaíso der erste größere Hafen, in dem man nach der Umsegelung von Kap Hoorn oder der gefährlichen Durchquerung der Magellanstraße in Ruhe einige Tage ver-

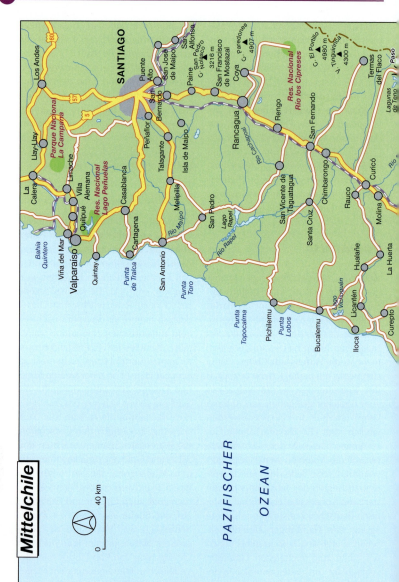

MITTELCHILE 323

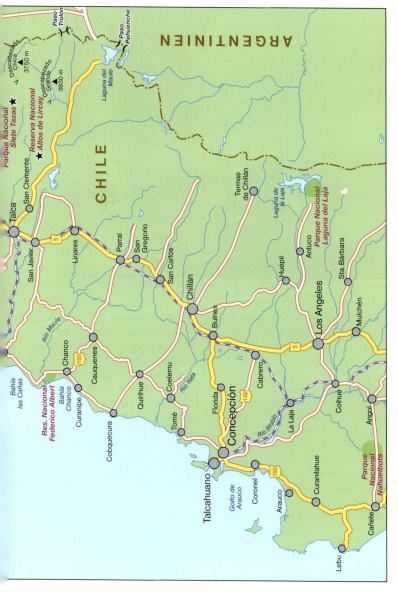

Paseo Gervasoni

schnaufen konnte. So wundert es nicht, dass hier alle prominenten Forscher anlegten, die Südamerika umrundeten. *Adalbert von Chamisso* kam 1816, *Charles Darwin* 1833, und Mitte des 19. Jahrhunderts war Valparaíso längst zu einem wichtigen internationalen Hafen geworden. Regelmäßig verkehrten Güterschiffe von hier aus in alle wichtigen Häfen der Welt, und die Reederei Hamburg-Süd ließ 1873 sogar einen Schnelldampfer namens „Valparaíso" bauen. Handelshäuser eröffneten in der Stadt ihre Kontore – in *Thomas Manns* „Buddenbrooks" geht auch ein Familiensprössling für einige Zeit hierhin –, viele der prunkvollen Gebäude in der Innenstadt entstanden, heute teilweise vom Verfall gezeichnet.

Die goldene Zeit dauerte nur ein Jahrhundert. **1906** verwüstete ein **schweres Erdbeben** die Stadt – 6000 Menschen starben in den Trümmern. Kaum hatte sich Valparaíso erholt, folgte der nächsten Rückschlag: 1914 wurde der **Panamakanal** eröffnet – und Valparaíso war damit schlagartig von den internationalen Handelsrouten abgenabelt. Und der chilenische Exportboom ging auch zu Ende: Da Salpetersäure inzwischen künstlich herzustellen war, wurde immer weniger aus Valparaíso verschifft.

Erst in den **1980er Jahren** änderte sich das wieder. Chiles exportorientierte **Wirtschaft wuchs** und damit auch Valparaísos Hafen. Und es kamen die **Kreuzfahrtschiffe,** jedes Jahr mehr und größere. Rund 50 dieser schwimmenden Riesenhotels legen pro Saison hier an und bringen über 120.000 Touristen in die Stadt.

Sehenswertes

Im Unterschied zu fast allen anderen chilenischen Städten besitzt Valparaíso einen **höchst komplizierten Stadtplan.** Es gibt keine zentrale Plaza, um die sich die Blocks gruppieren; die Stadt erstreckt sich in drei bis fünf parallelen Straßenzügen auf dem „plan", einer schmalen Ebene entlang der Bucht, und zieht sich dann unregelmäßig die steil aufragenden Hügel hinauf. 42 dieser besiedelten Hügel zählt man, und jeder hat sein eigenes Flair. Gewundene Treppen und krumme Stiegen führen hinauf und hinunter, uralte Aufzüge rattern auf steilen Schienen (siehe Exkurs), wie Schwalbennester kleben die verwinkelten Häuser an den unzugänglichsten Stellen. Viele bestehen nur aus einem Holzgerüst mit Lehmziegelwänden, Fassade und Dach sind aus bunt gestrichenem Wellblech. Die **sozialen Unterschiede** sind riesig: Hier noble Villen, dort altersschwache Behausungen. Wie in keiner anderen Stadt Chiles definieren sich die Einwohner von Valparaíso über das Viertel (den Hügel), in dem sie aufgewachsen sind und leben. Nur der Blick auf Bucht und Hafen ist überall und immer wieder beeindruckend. Die weiter vom Zentrum entfernten Hügel sollte man meiden, generell empfiehlt sich vor allem in den Gebieten westlich der Plaza Sotomayor der Rundgang in der Gruppe.

Die **Plaza Sotomayor** ist der beste **Ausgangspunkt für einen Stadtrundgang.** Das große Gebäude an der Südwestseite des Platzes ist das **Hauptquartier der chilenischen Marine,** das 1910 am Standort der alten Intendencia aus der Kolonialzeit erbaut wurde – insofern ist die Plaza Sotomayor schon die Hauptplaza der Stadt. Der Bau diente ursprünglich als Sitz des Provinzgouverneurs, dann der Stadtverwaltung und bis 1930 als Sommersitz des chilenischen Staatspräsidenten. Heute können die Marine-Angehörigen vom Balkon des Gebäudes auf ihre größten Helden blicken – auf das **Monumento de los Héroes de Iquique,** das Denkmal für die Helden der Seeschlacht von Iquique, auf *Arturo Prat, Carlos Condell* und andere. Südlich der Plaza Sotomayor, direkt vor dem Justizpalast, startet der **Ascensor El Peral** hinauf zum Paseo Yugoslavo, an dem der **Palacio Baburizza** liegt. Der Palacio, gerade frisch restauriert, wurde am Ende des Salpeterbooms (1916) im Art-Noveau-Stil erbaut. Er diente als Kunstmuseum, ist aber z.Z. bis auf Weiteres geschlossen.

Von der Plaza Sotomayor sind es nur einige Schritte zum **Muelle Prat,** dem schönsten Teil des Hafens von Valparaíso. Hier starten die Hafenrundfahrten (ca. 3 US-$). An den Wochenenden drängen sich die Besucher um die zwei Dutzend Stände, die hier Kunsthandwerk anbieten, allerdings nur Dutzendware – Originelleres gibt es u.a. im **Museo del Sitio** mitten auf der Plaza Sotomayor vor der Feuerwehr: Hier kann man unterirdische Reste des alten Hafens sehen, und der kleine Artesanía-Laden lohnt sich.

Von der Plaza aus sind es drei Blocks Richtung Nordwesten bis zum **Mercado Puerto** (in diesem Viertel sollte man besonders gut auf seine Wertsachen aufpassen); von dort sind es zwei Blocks nach Westen (links), vorbei an der Plaza Echaurren, bis zur **Iglesia La Matriz,** der **Hauptkirche der Stadt.** Sie wurde 1842 erbaut und steht auf den Grundmauern der ersten Kapelle Valparaísos, die 1559 errichtet wurde. Bis Anfang des 19. Jahrhunderts stand die Kirche übrigens noch direkt am Meeresufer. Hier wurden alle von Valparaíso auslaufenden Schiffe gesegnet. Ab etwa 1900 wurde der gesamte Küstenbereich – „El Plan" genannt –, auf dem große Avenidas verlaufen und alle wichtigen Gebäude des heutigen Valparaíso stehen, künstlich aufgeschüttet.

Weiter nördlich liegt die **Plaza Aduana** (Wheelwright) mit dem Gebäude der Aduana (Zoll). Hier startet der **Ascensor Artillería** hinauf zum Cerro Artillería. Auch wer oben nicht das **Museo Naval y Marítimo** besuchen möchte – hier sind Erinnerungsstücke an die Seehelden Chiles ausgestellt, dazu eine Abteilung, die sich der Seefahrt um Kap Hoorn widmet (Di bis So 10–18 Uhr, 1 US-$) –, sollte sich die Fahrstuhlfahrt nach oben gönnen: Von hier hat man nämlich den besten Blick über die Bucht und den Hafen.

Auf dem Rückweg zur Plaza Sotomayor durch die Av. Serrano passiert man den **Ascensor Cordillera.** Oben angekommen steht man an der Plaza Ramírez, von dort ist es ein Block zum **Museo del Mar Lord Cochrane** (Calle Merlet 195, 1 US-$, im Sommer: täglich 10–13 und 15–20 Uhr, im Winter: 10–18 Uhr). In dem Kolonialgebäude zeigt man eine Sammlung von Modellschiffen sowie nautischen Bildern. Auch von hier genießt man einen sehr schönen Blick.

Von der Plaza Sotomayor führt die Calle Prat durch das Geschäftsviertel von Valparaíso, vorbei auch am markanten Gebäude **Edificio Turri** mit dem auffälligen Uhrturm. Dort ist der Ausgangspunkt des **Ascensor Concepción** (Turri), der hinauf zum Paseo Gervasoni auf dem **Cerro Concepción** führt. Nach rechts geht es zum Aussichtspunkt, nach links zum Restaurant Turri; vorbei am Restaurant erreicht man die **Iglesia San Pablo,** die 1854 in neogotischem Stil ohne Turm erbaut wurde. Zwei Blocks entfernt steht die **Iglesia Luterana** vom Ende des 19. Jahrhunderts.

Hier sollte man sich etwas Zeit nehmen und durch die pittoresken Straßen der **Hügel Concepción und Alegre** schlendern. Beide gehören zum Weltkulturerbe-Bereich (s.u.). Hier wurden und werden Fördermittel der Weltbank in die Restaurierung des historischen Stadtkerns gesteckt, hinzu kommen zahlreiche von privater Hand sanierte Hotels und Wohnhäuser. In Straßen wie Abtao, Lautaro Rosas, Miramar oder Montealegre stößt man immer wieder auf architektonische Kleinode, gemütliche Cafés und Designerläden.

Wieder zurück in der Calle Prat folgt man der weiter Richtung Süden, vorbei

Die Aufzüge

Den ganzen Tag Aufzug fahren – in Valparaíso ist das eine der einfachsten und schönsten Möglichkeiten, den Tag zu verbringen. **16 Schrägaufzüge** rattern seit Mitte des 19. Jahrhunderts auf schwarzen Schienen die Hügel der Hafenstadt hinauf. 1855 wurde der erste gebaut. Es war der „Ascensor Cordillera", dessen zwei Mahagoni-Kabinen damals noch per „Wasserkraft" bewegt wurden. Die talfahrende Kabine zog mit ihrem Gewicht die bergauffahrende Kabine an einem Drahtseil, das in der „Bergstation" über ein großes Führungsrad lief. War die Kabine nicht ausreichend voll besetzt, wurden einfach Wassertanks am Boden der Kabine gefüllt – und schon funktionierte die Schwerkraft.

Mitte der 80er Jahre des 19. Jahrhunderts wurden die meisten Ascensores in Betrieb genommen. Sie funktionierten nun nicht mehr mit Wasserkraft, sondern wurden mit Dampfmaschinen betrieben. Ab 1906 wurden dann Elektromotoren eingesetzt – der erste kam aus Deutschland und betrieb den Ascensor am Cerro Barón.

Der jüngste der 16 Aufzüge ist inzwischen auch schon über 80 Jahre alt. Es ist der „Ascensor Polanco", der 1916 erbaut wurde und eine Besonderheit ist: Er ist der einzige nicht schräg nach oben führende Fahrstuhl. Den Großteil seiner Strecke legt er innerhalb des Berges senkrecht nach oben fahrend zurück – er ist eher ein normaler Fahrstuhl als ein Schrägaufzug. Mit einer Einschränkung: Der Fahrstuhleinstieg ist mitten im Berg.

Seit ihrem ersten Tag arbeiten die Fahrstühle **nahezu störungs- und wartungsfrei:** Mal ein neues Drahtseil, mal ein neues Führungsrad, das war's auch schon. Etwa 20.000 Menschen transportieren die 16 Aufzüge heute noch jeden Tag. Der steilste bewältigt eine Steigung von 70 Prozent, der flachste eine von 25 Prozent. Man sollte sie alle ausprobieren – es ist ein preiswerter Spaß, der immer wieder überraschende Ausblicke über die Stadt, den Hafen und die Bucht liefert.

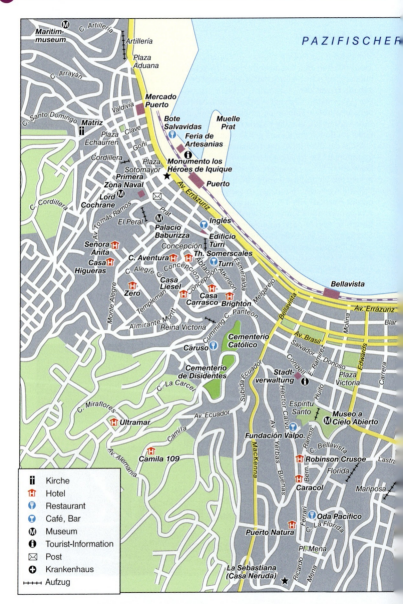

VALPARAÍSO

Casa Proa, ein Haus wie ein Schiff

am Gebäude der **Tageszeitung Mercurio,** die 1827 als weltweit erste spanischsprachige Zeitung gegründet wurde, passiert einige alte Villen und gelangt schließlich zur **Plaza de la Victoria.** Hier stehen die Kathedrale und die älteste Bibliothek Chiles.

Einen Block südlich liegt die Talstation des **Ascensor Espíritu Santo,** der auf den **Cerro Bellavista** hinauffährt. Dort befindet sich das **Museo a Cielo Abierto,** das „Museum unter freiem Himmel". Die meisten Wandgemälde entstanden zwischen 1969 und 1973, es sind Arbeiten von Studenten nach Entwürfen von u.a. *Roberto Matta, Nemesio Antúnez* und *Eduardo Pérez.*

Am besten nimmt man statt des Aufzugs die verwinkelte Treppe, um sowohl die Gemälde als auch die bunt bemalten Blechfassaden der Häuser zu bewundern, die wie Schwalbennester am Hang kleben. Die Treppe endet am Sitz der **Fundación Valparaíso,** der Kulturstiftung, die maßgeblich daran mitgewirkt hat, dass der historische Stadtkern Valparaísos von der UNESCO 2003 zum **„Kulturerbe der Menschheit"** erklärt wurde. Seither hat sie zahlreiche Projekte zur Sanierung der arg vom Zahn der Zeit angenagten Bausubstanz angeschoben, so auch die Verschönerung des Cerro Bellavista, wobei sie mit gutem Beispiel voranging: Ihre blau-gelb gestrichene, komplett restaurierte Villa (Héctor Calvo 205) ist eines der schönsten Gebäude der Stadt und lädt mit gemütlichem Literaturcafé (mit Internet), Artesanía-Lädchen und Terrassen-Restaurant zum Bleiben ein.

Den Hügel weiter hinauf, entweder über die steile Calle Héctor Calvo oder über die parallele Calle Bernardo Ramos und dann die Calle Ricardo Ferrari, sind es etwa 10 Minuten Fußweg bis zu **La Sebastiana,** dem **Haus von Pablo Neruda** in Valparaíso (Calle Ferrari 692, geöffnet Di bis So 10–18 Uhr, 5 US-$). La Sebastiana ist das kleinste der drei Häuser *Nerudas* und auch das am wenigsten bekannte. Hier ist der Andrang nicht so groß wie in Santiago oder Isla Negra, sodass man bei den Führungen über mehr Zeit verfügt. Die Räume sind eingerichtet, wie *Neruda* sie verlassen hatte: das übliche Sammelsurium von Kunst und Kitsch, auch hier wieder die exaltierte Architektur, enge Treppen, weite Blicke über die Bucht und den Hafen, dazu ein Schlafzimmer, das nur wenig zur Erholung einlädt.

Tipp: Jeden Samstag um 12 Uhr startet am Teatro Mauri, Av. Alemania 6985 (quasi auf der Rückseite des Neruda-Hauses), eine **kostenlose Führung über den Cerro Bellavista;** nähere Infos unter www.rutabellavista.cl.

An der Plaza de la Victoria beginnt die Av. Pedro Montt. Sie führt nach Osten bis zur Av. Argentina. An der Kreuzung steht, nicht zu übersehen und sehr, sehr groß geraten, das Parlamentsgebäude. Der **Congreso Nacional** wurde 1990 eröffnet; angeblich wurde das Parlament aus Gründen der Dezentralisierung nach Valparaíso verlegt, Kritiker behaupten aber, *Pinochet* habe den Neubau verfügt, weil er das Parlament nicht in der Hauptstadt haben wollte. Seither diskutiert man immer wieder über die Rückverlegung des Kongresses nach Santiago.

Am Ende der Av. Argentina gelangt man, etwas versteckt unter den Autobahnbrücken hindurch, zum **Muelle Barón,** einer für Besucher freigegebenen Hafenmole mit ein paar dekorativen Kränen, einem Hafen für Sportboote (Kajakverleih), Restaurant und abends mit einem tollen Blick auf die lichterübersäten Hügel der Stadt. Hier soll ein Einkaufszentrum mit Marina, Restaurants und Theater entstehen. Auch die großen Kreuzfahrtschiffe werden hier abgefertigt. Westlich des Muelle Barón zieht sich die neu geschaffene **Uferpromenade,** der Paseo **Wheelwright,** bis zum Fischereihafen Caleta Portales.

Abschließend noch ein **Sicherheitshinweis:** Auf einigen Hügeln, z.B. am Cerro Cordillera und am Cerro Polanco, werden Touristen immer wieder Opfer von Entreißdiebstählen. Lassen Sie Wertsachen im Hotel, und gehen Sie nicht allein auf Tour!

Touristeninformation

- **Vorwahl von Valparaíso: 32**
- Die Stadtverwaltung unterhält ein Büro im Gebäude der Municipalidad, Condell 1490 (Mo bis Fr 8.30–14, 15–17 Uhr).
- **Weitere Informationsstellen** am Muelle Prat, im Untergeschoss des Consejo de la Cultura an der Plaza Sotomayor, im Institut DUOC an der Plaza Aníbal Pinto sowie im Neruda-Haus La Sebastiana.
- **Im Internet:** Eine Fülle von Informationen hält die Website www.ciudaddevalparaiso.cl bereit, auch auf Englisch.
- An den Infokiosken und in Cafés liegt **„ten.haz"** aus, ein Katalog der kleinen Schmuck-, Textil- und sonstigen Kunsthandwerkstätten, Buchläden und Kulturzentren der Stadt.

Unterkunft

- **Casa Aventura**
Pasaje Gálvez 11, Cerro Concepción, Tel. 2755963. Hilfsbereite chilenisch-deutsche Besitzer, Gemeinschaftsbäder, Küchenbenutzung. Angeboten werden Spanischkurse, Stadtführungen, Ausflüge. Ab 13 US-$ p.P.
info@casaventura.cl
- **Villa Kunterbunt**
Av. Quebrada Verde 192, Playa Ancha, Tel. 2288873. Einfache Zimmer in einer alten Holzvilla mit Gemeinschaftsküche und Patio. Die deutschsprachigen Besitzer *Enzo* und *Martina* sind sehr hilfsbereit. 13 US-$ p.P., das Dornröschen-Turmzimmer mit Meerblick gibt's für 61US-$.
villakunterbuntvalpo@yahoo.de

VALPARAÍSO

●**Hostal Caracol**
Héctor Calvo 371, Cerro Bellavista, Tel. 2395817. Schön restauriertes Gebäude, Küchenbenutzung, W-Lan. 14 US-$ p.P. im Mehrbettzimmer. DZ 45 US-$.
hostalcaracol@gmail.com
●**Casa Liesel**
Almirante Montt 327, Cerro Alegre. Empfohlenes sauberes Hostal unter herzlicher deutscher Leitung, ab 16 US-$ p.P.
www.casaliesel.cl
●**El Rincón Universal**
Av. Argentina 825, Tel. 2235184. Zentral, hilfsbereit, empfohlen. Busse aus Santiago halten vor der Tür (Parada Colón), einfache Zimmer, gutes Frühstück. DZ 38 US-$.
www.elrinconuniversal.cl
●**Casa Carrasco**
Abtao 668, Cerro Concepción, Tel. 2210737. Schöne Hospedaje mit Dach-(Winter-)Garten und Aussicht über den Hafen, Kochmöglichkeit. Ab 21 US-$ p.P., DZ mit Bad 57 US-$.
www.casa-carrasco.cl
●**Camila 109**
Calle Camila 109, Cerro La Loma, Tel. 2491746. Von Lesern empfohlenes Bed & Breakfast mit tollem Ausblick auf die Bucht und gutem Frühstück (bei schönem Wetter auf der Terrasse), sehr freundlich. DZ ab 38 US-$. www.camila109.cl
●**Hotel Brighton**
Paseo Atkinson 151, Tel. 2223513. Skurrile Holzvilla am Hang, mit Terrassencafé und kleinen Zimmern. DZ ab 68 US-$, teurer mit Meerblick. www.brighton.cl
●**Robinson Crusoe Inn**
Héctor Calvo 389, Cerro Bellavista, Tel. 2495499. Stilvoll restaurierte Herberge mit verglaster Dachterrasse und Hafenblick. Familiäre, distinguierte Atmosphäre, einige Zimmer sind recht eng. DZ ab 85 US-$.
robinsoncrusoeinn@hotmail.com
●**B&B Puerto Natura**
Héctor Calvo 850, Cerro Bellavista, Tel. 2224405. Familiär, Zimmer mit Ausblick, grüner Terrassengarten, dazu Sauna, Massagen, Schlammbäder und alternative Therapien. DZ ab 96 US-$. www.puertonatura.cl
●**Hotel Ultramar**
Pérez 173, Cerro Cárcel, Tel. 2210000. Pop-Art-Hotel mit farbenfreudigen Zimmern, guter Cafetería und aufmerksamer Leitung. DZ 45–160 US-$. www.hotelultramar.cl
●**Casa Thomas Somerscales**
San Enrique 446, Cerro Alegre, Tel. 2331006. Sehr schön restauriertes ehemaliges Wohnhaus des Malers *Th. Somerscales* (19. Jahrhundert), große Zimmer mit antiken Möbeln und Meerblick, teilweise mit Jacuzzi. DZ 125–220 US-$. www.hotelsomerscales.cl
●**Zero Hotel**
Lautaro Rosas 343, Cerro Alegre, Tel. 2113113. Boutiquehotel in einer restaurierten Villa, mit schlichten, geräumigen und geschmackvollen Zimmern, Sonnenterrasse, Jacuzzi und Honesty Bar. DZ ab 230 US-$.
www.zerohotel.com
●**Casa Higueras**
Higuera 133, Cerro Alegre, Tel. 2497900. Elegant dekoriertes Boutique-Hotel mit Panoramaterrasse, großem Garten unter Feigenbäumen, Schwimmbad, Jacuzzi, W-Lan, Restaurant. DZ ab 248 US-$.
www.hotelcasahigueras.cl

Essen und Trinken

Nordwestlich des Zentrums und des Hafens finden sich direkt an der Küste **an der Caleta Membrillo** (ca. 1 km Fußweg von der Plaza Sotomayor) einige gute Restaurants, die Fisch und Meeresfrüchte anbieten. Kein Wunder – hier legen auch die Fischerboote an. Außerdem zu empfehlen:
●**Mercado del Puerto**
In der Mittagszeit preiswerte Gerichte, vor allem Fisch und Meeresfrüchte.
●**Bote Salvavidas**
Muelle Prat, am Hafen. Klassisches Fischrestaurant, gut.
●**Bar Inglés**
Cochrane 851 und Blanco 870. Traditionelle englische Bar, die nicht gerade preiswert ist.
●**Turri**
Cerro Concepción, Paseo Gervasoni. Nicht ganz billiges Café und Restaurant mir sehr guter Küche und einem fantastischen Blick über den Hafen.
●**Le Filou de Montpellier**
Almirante Montt 382, Cerro Concepción, günstiges Mittagsmenü.

● **Caruso**
Cumming 201, Cerro Cárcel. Schön restaurierte Bar mit netten Details und sehr gutem, preiswertem Essen, nur Sa und So geöffnet.
● **Café Concepción**
Papudo 541, Cerro Concepción. Schöner Garten mit Blick über Bucht und Hafen, moderne chilenische Küche, gute Kuchen (Leserlob).
● **Oda Pacífico**
Condor 35, Cerro Florida, Tel. 2238836. Hochgelobtes neues Restaurant mit großer Terrasse, gleich neben der Sebastiana.

Cafés, Kneipen, Nachtleben

● **El Desayunador**
Almirante Montt 399, Cerro Alegre. Üppiges Frühstück in allen Varianten – und zu jeder Tageszeit!
● **Café del Poeta**
Plaza Aníbal Pinto 1181. Romantisch-gemütliches Café mit Buchladen.
● **Epif**
Doctor Grossi 268, Cerro Alegre. Nettes vegetarisches Café.
● **Gato Tuerto**
Héctor Calvo 205, Cerro Bellavista. Schönes Café mit Terrassenblick und W-Lan.
● **Color Café**
Papudo 526, Cerro Alegre. Ausstellungen, vegetarische Küche, guter Tee und Kaffee.
● **Café Vinilo**
Almirante Montt 448, Cerro Alegre. Multikulturelle Kneipe, Kunsthandwerk.
● **Puerto Escondido**
Papudo 424, Cerro Concepción. Kuchen und Italienisches. Besitzer ist ein Ex-Sänger der Musikgruppe Inti-Illimani.
● **Poblenou**
Urriola 476, Cerro Alegre. Sympathische Kneipe, Tapas wie in Barcelona.

Die beliebteste **Ausgehmeile** Valparaísos ist die **Subida Ecuador.** Hier reiht sich ein Pub an den anderen, die meisten mit Diskothek bis zum frühen Morgen, natürlich auch einige Nachtclubs für sexhungrige Matrosen. Mehrere stimmungsvolle Bars und kleine gemütliche Kneipen finden sich einen Block weiter westlich in den ebenfalls steil nach oben führenden Gassen **Cumming** und **Almirante Montt.**

Nicht entgehen lassen sollte man sich auch folgende **Kneipen:**
● **Casino Social J. Cruz**
Condell 1466 casa 11 (Hintergasse). Urige Hafenbar.
● **La Playa**
Cochrane nordwestlich der Plaza Sotomayor. Beliebte Studentenkneipe.
● **Cinzano**
Plaza Aníbal Pinto. Typische Tangobar mit Live-Musik und dem ortstypischen Gericht „Chorrillana".

Verkehrsverbindungen

Metro

Die moderne Metro Valparaísos ist eigentlich eine **S-Bahn** und verbindet Valparaíso und Viña del Mar sowie die „Schlafstädte" Quilpué, Villa Alemana und Limache. Die Züge verkehren an Wochentagen von 6.30–23 Uhr, am Wochenende von 8–23 Uhr, je nach Tageszeit alle 6–12 Minuten. Für die Strecke Puerto – Viña del Mar benötigt man 14 Min., ein Einzelticket kostet ca. 0,80 US-$.

Flugzeug

Valparaíso besitzt keinen eigenen Flughafen, der nächste befindet sich nördlich von Viña del Mar.
● **LAN,** Esmeralda 1044.

Überlandbusse

Der zentrale Busbahnhof ist auf der Av. Pedro Montt, Ecke Rawson, einen Block von der Av. Argentina entfernt. Von hier starten Busse nach:
● **Santiago,** mehrere Dutzend täglich, trotzdem kann es So nachmittags Engpässe geben, 2 Stunden, 7 US-$
● **Concepción,** 11 Stunden, 13 US-$
● **Puerto Montt,** 17 Stunden, 20–44 US-$
● **La Serena,** 8 Stunden, 14 US-$
● **Arica,** 28 Stunden, 48 US-$
● **Mendoza** (Argentinien), 7 Std., 30 US-$, mit Anschluss nach Buenos Aires

- **Córdoba** (Argentinien), 10 Std., 40 US-$, mit Anschluss nach Buenos Aires

Die **Busse nach Viña del Mar** fahren alle paar Minuten ab der Plaza Aduana, danach durch die Av. Errázuriz und halten dort an markierten Haltestellen (0,70 US-$). **Colectivo-Taxis** nehmen die selbe Strecke und kosten knapp das Doppelte.

Sonstiges

Stadtführungen
- Nichts geht über einen Stadtbummel mit einem Kenner! Der Deutsche **Michael Arnold** unternimmt persönliche Führungen abseits ausgetretener Pfade. 12–25 US-$ p.P., Tel. 2294253, www.myvalparaiso.cl.

Spanischkurse
- **Natalis Language Center,** Plaza Justicia 45, of. 602. Tel. 2469936. Kleingruppen, auch Einzelunterricht, empfohlen. Buchung von Kurs und Unterkunft auch über ContactChile, www.contactchile.de.

Wechselstuben
- **Cambio Gema,** Esmeralda 949.
- **Intercambio,** Plaza Sotomayor.
- **Exprinter,** Prat 895.

Post und Telefon
Die **Hauptpost** befindet sich auf der Av. Prat, direkt an der Ecke zur Plaza Sotomayor. **Telefonzentralen** finden sich z.B. Esmeralda 1060, Pedro Montt 2023, Condell 1495 oder auch am Busbahnhof.

Wäschereien
- Las Heras 554
- Pedro Montt 2065

Buchhandlung
- Die **Librería Ivens** an der Plaza Aníbal Pinto verkauft **deutschsprachige Zeitungen.**

Die südliche Umgebung von Valparaíso

Richtung Süden bis nach Isla Negra IX/A1,2

Südlich von Valparaíso liegen einige beliebte Orte, die aber nicht direkt über eine Küstenstraße zu erreichen sind. Man muss die Stadt zunächst über die Autobahn Richtung Santiago verlassen. Auf der Höhe des Lago Peñuelas lädt gen Süden (rechts) eine Stichstraße zu einem Abstecher nach **Quintay** ein, einem Fischerdorf an der Felsenküste, 30 Kilometer vom Abzweig entfernt. In dem verträumten Ort kann man die Ruinen einer alten Walverarbeitungsfabrik besichtigen, zu einem Leuchtturm hinaufsteigen und auf Restaurantterrassen mit Pazifikblick leckere Meeresfrüchte genießen (Busse von Santiago und Valparaíso).

Zurück auf der Autobahn nach Santiago, kommt man nach 18 Kilometern durch Casablanca und fünf Kilometer weiter an den Abzweig nach **Algarrobo;** bis in den Küstenort sind es weitere 30 Kilometer. Die Kleinstadt, deren wichtigste Gebäude – Kirche und Hafenanlagen – aus dem vorigen Jahrhundert stammen, ist ein beliebter Badeort mit guten Wassersportmöglichkeiten, auch wenn das Wasser nie allzu warm wird. Nördlich des Ortes erstreckt sich **San Alfonso del Mar,** ein riesiger Komplex mit Ferienwohnungen, der auf einen Guinness-Rekord verweisen kann: das **größte Schwimmbad der Welt,** eine 1013 m lange künstliche Meerwasser-Lagune. Die Anlage ist nicht öffentlich zugänglich, man kann aber vom Strand aus einen Blick darauf werfen. In Algarrobo kann man gut **übernachten** im Residencial Vera (Carlos Alessandri 1521, Tel. 35/481131, www.residencialvera.cl, 17 US-$ p.P.) und sehr schön im familiären Hotel Medio Mundo (Alessandri 1579, Tel. 35/481772, DZ ab 79 US-$, www.mediomundo.cl). Hier gibt es auch die erlesenste Küche der Stadt.

Etwa 4 Kilometer südlich von Algarrobo liegt **El Quisco,** ein weiterer kleiner Badeort, im Sommer überlaufen und ordentlich teuer, außerhalb der Saison aber ruhig.

Isla Negra, die schwarze Insel, ist gar keine Insel, sondern ein Fischerdorf 80 Kilometer südlich der Hafenstadt Valparaíso. Gleichzeitig ist es ein Wallfahrtsort, denn in Isla Negra steht das **größte und schönste der drei Häuser** (neben denen in Santiago und Valparaíso) **von Pablo Neruda,** Anziehungspunkt für Literaturbegeisterte, für Liebespaare, die sich zu Tausenden auf dem Holzzaun des Hauses verewigt haben, und für spleenige (Innen)Architekten.

Hausherr *Neruda* hatte nicht nur eine überschäumende Sprache, sondern eine ebensolche Fantasie bei der Gestaltung seiner Häuser. Die **Architektur** folgte seinen plötzlichen Launen: Bald wurde hier ein Fenster eingesetzt, bald da ein Raum erweitert und dort wieder eine Durchsicht zugemauert; dann musste woanders ein neuer Pavillon errichtet und ein Türmchen angebaut werden, das wieder mit dem Hauptgebäude durch eine Treppe oder einen Gang verbunden werden musste. *Neruda* beschäftigte einen Zimmermann, wie andere Leute eine Putzfrau. So entstand ein phantasievolles Gebilde, halb Einfamilienhaus, halb Schlösschen, aus Naturstein und Holz gebaut, mit großen Fenstern, durch die man sieht, wie sich die Pazifikwellen schäumend auf den großen Steinen am Ufer brechen und die Strandspaziergänger in feine Gischtwolken hüllen. Im Garten ist der Dichter beigesetzt, sein Grabstein schaut auf das Meer.

Am Strand von Algarrobo mit Blick auf den Ferienkomplex San Alfonso del Mar

Im **Innern des Hauses** findet sich ein atemberaubendes Sammelsurium: Muscheln aus aller Herren Länder, dazu Buddelschiffe und Galionsfiguren, die *Neruda* auch in Gedichten besang. Berührungsängste mit dem Kitsch hatte der Dichter nie. „In meinem Haus habe ich kleine und große Spielzeuge zusammengetragen, ohne die ich nicht leben könnte", schreibt *Neruda* in seinen Memoiren „Ich bekenne, ich habe gelebt".

Das Haus kann nur im Rahmen von **Führungen** (auch auf Englisch) besichtigt werden (geöffnet Di bis So von 10–18 Uhr, Eintritt ca. 7 US-$). An Wochenenden und im Hochsommer ist mit Wartezeiten zu rechnen, auch Einzelbesucher sollten sich anmelden (Tel. 35/461284).

Übernachten kann man im Hostal Casa Azul, Av. Santa Luisa, Tel. 35/461154 (Garten und Küche, auch Fahrradverleih; p.P. 12 US-$ mit Frühstück), oder schöner im Hotel La Candela, Calle de la Hostería 67, Tel. 35/461254, www.candela.cl, dessen Besitzerin gern folkloristische Lieder zum Besten gibt (DZ ab 66 US-$).

Pullman-Bus fährt alle 30 Minuten vom Terminal de Buses Alameda nach Isla Negra (6 US-$). Man kann das Neruda-Haus also auch problemlos in einem Tagesausflug von Santiago aus besuchen.

Cartagena und San Antonio

Cartagena IX/A2

Cartagena ist der **größte Badeort südlich von Valparaíso.** Seine Karriere startete im 19. Jahrhundert. Damals war der Ort sehr exklusiv, einigen alten Villen ist das noch heute anzusehen. Ab 1919 wurde das Seebad dann populär – die Eisenbahnlinie von Santiago war fertig gestellt worden. Heute kommen die meisten Besucher – Cartagena ist ein beliebtes Ziel der unteren Mittelschicht – mit dem Bus, die Fahrzeit von Santiago beträgt über Autobahn und gut ausgebaute Landstraße knappe zweieinhalb Stunden. Im Sommer ist Cartagena von Touristen überlaufen.

Die besten preiswerten **Hotels** liegen an der Playa Chica, es sind das La Bahía (mit gutem Restaurant, 13 US-$ p.P.) und das ebenso billige Biarritz, Tel. 35/450476. Sehr gut ist laut Leserzuschrift das **Restaurant** Baleares, Los Suspiros 518, Tel. 35/450650. Es liegt direkt am Strand, es gibt riesengroße Portionen (vor allem Fisch), und auch einige preiswerte Zimmer werden vermietet.

San Antonio IX/A2

San Antonio lohnt besonders den Besuch am Wochenende. Sonntag vormittags ist der **Fischmarkt** am Hafen überlaufen von Menschen. Die bestaunen die riesigen Berge an Fischen, die hier frisch angelandet und an Ort und Stelle ausgenommen und gewaschen werden. In dicke Wollpullover und Regenjacken gehüllte Fischer stehen bis zum Rand ihrer Gummistiefel in frisch gefangenem Fisch. Ab und zu liegt auch ein Hai unter all dem *congrio* (Seeaal), *merluza* (Seehecht) oder *corvina* (Seebarsch). Frisch zubereitet kann man all die Meerestiere in einem der kleinen Restaurants direkt am Hafen genießen. Gleich daneben räkeln sich Seelöwen auf den Felsen, während Pelikane sich um die Fischabfälle zanken.

Der größte Hafen Chiles kann in einer etwa einstündigen **Bootsrundfahrt** erkundet werden (ca. 3 US-$).

San Antonio besitzt sehr gute Busverbindungen nach Valparaíso und Santiago. Der Busbahnhof liegt etwa einen Kilometer südlich des Fischereihafens. **Übernachten** lässt es sich in den Hotels Jockey Club (21 de Mayo 202, ca. 20 US-$ p.P.) und Colonial (Pedro Montt 196, ca. 13 US-$ p.P.).

Viña del Mar   ♪ IX/A1

Viña del Mar, etwa genauso groß wie die Nachbarstadt Valparaíso, besitzt weder einen großen Hafen noch viel Industrie – dafür **Wohnpaläste, Parks,** ein **Spielkasino** und einen schönen **Sandstrand,** weswegen es von Beginn an **eines der beliebtesten Seebäder Chiles** war. Heute verbringen hier etwa eine Million Sommergäste aus Chile, aber auch aus anderen südamerikanischen Ländern (v.a. Argentinien), ihre Ferien. Bietet der Ort außerhalb der Saison das Bild einer normalen, für lateinamerikanische Verhältnisse schmucken Großstadt, so ändert sich das von Dezember bis Februar gewaltig: Dann platzt Viña, wie die Stadt meist kurz genannt wird, aus allen Nähten, und der Urlauber muss sein Zimmer lange vorbestellt haben und tief in die Tasche greifen.

In den letzten Jahrzehnten hat sich Viña del Mar von der reinen Sommerfrische hin zu einer modernen **Geschäftsstadt** entwickelt. Die gute Infrastruktur – kurze Verbindungen zur Hauptstadt und zu den wichtigsten Häfen des Landes – macht die sogenannte „Gartenstadt" auch für viele Firmen attraktiv.

Viña del Mar entstand erst vor etwa 120 Jahren auf dem Gelände eines großen Weingutes *(viña),* das der Familie *Carrera* gehörte. Nach dem Bau der Eisenbahn von Santiago nach Valparaíso wuchs die Hafenstadt und dehnte sich mehr und mehr nach Norden aus – die Strände wurden immer beliebter, auch für Kurzbesucher aus der Hauptstadt.

Sehenswertes

Das **Stadtzentrum** erstreckt sich um die Plaza José Francisco Vegara, südlich des Estero Marga Marga. Im Norden wird die Plaza von der Av. Arlegui, im Süden von der Av. Valparaíso begrenzt, diese beiden Achsen sind die wichtigsten Geschäftsstraßen der Stadt. Einen Block südlich der Av. Valparaíso verläuft die S-Bahnlinie, an den benachbarten Straßen stehen die ältesten Villen Viñas.

Wieder einen Block südlich erstreckt sich das Gelände der **Quinta Vergara,** eine wunderschöne Parkanlage, in der im ehemaligen Palacio der Familie Vergara heute das **Museo de Bellas Artes** (europäische und chilenische Kunst, Di bis So 10–14 und 15–18 Uhr) untergebracht ist. Nahebei liegt das Amphitheater, in dem jedes Jahr im Februar das **Festival Internacional de la Canción** stattfindet. Bei diesem Popmusik- und Schlagerfestival treten die wichtigsten und kitschigsten Latino-Sänger auf.

VIÑA DEL MAR

Nördlich des Flüsschens Marga Marga, in der Calle 4 Norte, etwa auf der Ecke zur 1 Oriente, steht eines der wichtigsten Museen Chiles: Das **Museo Arqueológico Fonck** zeigt hervorragenden Silberschmuck der Mapuche-Indianer, ist aber vor allem auf die Kultur und Geschichte der Osterinsel spezialisiert; nicht zufällig wird der Besucher von einem echten Moai empfangen. Hier finden sich mehr Kultur- und Kunstgegenstände von der Insel als im Museum dort. Auch besitzt es die wahrscheinlich größte Bibliothek mit Kartenmaterial, Literatur und Dokumenten zur Geschichte und Erforschung der Insel (Di bis Fr 10–18, Sa, So 10–14 Uhr).

Folgt man der Calle 4 Norte drei Blocks nach Osten, gelangt man zum **Palacio Rioja** (Quillota 214), dem Wohnhaus einer reichen Familie vom Beginn des 20. Jahrhunderts. Es ist heute als Museum eingerichtet, das veranschaulicht, wie gut die chilenische Oberschicht damals lebte (Di bis So 10–14 und 15–18 Uhr).

Wichtigste Landmarke am Pazifikufer ist der leicht bizarre Bau des **Castillo Wulff.** In dem 1906 errichteten Wohnschloss des deutschstämmigen Salpeterbarons *Gustavo Adolfo Wulff* ist heute die den Weltmeeren gewidmete Sammlung des Romanciers *Salvador Reyes* (1899–1970) untergebracht (Di bis Fr 10–13 und 14.30–17.45 Uhr, Sa und So 10–14 Uhr).

Überquert man den Estero auf der nächsten Brücke und läuft weiter an der Strandpromenade entlang, passiert man die Parkanlage Plaza Colombia mit dem Casino Municipal darin und er-

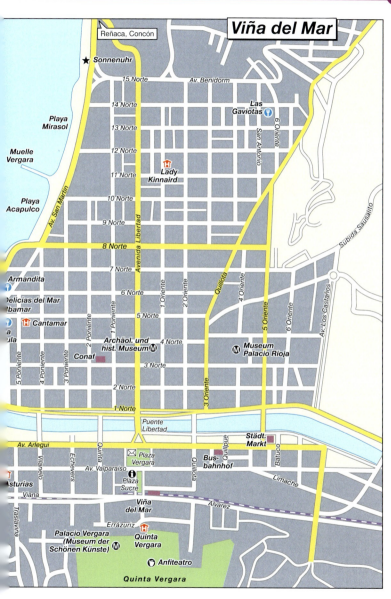

VIÑA DEL MAR

reicht dann die ersten größeren Strände: **Playa Acapulco** und **Playa Mirasol**, getrennt durch den **Muelle Vergara**, einen Landungssteg, der abends illuminiert wird. Die Apartmenthochhäuser reichen hier fast bis ans Wasser.

Anschließend passiert man die **Sonnenuhr,** eines der Wahrzeichen von Viña, dann folgen weitere Strände, die nach Norden zu sauberer werden: Die besten und beliebtesten sind die von Reñaca und Concón, beide per Auto oder Bus zu erreichen; die Busse Nr. 9 und 10 fahren halbstündig ab der Avenida Libertad zwischen der Calle 2 und der Calle 3 Norte bis Concón.

Touristeninformation

- **Vorwahl von Valparaíso: 32**
- **Sernatur**
An der Plaza Vergara auf der Av. Valparaíso 507, of. 305, Tel. 2882285.
- **Conaf** (Nationalparks)
3 Norte 541, Tel. 2320200.

Unterkunft

- **Residencial Blanchait**
Valparaíso 82, Tel. 2974949. Freundlich, aber abgewohnt. DZ ab 31 US-$.
- **Capric**
Dr. von Schroeders 39, Tel. 2978295. Alle Zimmer mit Bad und TV, laut wegen der Straße. DZ ca. 35 US-$.
hotelcapric@yahoo.com
- **Residencial Offenbacher Hof**
Balmaceda 102, Tel. 2621483. Wie der Name vermuten lässt: deutschsprachig, familiär, teilweise renovierte Zimmer mit schöner Aussicht, Terrasse. DZ mit Bad und sehr gutem Frühstück 57 US-$.
www.offenbacher-hof.cl
- **Hotel Quinta Vergara**
Errázuriz 690, Tel. 2691978. Am Park gelegen, ruhig und freundlich. DZ 43 US-$.
- **Cantamar Hotel**
5 Norte 230, Tel. 2471010. Modern, gut geführt, in Strandnähe, Leseempfehlung. DZ 50–68 US-$. www.cantamar.cl
- **Albamar**
San Martín 419, Tel. 2975274. Preiswerte Mittelklasse in der Nähe des Casino, DZ je nach Größe 61–85 US-$. www.hotelalbamar.cl
- **Sheraton Miramar**
Av. Marina 15, Tel. 2388600. Große 5-Sterne-Anlage mit Meerblick, Spa und allem Komfort. DZ ab 165 US-$.
www.sheraton.com/vinadelmar
- **Hotel del Mar**
Av. Perú Ecke Los Héroes, Tel. 600/7006000. Luxus auf der Seeseite des Casinos. Mit beheiztem Panoramapool im 8. Stock, „Health Centre" und schicken Restaurants. DZ ab 217 US-$. www.hoteldelmar.cl

Essen und Trinken

- **Cap Ducal**
Marina 51, wundervolle Lage, die mit bezahlt wird. Erlesene Fischspezialitäten.
- **Las Gaviotas**
14 Norte 1248 (etwa Ecke 6 Oriente). Chilenische Küche, nicht teuer.
- **Armandita**
San Martín 501. Große Portionen, vor allem Fleischgerichte, recht preiswert.
- **Delicias del Mar**
San Martín 459. Fisch, Meeresfrüchte.
- **La Dolce Vita**
San Martin 640. Nettes italienisches Restaurant und Café.
- **Margarita**
Quinta Ecke Arlegui. Beliebtes Restaurant mit großem Balkon, lateinamerikanischer Küche und polynesischen Spezialitäten.
- **Divino Pecado**
San Martín 180. Wahrhaft „göttliche Sünden" (so der Name des Lokals) mit italienischem Touch und seltenen Fischen.
- **Journal**
Agua Santa 12. Preiswerte Mittagsmenüs, lebhafte Bar am Abend. Nebenan peruanisches Essen.
- **La Gula**
5 Norte 147. Leckere argentinische Pizza.

Verkehrsverbindungen

Flugzeug

Der **Flughafen Torquemada** liegt etwa 15 Kilometer nördlich der Stadt auf der Strecke nach Concón. Er ist mit Bussen ab dem Busbahnhof zu erreichen.
- **LAN,** Valparaíso 276.
- **Sky,** Ecuador 78, Tel. 2695345.

Überlandbusse

Der **zentrale Busbahnhof** befindet sich Ecke Valparaíso und Quilpué, nur zwei Blocks östlich der Plaza. Von hier starten Busse nach:
- **Santiago,** mehrere Dutzend täglich, trotzdem kann es So nachmittags Engpässe geben, 2 Stunden, 7 US-$
- **Concepción,** 11 Stunden, 13 US-$
- **Puerto Montt,** 17 Stunden, 20–44 US-$
- **La Serena,** 8 Stunden, 14 US-$
- **Arica,** 28 Stunden, 48 US-$
- **Mendoza** (Argentinien), 7 Std., 30 US-$, mit Anschluss nach Buenos Aires
- **Córdoba** (Argentinien), 10 Std., 40 US-$, mit Anschluss nach Buenos Aires
- **Concón** und **Reñaca** und die anderen Küstenorte weiter nördlich

Die **Busse nach Valparaíso** fahren alle paar Minuten durch die Avenida Arlegui, sie tragen oft das Signet „Aduana" oder „Puerto" (0,70 US-$).

Metro

Zur Metro siehe bei Valparaíso.

Sonstiges

Wechselstuben

- **Cambio Symatour,** Arlegui 684/686.
- **Cambios Afes,** Arlegui 641.

Post und Telefon

Die Hauptpost befindet sich an der Plaza. **Telefonzentralen** finden sich z.B. 14 Norte 1184 oder Av. Valparaíso 628.

Die Umgebung von Viña del Mar

Die Badeorte im Norden

Auf der nordwärts führenden Küstenstraße reiht sich ein Badeort an den nächsten. **Reñaca** und **Concón** sind schon fast mit Viña del Mar zusammengewachsen, es folgen Orte wie **Quintero** (35 km von Viña del Mar), Strandbad und wichtiger Jachthafen, oder **Horcón** (40 km). In beiden Orten gibt es einfache Unterkünfte und vor allem Cabañas.

Weiter geht es über **Maitencillo** (53 km), wo ein luxuriöses Ferienparadies auf Gäste wartet (Marbella Resort), zunächst nach **Cachagua** (zahlreiche Ferienwohnungen, schöner Strand und eine Pinguininsel) und dann nach **Zapallar** (68 km), ein distinguiertes Seebad mit italienischem Flair. Hier lässt es sich im Restaurant Chiringuito gut essen und von der Terrasse den Fischern und Tauchern zusehen. Als gediegene Übernachtungsmöglichkeit bietet sich das Hotel Isla Seca an (Tel. 33/741224, DZ ab 114 US-$).

10 Kilometer weiter, immer entlang einer wilden Felsenküste, ist der vorerst letzte Badeort erreicht: In **Papudo** zeugen ein paar ältere Gebäude von den Gründerzeiten, mittlerweile machen sich auch hier Betonklötze mit Ferienwohnungen breit.

Alle Orte werden mehrfach täglich von **Bussen** aus Viña del Mar und Santiago angefahren.

Parque Nacional
La Campana ⌕ IX/A1

Der Nationalpark, der etwa 8000 Hektar umfasst, wurde 1967 eingerichtet, um große Bestände an **Roblewäldern** *(Nothofagus obliqua)* zu schützen. Es handelt sich um eine „biologische Insel", die mit Bäumen wie dem Roble Spezies beherbergt, die eigentlich für Südchile typisch sind und erst ein paar hundert Kilometer weiter südlich auftreten. Außerdem gedeiht hier die **Chilenische Palme** *(Jubaea chilensis).* Sie wird bis zu 25 Meter hoch, ihr Stamm erreicht einen Durchmesser bis zu 1½ Metern. In vielen anderen Gebieten ist diese Palmenart nahezu ausgestorben, denn die Palme produziert einen süßen Sirup, der nur gewonnen werden kann, wenn man dem Baum die Spitze abschlägt und die Rinde abzieht. Danach ist der Baum nicht mehr lebensfähig.

Der Nationalpark erstreckt sich etwa 40 Kilometer östlich von Viña del Mar und 110 Kilometer nordwestlich von Santiago in der Küstenkordillere. Im Zentrum ragt der 1910 Meter hohe Zacken des **Cerro La Campana** auf. Er ist in einer etwa siebenstündigen Wanderung vom Parkeingang in Granizo aus zu besteigen (Hin- und Rückweg zusammen). Der Weg führt steil bergan, der Ausblick von oben ist bei klarem Wetter spektakulär – auf der einen Seite der Pazifik, auf der anderen die Andenkette mit dem Massiv des Cerro Aconcagua.

Der Park – einer der schönsten Mittelchiles – wird vom Cerro La Campana in **zwei** ganz **unterschiedliche Hälften** geteilt: Auf der Süd- und Ostseite wächst dichter (Roble-)Wald, auf der Nordseite ist die Vegetation lichter, und die hohen Chile-Palmen und Säulenkakteen bestimmen das Bild. Die **Südseite** ist von Viña aus zu erreichen. Busse fahren etwa halbstündlich bis nach Olmué (knappe 2 Stunden, ca. 3 US-$), von dort geht es mit Colectivos nach Granizo, die letzten 2–3 Kilometer bis zu den **Parkeingängen Granizo** und **Cajón Grande** muss man zu Fuß gehen.

Der Zugang zum **nördlichen Parkteil** erfolgt von Viña über la Calera oder von Santiago aus. Busse von dort nach Norden muss man in Ocoa, etwa 8 Kilometer vor Hijuelas, verlassen (Busfahrer fragen) und die restlichen 12 Kilometer bis zum Parkeingang zu Fuß, per Autostopp oder mit dem Taxi zurücklegen.

In beiden Parkteilen gibt es **Campingplätze** ohne viel Komfort, der Eintritt kostet 3 US-$. **Beste Besuchszeit** sind Frühjahr und Herbst, im Sommer kann es besonders im Nordteil ordentlich heiß werden.

Rancagua ⌕ IX/B3

Verlässt man Santiago de Chile auf der **Panamericana Richtung Süden** und hat man den Río Maipo überquert, an dem die Stadt endgültig ihre Grenze gefunden hat, gelangt man in den chilenischen „Obst- und Weingarten". Die **zentrale Ebene zwischen Küstenkordillere und den Andengipfeln** ist das wichtigste Anbaugebiet des Landes – stundenlang dasselbe Panorama: Obstplantage, Rebgarten, Obst und Wein, Obst und Wein, dahinter die Andenkette. Zwischendrin hässlich große Wellblechlagerhallen, denn irgendwo muss ja das **Obst** verpackt werden – in der Saison 2005/2006 exportierte Chile die Rekordzahl von 231 Millionen Kisten im Wert von 2,3 Milliarden Dollar. Versteckt, weitab der Straße, liegen die hochherrschaftlichen Landgüter der Plantagenbesitzer.

Das wichtigste Zentrum dieses agrarisch geprägten Landes ist Rancagua, die **Hauptstadt der Region** mit dem langen Namen „Libertador General Bernardo O'Higgins", kurz O'Higgins.

Geschichte

Die Region erhielt diesen Namen nicht, weil der Befreier *O'Higgins* hier seinen größten Sieg über die Spanier feiern

Rodeo

Rancagua ist die Stadt der Rodeos. Jährlich Ende März/Anfang April, die genauen Termine schwanken von Jahr zu Jahr, finden hier die chilenischen Meisterschaften im Rodeo-Reiten statt, traditionell in einer halbmondförmigen Arena *(medialuna)*. Anders als beim bekannten nordamerikanischen Rodeo geht es darum, mit dem eigenen Pferd Geschicklichkeit und gute Dressur zu beweisen.

Für jede Übung werden Punkte vergeben. Es beginnt mit einer Dressurübung: Schrittgang mit losem Zügel, angaloppieren aus dem Stand mit anschließendem Galopp durch die gesamte Arena, und dieser Galopp muss mit einem direkten Stillstand und einer Wende auf den Hinterbeinen abschließen, der nächste Galopp muss direkt folgen. Wenn das Pferd richtig aufgedreht ist, muss es stillstehen. Stillstehen, während der Reiter absteigt, einige Schritte macht, wartet und wieder zum Pferd zurückkommt – die ganze Zeit stillstehen, ohne auch nur mit einem Huf zu zucken. Danach müssen je zwei Reiter versuchen, einen aufgeputschten Stier nur mit dem Pferd, ohne Peitsche oder Lasso, an einen bestimmten Punkt in der Arena zu treiben. Die beiden müssen schnell und sicher mit ihren Pferden umgehen und gut zusammenarbeiten: Während der eine den Stier nach vorne treibt, muss der andere versuchen, ihn schräg an den festgelegten Punkt an der halbmondförmigen Einzäunung zu drängen – alles im Galopp.

Dabei ist nicht egal, wie das passiert. Es gibt Punkte für **Stil und Aussehen:** Der breitkrempige Hut darf natürlich nicht runterfallen, die weiße Hemd und der Poncho dürfen nicht verdrecken, die Stiefel werden vorher gewienert und die Sporen poliert. Auch darf nicht zu brutal mit den Pferden oder dem Stier umgegangen werden – Eleganz wird mit Pluspunkten belohnt. Die Sieger sind Helden – bei lokalen Rodeos für den Tag in ihren Dörfern, beim landesweiten Rodeo von Rancagua in ganz Chile. Schließlich wird das Spektakel auch im Fernsehen übertragen – dann fehlt aber die **Atmosphäre:** Es fehlen die Zuschauer mit ihren breitkrempigen Hüten, die Huasos (vgl. Exkurs „Huasos y Rotos"), die stolz ihre Stiefel, Sporen und Ponchos zeigen, das Wetten am Rande, und es fehlen die aufgeregten Pferde ebenso wie die stolzen Besitzer.

Über die nationalen Meisterschaften informiert die **Federación de Rodeo de Chile** in Santiago, Tel. 6713858, www.huasosyrodeo.cl; wer in dieser Zeit nach Rancagua fahren will, sollte sein Hotel vorher reservieren oder einen Tagesausflug in die Rodeohauptstadt unternehmen.

konnte, nein, sie war der Ort der größten **Niederlage.** Anfang Oktober 1814 wurden **O'Higgins** und seine 1700 Mann im damaligen Villa Santa Cruz de Triana, dem heutigen Rancagua, von etwa 4500 königstreuen Spaniern eingeschlossen. Ein Ausbruchsversuch schlug fehl, die chilenischen Patrioten wurden vernichtend geschlagen. Viele wurden auf den Juan-Fernández-Archipel verbannt, *O'Higgins* selbst entkam nach Mendoza in Argentinien. Doch gab der spanische Sieg dem Ende der Kolonialherrschaft nur einen kurzen Aufschub.

Heute hat Rancagua, das 1743 gegründet wurde, über 210.000 Einwohner. Man lebt von der Versorgung der Landwirtschaft und des Bergbaus – nur 50 Kilometer von der Stadt entfernt liegt die große Kupfermine El Teniente.

Sehenswertes

Das **Stadtzentrum** Rancaguas ist **überschaubar.** Schachbrettartig angelegt, ist (fast) alles Wichtige bzw. Interessante maximal einen Kilometer von der zentralen, baumbestandenen **Plaza de los Héroes** entfernt. In deren Zentrum grüßt *Bernardo O'Higgins* hoch zu Ross.

Am Südende der Plaza steht die **Kathedrale,** die erst 1861 gebaut wurde. Von den wenigen Häusern in der Stadtmitte, die die Schlacht von 1814 überstanden, finden sich zwei in der Calle Estado (Ecke Ibieta), die am Südende der Plaza abzweigt: das **Museo Regional Histórico** (Estado 685) und die **Casa del Pilar de Esquina,** das „Haus mit der Ecksäule". Das weiß getünchte Adobe-(Lehmziegel)-Haus des Museo Regional ist das Musterbeispiel eines kolonialen Gebäudes der spanischen Ära. Zu sehen ist vorwiegend religiöse Kunst der Kolonialzeit, hinzu kommen Möbel, einzelne Gemälde und Einrichtungsgegenstände. Natürlich darf eine Abteilung, die dem Wirken von General *O'Higgins* gewidmet ist, nicht fehlen (Di bis Fr 10–18, Sa, So 9–13 Uhr). Die gegenüberliegende Casa del Pilar de Esquina hat dieselben Öffnungszeiten und wartet ebenfalls mit kolonialem Interieur in ebensolchem Ambiente auf.

Geht man von der Plaza die Calle Estado nach Norden, so kommt man am Gebäude der Intendencia (Stadtverwaltung, linke Straßenseite) vorbei und erreicht an der nächste Ecke (Calle Cuevas) die **Iglesia de la Merced.** Die Kirche aus dem frühen 18. Jahrhundert war in der Schlacht von Rancagua das Hauptquartier von *O'Higgins.*

Die Calle Independencia, die von der Plaza nach Westen führt, ist eine lebhafte **Fußgängerzone.** Folgt man ihr über die Av. San Martín hinaus, führt sie in Richtung des **Mercado Central.**

Touristeninformation

- **Vorwahl von Rancagua: 72**
- **Sernatur**
Germán Riesco 277, Tel. 230413, zwei Blocks östlich der Plaza.
- **Informationskiosk** in der Fußgängerzone.
- **Conaf** (Nationalparks)
Cuevas 480, Tel. 204600.

Unterkunft

- **Hotel Palace**
Calvo 635, nahe Bahnhof, Tel. 224104. Einfach, winzige Zimmer. DZ ab 28 US-$.

- **Hotel España**
Av. San Martín 367, Tel. 230141. Freundlich. DZ mit Bad 41 US-$.
- **Hotel Rancagua**
Av. San Martín 85, Tel. 232663. Ruhig und schön. DZ mit Bad ca. 55 US-$.
- **Hotel Turismo Santiago**
Av. Brasil 1036, Tel. 230860. Zentral, ruhig, freundlich. DZ 95 US-$.

Essen und Trinken

Man findet einige (durchschnittliche) Restaurants in **Paseo Independencia,** der Fußgängerzone, oder in der **Av. San Martín** und deren Parallelstraßen (Richtung Plaza).

Verkehrsverbindungen

Überlandbusse

Der **Terminal Buses Rodoviario** ist auf der Av. Viña del Mar, direkt gegenüber der Markthalle. Von hier starten Busse nach:
- **Santiago,** 70 Minuten, ca. 3 US-$
- **Chillán,** 4,5 Stunden, ca. 7 US-$
- **Los Angeles,** 6 Stunden, ca. 9 US-$
- **Puerto Montt,** 13 Stunden, ca. 15 US-$

Einige Unternehmen haben ihren eigenen Terminal, z.B. Tur-Bus und Transbus, die ebenfalls die oben genannten Ziele anfahren. Tur-Bus startet ab O'Carrol/Ecke Calvo, Transbus von O'Carrol, etwa Ecke Lastarria, und in der Calle Dr. Salinas Ecke Calvo ist ein vierter Terminal, der Terminal Santiago y Sur.

Eisenbahn

Der **Bahnhof** befindet sich an der Av. Viña del Mar zwischen O'Carrol und Pinto. Es gibt etwa zehn Nahverkehrszüge zwischen Rancagua und Santiago am Tag, außerdem hält der Fernzug von Santiago nach Chillán hier.

Sonstiges

Wechselstuben

Geld und Schecks lassen sich am einfachsten in Wechselstuben tauschen; so bei Trasafex, Campos 363.

Post und Telefon

Die **Hauptpost** befindet sich auf Campos zwischen Cuevas und Independencia. **Telefonzentralen** finden sich z.B. Campos 344 und 381, San Martín 440 und Independencia 468.

Die Umgebung von Rancagua

El Teniente und Sewell   IX/B3

Chile besitzt zwei rekordträchtige Kupferminen: Chuquicamata ist die größte überirdische (offene) **Mine** der Welt, El Teniente die größte unterirdische – **2200 Kilometer Schächte** sollen **unter der Erde** entlangführen. Die Mine gehörte ursprünglich nordamerikanischen Eigentümern. Sie wurde wie alle anderen großen Minen von der Unidad Popular verstaatlicht.

Die einzigartige Mine, die den **Cerro Negro** 55 Kilometer nordöstlich von Rancagua von innen aushöhlt, kann besichtigt werden. Dabei wird man durch die „unterirdische Stadt" geführt, sieht die Käfigfahrstühle und die gewaltigen Gesteinsmühlen. Die Hochöfen sind leider tabu; dafür führt die Tour auf über 2100 Meter Höhe in die **einstige Bergarbeiterstadt Sewell,** die unter Denkmalschutz steht und seit 2006 zum UNESCO-Welterbe gehört. Damit wurde der kulturgeschichtliche Wert dieser einzigartigen Siedlung gewürdigt, in der zwischenzeitlich 15.000 Menschen wohnten. Gegründet wurde das Camp 1905 von dem US-Amerikaner *William Braden,* dessen Braden Copper Co. die

Die Umgebung von Rancagua

Schürfrechte für El Teniente erworben hatte. In Sewell gibt es keine Straßen, nur eine große, breite Treppe, welche die bunt gestrichenen Gebäude untereinander und mit der Eisenbahnstation verbindet. Hier war alles vorhanden: Läden, Schulen, Krankenhaus, Sportplätze und sogar ein beheiztes Schwimmbad. Lage und Ausstattung der Gebäude lassen klar die Klassentrennung in „Gringos" (US-Amerikaner), Angestellte und Arbeiter erkennen. Die Gringos brachten strenge puritanische Regeln mit: Alkohol war ebenso verboten wie Lebensgemeinschaften ohne Trauschein. Zugleich garantierten sie eine gute Schulbildung und Versorgung; der Lebensstandard der Arbeiter war für chilenische Verhältnisse vergleichsweise hoch. In den 1970er Jahren wurden die Bewohner wegen der hohen Versorgungskosten der Minenstadt nach Coya und Rancagua umgesiedelt.

Die **Führung** (nur auf Spanisch) wird von der Agentur VTS organisiert und findet nur samstags und sonntags statt. Von Santiago fährt der Bus um 9.15 Uhr ab Plaza Italia (Hotel Príncipe de Asturias), ab Rancagua um 10.30 Uhr vom Jumbo-Supermarkt. Die Tour durch El Teniente und Sewell kostet 40 US-$ (Studenten 32 US-$), das Mittagessen in der Minenkantine 6 US-$ extra. Um 18 Uhr ist man zurück in Rancagua, um 19.15 Uhr in Santiago. Reservierungen: Tel. 72/210290 oder vts@vts.cl.

Termas de Cauquenes IX/B3

Bereits 1646 wurden die **heißen Heilquellen am Río Cachapoal** entdeckt, und so ist es kein Wunder, dass hier bereits *Bernardo O'Higgins*, *José de San Martín* und *Charles Darwin* ihre müden Glieder pflegten. Die **Anreise** ist heute einfach, wenn man einen Wagen zur Verfügung hat (Busse fahren nur bis Coya). Man nimmt die gut ausgebaute **Carretera del Cobre.** Kurz vor der Bergbausiedlung **Coya** (19 km) geht es rechts ab, nach weiteren 6 Kilometern erreicht man die gepflegte Anlage des Hotels Termas de Cauquenes, das etwa 30 Meter oberhalb des Flusstals liegt. Wer gut betucht ist, kann sich im Hotel einmieten (DZ mit Vollpension ab 150 US-$; die Küche des Schweizer Chefs *René Acklin* und seiner Tochter *Sabine* gehört zu den besten in ganz Chile). Normalsterbliche können die Thermen auch als Tagesgäste benutzen: Ein Wannenbad kostet 8, ein Jacuzzi 13 US-$ (Tel. 72/899010, www.termasdecauquenes.cl).

Reserva Nacional Río Los Cipreses IX/B3

Das 37.000 Hektar große Naturschutzgebiet erstreckt sich vom Vorgebirge bis zu den Gipfeln der Anden zwischen 900 und 4900 Metern. Dementsprechend zeigt sich die **Landschaft:** Es gibt schneebedeckte Gipfel, sanft ausgeschliffene Gletschertäler, türkisfarbene Bergseen, Wasserfälle und Flussläufe. In den wenigen vom früheren Raubbau verschonten Zypressenwäldern leben Füchse und Wildkatzen *(Colo Colo)*, in den höheren Lagen Guanacos und jenseits der Baumgrenze, in großen Steinfeldern, Vizcachas. Mit Glück

DIE UMGEBUNG VON RANCAGUA

sieht man Kondore hoch am Himmel kreisen.

Das wunderbare Naturschutzgebiet hat nur einen großen Nachteil: Es ist **schwer zugänglich.** Die letzte Busstation ist Coya, von dort fehlen noch etwa 21 Kilometer bis zum Beginn der Schutzzone. Es gibt keinerlei öffentlichen Transport, mit Glück erwischt man einen Lift oder kann eine Transportmöglichkeit mit Conaf in Rancagua vereinbaren. Im Park existieren zwei Zeltplätze und verschiedene Wanderwege. Direkt vor dem Eingang gibt es in einem Bauernhof einen kleinen Laden.

Valle de Colchagua IX/A,B3

Zwischen **San Fernando** (53 km südlich von Rancagua) und dem Provinzstädtchen **Santa Cruz** (40 km weiter westlich) erstreckt sich das **beste Weinanbaugebiet des Landes.** Die Mehrheit aller international preisgekrönten chilenischen Tropfen stammen aus dem Colchagua-Tal, wobei der Begriff „Tal" eher in die Irre führt: Es handelt sich um weitläufige Anbauflächen zu beiden Seiten des Río Tinguiririca, der eine flache Ebene aufgeschwemmt hat. Hier, im Herzen der Zentralzone, knallt die Sonne von November bis März unbarmherzig und garantiert kräftige, vollmundige, hochprozentige Weine.

Weinprobe in der
Viña Montes im Colchagua-Tal

DIE UMGEBUNG VON RANCAGUA

Die meisten der 18 Weingüter können besichtigt werden. In den letzten Jahren haben die Viñas Millionen Dollar in touristische Infrastrukturmaßnahmen investiert. Hervorzuheben ist u.a. die rustikale, teils als Museum gestaltete Anlage der **Viña Viu Manent,** wo die Besucher mit Kutschen durch die Weingärten gefahren werden (Di bis So mehrfach täglich, 20 US-$, Tel. 72/858350, www.viumanent.cl). In der **Viña Montes** wiederum, berühmt für ihre Spitzenweine „Alpha" und „Alpha M", besichtigt man einen neuen, architektonisch ausgeklügelten Weinkeller und probiert erlesene Tropfen auf einer Freiluftterrasse mit Talblick: Hier experimentierten die Winzer erstmals erfolgreich mit Hanglagen (20 US-$, Tel. 72/825417, www.monteswines.com). Im Café Alfredo, direkt in der Viña Montes, gibt es leckere Sandwiches und Quiches (Di geschlossen).

In der **Viña Santa Cruz,** 25 Kilometer westlich von Santa Cruz, fährt man mit einer schweizerischen Kabinenseilbahn auf einen kleinen Hügel, wo in einem „Indianerdorf" die Traditionen und Bräuche der Aymara, Mapuche und Rapa Nui vorgeführt werden. Ein Terrassenrestaurant, ein Observatorium und Verkostungen runden das Angebot ab (Touren ab 13 US-$, Tel. 2/2219090, www.vinasantacruz.cl).

Wer kein Fahrzeug hat, organisiert die Besichtigung am einfachsten über eine Reiseagentur oder über die **Ruta del Vino del Valle de Colchagua,** Tel. 72/823199, www.rutadelvino.cl, die ihr Büro an der Plaza de Armas in Santa Cruz hat. Eine Halbtagestour mit Besichtigung von zwei Weingütern inkl. Weinprobe kostet ca. 35 US-$.

Eigens für den boomenden Weintourismus wurde 2004 ein alter **Schmalspurzug** restauriert, der an den Wochenenden (meist Sa) mit 30 km/h von San Fernando durch die Weinfelder nach Santa Cruz zuckelt. Unterwegs erfährt man mehr über die Tradition des Tals und kann natürlich auch Wein verkosten. Die Tour mit dem **Tren del Vino** kostet inkl. Mittagessen, Besuch eines Weingutes und des Museums 107 US-$ (Reservierungen unter Tel. 2/4707403, reservas@trendelvinochile.cl).

In Santa Cruz sollte man sich das **Museo de Colchagua** nicht entgehen lassen. Es zeigt die erstaunliche Sammlung von *Carlos Cardoen,* einer schillernden Persönlichkeit: Der aus dem Colchagua-Tal stammende *Cardoen* wurde mit Waffengeschäften reich und machte sich damit u.a. bei den USA unbeliebt. Zugleich gilt er als großer Kunstkenner und Mäzen seiner Heimatregion. Der Rundgang durch das Museum kommt einem Streifzug durch die Erd- und Menschheitsgeschichte gleich. Von versteinerten Seeammoniten bis zu den bunten Trachten der Huasos reicht die Spanne, dazwischen finden auch das Klavier von Staatsgründer *O'Higgins,* Naziwaffen und Pferdekutschen ihren Platz. Selbst der niedliche Bahnhof von Santa Cruz wurde komplett nachgebaut. Der Schwerpunkt liegt auf den präkolumbischen Kulturen Lateinamerikas, von denen *Cardoen* wertvolle Kunstgegenstände zusammengetragen hat (Errázuriz 145, ganz in der Nähe der Plaza, Di bis So 10–18 Uhr, 5 US-$).

Unterkunft

● **Hostal D'Vid**
Alberto Edwards 205, Santa Cruz, Tel. 72/821269. Preiswerte, aber gute, familiäre Herberge, mit Pool, DZ ab 39 US-$.
www.dvid.cl

● **Posada Colchagua**
Isla de Yaquil, 8 km von Santa Cruz, Tel. 72/933606. Schönes, im chilenischen Campo-Stil erbautes Gästehaus. Nur 10 Zimmer, Pool. DZ 88 US-$.
www.posadacolchagua.cl

● **Hotel Santa Cruz Plaza**
Plaza de Armas, Santa Cruz, Tel. 72/209600. Neubau im Kolonialstil mit allem Komfort, 113 überteuerte Zimmer. DZ 305 US-$.
www.hotelsantacruzplaza.cl

● **Viña La Playa**
Bei Peralillo, 25 km nordwestlich von Santa Cruz, Tel. 2/6579991. Eins von mehreren Gästehäusern direkt auf den Weingütern: Erstklassiges, von Lesern empfohlenes Hotel mit nur 11 Zimmern, Pool, Kinderspielplatz und Reitausflügen. DZ ab 150 US-$.
www.hotelvinalaplaya.cl

Verkehrsverbindungen

Busse fahren von Santiago (u.a. Andimar, Cruz Mar, Pullman del Sur, Tur-Bus) fast stündlich nach **Santa Cruz**, ca. 3,5 Stunden, ca. 10 US-$.

Pichilemu und Cahuil ⌕ IX/A3

Das Valle de Colchagua teilt sich bei Santa Cruz. Folgt man der Straße nach Nordwesten, gelangt man über Marchihue in das lebhafte Küstenstädtchen **Pichilemu** (90 km). Einst Seebad des chilenischen Landadels, kommt heute hier die nationale und internationale **Surfelite** zusammen, um sich an Stränden wie Punta de Lobos (6 km südlich) in die bis zu zehn Meter hohen Wellen zu stürzen (s. „Outdoor"). Der flache, ungefährliche Badestrand im Ort selbst ist Anfängern vorbehalten. Unmittelbar am Strand zeugt der **Parque Agustín Ross Edwards** von der aristokratischen Vergangenheit des Städtchens. Hier steht das **erste Spielkasino des Landes,** ein denkmalgeschützter Bau von 1909, der heute als Kulturzentrum dient.

Wer nicht den Krabbenfischern oder Surfern zusehen will, kann in **Cahuil** (16 km südlich) dem archaischen Prozess der **Salzgewinnung „per Hand"** beiwohnen. Entlang der vom Fluss Nilahue und den Gezeiten geformten salzhaltigen Lagune wird auf Verdunstungsfeldern dem Wasser das Salz entzogen. Dazwischen schaufeln die von Salz bedeckten und von der Sonne gegerbten Arbeiter weiße Berge in große Säcke. Da ist man froh, wenn die Touristen mit ihren Fragen mal für Abwechslung sorgen ... Auch sonst lohnt sich die Tour entlang des Flusses, auf dem Schwarzhalsschwäne und andere Wasservögel leben. Und natürlich wird in Cahuil Kunsthandwerk aus Salz angeboten.

Übernachten kann man in Pichilemu direkt am Strand im zünftigen Pichilemu Surf Hostal (Díaz Lira 164, Tel. 72/842350, ab 14 US-$ p.P., mit Restaurant), oder im Surf Lodge Punta Lobos (6 km südlich, Tel. 09/76092844, DZ ab 55 US-$, Cabaña für 2 Pers. ab 65 US-$, www.posadapuntadelobos.cl). Von Lesern empfohlen wird das neue Restaurant AdoBar an der Strandpromenade. Es gibt gute Busverbindungen von Santiago (ca. 4,5 Stunden).

Von Cahuil führt eine neu ausgebaute, geschotterte Küstenstraße nach Bucalemu und weiter zum Lago Vichuquén (siehe Umgebung von Curicó).

Curicó ⵠ XI/B1

Auch um das 1743 gegründete Curicó (100.000 Einwohner) erstrecken sich einige namhafte Weingüter. Ansonsten hat die Stadt nicht viel zu bieten außer der schönen, palmenbestandenen Plaza, die von einem schmiedeeisernen Pavillon vom Beginn des 20. Jahrhunderts und der Backsteinkirche San Francisco geziert wird.

Vor allem locken die **Weingüter in der Umgebung,** z.B. die **Bodega Miguel Torres,** Ableger des berühmten spanischen Produzenten und Pioniers des modernen Weinbaus in Chile, 1 Kilometer südlich der Stadt direkt an der Panamericana. Gratis-Führungen (auch auf Englisch) Mo bis So stündlich von 10–17 Uhr, für die Verkostung wird ein Entgelt erhoben. Anmeldung empfohlen (Tel. 75/564100). Die Viña hat auch ein viel gepriesenes Restaurant (Mittagessen Di bis So, Abendessen Fr). Die **Viña San Pedro** liegt ebenfalls an der Panamericana, 11 Kilometer südlich der Stadt. Ausführliche Führungen (Spanisch/Englisch) mit Weinprobe, ca. 11 US-$, Anmeldung unter Tel. 75/491517.

Die Weingüter des Curicó-Beckens sind ebenfalls in einer **Ruta del Vino** zusammengeschlossen; Büro mit Weinverkauf und Tourangeboten in der Calle Prat 301a, Tel. 75/328972, www.rutadelvinocurico.cl.

Touristeninformation

- **Im Teatro Victoria, Yungay 620,** Tel. 543026.

Unterkunft

- **Hostal Los Viñedos**
Chacabuco 645, Tel. 222083. Neu, sauber, zentral, DZ ab 39 US-$.
www.hostalvinedos.cl
- **Hotel Comercio**
Yungay 730, Tel. 310014. Ruhig und schön. DZ mit Bad ab 68 US-$.
www.hotelcomercio.cl

Essen und Trinken

- **Terruño Express**
Yungay 615. Cafeteria und gutes Restaurant.
- **Cantares**
Las Heras 266. Typisch chilenisch.
- **Club Italiano Centro Social**
Estado 531. Italienisch, was sonst? Gut und preiswert.

Verkehrsverbindungen

Überlandbusse

Der neue **Busbahnhof** ist in Prat Ecke Maipú, gegenüber vom Eisenbahnhof, Tel. 501141. **Busse nach Norden** Richtung Santiago fahren jede halbe Stunde, **nach Süden** sind die Verbindungen ebenso dicht. Hier verkehren auch alle 15–30 Minuten die Kleinbusse nach Molina, wo die Busse zu den Siete Tazas (s.u.) abfahren.

Eisenbahn

Curicós Bahnhof ist Maipú 567, fünf Blocks von der Plaza entfernt; Züge nach **Santiago** und **Chillán.**

Sonstiges

Reisebüros

- **Chilean Adventures**
René Leon 300 of. 604, Tel. 310762. Rafting-, Kayak-, Reit- und Trekkingtouren.
www.chileanadventures.com
- **Tricahuetour**
Potrero Grande bei Curicó, Tel. 332629, 09/876609839. Canopy, Trekking, Canyoning.

Die Umgebung von Curicó

Parque Nacional Radal – Siete Tazas

Der Nationalpark Radal – Siete Tazas liegt etwa 75 Kilometer südöstlich von Curicó. Man verlässt die Panamericana bei Molina und erreicht nach etwa 50 Kilometern die Siedlung **Radal;** hier wird die Erdpiste denkbar schlecht, die letzten 10 Kilometer bis **Parque Inglés** (Conaf-Besucherzentrum) sind für Stadtautos nur mit Mühe befahrbar.

Das Naturschutzgebiet ist 7500 Hektar groß und erstreckt sich in Höhenlagen zwischen 600 und 2100 Metern. Gut wird hier die **unterschiedliche Vegetation,** abhängig von der Höhenlage, deutlich. Sie wechselt abrupt zwischen der mediterranen des zentralen Beckens und dem feuchten Regenwald des chilenischen Südens, der hier in Höhenlagen bereits vorkommt.

Als **Siete Tazas,** „sieben Tassen", werden sieben größere **Wasserbecken** bezeichnet, die **durch Wasserfälle verbunden** sind. Der höchste dieser „Kettenfälle" misst 30 Meter. Der größte Wasserfall innerhalb der Schutzzone ist der **Salto de la Leona,** der sich 50 Meter tief in eine Schlucht stürzt.

Wer den **Touristenhorden** an den Siete Tazas ausweichen will, hat oberhalb davon immer wieder Gelegenheit dazu. An zahlreichen dicht bewaldeten Stellen hat der **Río Claro,** der seinen Namen vollauf verdient hat, tiefgrün schimmernde Becken in den grauen Basalt geschürft, in denen man wunderbar schwimmen kann.

In den Ferienmonaten Januar/Februar sind die Siete Tazas und die Zeltplätze in Parque Inglés stark überlaufen, weiter oberhalb sind Bergwanderer jedoch bald unter sich. Ausführliche Beschreibungen mehrerer exzellenter **Trekkingtouren** finden sich unter www.trekkingchile.com.

Buses Hernández (Tel. 75/493594) fährt in der Hochsaison (Januar/Februar) mindestens einmal täglich (am Wochenende mehrmals) von Molina bis Parque Inglés und zurück, die Abfahrts-

Die Wasserfallkaskaden der Siete Tazas

zeiten wechseln ständig. Das restliche Jahr über verkehren die Busse nur einmal täglich und nur bis Radal.

Übernachten kann man in Parque Inglés in der einfachen Hostería Flor de la Canela, Tel. 75/491613 (35 US-$ p.P. ohne Frühstück, Restaurant nebenan), auf dem Conaf-Zeltplatz (13 US-$ pro Stellplatz) oder in den Cabañas Valle de las Catas, 1 km oberhalb der Siete Tazas über eine Brücke, dann 2,5 km über Privatgelände (Tel. 09/96405835, Bungalows für 6 Personen 57 US-$, Camping 15 US-$ pro Zelt).

Lago Vichuquén und Pazifikküste   XI/A1

Ein beliebtes Ausflugsziel, auch für die Hauptstädter (ca. 4 Stunden von Santiago), ist der **Lago Vichuquén**, ein See in der Küstenkordillere 120 Kilometer westlich von Curicó. Hier treffen sich Segler und Motorbootfreunde, es gibt einen kleinen Jachthafen, ein paar Campingplätze, Cabañas und Hotels, z.B. das schöne La Hostería direkt am See (Tel. 75/400018, DZ 87 US-$, www.lagovichuquen.cl). Leider wurde die ursprüngliche Vegetation der umgebenden Berge weitgehend abgeholzt und durch Kiefernplantagen ersetzt. 5 Kilometer vor dem See liegt das verträumte **Kolonialdorf Vichuquén**, dessen ziegelgedeckte Häuser an der Stelle einer indianischen Siedlung erbaut wurden. Über die Besiedlungsgeschichte kann man sich im instruktiven Historischen Museum des Ortes informieren (Di bis So 10.30–13.30 und 15.30–18.30 Uhr, Eintritt 1 US-$).

Von Vichuquén ist es nicht mehr weit zum Meer, entweder entlang des Sees und seines Abflusses nach **Llico** (beliebter Windsurf-Strand) oder über die Kordillere nach **Caleta Duao** und **Iloca** mit ihren langen, flachen Sandstränden, an denen man gern ein paar Tage ausspannt (mehrere Unterkünfte, u.a. die Hostería Iloca, Tel. 75/1983780, DZ ab 56 US-$, www.hosteriailoca.cl). In Caleta Duao werden die Fischerboote mit Ochsenkarren aus dem Wasser gezogen, und die gierigen Möwen verdunkeln den Himmel, wenn die Fischer ihren Fang ausnehmen und direkt vom Boot weg verkaufen.

Über eine asphaltierte Straße entlang des Río Mataquito geht es zurück nach Curicó (135 km von Iloca). **Busse** verkehren von Curicó bzw. auch direkt von Santiago nach Vichuquén und Iloca.

Talca   XI/B1

Der Hauptstadt der Region Maule sieht man ihre knapp über **200.000 Einwohner** nicht an. Das Zentrum wirkt kleinstädtisch-ländlich, nur wenige Hochhäuser durchbrechen die zweistöckigen Straßenfluchten. Die Stadt ist vor allem Dienstleistungszentrum für die Landwirtschaft ringsum. Aber es gibt eine Universität, ein modernes Theater mit Konzerten und Veranstaltungen und eine neue Fußgängerzone auf der Straße 1 Sur (zwischen 4 und 6 Oriente), wo Restaurants und Cafés ebenso für städtisches Flair sorgen wie auf der Kneipenmeile Isidoro del Solar, von den Einheimischen kurz „Diagonal" genannt.

Sehenswert ist wenig, hervorzuheben ist das **Museo O'Higginano y de Bellas Artes,** untergebracht in einem Kolonialhaus von 1762, in dem 1818 die chilenische Unabhängigkeitserklärung unterzeichnet wurde. Der Schreibtisch, auf dem das passierte, ist ausgestellt, ebenso zahlreiche wertvolle Gemälde (geöffnet Di bis Fr 10–13 und 14–18 Uhr, Sa 10–14 Uhr, So 14–18 Uhr, Eintritt 1 US-$).

Einblick in die Architektur und Lebensweise des chilenischen Landadels vermittelt die **Villa Cultural Huilquilemu,** 7 km außerhalb Talcas an der Straße nach San Clemente (Tel. 71/242474, geöffnet Di bis Fr 9–13 und 15–18.30 Uhr, Sa/So 12–18 Uhr, Eintritt 1 US-$). Einst Hazienda einer reichen Familie, heute Museum, kann man hier die typische Adobe-Architektur mit Säulengängen um mehrere Innenhöfe bewundern. Hinzu kommt ein über 100 Jahre alter Landschaftspark mit riesigen Bäumen aus aller Welt. Die **Ruta del Vino de Maule** hat hier ihr Büro mit einem modernen Verkaufsraum.

Touristeninformation

- **Vorwahl von Talca:** 71
- **Sernatur**
1 Oriente 1150, im Postgebäude an der Plaza, Tel. 226940, Mo bis Fr 8.30–17.30 Uhr. Sehr hilfsbereit.
- **Conaf** (Nationalparks)
2 Poniente 1180, Tel. 234751.

Unterkunft

- **Casa Chueca**
Viña Andrea s/n, Tel. 1970096. Viel gepriesenes Gästehaus ca. 6 km außerhalb von Talca am Río Lircay. Wunderschöne Anlage mit Pool, kleinem Strand, W-Lan und vegetarischer Küche. Die österreichisch-deutschen Besitzer *Franz Schubert* und *Kathrein Splett* organisieren Trekking- und Reitausflüge in die Anden bzw. versorgen mit den nötigen Infos. Auch preiswerte Spanischkurse und Vermietung von Fahrzeugen und Wohnmobilen. Für die Gäste steht in den Anden die Berghütte „Lamalodge" zur Verfügung, von der aus man schöne Wanderungen unternehmen kann (10 US-$ p.P.). Die Casa Chueca ist oft ausgebucht, Voranmeldung daher dringend empfohlen! Abholung (nach Anruf) von der Endstation der Stadtbuslinie Taxutal A (San Valentín), 10 Min. vom Busbahnhof. Übernachtung im Mehrbettzimmer 14 US-$ p.P. mit Frühstück, DZ mit Bad 56 US-$. www.trekkingchile.com/casachueca
- **Hostal del Puente**
1 Sur 407, Tel. 220930. Zentral, familiäre Atmosphäre, Kolonialstil, schöner Innenhof, alle Zimmer mit eigenem Bad. DZ 47 US-$. hostaldelpuente@adsl.tie.cl
- **Stella Bordestero**
4 Poniente 1183, Tel. 236545. Cabañas am grünen Flussufer, zentral gelegen, DZ 52 US-$. www.turismostella.cl
- **Hotel Terrabella**
1 Sur 641, Tel. 226555. Modern, nahe Plaza, mit Garten und Pool, DZ 81 US-$.
- **Casona Las Chilcas**
Fundo Las Chilcas, San Rafael, ca. 50 km nordöstlich von Talca, Tel. 71/651000. Sehr schönes Landhaus mitten im Weingut, familiäre Atmosphäre. DZ mit Vollpension ca. 280 US-$. www.viawines.com

Essen und Trinken

Preiswertes Mittagessen bekommt man **in der Markthalle,** ansonsten:
- **Locos de asar**
Isidoro del Solar 56. Fleisch vom Grill.
- **Pura Candela**
Isidoro del Solar 38. Nette Pub-Atmosphäre, gute Drinks, zu später Stunde Tanz.
- **Embrujo**
Isidoro del Solar Ecke 1 Poniente. Sympathische Kneipe mit Live-Shows.

- **La Previa**
6 Oriente 1170. Gut besuchter Pub, Fr und Sa mit Livemusik.
- **Viejas Cochinas**
Ribera Poniente Río Claro. Üppige Portionen für wenig Geld, nett gelegen am Ufer des Río Claro, etwas außerhalb.
- **Russo**
7 Oriente 931. Gourmet-Restaurant kombiniert mit schönem Design, akzeptable Preise.

Verkehrsverbindungen

Überlandbusse

Der **Busbahnhof** ist auf der Ecke der Straßen 12 Oriente und 2 Sur, der von Tur-Bus und Pullman gleich dahinter in der 3 Sur. Talca liegt an der Panamericana und wird von **allen Nord-Süd-Linien** angefahren. Busse nach Norden Richtung Santiago fahren jede halbe Stunde, nach Süden sind die Verbindungen ebenso zahlreich. Auch nach Constitución fahren stündlich Busse (2 Std., 4 US-$).

Eisenbahn

Der **Bahnhof** liegt 2 Sur/Ecke 11 Oriente. Täglich 4–7 Züge nach Santiago und Chillán. Einmal täglich um 7.30 Uhr fährt ein Schmalspurzug nach Constitución (2,5 Std., 3 US-$); die Fahrt durch das Tal des Río Maule ist landschaftlich sehr schön und eignet sich gut für einen Tagesausflug ans Meer. Frühzeitig erscheinen, es gibt keine Platzreservierung, und der Zug wird oft sehr voll!

Sonstiges

Geldwechsel

- **Marcelo Cancino,** 1 Sur 898, oficina 15.
- **Afex,** 2 oriente 1131.

Post und Telefon

Die **Hauptpost** befindet sich auf 1 Oriente an der Plaza. **Telefonzentralen** finden sich z.B. 1 Sur 835 und 6 Oriente 1067.

Reiseveranstalter/Touren

Kaum ein zweiter kennt die Region so gut wie *Franz Schubert,* Chef des Veranstalters Turismo Caminante, der sich auf **Wander- und Naturtouren** in ganz Chile mit Schwerpunkt auf der Zentralzone spezialisiert. Kontakt über die Casa Chueca (siehe Unterkunft), www.trekkingchile.com/caminante.

Die Umgebung von Talca

Reserva Nacional Altos de Lircay ⚐ XI/B2

Das Naturreservat Altos de Lircay gehört zweifellos zu den **schönsten Wandergebieten Chiles** und eröffnet zugleich den Zugang zu spektakulären **Bergtouren.** Es beeindruckt mit alten Südbuchenwäldern, verschiedenartigen Vegetationszonen und traumhaften Ausblicken auf die Hochkordillere. Der Parkeingang bei der Feriensiedlung **Vilches** auf 1100 Meter Höhe, 66 Kilometer östlich von Talca, ist leicht mit Bussen zu erreichen (drei- bis fünfmal täglich, Buses Vilches, Tel. 243270). Hier kann man einfache Wanderungen unternehmen, etwa zum Aussichtsfelsen **Piedra de Aguila** (ca. 40 Min.) oder zum Hochmoor **Majadilla** (2 Std.). Für Bergwanderer lohnt sich unbedingt der Aufstieg auf den Aussichtsberg **Cerro Peine** (2448 m), der hin und zurück 6–7 Stunden in Anspruch nimmt.

Mit dem Zelt im Gepäck sind weiter entfernte Attraktionen zu erreichen: die tief blaue **Laguna del Alto,** der „UFO-

Ausblick vom Cerro Peine

Landeplatz" **Enladrillado** über der Claro-Schlucht (Letzterer auch an einem langen Tag zu schaffen) oder der Gipfel des Vulkans **Descabezado Grande** (3830 m), der hoch über einer Aschewüste thront (4–5 Tage). Eine Dreitageswanderung führt von Vilches in den benachbarten Nationalpark Radal Siete Tazas (s.o.). Genaue Beschreibungen dieser und weiterer Touren finden sich unter www.trekkingchile.com, ebenso die Wanderkarte Condor Circuit.

Passionierten Bergwanderern sei die erstklassige **Rundwanderung Circuito Los Cóndores** empfohlen, die ebenfalls in Altos de Lircay beginnt. Näheres im Outdoor-Kapitel.

Vor dem Parkeingang in Vilches Alto kann man mit Hilfe von *Don Tito*, dem Besitzer eines kleinen Kiosk-Restaurants (linker Hand), eine **Reittour** organisieren. Es gibt ein paar einfache Unterkünfte, die beste ist mit Abstand **Don Galo** (am Ex-Hotel 100 m links, Tel. 2/1960619, 09/83156921, claracontreras@chile.com). In der familiären Herberge mitten im Naturwald gibt es ein Restaurant mit Terrasse, tollem Bergblick und guter Hausmannskost (der Gastgeber kocht und serviert selbst), zwei schöne Zimmer mit Privatbad (2 bzw. 4 Pers., 35 bzw. 53 US-$) und eine einfache, geräumige Cabaña für 7 Personen (ab 55 US-$).

Kolonialdörfer und Weingüter

Talca bietet sich als idealer Ausgangspunkt an, um eine Prise Landluft zu schnuppern. Verträumte Dörfer mit Kopfsteinpflaster, schattigen Alleen und bunten Lehmhäusern atmen noch den Hauch der Zeiten, als die Spanier das fruchtbare Zentraltal besiedelten. Der spröde Charme von Orten wie **Yerbas Buenas** oder **Villa Alegre** (Busse von Talca), ihr träger Rhythmus und die zurückhaltende Freundlichkeit ihrer Bewohner erschließen sich erst auf den zweiten Blick. So sollte man sich Zeit lassen bei einem Besuch, die Augen offen halten und die kleinen Details genießen: eine alte Tür, ein schattiger Patio, ein zünftiges Mittagessen vom Lande.

Rings um Talca lohnen auch einige **Weingüter** den Besuch. Die Palette reicht von der traditionellen Viña Balduzzi in San Javier bis zur hochmodernen Anlage der Viña Calina, einem Ableger des kalifornischen Weinproduzenten Kendall-Jackson mit hervorragenden Tropfen. Die meisten Güter sind in der **Ruta del Vino Valle del Maule** zusammengeschlossen, die auch Besichtigungen anbietet. Sie hat ihr Büro in der Villa Cultural Huilquilemu (s.o.), Tel. 246460, www.valledelmaule.cl.

Valle Melado

Südlich des Maule-Flusses erstreckt sich das Valle Melado über ein Gebiet von 2500 Quadratkilometern – ein Paradies für **Wanderer** und vor allem **Reiter,** da das Pferd nach wie vor natürliches Fortbewegungsmittel der hier lebenden Bergbauern und Viehhirten darstellt. Die touristisch bislang kaum erschlossene Vorkordilleren-Gegend wartet mit **heißen Quellen** auf, die aus schneebedeckten Vulkanen entspringen, mit Naturwäldern, Gletschern und versteckten Lagunen. Reittouren mit örtlichen Bergbauern können einfach und günstig über www.pferde.trekkingchile.com organisiert werden.

Die Küstenroute

Von Constitución verläuft der **südliche Küstenabschnitt in Mittelchile** über 330 Kilometer **bis nach Concepción.** Die Route, die beide Städte verbindet, führt **bis Cobquecura am Meer** entlang, dann ins Landesinnere, immer entlang riesiger Plantagen, auf denen schnell wachsende Kiefern gezogen werden. Parallel zur Panamericana geht es weiter nach Süden, erst bei Tomé, wenige Kilometer vor der Doppelstadt Talcahuano/Concepción, erreicht man wieder den Pazifik. Die Route an der Küste entlang wird derzeit ausgebaut und asphaltiert.

Wer ruhig gen Süden reisen will, für den bietet diese Strecke eine echte Alternative: Anders als entlang der Panamericana taucht man hier mehr in das **ländliche Chile** ein und sieht dessen beide Gesichter: das hoch organisierte und funktionale in den großen Plantagen und den Sägewerken, die im Viertelstundentakt von schweren, holzbeladenen Lastwagen beliefert werden, und das rückständig ländliche Chile, in dem

DIE KÜSTENROUTE

Bauern mit Ochsenkarren ihre wenigen Güter transportieren oder mit von Ochsen gezogenen Pflügen die schwere Erde umgraben.

Constitución

Die **Kleinstadt** mit 37.000 Einwohnern wurde bereits 1794 gegründet, erlebte aber erst Ende des 19. Jahrhunderts einen ersten Aufschwung, als die Oberschicht von Talca sie als günstig gelegenen **Badeort** entdeckte. Heute ist die Stadt sowohl Touristenort als auch **Industriestadt**, sie lebt von ihrem Hafen, der Fischerei und Fischverarbeitung sowie von einer Zellulosefabrik und zahlreichen Sägewerken.

Die mitten in der Stadt vor sich hin qualmende Zellulosefabrik – eine Umweltsünde der 1970er Jahre – erschwert die Vorstellung, dies könnte ein Erholungsort sein. Doch dann biegt man in die Uferpromenade ein, der Blick weitet sich und umfasst die **spektakulären Felsen,** die diese Küste einzigartig in ganz Chile machen: **schwarze Sandstrände,** abgeteilt durch riesige weißgraue Felsformationen mit fantasievollen Namen wie „Die Kirche", „Der Elefant" oder „Tor der Liebenden". Die Wellen branden an ihnen hoch, darüber kreischen Möwen und Pelikane, und durch die Felsenlücken und -höhlen schießt in ewiger Wiederkehr die Gischt.

In den Dünen von Putú bei Constitución

Unterkunft

- **Residencial Alameda**
Av. Egaña 1120-A und Alameda 734, Tel. 71/671896. Familiär, freundlich und hilfsbereit, ab 14 US-$ p.P.
- **Hotel Herrera**
O'Higgins 240, Tel. 71/671885. Zentral, einfach, DZ ab 49 US-$.
- **Cabañas Playa El Cable**
Playa El Cable, Tel. 09/94582610. 5 km außerhalb am Ende der Küstenstraße, Cabañas (ohne Küche) mit Meerblick und Pool, DZ ab 53 US-$.
- **Hostería Constitución**
Echeverría 460, Tel. 71/671450. Einst bestes Hotel am Platz, Parkplatz, Pool, nachlässiger Service. DZ mit Bad/TV ab 53 US-$.

Essen und Trinken

- Gut und preiswert isst man an den Ständen in der **Markthalle** (Calle Vial/Ecke Oñederra), hier natürlich Fisch und Meeresfrüchte, ebenso in den vielen Restaurants am Strand neben der Mole.
- **Padre Adán**
Echeverría, am Bahnhof. Beliebt, billig, typisch.
- **Rapa Nui**
Cruz 402. Café an der Plaza de Armas.

Verkehrsverbindungen

- **Überlandbusse:** Der Busbahnhof ist auf der Calle Rozas zwischen Echeverría und Bulnes. Von hier bestehen gute **Verbindungen** in die Provinzhauptstadt Talca (stündlich, 1,5 Std., 4 US-$) und von dort über die Panamericana in alle Landesteile. Ebenfalls gute Verbindungen gibt es nach Cauquenes (1,5 Std., 4 US-$) und Parral (2,5 Stunden, 5 US-$).
- **Eisenbahn:** Zwischen Constitución und Talca verkehrt **die letzte Schmalspurbahn Chiles**. Sie folgt dem Lauf des Río Maule und ersetzt die dort nicht existierende Straße. Da kann es schon mal passieren, dass ein Bauer die Lok mit den zwei altersschwachen Waggons mitten auf dem Feld anhält, um mit seinen Hühnern für den Markt zuzusteigen – ein Erlebnis der besonderen Art! Ab Constitución tägl. um 16.15 Uhr, 3 US-$, Infos unter Tel. 71/226254.

Die Dünen von Putú   ♪ XI/A1

Eine der großen Attraktionen der Zentralküste ist weitgehend unbekannt: Rund 20 Kilometer nördlich von Constitución, über eine neue Asphaltstraße leicht erreichbar, erstreckt sich zwischen Straße und Küste ein drei bis fünf Kilometer breites und ca. 20 Kilometer langes **Sanddünenfeld**. Bei einem Spaziergang hinüber zum völlig einsamen Strand fühlt man sich in die Sahara versetzt.

Loanco, Laguna Reloca und Chanco   ♪ XI/A2

Von Constitución aus nach Süden führt die Straße zunächst durch unansehnliche Kiefernplantagen in der Küstenkordillere. Bei km 43 lohnt sich der Abstecher zum beschaulichen Fischerdorf **Loanco** mit bizarren, von der Brandung umtosten Felsen, auf denen Hunderte Seelöwen leben.

Bei km 51 biegt eine Schotterpiste zur unter Naturschutz stehenden **Laguna Reloca** ab, die unter Ornithologen als Schatzkiste gilt: 130 Vogelarten wurden hier gezählt, darunter Schwarzhalsschwäne, mehrere Reiherarten und Flamingos.

10 Kilometer weiter südlich ist **Chanco** erreicht. Das zur „zona típica" deklarierte Städtchen kann mit zahlreichen Häusern aus der Kolonialzeit aufwarten und ist durch seine handwerklichen Käsereien landesweit bekannt. In neuerer Zeit ist der Erdbeeranbau hinzugekommen – beides, *quesos* und *frutillas,* kann man überall probieren.

Pelluhue und Curanipe ⚓ XI/A2

Ihren ganz eigenen Charme entfalten die beiden **Badeorte** Pelluhue und Curanipe, 75 bzw. 82 Kilometer südlich von Constitución. Lang gezogene, von Felsformationen unterbrochene **Strände** mit schwarzem Sand und wenig Menschen laden zu ein paar geruhsamen Tagen am Pazifik ein (direkte Busverbindungen von Santiago). In den hohen Röhrenwellen am Abschnitt zwischen Curanipe und Cobquecura (40 Kilometer weiter südlich) tummeln sich den Sommer über **Surfer und Windsurfer.**

Zahlreiche **Unterkünfte** finden sich in beiden Orten, so etwa die Cabañas Campomar, eine schöne Anlage mit Blick aufs Meer, rustikalen Bungalows für 2 bis 6 Pers. (38–53 US-$), Internet-Anschluss, Pool; Tel. 73/541000, www.cabanascampomar.cl. Ruhiger geht es in Suhaila zu, einer grünen Anlage mit drei einfachen Bungalows für 2–4 Pers., Pool, Meerwasser-Jacuzzi, 2 Saunas und Hot Tub, 10 Kilometer südlich von Curanipe. Die deutschsprachigen Betreiber organisieren auch Kajak- und Reittouren. Das Beste ist der direkte Zugang zu einem der einsamsten und schönsten Strände Mittelchiles (2 Pers. ab 61 US-$, Tel. 09/93049329, www.luzdeluna-suhaila.cl).

Die **schönste Unterkunft weit und breit** ist La Joya del Mar in Buchupureo, 36 km südlich von Curanipe. An der Mündung eines Flüsschens hat ein US-amerikanisches Paar drei moderne, überaus bequeme und geschmackvoll eingerichtete Ferienhäuser *(villas)* für 4–6 Personen erbaut, alle mit Blick aufs Meer. Zu dem üppig begrünten Komplex gehören ein Pool und ein großzügig gestaltetes Restaurant mit ausgefeilten Meeresgerichten, die ihr Geld definitiv wert sind (Villa ab 180 US-$, Tel. 42-1971733, www.lajoyadelmar.com).

Die Küstenstraße ist **südlich von Cobquecura** noch nicht ausgebaut, man muss zurück ins Landesinnere. Nach 107 km ist Chillán erreicht.

Chillán ⚓ XI/A3

Dass im Zentrum der **Geburtsstadt von Bernardo O'Higgins** vorwiegend moderne Gebäude zu finden sind – Musterbeispiel ist die aus Beton erbaute Kathedrale –, hat tragische Gründe: Im Januar 1939 wurde Chillán durch ein **Erdbeben** zu mehr als neun Zehnteln zerstört; in der Innenstadt blieb kein Stein auf dem andern, 15.000 Menschen verloren ihr Leben. Ein 36 Meter hohes Kreuz an der Plaza erinnert an das schreckliche Ereignis.

Chillán präsentiert sich heute als lebhafte Stadt mit knapp 150.000 Einwohnern. Vor allem um die zentrale Plaza und zwischen Plaza und **Mercado** (zwei Blocks südlich) drängen sich die Menschen durch die engen Straßen. Den Markt besucht man am besten um die Mittagszeit; hier werden gute und preiswerte Menüs angeboten. Neben der Markthalle liegt die **Feria de Chillán** mit einem großen Angebot an kunsthandwerklichen Gegenständen.

Die größten Attraktionen von Chillán sind ein Museum und eine Schule – das

Museo Franciscano (Sargento Aldea 265, Di bis So 10–13 und 15–17 Uhr) zeigt Gemälde, Möbel und kirchliche Kunst von der spanischen Kolonisation bis heute. Die Schule ist die **Escuela República de México** (Av. O'Higgins 250). Nach dem Erdbeben von 1939 stiftete die mexikanische Regierung diese Schule und ließ sie vom mexikanischen Künstler *David Alfaro Siqueiros* mit Szenen aus der mexikanischen (Nordseite der Schule) und chilenischen Geschichte (Südseite) bemalen. Auch *Xavier Guerrero,* ein weiterer mexikanischer Künstler, war beteiligt (zu besichtigen: wochentags 9.30–12.30 und 15–18 Uhr).

Touristeninformation

- **Vorwahl von Chillán: 42**
- **Sernatur**
18 de Septiembre 455, Tel. 223272.
- Ein **städtisches Infobüro** ist auf der 18 de Septiembre 580; Kiosk am Busbahnhof.

Unterkunft

- **Residencial Su Casa**
Cocharcas 555. Sauber, Parkplätze. Mit Frühstück ca. 12 US-$ p.P.
- **Hotel Claris**
18 de Septiembre 357, Tel. 221980. Freundlich, hilfsbereit und sauber. DZ ohne Bad 26 US-$, mit Bad ca. 35 US-$.
clarishotel@hotmail.com
- **Libertador**
Libertad 85, Tel. 223255. Große Zimmer, okay. DZ mit Bad 47 US-$.
- **Gran Hotel Isabel Riquelme**
Arauco 600, Tel. 434400. Sachlich, aber elegant, sehr unterschiedliche Zimmer zu unterschiedlichen Preisen. DZ mit Bad und Frühstücksbuffet ab 107 US-$.
hotelir@termaschillan.cl
- **Viña Chillán**
Tres Esquinas, Camino a Yungay km 7, Tel. 42/1971573. Von Schweizern aufgebautes Öko-Weingut ca. 30 km südlich von Chillán, mit schönem Gästehaus mitten im Rebgarten. Sechs geräumige Zimmer, Pool, Restaurant und viel ländliche Ruhe. DZ 53 US-$.
www.vinachillan.cl

Essen und Trinken

Neben den **Essständen in der Markthalle** sind zu empfehlen:
- **Fuente Alemana**
Arauco 660. Gute Kuchen.
- **Centro Español**
Arauco 555. Sehr gut, stilvoll, nicht preiswert.

Ausspannen in den Termas de Chillán

●**Club Comercial**
Aracuo 745. Vor allem zur Mittagszeit populär.

Verkehrsverbindungen

●**Überlandbusse:** Chillán besitzt **drei Busbahnhöfe,** zwei überregionale und einen regionalen. Überregionale Linien fahren ab Constitución/Ecke Brasil und Av. O'Higgins 010. Die überregionalen Verbindungen sind hervorragend, so fahren von Chillán Busse nach Norden Richtung Santiago etwa jede halbe Stunde, nach Süden sind die **Verbindungen** ebenso häufig. Einige Beispiele:
●**Santiago,** 6 Stunden, 9–11 US-$
●**Temuco,** 4 Stunden, 9 US-$
●**Puerto Montt,** 9 Stunden, 13–30 US-$
●**Talca,** 2 Stunden, 6 US-$
●**Concepción,** 90 Minuten, 4 US-$
●**Regionale Ziele** werden vom Terminal de Buses Rurales angefahren (Aldea/etwa Ecke Prat an der Feria de Chillán). Von hier fahren die Busse zu den Termas de Chillán.
●**Eisenbahn:** Chilláns Bahnhof ist Av. Brasil Ecke Av. Libertad. Von hier fahren Züge **nach Santiago** (ca. achtmal täglich). Der Zugverkehr nach Temuco und Concepción ist bis auf Weiteres eingestellt.

Sonstiges

●**Geldwechsel:** Av. Collín 585-A.
●**Post und Telefon:** Die **Hauptpost** befindet sich Libertad 505. **Telefonzentralen** finden sich z.B. Arauco 625, 18 de Septiembre 746 und 490, Local 327.
●**Schnellwäscherei:** Libertad 771.

Termas de Chillán

Die Thermen von Chillán sind in Chile wohl bekannt, vor allem auch als attraktives **Skigebiet.** Im Winter lohnt der Besuch der Anlage 80 Kilometer südöstlich von Chillán mehr als im Sommer – Thermalquellen gibt es an vielen Orten und schönere dazu. Für Wintersportfreunde sind sie eine Alternative, auch weil die Skipässe hier billiger als in der Gegend von Santiago sind.

Zu erreichen sind die mitten in den bewaldeten Voranden gelegenen Thermen per Bus von Chillán.

Die Thermalhotels haben ihren stolzen Preis (s.u.). Preiswerter kommt man im 9 km vor den Thermen gelegenen Ferienort **Las Trancas** unter:

Unterkunft

●**Hostel Chillán**
Km 73,5, Las Trancas, Tel. 42/423718. Gehört dem Jugendherbergsverband an, ab 15 US-$ p.P. www.hostelling.cl
●**Ecobox Andino**
Camino a Shangri-La, Las Trancas, Tel. 42/423134. Originell zu Cabañas ausgebaute Container für 4 Personen, mit Holzstegen verbunden. Ruhig und familiär, Cabaña ab 70 US-$. www.ecoboxandino.cl
●**Cabañas Las Cabras**
Camino Los Radales, Las Trancas, Tel. 41/2216663. Geräumige, gemütliche Ferienhäuser für 6-8 Pers., mit Terrasse, viel Auslauf und Pool. Cabaña ab 88 US-$.
www.cabanaslascabras.cl
●**Misión Imposible Lodge**
Camino a Shangri-La, Las Trancas, Tel. 09/96230412. Lebhafte, bei Skifahrern und Wanderern beliebte Herberge mit Restaurant, Pool, Hot Tubs, Kletterwand und Skiausleihe, DZ ab 106 US-$. www.milodge.com
●**Hotel Nevados**
Termas de Chillán, Tel. 42/206100. Das älteste und „einfachere" der Thermalhotels, mit Freibecken, Wannenbädern, Sauna und Massagen. DZ ab 195 US-$ mit Vollpension. www.nevadoschillan.com
●**Gran Hotel**
Termas de Chillán, Tel. 2/2331313. Riesiger 5-Sterne-Komplex mit Spa und Casino. DZ ab 320 US-$ mit Vollpension.
www.termaschillan.cl

Von hier aus können Trekkingfreunde Wanderungen in die dicht bewaldete

Kordillere und auf die Gipfel des Chillán-Massivs unternehmen. Eine Tagestour führt von den Termas de Chillán zu heißen Naturquellen im Nachbartal **Aguas Calientes,** und an drei Tagen kann man von Las Trancas aus den vergletscherten **Nevado de Chillán** (3212 m) besteigen.

Eine Wanderkarte gibt es unter www.trekkingchile.com/karten.

Salto del Laja ⚑ XII/B1

Wer **mit dem Auto** nach Süden unterwegs ist, kann 70 Kilometer südlich von Chillán einen **Abstecher zum Salto del Laja** machen. Die Ausfahrt ist ausgeschildert, nach zwei Kilometern gelangt man an die Brücke über den Río Laja, von der aus der **größte Wasserfall Chiles** zu sehen ist: eine etwa 100 Meter breite Wasserwand, die 40–55 Meter tief in eine enge Schlucht stürzt. Ein Spaziergang (5 Min.) führt bis dicht an die Fälle, die allerdings im Hochsommer überlaufen sind, obwohl sie dann meist wenig Wasser führen. Mehrere **Restaurants und Unterkünfte** wetteifern um die Gunst der Touristen, so z.B. das ehrwürdige Hotel Salto del Laja, schön auf einer Flussinsel gelegen, mit Badestellen und weitläufigem Naturpark (Tel. 43/321706, www.saltodellaja.cl, DZ ab 66 US-$).

Concepción ⚑ XII/B1

Mit seiner **Nachbar- und Hafenstadt Talcahuano** ist Concepción inzwischen fest zusammengewachsen. Das Ballungszentrum an der breiten und trägen **Mündung des Río Biobío** in den Pazifik zählt etwa 600.000 Einwohner und ist damit das nach Santiago **zweitgrößte industrielle Zentrum Chiles.** Dabei überlässt die Regionalhauptstadt Concepción (212.000 Einwohner) der Schwesterstadt Talcahuano am Pazifik (250.000 Einwohner) die Rolle der wirtschaftlichen Lokomotive.

Wohl zu Recht wird Concepción von den meisten Chile-Besuchern gemieden. Sie vermuten, dass es in der Industriestadt nichts zu sehen gäbe. Historisches ist tatsächlich trotz der langen Stadtgeschichte kaum erhalten. Das Zentrum präsentiert sich modern und funktional, eine **nüchterne Zweckstadt,** die das gar nicht verbergen will. Freilich geht es hier – wie überall in der Provinz – im Vergleich zu Santiago gemächlich zu, wie man beim Schlendern durch die Fußgängerzonen und über den Stadthügel Caracol bemerkt.

Geschichte

Die **erste chilenische Hauptstadt** (in der Zeit von 1565–1573) wurde bereits 1551 von *Pedro de Valdivia* gegründet. **Die Geschichte der Stadt ist eine der Zerstörung,** und das erklärt, warum es so wenige Baudenkmäler gibt. Seit ihrer Gründung bis Mitte des 19. Jahrhunderts wurde die Stadt wiederholt von Indianern überfallen, 1730 und 1751 von **Erdbeben** zerstört, allerdings immer wieder aufgebaut: Zu wichtig waren der natürliche Hafen bei Talcahuano und die strategisch günstige Lage an der Mündung des Río Biobío.

Am 20. Februar 1835 legte erneut ein schweres Beben die Stadt in Schutt und Asche. *Charles Darwin,* der Concepción Anfang März, also etwa 14 Tage später, besuchte, notierte: „Die Ruinen waren so durcheinandergemengt, und die ganze Szene besaß so wenig das Ansehen eines bewohnbaren Ortes, daß es kaum möglich war, sich den früheren Zustand vorzustellen." Wiederaufbau und neuerliche Zerstörung – das nächste Riesenbeben ereignete sich im Jahr 1939, als 15.000 Häuser zerstört wurden, das letzte war das große Erdbeben von 1960 mit Epizentrum in Valdivia (siehe dort).

Südlich der Stadt beginnt die sogenannte **Costa del Carbón,** die Kohleküste. Hier erstreckten sich große Kohlereviere. Der schwache Kohlepreis auf dem Weltmarkt und die hohen Produktionskosten haben zur Stilllegung der meisten Minen geführt; die Folge: Die Gegend südlich von Concepción leidet unter hoher Arbeitslosigkeit, staatliche Umstrukturierungsprogramme haben bislang wenig gefruchtet.

Sehenswertes

Die Stadt besitzt einen regelmäßigen **Schachbrettgrundriss,** dessen **Zen-**

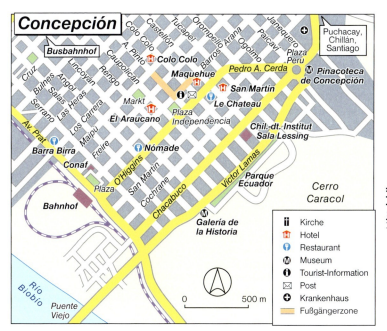

trum die **Plaza Independencia** einnimmt. Diese trägt ihren Namen zu Recht – hier wurde 1818 die chilenische Unabhängigkeit erklärt. Die Plaza ist ein ruhiger Ort mit altem Baumbestand, in seiner Mitte findet sich ein Brunnen, gekrönt von einer Figur der *Ceres,* der römischen Göttin des Ackerbaus.

Folgt man der Aníbal Pinto nach Südosten, gelangt man zum Parque Ecuador, einer ruhigen Parkanlage, hinter der sich der schöne, von Naturwald bewachsene Stadtberg **Cerro Caracol** anschließt.

Am südwestlichen Ende des Parks liegt die **Galería de la Historia,** in der in großen, sehr lebendig gestalteten Dioramen die Geschichte der Stadt und Region dargestellt wird. Man sieht, wie die Mapuche-Indianer einst hier lebten, die Ankunft der ersten Spanier, natürlich auch die Erklärung der Unabhängigkeit von 1818 und die verheerenden Zerstörungen, die 1939 das vorletzte große Erdbeben anrichtete (Av. Víctor Lamas/Ecke Lincoyán im Parque Ecuador; Mo bis Fr 10–13.30 und 15–18.30 Uhr, Sa, So 10– 14 und 15–19 Uhr)

Von der Plaza Richtung Nordosten gelangt man zum Universitätsviertel. Attraktiv für den Besucher ist dort die **Pinacoteca de Concepción,** die größte Sammlung chilenischer Malerei im gesamten Land. Das auffälligste Einzelkunstwerk der Ausstellung stammt aber nicht von einem Chilenen, sondern von einem Mexikaner: Es ist das Wandgemälde „Presencia de América Latina" von *Jorge González Camarena* (Chacabuco/Ecke Larenas, Di bis Fr 10–18 Uhr, Sa 10–16 sowie So 10–13 Uhr).

Zwei Blocks nordwestlich der Plaza liegt die **Markthalle,** ein lebhaftes Sammelsurium unterschiedlichster Stände. Vom Fisch bis zum Kunsthandwerk wird hier und in den umliegenden Gassen alles angeboten – in der Halle gibt es auch gute und preiswerte Essstände.

Der **Ausflug in die Industriestadt Talcahuano** lohnt nur für Freunde der Schifffahrt. Denn entlang der Bahía de Concepción liegen mitunter sehenswerte Boote, sei es im Hafengelände oder auch im Jachtclub nördlich des eigentlichen Hafens. Hier liegt auch die **„Huáscar"** im Wasser, ein metallenes **Schlachtschiff,** das 1865 in England gebaut wurde und eines der ersten Vollmetallschiffe war. Es wird sorgfältig in Schuss gehalten, schließlich handelt es sich um eine kostbare Trophäe aus dem Salpeterkrieg. Die peruanische „Huáscar" hatte den Chilenen zunächst in der Schlacht bei Iquique eine bittere Niederlage beigebracht (siehe bei „Iquique"), fiel ihnen aber später in die Hände. Heute ist das Schiff ein Museum (geöffnet Di bis So von 9–11.30 und 14–17 Uhr).

Touristeninformation

- **Vorwahl von Concepción: 41**
- **Sernatur,** an der Plaza, Aníbal Pinto 460, Tel. 2741337.

Unterkunft

- **Residencial Colo Colo**
Colo Colo 743, Tel. 2227118. Freundlich und hilfsbereit, helle, inzwischen etwas abgewohnte Räume. DZ ohne Bad ca. 26 US-$, mit Bad 36 US-$.

Hostal San Martin
San Martin 949 (zwischen Castellon und Tucapel), Tel. 2981282. Familiäre Atmosphäre, sauber, Internetzugang, Wäscheservice. Einzelzimmer 32 US-$, DZ 42 US-$.
Maquehue
Barros Arana 786, Tel. 2210261. Abgewohnt, zentrale Lage. DZ mit Bad etwa 38 US-$.
El Araucano
Caupolicán 521, Tel. 2740606. Das beste und teuerste Hotel der Stadt. DZ mit Bad, TV und allem anderen Komfort ab 87 US-$. Sehr gutes Restaurant. www.hotelaraucano.cl

Essen und Trinken

Die besten Tipps wurden bereits genannt: Für das billige Mittagessen gibt es den Mercado – Frischfisch und Meeresfrüchte –, für das edle Abendessen das **Hotel El Araucano**. Ansonsten:
Rincón del Pancho
Cervantes 469. Gute Fleisch- und Nudelgerichte. Schön, freundlich, So geschlossen.
Nómade
O'Higgins 310. Raffinierte Fleischgerichte.
Le Chateau
Colo Colo 340. Französisches Restaurant, sehr gut, aber teuer, So geschlossen.
Barra Birra
Av. Prat 528. Große Bierauswahl.

Verkehrsverbindungen

Flugzeug: Der **Flughafen Carriel Sur** liegt nördlich der Innenstadt an der Hauptstraße nach Talcahuano.

Die **Fluggesellschaften** unterhalten einen **Busshuttle-Service zum Flughafen** von ihren Büros aus.
LAN
B. Arana 600, an der Plaza; nur nach Santiago.
Sky
O'Higgins 537, Tel. 2218941. Zweimal täglich nach Santiago.

Überlandbusse: Der **zentrale Busbahnhof** liegt Tehualda 860, neben dem Stadion. Hier gibt es Aufenthaltsraum, Cafeteria, Gepäckaufsicht und ein paar kleinere Läden. **Verbindungen** nach:
- **Santiago,** 6 Stunden, 10–16 US-$
- **Puerto Montt,** 9–10 Stunden, 12–21 US-$
- **Valparaíso,** 9 Stunden, 10–30 US-$
- **Pucón,** 5 Stunden, 8 US-$
- **Valdivia,** 6 Stunden, 10 US-$
- **Los Angeles,** 2 Stunden, 5 US-$
- **Chillán,** 2 Stunden, 4 US-$
- **Talca,** 4 Stunden, 7 US-$
- **Temuco,** 4 Stunden, 8–10 US-$

Die **Busse nach Talcahuano** fahren direkt ab der Plaza Independencia im Zentrum; sie sind mit „Base Naval" gekennzeichnet (30 Minuten bis eine Stunde; ca. 0,70 US-$).

Die besten Verbindungen **Richtung Lota und in die anderen Orte südlich von Concepción** bietet J. Ewert, A. Prat 535, direkt neben dem Eisenbahnbahnhof.

Eisenbahn: Zwischen Talcahuano und Laja, immer am Ufer des Río Biobío entlang, verkehrt viermal täglich ein **Regionalzug.** Der Fernverkehr von Concepción nach Santiago ist bis auf Weiteres eingestellt.

Sonstiges

Wechselstuben
- **Inter-Santiago,** Caupolicán 521, Local 58.
- **Intercam,** B. Arana 402.

Post und Telefon

Die **Hauptpost** befindet sich auf der O'Higgins 799, Ecke Colo Colo. Adressen von **Telefonzentralen** sind z.B. Colo Colo 487, Caupolicán 649, Barros Arana 541, Local 2 oder O'Higgins 799.

Costa del Carbón ♪ XII/A,B1

Costa del Carbón – **Kohleküste** – hört sich nicht gerade viel versprechend an. Aber die **Küstengebiete südlich von Concepción** bieten **lange Strände, schöne Buchten** und auch viel Ruhe. Und – wie der Name sagt – Kohle, aber davon später mehr.

Von Concepción kommend, durchquert man zunächst die Stadt **Coronel** (30 km), deren knapp 80.000 Einwohner größtenteils vom Fischfang, der Fischereiindustrie und der Holzverarbeitung und -verschiffung leben. Es folgt die **Playa Negra,** ein schmaler, meist leerer Strand mit schwarzem Sand, ein kurzes Stück weiter dann die besser besuchte **Playa Blanca.** An der Straße steht ein kleines Monument; es weist darauf hin, dass sich hier die geografische Mitte Festlandchiles befindet: Von hier bis nach Arica ist es genauso weit wie nach Punta Arenas.

Am Ende der Playa Blanca beginnt die 50.000-Einwohner-Stadt **Lota,** einst die wichtigste Kohlestadt Chiles. Die großen staatlichen Minen liegen heute brach, seitdem die einheimische Kohle den Preisen der importierten nicht mehr standhalten kann. Die erste Attraktion Lotas sind die **Minen;** sie beginnen direkt am Meeresufer. Die eine, die im Pique Carlos ihren Anfang nimmt, geht auf knapp 500 Meter Tiefe und wurde dann unterirdisch etwa elf Kilometer weit bis Laraquete vorangetrieben. Die andere beginnt im Pique Alberto, geht hinab auf etwas mehr als 500 Meter und erstreckt sich fast einen Kilometer weit unter den Pazifik. Der Schacht **Chiflón del Diablo** (ausgeschildert an der Straße von Concepción) kann täglich von 9–17.30 Uhr besichtigt werden, die Touren dauern eine bis drei Stunden und kosten je nach Länge 8 oder 12 US-$. Man fährt mit Helm und Stirnlampe unter die Erde, wird von ehemaligen Bergarbeitern geführt, die jede Menge Anekdoten erzählen, und kann evtl. selbst ein Stück Kohle mit dem Presslufthammer herausbrechen. Eine Anmeldung ist nicht erforderlich, wenn zwei bis vier Personen zusammenkommen, beginnt die Führung; Info-Tel. 41/2870682, 7 US-$.

Die zweite Attraktion Lotas ist der **Parque de Lota** (Parque Isidora Cousiño), 1862–1872 von englischen Landschaftsgärtnern angelegt. Hier wachsen Pflanzen, die sonst in Chile nicht gedeihen, vor allem exotische Bäume aus eigentlich wärmeren Gefilden. Hier ein Brunnen, dort eine Statue, da eine elegante Parkbank oder ein kleiner Musikpavillon – das zeigt, dass sich Mitte und Ende des 19. Jahrhunderts mit Kohle viel Geld verdienen ließ (Eintritt 3 US-$). Wer in Lota bleiben will, kann im freundlichen und sauberen Residencial Rome **übernachten** (Galvarino 233, Tel. 41/2876257, DZ mit Bad 23 US-$).

Ansonsten lohnt auch die Weiterfahrt ins elf Kilometer entfernte **Laraquete** oder nach **Arauco** (25 km), allein schon deshalb, weil hier die **Strände** so richtig schön sind. In Laraquete gibt es das preiswerte Hotel Laraquete auf der Calle Gabriela Mistral (ca. 10 US-$ pro Person), in Arauco zum selben Preis das Hotel Arauco, Chacabuco 347, Tel. 41/2551265 (DZ mit Bad 38 US-$).

Der Kleine Süden:

Araukanien und das Seengebiet von Los Angeles bis nach Puerto Montt

Riesige Araukarien, tiefblaue Seen und perfekte Vulkankegel mit Krägen aus Schnee – der so genannte Kleine Süden ist mit gutem Grund eine der attraktivsten Regionen Chiles. Er erstreckt sich von Los Angeles im Norden bis nach Puerto Montt im Süden und hat – administrativ betrachtet – Anteil an vier Regionen: der **Region Biobío** mit der Hauptstadt Concepción, der **Region La Araucanía** mit der Hauptstadt Temuco, der **Region Los Ríos** mit der Hauptstadt Valdivia und der **Region Los Lagos** (Hauptstadt Puerto Montt).

Die verbindende Nord-Süd-Achse ist die Panamericana, und an ihr oder in geringer Entfernung zu ihr liegen auch die **wichtigsten Städte: Los Angeles, Temuco, Valdivia, Osorno und Puerto Montt.** Hauptziel der Besucher sind die **Seen,** die von Norden nach Süden wie blaue Perlen am Andenrand aufgereiht sind: Lago Villarrica, Lago Panguipulli, Lago Ranco, Lago Llanquihue und Lago Todos Los Santos, um nur die größten und wichtigsten zu nennen. Die meisten werden überragt von Vulkanen und sind umgeben von dichten Wäldern, in denen zwischen Los Angeles und Pucón ein ganz besonderer Baum wächst: das Wahrzeichen der Region, die **Araukarie.**

Der Kleine Süden ist für chilenische Verhältnisse recht **dicht besiedelt.** Die Hälfte der Bevölkerung lebt auf dem Land. Und zwar vom Getreideanbau, der Viehzucht und der Milchwirtschaft. Die Industrie in den Städten ist meist Leichtindustrie, vor allem landwirtschaftliche Produkte werden weiterverarbeitet. Der **Tourismus** wird immer bedeutender – nicht nur der internationale, sondern auch der einheimische. Um Villarrica sind in den letzten Jahren die Grundstückspreise explodiert, auch zahlungskräftige Chilenen verbringen hier oder an anderen Seen ihren Sommerurlaub.

Der Río Biobío ist nicht nur einer der schönsten und der längste Fluss des Landes, er war auch jahrhundertelang die Grenze des Gebietes, das die Spanier erobern konnten. Weiter südlich, in Araukanien, lebten die **Mapuche,** die von den Spaniern Araukaner genannt wurden. Sie leisteten den spanischen Eroberungsversuchen bis ins 19. Jahrhundert erbitterten Widerstand. Die Spanier drängte es nach Süden: Hier gab es Gold, das Land war fruchtbar, und mit den Indianern waren auch potenzielle Arbeitskräfte vorhanden. Zwar hatten die Spanier das zentrale Gebiet der Mapuche schon Mitte des 16. Jahrhunderts mit städteähnlichen Festungen umgeben – 1550 hatten sie Concepción, 1552 Valdivia und Villarrica gegründet –, aber das Kerngebiet war nicht zu erobern gewesen. Krieger wie *Lautaro* und *Caupolicán* führten die Mapuche immer wieder siegreich gegen die Spanier an.

An den Mapuche waren bereits die Inka ein Jahrhundert zuvor gescheitert. Der Grund, warum sie sich so erfolgreich verteidigen konnten, lag in ihrer **Organisationsform.** Sie waren zu kleinen Dorfgemeinschaften zusammengeschlossen und hatten kein zentralisiertes Herrschaftssystem. So mussten die Eindringlinge Dorf für Dorf erobern und nicht nur die obersten Herrscher besiegen. Die Spanier verzweifelten, immer wieder wurden ihre neu geschaffenen Stellungen überfallen und zerstört: „Keinem König soll es gelingen, diese freien Menschen niederzuzwingen", schrieb *Alonso de Ercilla y Zúñiga* (1535–1594) in seinem Heldenepos „La Araucana".

Was mit direkter Gewalt nicht klappte, funktionierte schließlich mit „Aufweichung": Immer wieder neue Eroberungsversuche der Spanier, das langsame Vordringen der ersten Siedler, die Arbeit von Missionaren, innere Zerwürfnisse unter den Gemeinschaften, von den Weißen eingeschleppte Krankheiten und nicht zuletzt der Alkohol ließen den Widerstand der Mapuche immer mehr schwinden, und Ende des 19. Jahrhunderts konnte die chilenische Regierung das Land unter Siedlern aufteilen – natürlich ohne den Indianern irgendwelche Besitztitel einzuräumen. So schrieb *Otto Bürger* 1923 über die Umgebung von Temuco, die zum Kerngebiet der Mapuche gehört: „1881 und 1882 wurde das noch größtenteils von Urwald bedeckte Gebiet des Río Cautín von der Regierung vermessen, in Parzellen, Hijuelas, von höchstens 500 Hektar geteilt und öffentlich an den Meistbietenden unter langfristigen Ratenzahlungen verkauft." Die Mapuche-Indianer wurden nach und nach in kleine Reservate vertrieben.

Heute leben weniger als **500.000 Mapuche in Araukanien,** meistens von der Landwirtschaft und dem Verkauf von Kunsthandwerk. Das Volk, dessen Verstand und Tapferkeit von allen Quellen des 16. bis 19. Jahrhunderts so gerühmt werden, gehört heute zu den

Zwei Mapuche-Fabeln

Die **Mapuche-Kultur** ist **reich an Sagen und Märchen.** Häufig treten in ihnen Tiere auf, die ähnlich denen in unseren Fabeln mit bestimmten Eigenschaften versehen sind. Diese Tiergeschichten besitzen ebenso wie unsere Fabeln oft eine **leicht durchschaubare Moral;** hier sollen zwei von ihnen zitiert werden (nach *Otto Bürgers* Buch: „Acht Lehr- und Wanderjahre in Chile", erschienen in Leipzig 1923; Vorbemerkung: „Traro" ist ein Falke, „Jote" ein Geier).

Die Fabel vom Traro und Jote

Traro und Jote trafen sich und sagten zueinander: „Wollen wir spielen?" „Gut! Dann wollen wir nach einer Insel fliegen!" Darauf wetteten sie, wer es länger aushalten würde. Der Traro war bald weit voraus, und der Jote rief hinter ihm her: „Flieg nicht so schnell!" Aber der Traro schrie: „Ja, ich kann so schnell wie ein Reitpferd fliegen!" Beide erreichten die Insel und flogen gleichzeitig zum Land zurück. Aber mitten auf dem Meere verließen den Traro die Kräfte. Der Jote indes kam wohlbehalten ans Land.

Die Fabel vom Fuchs und der Bremse

Der Fuchs sagte zur Bremse: „Wollen wir spielen, Freundin Bremse?" „Gut, aber was?" „Wettrennen", meinte der Fuchs. „Du fliegst, und ich laufe." „Einverstanden!" „Jener Roble dort ist das Ziel!", fügte der Fuchs hinzu. „Gut", antwortete die Bremse. So legten sie sich in Positur. Als aber der Fuchs mit aller Schnelligkeit lossausen wollte, setzte sich die Bremse in seinen Schwanz. Der Fuchs lief, was er konnte. – An einem Erdbeercamp hielt er an, um einige Beeren zu naschen. Dabei sah er sich um und fragte sich: „Wo mag nur die Malefizbremse bleiben?" Aber nach etlichen Augenblicken nahm er das Rennen wieder auf. Sobald er dann dem Roble ganz nahegekommen war, flog die Bremse eiligst vom Schwanze auf und dem Baume zu, den sie nun früher als der Fuchs erreichte. „Zahle mir meine Wette!", drängte die Bremse. „Fällt mir gar nicht ein!", erwiderte der Fuchs. „Freue dich, wenn ich dich nicht fresse!", setzte er hinzu. Da flog die Bremse fort, sammelte Genossen und brachte wohl an die sechshundert zusammen, welche sich alle auf den Fuchs stürzten und ihn stachen und bissen. Der Fuchs rannte ins Wasser, um sie loszuwerden, und obwohl er beinahe ertrunken wäre, peinigten ihn die Plagegeister nur noch mehr. Dann lief er dem Walde zu, aber schon am Rande fiel er tot um.

DER KLEINE SÜDEN

DER KLEINE SÜDEN

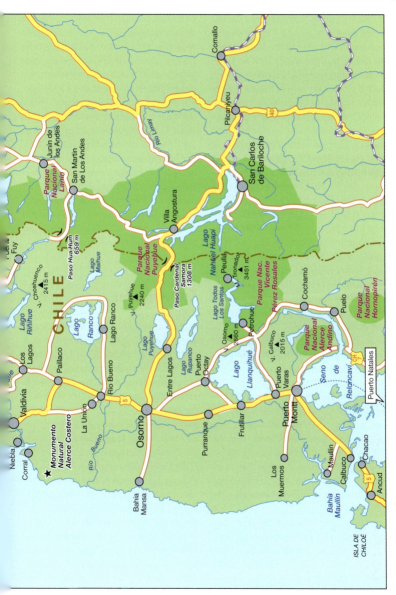

ärmsten in Chile. Von den etwa dreißig bestehenden Mapuche-Gemeinden leben mehr als zwei Drittel eindeutig unter der Armutsgrenze. Es fehlt an Land, Bildung und technisch-handwerklichen Fertigkeiten. Das schürt natürlich **Konflikte:** Mapuche-Gemeinden besetzen immer wieder Privatland, um ihre älteren Ansprüche geltend zu machen, und radikale Gruppen schrecken auch nicht vor bewaffneten Überfällen und Brandanschlägen auf Landgüter und Forstunternehmen zurück. Vemehrt hat die Regierung in den letzten Jahren Land aufgekauft und an Ureinwohner-Gemeinden übergeben, mit zweifelhaften Ergebnissen: Da die Mapuche nicht in Land- oder Forstwirtschaft geschult sind, können sie die Ländereien kaum produktiv bewirtschaften und verpachten sie teilweise an die Siedler, von denen die Regierung das Land gekauft hat, zurück.

Die neuen Siedler, die von der Mitte des 19. Jahrhunderts ankamen, um das Land zu roden und zu beackern, waren vor allem **Deutsche.** Anders als das Museum in Frutillar zeigt, waren die ersten Jahrzehnte von überaus harter Arbeit geprägt: „Auswandern heißt dulden, leiden, entsagen lernen. Hier ist das Land von Milch und Honig nicht. Im Schweiße seines Angesichtes muß man sein Brot erwerben", zitiert *Siegfried Benignus* einen Auswanderer im Jahr 1912.

Anders als es Reisende aus dem späten 19. Jahrhundert oder dem frühen 20. für ihre Zeit berichten, ist der deutsche Einfluss heute in Südchile nicht mehr so stark spürbar. Natürlich finden sich noch problemlos Familien, die ihre deutsche Herkunft weder verleugnen wollen noch können, natürlich ist die Dichte der deutschen Schulen hier größer als in anderen Landesteilen, natürlich gibt es hier deutsche Clubs, „Kuchen" und „Torta Selva Negra". Aber die Torte heißt eben „Selva negra" und nicht Schwarzwälder Kirschtorte, was auch bedeutet, dass Deutsch als Umgangssprache im Alltag nicht mehr benutzt wird. An die Besiedlung erinnert mehr die Architektur der Häuser: Statt flacher Dächer und Patios, wie bei spanischen Kolonialbauten üblich, finden sich im Süden mehr Giebelhäuser mit Schindeldächern.

Los Angeles ⤢ XII/B1

Viel zu sehen gibt es nicht in der Stadt, die knapp 125.000 Einwohner hat und dank einiger Industrie auch schnell wächst. Dafür eignet sich Los Angeles gut als **Ausgangspunkt für den Besuch zweier Nationalparks –** des Nationalparks Laguna del Laja und des Nationalparks Nahuelbuta (s.u.). Dennoch, einen halben Tag kann man in der Stadt durchaus verbringen: Man flaniert die Calle Colón, die Hauptgeschäftsstraße, entlang und besucht das Museo Histórico und die Iglesia del Perpetuo Socorro, die beiden einzigen Bauwerke, die an die Kolonialzeit der Stadt erinnern. Sehenswert ist das **Museo de Alta Frontera** mit einer hervorragenden Sammlung von Mapuche-Kleidung und -Silberschmuck; es liegt direkt an der

Plaza und hat Mo bis Fr 9–13 und 15–18.30 Uhr geöffnet.

Touristeninformation

- **Vorwahl von Los Angeles: 43**
- Ein **städtisches Infobüro** ist auf der Caupolicán an der Südseite der Plaza zu finden.

Unterkunft

- **Hotel Océano**
Colo-Colo 327, Tel. 342432. Nett, sauber, zentral. Ab 22 US-$ p.P.
- **El Rincón**
Schönes Gästehaus ca. 18 km nördlich von Los Angeles, an einem kleinen Fluss, mit großem Garten, Bibliothek und Videothek und gutem Essen (auch vegetarisch). Die Besitzer *Elke* und *Winfried Lohmar* bieten auch Spanischkurse und Exkursionen in die umliegenden Nationalparks an. Panamericana km 494, Ausfahrt El Olivo, 2 km Richtung Osten (ausgeschildert), kostenloser Transfer, Tel. 09/94415019. DZ mit Bad 52 US-$, Cabaña für 6 Pers. 70 US-$. www.elrinconchile.cl
- **La Mona**
Gemütliche Gästezimmer mit eigenem Bad im Landhaus des deutschen Ehepaars *Sabine* und *Heinrich Schmitz*. Große Terrasse, Pool, Thermalbecken, leckere Hausmannskost mit Gemüse, Obst und Säften aus eigenem Anbau, Internet. Die netten Gastgeber organisieren auch Ausflüge ins Umland. Nur von Nov. bis März geöffnet, Anmeldung nötig. Panamericana km 494, Ausfahrt El Olivo, 1 km Richtung Westen. Tel./Fax 43/1971234. Die Übernachtung mit Vollpension kostet 52 US-$ p.P. www.turismolamona.com

Essen und Trinken

Die meisten Restaurants befinden sich auf der Calle Colón, die östlich an der Plaza vorbeiläuft. Erwähnenswert sind:
- **Julios Pizza,** Colón 542. Pizza.
- **Bavaria,** Colón 370-A. Fleisch und Sandwiches, große Portionen.
- **Prymos 2,** Colón 440. Nettes Café.

Verkehrsverbindungen

Überlandbusse

Der überregionale **Busbahnhof** liegt **weit außerhalb des Zentrums** auf der Av. Sor Vicenta 2051. Die Verbindungen über die Panamericana sind hervorragend; so fahren von Los Angeles Busse etwa jede halbe Stunde nach Norden Richtung Santiago, nach Süden sind die Verbindungen ebenso zahlreich. Einige Beispiele:
- **Santiago,** 7 Stunden, 9 US-$
- **Puerto Montt,** 8 Stunden, 10 US-$
- **Temuco,** 2 Stunden, 6 US-$
- **Concepción,** 2 Stunden, 5 US-$
- **Chillán,** 1,5 Stunden, 4 US-$
- **Valdivia,** 4 Stunden, 7 US-$
- **Osorno,** 6 Stunden, 8 US-$
- **Curacautín,** 3 Stunden, 5 US-$

Der **Terminal Rural für den Regionalverkehr** liegt näher am Zentrum, in Villagrán 501. Hier starten die Busse u.a. Richtung Laguna del Laja und Alto Biobío.

Sonstiges

Geldwechsel
- **Interbruna,** Caupolicán 350.

Post und Telefon

Die **Hauptpost** befindet sich auf der Caupolicán, an der Südseite der Plaza. Eine **Telefonzentrale** findet sich z.B. Colo Colo 481.

Schnellwäscherei
- Almagro 748.

Tourveranstalter
- **Senderos Chile Expediciones**
Almagro 1656, Tel. 362341. Ausflüge in die Umgebung.

Die Umgebung von Los Angeles

Salto del Laja ♪ XII/B1

Etwa 25 Kilometer nördlich von Los Angeles stürzt der Río Laja über ein etwa 50 Meter hohes Felsplateau und bildet so den Salto del Laja, den **größten Wasserfall Chiles** (siehe „Umgebung von Chillán"). Ein fünfminütiger Spaziergang führt direkt an die Fälle.

Nationalpark Laguna del Laja ♪ XIII/C1

88 Kilometer östlich der Panamericana und über eine gut ausgebaute Straße zu erreichen, erstreckt sich der 11.600 Hektar große Nationalpark Laguna del Laja. Er wird überragt vom 2985 Meter hohen **Vulkan Antuco,** der bei einem Ausbruch einen Lavadamm aufschüttete und seitdem den Río Laja zu einem Bergsee von 35 Kilometern Länge aufstaut. Der Park erstreckt sich südlich davon. Er wurde eingerichtet, um die großen Bestände an **Zypressen und Araukarien** zu schützen, schließlich wachsen hier die nördlichsten dieser Urwaldriesen.

Mit viel Glück sieht man einige seltene **Tiere** wie Füchse und Vizcachas, den ebenfalls im Park lebenden Puma wird man jedoch nicht zu Gesicht bekommen. Wahrscheinlich aber einen Kondor, denn in der angrenzenden,

Atlas XII, XIII und S. 370

DIE UMGEBUNG VON LOS ANGELES

höheren **Sierra Velluda** (3600 m) nisten zahlreiche dieser Raubvögel.

Von Los Angeles fährt mehrmals täglich ein **Bus** über Antuco nach **El Abanico**, von dort sind es noch 11 Kilometer bis zum Parkeingang (kein Bus), an dem Conaf ein Informationszentrum unterhält. Dort befindet sich ein kleiner **Campingplatz** (auch Cabañas für 80 US-$ bis max. 6 Pers.). In den Park führen einige ausgewiesene **Trekking-Pfade** sowie eine schlechte Schotterstraße, die nach 10 Kilometern am See entlang bei Los Barros endet.

Der **Vulkan Antuco** kann in einer Tagestour bestiegen werden; von oben bietet sich ein toller Rundblick über die von vulkanischen Kräften geformte Landschaft. Die Standardroute beginnt kurz vor dem See am Skigebiet. Weniger mühselig ist der Aufstieg über den Gletscher auf der Südseite, von der Brücke über den Estero Aguada aus (Sector Los Barros). Rundwanderung siehe Outdoor-Kapitel.

Nationalpark Nahuelbuta ⟋ XII/B2

Der 6832 Hektar große Nationalpark wurde 1939 eingerichtet, um das letzte Refugium der **Araukarien** innerhalb der Küstenkordillere zu schützen. Einige dieser Baumriesen im Park sind mehr als 2000 Jahre alt und über fünfzig Meter hoch, und ihre Stämme haben einen Durchmesser von mehr als zwei Metern. Den besten Überblick über den

Salto del Laja

Park hat man vom **Piedra de Aguila**, dem Adlerfelsen, einer Felskanzel, die auf 1379 Metern Höhe wirklich wie ein Raubvogelhorst über dem Park thront.

Der Nationalpark ist ohne Auto nur umständlich zu erreichen. Den besten Zugang bietet die Kleinstadt **Angol** (44.000 Einwohner). Dort ist auch ein Conaf-Büro (Prat/Ecke Chorrillos), und von dort fahren mehrmals wöchentlich Busse nach Vegas Blancas, das 7 Kilometer vom Parkeingang entfernt ist. Im Park gibt es einen Campingplatz von Conaf. In Angol übernachtet man am besten im Hotel Duhatao (Arturo Prat 420, Tel. 714320, DZ 68 US-$).

Der Oberlauf des Río Biobío ⟋ XIII/C1,2

Mit dem Pkw (auch mit dem Bus, dann aber mühsamer) lässt sich von Los Angeles ein sehr schöner Ausflug den Río Biobío hinauf unternehmen (etwa 250 Kilometer hin und zurück). Man biegt südlich von Los Angeles nach Osten von der Panamericana ab Richtung **Santa Bárbara** und erreicht den Ort nach 42 Kilometern ab Los Angeles. In Santa Bárbara gibt es einige Residenciales und Restaurants sowie die letzte Tankstelle. Ab dort folgt die Straße dem Verlauf des Río Biobío. Mal hoch über dem Fluss, meistens aber dicht daneben geht es durch eine wunderbare Wald- und Wiesenlandschaft, im Hintergrund ist der schneebedeckte Vulkan Callaqui (3164 m) zu sehen. Der Biobío zwängt sich mal durch ein enges Felstal, mal plätschert er über ein breites Kiesbett, dann gurgelt er durch eine enge

DIE UMGEBUNG VON LOS ANGELES

Araukarien an der
Laguna La Mula (oberer Río Biobío)

ab 37 US-$ für 3 Personen) und eine Station der Carabineros; zudem ist hier die Endstation der Busse, die dreimal täglich von Los Angeles kommen.

Kurz hinter Ralco erreicht die ausgebaute Straße den **Stausee Pangue**. Der 14 Kilometer lange und einen Kilometer breite Stausee liegt still inmitten der bewaldeten Bergrücken, nur gelegentliche, an Felsen gepinselte Losungen erinnern daran, dass das obere Biobío-Tal über ein Jahrzehnt lang **Schauplatz erbitterter Auseinandersetzungen** zwischen den Pehuenche-Ureinwohnern und Umweltschützern auf der einen und dem Energiekonzern Endesa und der Regierung auf der anderen Seite war. Das **Wasserkraftwerk Pangue** ebenso wie das **Kraftwerk Ralco** wenige Kilometer flussaufwärts decken den wachsenden Energiebedarf der chilenischen Wirtschaft, doch wurden bei

Schlucht, um anschließend gemächlich durch ein breiteres Tal zu murmeln.

Nach 94 Kilometern ist **Ralco** am Oberlauf des Flusses erreicht. Der Ort, erst seit kurzem eine eigenständige Gemeinde, kann auf eine neu gestaltete Plaza und das modern eingerichtete, lohnenswerte **Pehuenche-Museum** verweisen (geöffnet Mo/Di 9–17 Uhr, Mi bis So 9–19 Uhr). Hier gibt es das Residencial Las Montañas mit Restaurant (okay, 10 US-$ p.P.), eine akzeptable Bungalowanlage mit Swimmingpool (Villa Ralco, Tel. 43/1974232, Cabañas

ihrem Bau all die Fehler gemacht, die bei solchen Projekten gerne gemacht werden: fehlende Absprache mit der dort lebenden Bevölkerung sowie Nichtbeachtung der ökologischen (und wirtschaftlichen) Konsequenzen. So wurde mit den Gemeinden der **Pehuenche-Indianer** viel zu spät über deren Übersiedlung und einen Landaustausch verhandelt. Die Indianer sind auch nicht Nutznießer der Elektrizität, denn ihre Gemeinden haben zu 90% keinen Stromanschluss.

8 Kilometer hinter Ralco liegt wunderschön in einem Seitental des Biobío das **Campo El Coipo,** eine kleine Farm in den Anden. Es gibt einen kleinen Zeltplatz (5 US-$ je Person), Pferde zu leihen, geführte Touren (auch per pe-

des bis zu drei Tagen). Besser vorher anrufen (deutschsprachig), auch, um sich eventuell in Ralco oder Puente Pangue abholen zu lassen (Tel. 43/ 320589, 09/94751378, campoelcoipo @gmx.net).

Bei den Carabineros in Ralco sollte man sich nach dem weiteren Straßenzustand hinter den Stauseen erkundigen. Theoretisch kann man von hier weiter nach Süden fahren und immer entlang des Río Biobío bis **Lonquimay, Liucura** und zuletzt am **Lago Icalma** vorbei bis zu seinem Quellsee, dem **Lago Gualletué,** gelangen. Für die Tour braucht man mindestens zwei Tage und ein geländegängiges Fahrzeug.

Ein landschaftliches Kleinod liegt am Oberlauf des Río Ralco, eines Nebenflusses des Biobío, versteckt: Die **Reserva Nacional Ralco** schützt ausgedehnte Araukarienbestände an der Nordostflanke des Vulkans Callaqui. In **Vegas de Ralco,** ca. 80 Kilometer hinter dem Dorf Ralco, gibt es einen Posten der Parkranger; bis hierher schafft es im Sommer ab und an auch ein Bus von Los Angeles. Zu den schönsten Wanderzielen gehören die von Araukarien flankierte, von Thermalquellen angewärmte Laguna La Mula und das Tal des Río Quillaicahue, das zu den Vulkangletschern führt. Hier begegnet man auf Schritt und Tritt den Pehuenche-Indianern.

Eine weitere Möglichkeit, in die Lebenswelt der Pehuenche einzutauchen, besteht im **Tal des Río Queuco,** das sich nordöstlich von Ralco über rund 100 km hinauf zum Vulkan Copahue zieht. Die hiesigen Pehuenche-Gemeinden bieten über das Netzwerk Trekaleyin (so viel wie: „Auf geht's!") Reit- und Trekkingtouren durch die Naturwälder und zu Sommerweiden an. Im Tal gibt es mehrere rustikale Thermalquellen (u.a. Nitrao, km 51, und Trapatrapa, km 56) sowie einfache Cabañas und Zeltplätze. Näheres unter www.trekaleyin. com (auf Spanisch). Einmal täglich schafft es ein klappriger Bus das Tal hinauf (16.30 Uhr ab Ralco).

Temuco XII/B3

„In Chile findet sich keine zweite Stadt, welche einen so raschen Aufstieg zu verzeichnen hätte wie Temuco", notierte *Otto Bürger* 1923, und selbst heute noch ist die erst 1881 auf einer Festung gegen die Mapuche gegründete Stadt eine der am schnellsten wachsenden von ganz Chile. Etwa 235.000 Einwohner zählt die **Hauptstadt der Region La Araucanía** und ist damit die fünftgrößte Stadt des Landes.

Temuco ist das **industrielle und wirtschaftliche Zentrum** der Region; hier finden sich die einzigen größeren Betriebe in La Araucanía, und vorwiegend hier werden die Agrarprodukte der Region weiterverarbeitet. Gleichzeitig ist Temuco wichtigster Marktort.

Sehenswertes

Trotz der späten Gründung hielt man sich bei der Planung von Temuco an die kolonialspanischen Regeln. Die Stadt, deren Zentrum sich zwischen dem Río Cautín und dem Cerro Ñielol erstreckt,

TEMUCO

besitzt einen regelmäßigen Schachbrettgrundriss; das absolute Zentrum ist die baumbestandene **Plaza Aníbal Pinto**, an der auch klassisch die wichtigsten Gebäude versammelt sind: die moderne **Kathedrale** (schöne, schlichte Innenausstattung), deren Glockenturm ein Bürogebäude ist, die Regionalverwaltung ebenso wie die der Stadt. Die Kathedrale und die Verwaltungsbauten entstanden nach dem verheerenden Erdbeben von 1960 neu.

Drei Blocks nördlich der Plaza, inmitten eines lebhaften Geschäftszentrums, liegt der überdachte **Mercado Municipal** (zwischen Bulnes, Portales, Aldunate und Rodríguez), eine Mischung aus Versorgungsmarkt (Obst und Gemüse) und Touristenattraktion. Hier findet sich die wahrscheinlich größte Dichte an Kunsthandwerksständen in Chile, dazu eine Anzahl von preiswerten Restaurants. Neben viel Standardkitsch finden sich auch typische Mapuche-Instrumente: *Cultrunes* (Trommeln), *Trutrucas* (eine Art Alphorn), *Trompes* (Maultrommeln) und *Pifilcas* (eine kleine Flöte).

Etwa acht Blocks westlich der Plaza, an der Av. Alemana/Ecke Thiers, steht das **Museo Regional de la Araucanía**. Es zeigt die Geschichte der Region, die frühere Lebensweise der Mapuche-Indianer, ihre Textilarbeiten, Musikinstrumente und Waffen, die Eroberung der Region durch die Spanier und die Kolonisation durch die Deutschen (Av. Alemania 084, geöffnet Mo bis Fr 10–17.15 Uhr, Sa 11–17 Uhr, So 11–14 Uhr; Eintritt 1 US-$). Im Museum gibt es auch einen kleinen Laden der **Fair-Trade-Stiftung Cholchol**, die mit Mapuche-Frauen arbeitet (s.u.). Hier gibt es hochwertige Webarbeiten, Schmuck, Keramik, Taschen, T-Shirts und viele kleine originelle Souvenirs.

Nördlich der Innenstadt erstreckt sich das **Monumento Natural Cerro Ñielol**, ein Park, 85 Hektar groß, die grüne Lunge der Stadt. Er steht unter Naturschutz, weil hier zahlreiche **Copihues** *(Lapageria rosea)* wachsen. **Chiles Nationalblume** blüht von März bis Juli.

Touristeninformation

- **Vorwahl von Temuco: 45**
- **Sernatur**
Bulnes 586, an der Plaza, Tel. 211969, infoaraucania@sernatur.cl.
- **Conaf** (Nationalparks)
Bilbao 931, 2. Stock, Tel. 298114. Infos über den Parque Nacional Conguillío (s.u.).

Unterkunft

- **Hospedaje Aldunate**
Aldunate 187, Tel. 270057. Einfach, mit Kochgelegenheit, auch billige Mehrbettzimmer. Pro Person ca. 14 US-$.
- **Casa Blanca**
Montt 1306/Ecke Zenteno, Tel. 272677. Gut und sauber. DZ mit Bad 34 US-$.
- **La Casa de Juanita**
Carrera 769, Tel. 725410. 8 Zimmer, z.T. mit eigenem Bad, ruhig und zentral. Einfach, sauber, herzlich und familiär. DZ ca. 35 US-$.
- **Pewman Ruka**
Francia 245, Tel. 594563. Neu und gepflegt, W-Lan und Sat-TV im Zimmer, von Lesern empfohlen. DZ 53 US-$.
www.pewmanruka.cl
- **Posada Selva Negra**
Trizano 110, Tel. 236913. Deutschsprachige Pension, Zimmer mit Kabel-TV und Zentralheizung, Parkplatz. DZ 52 US-$.
- **Hotel Turismo**
Lynch 563, Tel. 951090. Restaurant, Parkplatz, Kabel-TV. DZ mit Frühstück 60 US-$.

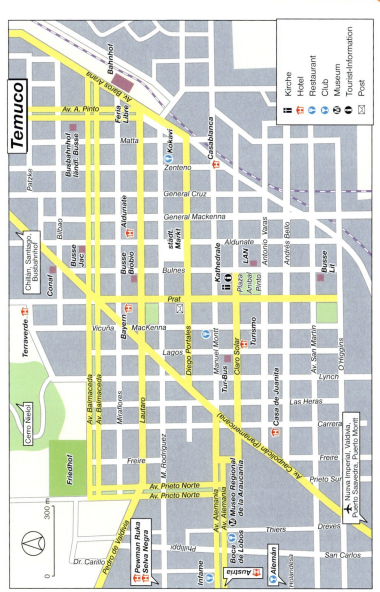

- **Hotel Bayern**
Prat 146, Tel. 276000. Ruhig und gepflegt, helle Zimmer. DZ mit Bad und Frühstücksbuffet 80 US-$.
www.hotelbayern.cl
- **Hotel Terraverde**
Av. Prat 0220, Tel. 239999. Großes 4-Sterne-Hotel am Fuße des Cerro Ñielol. DZ ab 77 US-$. www.hotelterraverde.cl.

Essen und Trinken

Das billigste Essen bekommt man **an den Marktständen der Feria Libre** um den Bahnhof herum, die besten Fischgerichte in der überdachten Halle des **Mercado Central** (z.B. El Criollito, abends geschlossen). Ansonsten:
- **Club Alemán**
Estébanez 772. Nicht nur etwas für Heimwehkranke, auch gute internationale Küche.
- **Las Tranqueras**
Av. Alemania 0888. Für Fleischfreunde, alles vom Grill.
- **Kokaví**
M. Rodríguez 1310. Typische Mapuche-Gerichte.

Nachtleben

Das Nachtleben von Temuco spielt sich in der **Av. Alemania und den Seitenstraßen** ab. Empfohlen werden u.a.:
- **Die Pinte**
Recreo 691. Stimmungsvoller Pub, gute Häppchen und Drinks.
- **Boca de Lobos**
Thiers 504 Ecke Av. Alemania. Studentisches Publikum, Terrasse.
- **Infame**
Av. Alemania 0195. Gut besucht, Terrasse.

Verkehrsverbindungen

Flugzeug

Der **Flughafen Maquehue** liegt etwa 6 Kilometer südlich der Stadt. Einen Transfer organisieren die Fluggesellschaften (in den Büros nachfragen), Taxis kosten etwa 6 US-$.

- **LAN**
Bulnes 687. Zweimal täglich nach Santiago, einmal täglich nach Valdivia und Osorno.
- **Sky**
Bulnes 655, local 4, Tel. 747300. Zweimal täglich nach Santiago.

Überlandbusse

Temuco verfügt über einen **weit außerhalb gelegenen Busbahnhof** (auf der Av. Caupolicán), die **Busgesellschaften** fahren teilweise auch ihre **Büros in der Stadt** an, sodass man dort zu- oder aussteigen kann:
- **Igi Llaima**
Miraflores 1535. Chillán, Santiago, Concepción, Valdivia, Osorno und Puerto Montt, Junín de los Andes, San Martín de los Andes und Neuquén (alles Argentinien).
- **Tur-Bus**
Lagos 549. Chillán, Santiago, Concepción, Los Angeles, Curacautín, Lonquimay.
- **Buses Lit**
San Martín 894. Chillán, Santiago, Concepción, Valdivia, Osorno und Puerto Montt.
- **Buses Biobío**
Lautaro 853. Chillán, Concepción, Valdivia, Osorno und Puerto Montt.
- **Buses Jac**
Balmaceda/Ecke Aldunate. Villarrica, Pucón, Lican Ray, Junín de los Andes und San Martín de los Andes (beides Argentinien).

Fahrzeiten und Preise:
- **Santiago,** 9 Stunden, 12–26 US-$
- **Concepción,** 5 Stunden, 6–9 US-$
- **Valdivia,** 3 Stunden, 5–8 US-$
- **Osorno,** 3 Stunden, 5 US-$
- **Puerto Montt,** 5 Stunden, 8 US-$
- **Los Angeles,** 3 Stunden, 5 US-$
- **Pucón,** 2 Stunden, 3–6 US-$
- **Villarrica,** 1,5 Stunden, 4 US-$
- **Lican Ray,** 2 Stunden, 5 US-$
- **Puerto Varas,** 4,5 Stunden, 8–10 US-$

Vom **Terminal de Buses Rurales,** Av. Balmaceda/Ecke Pinto, bedienen verschiedene Unternehmen die Dörfer der Umgebung. **Nar-Bus** (Tel. 407740) schafft es zwar nicht in den Nationalpark Conguillío, aber immerhin in die Orte davor (Cherquenco, Melipeuco), **Er-**

buc (Tel. 272204) fährt dreimal täglich nach Curacautín im Cautín-Lonquimay-Tal, ebenso Buses Bío-Bío.

Rund ums Auto

Mietwagen
- **Hertz,** Andrés Bello 792, Tel. 318585.
- **Budget,** Vicuña Mackenna 399 und am Flughafen, Tel. 338836.
- **First Rent a Car,** Varas 1036, Tel. 233890. Englischsprachig.
- **Rosselot,** Av. Alemania 0180, Tel. 749995.
- **Verschae,** Lagos 521, Tel. 231788.

Werkstatt
- **Servitren,** Av. Matta 545, direkt an der Panamericana, neben der Esso-Tankstelle, Tel. 212775. Deutschsprachige Autowerkstatt, sehr hilfsbereit.

Sonstiges

Wechselstuben
- **Casa de Cambio Global** Bulnes 655, Local 1.
- **Christopher Money Exchange,** Bulnes 667.
- **Intercam,** Bulnes 743.

Post und Telefon
Die **Hauptpost** befindet sich auf der Ecke Prat mit Portales. **Telefonzentralen** finden sich z.B. Prat 565, Portales 841 und Caupolicán/Ecke Av. Alemana.

Wäscherei
- **Marva,** Manuel Montt 1099.

Die Umgebung von Temuco

Lonquimay und das Quellgebiet des Biobío   XIII/C2,3

Die im Folgenden beschriebene Rundfahrt (350 km) **von Temuco über Curacautín und Lonquimay nach Liucura, dann am Lago Icalma vorbei bis nach Melipeuco und über Cunco zurück nach Temuco** ist bequem mit einem normalen Pkw zu machen; wer viel Zeit hat, kann sie auch mit öffentlichen Verkehrsmitteln durchführen. Durchquert werden herausragend schöne Voranden- und Andenlandschaften, es geht vorbei an Araukarienwäldern, an Seen und wundervollen erloschenen und aktiven Vulkanen. Man nehme sich für diese Fahrt **mindestens zwei Tage Zeit;** Orte, an denen man länger bleiben möchte, findet man entlang der Route en masse. Man kann die Tour auch mit dem Besuch des Nationalparks Conguillío verbinden (s.u.). Wer länger unterwegs ist, sollte in Temuco ausreichend Geld wechseln. Der einzige Bankautomat auf der Strecke findet sich in Curacautín. Nützlich für die Tour sind auch die Informationen auf der Website www.araucaniaandina.cl.

Man verlässt Temuco auf der Panamericana Richtung Norden, erreicht nach etwa 30 Kilometern die Abzweigung nach **Lautaro,** durchfährt den Ort und folgt weiterhin der Straße. 54 Kilometer trennen Lautaro von **Curacautín,** einer Kleinstadt mit 12.000 Einwohnern im Tal des Río Cautín. An der Hauptstraße, vier Blocks westlich der Plaza, liegt der Busbahnhof, von dem Busse über Lonquimay und den Paso de Pino Hachado (1884 m) hinüber nach Argentinien in die Stadt Zapala fahren. Es gibt direkte Busse nach Curacautín von Santiago aus (Tur-Bus) oder von Temuco (Erbuc oder Bío-Bío). **Übernachten** kann man in Curacautín im Hostal Las Espigas, Miraflores 315, oder im Hostal Rayén, M. Rodriguez 104 (beide etwa 12 US-$ p.P.).

● 12 Kilometer hinter Curacautín, direkt am Río Cautín, liegt das **Gästehaus Andenrose**, vor dem die Fahne des Freistaates Bayern weht, Heimat des Besitzers *Hans Schöndörfer*. Hans ist nicht nur ein herzlicher, überaus gastfreundlicher Wirt, er kocht auch vorzüglich und versorgt seine Gäste mit nützlichen Tipps. Man kann mit ihm Jeeptouren in die umliegenden Nationalparks unternehmen oder im Kanadier den Río Cautín hinunterraften. Unterkunft in einfachen Zimmern mit Zentralheizung, DZ mit gutem Frühstück ab 45 US-$. Auch Zelten direkt am Fluss ist möglich. Puente Manchuria Sur, Tel. 09/98691700, www.andenrose.com.

Einen Abstecher lohnt der verschwiegene kleine **Nationalpark Tolhuaca** westlich des gleichnamigen Vulkans. Der Zugang, 41 km nördlich von Curacautín, ist über eine Schotterpiste zu erreichen (kein öffentlicher Transport). Eine alternative Piste führt direkt von der Panamericana in den Park (Abzweig 5 km nördlich von Victoria, dann 74 km). Der wenig besuchte Park lockt mit **versteckten Waldseen, Wasserfällen** und **Wanderwegen.** Ein rustikaler Zeltplatz an der Laguna Malleco lädt zum Bleiben ein. **Übernachten** kann man in den Termas de Tolhuaca, einem altgedienten Thermalhotel 8 km vor dem Park (Tel. 45/881211, DZ mit Vollpension 193 US-$, www.termasdetolhuaca.cl); Tagesgäste zahlen für die Thermen 10 US-$. Empfehlenswert ist auch die großzügige Anlage von Del Bosque Nativo, 7 km von Curacautín Richtung Tolhuaca, mit sieben komfortablen Cabañas und sechs Zimmern im Haupthaus, Pool und viel Platz (Tel. 45/1976148, DZ ab 68 US-$, www.cabanasbosquenativo.cl).

Wundervolle Araukarienwälder säumen die **Laguna Blanca,** malerisch am vergletscherten Südhang des Vulkans Tolhuaca gelegen. Die abenteuerliche Rüttelpiste dorthin ist allerdings nur mit einem Geländewagen und streckenweise nur im Schritttempo zu bewältigen. Sie führt an der Lagune und großen Lavafeldern vorbei auf einen 1800 m hohen Pass mit fantastischen Ausblicken auf die Vulkane Lonquimay und Tolhuaca. Das Gästehaus Andenrose bietet diesen ca. 5-stündigen Ausflug an (s.o.).

Von Curacautín führt eine Schotterpiste Richtung Südosten in den **Nationalpark Conguillío** (s.u.). Nach 32 Kilometern erreicht man die Eingangskontrolle, noch einmal 5 Kilometer ist das Besucherzentrum am Lago Conguillío entfernt. Die Straße führt einmal quer durch den Park und erreicht nach weiteren 40 Kilometern (vom Besucherzentrum) den südlichen Parkeingang bei Melipeuco.

Araukarienwälder
am Vulkan Lonquimay

Auf der Weiterfahrt von Curacautín nach Osten passiert man bei km 18 die ruhevoll am Río Cautín gelegenen **Termas de Manzanar,** ein traditionelles Thermalhotel mit Restaurant, Wannenbädern und Freibecken am grünen Flussufer (Tel. 45/881200, DZ mit Jacuzzi ab 96 US-$, Tagesgäste 10 US-$, www.termasdemanzanar.cl).

Vier Kilometer weiter führt rechts ein Weg zum Wasserfall **Salto de la Princesa.** Bei km 30 erreicht man das Dorf Malalcahuello.

● 3 Kilometer vor dem Ort haben Schweizer ein **Gästehaus** im Stil einer Alpenhütte erbaut. **La Suizandina** (Tel. 45/1973725, 09/98849541, www.suizandina.com) bietet geschmackvoll eingerichtete Zimmer, Daunendecken und Zentralheizung, und das Frühstück (Graubrot, Müsli, Joghurt – alles selbst hergestellt!) hat landesweit einen Spitzenplatz sicher. Es gibt Doppel- (74 US-$) und Dreierzimmer (98 US-$, alle Preise mit Frühstück) sowie Unterkunft in Stockbetten in einer großen Cabaña mit Kochgelegenheit und Aufenthaltsraum für 21 US-$ p.P. Wer will, kann auch zelten (7 US-$ p.P.). Zum Service gehören weiterhin: gutes Essen, Fahrrad- und Skiverleih, Wäschewaschen, Büchertausch, Informationen zu Trekking- und Reittouren. Direkt hinter dem Haus beginnt ein Wanderweg, der zum Fuß des Vulkans Lonquimay führt (ca. 8 Std.).

In **Malalcahuello** selbst ist das gute Hostal La Casita de Nahuelcura (Kochgelegenheit, alle Mahlzeiten, ab 12 US-$ p.P.) zu nennen. Direkt beim Ort liegt auch der Eingang zur nördlich angrenzenden **Reserva Nacional Malalcahuello-Nalcas,** in deren Zentrum der Vulkan Lonquimay aufragt.

DIE UMGEBUNG VON TEMUCO

● 1,5 Kilometer südlich des Dorfs liegt in grüner Umgebung das luxuriöse Thermalbad **Centro Termal Malalcahuello**. Es verfügt über ein großes überdachtes Thermalbecken (38°C), Sauna, Jacuzzi, Dampf-, Schlammbäder und alle denkbaren therapeutischen und Relax-Angebote sowie ein Restaurant. Keine Handtücher für Tagesgäste. Unterkunft im gediegenen 4-Sterne-Hotel (DZ ab 190 US-$) oder in großen Blockhütten für 4–6 Pers. ab 217 US-$, Eintritt 18 US-$ (nur Pool), Tel. 45/281166, 1973550, www.malalcahuello.cl.

Kurz hinter Malalcahuello teilt sich die Straße, der linke (nördliche) Arm führt zur **Cuesta Las Raíces** und zur Reserva Nacional, der rechte (südliche) Arm zum **Tunnel Las Raíces**. Vom nördlichen Weg biegt man nach etwa 4 Kilometern nach links ab und kommt durch immer dichter werdenden Wald. Zunächst ist es Mischwald, dann werden es immer mehr Araukarien, und schließlich fährt man durch einen reinen **Araukarienwald**. Bis zu 50 Meter ragen die Baumriesen auf, doch nach etwa weiteren 4 Kilometern ist die dichte Vegetation plötzlich zu Ende, und man steht staunend vor einer Aschenwüste. Der Verantwortliche dafür ist nicht weit: Mittendrin ragt 2865 Meter hoch der **Vulkan Lonquimay** auf. Man fährt den Weg am Ostrand des Vulkanes entlang (Vorsicht: tiefe Asche!) und gelangt zum Krater Navidad, aus dem der Lonquimay am 25. Dezember 1988 zuletzt spuckte. Der Lonquimay kann problemlos an einem Tag bestiegen werden, wobei Ausdauer, Trittsicherheit, Bergerfahrung und Orientierungsvermögen nötig sind. Man steigt nach Sicht bergauf, mitunter erfolgt der Aufstieg nach dem Prinzip „zwei Schritt vor, einer zurück", da man über lose Asche läuft; auch im Sommer ist Vorsicht auf Schneefeldern geboten. Ausführliche Beschreibung unter www.trekkingchile.com, aktuelle Infos bei La Suizandina (s.o.).

Direkt am Araukarienwald liegt auch das **Skigebiet Corralco** mit zwei Liften (Tageskarte 30 US-$) und einem kleinen Berghotel für 20 Gäste (DZ in der Skisaison ab 170 US-$); Tel. Santiago 2029326, www.corralco.com.

Will man weiter in den Ort Lonquimay, hat man zwei Optionen; der schönere Weg geht über die **Cuesta Las Raíces**. Die Straße führt durch Araukarien- und Mischwälder, vorbei an Ascheberen, und von der Passhöhe hat man eine hervorragende Aussicht auf das Tal des Río Biobío bis weit hinüber nach Argentinien.

Der **Tunnel Las Raíces** führt durch diese Berge hindurch. Ihn erreicht man, folgt man der südlichen Abzweigung hinter Malalcahuello. Der Tunnel ist mit 4557 Metern Länge der **längste Tunnel Südamerikas,** 1930 gebaut als Eisenbahntunnel für die geplante, aber nie vollendete Strecke vom Pazifik (Lebu) zum Atlantik (Bahía Blanca). Vor kurzem wurde der Schacht neu verkleidet, beleuchtet und asphaltiert (Maut etwa 1 US-$). Dahinter folgt die Straße dem Río Lonquimay bis hinunter in den Ort.

●Wenige Kilometer nach dem Tunnel und kurz nach der Siedlung Sierra Nevada betreibt die Deutsch-Chilenin *Ute Hashagen* eine Pferdezucht und bietet Ausritte in die Anden an. **Loncopatagonia,** km 104, Fundo La Puntilla, Tel. 09/92830846, 45/891959, loncopatagonia@dataservice.cl. Die Touren sind auch über Suizandina (s.o.) zu buchen.

Atlas XIII und S. 370

DIE UMGEBUNG VON TEMUCO

Das **Städtchen Lonquimay** liegt bereits jenseits der hohen Andengipfel und ist damit eine Besonderheit in Chile. Normalerweise bilden die Andengipfel die Grenze. Da hier der Grenzverlauf aber durch die Wasserscheide hin zum Río Biobío gebildet wird, liegt sie etwa 30 Kilometer weiter östlich. In Lonquimay gibt es einige einfache **Residenciales,** darunter das Hostal Donde Juancho (zugleich bestes Restaurant im Dorf, O'Higgins 1130, an der Plaza, Tel. 45/ 891140, DZ ca. 35 US-$), oder die Hostería Las Araucarias, O'Higgins 1130, direkt an der Plaza (sauber, ordentlich, DZ ca. 25 US-$) sowie die Hostería Follil-Pehue (Calle Ignacio Carrera Pinto 110, blaues Haus, Tel. 45/891110). Sie wird von Mapuche geleitet, bietet DZ mit Bad für 31 US-$, Schlafplätze in Schlafsälen für 5 US-$ (ohne Frühstück, aber mit kleiner Küche), dazu ein preiswertes Restaurant. Von Lonquimay bestehen Busverbindungen nach Curacautín, Liucura und hinüber nach Argentinien.

Von Lonquimay kann man mit einem geländegängigen Fahrzeug immer flussabwärts dem Biobío folgen und gelangt so zu den Stauseen Ralco und Pangue (siehe Umgebung von Los Angeles). Die hier beschriebene Route führt hingegen **flussaufwärts am Río Biobío** entlang. Es geht vorbei an Wiesen, Weiden und Wäldern, immer hoch über dem Fluss, der hier nicht ahnen lässt, das er weiter abwärts einer der wasserreichsten von Chile ist. Nach 41 Kilometern ist das Dörfchen **Liucura** erreicht, mit drei Restaurants und der **Grenzstation** (geöffnet: im Sommer 24 Stunden, im Winter 8–20 Uhr). Hier wird der Verkehr über den Paso Pino Hachado abgefertigt, der 22 Kilometer östlich liegt und über den seit der durchgehenden Asphaltierung ein zunehmender Warenverkehr zwischen Chile und Argentinien rollt. Die nächste größere Stadt auf argentinischer Seite ist Zapala.

Von Liucura sind es 34 Kilometer auf Schotter bis zum **Lago Icalma.** Die Araukarienbestände an seinem Ufer gehören zur **Reserva Nacional Lago Gualletué;** den namensgebenden **Gualletué-See,** in dem der Río Biobío entspringt, erreicht man über einen 7 Kilometer langen Abstecher nach Norden. Am Südufer des Lago Icalma liegt der gleichnamige Ort, er besteht aus einigen Campingplätzen und Residenciales sowie ebenfalls einer Grenzstation. Nach Süden führt eine gute Schotterstraße über den Paso Icalma – mit 1298 Metern einer der niedrigsten Andenpässe – nach Argentinien. Die Araukarien begleiten auf argentinischer Seite die Route bis zum **Lago Aluminé,** von dort führt eine karge, dennoch landschaftlich reizvolle Strecke südwärts nach Junín de los Andes.

Von Icalma sind es 51 Kilometer westwärts bis **Melipeuco.** Kurz vorher führt eine stellenweise schlechte Erdstraße nach Norden durch den Nationalpark Conguillío und weiter bis nach Curacautín. Melipeuco selbst besteht aus einigen Läden, einer zu groß geratenen Plaza, einer Tankstelle und mehreren Unterkünften.

Der Rückweg nach Temuco (91 km) ist ab Melipeuco wieder asphaltiert. Man

DIE UMGEBUNG VON TEMUCO

kann aber auch hinter Cunco Richtung Süden zum Lago Villarrica abbiegen.

NP Conguillío ⌕ XIII/C3

Einer der schönsten Nationalparks Chiles ist dieses 60.000 Hektar große Schutzgebiet, das auch **Las Paraguas,** die Regenschirme, genannt wird – die Silhouetten der Araukarien sehen mitunter wie Regenschirme aus, und der Park wurde vorwiegend zum Schutz der großen Araukarienbestände eingerichtet. Er umfasst eine Landschaft mit zahlreichen Lagunen und Seen, in seinem Zentrum erhebt sich majestätisch der ewig rauchende **Vulkan Llaima** (3125 m), einer der aktivsten Vulkane Chiles. Seit 1640 hat man 35 große Eruptionen verzeichnet, dazu Dutzende kleinere, die letzte im April 2009. Durch Asche- und Lavafluss entstanden die Lagunen; so staute vor etwa 2000 Jahren ein Lavadamm den Río Truful-Truful zum **Lago Conguillío.** Das ist leicht vorstellbar, sieht man bei einer Fahrt in den Park die landebahnbreiten geronnenen Lavaflüsse. Es ist dieses **einzigartige Panorama** aus Araukarien- und Südbuchenwäldern (die sich im Herbst toll färben), Lavafeldern und smaragdgrünen Lagunen vor der Kulisse des schneebedeckten Vulkans, das den Conguillío-Park so reizvoll macht.

Der Park hat **zwei Zugänge.** Im Norden erreicht von Curacautín aus eine mit Stadtautos teilweise nur schwer befahrbare Piste den Eingang an der **Laguna Captrén** (34 km). Busse verkehren nur sporadisch und nur im Hochsommer, wenn sich der Park mit Besuchern füllt. Die Gästehäuser Suizandina und Andenrose (s.o.) bieten Transport und geführte Touren an. Eine regelmäßige Busverbindung besteht zwischen Temuco und **Melipeuco** südlich des Parks. Für die letzten 28 Kilometer bis zum Besucherzentrum am Lago Conguillío muss man ein Taxi chartern (in der Hostería La Negrita möglich, Tel. 45/581175).

●Im Park gibt es zwei von Conaf betriebene **Campingplätze,** einen an der Laguna Captrén, den anderen am Südufer des Lago Conguillío mit wundervollem Blick auf die meist schneebedeckten Gipfel der **Sierra Nevada.** Beide kosten 15–20 US-$ fürs Zelt und werden nur im Hochsommer (Januar/Februar) bewirtschaftet.
●Die Cabaña-Anlage **La Baita Conguillío** liegt etwas abseits im Südteil des Parks, ca. 10 km vom Besucherzentrum entfernt; Bungalows für 4–8 Personen, 70–100 US-$, nette Leute, Ausflüge, Cafeteria, Lebensmittel (Tel. 45/416410, 09/97332442, www.labaitaconguillio.cl).
●Die dritte Alternative ist die Anlage **Vista Hermosa** am Südrand des Parks; hier gibt es rustikale Zimmer (DZ ab 52 US-$ ohne Frühstück) sowie Cabañas für 6–8 Pers. (ab 96 US-$), ein Restaurant sowie Pferdetouren; ganzjährig geöffnet (Camino Melipeuco – Conguillío km 10, Tel. 45/581013, www.vistahermosaconguillio.cl).

Der Park ist recht gut erschlossen, zum einen durch die Erdstraße, die mitten hindurch führt (von Melipeuco nach Curacautín), zum anderen durch einige tolle Wanderwege. Gute **Informationen** bieten das Centro de Visitantes von Conaf im Park sowie das Conaf-Büro in Temuco. Der Aufstieg zur Sierra Nevada wird im Outdoor-Kapitel beschrieben, dazu und zur Route auf den Vulkan Llaima finden sich genauere Angaben unter www.trekkingchile.com. Die beste Besuchszeit ist von Dezember bis April.

● Zwischen Temuco und dem Nationalpark liegt bei **Faja 16000,** 16 km vor **Cunco** etwas nördlich der Straße, die Hostería bzw. der **Hof** von *Adela* und *Helmut Genkinger* (www.adelayhelmut.com). Sie bieten einen 6-Personen-Schlafsaal (11 US-$ p.P.) mit Bad, voll ausgestatteter Küche, Schließfächern, Decken und Gemeinschaftsraum, dazu ein Ferienhaus mit drei Apartments (40 US-$ für 2 Personen) sowie **Ausflüge** in den Nationalpark Conguillío und den Verleih von Mountainbikes. Der Nachbar vermietet **Pferde,** ein **Rafting-Unternehmen** ist ebenfalls in der Nähe (www.esmeraldaraft.de). Anreise per Bus von Temuco Richtung Cunco bis zur Faja 16000, dort werden die Gäste nach Voranmeldung unter Tel. 09/82582230 abgeholt.

Pazifikküste und Lago Budi   ♪ XII/A,B3

Einen guten Einblick in die **Lebensweise der Mapuche** bietet die Fahrt von Temuco zur Küste bei Puerto Saavedra (83 km auf Asfalt). Bereits auf dem Weg dorthin, in **Rengalil** (16 km ab Temuco), kann man die **Fundación Cholchol** besuchen, eine gemeinnützige Stiftung, die sich für die vielfach in prekären Verhältnissen lebenden Ureinwohner einsetzt. Hier kann man Mapuche-Kunsthandwerk zu Fair-Trade-Preisen erwerben, ein Kräuter-Gewächshaus und ein Kulturzentrum mit einer typischen Ruka (Mapuche-Hütte) besichtigen (www.cholchol.org.).

In **Puerto Saavedra** laden lang gezogene Strände zu einer Pause im Reisestress ein. Südlich von Puerto Saavedra liegt der **Lago Budi,** vom Meer nur durch einen schmalen Landstreifen getrennt. Hier siedeln zahlreiche Mapuche-Gemeinden, auf dem See leben Schwarzhalsschwäne und andere Wasservögel. In Puerto Saavedra stehen einige Cabañas und Zeltplätze bereit. Leser empfehlen die Hostería y Cabañas Maule, Tel. 45/634013, Bungalows mit schöner Aussicht ab 30 US-$, h_maule @latinmail.com.

Einen Einblick in die Welt der **Mapuche** bekommt man in mehreren, von Ureinwohnern betriebenen Unterkünften am Südufer des Lago Budi (bei Llaguepulli); hier werden auch Ausflüge auf und am See angeboten. Eine Übersicht vermittelt www.lagobudi.cl.

Isla Mocha   ♪ XII/A2

Die Isla Mocha ist ein absoluter Geheimtipp. Die 14 Kilometer lange und 6 Kilometer breite Insel liegt 34 Kilometer westlich von **Tirúa,** einem Fischerort 66 Kilometer nördlich von Puerto Saavedra. Sie wartet mit tollen weißen Sandstränden auf. In der Mitte erhebt sich eine 300 Meter hohe Kordillere mit fast unberührten Naturwäldern, die unter Naturschutz stehen. Auf der einzigen Straße sind nicht mehr als eine Handvoll Autos unterwegs, die Bewohner nutzen vor allem Pferdekutschen.

Für die **Lafkenche** (Küsten-Mapuche) stellte die Insel das Nirwana der Verstorbenen dar. Sie wurde 1544 von den Spaniern entdeckt. Weder sie noch diverse Piraten hatten es leicht mit den Mochanos. *Francis Drake* wurde 1578 angegriffen, sein Gesicht zierte danach eine hübsche Narbe. Über 100 Schiffe sollen rund um das Eiland versunken sein. Bei Tauchausflügen können diese besichtigt werden. 1685 wurden die widerspenstigen Insulaner von den Spaniern kurzerhand deportiert. Ab 1833 wurde die Insel wieder besiedelt. Heute leben auf ihr etwa 650 Menschen, hauptsächlich vom Sammeln von Meeresfrüchten und Algen und der Viehzucht. Jede Familie bearbeitet ihr eigenes Stück Land und lebt im Einvernehmen mit der Natur. Das erklärt, warum ein großer Teil Naturwald verschont geblieben ist.

Tirúa wird von Bussen aus Concepción, Los Angeles und direkt aus Santiago angefahren. Dann geht es mit einem Kleinflugzeug (57 US-$ p.P. hin und zurück) oder im Boot (ca. 13 US-$ eine Fahrt) zur Insel. Flug, **Unterkunft** im DZ mit Bad (70 US-$ p.P. mit Vollpension) oder Camping (10 US-$ pro Zelt) werden von der rührigen, deutschsprachigen Familie *Hahn-Bernhardt* angeboten, Tel. 2/1964893 oder 41/2949585, www.isla-mocha.cl. Wild zelten ist fast überall auf der Insel möglich. Informationen zu Wanderwegen auf der Insel unter www.trekkingchile.com.

Villarrica ⌕ XII/B3

„Villarrica heißt reicher Flecken", notierte *Otto Bürger* 1923 und mokierte sich über die Armut und die schlechten Hotels des Ortes. Er schrieb aber auch voller Emphase: „Villarrica! Wer hat, wie du, einen kristallklaren, riesigen See zum Spiegel? Ist umkränzt von anmutigen Hügelketten und jungfräulichen Wäldern? Und gekrönt, wie mit einem Diadem, durch das Eis- und Schneehaupt eines mächtigen Vulkans von wunderbar ebenmäßiger Schönheit?" Käme *Otto Bürger* heute wieder in den Ort, würde er sich wundern. Zwar ist die Armut im Stadtzentrum nicht mehr augenfällig, doch **unansehnlich und vernachlässigt** ist der Ort wie eh und je. Scheinbar planlos wird drauflos gebaut, neben einfachen Holzhäuschen stehen protzige Betonklötze. Und die Natur rings um den Villarrica-See ist längst nicht mehr so unberührt.

Schon 1552 gründeten die Spanier hier eine Stadt als **Handelsstation.** Diese wurde jahrzehntelang immer wieder von den Mapuche angegriffen und 1602 vollständig zerstört. Fast 300 Jahre siedelte hier niemand mehr. Deutsche bauten dann die ersten Häuser, der Boom kam aber erst mit dem Beginn des Tourismus in den 1980er Jahren. Heute werden für ufernahe Grundstücke Spitzenpreise gezahlt.

Zu sehen gibt es im Ort nicht viel – das **Museo Histórico-Arqueológico Municipal** ist mit einer Ausstellung von Mapuche-Artefakten, wie Musikinstrumenten, Schmuck, Webarbeiten und einer traditionellen Hütte, die große Ausnahme (Pedro de Valdivia/Ecke Julio Zegers, Mo bis Fr 9–13, 15–19.30 Uhr).

Ansonsten ist Villarrica zwar mit 31.000 Einwohnern deutlich größer und städtischer als das benachbarte Pucón, im Hinblick auf die Erkundung der Umgebung aber nur zweite Wahl. Pucón liegt nicht nur näher an den Nationalparks und am Vulkan, sondern hat auch in Sachen Unterkunft und Tourveranstaltern deutlich mehr zu bieten.

Atlas XII und S. 370

VILLARRICA

Touristeninformation

- **Vorwahl von Villarrica: 45**
- Touristeninformation auf der Av. Pedro de Valdivia 1070, nahe der Acevedo.

Unterkunft

- **Residencial Victoria**
  Muñoz 530. Kochgelegenheit, freundlich. Etwa 8 US-$ pro Person.

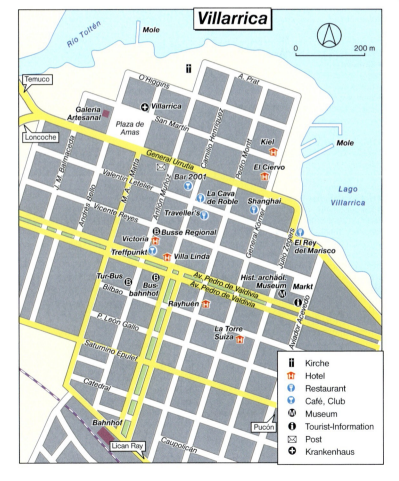

VILLARRICA

- **Residencial Villa Linda**
Valdivia 678. Einfach, freundlich, mit gutem Restaurant. Ca. 16 US-$ pro Person.
- **La Torre Suiza**
Bilbao 969, Tel. 411213. Beliebte Backpacker-Herberge mit Blick auf den Vulkan, gutes Frühstück, Garten, Küchenbenutzung, Wäsche-Service. Die schweizerischen Besitzer *Beat* und *Claudia Zbinden* haben zahlreiche Tagesausflüge per Bus, Mietauto oder Mountainbike mit Karten und Wegbeschreibungen dokumentiert, verleihen auch Fahrräder und organisieren Pickup-Touren. Übernachtung mit Frühstück 12 US-$ im Mehrbettzimmer, DZ ab 26 US-$. www.torresuiza.com
- **Rayhuén**
Pedro Montt 668, Tel. 411571. Sehr gepflegt, schöner Garten. DZ mit Bad ab 36 US-$.
- **Yachting Hotel Kiel**
General Körner 153, Tel. 411631. Direkt am See, schön, sehr gepflegt, freundlich, Restaurant mit Seeblick. DZ mit Bad ab 77 US-$.
- **Hotel El Ciervo**
General Körner 241, Tel. 411215. Familiäres, stilvolles Hotel am See, schöne Zimmer, deutsches Frühstück, Pool, DZ ab 100 US-$. www.elciervo.cl
- **Hotel y Cabañas El Parque**
3 km außerhalb an der Straße nach Pucón, Tel. 411120. Direkt am See mit allem Komfort; Pool, Tennisplätze, gutes Restaurant. DZ ab 70 US-$.
www.hotelelparque.cl
- **Parque Natural Dos Ríos**
Schön gelegene, komfortable Ferienhäuser in einem privaten Naturpark mit Badestrand am Río Toltén, 13 km westlich von Villarrica, Tel. 09/4198064. Der richtige Ort für einen geruhsamen Familienurlaub auf dem Lande. *Dagmar* und *Ralf Gamper* bieten Reitunterricht, Tourinformationen und ein gutes Landfrühstück. DZ mit Bad 60 US-$, Cabañas für 5–8 Pers. 85–123 US-$, auch Zelten möglich (6 US-$ p.P.). Abholung von Villarrica.
www.dosrios.de
- **Novena Región**
20 km südlich von Villarrica, Tel. 09/89012574. Die rührige deutsche Auswandererfamilie *Jakob* bietet auf ihrem Grundstück mitten im Naturwald zahlreiche Möglichkeiten für Familien, die Erholung und Aktivurlaub zugleich suchen: Unterkunft in Ferienhäusern mit europäischem Standard (ab 53 US-$) und ländlich-herzhaftem Frühstück, Kinderprogramme, Ausritte und Geländewagentouren. Im Winter werden Hundeschlittentouren am Vulkan Villarrica organisiert, im Sommer ziehen die Hunde einen Trainingskarren. Abholservice von Villarrica.
www.novena-region.com

Camping

Drei Zeltplätze am Südausgang des Ortes, hinter dem Stadion direkt am See, empfohlen sei **Camping du Lac**, 3 US-$ p.P.

Essen und Trinken

- **El Rey de Marisco**
Valentín Letelier 1030. Sehr guter Fisch und Meeresfrüchte.
- **Traveller's**
Valentín Letelier 753. Asiatisch-international, Pub-Atmosphäre.
- **Café Shanghai**
Gral. Körner 335. Mix aus chilenischer und chinesischer Küche.
- **Tabor**
S. Epulef 1187. Gediegene chilenische Küche.
- **La Cava de Roble**
Camilo Henríquez Ecke Valentín Letelier. Fleisch und Wild zu reellen Preisen.
- **Café Bar 2001**
Henríquez 379. Kaffee und Kuchen.

Verkehrsverbindungen

Überlandbusse

Der **zentrale Busbahnhof** ist auf der Av. Pedro de Valdivia 621; einige Unternehmen haben ihre Terminals nahebei, Tur-Bus z.B. auf der Anfión Muñoz 657. Vom Busbahnhof starten Busse nach:
- **Santiago,** 10 Stunden, 12–55 US-$
- **Valdivia,** 2 Stunden, 5 US-$
- **Los Angeles/Concepción,** 3 Std., 7 US-$
- **San Martín** (Argentinien), 5 Std., 25 US-$
- **Zapala** (Argentinien), 13 Stunden, 35 US-$
- **Neuquén** (Argentinien), 16 Std., 40 US-S

Nach **Pucón** (30 Min., ca. 1 US-$) und **Temuco** (90 Min., 2 US-$) fährt Buses Jac, Bilbao 610, jede halbe Stunde; fast stündlich fahren Busse der Gesellschaft auch nach **Lican Ray** (30 Min., 1 US-$) und etwa ein halbes Dutzend Mal am Tag nach **Coñaripe** (1 Stunde, 2 US-$).

Reiseveranstalter/Touren

Tourveranstalter in Villarrica bieten meist dasselbe Programm: **Tagesausflüge in den Nationalpark Villarrica, Besteigungen des Vulkans Villarrica** (40–50 US-$) oder **Rafting-Touren** (10–30 US-$). Alles ist auch in Pucón (siehe dort) zu buchen; Tourveranstalter sind:
- **Politur**
Anfión Muñoz 647, Tel. 414547, englischsprachig, guter Service.
- **Trancura**
O'Higgins 211-C, Tel. 441189.
- Reit- und Angeltouren, Tandem-Fallschirmspringen, Geländewagen-Ausflüge, Hundeschlittentouren und andere Angebote, die über den Standard hinaus gehen, können über **Dos Ríos, Novena Región** und **Torre Suiza** gebucht werden (siehe Unterkunft).

Sonstiges

Geldwechsel
- **Christopher Money Exchange,** Pedro de Valdivia, nahe dem Tourismusbüro.

Post und Telefon
Die **Hauptpost** befindet sich auf der General Urrutia, nahe der Ecke zur Anfión Muñoz. **Telefonzentralen** finden sich z.B. Henríquez 544 und ebendort an der Ecke zur Urrutia.

Wäschereien
- **Todo Lavado,** Urrutia 699.
- **San José,** A. Matta 725.

Mietwagen
- Über **Torre Suiza,** siehe Unterkunft.

Pucón ⚓ XIII/C3

Die Kleinstadt mit ihren 14.000 Einwohnern hat Villarrica längst den Rang abgelaufen. Hier ist eines der **Zentren des internationalen Tourismus in Chile,** hier finden sich die meisten Agenturen für Trekking, Bergsteigen und Rafting (vgl. auch das Outdoor-Kapitel). Aber auch zum Ausspannen kommen viele hierher, schließlich besitzt Pucón einen **attraktiven schwarzen Sandstrand,** und mit der Kulisse des Vulkans dahinter lässt sich gut baden. Wem das Seewasser zu kalt ist, der fährt einfach zu einem Thermalbad in der Umgebung.

Pucón verdankt seinen Aufschwung der einzigartigen Lage am Ostufer des **Lago Villarrica,** direkt zu Füßen des ewig rauchenden und nachts glühenden **Vulkans Villarrica** und in nächster Nähe zu einer Fülle von Naturwundern: verschwiegene Urwälder und glasklare Flüsse sowie Dutzende Thermalquellen. Doch der Boom der letzten 15 Jahre hat Pucón nicht nur Gutes beschert. Was von März bis Dezember ein adrettes, beschauliches Städtchen ist, quillt im Hochsommer über von Urlaubermassen. Dann vermieten die Familien auch noch das Kinderzimmer, die Preise klettern in die Höhe und täglich 200 Leute auf den Vulkan, und in den Bars, am Strand und auf den Straßen tobt die Party bis zum Morgengrauen. Wer Ruhe und Entspannung sucht, sollte sich dann in die Umgebung absetzen.

Das enge **Stadtzentrum** besteht aus einem Dutzend Straßen. Die Plaza liegt etwas abseits am Nordende der Ansorena vor dem Gran Hotel, hinter dem auch der schönste Strand im Ort liegt. Auf der zentralen Av. O'Higgins tummeln sich die meisten Agenturen, in der „Fressgasse" Fresia die meisten Restaurants. Im Zuge des Tourismus-Booms haben sich im Zentrum Kaufhäuser, Banken und schicke Modeboutiquen angesiedelt. Doch anders als Villarrica hat sich Pucón mit klaren Bau- und Werbevorschriften ein schmuckes, einheitliches Stadtbild bewahrt: So dürfen z.B. die Geschäfte nur mit Holzschildern werben.

Touristeninformation

- **Vorwahl von Pucón: 45**
- Die **städtische Tourismusinformation** befindet sich im Eckbüro der Municipalidad in O'Higgins/Ecke Palguín. Hilfsbereites, englischsprachiges Personal, kostenloser Stadtplan und Liste von Hotels und günstigen Unterkünften.
- Beim Ortseingang (Caupolicán/Ecke Brasil) unterhält die **Tourismuskammer** einen Informationskiosk. Leistungen ähnlich wie beim städtischen Büro, in der Hotelliste sind nur Mitglieder aufgeführt.
- Die Nationalparkverwaltung **Conaf** hat ihr Büro in Lincoyán 336.
- **TravelAid** besitzt ein breites Angebot an Straßen- und Wanderkarten von Chile und Patagonien, dazu hilfreiche Infos zu Wanderungen um Pucón. Buchungen für Navimag und andere Schiffe in den Süden, auch via Internet. Deutschsprachig. Ansorena 425, local 4, Tel. 444040, www.travelaid.cl.
- Die beste **Karte der Umgebung,** mit Wander- und Mountainbikerouten, vertreibt www.trekkingchile.com/karten.

Unterkunft

In Pucón gibt es **jede Menge privater Unterkunftsmöglichkeiten,** die 7–10 US-$ p.P. kosten. Man achte auf Schilder in den Fenstern. Ein Beispiel ist die **Casa Eliana,** Pasaje Chile 225; mit Kochgelegenheit.

Die meisten Unterkünfte in Pucón (und überhaupt in Südchile) haben **Haupt- und Nebensaisonpreise,** der Unterschied beträgt allgemein 20–30%.

● La Tetera
Urrutia 580, Tel. 444126, www.tetera.cl. Gemütliche, saubere Herberge mit Zentralheizung und vielen netten Details. Gutes Frühstück inkl. (Müsli, selbst gebackenes Brot), Büchertausch, Tourangebote (Reiten, Fahrrad, Trekking etc.), Spanischkurse, gute Tipps zu Exkursionen. DZ ab 36 US-$, Reservierung empfohlen.

● école!
Urrutia 592, Tel. 441675, www.ecole.cl. Sehr freundlich, gut geführt, sehr gutes Frühstück. Spanischkurse, Tourangebote, auch eine gute Infoquelle für Tagestouren. Kleine Broschüren mit Wandervorschlägen. Übernachtung ab 15 US-$ pro Person.

● Hostal El Refugio
Palguin 540, Tel. 441596. Holzhaus mit Garten, Mehrbettzimmer, günstig, empfohlen. Ab 12 US-$ p.P. www.hostalelrefugio.cl

● Residencial Lincoyán
Lincoyán 323, Tel. 441144. Sauber und familiär, mit Restaurant. Ab 14 US-$ p.P. mit Frühstück. www.lincoyan.cl

● Refugio Península
Holzapfel 11, Tel. 443398. Relativ neue Herberge des Hostelling-Verbands, sauberer, etwas dunkler Holzbau, enge Gemeinschaftszimmer, Wäscheservice, Internetzugang. Ab 18 US-$ p.P. www.refugiopeninsula.cl

● Hospedaje Sonia
Lincoyán 485, Tel. 441269. Einfache, saubere Backpacker-Unterkunft, Zweier- und Mehrbettzimmer, Gemeinschaftsbad, Küchenbenutzung. Kabel-TV und Heizung nur im Wohnzimmer. Pro Person 10 US-$ im Mehrbettzimmer, EZ 16 US-$ ohne Frühstück. hospedajesonia@hotmail.com

● Gerónimo
Gerónimo de Alderete 665, Tel. 443762. Familiäres Hotel mit Vulkanblick, alle Zimmer mit Bad, mit Parkplatz im Innenhof, von Lesern empfohlen. DZ 56–63 US-$. www.geronimo.cl

● Gudenschwager
Pedro de Valdivia 12, Tel. 442025. Pucóns erstes Hotel aus dem Jahr 1923 in einem gediegenen Holzbau an einer ruhigen Ecke mit Seeblick. Parkplatz, W-Lan und Otto-Bar. DZ ab 78 US-$.

● Club Los Ulmos
6 km vor Pucón (Abzweig Curimanque), dann 3 km Richtung Vulkan, Tel. 09/94436073. Wunderschöne, gepflegte Ferienanlage in einem weitläufigen Landschaftspark 15 Autominuten von Pucón. Betrieben wird diese Oase der Ruhe und Gastfreundlichkeit von dem deutschen Ehepaar *Christa* und *Eckart von Wedelstaedt*. Unterkunft in 2 Doppelzimmern und 4 geräumigen, komfortablen Ferienhäusern. Pool sowie Hausmannskost im Club-Restaurant. DZ 64 US-$, Cabaña je nach Größe 96–150 US-$ (4–6 Pers.), alle Preise mit Frühstücksbuffet.
www.clublosulmos.cl

● Los Refugios
Camino Volcán 380. Nette Apartments für 2–4 Personen am Stadtrand, 10 Fußminuten ins Zentrum. Bequem eingerichtet, gut ausgestattete Küche, Satelliten-TV, W-Lan, Schwimmbecken, Parkplatz, Reinigungsservice. Ideal für Familien mit Kindern und Reisende, die mehr Unabhängigkeit schätzen. Je nach Mietdauer ca. 80 US-$ pro Tag. Reser-

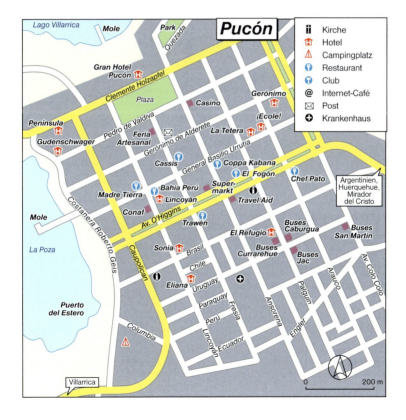

Pucón

vierung über TravelAid (s.o.), Tel. 444040, www.travelaid.cl

● **Gran Hotel Pucón**
Clemente Holzapfel 190, Tel. 913300. Riesenhotel, die Zimmer mit Blick über den See, mit Restaurant und Sportzentrum. DZ ab 136 US-$.

● **Villarrica Park Lake**
Camino Villarrica – Pucón km 13, Tel. 2/ 2077070 oder 45/450000. Luxusklasse, auf halbem Weg zwischen Villarrica und Pucón auf einem engen Grundstück an den See gebaut. 5-Sterne-Standard in nüchterner, Architektur, ohne Badestrand und ohne den Vulkanblick, mit dem das Hotel wirbt. DZ ab 210 US-$.
www.villarricaparklakehotel.cl

● **Landhaus San Sebastián**
18 km Richtung Caburgua, siehe „Umgebung von Pucón".

● **Ruka Rayén**
23 km Richtung Curarrehue, Tel. 09/ 97118064. Ländliches Gästehaus einer Mapuche und eines Österreichers, einfach und freundlich, mit Küchenbenutzung, vegetarischen Menüs, Wäscheservice und Tourangeboten. Auch Zeltmöglichkeit. Bus nach Curarrehue, an der Kreuzung Palguín Bajo aussteigen, 1300 m zu Fuß. Ab 13 US-$ p.P.
www.kilaleufu.cl

Camping

● **Parque La Poza**
Am Ortseingang von Villarrica kommend, ca. 3 US-$ p.P.

Essen und Trinken

● **Chef Pato**
O'Higgins 619 A. Pizza & Pasta, Tellergerichte. Beliebter Treffpunkt.

● **Trawén**
O'Higgins 311 Ecke Fresia. Tagesmenü, Suppen, Vollkornkost, auch vegetarisch.

● **El Fogón**
O'Higgins 480. Gute Fleischgerichte.

- **La Tetera Traveller Café**
Urrutia 580. Gemütlich, gutes Frühstück, Müsli, guter Kaffee und Tees, Fruchtsäfte, Salate, Mittags geschlossen.
- **Ristorante Gerónimo**
Gerónimo de Alderete 665. Sehr gute internationale Fleischküche, hausgemachte Pasta.
- **Cassis**
Fresia 223. Crepes, Fondue, Sandwiches.
- **Madre Tierra**
Urrutia 199. Fusion-Küche mit regionalem Einschlag, Wildspezialitäten. Nicht billig.
- **Bahía Perú**
Urrutia 211. Preiswerte peruanische Küche, empfohlen.
- **école!**
Urrutia 592. Sehr gute vegetarische Küche und guter Fisch. Schöner Treffpunkt.
- **Coppa Kabana**
Urrutia 407/Ecke Ansorena. Gute Sandwiches, preiswerte Kneipe.

Verkehrsverbindungen

Überlandbusse

Pucón hat keinen zentralen Busbahnhof. **Tur-Bus** hat das größte Angebot, mit einem unübersehbaren Terminal ca. 10 Min. zu Fuß vom Zentrum entlang des Camino Internacional (Verlängerung der O'Higgins) Richtung Caburgua auf der linken Seite. **Buses Jac** (Palguín/Uruguay) fährt im Sommer alle halbe Stunde nach Temuco, etwa einmal pro Stunde nach Caburgua, **Buses Caburgua** (gegenüber) dreimal täglich in den Huerquehue-Nationalpark, außerdem zu den Thermen Huife und Los Pozones. **Buses Curarrehue** (Palguín 550) bedient die Strecke in den gleichnamigen Ort. **San Martín** und **Igi Llaima** (beide fahren auch nach Argentinien) haben ihr Büro auf der Calle Colo Colo. Der neue **Pullman-Terminal** ist in Palguín 555. Tur-Bus und Jac haben ein zusätzliches Verkaufsbüro in O'Higgins 448 B. Die wichtigsten Ziele:

Pucón in der Nebensaison

- **Santiago,** 10–11 Stunden, 20–60 US-$
- **Villarrica,** 30 Min., jede halbe Std., 2 US-$
- **Valdivia,** 3 Stunden, 6 US-$
- **Temuco,** 2 Stunden, 5 US-$
- **Puerto Montt,** 6 Stunden, 10 US-$

Mietwagen

- **Pucón Rent a Car**
Colo Colo 340, Tel. 443052.

Reiseveranstalter/Touren

Pucón ist voll mit Reiseveranstaltern. Die meisten haben praktischerweise ihr **Büro auf der Av. O'Higgins,** sodass man zum Preis- und Angebotsvergleich nicht weit laufen muss. Außerdem stellt man schnell fest: Preise und Angebote sind doch sehr ähnlich. Teurere Angebote bieten oft ein bisschen mehr, und sei es „nur" die bessere Ausrüstung. Im Angebot sind:
- Auf **Wanderungen** erlebt man die vielfältige Berglandschaft rund um Pucón. Höhepunkt ist die fünf- bis siebentägige Villarrica Traverse, die vom Vulkan gleichen Namens zum Fuß des Vulkans Lanín an der argentinischen Grenze führt. Ebenfalls sehr beliebt sind die Nationalpark Huerquehue (s.u. sowie im Outdoor-Kapitel) und das private Naturreservat El Cañi. Bei der Organisation der nötigen Transfers kann TravelAid (s.o.) helfen, ebenso mit Tourbeschreibungen, Wanderkarten, GPS-Routen bzw. der Ausleihe von GPS-Geräten. Es gibt auch Tageswanderungen mit deutschsprachigem Führer.
- **Reitausflüge** von halbtägigen Ausritten bis zu einwöchigen Wildnistouren. Zu empfehlen sind die Angebote von Campo Antilco mit deutschsprachiger Führung (12 km von Pucón, Tel. 09/97139758, info@antilco.com, www.antilco.com) und der Bacher-Alm (s.u.). Siehe auch die Angebote von Rancho de Caballos und Kila-Leufu weiter unten.
- **Rafting-Touren** auf dem Río Trancura, am Unterlauf für Anfänger, am Oberlauf für Mutigere; 30–50 US-$, abhängig von der Länge.
- **Hydrospeed,** Rafting ohne Boot: Der Oberkörper liegt auf einer Schale, Bauch und Beine direkt im Wasser. So geht es durch die

Strudel, natürlich mit Gummianzug, Knieschützern und Helm – Adrenalin pur! Ab 25 US-$.
- **Besteigung des Villarrica** (s.a. „Outdoor/Bergsteigen") für 85 US-$ inkl. Equipment; am besten trägt man möglichst seine eigene Kleidung (v.a. Schuhe), sofern sie tauglich ist.
- **Kajakkurse und -touren** in den glasklaren Wildwasserflüssen Trancura und Liucura, die auch für Anfänger geeignet sind, etwa mit dem Spezial-Veranstalter Kayak Pucón (s.u.). Auch der deutsche Auswanderer *Mathias Boss* bietet auf seinem Campo Antilco am Río Liucura Kajakkurse für Anfänger und Fortgeschrittene an (ab 66 US-$ pro Tag) oder stellt Ausrüstung und sich als kundigen Führer für Touren zur Verfügung. Tel. 09/97139758, www.antilco.com.
- **Canopy,** sich wie *Tarzan* von Baum zu Baum schwingen, aber nicht an Lianen, sondern an stabilen Stahlseilen. Mit viel Schwung und Mut lernt man so die Vogelperspektive im Naturwald kennen. Bei Pucón gibt es mehrere Canopy-Strecken, die längste (3700 m) ist die von Trancura, die beste heißt Bosque Aventura, für Kinder geeignet ist Arbol Loco; ab 19 US-$.
- **Nationalpark Huerquehue** Geführte Touren mit Transport und Parkeintritt ca. 40 US-$.
- **Touren zu den Thermalbädern** Ab 18 US-$ p.P.
- **Mountain-Bike-Verleih** 12–15 US-$ am Tag.
- **Dampferfahrt** auf dem Lago Villarrica, und zwar mit einem echten Dampfschiff, dem „Vapor Chucao", gebaut 1905 in Hamburg und zum Ausflugsschiff umgerüstet. Einstündige Rundfahrten, auch Spezialtouren bei Sonnenuntergang, mit tollem Blick auf den Vulkan Villarrica. Normaltour 10 US-$. Muelle La Poza, Tel. 443386, www.vaporchucao.cl.
- **Helikopter-Rundflüge** Für alle, die bestechende Seenlandschaft gern mal aus der Luft bewundern und ohne Kletterei in den glühenden Krater des Villarrica blicken wollen, organisiert die **Agentur Captura** Rundflüge mit einem verglasten Panorama-Helikopter. Minimum sind 6 Personen, 80 US-$ p.P. (20 Min.). Tel. 09/96993686, info@captura.cl.

Einige Agenturen:
- **Sol y Nieve,** Lincoyán 361, Tel. 444761, www.solynievepucon.cl
- **Expediciones Trancura,** O'Higgins 221, Tel. 441189, www.trancura.com.
- **Politur,** O'Higgins 645, Tel. 441373, www.politur.com.
- **Southern Sky,** Colo Colo 160, Tel. 443836, deutschsprachig, v.a. Ski- und Bergtouren. www.southern-sky-chile.cl
- **Kayak Pucón,** O'Higgins 211 Ecke Lincoyán, Tel. 09/97162347, www.kayakpucon.net.

Sonstiges

Wechselstuben
- **Cambio Cash,** O'Higgins 255, local 14.
- **Geldautomaten:** In den Banken auf O'Higgins und Fresia, in großen Apotheken und etlichen Geschäften.

Post, Telefon und Internet
- **Post:** auf der Calle Fresia 183.
- **Telefonzentralen:** z.B. Palguín 348, Ansorena 299 und O'Higgins/Ecke Fresia.
- Entlang der O'Higgins finden sich zahlreiche **Internet-Agenturen.** Der Preis ist überall ähnlich, etwa 2 US-$ pro Stunde. Gute Hardware und Verbindungen bei **Unidad G** in O'Higgins 425 und Fresia. Viele Cafés in Pucón verfügen über W-Lan (Trawén, La Tetera u.a.).

Spanisch-Unterricht
- **Language Pucón,** Uruguay 235, Tel. 45/444967. Von zwei Stunden Konversation bis zum mehrwöchigen Intensivkurs mit chilenischen Lehrerinnen. www.languagepucon.com

Wäschereien
- Fresia 224
- Colo-Colo 475 und 478
- **Lavanderia Elena,** Urrutia 520 (günstig!)

Die Umgebung von Pucón

NP Huerquehue ♪ XIII/C3

Etwa 35 Kilometer nordöstlich von Pucón erstreckt sich östlich des **Lago Caburgua** der 12.500 Hektar große Nationalpark Huerquehue. Er besteht aus ausgedehnten Wäldern von Araukarien und Südbuchen, dazwischen finden sich kleinere Flussläufe, Wasserfälle und schöne Lagunen. Conaf unterhält am Parkeingang (8 US-$ Eintritt) ein kleines Infozentrum, dort beginnt auch ein gut markierter **Wanderweg** zu den drei kleineren Seen, dem **Lago Chico,** dem **Lago Toro** und dem **Lago Verde.** Man steigt zunächst steil, dann gemächlich von 700 auf etwa 1300 Meter Höhe auf und genießt unterwegs – an klaren Tagen – immer wieder herausragende Ausblicke auf den Vulkan Villarrica in etwa 40 Kilometern Entfernung. Mit viel Glück kreist auch ein Kondor über den Baumwipfeln. Für den 7 Kilometer langen Weg sollte man 2–3 Stunden (jeweils Hin- und Rückweg) rechnen.

Buses Caburga fährt täglich um 8.30, 13 und 16 Uhr bis zum Parkeingang am Lago Tinquilco (4 US-$). Alternativ kann man ein **Taxi** mieten (ca. 30 US-$) oder einen Ausflug mit einem Veranstalter aus Pucón buchen.

- Beim Parkeingang am Lago Tinquilco gibt es mehrere **Campingplätze** am See; 10–15 US-$ pro Zelt.
- Am Ende des Sees, beim Startpunkt des Wanderweges, steht das **Refugio Tinquilco,** eine gemütliche Berghütte mit Kojenbetten für etwa 13 US-$, DZ ab 37 US-$, Tel. 09/95392728, www.tinquilco.cl.
- Am Anfang des Tinquilco-Sees offeriert die **Lodge Puerto Tinquilco** Zimmer und Cabañas sowie ein Restaurant mit Forellen aus eigener Aufzucht. Gute Basis zum Erkunden des Parks oder zum Baden und Rudern im See. DZ ca. 50 US-$. www.parquehuerquehue.cl
- **Reittouren** im Nationalpark Huerquehue und in angrenzenden Gebieten organisiert *Mathias Boss* von Campo Antilco. Die Touren dauern drei bis acht Tage; Näheres im Kapitel „Outdoor". Im Campo Antilco, in ländlicher Idylle 12 km außerhalb von Pucón am Río Liucura gelegen, kann man in einem kleinen Gästehaus und einer Cabaña auch übernachten. Tel. 09/97139758, www.antilco.com.
- Nach der Wanderung kann man am Ufer des **Lago Caburgua** einen Strandnachmittag einlegen. Bei der gleichnamigen Feriensiedlung am Südufer gibt es schöne Badestrände, zu empfehlen ist insbesondere die Playa Blanca, die ihrem Namen alle Ehre macht. Hier ist weit weniger Betrieb als in Pucón, und auch das Wasser ist etwas wärmer. Zwischen Caburgua und Pucón gibt es eine regelmäßige Busverbindung. Leser empfehlen das familiäre Hostal Las Hortensias (Tel. 09/93500488, gutes Essen, DZ 35 US-$).
- Ein gastlicher Ort ist das von dem deutschen Ehepaar *Gabriela* und *Andreas Barth* betriebene **Landhaus San Sebastián,** das 18 Kilometer von Pucón entfernt auf dem Weg zum Lago Caburgua und Nationalpark Huerquehue liegt. Wer dem brodelnden Pucón die ländliche Ruhe vorzieht, ist hier richtig: ein Bauernhof mit Kühen, Enten und Schweinen, viel Land, einem kleinen Urwald und freiem Blick auf den Vulkan Villarrica. Das gepflegte, familiäre Gästehaus bietet neben Café und Restaurant (selbst gebackenes Brot und Kuchen, erstklassige Küche) Unterkunft im modernen DZ mit Privatbad (50 US-$ p.P. mit sehr gutem Frühstück), außerdem gibt es zwei separate, geräumige Suites (87 US-$). *Andreas* bietet Tagesausflüge zu Mapuche-Gemeinden, Thermalbädern und in die Nationalparks an. Man kann sich auch in Pucón abholen lassen (Tel. 45/1972360, www.landhaus-pucon.de).

NP Villarrica ♪ XV/C1

Es ist leicht zu verstehen, warum der **Vulkan Villarrica** solch eine Faszination ausübt: Der ebenmäßige Konus mit dem umgelegten Schneekragen, die kleine Rauchwolke, die sich fast immer aus ihm herauskringelt, lassen bei vielen – egal ob Bergsteiger oder nicht – den Wunsch entstehen, von oben in den glühenden Krater zu schauen.

Um die Umgebung des Vulkans und insbesondere die Wälder zu schützen, die sich bis auf 1500 Meter hochziehen, wurde bereits 1940 der 63.000 Hektar große **Nationalpark** eingerichtet. Die meisten Besucher haben ein klares Ziel: dem Krater möglichst nahe zu kommen. Eine Besteigung ist nur mit einer Agentur in Pucón oder Villarrica gestattet (siehe bei den Orten), alle längeren Trekkingtouren sind nur mit ortskundiger Führung zu empfehlen (vgl. „Outdoor/Bergsteigen").

Geologisch Interessierte sollten die **Cuevas Volcánicas** besuchen. Ein 500 Meter langer, begehbarer und beleuchteter Lavatunnel führt direkt in den Vulkan hinein. Die **geführte Tour** dauert zusammen mit der Besichtigung des dazugehörigen Vulkanmuseums etwa 2 Stunden (Eintritt 20 US-$). Anfahrt: Gleich nach dem Conaf-Posten (s.u.) geht links eine Piste ab, die vorsichtig auch mit einem normalen Auto zu befahren ist. Mehrere Agenturen haben die Exkursion im Angebot. (www.cuevasvolcanicas.cl). 500 Meter oberhalb des Eingangs zu den Höhlen beginnt ein ausgeschilderter Wanderweg zu einer Reihe kleiner Nebenkrater (ca. 3 Stunden hin und zurück) – eine gute Alternative für alle, die den Aufstieg zum Gipfel scheuen.

Die **Anfahrt zum Vulkan ist einfach,** allerdings nicht mit öffentlichen Verkehrsmitteln möglich: Bis Rucapillán, wo Conaf die 3 US-$ Eintrittsgebühr kassiert, sind es von Pucón nur 12 Kilometer; man fährt Richtung Villarrica und biegt nach etwa 2 Kilometern links ab.

Der weitläufige Nationalpark hält weit mehr bereit als „nur" den Vulkan Villarrica. Er schützt die südlichsten Araukarien-Bestände, zugleich findet sich hier – von Nord nach Süd gesehen – der erste vollständige **Bosque Valdiviano,** der Regenwald Südchiles. Zahlreiche Trekking- und Reitrouten erschließen die Naturschönheiten des Parks. Die besten Ausgangspunkte sind der **Parkeingang Quetrupillán** und der **Rancho de Caballos** (s.u.; beide nur mit eigenem Fahrzeug zu erreichen) sowie der **Parkeingang Puesco** bzw. die **Laguna Quilleihue** am Ostrand, ca. 60 Kilometer von Pucón an der Straße nach Argentinien. Dort kann man sich von den Bussen nach San Martín de Los Andes (im Sommer einmal tägl.) absetzen lassen. Wanderkarten gibt es bei Conaf und bei TravelAid in Pucón sowie unter www.trekkingchile.com/karten.

Als **Ausgangspunkte für organisierte Reit- und Trekkingtouren** im Park bieten sich an:
● Die **Bacher-Alm,** die direkt an den Park grenzt. Hier kann man zelten (4 US-$, ein Refugio ist geplant) und zu Fuß oder auf Pferderücken die Araukarien- und Südbuchenwälder erkunden (halber Tag 44 US-$, Tagestour 70 US-$). Abholung von Pucón, deutschsprachig. Tel. 09/98750425, bacheralm@hotmail.com.

- Der **Rancho de Caballos** der beiden Deutschen *Christa* und *Wolfgang*, 32 Kilometer südöstlich von Pucón. Auf der mitten im Naturwald gelegenen Reiterfarm, zu der ein esoterisch inspirierter Naturpark (Alto Palguín) mit Wanderwegen und Wasserfällen gehört, gibt es Unterkunft in rustikalen Blockhütten (10 US-$ p.P.), Restaurant bzw. Kochgelegenheit und Reittouren von einem bis zu neun Tagen (pro Tag 8 US-$). Abholung von Pucón. Tel. 09/83461764, www.rancho-de-caballos.com.
- Der Bauernhof **Kila-Leufu** der Mapuche-Familie *Martínez Epulef* in Palguín Bajo, 23 Kilometer östlich von Pucón, mit Reittouren in die Umgebung, Mountainbike-Verleih, Wanderungen. Unterkunft ab 13 US-$ p.P., Camping 8 US-$ p.P., Tel. 09/97118064, www.kilaleufu.cl.

Die Thermalbäder

Vulkanisch aktive Regionen sind meist voll mit Thermalbädern – die Umgebung von Pucón und dem Vulkan Villarrica macht da keine Ausnahme. Über ein Dutzend Quellen – von der einfachen Naturtherme bis zum exklusiven Spa – finden sich in der weiteren Umgebung Pucóns, und fast jährlich kommen neue Anlagen hinzu.

Termas de Huife XIII/C3

Die Termas de Huife liegen 30 Kilometer nordöstlich von Pucón im Tal des Río Liucura. Hier steht ein **Luxushotel** (Tel. 800/208111, www.termashuife.cl, DZ ab 231 US-$), dessen Pool für 16 US-$ benutzt werden kann, ohne im Hotel übernachten zu müssen.

In den Termas Geométricas bei Coñaripe

Termas Los Pozones und Termas Quimey-Co

Rustikaler geht es in diesen Naturthermen 3 km **oberhalb von Huife** zu. Hier kann man für 8 US-$ zwischen mehreren großen, mit Feldsteinen gefügten Becken mit 35–40 Grad heißem Wasser wählen und zum Abkühlen in den Fluss nebenan steigen. Am Abend ist es hier besonders heimelig, weshalb ein Schild eigens auf die obersten Gebote hinweist: kein Sex, kein Alkohol, keine Drogen!

Einen Besuch lohnen auch die unlängst modernisierten **Termas de Quimey-Co** (5 km vor Huife, Tagesgäste ab 12 US-$) mit überdachtem Thermalbecken und Jacuzzis (www.termasquimeyco.com).

●Um 20 Uhr fährt ein spezieller **Thermenbus** von Pucón zu den Termas Quimey-Co, Huife und Los Pozones, gegen Mitternacht ist man zurück (10 US-$ und Eintritt; Infos bei den Agenturen in Pucón).

Parque Termal Menetúe

Diese schön mit Naturstein und -holz renovierte Anlage 30 Kilometer östlich von Pucón hat die **größte Auswahl an Wellness-Angeboten.** Vor allem an nasskalten Tagen sind die überdachten Becken ein Genuss (Eintritt 16 US-$), daneben gibt es zwei Freibecken, Sauna, Dampfbäder, Schlammpackungen, Massagen sowie ein preiswertes Restaurant. In Cabañas mit Blick auf einen See kann übernachtet werden, 2 Pers. zahlen ca. 150 US-$ inkl. Thermennutzung (www.menetue.com).

Zwei Thermalbäder in der Nachbarschaft sind **Trancura** und **San Luis.**

Termas Geométricas

Abseits der Touristenströme, an der Südostflanke des Vulkans Villarrica, versteckt sich diese einzigartige Thermalanlage. Der chilenische Stararchitekt *Germán del Sol* hat im **Cajón Negro,** einem engen Canyon mit schwarzen Felsen und üppig-grüner Vegetation, ein **originelles Konzept** verwirklicht: Rote Holzstege verbinden 16 weit auseinander liegende, mit Naturschiefer verkleidete Becken von 35 bis 39 Grad, dazwischen stürzen sich kalte Wasserfälle ins Tal. Das Ganze wurde überaus harmonisch in die Natur eingepasst, bis hin zu den Grasdächern der Umkleidekabinen und des Besucherzentrums (Kaffee und Snacks). Wenn dann noch der Regen rauscht, man im dampfenden Thermalbecken liegt und die Stege sich zwischen grünen Riesenfarnen verlieren, ist die Wohltat für alle Sinne perfekt.

Die **schönsten Naturthermen Chiles** sind nur **schwer zu erreichen.** Von Pucón muss man entweder die große Runde über Villarrica und Lican Ray nach Coñaripe fahren (76 km), von dort sind es dann 18 km bergauf über eine passable Erdstraße. Oder man wagt mit einem Geländefahrzeug mit Vierradantrieb die zwar schöne, aber abenteuerliche Piste, die auf der Ostseite des Vulkans durch die Araukarienwälder des Nationalparks (Sector Chinay) Richtung Coñaripe führt (etwa 50 km bis zu den Thermen). Diese Route ist nur in Trockenzeiten und nur für geübte Fahrer zu empfehlen. Der teure Eintritt zu den Thermen (24 US-$) lohnt sich allemal; Infos unter Tel. 09/74771708 oder 2/2141214, www.termasgeometricas.cl.

Curarrehue

Der 2000-Seelen-Ort 36 Kilometer östlich von Pucón wäre nicht der Rede wert, böte er nicht die Gelegenheit, einen Einblick in die **Kultur der Mapuche-Indianer** zu bekommen. Die Mehrheit der Einwohner Curarrehues und des Umlandes sind Mapuche bzw. Pehuenche und lebt in sehr einfachen Verhältnissen. Am ehesten kommt man mit ihnen in Kontakt im **Centro Cultural Aldea Indígena Trawupeyüm** (in der Mapuchesprache „Wo wir uns treffen"). Hier gibt es ein kleines, instruktives Museum (geöffnet tgl. 10–21 Uhr, April bis Nov. nur Do bis So 10–18 Uhr), einen Laden mit authentischem Kunsthandwerk und vor allem ein unscheinbares, preiswertes Restaurant mit bemerkenswert kreativer Küche auf der Basis verfeinerter Mapuche-Rezepte mit einheimischen Ingredienzen. Wer noch nie gebratene *Piñones* (Araukarienfrüchte) oder Quinoa-Omelett gegessen hat, sollte sich hier ein Mittagessen gönnen (Tel. 45/1971574). Buses Curarrehue fährt stündlich von Pucón nach Curarrehue (ca. 45 Min., 1 US-$).

Lican Ray

XV/C1

Nicht mehr als ein Dorf im Winter (1700 Einwohner), wird Lican Ray im Sommer zu einer Kleinstadt. Dann ist der Ort eines der meistbesuchten Touristenziele im Seengebiet – Grund sind die beiden **schwarzsandigen Strände am Ufer des Lago Calafquén**. Dort faulenzt man mit Blick auf die anderen Urlauber und die Sierra de Quilchilca oder besucht die anderen Seen der Umgebung. Abends schlendert man über die einzige asphaltierte Straße des Ortes. Hier liegen die meisten Bars und Restaurants, die jedoch nach Saisonende, ab Mitte März, alle ihre Fenster verrammeln. Dann werden in Lican Ray die Bürgersteige hochgeklappt.

Touristeninformation

- **Vorwahl von Lican Ray: 45**
- Das **städtische Informationsbüro** befindet sich direkt an der Plaza, auf der Av. General Urrutia 310.

Unterkunft

- **Hospedaje Neuquén**
  General Urrutia 860. Kleine Räume, freundlich, mit Garten. Ab 10 US-$ p.P.
- **Hospedaje Patagonia**
  Urrutia 145, Tel. 431012. Familiäre, rustikale Herberge in Seenähe. DZ 39 US-$.
  www.hospedajepatagonia.cl
- **Hostal Hofmann**
  Camino a Coñaripe 100, Tel. 431109. Schöne Zimmer mit Bad, grüner Garten mit Hängematte, sehr gutes Frühstück (Leserlob). DZ ca. 52 US-$.

Verkehrsverbindungen

Alle **Busunternehmen** sind **an der Av. Urrutia**. **Buses Jac** (Ecke Marichanquín) fährt mehrmals täglich nach Villarrica (45 Min., 1 US-$) und Coñaripe (1 Std.). **Buses Guarda** fährt nach Panguipulli (1,5 Std.). In der Saison fahren mehrere Busse täglich nach Santiago.

Ausflüge

Coñaripe
XV/C1

Im Vergleich zu Lican Ray ist das 22 Kilometer östlich liegende Coñaripe noch be-

scheidener. Es besitzt ebenfalls einen schönen schwarzsandigen **Strand am Lago Calafquén**.
Übernachten kann man im sehr einfachen, freundlichen Hospedaje Antulafquén direkt an der Hauptstraße (ca. 10 US-$ p.P.).
Buses Jac fährt nach Lican Ray und Villarrica, **Buses San Pedro** nach Panguipulli.

Termas Geométricas

Siehe „Pucón/Thermalbäder".

Termas Coñaripe und Liquiñe ⌕ XV/C1

16 Kilometer südöstlich von Coñaripe liegen die großzügig angelegten, etwas nüchternen **Termas de Coñaripe** (Eintritt 11 US-$) mit einem überteuerten Hotel (DZ 140 US-$, Tel. 45/431407).

Weitere 12 Kilometer östlich wartet in einem weiten Andental der Ort **Liquiñe** mit einem halben Dutzend Thermalquellen und einfachen Unterkünften auf. Liquiñe ist bekannt für hochwertiges **Kunsthandwerk** aus dem rötlichen Holz des Raulí.

Entlang der Sieben Seen

Eine Route mit schönen Ausblicken führt von Liquiñe mitten durch den Urwald zum **Lago Neltume** und nach **Puerto Fuy** (38 km, s.u.). Reizvoll ist auch die gut ausgebaute Straße von Coñaripe um den **Lago Calafquén** herum nach Panguipulli (35 km, s.u.), mit Blick auf den Vulkan Villarrica.

Panguipulli ⌕ XIV/B1

Um die südlichen der sogenannten Sieben Seen zu erreichen, ist die Kleinstadt (16.000 Einwohner) am Ostufer des Lago Panguipulli der beste Ausgangspunkt. Sie ist viel **weniger vom Tourismus geprägt** als die meisten anderen Orte an den Seen. Dennoch ist man hier nicht falsch, ein Spaziergang am Seeufer lohnt sich, allein schon wegen des Blicks über den See hinweg auf den gegenüberliegenden **Vulkan Choshuenco,** der im Südosten 2415 Meter hoch aufragt. Nach Osten blickt man auf die **Sierra de Quilchilca** (1840 m).

Touristeninformation

- **Vorwahl von Panguipulli: 63**
- Das **städtische Informationsbüro** ist direkt an der Plaza Prat.

Unterkunft

- Es gibt viele **Privatquartiere** ab 10 US-$ p.P., man achte auf Aushänge in den Fenstern.
- **Hotel Central**
Pedro de Valdivia 115, Tel. 09/98823955. Große Zimmer (v.a. im Obergeschoss), gut und sauber. DZ mit Bad 26 US-$.
- **Hotel España**
O'Higgins 790, Tel. 311166. Sauber, alle Zimmer mit Bad, TV und Zentralheizung. DZ 42 US-$.

Camping

- **Puchaley Lafquén**
1,5 km vom Busbahnhof Richtung See, Tel. 09/83194084. Schattiger Zeltplatz mit Blick auf den See und Vulkan Villarrica, heiße Duschen, 5 US-$; einfache Cabañas ab 45 US-$.

Verkehrsverbindungen

Überlandbusse

Der Busbahnhof ist Gabriela Mistral/Ecke Portales. Von hier starten Busse nach:
- **Santiago,** 11 Stunden, 12–33 US-$
- **Temuco,** 3 Stunden, 3 US-$
- **Valdivia,** 2 Stunden, 4 US-$
- **Osorno,** 2 Stunden, 4 US-$
- **Puerto Montt,** 3 Stunden, 6–8 US-$
- über Coñaripe, Lican Ray nach **Villarrica**
- Buses Hua Hum und Lafit fahren im Sommer mehrmals täglich über Choshuenco nach **Puerto Fuy** (2 Stunden, 3 US-$).

Die Umgebung von Panguipulli

Reserva Huilo-Huilo und Lago Pirihueico ⌕ XV/C1

Auf der Fahrt entlang des Lago Panguipulli, des größten der Sieben Seen, eröffnen sich immer wieder neue Ausblicke auf den lang gestreckten Rinnensee mit dem vergletscherten **Doppelvulkan Choshuenco/Mocha** (2415 m) dahinter. Die Straße ist bis ca. km 30 asphaltiert, danach gut geschottert. Bergwanderer können die Besteigung des Vulkans versuchen, Ausgangspunkt ist **Enco,** 20 Kilometer südlich des Ortes Choshuenco (siehe Kapitel „Outdoor/Bergsteigen").

Bei km 56, kurz hinter dem Flecken Neltume, erreicht man den Eingang zur **Reserva Biológica Huilo-Huilo.** Dieser erst 2004 geschaffene private Naturpark schützt 60.000 Hektar Valdivianischen Regenwald und erschließt das Gelände mit Trekking- und Reitrouten, einem Canopy-Kurs und einer Snowboardpiste am Vulkan Mocho, auf der man selbst im Sommer fahren kann. Nähere Infos unter 2/3344565 sowie www.huilohuilo.cl. Vom Besucherzentrum (Eintritt 4 US-$) führt ein kurzer Wanderweg (5 Min.) zum 37 Meter hohen **Wasserfall Huilo-Huilo,** den man sowohl von oben als auch vom Flussufer aus bewundern kann. Weitere 20 Min. durch schönsten Urwald sind es zum ebenso eindrucksvollen **Salto del Puma.**

Wenige Kilometer weiter liegen mitten im Wald die beiden **originellsten Hotels Chiles:**
- Die **Lodge Montaña Mágica** ahmt in ihrer Form einen Vulkankegel nach, an den Außenwänden strömt Wasser hinunter, innen ist sie rustikal, dabei nobel und mit schönen Details eingerichtet. Aufmerksamer Service, erlesenes Restaurant, 10 Zimmer, DZ 165 US-$.
- Gleich nebenan stellt das **Hotel Baobab** mit 55 Zimmern und Präsidentensuite die Kegelform seines Nachbarn auf den Kopf und bezieht die Bäume in die Architektur ein. DZ ab 165 US-$, Tel. für beide Hotels 2/3355938 und 63/1970122, reservas@huilohuilo.cl.

Originell – die Lodge Montaña Mágica

VALDIVIA

Nach 63 Kilometern ist **Puerto Fuy** erreicht, ein friedliches Örtchen am Lago Pirihueico. Von hier verkehrt eine Autofähre über den langen, schmalen, von dichtem Urwald umstandenen **Lago Pirihueico** mit der Möglichkeit, auf der anderen Seite nach **San Martín de los Andes** in Argentinien weiterzureisen. Diese Tour ist weitaus preiswerter als etwa die Andenquerung auf dem Lago Todos Los Santos und ebenfalls sehr reizvoll. Wer nicht mit dem Auto oder Fahrrad unterwegs ist, kann bis Puerto Fuy mit dem Bus fahren und versuchen, auf der Fähre eine Mitfahrgelegenheit vom Zielhafen Puerto Pirihueico nach San Martín (54 km) zu organisieren. Von Mo bis Sa verkehrt um 18.30 Uhr auch ein Bus von Pirihueico nach San Martín.

• Die **Fähre „Hua Hum"** hat Platz für 22 Autos und braucht 1,5 Stunden über den See. In der Hauptsaison (2.1. bis 28.2.) verkehrt sie täglich ab Puerto Fuy um 8, 13 und 18 Uhr, ab Pirihueico um 10, 15 und 20 Uhr; in der Nebensaison (16.3. bis 20.12.) ab Puerto Fuy um 14 und ab Pirihueico um 16 Uhr; in der Zwischensaison (1. bis 15.3. und 21. bis 31.12.) ab Puerto Fuy um 8 und 15 Uhr, ab Pirihueico um 10 und 18 Uhr. Infos: Tel. 63/310436, Reservierungen: reservashuahum@sietelagos.cl. Der Fahrplan kann sich kurzfristig ändern. Preis: Pickup 26 US-$, Auto 26 US-$, Motorrad 7 US-$, Fahrrad 3 US-$, Personen ohne Fahrzeug 1,50 US-$. Autofahrer sollten sich im Hochsommer mehrere Stunden vor Abfahrt einfinden, da die Fähre oft voll ist.

In **Puerto Fuy** gibt es einen einfachen Zeltplatz direkt am See, simple Unterkünfte und Wanderwege durch den Naturwald.

• Zur selben „Kette" wie die Lodge Montaña Mágica (s.o.) gehört das **Hotel Marina del Fuy,** ein Holzbau direkt am Seeufer, wahlweise mit Vulkan- oder Seeblick von den 11 wunderschönen Zimmern. Moderne Designermöbel in rustikalem Ambiente, erstklassige Pastagerichte im Restaurant, Kajak- und Ruderbootverleih, freundliches Personal. DZ 120 US-$. Tel. 63/1972426, marinapuertofuy @walla.com.

Valdivia XIV/B1

Valdivia, benannt nach dem spanischen Eroberer *Pedro de Valdivia* und **im Sommer 1552** von ihm selbst **gegründet,** besticht weder durch seine nüchternen Zweckbauten noch durch sein feuchtes Klima mit 160 Regentagen im Jahr, sondern einzig und allein durch die **schöne Lage** am Zusammenfluss von Rió Cau Cau und Río Cruces mit dem in einem weiten Schlenker um die Innenstadt fließenden Río Calle Calle, der nach den Einmündungen als Río Valdivia in den Pazifik mündet.

Geschichte

Valdivias Geschichte ist **im doppelten Sinne bewegt:** zunächst historisch und dann aus natürlichen Gründen, denn die Region um Valdivia ist tektonisch aktiv. Die Hafenstadt lag zu günstig, als dass andere Mächte sie nicht einnehmen oder zerstören wollten: zuerst 1559 die Mapuche, dann holländische Korsaren (1600 und 1643), und später musste die Stadt mit Festungen gegen die Engländer gesichert werden. Im Unabhängigkeitskampf gegen die Spanier

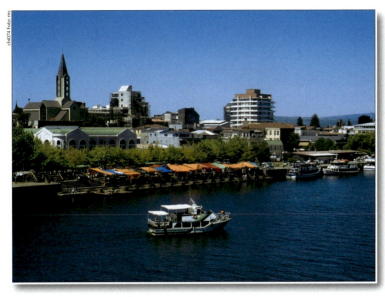

war sie lange umkämpft, bis sie *Lord Cochrane* 1820 einnehmen konnte. Mitte der zweiten Hälfte des 19. Jahrhunderts begann dann die Blütephase, und zwar mit der **Einwanderung der Deutschen,** die hier eines ihrer Zentren fanden. Die recht gut ausgebildeten Handwerker wussten die Rohstoffe ihrer Umgebung zu nutzen; sie schlugen den Wald, bauten Häuser, Schiffe und Eisenbahnschwellen aus dem Holz, verkohlten es und nutzten die Holzkohle zum Betrieb eines Hochofens, gründeten Schnapsbrennereien und Brauereien, um das in den feuchten Regionen rasch faulende Getreide zu nutzen.

Die natürliche Gefährdung von Stadt und Region kam 1960 besonders deutlich zum Ausdruck: Ein **Erd- und Seebeben** der Stärke 8,9 ließ die Stadt in kurzer Zeit um rund drei Meter absacken, dabei stürzten vier Fünftel aller Gebäude ein, darunter nahezu alle Industrieanlagen. Das Seebeben brachte eine Flutwelle mit sich, die die Schiffe auf den Strand schleuderte und die Landschaft flussaufwärts von Valdivia nachhaltig veränderte. So kommt es, dass heute nur noch wenige alte Häuser im Zentrum zu finden sind. Valdivia ist ei-

Valdivia liegt wunderschön am Zusammenfluss von Río Cau Cau und Río Cruces

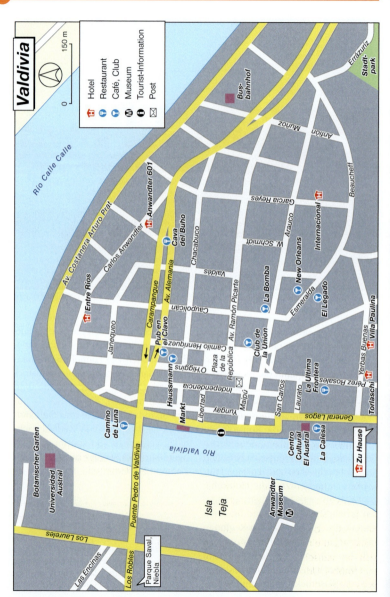

ne **lebhafte Industrie- und Handelsstadt** mit einer großen und wichtigen Universität und seit 2006 Hauptstadt der neu geschaffenen Región de Los Ríos.

Sehenswertes

Obwohl Valdivia **130.000 Einwohner** zählt, ist das Zentrum sehr überschaubar. Am Ufer des Río Valdivia liegt nicht nur der Flusshafen (Bootsausflüge s.u.), sondern auch der **Markt (Mercado fluvial),** auf dem es alle Arten von Fisch und Meeresfrüchten gibt – die Fischhändler müssen sich der aufdringlichen Seelöwen erwehren, die zu Dutzenden auf leichte Beute warten.

Geht man über die Brücke am Mercado fluvial, gelangt man auf die **Isla Teja.** Auf der hat die Universidad Austral ihren Sitz, ebenso der **Botanische Garten der Universität** und der **Parque Saval,** ein weiterer Landschaftspark, in dem man sogar campen darf.

Zum Pflichtprogramm gehört ein Besuch des **Museo Histórico y Arqueológico Mauricio van de Maele,** untergebracht im alten Wohnhaus von *Karl Anwandter,* des Patriarchen der deutschen Einwanderer (vgl. „Land und Leute/Die Deutschsprachigen in Chile"), ebenfalls auf der Isla (nach der Brücke links, Dez. bis März tägl. 10–13 und 16–18 Uhr, die restlichen Monate tägl. 10–13 und 14–16 Uhr). Das Museum besitzt eine Sammlung von Mapuche-Kunst(handwerk), dazu eine große Abteilung, die sich der deutschen Einwanderung widmet (Möbel, Urkunden, Einrichtungsgegenstände).

Touristeninformation

- **Vorwahl von Valdivia: 63**
- **Sernatur,** Av. Prat 555, direkt am Markt.
- Gut sortiertes **städtisches Infobüro** neben dem Flussmarkt.

Unterkunft

- **Casa de Familia Leisi-Opitz**
Avenida Los Robles 841, Tel. 233082. Auf der Isla Teja nahe des Botanischen Gartens gelegen. Sehr freundlich, üppiges Frühstück, pro Person 21 US-$.
- **Hospedaje Internacional**
García Reyes 660 interior, Tel. 212015. Die hilfsbereiten, deutschsprachigen Besitzer *Mario* und *Marcela Hess* bieten Unterkunft mit und ohne Bad, Küchenbenutzung, Frühstück, Waschmaschine, Informationen über Ausflüge, auch einige Cabañas. Ab 14 US-$ p.P. internacional@valdiviachile.cl
- **Hospedaje Anwandter 601**
Anwandter 601, Tel. 218587. Gut, sauber. DZ ohne Bad 34 US-$, mit Bad 45 US-$.
- **Hostal Villa Paulina**
Yerbas Buenas 389, Tel. 212445. Sehr gemütlich. DZ mit Bad ca. 35 US-$.
- **Cabañas Zu Hause**
Bueras 219, Tel. 432770. Gemütliche neue Cabañas für max. 5 Pers., mit gutem Restaurant (s.u.), 45–60 US-$ inkl. 2 Mittagessen. www.zuhause.cl
- **Hostal Entre Ríos**
Carlos Anwandter 337, Tel. 259310. Komfortable DZ 61 US-$. www.hostalentrerios.cl
- **Albergo di Torlaschi**
Yerbas Buenas 283, Tel. 224103. Neu, ruhig, von Lesern empfohlen. DZ 64 US-$. www.aparthotelitaliano.cl
- **Puerta del Sur**
Los Lingues 950, Tel. 224500. Noble 5-Sterne-Anlage auf der Isla Teja. DZ ab 145 US-$. www.hotelpuertadelsur.com

Essen und Trinken

- **Café Entre Lagos**
Pérez Rosales 640. Elegantes österreichisches Café mit wundervollen Kuchen und

Torten sowie Schokolade aus eigener Produktion.
- **Club de la Unión**
Henríquez 540. Mehrgängige Menüs zu guten Preisen.
- **Camino de Luna**
Flussrestaurant nördlich der Brücke. Romantischer Platz, teuer.
- **La Calesa**
Yungay 735. In einer alten Villa mit Flussblick kann man lecker peruanisch essen.
- **Zu Hause**
Bueras 219. Schweizer und chilenische Spezialitäten, mit Terrasse, von Lesern gelobt. Sa/So geschlossen.
- **Café Haussmann**
O'Higgins 394. Urig-deutsche Mittags- und Kuchentradition.
- **Saloon Pub** und **Pub en el Clavo**
Beide Alemania/Ecke Henríquez. Studententreffs, laut, gelegentlich Live-Musik.
- **New Orleans** und **El Legado**
Esmeralda 682 und 657. Zwei lebhafte Kneipen im Bohèmeviertel.
- **La Ultima Frontera**
V. Pérez Rosales 787. Alternative Café-Bar mit Internet und Esoterik-Geschäft, schöne Terrasse, leckere Sandwiches.
- **Cava del Buho**
Av. Alemania 660. Einrichtung wie in einer Eulenhöhle, wunderbare Empanadas.
- **Cervecería Kunstmann**
2 km camino a Niebla, Tel. 292969. Brauerei mit urig-deutschem Restaurant. Naturtrübes Bier zum Selberzapfen aus Biersäulen, Riesenportionen, Souvenirverkauf.

Verkehrsverbindungen

Flugzeug

Der **Flughafen Pichoy** liegt 32 Kilometer nordöstlich der Stadt. Minibus-Service von Transfer Valdivia (6 US-$, Tel. 225533).
- **LAN**
Maipú 271, Tel. 600-5262000. Täglich Flug nach Santiago.

Überlandbusse

Der zentrale Busbahnhof ist auf der Calle Anfión Muñoz 360, fast an der Costanera. Von hier starten Busse nach:
- **Santiago,** 11–12 Stunden, 14–33 US-$
- **Temuco,** 3 Stunden, 4–8 US-$
- **Osorno,** 1,5 Stunden, 4 US-$
- **Puerto Montt,** 3 Stunden, 6 US-$
- **Ancud** (Chiloé), 4–5 Stunden, 8 US-$
- **Villarrica,** 2–3 Stunden, 5 US-$
- **Puerto Varas,** 3 Stunden, 6 US-$
- **Bariloche,** 8 Stunden, 23 US-$, täglich

Mietwagen

- **Autovald,** Pérez Rosales 660, Tel. 212786.
- **First,** Los Laureles 385, Tel. 225063.
- **Hertz,** Picarte 640, Tel. 218316.

Sonstiges

Wechselstuben

- **Cambio Global,** Arauco 331, local 24.
- **Turismo Christopher** Independencia/Ecke Arauco, local 1.
- **El Libertador,** Carampangue 325.

Post und Telefon

Die **Hauptpost** befindet sich auf der O'Higgins 575, direkt an der Plaza. **Telefonzentralen** z.B. in Arauco 601, O'Higgins 575, O'Higgins 386, San Carlos 107 und Picarte 461.

Wäschereien

- Calle Chacabuco 270
- Calle Walter Schmidt 305

Verleih von Booten und Fahrrädern

Ruderboote und Fahrräder werden am Flussufer 100 Meter nördlich der Brücke zur Isla Teja verliehen (pro Stunde ca. 4 US-$).

Biersäule in der Cervecería Kunstmann

Die Umgebung von Valdivia

Bootsausflüge

Von der Bootsanlegestelle *(muelle fluvial)* neben dem Markt lassen sich verschiedene Bootsausflüge machen. Die längeren führen zur Isla Mancera und nach Corral (s.u.), sie kosten inklusive einer Mahlzeit 25 US-$ und nehmen einen halben Tag in Anspruch. Wer nicht so viel Zeit auf dem Boot verbringen will, kann auch eine **einstündige Fahrt um die Isla Teja** machen (6 US-$). Man sieht in ihrem Verlauf **Schwarzhalsschwäne,** außerdem Seelöwen und Seehunde sowie alle Arten von Wasservögeln, in erster Linie Pelikane.

Die schönste Bootstour führt den **Río Cruces** aufwärts durch das **Naturschutzgebiet Carlos Anwandter.** In der weitläufigen, vom Erd- und Seebeben 1960 eindrucksvoll geformten Flusslandschaft nisten rund 120 Vogelarten. Zum halbtägigen Tourprogramm (ca. 30 US-$ mit Essen) gehört auch der Besuch des alten spanischen Forts San Luis de Alba.

Corral, Niebla, Isla Mancera und Los Molinos XIV/A,B1

Wo der Río Valdivia und der Río Tornagaleones gemeinsam in den Pazifik münden, liegen **drei Forts,** die von den Spaniern im **17. Jahrhundert** erbaut wurden und Valdivia gegen Piraten und Schiffe anderer Seemächte schützen sollten; zwei Jahrhunderte lang erfüllten sie ihre Aufgabe. Valdivia konnte von den chilenischen Befreiungstruppen erst 1820 eingenommen werden – *Lord Thomas Cochrane* eroberte damals die Festung Corral mit 300 Leuten, eine wagemutige Tat, hatten sich doch 700 Spanier mit 100 Kanonen dort verschanzt.

Die Festungen Corral (erbaut 1645), Castillo de Amargos und Niebla sowie die Festungen auf der Isla Mancera sind einfach **per Bus und Boot von Valdivia aus** zu erreichen. Man macht entweder einen organisierten Bootsausflug dorthin, fragt nach den regulären Booten, die nach Corral fahren (beides von der *muelle fluvial*), oder man nimmt einen Bus bis Niebla (an der Ecke Yungay und Chacabuco in Valdivia). Dort kreuzen stündlich Boote hinüber nach Corral, die Fahrt kostet insgesamt etwa 2 US-$.

Die **Festung in Niebla** selbst bietet nicht viel mehr als ein paar alte Kanonen, hat dafür aber den schönsten Blick auf die Flussmündung, und ganz in der Nähe liegt der erste Pazifikstrand.

Die **Festung San Sebastián in Corral** ist die am besten erhaltene und restaurierte (tägl. 10–19 Uhr, 1 US-$), bei Sonnenschein auch ein guter Platz für ein Picknick mit Blick auf die Bucht. Es gibt in Corral auch einige Residenciales; ein 40-minütiger Spazierweg führt immer die Küste entlang nach Norden zur Festung Castillo de Amargos.

Wer **in Niebla übernachten** möchte, kann das sehr schön in der Ferienanlage Villa Santa Clara (Cabañas in schönem Park, mit Kochgelegenheit und Wäscheservice, ab 26 US-$ mit Frühstück, Tel./Fax 63/282018, Abholservice vom Busbahnhof in Valdivia).

Fährt man von Niebla aus weiter (Busse alle 20 Min.), gelangt man nach wenigen Kilometern ins Fischerdörfchen **Los Molinos,** ein Paradies für alle Freunde frischer Meeresfrüchte (zahlreiche, teilweise teure Restaurants und Stände direkt am Hafen; Leser empfahlen das Restaurant Fogón Marino). Am Ende des Ortes gibt es den schönen **Campingplatz** Vista Hermosa (mit Meeresblick, 12 US-$ pro Nacht, warme Duschen).

Parque Oncol

Mitten in der Küstenkordillere bei Valdivia liegt das **Naturreservat** Oncol, das auf 750 Hektar ein Stück urwüchsigen Valdivianischen Regenwald schützt. Es gibt Wanderwege zu Aussichtspunkten, eine Canopy-Strecke, einen Zeltplatz und Kajakverleih. Anfahrt per Boot und Kleinbus ab Valdivia (45 Min.) oder auf dem Landweg (2 km Richtung Niebla, dann rechts ab, insgesamt 28 km). Eintritt 2 US-$, Camping 10 US-$ pro Zelt. Informationen unter Tel. 63/278100, www.parqueoncol.cl.

Mehuín ♪ XIV/B1

Wer sich in der Gegend ein paar **geruhsame Strandtage** gönnen will, sollte die Fahrt nach Mehuín nicht scheuen. Das beschauliche Fischerdorf 75 km nördlich von Valdivia (etwa stündlich direkte Busse, Fahrzeit 1,5 Stunden) liegt an einer weit geschwungenen Bucht, an die sich im Norden eine imposante Steilküste anschließt. Natürlich gibt es im Ort leckeren Fisch und Meeresfrüchte zu essen. **Übernachten** kann man im Hotel Regenbogen del Mar mit gutem Restaurant (Tel./Fax 63/456352, DZ mit Frühstück 68 US-$).

Von Valdivia nach Osorno ♪ XIV/B1,2

Zwei Straßen führen von Valdivia ostwärts: die gut ausgebaute, asphaltierte, die bei Paillaco auf die Panamericana trifft – sie wird von allen Bussen Richtung Süden genommen –, und die geschotterte, die bei Los Lagos auf die interkontinentale Nord-Süd-Verbindung trifft; letztere ist zwar schlechter, führt aber entlang des Río Calle Calle und ist deshalb landschaftlich wesentlich schöner (einige Busse täglich). In **Los Lagos** kann man dann weiter Richtung Süden fahren oder nach Osten zum **Lago Riñihue,** dem südlichsten der Sieben Seen.

Von Los Lagos sind es 55 Kilometer (26 km von Paillaco) über die Panamericana bis **Río Bueno,** einer Kleinstadt von etwa 13.000 Einwohnern, in der eine spanische Festung von 1778 über dem Río Bueno und das Museo Arturo Moller Sandrock die Besichtigung lohnen. Das Museum zeigt Mapuche-Gegenstände und dokumentiert die deutsche Einwanderung (Calle Pedro Lago 640). **Übernachten** kann man im Hotel Richmond, Comercio 755 (ca. 15 US-$ pro Person); einen Bus nach Valdivia

Aussicht von der Festung in Niebla

und Osorno bekommt man problemlos, ebenso nach Lago Ranco.

Lago Ranco heißt der Hauptort am Südufer des gleichnamigen, 41.000 Hektar großen Sees. Es handelt sich um einen einfachen Erholungsort, der sich gut als Ausgangspunkt für Touren um den See eignet. Bei der Touristeninformation, Av. Concepción, erhält man Anregungen. Es gibt einige preiswerte **Residenciales** (Tourismusinformation), schön ist die Hostería Casona Italiana, Viña del Mar 145, direkt am Seeufer (19 US-$ p.P.). Von Lago Ranco führt ein 3 Kilometer langer Spazierweg hinauf zur **Piedra Mesa,** von der man einen schönen Blick über den See und seine Inseln genießt. Die größte in der Mitte ist die **Isla Huapi**, auf der eine große Mapuche-Gemeinde lebt.

Osorno ♪ XIV/B2

Wirtschaftlich bedeutsam, aber als Touristenziel nicht sehr attraktiv – so kann man die etwa 130.000 Einwohner zählende Stadt Osorno in wenigen Worten charakterisieren. Es ist eine typische, recht wohlhabende **Industrie- und Handelsstadt** in einem agrarwirtschaftlich geprägten Umland mit einigen historischen Bauten und guten Einkaufsmöglichkeiten.

Geschichte

Bereits 1558 gründete der spanische Eroberer *García Hurtado de Mendoza* die Stadt und nannte sie San Mateo de Osorno. Der Ort wuchs schnell und hatte Ende des 16. Jahrhunderts etwa 1000 Einwohner – Spanier und Mestizen, die größtenteils von der Arbeit der Mapuche-Indianer in der Region lebten. Sie lebten gut, „es gab nach zwanzig Jahren schon Reiche, die über 100.000 Goldpesos vererben konnten", schrieb *Otto Bürger*. Beim großen **Mapuche-Aufstand 1599** wurde die Stadt dann fast vollständig zerstört; erst 1796 kamen die Spanier zurück, und zu neuem Leben erwachte der Ort mit den deutschen Einwanderern, die sich Mitte des 19. Jahrhunderts ansiedelten.

Sehenswertes

Wer einen Tag in Osorno bleiben muss, braucht nicht zu verzweifeln. Einiges gibt es doch zu sehen, alles in kurzer Entfernung von der zentralen **Plaza de Armas.** Direkt an ihrer Ostseite steht die wegen ihrer Betonkonstruktion auffällige **Kathedrale**, errichtet nach dem Erdbeben von 1960. Folgt man der Calle Mackenna von der Plaza nach Westen, so gelangt man in den **Distrito Histórico,** der ein, zwei Blocks zwischen der Plaza und dem schönen Bahnhofsgebäude umfasst: Hier stehen einige wenige erhaltene Holzbauten aus der „Gründerzeit" von Osorno, sehenswerte Gebäude mit Balkonen und spitzen Giebeln. Ebenfalls auf der Mackenna, aber einen Block östlich der Plaza (Hausnummer 949) steht die **Casa Mohr Pérez,** das älteste erhaltene Haus deutscher Siedler (1876 errichtet).

Folgt man der Av. Matta von der Plaza aus nach Süden, gelangt man einen Block weiter (Matta 809) zum **Museo**

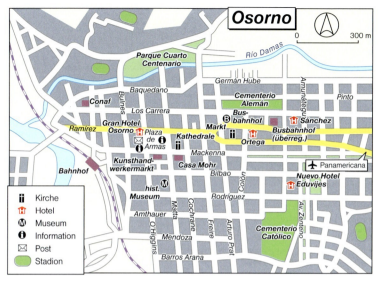

Histórico Municipal (Mo bis Fr von 9.30–17.30 Uhr, im Sommer auch Sa/So von 11–19 Uhr). Das ausgezeichnet sortierte Museum zeigt Kunst und Kultur der Mapuche-Indianer, die frühe Siedlungsgeschichte der Stadt im 16. Jahrhundert und die Einwanderungsgeschichte der deutschen Siedler.

Osorno hat **zwei sehenswerte Friedhöfe,** den Cementerio Alemán und einen Cementerio Católico. Auf beiden sind viele kunstvolle Grabstätten deutscher Siedler zu finden. Der Grund für die Trennung im Tod: Die Siedler brachten, da sie aus völlig unterschiedlichen Teilen Deutschlands kamen, neben allerlei Handwerkskünsten auch ihre **religiösen Auseinandersetzungen** mit nach Chile. Es gab katholische und protestantische Gemeinden, die sich manchesorts, beispielsweise am Lago Llanquihue, spinnefeind waren. *Siegfried Benignus* schrieb 1912: „Es ist schon zu unglaublichen Ausbrüchen religiösen Fanatismus unter den Deutsch-Chilenen am Llanquihue gekommen. Leute, die mehr die humorvolle Seite der Reiseschilderungen pflegen, lassen sich behaglich von protestantischen und katholischen Kirchtürmen, von protestantischen und katholischen Dampfern, von protestantischem und katholischem Bier und von protestantischem und katholischem W.-C. erzählen."

Touristeninformation

● **Vorwahl von Osorno: 64**
● **Sernatur,** Büro im Gebäude der Gobernación Provincial an der Westseite der Plaza de Armas.

● **Conaf** (Naturparks), Martínez de Rozas 430.

Unterkunft

● **Residencial Ortega**
Colón 602, Tel. 232592. Einfach, aber sauber und gemütlich, manchmal ist es sehr voll. 14 US-$ p.P. mit Frühstück.
● **Hospedaje Sánchez**
Los Carrera 1595, Tel. 232560. Mit Kochgelegenheit. Pro Person 8 US-$.
● **Hotel Eduvijes**
Eduvijes 856, Tel. 235023. Sauber, freundlich und gut. DZ mit Bad etwa 46 US-$.
● **Gran Hotel Osorno**
O'Higgins 615, Tel. 232171. Direkt an der Plaza de Armas, sehr beliebt. DZ ab 61 US-$. granhotelosorno@entelchile.net
● **Hotel Rucaitue**
Freire 546, Tel. 239922. Zimmer mit TV und Bad. Sehr freundlich und gemütlich, empfohlen. DZ mit Frühstück 61 US-$.

Essen und Trinken

● **Club Alemán**
O'Higgins 563. V.a. chilenische Küche, einige deutsche Gerichte.
● **Club Arabe**
Prat 779. Vorderasiatische Küche.
● **La Paisana**, Freire 530. Arabische Küche.

Verkehrsverbindungen

Flugzeug

Der **Flughafen Carlos Hott Siebert** liegt 7 Kilometer östlich der Stadt. Taxis kosten ca. 15 US-$.
● **LAN**
E. Ramírez 802, Tel. 600-5262000. Täglich über Temuco nach Santiago.
● **Sky**
Galería Centrosorno, Cochrane 651, local 109, Tel. 230186. Flüge ab Puerto Montt.

Überlandbusse

Osorno hat **zwei Busbahnhöfe,** einen für die Kurz-, den anderen für die Langstrecken.

Vom **Terminal Rural** (am Mercado Municipal, Prat/Ecke Errázuriz) fahren Busse nach:
● **Lago Ranco,** 2 Stunden, 3 US-$
● **Entre Lagos,** 45 Minuten, 1 US-$
● **Puyehue,** 90 Minuten, 3 US-$
● **Aguas Calientes,** 2 Stunden, 3 US-$

Vom Kurzstreckenbahnhof sind auch **Ausflüge** zu den Thermen Puyehue und Aguas Calientes möglich. Die Busse fahren alle 30 Minuten (etwa 3 US-$); zurück bis 21.30 Uhr.

Der **zentrale Busbahnhof** ist Av. Errázuriz 1400, etwa Ecke Angulo. Von hier starten Busse nach:
● **Santiago,** 13 Stunden, 15–55 US-$
● **Temuco,** 3 Stunden, 6 US-$
● **Puerto Montt,** 2 Stunden, 4 US-$
● **Puerto Varas,** 90 Minuten, 3 US-$
● **Pucón,** 3,5 Stunden, 7 US-$
● **Valdivia,** 2 Stunden, 5 US-$
● **Bariloche** (Argentinien), 8 Std., 25 US-$
● **Mendoza** (Argentinien), 24 Std., 50 US-$

Sonstiges

Wechselstuben

● **Cambiotour,** Mackenna 1010.
● **Turismo Frontera,** Ramírez 949, local 5.

Post und Telefon

Die **Hauptpost** befindet sich auf der O'Higgins 645, an der Plaza. Adressen von **Telefonzentralen** sind z.B. Ramírez 778, 816 und 1107 sowie O'Higgins 645.

Wäscherei

● **Lavandería Limpec,** Prat 6778.

Mietwagen

● **Econorent,** Freire 848, Tel. 235303.

Die Umgebung von Osorno

NP Puyehue ♂ XV/C2

Beliebt, aber trotzdem nicht überlaufen ist der Nationalpark Puyehue. Die meisten Besucher kommen nur in den Südteil des Parks, zu den leicht erreichbaren Termas de Puyehue (die streng genommen außerhalb der Parkgrenze liegen) und zu denen von Aguas Calientes; vor allem im östlichen Teil ist der Park noch wild und kaum erschlossen. Im Nordteil liegen einige sehr schöne Trekkinggebiete (vgl. Kapitel „Outdoor/Trekking"), in denen man die Einsamkeit im Urwald und auf wüstenhaften Hochebenen erleben kann.

Der Nationalpark Puyehue wurde eingerichtet, um ausgedehnte Gebiete des immergrünen (kalten) Regenwaldes zu schützen. Er umfasst heute 107.000 Hektar im Gebiet der Präkordillere und der Anden und erstreckt sich in Höhenlagen von 250 bis zu 2236 Metern. Höchster Gipfel im Park ist der **Vulkan Puyehue,** der 1960 zuletzt ausgebrochen ist. Die auffälligsten Pflanzenarten sind in den niedrigeren Lagen der **Ulmo** (Eucryphia cordifolia), hervorstechend wegen seiner vielen Stämme und der weißen Blüten, und die **Nalca-Pflanze** (Gunnera chilensis), die mit unserem Rhabarber verwandt und ebenfalls essbar ist. In den höheren Lagen wachsen vor allem diverse **Südbuchen** (Nothofagus). Die Wälder sind reich an Unterholz. Tiere sind nur selten zu sehen. Es sollen Pumas und Pudús (eine kleine Hirschart mit etwa 40 Zentimetern Schulterhöhe) im Park leben, mit Glück sieht man einen Fuchs, oder es kreist ein Kondor über den Gipfeln.

Die **beste Besuchszeit** für den Park ist **Januar und Februar,** weil es in diesen Monaten am wärmsten ist und am wenigsten regnet; das Klima ist sehr feucht, 4200 mm Niederschlag werden jährlich gemessen. Im Winter wird bei Antillanca Ski gelaufen.

Der Park ist **recht einfach zu erreichen.** Busse fahren von Osorno (Terminal de Buses Rurales) zu den Termas de Puyehue, nach Aguas Calientes und nach Pajaritos, der chilenischen Zollstation auf der Ruta 215, etwa 5 Kilometer hinter Anticura. Die Ruta 215 teilt den Park in eine Nord- und eine Südhälfte, sie führt über den **Paso Cardenal Samoré** (1308 m) hinüber nach Argentinien, in den Nationalpark Nahuel Huapi und weiter bis Bariloche.

Das **Centro de Visitantes** von Conaf befindet sich **bei Aguas Calientes.** Zweitägige Wanderungen im Park führen zum Lago Paraíso (im Süden), zum Lago Constancia (im Osten) und zum Vulkan Puyehue. Infos erhält man auch bei Conaf in Osorno.

Die einzelnen Punkte/Sektoren im Park

●**Termas de Puyehue**
Kurz vor dem Eingang zum Nationalpark liegt an der Gabelung der Ruta 215 das große, elegante und teure (DZ ab 160 US-$) Hotel Termas de Puyehue, dessen Bäder auch Tagesgästen offen stehen. Preiswerter wohnt man im **Refugio del Lago** direkt am See (5 Zi., DZ 95–130 US-$), das zur selben Holding gehört (Tel. 2/2936000, www.puyehue.cl).

LAGO LLANQUIHUE

●**Aguas Calientes**
Hier ist man inmitten der Natur: Unmittelbar neben dem eiskalten Gebirgsbach Chanleufú dampfen die heißen Quellen (ca. 42°C), deren Wasser sowohl im **Freibad** (täglich von 8.30–19 Uhr, ca. 6 US-$) als auch in einem **Hallenbad** (täglich 8.30–20 Uhr, 15 US-$) genutzt wird. Von Aguas Calientes führen drei schöne markierte **Trekkingpfade** in den Wald. Der **Sendero El Pionero** ist nur 1800 Meter lang, steigt aber steil an und führt zu einem Aussichtspunkt (90 Minuten für Hin- und Rückweg) – die Panorama-Ansicht des Lago Puyehue, des gleichnamigen Vulkans und des Golgol-Tals ist die Mühe wert. Der **Sendero Rápidos del Chanleufú** führt 1200 Meter entlang des Flusslaufs zu schönen Stromschnellen. Der dritte Weg ist der längste: Nach 11 Kilometern ist der **Lago Bertín** errreicht, an dem man in einem einfachen Refugio übernachten kann. Hin und zurück sollte man für den Weg eine Wanderzeit von 5–6 Stunden einkalkulieren. Neuerdings gibt es in der Nähe einen 800 Meter langen **Canopy-Rundkurs**. An Stahlseilen schwingt man sich durch die Baumkronen und über reißende Bäche hinweg (23 US-$ p.P.).

In Aguas Calientes stehen **Campingplätze** zur Verfügung (30 US-$ für den Platz, bis zum 8-Pers.-Zelt). Außerdem gibt es 28 komplett ausgestattete Cabañas, von der Zwei- (107 US-$) bis zur Achtbetthütte (230 US-$) mit Kochgelegenheit (Lebensmittel am besten aus Osorno mitbringen; Restaurant vorhanden). Informationen zum Thermalbad, zu den Unterkünften und Aktivitäten unter Tel. 64/236988 und auf www.termasaguascalientes.com.

●**Antillanca**
Von Aguas Calientes führt die nicht ausgebaute Straße 18 Kilometer durch dichten Wald weiter bis Antillanca, vorbei an den Lagunas El Encanto und Toro. Am Fuß des **Vulkans Casablanca** steht auf 1050 Metern Höhe das Hotel Antillanca (Tel. 64/235114, mit allem Komfort wie Sauna und Fitnessraum, DZ 97–134 US-$, je nach Saison; billiger im Refugio, DZ 40–80 US-$); von hier lassen sich auch Wanderungen auf den Vulkan Casablanca unternehmen (kein markierter Wanderweg). Antillanca ist vor allem als **Skigebiet** bekannt; hier gibt es drei Lifte, die bis auf 1500 Meter Höhe hinaufführen.

●**Anticura**
Um in die weniger besuchten Teile des Parks zu gelangen, sollte man bis Anticura fahren. Dort gibt es nur einen einfachen **Campingplatz** (10 US-$) und ein kleines Informationszentrum von Conaf. 2 Kilometer westlich liegt **El Caulle,** von dort führt ein Pfad hoch zu einem Conaf-Refugio am Fuße des Vulkans Puyehue. Weitere vier Stunden später gelangt man zu einer einfachen Thermalquelle; wer sein Zelt dabei hat, kann hier auch übernachten.

Lago Llanquihue ♪ XIV/B2,3

„Die gewaltige Fläche des Llanquihuesees breitet sich vor uns im Sonnenglanze ... Das vorwiegend liebliche Panorama erhält einen großartigen Zug durch die Nachbarschaft der Vulkane, vor allem durch den zu den östlichsten Gestaden abfallenden, sein weißes Bild weit auf seinen blauen Spiegel werfenden Osorno und die lotrecht ins Wasser der Ensenada (der tiefen Ostbucht) stürzenden Felswände des Pichijuan, einem des Nordfuß des Calbuco vorgelagerten Bergrückens. Der Osorno kommt dem Villarrica an Ebenmäßigkeit gleich und bringt die für den Vulkan so charakteristische Kegelform in idealer Weise zur Geltung. Der schöne Berg ist bis gegen 1200 Meter mit Wald von immergrünen und laubabwerfenden Buchen und Zedern (*Libocedrus tetragona*) bedeckt, den Myrthen, Chisque und Bacharisgestrüpp undurchdringlich machen." Soweit unser Berichterstatter *Otto Bürger* 1923, einige Fakten seien noch nachgeliefert: Der Lago Llanquihue ist nach dem Lago General Carrera mit 86.000 Hektar Fläche der **zweitgrößte See Chiles.** Er liegt 70 Meter über dem Meeresspiegel, seine größte Tiefe beträgt 350 Meter. Ursprünglich war er wohl mit dem Lago Todos los Santos verbunden, bis ein Ausbruch des Vulkans Osorno einen Damm zwischen die beiden Seen legte.

Der erste Europäer am Lago Llanquihue war **1552 Pedro de Valdivia,** besiedelt wurde das Mapuche-Gebiet (Llanquihue heißt einfach „tiefe Stelle") von Europäern erst Mitte des 19. Jahrhunderts. Es waren **Deutsche,** die hier den Wald rodeten und sich entlang des Sees ansiedelten. Die **wichtigsten Orte** stammen alle aus dieser Zeit: **Puerto Octay, Frutillar** und **Puerto Varas.**

Puerto Octay   XIV/B2

Der kleine Ort (3400 Einwohner) liegt ein wenig abseits der üblichen Besucherroute, mehr Menschen fahren nach Frutillar und Puerto Varas. Verdient hat das nette Dörfchen am Nordufer des Sees das nicht; es besitzt eine Handvoll guter Hotels und Pensionen sowie zahlreiche alte Holzhäuser aus der Gründerzeit der deutschen Einwanderer vor 150 Jahren, stumme Zeugen der Blütezeit des Ortes, der seinerzeit als Hafen für die Dampfschifffahrt über den Llanquihue-See eine wichtige Rolle spielte. Davon kündet auch ein ausgezeichnetes Museum, das **Museo El Colono,** eine Scheune, in der diverse Landmaschinen aus der Zeit um 1900 ausgestellt sind. Die kleine Führung ist unterhaltsam und sehr zu empfehlen; leider erfährt man wenig bis gar nichts über die deutschsprachige Besiedlung der Region (Independencia 591, täglich außer Mo 9–13 und 15–19 Uhr). Es gibt mehrfach täglich gute Busverbindungen nach Osorno und Puerto Montt, letztere über Frutillar und Puerto Varas. Einmal am Tag fährt ein Bus nach Las Cascadas.

Puerto Octay ist ein guter Ausgangspunkt für den **Nationalpark Vicente Pérez Rosales.** Von hier kann man über den Paso Desolación nach Petrohué wandern (4–5 Std.), den Vulkan Osorno von der Nordseite besteigen (8–10 Std.) oder zu den heißen Quellen von Callao wandern (drei Tage, siehe „Outdoor/Trekking").

● Bester **Übernachtungstipp** ist das **Zapato Amarillo,** Tel./Fax 64/210787, die beliebte Backpacker-Herberge von *Nadia* (Chilenin) und *Armin* (Schweizer), zwei Kilometer vor dem Ortseingang (Schild mit gelbem Wanderschuh), ein Haus mit Grasdach und großem Garten, daneben ein Rundbau mit einem originellen Turmzimmer mit Rundblick und Glaskuppel. Die Übernachtung kostet 14 US-$ im Mehrbettzimmer oder ab 21 US-$ p.P. im DZ mit gutem Frühstück (selbst gebackenes Brot), das Paar bietet Küchenbenutzung, aber auch schweizerisch-chilenische Spezialitäten im Restaurant an. Dazu Fahrrad-, Kanu- und Segelbootverleih, Internet, viele Informationen und Karten der Umgebung sowie Transport zum Nationalpark und geführte Touren zum Lago Rupanco, zum Puntiagudo, auf den Vulkan Casablanca und natürlich auch auf den Vulkan Osorno mit Ausrüstung. www.zapatoamarillo.cl

● Schon durch seine tolle Lage auf einer schmalen, bewaldeten Halbinsel im See (4 km von der Plaza entfernt) besticht das **Hotel Centinela,** Tel. 64/391326, ein stilvoll restaurierter Holzbau von 1914. 12 wunderschöne Zimmer, einige mit See- und Vulkanblick; in der „Königssuite" soll 1931 der britische Kronprinz *Edward* abgestiegen sein. DZ

129–202 US-$. Daneben gibt es nette Cabañas für 2 bis 6 Pers., 119–165 US-$. www.hotelcentinela.cl

● Gut **essen** kann man in Puerto Octay u.a. im Restaurant des Hotel Centinela (s.o., gute Menüs, nicht teuer), im Muñoz Gamero (Muñoz Gamero 107, Lachs und ländliche Küche) oder im Baviera (Wulf 582, Fleisch und Fisch, Kuchen und Torten).

● Rustikal, gemütlich und deutsch geht es zu im **Espantapájaros** (dt.: Vogelscheuche) 4 km Richtung Frutillar, Tel. 65/330049. Spezialität des Hauses: Wildschwein am Spieß. Freies Buffet für 15 US-$.

Las Cascadas ⚑ XIV/B3

Das Dorf (700 Einwohner) liegt inmitten einer alpinen Landschaft mit Weiden und Wäldern und immer wieder schönen Blicken auf den See und den Vulkan Osorno. Der Ort ist vom Tourismus abgeschnitten, weil er am Endpunkt der Buslinie von Puerto Octay liegt; von hier aus kann man nur zu Fuß oder mit eigenem Fahrzeug weiter den See umrunden. Folgt man der Straße, gelangt man nach Ensenada (22 km), dem Zugang zum Nationalpark Vicente Pérez Rosales.

● Einfach **übernachten** kann man in der **Hostería Irma,** 1 km Richtung Ensenada, ca. 14 US-$, auch Zeltmöglichkeit.

● Von Lesern wärmstens empfohlen wird das **Farmhotel Bavaro Beach Lodge,** Tel. 64/ 264800, geführt von dem Allgäuer *Hubert Reichart*. Es bietet schöne Zimmer im Haupthaus und zwei Cabañas direkt am See, dazu gute Hausmannskost (Wildschwein, Lamm, Lachs). www.bavarobeach.cl

Frutillar ⚑ XIV/B3

Frutillar hat ein Freilichtmuseum, und so sieht der Ort insgesamt auch ein wenig aus. Das gilt allerdings nur für Frutillar Bajo, das direkt am Lago Llanquihue liegt, nicht für Frutillar Alto an der Panamericana – das ist ein staubiges Nest. Frutillar Bajo, 2 Kilometer entfernt, ist eine Mustersiedlung mit gut erhaltenen und restaurierten Bauten, mit einer Schule, aus der der Gesang eines deutschen Kinderchores dringt, und einer gepflegten Uferpromenade, an der geraniengeschmückte Häuser stehen und deutschsprachige Schilder deutsche Spezialitäten anpreisen: Kuchen, Strudel, Spätzle. Frutillar hat offiziell 9000 Einwohner. In Frutillar Bajo wohnen davon nur die wenigsten – der Ort besteht gerade mal aus zwei langen Straßen, der Av. Philippi (der Uferstraße) und der dahinter liegenden Pérez Rosales, die durch ein Dutzend kleinerer Gassen verbunden sind.

Frutillar Bajo lebt vom Tourismus, entlang der Uferstraße finden sich zahlreiche Hotels und Restaurants. Die meisten Besucher kommen wegen der schönen Strände und wegen des **Museo Colonial.** Es zeigt nicht, wie die Wirklichkeit war, sondern wie sie hätte sein sollen. Nichts wird erzählt vom harten Leben der ersten Kolonisatoren, von den schrecklichen Wintern, dem Urbarmachen des sumpfigen Landes, dem Hunger. Stattdessen gibt es schön eingerichtete Gebäude (alle Möbelstücke sind Originale), eine Wassermühle, eine Schmiede (in der man sich ein Hufeisen schmieden lassen kann), eine Halle mit alten Kutschen und landwirtschaftlichem Gerät sowie ein hochherrschaftliches Haus, das liebevoll mit allerlei Mobiliar der Gründerzeit am Lago Llanquihue eingerichtet wurde. Hier findet man Musikinstrumente und wertvolles Porzellan, aber auch die typisch deutschen, bestickten Kissen mit Sinnsprüchen: „Gottes Ruh' und Frieden, sei diesem Haus beschieden." Um die Gebäude herum ist ein sehr schöner Garten angelegt. So ist alles hübsch anzusehen, aber eben alles andere als eine „realistische" Wiedergabe von Verhältnissen während der Kolonisierungszeit (Pérez Rosales/Ecke Prat, im Sommer tgl. 10–20 Uhr, sonst Di bis So 10–14 und 15–17 Uhr, Eintritt 4 US-$).

Auf einer kleinen Landzunge direkt an der Uferpromenade steht das **Teatro del Lago,** ein modernes Kulturzentrum mit einem tollen, zum See hin verglasten Amphitheater, Ausstellungsräumen und einem Café. Teile des Gebäudes, darunter der große Konzertsaal, sind noch in Bau. Schon jetzt ist das Theater Zentrum der seit 40 Jahren stattfindenden **Semanas Musicales de Frutillar.** Das Festival klassischer Musik in der letzten Januar- und der ersten Februarwoche ist das größte kulturelle Ereignis Südchiles und vereint vor allem junge Talente aus aller Welt (www.semanasmusicales.cl).

Touristeninformation

- **Vorwahl von Frutillar: 65**
- Der städtische **Informationskiosk** ist direkt an der Plaza, Zugang von der A. Philippi.

Unterkunft

- **Hospedaje Trayén**
Philippi 963, Tel. 421346. Schöne und saubere Zimmer mit Balkon und Blick auf See und Vulkan Osorno. Gutes Frühstück. DZ mit Bad ab 42 US-$.

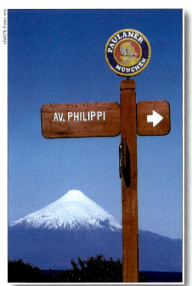

- **Hotel am See**
Philippi 539, Tel. 421539. Gemütliches Gästehaus mit Seeblick, deutschstämmige Besitzerin, Wäscheservice, DZ mit Bad 43 US-$. hotelamsee@surnet.cl
- **Casona del 32**
Caupolicán 28, Tel. 421369. Schönes, gemütliches altes Haus, deutschsprachig. DZ mit Bad und Frühstück ab 66 US-$.
- **Hotel Elún**
Av. Philippi am Südende des Ortes, Tel. 420055. Schöne Zimmer mit Seeblick und Frühstück ans Bett. DZ ab 80 US-$. www.hotelelun.cl
- **Salzburg**
Camino playa Maqui s/n, Tel. 421589. Luxushotel mit viel Komfort, u.a. Sauna. DZ je nach Saison 95–112 US-$, Cabaña für 6 Pers. 152–163 US-$. www.hotelsalzburg.cl

Straßenschild in Frutillar, dem deutschen Städtchen am Lago Llanquihue

● **Casa de la Oma**
Camino a Tegualda km 14, Tel. 330022. Altes Kolonistenhaus im Hinterland von Frutillar inmitten grüner Wiesen. Hier kann man einfach ausspannen, spazieren gehen, reiten, Kühe melken usw. Es gibt auch eine Canopy-Strecke im Urwald. DZ ab 79 US-$.
www.casadelaoma.cl

Essen und Trinken

● **Club Alemán**
Philippi 741. Gute Menüs, aber nicht ganz billig (10 US-$).
● **Casino de Bomberos**
Philippi 1065. Preiswerte Menüs.
● **Café Capuccini**
Im Teatro del Lago, schöner Blick, moderate Preise.
● Weitere Restaurants **in den Hotels** entlang der Uferstraße.

Verkehrsverbindungen

Von der Calle M. Montt fahren (Mini)Busse nach Puerto Varas und Puerto Montt. Von Frutillar Alto gibt es darüber hinaus noch Verbindungen nach Osorno.

Sonstiges

● **Geldwechsel: Banco Estado,** Av. Philippi 231. Hier gibt es auch einen Geldautomaten.
● **Post und Telefon:** Die **Post** befindet sich auf der Ecke Philippi und Rodríguez. In Frutillar Bajo gibt es **keine Telefonzentrale.**

Puerto Varas

Als Puerto Varas – benannt nach dem Innenminister *Antonio Varas,* der Mitte des 19. Jahrhunderts die **deutsche Einwanderung** gefördert hatte – gegründet wurde, erlebte der Ort seine erste Blütezeit als wichtiger Hafen am Lago Llanquihue. Hier wurden landwirtschaftliche Güter verladen, die dann weiter nach Puerto Montt oder Osorno verfrachtet wurden. Heute lebt die 24.000 Einwohner zählende Stadt vorwiegend vom Tourismus, sie ist bester Ausgangspunkt für den Besuch des östlich gelegenen Nationalparks Vicente Pérez Rosales.

Die Stadt liegt **am Südufer des Lago Llanquihue,** und zieht sich über mehrere Kilometer am Ufer des Sees entlang. Die privilegierte Lage mit Blick auf den Vulkan Osorno, die **gemütliche Kleinstadt-Atmosphäre** und das adrette Stadtbild machen Puerto Varas im Vergleich zum benachbarten Puerto Montt zur besseren Wahl, wenn man ein paar Tage bleiben und das südliche Seengebiet erkunden will. Auch sind hier die schöneren Unterkünfte zu finden. Nach so viel Weißbrot und Nescafé tut es gut, sich an den kulinarischen Wohltaten der deutschen Einwanderer zu laben: Streuselkuchen, würzige Würste und naturtrübes Bier, das natürlich „Colonos de Llanquihue" (Llanquihue-Siedler) heißt. Und an einem Regentag (daran mangelt es nicht) versucht man sein Glück im Casino, macht eine Seenrundfahrt mit dem Segler „Capitán Haase" oder besichtigt die Wurstfabrik Mödinger im benachbarten Llanquihue (Tel. 242207, www.rutadelacecina.cl).

Die Innenstadt von Puerto Varas besitzt einige schöne bauliche Zeugen der Kolonialisierungsgeschichte. Der **Iglesia del Sagrado Corazón** an der San Francisco sieht man sehr gut an, woher die Siedler kamen: Sie ist angeblich die getreue Kopie einer Marienkirche aus dem Schwarzwald; Leser vermuten hingegen, dass hier der Limburger Dom Pate gestanden hat. Erbaut wurde sie jedenfalls 1915, im Stil des

Monumentalbarock, komplett aus Holz und zwar nach Plänen von *Edmundo Niklitschek*.

Zwei Aussichtshügel können direkt im Ort bestiegen werden: zum einen der **Cerro Calvario** (von der Plaza die Calle del Salvador stadtauswärts bis zur Dr. Otto Bader, dort links, die Straße führt direkt hinauf), zum andern der **Parque Philippi** (von der Plaza die Uferstraße nach Norden, links, an der Ecke Santa Rosa/Klenner, erneut nach links, die nächste, Bellavista, nach rechts, über die Bahngleise und dann wieder rechts den Hügel hinauf).

Touristeninformation

- **Vorwahl von Puerto Varas: 65**
- Direkt an der Mole unterhält die **Corporación de Desarrollo Turístico** ein gut organisiertes Informationsbüro (Tel. 237956) mit hilfsbereitem Personal.

www.puertovaras.org

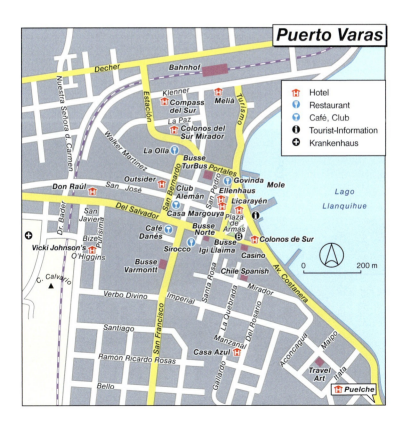

Unterkunft

- **Compass del Sur**
Klenner 467, Tel. 232044. Unprätentiöse, familiäre Backpacker-Herberge in einer alten Villa, die ihren Charme bewahrt hat. Große Zimmer mit Gemeinschaftsbad, Küchenbenutzung, gute Betten, leckeres Frühstück, Internet, Wäscheservice, Garten und Grillplatz. Der herzliche Betreiber *Mauro* spricht deutsch und organisiert maßgeschneiderte Touren. Übernachtung p.P. ab 15 US-$. www.compassdelsur.cl

- **Casa Azul**
Manzanal 66 Ecke Rosario, Tel. 232904. Rustikales Holzhaus mit guten Betten, eigenem und geteiltem Bad, Zentralheizung, großer Wohnküche, Garten, Internet, Büchertausch und riesigem, freundlichem Hund *Butch*. Informationen über Ausflüge und Touren. Ab 12 US-$ p.P. www.casaazul.net

- **Ellenhaus**
San Pedro 325, Tel. 233577. Sauber und freundlich, Wäscheservice, einige Zimmer mit Blick über den See, Internet, deutschsprachig. Übernachtung pro Person ab 9 US-$. www.ellenhaus.cl

- **Don Raúl**
Del Salvador 928, Tel. 310897. Sauber und freundlich, Kochgelegenheit, auch Camping möglich. Pro Person ab 9 US-$.

- **Casa Margouya**
Santa Rosa 318, Tel. 237640. Backpacker-Herberge mit gutem Service und hilfsbereitem Personal. Exkursionen, Spanischunterricht. Ab 12 US-$ p.P. www.margouya.com

- **Outsider**
San Bernardo 318, Tel. 232910. Glanzlose Herberge mit überaus kenntnis- und hilfsbereitem Betreiber, Internet, Tourangebote. DZ mit Bad und gutem Frühstück ca. 50 US-$. Gute Trattoria im Erdgeschoss.

- **Vicki Johnson's Guest House**
O'Higgins 608, Tel. 231521. Bed & Breakfast in schön restaurierter Kolonistenvilla. Gediegen, ruhig, Zentralheizung. DZ 78 US-$. www.vicki-johnson.com/guesthouse

Atlas XIV und S. 370, Stadtplan S. 421

LAGO LLANQUIHUE

●**Hotel y Cabañas Ayentemo**
Pérez Rosales 0950 (Costanera), Tel. 232270. Gepflegte Anlage am See. DZ 85 US-$, Cabañas bis zu 5 Personen 120 US-$.
●**Licarayén**
San José 114, Tel. 232305. Direkt am Ufer, fast alle Zimmer zum See, sehr schön. DZ je nach Standard 90–103 US-$.
●**Colonos del Sur**
Del Salvador 24, Tel. 233369. Traditionsreiche, renovierte Oberklasse am See. Ableger Colonos del Sur Mirador in Estación 505, Tel. 235555. DZ ab 102 US-$.
www.colonosdelsur.cl
●**Arrebol Patagonia**
Camino a Ensenada km 2, Tel. 564924. Neues Design-Hotel am Ortsausgang, 22 geräumige Zimmer mit Seeblick, erlesene Küche. DZ ab 133 US-$.
www.arrebolpatagonia.com
●**Hotel Puelche**
Imperial 695, Tel. 233690. Modernes, distinguiertes 4-Sterne-Hotel direkt am See, nur 21 Zimmer, Spa, Restaurant, guter Service. DZ ab 155 US-$. www.hotelpuelche.com
●**Meliá Patagonia**
Klenner 349, Tel. 201000. Moderne und stilvolle 5-Sterne-Anlage mit 91 luxuriösen Zimmern, Seeblick und allem Komfort. DZ ab 160 US-$. www.solmelia.com

Essen und Trinken

●Zwei gute Fisch- und Meeresfrüchte-Restaurants gibt es im Untergeschoss der Markthalle: **El Gordito** und **El Mercado**.
●**La Olla**
V. Pérez Rosales 1071. Schönes Uferlokal, große Portionen zu fairen Preisen.
●**Club Alemán**
San José 415. Solide deutsche und chilenische Küche, mittleres Preisniveau.
●**Café Danés**
Del Salvador 441. Kaffee und Kuchen.
●**Govinda**
Santa Rosa 218. Mediterrane Küche, Vollwertkost.

Die Kirche von Puerto Varas

●**Sirocco**
San Pedro 537. Fisch, Meeresfrüchte, Lamm, Wagyu ... Empfehlung.
●**Balandra**
Del Salvador 024, im Hotel Colonos del Sur. Spitzenküche zu Spitzenpreisen.

Regionalverkehr

Nach **Puerto Montt** verkehren im Fünf-Minuten-Takt **Kleinbusse**, die man auf der Costanera oder der San José anhalten kann. Fahrzeit: 20 Min., 1 US-$.

Überlandbusse

Puerto Varas hat keinen zentralen Busbahnhof. Die meisten **Unternehmen** sind aber nah beieinander:
●**Varmontt**
San Francisco 666. Puerto Montt, Santiago und Zwischenstationen (fast halbstündlich).
●**Cruz del Sur**
Terminal San Francisco Ecke García Moreno, Ticketverkauf auch in W. Martínez Ecke San Pedro. Puerto Montt, Chiloé, Osorno, Temuco, Valdivia.
●**Tur-Bus**
San Pedro 210. Santiago/Zwischenstationen.
●**Buses Lit**
Martínez 227 B. Santiago und Zwischenstationen, Bariloche (Argentinien).
●**Igi Llaima**
Del Salvador 100. Santiago und Zwischenstationen, Bariloche (Argentinien).
●**Buses Norte**
Galería Real, Del Salvador 257. Santiago und Zwischenstationen, Bariloche (Argentinien).
●**Buses Erwin**
San Pedro 210. Ensenada, Petrohué.

Fahrzeiten und Preise:
●**Santiago,** 14 Stunden, 17–64 US-$
●**Osorno,** 2 Stunden, 4 US-$
●**Temuco,** 4,5 Stunden, 8 US-$
●**Valdivia,** 3–4 Stunden, 7 US-$
●**Bariloche** (Argentinien), 7 Std., 24 US-$

Reiseveranstalter/Touren

●**Andina del Sud**
Del Salvador 72, Tel. 232811. Tagesausflüge in die Umgebung und die Nationalparks,

aber auch Vermittlung von individuellen Touren, wie Besteigungen des Vulkans Osorno, Fischen, Reittouren etc. Andina del Sud ist der Betreiber der Bus-Boot-Reise über Peulla nach Bariloche.

- **Travel Art**

Imperial 0661, Tel. 232198. Alle Arten von Touren im Seengebiet und in ganz Chile, Reservierungen, Gepäck-Transfer etc.; Fahrrad-Verleih. www.travelart.com

- **Aqua Motion**

San Francisco 328, Tel./Fax 232747. Deutschsprachiger Reiseveranstalter mit komplettem Programm, vorwiegend im Bereich Abenteuer-Tourismus: geführte Trekking-Touren, Rafting, Canyoning, Reitausflüge, Klettertouren, Fliegenfischen – alles ein- oder mehrtägig. www.aquamotion.cl

- **Outsider/Campo Aventura**

San Bernardo 318, Tel./Fax 232910. Vorwiegend geführte Reittouren, ausgehend vom Campo Aventura bei Cochamó, von einem Tag bis zu zwei Wochen ist alles im Programm. Auf den Spuren von *Butch Cassidy* und *Sundance Kid* durch Patagonien oder auf einem alten Jesuitenpfad über die Anden. www.campo-aventura.com

- **AlSur Expediciones**

Aconcagua Ecke Imperial, Tel. 232300. Anspruchsvolle Outdoor-Angebote im Seengebiet und in Nordpatagonien, z.B. spektakuläre Seekajaktouren durch die Fjorde. AlSur ist die offizielle Agentur für alle Touren und Unterkünfte im Parque Pumalín. www.alsurexpeditions.com

- **Tranco Expediciones**

San Pedro 422, Tel. 311311. Vulkanaufstieg und Rafting, zweisprachige Führer.

- **Senda Nativa Romahue**

Tel. 09/94479986. Halb- und Ganztagestouren zu Fuß oder Pferd durch den Urwald am Río Maullín, wenige Kilometer außerhalb von Puerto Varas. Auch mit Unterkunft. www.romahue.cl

Sonstiges

- **Geldwechsel: Turismo Los Lagos,** Galería Real, local 11, Del Salvador 257.
- **Post, Telefon und Internet:** Die **Post** befindet sich auf der Ecke San Pedro/San José. **Telefonzentralen** finden sich z.B. Santa Rosa/Ecke Del Salvador und San José/Ecke San Pedro. **Internetzugang** u.a. in Av. Gramado 560.
- **Wäscherei,** Av. W. Martínez.
- **Spanischkurse: Chile Spanish,** Mirador 160-A, Tel. 09/83612500. Spanisch lernen wie in einer fröhlichen Familie – das ist das Konzept der rührigen, aufmerksamen Gastgeber und Lehrer *Malva* und *Alex*. Ab 145 US-$ pro Woche, wahlweise mit Unterkunft. www.chile-spanish.cl. Auch zu buchen über ContactChile, www.contactchile.cl.

Die Umgebung von Puerto Varas

Nationalpark Vicente Pérez Rosales ♂ XV/C2,3

- Siehe hierzu auch im Kapitel „Outdoor/Trekking" den Callao-Trek.

1926 gegründet, ist der Parque Nacional Vicente Pérez Rosales der **älteste Nationalpark in Chile** und mit einer Fläche von 251.000 Hektar auch einer der größten. Er ist gemeinsam mit dem Nationalpark Puyehue und den beiden ungleich größeren Nationalparks Nahuel Huapi und Lanín auf argentinischer Seite Teil eines grenzüberschreitenden Systems von Parks zum **Schutz der Fauna und Flora Nordpatagoniens.**

Hier wachsen Südbuchen und Alercen, die Wälder sind dicht und reich an Unterholz, Tiere sind allerdings nur selten zu sehen. Der Park schützt eine grandiose Landschaft: den **Vulkan Osorno** (2660 m) mit seinem ebenmäßigen Konus, den blau und smaragdgrün schimmernden **Lago Todos Los Santos,** die **Wasserfälle des Río Petrohué,** alles umgeben von dichtem immergrünem Regenwald. Der höchste

Gipfel im Park ist nicht der Osorno, sondern der 3451 Meter hohe **Cerro Tronador,** dessen Gipfel direkt auf der Grenze zu Argentinien liegt. Nördlich des Sees grüßt die schroffe Felsenspitze des Vulkans Puntiagudo (2190 m).

Die **Andenpässe** wurden bereits von den Mapuche-Indianern regelmäßig überschritten, sie trieben intensiv Handel mit den indianischen Völkern am Osthang der Anden. Später nutzten sie auch die Jesuiten (von Chiloé kommend), dann die Gauchos mit ihrem Vieh – ihr Pfad liegt etwas südlich der Nationalparkgrenze und kann heute bei mehrtägigen Trekking- oder Pferdetouren genutzt werden (z.B. über Campo Aventura/Outsider in Puerto Varas).

Die beste **Besuchszeit** ist im **Januar und Februar.** Dann regnet es am wenigsten, allerdings sind dann auch die meisten Touristen unterwegs. Mit Regenwetter muss man immer rechnen: Zwischen 2500 und 4000 mm Niederschlag werden hier im Jahr gemessen.

Es führt nur eine Straße in den Park (Ausnahme ist der Weg, der von Puerto Klocker zum Refugio La Picada führt), die **Ruta 225** von Puerto Varas über Ensenada **bis Petrohué,** wo sie am Hafen endet. Bis hierher fahren Busse von Puerto Montt und Puerto Varas. Alle anderen Punkte im Park sind von hier aus nur per Boot oder zu Fuß (Pferd) zu erreichen. Hier befindet sich auch das **Centro de Visitantes** von Conaf. Zum Vulkan Osorno gelangt man am besten von Ensenada aus.

Wer in Ensenada **übernachten** will, kann das gut im Hotel Ensenada, einem Holzhaus direkt am Ufer des Lago Llanquihue (Tel. 212017, DZ 100–150 US-$), oder im Hotel Brisas del Lago (Tel. 212012, DZ 52–66 US-$). Das **Restaurant** der Yankee Way Lodge am Ortseingang gilt als das feinste in Südchile, die Fishing Lodge besticht durch ihre ausgesuchte Dekoration (Tel. 212030, DZ ab ca. 200 US-$).

Vulkan Osorno ♦ XIV/B2,3

Für viele ist der 2660 Meter hohe Vulkan Osorno der schönste in Chile. Ähnlich wie der Villarrica ist er ein **Vulkan wie aus dem Bilderbuch:** kegelförmig, mit einem Kragen aus Schnee und Eis. Seine Besteigung erfordert eine spezielle Ausrüstung mit Eiskrampen und -pickel, aber für geübte Kletterer mit Erfahrung ist sie nicht sehr schwierig. Auf keinen Fall aber sollte man den Aufstieg auf eigene Faust versuchen, schon wegen der häufigen und schnellen Wetterumschwünge. Am Osorno sind bereits etliche Bergsteiger verunglückt, darunter mehrere Deutsche, die ihre Fähigkeiten über- und den Vulkan unterschätzten. Agenturen in Puerto Varas und Puerto Montt bieten **geführte Touren** an; sie kosten als Tagesausflug, der um 5 Uhr beginnt, ca. 150 US-$ pro Person inkl. Ausrüstung.

Das **Refugio Teski Club** (Tel. 09/97000370 oder 65/232208, menk@telsur.cl; Stockbetten für ca. 18 US-$, auch Mahlzeiten erhältlich) liegt knapp unterhalb der Schneegrenze auf 1200 Metern Höhe. Die Zufahrtsstraße zum Refugio ist mittlerweile asphaltiert (12 km von Ensenada). Dort gibt es ein neues **Skigebiet** mit zwei Sesselliften und einer Cafeteria. Von den Pisten (Tageskar-

LAGO LLANQUIHUE

te für 31 US-$) genießt man den Blick auf den Llanquihue-See. Nähere Infos unter www.volcanosorno.com, Tel. 65/ 233445.

Lago Todos Los Santos ♪ XV/C2,3

Der Lago Todos Los Santos umfasst 17.500 Hektar und liegt 190 Meter über dem Meeresspiegel. Er schmiegt sich grün-schimmernd und von dichtem Wald umgeben mit zahlreichen Seitenarmen an die steil aufragenden Berge. Die größte Insel im See ist die Isla Margarita. Keine Straße führt um den See. Der Katamaran „Lagos Andinos" verkehrt von Petrohué nach Peulla und gehört zum **Cruce Andino** (früher: Cruce de Lagos), der Überquerung der Anden als **kombinierte Schiffs-/Busreise von Puerto Montt bzw. Puerto Varas nach Bariloche in Argentinien.** In der Sommersaison (Sept. bis April, täglich) wird sie als lange Tagestour angeboten, in den Wintermonaten (Mai bis August, täglich) übernachtet man in Peulla. Diese Reise kostet ca. 170 US-$ pro Person (ohne Unterkunft), die Stationen sind: Puerto Montt bis Petrohué per Bus, von dort mit dem Boot bis Peulla am Ostende des Lago Todos Los Santos. Weiter geht es per Bus über den Paso Pérez Rosales hinüber nach Argentinien. Ziel ist **Puerto Frías**, eine kleine Bootsanlegestelle am gleichnamigen See. Von hier fährt ein weiteres Boot nach **Puerto Alegre**, dort steigt man für 15 Minuten in den Bus nach **Puerto Blest**. Von dort geht es per Boot über den Lago Nahuel Huapi bis nach **Puerto Pañuelo** an der Halbinsel Llao-Llao, wo auch schon der Bus nach Bariloche wartet.

Besonders der chilenische Abschnitt lohnt sich wegen des tollen Andenpanoramas, klares Wetter vorausgesetzt. Freilich muss man den Anblick mit 300 anderen Touristen teilen – im Sommer ist die Fahrt oft ausgebucht –, und der Eintagestrip ist sehr stressig: vier Busse und drei Boote in gut 14 Stunden! Es ist daher anzuraten, in Peulla zu übernachten und die Tour am nächsten Tag fortzusetzen (siehe Peulla) oder nach Petrohué/Puerto Varas zurückzukehren. Der Cruce Andino kann bei den meisten Reiseagenturen gebucht werden, nähere Informationen unter www.cruceandino.com.

Petrohué ♪ XIV/B3

Die mitten im Naturwald gelegene Siedlung Petrohué ist der **zentrale Ausgangspunkt im Nationalpark.** Von hier fahren der Katamaran „Lagos Andinos" und kleine Kutter für ca. 30 US-$ nach Peulla (einfache Fahrt) und zur Isla Margarita (20 US-$ hin und zurück), von hier starten ebenfalls Boote nach **Cayutué** (40 US-$); hier ist das Informationszentrum von Conaf, hier kann übernachtet werden. Über den Boostransport verhandelt man am besten mit den Fischern am Hafen.

Einige schöne **Kurzwanderungen** starten in Petrohué: 6 Kilometer sind es bis zu den Saltos de Petrohué, malerischen Kaskaden mit Vulkanblick, an denen auch die Touristenbusse von Puerto Varas halten. Etwas anspruchsvoller ist der Aufstieg durch den Naturwald an den Hängen des Vulkans zum Paso Desolación. Auf der anderen Seite geht es hinunter zum ehemaligen Refugio La

LAGO LLANQUIHUE

Picada (4–5 Stunden) und weiter nach Puerto Octay.

Leider sind in der Gegend um Petrohué im Januar die **Colihuachos** (Pferdefliegen) sehr lästig. Die großen, schwerfälligen Brummer lassen sich zwar leicht fangen oder erschlagen, sie treten aber zu Dutzenden auf ... Ihre Stiche sind ungefährlich. Tipp: Hell anziehen!

Übernachten kann man in Petrohué im sehr komfortablen Hotel Petrohué (Tel. 65/212025, DZ mit Bad und Frühstück 197 US-$, auch Cabañas, www.petrohue.com) sowie bei der Familie *Küscher* (auf der anderen Seite des Flusses; einfach, ca. 13 US-$ pro Person, auch Camping für 6 US-$). Im Sommer gibt es auch einen Herbergsbetrieb in der Schule. Conaf betreibt neben dem Besucherzentrum einen Campingplatz (20 US-$ pro Stellplatz).

Peulla　　　　　　　　　　XV/C2

Der winzige Ort am Ostufer des Lago Todos Los Santos existiert nur wegen des **Hotels Peulla,** das vor über 100 Jahren von dem Schweizer Einwanderer *Ricardo Roth* errichtet wurde und die Ära des Tourismus in der Region einläutete. Seither mehrfach um- und ausgebaut, hat das Hotel, das heute von einem Enkel *Roths* geleitet wird, den etwas muffigen Charme eines Alpenhotels bewahrt. Einige der 70 Zim-

Fahrt über den Lago Todos Los Santos

mer wurden modernisiert, doch auf den Fluren knarren die Dielen wie eh und je. Im Hotelrestaurant werden jeden Mittag die Touristenmassen des Cruce de Lagos verköstigt, abends geht es ruhiger zu (DZ ab 170 US-$, Tel. 65/ 212053, www.hotelpeulla.cl). Um das Hotel gruppieren sich eine Handvoll Häuser, eine Grundschule, ein inoffizieller Zeltplatz und evtl. eine Privatunterkunft (am besten die Leute fragen). Direkt dahinter beginnt der dichte Urwald, eine Kurzwanderung führt zu Wasserfällen. Das Hotel organisiert Halbtages- und Tagesausflüge, auch mit Pferden, in der Umgebung.

Cayutué ⌒ XV/C3

Cayutué liegt am Ende des Südarmes des Lago Todos Los Santos und ist nur mit einem gecharterten Boot von Petrohué aus zu erreichen (ca. 90 US-$). Ein Wanderweg führt von hier nach **Ralún** am Nordende des Estero de Reloncaví. Dabei folgt man dem Pfad, den im 17. Jahrhundert die Jesuiten auf dem Weg von ihrer Missionszentrale in Bariloche zu den Vorposten auf Chiloé nahmen. Etwa eine Stunde geht man von Cayutué zum **gleichnamigen See** mitten im schönsten Naturwald, von dort sind es drei bis vier Stunden über einen niedrigen Pass nach Ralún, mit schönen Ausblicken auf den Reloncaví-Fjord (Transport und Übernachtung s.u.).

Ralún, Cochamó und das Puelo-Tal ⌒ XV/C3

Einen Eindruck von den Fjordlandschaften Nordpatagoniens bekommt man bei der Fahrt von Puerto Varas über Ensenada nach Ralún, Cochamó und Puelo. Neuerdings ist die Route in Caleta Puelche mit der Carretera Austral verbunden und bietet damit in Kombination mit deren erstem Abschnitt (siehe „Der Große Süden/Von Puerto Montt bis Chaitén") die Möglichkeit, eine schöne Rundtour zu gestalten (je nach Abstechern zwei bis vier Tage). Nach Ralún, Cochamó und Puelo verkehren auch Busse (ab Puerto Varas).

Auf dem Weg von Ensenada nach Ralún (32 km) kommt man durch einen der schönsten **Ulmo-Wälder** Südchiles. Die knorrigen, üppig weiß blühenden Bäume, die übrigens mit der deutschen Ulme nichts gemein haben, bestimmen von nun an das Bild entlang der gesamten Strecke. Kurz vor Ralún gibt es Naturthermen am anderen Ufer des Río Petrohué (ausgeschildert), zu denen man sich per Boot übersetzen lassen kann.

In **Ralún** mündet der Fluss in den langen, schmalen Pazifikarm namens Estuario de Reloncaví. Mit Blick auf den Vulkan Yates kann man hier das Spiel der Gezeiten verfolgen: Wenn die Flut kommt, bleiben die im Delta grasenden Kühe und Pferde seelenruhig auf kleinen Inseln oder sogar im flachen Wasser zurück. In Ralún gibt es mehrere einfache Residenciales (die Posada Campesino ist das beste, ca. 12 US-$) sowie zwei nette Cabaña-Anlagen (ab 40 US-$).

Hier endet der Asphaltbelag, die Schotterstraße folgt dem Ostufer des Fjords und erreicht nach 15 Kilometern das beschauliche Dorf **Cochamó** mit einer schönen Holzschindelkirche im Chiloé-Stil (einfache Residenciales und Cabañas). Wenige Kilometer dahinter mündet der Río Cochamó; direkt hinter der Brücke hat der Reitveranstalter Campo Aventura sein Basislager. Nach weiteren 30 Kilometern ist der Flecken **Puelo** erreicht. Eine Stichstraße führt den Fluss aufwärts zum Lago Tagua Tagua (ca. 10 km). Wer will, kann mit einem Boot übersetzen und auf der anderen Seite das weite Tal des glasklaren Río Puelo hinaufwandern. Momentan wird der alte Reittrail nach **Segundo Corral** zur Straße ausgebaut, von dort sind es nur wenige Kilometer zur Grenze und zum Nationalpark Lago Puelo auf argentinischer Seite.

Zurück in Puelo, erreicht man nach weiteren 36 Kilometern entlang des Fjords die **Fährstation Caleta Puelche** an der Carretera Austral. Wer nicht die Carretera Austral weiterfährt, kann die Fähre über den Fjord nehmen und nach Puerto Montt zurückfahren.

Puerto Montt ⌕ XIV/B3

Der erste Eindruck kann nicht überzeugen: Wer wie die meisten Reisenden über die Panamericana in die 160.000-Einwohner-Stadt, **Hauptstadt der Región de Los Lagos,** kommt, sieht zunächst nur wenig mehr als graue Häuserblocks. Bei Regen – und in Puerto Montt regnet es gern und ausgiebig – bleibt der Eindruck grau und trist. Doch bei Sonnenschein weitet sich der Blick: Man sieht den Hafen, die verwinkelten Holzhäuser, deren Dächer und Wände in allen Regenbogenfarben blinken, die glitzernde **Bucht von Reloncaví** und dahinter den schneebedeckten Gipfel des Vulkans Calbuco. Insgesamt präsentiert sich Puerto Montt als eine wachsende Industriestadt, die in erster Linie von ihrem **Hafen** lebt. Hier legen nicht nur Fischerboote und die Fährschiffe an und ab, die durch Fjorde und Kanäle nach Patagonien fahren, hier liegen auch große, meistens ostasiatische Schiffe, die tonnenweise mit Holzschnitzeln beladen werden. Riesige Halden von **Holzchips** lagern im Hafen von Angelmó, Raupen schieben sie hin und her, bis sie durch Saugrohre und Förderbänder in die Schiffe gelangen, und große Lkw liefern den Nachschub – **geschredderter Wald für Zellulosefabriken.**

Von ihrem Hafen lebt die Stadt seit ihrer Gründung Mitte des 19. Jahrhunderts. Damals kamen **deutsche Aussiedler.** Sie bauten die Stadt und nannten sie nach dem damaligen chilenischen Präsidenten *Manuel Montt,* der die Einwanderung nach Chile gefördert hatte. Deswegen entdeckt man in der Architektur der Stadt vieles, was an Mitteleuropa erinnert: Häuser mit spitzen Giebeln, mit Schindeldächern und Balkonen statt der flachen Bauten mit Patios, wie es dem spanisch-chilenischen Kolonialstil entspricht.

Puerto Montt umarmt in weitem Bogen die Bucht. Die Stadt hat nur wenig Tiefe, nach hinten (zum Binnenland) geht es recht steil hinauf, dort kleben die Häuser am Hang. Alles Wichtige liegt innerhalb von zwei, drei Blocks vom Ufer landeinwärts, die Bucht entlang sind es allerdings mehr als zwei Kilometer von der Mole an der Plaza de Armas im Osten bis zum Fischereihafen im Stadtteil Angelmó.

Sehenswertes

Ein Stadtspaziergang kann gut an der etwas dezentralen **Plaza de Armas** beginnen. Hier steht wie immer die **Kathedrale,** das älteste Gebäude der Stadt – ein ansehnlicher, frisch restaurierter Alercebau im Parthenon-Stil mit Kupferkuppel und im Portikus der Grundstein der Stadt. Einen Block östlich der Plaza (Antonio Varas/Ecke Quillota) steht die **Casa de Arte Diego Rivera,** in der nicht Werke des mexikanischen Künstlers, sondern die von einigen aus der Region ausgestellt sind. Hinzu kommen wechselnde kulturelle Veranstaltungen, auch ein recht gutes Kinoprogramm. Auf dem Platz davor das bronzene Denkmal für die deutschen Einwanderer – eine Kolonisten-Familie, denen ein Einheimischer den Weg (in den Urwald?) zeigt. Dahinter ragt in ironischem Kontrast die Fassade des neuen Einkaufszentrums auf.

Zurück zur Plaza kann man zunächst einen Blicke von der **Mole** über die Bucht, den Seno de Reloncaví, werfen, danach geht es durch die **Antonio Varas,** die wichtigste Geschäftsstraße, nach Westen. Nach rechts zweigt die Gallardo ab, drei Blocks weiter steht hier die **Jesuitenkirche** aus dem Jahr 1872. Man folgt der Varas weiterhin bis zur Calle Ancud, geht dort nach links und erreicht wieder die Uferstraße. Gegenüber, auf dem Uferstreifen, steht das **Museo Juan Pablo II** (Av. Diego Portales, täglich 9–19 Uhr), ein recht seltsames Vergnügen. Gut sind die Fotografien aus dem alten Puerto Montt, aus der Zeit der Besiedlung, wenig liebevoll ist die naturhistorische Abteilung sortiert, die einige alte Walknochen und ausgestopfte Tiere präsentiert. Besonders herausgestellt wird die Papst-Abteilung; der Besucher hat den Eindruck, die Visite von *Johannes Paul II.* 1984 sei der Höhepunkt in der Stadtgeschichte gewesen. Sogar das Essgeschirr der LanChile, von dem der Papst bei seinem Flug nach Puerto Montt speiste, ist ausgestellt ...!

Vorbei an den **Hafenanlagen** und den Holzchip-Bergen geht es nach Angelmó. Die **Av. Angelmó** ist gesäumt mit Kunsthandwerkerständen, es gibt Berge von dicken, gestrickten Pullovern, von Holzschnitzereien usw. Interessant sind die Stände, die auch Lebensmittel verkaufen: frischen Käse, Honig, seltsame Liköre, aber auch getrocknete Muscheln und getrocknete Algen.

Den **Fischereihafen in Angelmó** sollte man um die Mittagszeit besuchen. In großen Töpfen schmoren *Curantos:* dicke Suppen mit Fisch und Meeresfrüchten, mit Fleisch und Kartoffeln. Lachs grillt auf Holzkohle, Fische und Muscheln kochen und braten; Meeresfrüchte, von deren Existenz man nicht einmal ahnte, werden hier wohlschmeckend verarbeitet.

Angelmó vorgelagert ist die **Isla Tenglo.** Sie ist per Boot von der Caleta Angelmó (Mole) aus zu erreichen. Auf der Insel führt ein kurzer Spazierweg

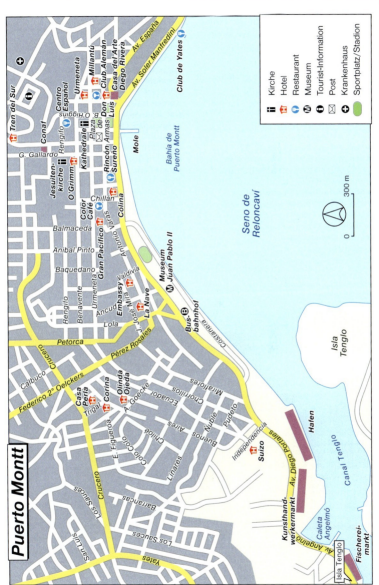

Puerto Montt

hinauf zum Mirador Cruz de Tenglo, von dem man einen wundervollen Blick über die Stadt, den Hafen und die Bucht von Reloncaví hat.

Angelmó ist übrigens problemlos mit Colectivo-Taxis zu erreichen.

Touristeninformation

- **Vorwahl von Puerto Montt: 65**
- **Sernatur,** im Edificio Intendencia Regional, O'Higgins 480, etwas außerhalb des Zentrums, Tel. 259615.
- **Städtische Touristeninformation** Wesentlich hilfreicher ist ein Besuch in dem Kiosk auf der Ecke Varas/O'Higgins an der Südseite der Plaza de Armas.
- **Conaf** (Nationalparks) Ochagavia 458, Tel. 486102.

Unterkunft

Wer mit einem Langstreckenbus ankommt, hat kaum eine Chance, nicht von jemandem angesprochen zu werden, der ein **Zimmer vermietet.** Hier kostet die Übernachtung mit Frühstück 8–10 US-$, in diesen Pensionen werden meistens nur ein oder zwei Zimmer vermietet. Ansonsten:
- **Hospedaje Olinda Ojeda** Augusto Goecke 245, Tel. 258688. Sauber, freundlich, Wäscheservice. Übernachtung mit Frühstück p.P. 9 US-$.
- **Casa Perla** Trigal 312, Tel. 262104. Einfaches Holzhaus mit familiärer Atmosphäre, nette und hilfsbereite Leute, Internet, Wäscheservice, Büchertausch, auch Exkursionsangebote (Kajaktouren) und Spanischunterricht. Übernachtung mit gutem Frühstück für 14 US-$. mail@casaperla.com

PUERTO MONTT

Atlas XIV und S. 370, Stadtplan S. 431

- **Hospedaje Corina**
Francisco Vivar 1157, Tel. 273948. Neu, von Lesern empfohlen, Zimmer mit Gemeinschafts- oder Privatbad, ab 14 US-$ p.P. www.hospedajecorina.cl
- **Hostal Suizo**
Independencia 231, nahe am Hafen in Angelmó, Tel. 252640. Sauber, deutschsprachig. Übernachtung mit Frühstück ab 18 US-$ pro Person. rossyoelckers@yahoo.es
- **Residencial Urmeneta**
Urmeneta 290, Tel. 253262. Sauber und gemütlich, einige Räume nur mit Fenstern nach innen. DZ mit Bad 44 US-$, ohne 28 US-$.
- **Residencial La Nave**
Ancud 103, Tel. 253740. Sauber, mit preiswertem und gutem Restaurant, das beste seiner Klasse. DZ mit Bad 28 US-$.
- **Hostal Tren del Sur**
Santa Teresa 643, Tel. 343939. Rustikale Boutique-Herberge mit netten Details, Lounge-Bar, Internet, Leserempfehlung. DZ 58 US-$. www.trendelsur.cl
- **Hotel Colina**
Talca 81, Tel. 253501. Beste Lage mit Blick aufs Meer, Autoverleih und Restaurant. DZ ab 56 US-$.
- **Hotel Gran Pacífico**
Urmeneta 719, Tel. 482100. Modern und gut, 48 Zimmer mit Meerblick, Sauna. DZ ab 56 US-$. www.hotelgranpacifico.cl
- **Hotel O'Grimm**
Gallardo 211, Tel. 252845. Geräumige moderne Zimmer, lebhafte Bar. DZ ab 91 US-$. www.ogrimm.com
- **Hotel La Península**
Camino a Chinquihue km 8,5, Tel. 260800. Modernes, etwas nüchternes Hotel außerhalb der Stadt, direkt am Meer, mit Pool. DZ ab 95 US-$. www.hotellapeninsula.cl

Camping

- **Camping Anderson**
Panitao, 12 km südlich von Puerto Montt, Tel. 432901, camping@chiptravel.cl. Organische Farm mit Tieren, Gewächshaus und schönem Blick auf die Pazifikbucht und die gegenüberliegende Insel Maillén. Zeltstellen mit Schließfächern und heißen Duschen für 10 US-$ p.P., auch Vierer-Cabañas für 40 US-$. Wer knapp bei Kasse ist, kann sich die Übernachtung auch durch Arbeit auf der Farm verdienen. Touren in die nähere Umgebung bringen das Leben der Einheimischen näher. Anfahrt mit Buses Bohle ab dem Terminal Puerto Montt Richtung Calbuco („por la costa", 1 US-$ bis Panitao).

Essen und Trinken

Die **preiswertesten Restaurants** findet man **in Angelmó**. Es sind die winzigen Dinger in den Markthallen, in denen man dicht gedrängt auf wackeligen Bänken sitzt und frischen Fisch und Meeresfrüchte in großen Portionen vertilgt. Die Restaurants in den Pfahlbauten (von Chiloé „importierte" *Palafitos*) sind teurer als die in den unscheinbaren Hallen. Ansonsten:

- **Embassy**
Ancud 106. Gute Fischgerichte und Meeresfrüchte, teuer.
- **Brasas del Yate**
Av. Angelmó 2134. Typische Fisch- und Muschelgerichte.
- **Club Alemán**
Varas 264. Gutes Restaurant, nicht nur deutsche Küche.
- **Centro Español**
O'Higgins 233. Spanische Küche, Paella mit chilenischen Mariscos.
- **Rincón Sureño**
Talca 84. Für den Preis recht gute Mittags- und Abendmenüs.
- **Club de Yates**
Av. Juan Soler 200, Tel. 284000. Ausgefeilte Kreationen mit Fisch und Meeresfrüchten in einem Molenrestaurant mit Blick über die Bucht. Stattliche Preise!

Denkmal für die deutschen Einwanderer in Puerto Montt

PUERTO MONTT

- **Color Café**
Chillán 144 (fast Ecke A. Varas). Kleines, freundliches Café mit kleinen Speisen.

Verkehrsverbindungen

Flugzeug

Der **Flughafen El Tepual** liegt etwa 15 Kilometer nordwestlich der Stadt. Vom zentralen Busbahnhof an der Uferstraße fahren mehrmals am Tag Busse zum Flughafen (½ Stunde, ca. 2 US-$). Transfer ETM fährt mit Kleinbussen vom Flughafen zur Unterkunft und umgekehrt; 6 US-$, Tel. 290100, Schalter am Flughafen. Die wichtigsten **Fluggesellschaften** und ihre Büros:
- **LAN**
O'Higgins 167, Tel. 600-5262000. Mindestens dreimal tägl. nach Santiago, zweimal tägl. nach Coyhaique (Balmaceda), tägl. nach Punta Arenas.
- **Sky Airline**
Benavente 405, Tel. 600-6002828. Täglich in die Hauptstadt, nach Coyhaique und Punta Arenas.
- **AeroRegional**
Quillota 245, Tel. 266666. Mindestens einmal täglich mit einer kleinen Maschine nach Chaitén, ca. 64 US-$ one way.
- **Aerotaxis del Sur** (ex AeroSur)
Antonio Varas 70-A, Tel. 252523. Ähnliches Angebot wie AeroRegional.

Überlandbusse

Der **zentrale Busbahnhof** ist direkt an der Uferstraße, auf der Av. Portales/Ecke Lota. Es ist ein hektischer Platz mit Restaurant (Snacks), einer Telefonzentrale und einer unüberschaubaren Zahl an Busgesellschaften. Preisvergleiche lohnen sich. Von hier starten unter anderem Busse nach:
- **Santiago,** 14–15 Stunden, 18–45 US-$
- **Valparaíso,** 17 Stunden, 20–49 US-$
- **Osorno,** 2 Stunden, 4 US-$
- **Temuco,** 5 Stunden, 8 US-$
- **Valdivia,** 3 Stunden, 5 US-$
- **Puerto Varas,** 30 Minuten, 2 US-$
- **Maullín,** 90 Minuten, 2 US-$
- **Calbuco,** 90 Minuten, 2 US-$
- **Ancud** (Chiloé), 2 Stunden, 4 US-$
- **Castro** (Chiloé), 3 Stunden, 7 US-$
- **Quellón** (Chiloé), 5 Stunden, 8 US-$
- **Hornopirén** (Carretera Austral), 3 Stunden, 7 US-$
- **Coyhaique** (Carretera Austral), 35 US-$
- **Punta Arenas,** ca. 36 Stunden, 53–80 US-$
- **Bariloche** (Argentinien), 23 US-$

Schiff/Fähre

Puerto Montt ist der beste Ausgangspunkt, um per Schiff **nach Patagonien** zu reisen. Von hier fahren Schiffe zu den Häfen auf Chiloé (Castro, Quellón), zu denen entlang der Carretera Austral (Chaitén, Puerto Chacabuco), zur Laguna San Rafael oder auch bis ganz in den Süden nach Puerto Natales. Alle Fähren sollten frühzeitig gebucht werden, am besten schon in den Büros der Reedereien in Santiago. Die einzelnen Reedereien, ihre Fahrtziele und Preise (Stand 2009):
- **Naviera Austral**
Angelmó 2187, Tel. 270400. 3x die Woche nach Chaitén (10,5 Stunden) 36 US-$, Auto 144 US-$, Fahrrad 16 US-$. Auch Tickets für die Fähren Hornopirén – Chaitén, Quellón – Chaitén und Quellón – Chacabuco.
www.navieraustral.cl
- **Navimag**
Angelmó 2187, Tel. 432300. Samstags über Puerto Chacabuco zur Laguna San Rafael (ab 22 Uhr, Fahrzeit 24 Std. bis Chacabuco, 5 Tage San Rafael hin und zurück; Preise bis San Rafael: Stockbett ab 308 US-$, DZ ab 513 US-$ p.P.). Man kann auch in Chacabuco zu- bzw. auf der Rückfahrt aussteigen.
www.navimag.com

Freitags geht ein Schiff nach **Puerto Natales.** Es ist eine dreitägige Reise vorbei an schneebedeckten Gipfeln, durch eisige Fjorde und enge Kanäle. Zwischendrin muss der Golfo de Penas gekreuzt werden – diese mindestens 12-stündige Strecke über den offenen Pazifik ist meistens sehr hart und lässt viele seekrank werden. Die Preise sind sehr unterschiedlich, je nach Kabine und Saison (die Nebensaison dauert von April bis Okt., sonst ist Hochsaison). Die billigsten Plätze kosten 420 US-$ (Hochsaison – hier genießt man den Charme einer beengten Jugendher-

Atlas XIV und S. 370

DIE UMGEBUNG VON PUERTO MONTT

berge (ein Schlafsack ist nützlich!). Die Zweierkabine kostet pro Person 1100–1250 US-$, die Viererkabine 610–650 US-$. Alle Preise verstehen sich einschließlich Mahlzeiten, Getränke kosten extra. Auch Transport von Autos und Fahrrädern.

Man sollte möglichst **frühzeitig buchen,** am besten über eine Reiseagentur oder direkt bei www.navimag.com.

- **Skorpios**

Angelmó 1660, Tel. 252619. Kreuzfahrt mit der **„Skorpios II"** zur Laguna San Rafael, zu den Termas Quitralco und zur Insel Chiloé. Die Fahrt beginnt Sa und endet Fr, die Zweibettkabine kostet 1400–2230 US-$ p.P., abhängig von Saison und Kabine – ein Trip der Luxusklasse! www.skorpios.cl

Buchungen in Deutschland über Akzente Tours (www.akzente-tours.de).

- **Catamaranes del Sur**

Diego Portales 510, Tel. 482308. Die Katamarane dieser Gesellschaft sind wesentlich schneller als die großen Schiffe, sie schaffen beispielsweise die Fahrt zur Laguna San Rafael als Tagestour von Puerto Chacabuco aus (siehe dort). www.catamaranesdelsur.cl

Mietwagen

- **Avis,** Benavente 670, Tel. 600-3682000.
- **Budget,** Antonio Varas 162, Tel. 286277.
- **First,** Manuel Rodriguez 272, Tel. 252036.

Reiseveranstalter/Touren

- **Andina del Sud**

Varas 437, Tel. 257797. Tagesausflüge in die Umgebung und die Nationalparks, Cruce de Lagos, aber auch Vermittlung von individuellen Touren, wie Besteigungen des Vulkans Osorno, Fischen, Reittouren etc.

- **Islas del Sur**

Pacheco Altamirano 2513. Touren nach Chiloé und entlang der Carretera Austral. Kajaktouren in den Fjorden. Auch Ticketverkauf für die Fährschiffe nach Puerto Natales.

- **Travellers**

General Bulnes 1009, Tel. 262099. Individuelle Tourvermittlung (Reiten, Vulkanbesteigungen, Trekking), Reservierungen aller Art. Informationsaustausch.

- **Kayak Austral**

Trigal 312, Tel. 262104. In der Casa Perla angesiedelt, Seekajaktouren rund um Puerto Montt und in Chiloé.
www.kayakaustral.com

Sonstiges

Wechselstuben

- **La Moneda de Oro,** im Busbahnhof.
- **Eureka Turismo,** Varas 449.
- **Turismo Los Lagos,** Varas 595, local 3.
- **El Libertador,** Urmeneta 529-A, local 3.

Post und Telefon

Die **Hauptpost** befindet sich auf der Calle Rancagua 126. **Telefonzentralen** finden sich z.B. im Busbahnhof, Pedro Montt 126, Urmeneta 433, Chillán 98, Varas 567, Local 2 und Varas 529 (auch Internet).

Internet

- **Internet Center,** Angelmó 1724.

Wäschereien

- Varas 7000
- O'Higgins 231

Die Umgebung von Puerto Montt

NP Alerce Andino XIV/B3

Der 40.000 Hektar große Park erstreckt sich östlich von Puerto Montt, entlang des Seno und des Estuario de Reloncaví. Er wurde 1982 eingerichtet, um die letzten Bestände von **Alercen** in dieser Region zu schützen. Diese Bäume werden uralt und riesengroß, die größten Alercen im Park sind 40 bis 50 Meter hoch bei einem Durchmesser von bis zu 4 Metern; sie werden auf ein Alter von bis zu 4200 Jahren geschätzt.

Die Höhenlagen im Park reichen von Meereshöhe bis zu 1558 Metern (Gipfel des Cerro Cuadrado). **Beste Besuchszeit ist in den Sommermonaten Januar und Februar,** da es dann am wenigsten regnet. Insgesamt erhält die Region bis zu 4500 mm Niederschlag jedes Jahr, der in den höheren Lagen meist als Schnee fällt; so muss man sich nicht wundern, dass hier dichter immergrüner Regenwald wächst.

Der Park ist zwar nicht gut erschlossen – **Infos bei Conaf in Puerto Montt** –, aber relativ leicht zu erreichen: **Busse** fahren von Puerto Montt bis nach Correntoso, dem nördlichen Zugang zum Park, sowie nach Lenca, 32 Kilometer von Puerto Montt. Von dort sind es noch 7 Kilometer auf schlechter Piste (Bodenfreiheit!) bis zum Südeingang am Río Chaica (Zeltplatz 2,5 km hinter dem Parkeingang, nur zu Fuß zu erreichen). Eine Tagestour führt durch dichten Urwald zum Lago Triángulo und zurück, allerdings sieht man dabei nur einen einzigen „Vorzeige-Alerce".

Wer wirklich **Alerce-Wälder** sehen will, ist am Nordeingang besser beraten: 9 Kilometer östlich von Puerto Montt biegt vor der Brücke über den Río Chamiza eine Schotterstraße links ab und erreicht nach 19 Kilometern die Siedlung **Correntoso,** den Parkeingang und einen Conaf-Zeltplatz (bis hierher fahren Busse). 12 Kilometer weiter (Fahrweg) liegt das Refugio Lahuén, eine privat betriebene Schutzhütte mit Zeltplatz am **Lago Sargazo** und Ausgangspunkt mehrerer Wanderwege. Der beste ist zweifellos der zum Lago Frías (4 Stunden, Refugio), führt er doch durch Bestände mit 3500 Jahre alten Alerce-Riesen.

●Wer es nobler mag, kann im **Alerce Mountain Lodge** absteigen, einem Luxus-Refugio mit allem Komfort in unmittelbarer Nachbarschaft des Parks und an einer von Alercen umstandenen Lagune (12 km von Lenca, Tel. 65/286969, www.mountainlodge.cl, 3 Tage/ 2 Nächte ab 485 US-$ p.P. alles inklusive).

Agenturen in Puerto Montt veranstalten Ausflüge in den Nationalpark, Travellers (s.o.) unternimmt auch Mehrtagestouren dorthin. Am Parkeingang kassiert Conaf 3 US-$ Eintritt.

Vulkan Calbuco   XIV/B3

Wunderbare Aussichten auf die Reloncaví-Bucht und die umliegenden Vulkane bietet der Aufstieg auf den Vulkan Calbuco (2015 m) in der **Reserva Nacional Llanquihue** – freilich braucht man dazu Glück mit dem wechselhaften Wetter. Der Zugang erfolgt über Correntoso (s.o.); kurz dahinter, an der Straße zum Lago Chapo, führt links eine Piste ins Tal des Río Blanco hinauf. An der Conaf-Station kann man zelten, weiter oben gibt es eine heruntergekommene Schutzhütte. Anfahrt und Vulkanbesteigung (technisch einfach) erfordern mindestens zwei Tage.

Calbuco   XIV/B3

Als die Mapuche um das Jahr 1600 die Stadt Osorno zerstörten, flohen einige wenige Überlebende nach Süden und gründeten dort eine neue Stadt, das heutige Calbuco. Zu großer Blüte gelangte der Ort nie, heute zählt er wenig mehr als 8000 Einwohner. Die Kleinstadt auf einer Insel, die durch einen Damm mit dem Festland verbunden ist, lebt vom Fischfang und eignet sich recht gut dazu, eine Zeit lang einfach mit Blick auf das Meer auszuspannen. Am Wochenende Mitte Januar zieht es Tausende Besucher nach Calbuco zum traditionellen „Curanto Gigante". Dann werden mehrere Lkw-Ladungen Muscheln, Gemüse und Kartoffeln wie in grauer Vorzeit mit heißen Steinen in Erdgruben zu dem typischen südchilenischen Gericht gegart – erst Augen-, dann Gaumenschmaus!

Übernachten kann man im Residencial Aguas Azules, Oelckers 159 (Tel. 65/461427, DZ ohne Bad 25 US-$, mit Bad 37 US-$), gut **essen** (natürlich Fisch und Meeresfrüchte) in den Restaurants Costa Azul und San Rafael. **Busse** fahren stündlich von Puerto Montt aus in die 51 Kilometer südlich gelegene Stadt, sie brauchen etwa eine Stunde und kosten 2 US-$.

Maullín ⌘ XIV/A3

Maullín liegt an der Mündung des gleichnamigen Flusses in den Pazifik, am Ende eines eingeschnittenen Fjordes 70 Kilometer südwestlich von Puerto Montt und leicht von dort per Bus zu erreichen (ca. 1,5 Std., 3 US-$). Der 3000-Seelen-Ort ist ein kleiner Fischereihafen mit mehr und mehr Tourismus. Dem Dorf vorgelagert sind die hübschen Örtchen **Pangal** und **Carelmapu,** in denen bescheidene Pensionen zur **Übernachtung** einladen: in Pangal der Complejo Turístico Pangal (Tel. 65/451244) mit Cabañas für 35 US-$ (für vier Personen), in Carelmapu gibt es einige Privatunterkünfte – achten Sie auf Zeichen an den Häusern.

Carretera Austral

In Puerto Montt beginnt offiziell die Carretera Austral. Sie wird im Kapitel „Der Große Süden" beschrieben.

Der Kleine Süden: Insel Chiloé

„Diese Insel ist ungefähr neunzig Meilen lang, mit einer Breite von weniger als dreißig. Das Land ist hügelig, aber nicht bergig, und wird von einem großen Wald bedeckt, ausgenommen, wo rings um die mit Stroh gedeckten Hütten ein paar grüne Stellen abgeräumt sind. (...) Viele Arten schöner immergrüner Bäume und Pflanzen mit einem tropischen Charakter nehmen hier die Stelle der düsteren Buche der südlichen Ufer ein. Im Winter ist das Klima schaudervoll, und im Sommer ist es nur ein wenig besser. Ich glaube, es gibt innerhalb der gemäßigten Zonen wenige Teile der Erde, wo so viel Regen fällt. Die Winde sind sehr stürmisch, und der Himmel ist beinahe immer bewölkt."

Charles Darwin notierte diese Beschreibung im November 1834; er irrte dabei in einigen Details. Es gibt tatsächlich Orte auf der Welt, auch in den gemäßigten Zonen, wo es mehr regnet. Auf Chiloé fallen, und zwar gut **übers Jahr verteilt, 2200–3000 mm Niederschlag,** während selbst auf dem chilenischen Festland manche Wetterstationen bis zu 4000 mm messen. Mit Regen sollte der Besucher der Insel aber immer rechnen – Januar und Februar sind die trockensten Monate. Dagegen sind die **Sonnentage** auf der nach Feuerland zweitgrößten Insel Südamerikas **von besonderem Glanz:** Frei gefegt vom Wind blitzt der Himmel, die Sonne taucht das Meer in tiefes Blau und lässt die Farbenwelt der Wiesen explodieren, in den Wäldern glitzern Moose und Spinnweben, und die Fuchsiengewächse leuchten in knalligem Rot aus dem Unterholz.

Seit *Darwin* wurden ein paar mehr grüne Stellen „abgeräumt"; im besiedelten Nord- und Ostteil der Insel sind die Wälder sattgrünen Viehweiden und Feldern gewichen. Gern wird die sanfte Hügellandschaft Chiloés mit Irland verglichen. Wie Irland lockt Chiloé neben der Landschaft mit einer **ganz eigenen Kultur:** Wie nirgends sonst in Chile ist hier, in der jahrhundertelangen Abgeschiedenheit der Insel, eine einzigartige Symbiose aus kulturellen Elementen der Indianer, der spanischen Eroberer, der jesuitischen Missionare und der deutschen Einwanderer gewachsen. Davon künden die Holzschindelkirchen ebenso wie die fröhliche Akkordeonmusik, die Märchen voller Trolle und Feen wie die deftigen Gerichte.

Der **Chiloé-Archipel** besteht aus der Hauptinsel Chiloé (9322 km² groß, ca. 180 km lang und 50 km breit) sowie mehreren Dutzend kleiner und kleinster Inseln, die alle vor der Ostseite, dem Fast-Binnenmeer südlich von Puerto Montt, liegen. An der **durch Buchten und Fjorde zerfransten Ostküste** sind auch die meisten Städte und Dörfer zu finden, die glatte, dem offenen Pazifik zugewandte **Westseite der Insel ist weitgehend unberührte Wildnis.** Hier erstreckt sich der Nationalpark Chiloé.

Geschichte

Als im Jahr 1567 *Martín Ruiz de Gamboa* die Insel für Spanien in Besitz nahm, war sie natürlich schon bewohnt: **Huilliche-Indianer** lebten hier, sie trieben Ackerbau und fischten in den küstennahen Gewässern. 1568 gründeten die Spanier ihre erste Stadt, Castro, später kamen Spanier, die vor dem Mapuche-Aufstand auf dem Festland flüchten mussten. Die eigentliche Kolonisierung begann aber mit den **Jesuiten,** die ab 1607 kamen. Sie brachten zwei Dinge mit: den katholischen Glauben, der sich mit der reichen Mythologie der Inselbewohner vermischte – Götter und Göttinnen, Hexen und Zauberer leben in den Wäldern, darunter der *Trauco,* ein kleiner Unhold, dessen ungeheurer sexueller Anziehungskraft vor allem junge Mädchen leicht verfallen –, zum anderen die Baukunst: 150 verschiedene **Kirchen** wurden bis Ende des 19. Jahrhunderts erbaut, alle aus Holz und oft mit Alerceschindeln und/oder buntbemaltem Blech verkleidet. Ein gutes Dutzend von ihnen steht unter Denkmalschutz, 16 Kirchen wurden in die UNESCO-Liste des Weltkulturerbes aufgenommen: so die Kathedrale von Castro, die Hauptkirche der Insel, sowie die Kirchen in Achao, Chonchi, Quilquico, Isla Quinchao, Villupulli, Dalcahue, Nercón und Rilán. Aber auch an und in den anderen gibt es genug zu entdecken.

Aufmerksamkeit verdienen auch die **schindelgedeckten Holzhäuser** – es gibt etwa zehn verschiedene Arten, wie sich die Schindeln überlappen können – mit ihrer fantasievollen Bauweise, die hier einen Erker und dort ein Türmchen schuf, und der immer zweifarbigen Bemalung.

Schon die Huilliche-Indianer und die ersten Siedler lebten in ziemlicher **Armut;** 1646 baten die Spanier beispielsweise den Vizekönig um die Erlaubnis,

Isla de Chiloé

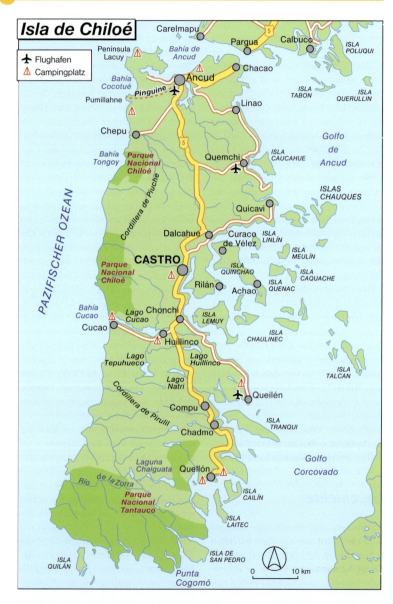

die Insel wieder verlassen zu dürfen. *Darwin* schrieb über die Hauptstadt Castro: „Die Armut des Ortes kann man sich nach der Tatsache vorstellen, dass, obgleich ein paar hundert Einwohner hier sind, einer aus unserer Gesellschaft nicht imstande war, weder ein Pfund Zucker noch ein gewöhnliches Messer zu kaufen."

Die Armut bestand bis ins 20. Jahrhundert – und besteht immer noch. Viele Chiloten verlassen die Insel, sie suchen Arbeit in den Minen des Nordens oder auf den Estancias in Patagonien. Mehr und mehr finden auch **Arbeit** in den Fischfarmen vor der Küste oder in der Waldwirtschaft. Die meisten der 150.000 Chiloten leben vom Fischfang, der Fisch- und Muschelzucht und der Landwirtschaft. Wenn dann – wie 2008 im Zuge einer Fischvirus-Epidemie und der internationalen Wirtschaftskrise geschehen – Lachs- und Muschelfarmen reihenweise schließen bzw. Kurzarbeit verordnen, grassiert die Arbeitslosigkeit. Manche satteln auf Tourismus um, denn Chiloé wird für die Großstadt-Chilenen immer attraktiver – die suchen das „einfache, wahre Leben", oder zumindest das, was man romantisch verklärt darunter versteht.

Den Besucher fasziniert, mehr noch als die sanfte Landschaft mit den satten Farben, die **Ruhe der Menschen** hier. Viele Chiloten mögen den Mangel als Norm kennen, doch Stress kennen sie nicht. „Wer sich beeilt, verliert Zeit", so lautet ein Sprichwort in diesen Breiten, und es steckt eine tiefe Weisheit darin. Dafür funktionieren hier die nachbarschaftlichen Bande: Man hilft sich gegenseitig bei der Ernte, beim Hausbau oder auch mal beim Umzug mitsamt dem Haus, das auf Rollen und per Floß auf eine andere Insel verschifft wird. Dann kommt die Dorfgemeinschaft zur **Minga** zusammen, einer großen Solidaraktion, bei der alle mit anpacken und am Ende kräftig feiern.

Mitte dieses Jahrzehnts sah es so aus, als fände die jahrhundertelange Abgeschiedenheit Chiloés ein Ende: Eine 2600 Meter lange **Brücke** sollte den Canal de Chacao überspannen und die Insel ans Festland anbinden. Das Vorhaben war auf beiden Seiten heftig umstritten: Die Befürworter versprachen sich davon einen Modernisierungsschub für Chiloé und nicht zuletzt einen Tourismus-Boom, die Gegner befürchteten den Verlust der Identität der Chiloten. Ein internationales Konsortium, darunter die deutsche Hochtief, sicherte sich die Konzession. Doch die Kosten des Projekts schossen wegen der hohen Stahlpreise auf dem Weltmarkt und anderer Faktoren so sehr in die Höhe, dass die Zentralregierung sich 2006 gezwungen sah, das Vorhaben abzublasen. Zumindest für einige Jahre bleibt Chiloé weiterhin eine echte Insel.

Ancud

♪ XIV/A3

Die **zweitgrößte Stadt der Insel** (27.000 Einwohner) wurde 1767 als spanische Festung gegründet; südlich der Stadt erstreckte sich damals ein mehr als tausend Kilometer langes „Niemandsland". Ancud lag strategisch günstig, schließlich war es der erste Hafen für die Schiffe, die um Kap Hoorn oder durch die Magellanstraße gesegelt waren und nun an der Westküste Südamerikas entlang nach Norden schipperten. Später wurde von hier aus die südpatagonische Küste „entdeckt".

Ancud liegt ganz im Norden der Insel Chiloé, am **Canal de Chacao,** durch eine vorragende Halbinsel vor dem offenen Pazifik geschützt. Das kleine Zentrum ist sehr übersichtlich. Alles Wichtige liegt innerhalb weniger Blocks von der Av. Costanera entfernt. Richtige Sehenswürdigkeiten hat Ancud nur wenige, es ist vielmehr die Atmosphäre um den **Fischereihafen** und den Markt, die die Stadt auszeichnet.

Zum Pflichtprogramm gehört neben dem Hafen ein Besuch des Museo Regional Aurelio Bórquez Canobra, kurz **Museo Chilote** genannt. Es vermittelt einen Überblick über die Kultur und Geschichte der Region, es zeigt die typischen chilotischen Kirchen genauso wie Figuren aus der Mythologie der Indianer, deren frühe Siedlungen sowie Fotos aus dem 19. Jahrhundert. Im Hof steht der **Nachbau des Schoners „Ancud",** des ersten Dampfschiffes der chilenischen Marine, mit dem sie Mitte des 19. Jahrhunderts die südpatagonischen Kanäle befuhr und das Gebiet für Chile reklamierte (Libertad, direkt an der Plaza, Januar, Februar täglich 11–19 Uhr, ansonsten Di bis Sa 9–13 und 14.30–19, So 10–13 und 15–18 Uhr).

Touristeninformation

● **Vorwahl von Ancud: 65**
● **Sernatur:** Libertad 665, gegenüber der Plaza de Armas, Tel. 622800.
infochiloe@sernatur.cl

Unterkunft

- **Zahlreiche Privatquartiere** bieten **im Sommer** preiswerte Übernachtungsmöglichkeiten an – achten Sie auf Hinweise an den Häusern!
- **Mundo Nuevo**
Costanera 748, Tel. 628383. Hoch gelobtes Backpacker-Hostal der beiden Schweizer *Silvia* und *Martin Sicher*. Zentrale Lage an der Promenade nahe der Plaza, alle Zimmer mit Meerblick und Zentralheizung. Frühstück mit selbst gebackenem Brot, gut ausgerüstete Küche, Garten und Terrasse, Fahrradverleih und Karten der Umgebung. Auch Vermittlung von Touren. Übernachtung im Mehrbettzimmer 13 US-$, DZ ab 32 US-$. www.newworld.cl
- **Hospedaje Austral**
Aníbal Pinto 1318, Tel. 624847. Von Lesern empfohlen. Sauber, nett, gutes Frühstück. Ab 9 US-$ p.P. hospedajeaustral@hotmail.com
- **Hospedaje Vista al Mar**
Av. Costanera 918, Tel. 622617. Gut, sauber, freundlich, wie der Name sagt: Meeresblick. Übernachtung mit Frühstück ab 15 US-$ p.P. www.vistaalmar.cl
- **Residencial María Carolina**
Almirante Latorre 558. Große Zimmer, Garten. Mit Frühstück ca. 15 US-$ pro Person.
- **Galeón Azul**
Tel. und Fax 65/622567. Freundliches Hotel an der Plaza, Libertad 751, Holzhaus mit hellen, ruhigen Zimmern. DZ ab 52 US$. galeonazul@surnet.cl

Essen und Trinken

- Einige Restaurants gibt es **in der Markthalle**, natürlich werden Fisch und Meeresfrüchte zubereitet.
- **El Cangrejo**
Dieciocho 171 P. 2. Große Fisch- und Meeresfrüchte-Portionen; an den Wänden die Visitenkarten der vielen Besucher.

Typisches Schindelhaus auf Chiloé

- **La Pincoya**
Prat 61, direkt am Ufer. Sehr gute Meeresfrüchte.
- **Polo Sur**
Av. Costanera 630. Das schickste Fischlokal im Ort, auch das teuerste.
- **El Trauco**
Blanco Encalada/Ecke Prat. Einfaches, beliebtes Restaurant, wie überall guter Fisch und feine Meeresfrüchte.

Verkehrsverbindungen

Überlandbusse

Der **zentrale Busbahnhof** ist auf der Ecke Aníbal Pinto und Marcos Vera, etwa 15 Fußminuten vom Zentrum. Colectivos dorthin (von der Aníbal Pinto) kosten ca. 1 US-$. Näher am Zentrum liegt der Terminal von Cruz del Sur. An beiden Bahnhöfen starten Busse nach:

- **Castro,** 1 Stunden, 3 US-$
- **Chonchi,** 1,5 Stunden, 4 US-$
- **Quellón,** 3 Stunden, 7 US-$
- **Puerto Montt,** 2 Std. (inkl. Fährzeit), 8 US-$ (inkl. Fähre)

Schiff/Fähre

Die **Fähre zwischen Pargua** (auf dem Festland) **und Chacao** (nördlich von Ancud), die auch von den Bussen benutzt wird, verkehrt etwa zwei Dutzend Mal am Tag, die Fahrt dauert 30 Minuten. Für einen Pkw sind 16 US-$ zu bezahlen, die Passagiere fahren dann umsonst.

Sonstiges

Geldwechsel

Eine Wechselstube ist nicht vorhanden, der **Banco de Crédito** hat einen **Geldautomaten** an der Ramírez 257.

Post und Telefon

Die **Post** befindet sich auf der Ecke von Pudeto und Blanca Encalada. **Telefonzentralen** finden sich z.B. Chacabuco 745 und 750, Pudeto 219 und 298.

Ausflug

Pinguinkolonie Pumillahue

Die **Fundación Otway** schützt kleinere Kolonien von **Magellan- und Humboldt-Pinguinen** vor der Westküste Chiloés. Sie unterhält am Strand bei Pumillahue (auch bekannt als Puñihuil) ein Büro. Dort informieren die Mitarbeiter der Stiftung über die Pinguine auf den nahe gelegenen Inseln und machen halbstündige Exkursionen dorthin. Leser empfehlen das preiswerte Restaurant El Rincón.

Von Ancud fahren **Busse** (Busgesellschaft Mar Brava vom Terminal nach Pumillahue, zwei- bis dreimal täglich). Etwa 2-3 Kilometer vor Pumillahue steigt man am Piedra Run aus (der Busfahrer weiß wo) und läuft den Weg zum Strand hinunter (etwa 45 Min. Spazierweg). Am Strand steht neben ein paar Fischerhütten das Büro der Fundación Otway. Die **halbstündige Bootstour** zu den Inseln (Naturschutzgebiet) kostet ca. 8 US-$.

Einige Reiseveranstalter bieten diese Tour auch **organisiert von Ancud aus** an – sie ist dann aber mit 40 US-$ recht teuer.

Dalcahue ⌀ XVI/B1

Dalcahue liegt direkt an der zerfransten chilotischen Küste **gegenüber der Isla Quinchao** und ist mit dieser durch eine Fähre verbunden. Schon der Name des Ortes („hue" bedeutet Ort, „dalca" bezeichnet das traditionelle Ruderboot der chilotischen Indianer) weist darauf hin, dass die kleine Gemeinde (5000 Einwohner) in präkolumbischer Zeit bereits als Hafenort existierte. Später kamen die Jesuiten und erbauten eine der typischen Holzkirchen, die **Iglesia Parroquial Dalcahue.** Ab 1750 errichtet, ist sie eine der größten der Insel, auffällig wegen ihrer Säulenvorhalle mit den neun Bögen. Im dreischiffigen Innern sind einige Heiligenfiguren zu bewundern, darunter eine Christusstatue mit bewegbaren Armen, die durch Lederriemen mit dem Corpus verbunden sind.

Die meisten Besucher, die sich sonntags in Dalcahue einfinden, besichtigen zwar auch die Kirche, kommen aber in erster Linie wegen der **Feria Artesanal,** dem großen Kunsthandwerkermarkt, der dann am Vormittag stattfindet. Direkt am Ufer werden Wollpullover, Körbe und Schnitzarbeiten, aber auch Gemüse, frischer Fisch und Muscheln verkauft. Die Preise sind niedrig, und die Verkäufer lassen auch mit sich handeln. Danach laden die Restaurants am Ufer zu einer Mahlzeit ein.

In der zweiten Februarwoche findet jedes Jahr die **Semana Dalcahuina** statt, eine Festwoche mit Folkloredarbietungen, vor allem Musik und Tanz.

Touristeninformation

- **Vorwahl von Dalcahue: 65**
- Es gibt einen kleinen **Kiosk** an der Ecke Freire und O'Higgins.

Unterkunft

Zur Auswahl stehen **nur einfache Unterkünfte,** diese sind aber nicht schlecht:
- **Residencial Playa**
Rodríguez 009, Tel. 641397. Mit Restaurant. Pro Person ab 8 US-$.
- **Pensión La Feria**
Rodríguez 011. Ab 8 US-$ p.P.
- **Pensión Pulemún**
Freire 305. Sehr schön für ca. 12 US-$ p.P.

Verkehrsverbindungen

Vom **Busbahnhof** Freire/Ecke O'Higgins fahren werktags halbstündlich **Busse nach Cas-**

tro, sonntags sind die Verbindungen schlechter. Auch Achao wird angefahren. Auch **Taxi-Colectivos** verkehren nach Castro (2 US-$).

Achao ⚓ XVI/B1

Der kleine Ort ist mit seinen 3500 Einwohnern der größte und wichtigste **auf der Insel Quinchao.** Er wurde im Jahr 1743 von Jesuiten als Missionszentrum gegründet. Die erbauten auch die wichtigste Sehenswürdigkeit des Ortes, die **Iglesia de Santa María.** Über 30 Jahre lang, von 1735 bis 1767, arbeitete man an der Kirche, die mit ihrem 25 Meter hohen Turm vollständig aus dem Holz von Zypressen und Alercen errichtet wurde und ohne einen einzigen Nagel hält – statt derer wurden Holzdübel verwendet.

Die Kirche steht direkt an der **Plaza,** die allerdings nicht das Zentrum des Ortes bildet. Mehr los ist auf der Uferstraße, der **Calle Prat,** auch auf der **Calle Serrano,** die am Fischereihafen auf die Uferstraße trifft.

Touristeninformation

- **Vorwahl von Achao:** 65
- Ein **örtliches Infobüro** findet sich an der Ecke Serrano und Ricardo Jara.

Unterkunft

- **Hospedaje Achao**
Serrano 061. Okay, sauber. Zimmer ohne Bad p.P.: 10 US-$, mit Bad 18 US-$.
- **Hospedaje Sol y Lluvia**
Ricardo Jara 09, Tel. 661383. Sehr sauber, schöne Zimmer. Ab 14 US-$ p.P. mit Frühstück.

- **Hostería La Nave**
Prat/Ecke Aldea, Tel. 661219. Einige Zimmer mit Meeresblick. DZ ohne Bad 21 US-$, mit Bad 28 US-$.

Agentur/Touren

- **Altué Sea Kayaking,** Astilleros s/n, Tel. 09/94196809. Von ihrer Lodge in Dalcahue bietet die Agentur fünf- bis achttägige Seekajak-Touren durch das Inselgewirr Chiloés und bis hinüber in die Fjorde des Pumalín-Parks an. www.seakayakchile.com

Sonstiges

- Vom Busbahnhof fahren etwa zehn **Busse täglich über Dalcahue nach Castro.**
- Die **Post** befindet sich auf der Serrano zwischen Jara und Progreso. Eine **Telefonzentrale** findet sich auf der Pasaje Freire.
- Jährlich am Februaranfang findet in Achao ein großes **Folklorefest** statt.

Castro ⚓ XVI/A,B1

Castro (30.000 Einwohner) ist die älteste Stadt der Insel und die **Hauptstadt der Provinz Chiloé.** Im Stadtzentrum gruppieren sich um die schöne, große Plaza die wichtigsten Verwaltungsbauten und die riesige, arg renovierungsbedürftige Hauptkirche, die Kathedrale der Insel.

Castro sitzt auf einem schmalen Landstreifen, der in den Fiordo de Castro, eine tief eingeschnittene Meeresbucht, hineinreicht. Das Zentrum der Stadt ist sehr kompakt, es wird im Süden und Osten vom Meer begrenzt (das Ufer liegt nur drei Blocks von der Plaza entfernt). Wichtigste Sehenswürdigkeit und das Wahrzeichen der Stadt ist die schon angesprochene **Kathedrale**, sie ist das beeindruckendste Zeugnis der **Holzarchitektur** auf Chiloé. 1906 wurde sie gebaut, die Pläne lieferte der italienische Architekt *Eduardo Provasali*, der allerdings an einen Betonbau gedacht hatte. Alerceholz jedoch war preiswerter und als Baustoff reichlich vorhanden. Das Holz wurde noch mit dünnem Blech verkleidet und fertig war die Kathedrale, deren Innenraum 1300 Quadratmeter groß ist und deren Türme eine beeindruckende Schieflage aufweisen.

Einen halben Block südlich der Plaza findet man auf der Calle Esmeralda das **Museo Regional de Castro,** das mit der Regionalgeschichte vertraut macht (Januar und Februar Mo bis Sa 9-20, So 10.30-13 Uhr, ansonsten Mo bis Sa 9-13 und 15-19, So 10.30-13 Uhr).

Bekannt ist Castro für seine **Palafitos,** bunt getünchte **Stelzenhäuser** oder **Pfahlbauten.** Sie finden sich entlang der Wasserfront, und zwar an der Av. Costanera Pedro Montt entweder am Nordende der Stadt oder, zentrumsnäher, dort, wo auch der Kunsthandwerkermarkt stattfindet, sowie am südwestlichen Ausgang der Stadt, an der Mündung des Río Gamboa. Die Palafitos sehen zur Straßenseite aus wie normale Häuser; sie sind auf Stelzen gebaut, sodass die Fischer bei Flut mit ihren Booten direkt unter die Häuser fahren können. Fällt das Wasser, liegt der Strand unterhalb der Häuser trocken. So pittoresk die Palafitos von Weitem wirken: Wohnen möchte man hier nicht. Die meisten sind nicht viel mehr als dünnwandige Bretterbuden, etliche ohne sanitäre Anlagen und in vernachlässigtem Zustand.

Der **Kunsthandwerkermarkt** an der Costanera lohnt für alle einen Besuch, die noch einen warmen Winterpullover, einen Poncho oder einen Korb brauchen. Oder man schlendert nur herum, guckt sich die Holzschnitzereien und die getrockneten Algen an oder geht in eines der einfachen Fischrestaurants zu einem zünftigen Mittagessen.

Touristeninformation

- **Vorwahl von Castro: 65**
- **Informationskiosk,** Plaza de Armas.
- **Conaf,** Gamboa 424, Informationen über den Nationalpark Chiloé.

Unterkunft

- **Hospedaje El Molo**
Barros Arana 140, Tel. 635026. Gut, freundlich. p.P. ca. 10 US-$.
- **Hospedaje El Mirador**
Barros Arana 127, Tel. 633795. Sehr freundlich, hilfsbereit, Zimmer teils mit Blick auf den Hafen. DZ mit gutem Frühstück ab 28 US-$.
- **Palafito Hostel**
Ernesto Riquelme 1210, Tel. 531008. Neues, helles, sauberes Holzhaus, natürlich auf Stelzen direkt am Meer. DZ 44 US-$.
www.palafitohostel.com
- **Hostal Casa Blanca**
Los Carrera 308, Tel. 632726. Einfache Einzelzimmer ab 10 US-$, schöne DZ mit Bad und Telefon ab 29 US-$.
- **Gran Hotel Alerce Nativo**
O'Higgins 808, Tel. 632267. Gute, aber laute DZ mit Bad ab 43 US-$.
www.hotelalercenativo.cl
- **Unicornio Azul**
Avenida Pedro Montt 228, Tel. 632359. Wundervoll restauriertes Holzhaus vom Beginn des 20. Jahrhunderts, ruhige Lage am Ufer. DZ ab 51 US$.
hotelunicornioazul@surnet.cl

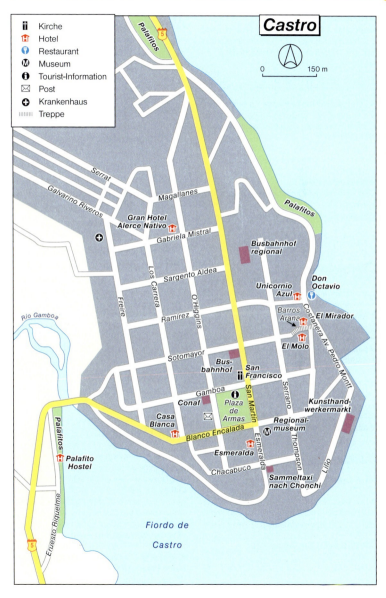

- **Hotel Esmeralda**
Esmeralda 266, Tel. 637900. Neu, zentral, geräumige Zimmer, von Lesern empfohlen, DZ ab 70 US-$. www.hotelesmeralda.cl

Essen und Trinken

- Die **Palafito-Restaurants** am Ufer bieten für wenig Geld ausgezeichnete Mahlzeiten (natürlich vor allem Fisch und Meeresfrüchte).
- **Don Octavio**
Costanera Pedro Montt 261. Beliebtes Restaurant, hervorragende Meeresfrüchte und Fisch, teuer.
- **Restaurant Playa**
Lillo 41 (schräg gegenüber vom Kunsthandwerkermarkt), Tel. 635285. Hervorragender Curanto, für den mittelgroßen Geldbeutel.

Verkehrsverbindungen

Überlandbusse

Castro hat **zwei Busbahnhöfe**. Der wichtigere ist der auf San Martín, direkt hinter der Kathedrale. Von hier starten Busse nach:
- **Ancud,** 1 Stunde, 3 US-$
- **Quellón,** 2 Stunden, 4 US-$
- **Puerto Montt,** 3 Stunden, 5 US-$
- **Santiago** und Zwischenstationen, 17–18 Stunden, 22–48 US-$

Vom Busbahnhof **Terminal Municipal,** ebenfalls auf San Martín, aber zwei Blocks weiter nördlich (600er Block), starten Busse ebenfalls nach **Quellón,** ansonsten nach **Chonchi, Cucao, Dalcahue** und **Quemchi.**

Sonstiges

- **Geldwechsel: Julio Barrientos,** Chacabuco 286.
- Die **Post** befindet sich O'Higgins 388, an der Plaza de Armas. **Telefonzentralen** finden sich z.B. O'Higgins 480 und 667 sowie Latorre 289.
- **Wäscherei** in der Serrano 490.

Nationalpark Chiloé
♂ XVI/A1

Der Parque Nacional Chiloé wurde 1982 eingerichtet und umfasst in zwei Sektoren mehr als 43.000 Hektar undurchdringlichen, **verwachsenen Urwaldes mit jahrhundertealten Alercen, Robles und Palmen, mit Lagunen und Bruchmooren.** Vom Pazifik ist der Park durch hohe Dünen getrennt. Nur vereinzelt führen Wander- und Lehrpfade in die von Füchsen, Pudus und mehr als 100 Vogelarten besiedelte Wildnis hinein. Die Höhenlagen im Park reichen vom Meeresspiegel bis auf 850 Meter in der Cordillera de Piuche.

Der Park ist **ganzjährig geöffnet,** die **beste Besuchszeit** ist im **Januar und Februar,** weil es dann am wenigsten regnet. Wer längere Touren im Park plant, sollte unbedingt wasserfeste Kleidung mit sich führen, ein gutes Zelt ist ebenso Pflicht, und nicht alle Lebensmittel sind in Cucao zu bekommen.

Leichter zugänglich für Besucher ist der **südliche Teil des Nationalparks.** Man erreicht ihn über den Ort **Cucao** 34 Kilometer westlich von Chonchi. Man passiert dabei den 12 Kilometer langen **Lago Cucao.**

- **Busse:** drei- bis fünfmal tägl. zwischen Castro (Terminal Municipal) und Cucao (3 US-$).
- In Cucao gibt es einige schlichte **Residenciales,** die jeweils etwa 10 US-$ p.P. verlangen, dazu private **Campingplätze.** Im Park stehen direkt am Parkeingang ein gut ausgestatteter Campingplatz von Conaf, ansonsten einfache Refugios ohne Ausstattung zur Verfügung.
- Von Lesern empfohlen wird die kleine Herberge **Parador Darwin** unter deutsch-chilenischer Leitung, direkt an der Brücke am

westlichen Flussufer. Charmante Zimmer mit Gemeinschaftsbad, hausgemachtem Frühstück und vielen guten Tipps. DZ 26 US-$, Tel. 09/9799-9923.
paradordarwin@hotmail.com

Von Cucao gelangt man nach **Chanquín** (1 km), wo sich das **Centro de Visitantes von Conaf** befindet. Hier gibt es eine alte Goldwaschanlage zu sehen, man erfährt etwas zur Kultur der Indianer und zu Flora und Fauna im Park.

Am Centro starten auch die angelegten **Trekkingpfade** in den Wald: Der **Sendero El Tepual** ist ein botanischer Lehrpfad, der auf 750 Metern die Flora des Waldes erklärt. So belehrt kann man sich dann an längere Trekkingtouren wagen, beispielsweise an den **Sendero Chanquín-Cole Cole**, der 20 Kilometer an der Küste entlangführt, vorbei an der **Laguna Huelde** (12 Std. hin und zurück).

In Cucao kann man für Ausritte im Park **Pferde** mieten, die Preise liegen bei etwa 8 US-$ für die Stunde, der ganze Tag kostet ca. 40 US-$.

Den **Nordteil des Parks** erreicht man von Ancud aus. Busse fahren bis **Chepu**, von dort führt ein 14 Kilometer langer Fußweg bis zum **Río Lar**, dem Eingang des Nationalparks. 6 Kilometer weiter fließt der **Río Refugio**, an dem sich – nomen est omen – auch ein unbewirtschaftetes Refugio befindet.

Chonchi ♪XVI/B1

Der 4500-Seelen-Ort liegt knappe 25 Kilometer südlich von Castro, etwas abseits der Panamericana. Von hier fahren Boote hinüber auf die **Isla Lemuy**. Die Stadt erhebt sich zwar direkt am Meer, allerdings an einem extremen Steilufer und hat dank ihrer seltsamen Topografie den passenden Beinamen „ciudad de tres pisos" (Stadt auf drei Etagen).

Größte Sehenswürdigkeit ist die **Iglesia San Carlos de Borroneo,** deren blauer und gelber Anstrich an schönen Tagen mit der Sonne und dem Himmel um die Wette strahlen. Mit dem Bau der Kirche wurde 1754 begonnen, erst 1859 wurde sie im neoklassizistischen Stil beendet. Sie besitzt einen schönen dreistufigen Turm, gelb mit blauem Turmhelm.

Touristeninformation

- **Vorwahl von Chonchi: 65**
- Ein örtliches **Infobüro** ist an der Kreuzung von Candelaria und Centenario.

Unterkunft

- **Hospedaje La Esmeralda**
Irarrázaval 267, Tel. 671328, grady@telsur.cl. Ab 9 US-$, auch teurere Zimmer mit eigenem Bad. Alle Zimmer mit Blick auf das Meer; Fahrrad- und Bootsverleih, Kochgelegenheit, Wäsche-Service, Reittouren, Boots- und Kajakausflüge, Internet.
- **Hotel Huildín**
Centenario 102, Tel. 671388. Okay. DZ ab 35 US-$, auch preiswerte Cabañas.
www.hotelhuildin.cl
- **Posada Antiguo Chalet**
Gabriela Mistral, Tel. 671221. Bestes Hotel im Ort. DZ mit Bad 61 US-$.

Verkehrsverbindungen

Von der Plaza de Armas fahren **Busse und Colectivos** (2 US-$) nach Castro.

Quellón   ♉ XVI/B2

Die **südlichste Stadt Chiloés** hat fast 14.000 Einwohner, wirkt aber nicht danach. Für Touristen ist sie nur aus zwei Gründen interessant: Im Sommer kann man von hier per Fähre nach Chaitén an der Carretera Austral übersetzen, und Quellón ist Ausgangspunkt für den Besuch des Parque Tantauco sowie für die Wal-Beobachtung (s.u.).

Marea Roja

In unregelmäßigen Abständen wird Chiloé von der gefürchteten Roten Flut, der Marea Roja, heimgesucht. Sie ist eine **Epidemie giftiger Mikroalgen** im Pazifik, die sich in Muscheln anreichern. Deren Genuss kann dann, wenn der Betreffende nicht sofort ärztlich behandelt wird, tödliche Folgen haben (Ersticken durch Muskellähmung). Das periodisch auftretende Phänomen war bislang nur in Südpatagonien registriert worden. Im Jahr 2002 (und seither immer wieder) mussten die Behörden erstmals im südlichen Teil Chiloés ein Fangverbot für Muscheln anordnen – mit katastrophalen Folgen für tausende kleine Fischer, die hauptsächlich vom Muschelhandel leben. Erkundigen Sie sich bei den örtlichen Touristeninformationen genau nach dem aktuellen Stand in Sachen Marea Roja, und essen Sie im Zweifelsfall (insbesondere in Billig-Restaurants) keine Schalentiere!

Die Stadt entwickelte sich 1906 aus einer Schnapsbrennerei, der **Compañía Destilatorio Quellón,** eine der ersten Brennereien Südamerikas. Sie besaß in der Region 150.000 Hektar Wald, der nach und nach zu Holzkohle verfeuert wurde – was in der Umgebung heute Weidefläche ist, war vor 100 Jahren noch undurchdringlicher Urwald.

Die Alkoholfabrik ist längst nicht mehr, dennoch trifft man so manches Schnapsopfer, wenn man durch den von **hoher Arbeitslosigkeit** gebeutelten Ort schlendert. An der Hafenmole liegen Dutzende von Fischerbooten, Männer in Gummistiefeln wuchten Muschelsäcke auf wartende Pick-ups.

Sehenswert sind höchstens das kleine Museo Inchin Cuivi Ant („Unsere Vergangenheit" in der Huilliche-Sprache, Ladrilleros 225) sowie das winzige Historische Museum der Stadt, direkt an der Westseite der Plaza.

Seit Muschelfang und -zucht von der **Marea Roja** bedroht sind, hoffen die Einwohner auf die Entwicklung des Tourismus. Das Potenzial ist vorhanden. In der Nähe entsteht derzeit der Parque Tantauco (s.u.), und im Golfo Corcovado tummeln sich wieder die Wale.

Touristeninformation

- **Vorwahl von Quellón: 65**
- In den Sommermonaten gibt es einen **Informationskiosk** auf der Ecke Gómez García und Santos Vargas.

Unterkunft/Camping

- **Hotel Leoman**
Pedro Montt 427, Tel. 681298. Gut, freundlich. Etwa 10 US-$ pro Person.

- **Hotel El Chico Leo**
Pedro Montt 325, Tel. 681567. Einfache Unterkunft mit gutem Restaurant, 10 US-$ p.P. elchicoleo@telsur.cl
- **Hotel Tierra del Fuego**
Pedro Montt 545, Tel. 682079. Holzbau am Hafen. DZ 35 US-$.
- **Cabañas** und **Camping Las Brisas**
Balneario Ruta de Lapas, 3 US-$.

Essen und Trinken

Gute **Meeresfrüchte** und frischen **Fisch** genießt man im **Fogón Las Quilas,** La Paz 385, und im **El Corral,** 21 de Mayo 251. Leser empfehlen das **Restaurant Corcovado,** etwas abseits an der Punta de Lapa.

Verkehrsverbindungen

Busse

Sie fahren ab dem gemeinsamen Büro von Cruz del Sur und Transchiloé auf der Aguirre Cerda 52 und ab dem Büro von Buses Norte-Sur auf der Costanera Pedro Montt. Alle Gesellschaften bedienen **Castro** (2 Std., 5 US-$) und **Puerto Montt** (5 Std., 12 US-$).

Schiff/Fähre

- **Naviera Austral,** Pedro Montt 457, Tel. 682207. 2x pro Woche nach Chaitén, nur Januar/Februar, 5 Stunden, 33 US-$ p.P., Auto ca. 134 US-$, Fahrrad 12 US-$. Ebenfalls 2x wöchentlich nach Chacabuco, mit Halt in acht kleinen Siedlungen auf Inseln und entlang der Küste. www.navieraustral.cl

Sonstiges

- Der **Banco del Estado** (Freire/Ecke Ladrilleros) hat einen **Geldautomaten.**
- Eine **Telefonzentrale** ist Ladrilleros 379.

Ausflüge

Parque Tantauco

Südwestlich von Quellón hat der Unternehmer und Politiker *Sebastián Piñera* im Jahr 2005 einen riesigen Landbesitz von 118.000 Hektar erworben und den **privaten Naturpark** Tantauco gegründet. Das weitflächig mit Urwald bedeckte Gebiet wird nach und nach mit Wanderwegen und Schutzhütten erschlossen. In **Caleta Inio** am Südufer der Insel gibt es einfache Unterkünfte und Zeltmöglichkeiten (alle Lebensmittel mitnehmen, Boot ab Quellón 5–6 Std.). Eine prekäre Piste führt zum **Lago Chaiguata** im Nordteil des Parks (ebenfalls Camping). Aktuelle Infos im Parkbüro in Quellón, Av. La Paz 068, Tel. 680066, oder bei der Fundación Futuro in Santiago, Tel. 2/4227300, www.parquetantauco.cl.

Blauwale

Einst lebten sie zahlreich vor der chilenischen Küste, dann wurden sie industriell dezimiert und vertrieben. Heute kehren die Wale langsam wieder zurück. Im **Golfo Corcovado** zwischen der Südspitze von Chiloé und dem Festland werden in den letzten Jahren immer mehr Blauwale gesichtet, die mit bis zu 33 Metern Länge größten Meeressäuger. Bootsbesitzer in Quellón bieten Ausfahrten an (Preis Verhandlungssache, ca. 100 US-$), allerdings sind die Fischerboote nur bedingt dafür geeignet, etwa einem Schlag der enormen Schwanzflosse des Blauwals standzuhalten … Eine Professionalisierung der Touren mit modernen Booten und geschulten Führern ist geplant. Fragen Sie ggf. in der Touristeninformation nach vertrauenswürdigen Anbietern.

Der Große Süden:

Patagonien entlang der Carretera Austral

Der Große Süden ist auch der Wilde Süden. Südlich von Puerto Montt und Chiloé beginnt das Gebiet der Gletscher, der Inseln und Fjorde, der langen Winter und des eisigen Klimas – das **chilenische (westliche) Patagonien,** das im Unterschied zum östlichen, argentinischen Teil durchgehend von Regenwald bewachsen ist (oder war). Die vom Pazifik aufsteigende Feuchtigkeit regnet sich auf der Westseite der Kordillere ab, ideal für den kalten Regenwald des chilenischen Südens, **Urwälder,** in denen Flechten und Farne mit Bambus- und Fuchsiengewächsen um die Wette wuchern und riesige Alercen seit Jahrhunderten ungestört zwischen *lenga, ñirre, coihue* und *raulí* – wie die unterschiedlichen Südbuchen hier genannt werden – wachsen.

Der Große Süden ist auch **ein Gebiet für Abenteurer:** für Wanderer, die die Nationalparks entlang der Carretera Austral erkunden, für Angler, die aus Fjorden und Seen mit Fliegen große Lachse und Forellen ziehen, für Radfahrer, die mit dem Mountain-Bike die abenteuerliche Piste bezwingen wollen. Nur wenige Orte säumen die Fernstraße, kleine, einsame Nester. Wohl nirgendwo auf der Welt findet man in Privatwohnungen und Hotels so viele großformatige Puzzles: 5000 Teile, die zusammengesetzt einen schneebedeckten Berg und seine Spiegelung in einem See zeigen, sind keine Seltenheit – irgendwie muss man den langen Winter ja überstehen ...

Drei Verwaltungsregionen haben Anteil am chilenischen Patagonien: Im Norden gehört ein Stück zur Region

Atlas XVI, XVIII, XX und S. 454

Los Lagos, der äußerste Süden, beginnend im kontinentalen Eisfeld und auch Feuerland und die chilenische Antarktis umfassend, gehört zur Region Magallanes. Der Teil, der durch die Carretera Austral erschlossen und in diesem Kapitel behandelt wird, gehört **überwiegend zur Region Aisén**, offiziell Región Aisén del General Carlos Ibáñez del Campo. Der Name Aisén ist, so behauptet die Legende, eine Verballhornung. Die ersten Briten, die das Gebiet von Süden her erkundeten – sie kamen durch die Magellanstraße gesegelt – waren froh, endlich aus dem Eis herauszukommen: „ice end" ...

Aisén hat **91.000 Einwohner,** die sich 109.000 Quadratkilometer teilen – dicht besiedelt kann man das wirklich nicht nennen. Etwa die Hälfte der Menschen lebt noch dazu in der **Hauptstadt Coyhaique.** Insgesamt wohnen im Gebiet zwischen Puerto Montt und dem Inlandeis etwa 110.000 Menschen auf einer Fläche von 150.000 Quadratkilometern.

Geschichte

Bevor die ersten Weißen in das Gebiet kamen, lebten hier bereits seit mehreren tausend Jahren **indianische Völker:** auf dem Festland die **Tehuelches,** die sich selbst *Tzónecas* nannten, was in ihrer Sprache einfach „Menschen" bedeutet. Sie waren Nomaden, jagten zuerst zu Fuß, nach Ankunft der Weißen zu Pferd, mit Pfeil, Bogen und Bolas (Wurfkugeln) Guanacos, Ñandus und Pumas. Die **Alakalufes** – *Kawéskar* in ihrer Sprache – waren kurzgewachsene Kanunomaden, die sich vor allem vom Fisch- und Robbenfang in den Fjorden und Kanälen ernährten. Zwischen den zwei Völkern bestand kein Austausch.

Die **ersten Europäer** kamen Mitte des 16. Jahrhunderts. Dabei kam es zunächst nur zu sehr sporadischen Erkundungen der verworrenen Geografie der Fjorde und Kanäle. Die **Spanier** hatten kein besonders großes Interesse an den Menschen, die hier lebten. Sie wollten zum einen sicherstellen, dass sich an der Küste von „Trapanada", wie Aisén damals genannt wurde, keine englischen Piraten niederließen, zum anderen vermuteten sie die sagenumwobene „Stadt der Cäsaren" im patagonischen Urwald. Die Gier der Spanier nach Gold und anderen Edelmetallen ließ sie begierig alle Mythen aufgreifen – sei es den von El Dorado, dem „Goldenen Mann", oder sonst einen Hinweis auf den verborgenen Schatz irgendeines Herrschers.

Im späten 17. und auch im 18. Jahrhundert drangen **Forscher und Eroberer** immer weiter vor: *Bartolomé Díaz Gallardo* und *Antonio de la Vega* kamen im 17. Jahrhundert zum Campo de Hielo Norte, zum nördlichen Inlandeis (an der Laguna San Rafael), im 18. Jahrhundert dann **Jesuiten** von der Insel Chiloé. 1834 segelte die „Beagle" unter Kapitän *Fitz Roy* mit dem jungen *Charles Darwin* an Bord die gesamte patagonische Küste entlang; *Darwin* nannte die Region eine „grüne Einöde". Einige chilenische Expeditionen folgten; es ging darum, das Land zu kartografieren. *Enrique Simpson, Adolfo Rodríguez* und der

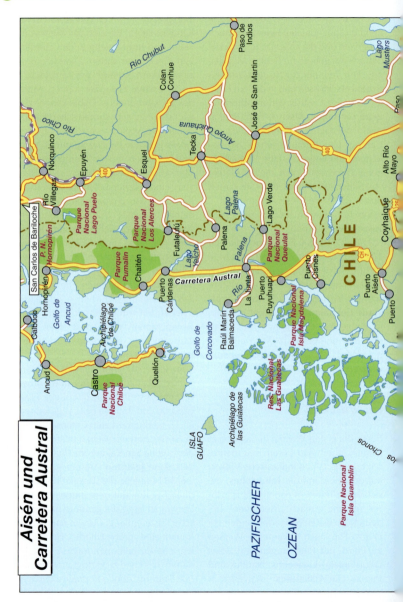

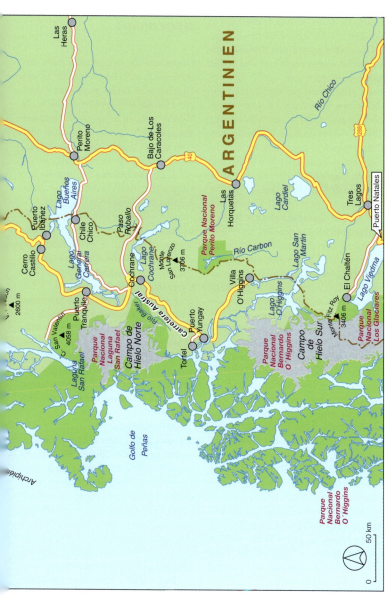

Deutsche *Hans Steffen* erforschten in der Zeit von 1870 bis 1902 den Süden.

Die ersten spontanen Besiedlungsversuche waren nicht von viel Erfolg gekrönt. Bis zum Ende des 19. Jahrhunderts entstanden nur vier Siedlungen, die erste war Melinka auf dem Guaiteca-Archipel südlich von Chiloé, die 1859 von dem deutschen Auswanderer *Philipp Westhoff* gegründet wurde. Alle vier kamen kaum über den Status von kleinen Handelsstationen für Holz, Robben- und Otternfelle hinaus.

Erst im 20. Jahrhundert änderte sich das. **Große Gesellschaften erhielten umfangreiche Ländereien,** um Aisén zu erschließen: Die Sociedad Industrial de Aisén, 1903 gegründet, bekam über 800.000 Hektar Land und wurde so zum größten Grundbesitzer der Region. Parallel wanderten Familien aus der chilenischen Zentralregion und dem Kleinen Süden ein, dazu Argentinier – alle hegten die Hoffnung, in Aisén Land für die Viehzucht zu bekommen. Die Regierung in Santiago unterstützte die Siedler – die Gesellschaften und die eingewanderten Familien – und sorgte damit für einen ungeheuren **Raubbau an der Natur.** 1937 wurde das Gesetz über die Kolonisierung des Landes verabschiedet; es besagte, dass nur Land endgültig in Besitz übergehe, das vom Urwald „befreit" sei. Mit **Großfeuern** wurden in den 1940er Jahren mehr als 30.000 Quadratkilometer Urwald vernichtet (das entspricht ungefähr der Größe Nordrhein-Westfalens), die Folgen sind heute noch gut zu sehen. Auf den freigelegten Flächen wurde (und wird) Viehzucht betrieben.

Gegenwart

Heute lebt die Region nicht mehr ausschließlich von der Viehzucht. In den Fjorden wird **Lachs** gezüchtet – auch nicht immer eine saubere Sache –, die Wälder werden teilweise als **Nutzwälder** gebraucht (großer Kahlschlag blieb bislang aus), und es gibt Pläne, die Flüsse zur Energiegewinnung zu nutzen. Auch der **Tourismus** ist in manchen Gegenden zum bedeutenden Wirtschaftsfaktor geworden.

Aisén ist heute nicht mehr so isoliert wie noch vor zwanzig Jahren. Seit den 1970er Jahren wurde an der Ruta 7 mit dem langen Namen „Carretera Longitudinal Austral Presidente Pinochet", kurz **Carretera Austral,** gebaut. Sie führt, größtenteils als **Schotterpiste,** inzwischen **1200 Kilometer weit nach Süden, von Puerto Montt bis nach Villa O'Higgins,** durch dichte Wälder, vorbei an tiefblauen Seen, scharf eingeschnittenen Fjorden und schneebedeckten Gipfeln – die Carretera Austral ist **Chiles schönste Route in die Einsamkeit.**

300 Millionen US-$ hat das Projekt gekostet. Das Militär baute die Straße, Auftraggeber war Diktator *Pinochet*. Er wollte parallel zur Grenze zu Argentinien eine Nord-Süd-Straßenverbindung schaffen – vor allem aus militärischen Überlegungen. So frästen Rekruten-Bauarbeiter die Carretera Austral durch die Wildnis, immer den natürlichen Gegebenheiten folgend. Die Straße schlängelt sich an Fjorden und Seen entlang, begleitet den abenteuerlichen

Verlauf wild schäumender Flüsse, klettert Berge hinauf und durchkreuzt Weidelandschaften, Sumpfgebiete und riesige Urwälder.

Die Carretera Austral

Die Carretera Austral ist die **beste Route, um Aisén und den Südteil der Seenregion zu erkunden.** Es ist aber nicht so einfach, in Puerto Montt loszufahren und die gesamte Carretera Austral zu bereisen, denn **drei Meerengen müssen per Fähre gekreuzt werden:** der Estuario de Reloncaví, weiter südlich der Canal Comau und der Fiordo Reñihue zwischen Hornopirén und Caleta Gonzalo und, ganz im Süden, der Fiordo Mitchell, der die letzte Etappe nach Villa O'Higgins abteilt.

- **La Arena – Caleta Puelche:** Fahrtdauer 30 Min., 9x tägl., Auto 17 US-$; Infos bei Transmarchilay in Puerto Montt, Tel. 270000.
- **Hornopirén – Caleta Gonzalo:** Fahrtdauer 5–7 Std., nur im Januar/Februar. Da beim Ausbruch des Vulkans Chaitén das Teilstück von Caleta Gonzalo nach Chaitén zerstört wurde, verkehrte diese Fähre im Sommer 2009 nur 3x wöchentlich von Hornopirén direkt nach Chaitén (Auto: 123 US-$). Die Wiederaufnahme der Original-Route ist ungewiss. Infos bei Naviera Austral in Puerto Montt, Tel. 65/270430, www.navieraustral.cl.

Alternativ dazu kann man seine Erkundungsfahrt auch **erst in Chaitén, Chacabuco oder Coyhaique beginnen.** Wie man mit dem Flugzeug, Schiff oder Bus die einzelnen Orte erreicht, steht in den entsprechenden Kapiteln. Wer genügend Zeit mitbringt, kann die Carretera Austral auch per Bus bereisen (zumindest in Teilstücken). Alle Fahrpläne, ob für Busse oder Fähren, ändern sich schnell, man sollte Informationen immer vor Ort einholen/nachprüfen. Vor allem auf dem nördlichen Teilstück der Carretera – von Puerto Montt bis Chaitén – sind die öffentlichen Verkehrsverbindungen ausgesprochen schlecht; es kann immer wieder sein, dass auf bestimmten Teilstrecken einige Zeit kein Busunternehmen verkehrt.

Tipps für Fahrten auf der Carretera Austral

Die Carretera Austral **mit dem Mietwagen** zu befahren, ist schon wegen der schlechten Busverbindungen die **beste Option.** Zudem kann man so an den schönsten Stellen stehen bleiben, an denen der Bus achtlos vorbeifährt. Als Mietstationen bieten sich Puerto Montt und Coyhaique an. Dabei ist Folgendes zu beachten:

- Berücksichtigen Sie bei der Reiseplanung, dass das **Klima** auf dem Nordteil der Carretera Austral (von Puerto Montt bis Coyhaique) wesentlich regnerischer ist als auf dem Südteil, wo rings um den Lago Carrera ein sonniges Mikroklima herrscht.
- Wenn Sie eine der im Text genannten **Autofähren** benutzen wollen, erkundigen Sie sich vorab genau nach den aktuellen Fahrplänen (diese ändern sich häufig) und versuchen Sie für die Fähre ab Hornopirén zu reservieren (siehe dort). Bei den anderen beiden Fähren gilt das Prinzip „Wer zuerst kommt, fährt zuerst".
- Nur in Coyhaique gibt es eine akzeptable **touristische Infrastruktur.** Geld wechseln ist überall sonst schwierig bis unmöglich, **Geldautomaten** gibt es nur in Futaleufú, Coyhaique, Puerto Aisén, Chile Chico und Cochrane.
- **Tankstellen** sind selten, deshalb besonders auf dem Südteil der Carretera jede Tankgelegenheit nutzen! Zur Not gibt es in den meisten kleinen Orten Benzin in Flaschen.
- Der größte Teil der Carretera ist nicht asphaltiert, die **Schotterpisten** sind streckenweise schmal und von sehr unterschiedlicher Qualität. Fahren Sie defensiv! Die engen Kurven sind oft nicht einsehbar, und an Steigungen lässt das „Waschbrett" (welliger Boden) das Fahrzeug schlingern. Bei Gegenverkehr abbremsen, Steinschlaggefahr!
- Aus dem selben Grund wie oben empfiehlt sich für die Carretera ein **geländegängiges Fahrzeug.**

Nachfolgend wird die Carretera Austral in ihrem Verlauf von Norden nach Süden beschrieben.

Von Puerto Montt bis Chaitén

Man verlässt Puerto Montt auf der Uferstraße ostwärts und fährt immer entlang des **Seno de Reloncaví** nach Süden, vorbei am Nationalpark Alerce Andino, der oben unter „Die Umgebung von Puerto Montt" beschrieben wird. Die Ruta 7 erreicht nach 50 Kilometern **Caleta La Arena,** wo man sich auf die Fähre nach **Caleta Puelche** einschiffen muss (30 Minuten, 17 US-$ pro Auto, Fahrplan s.o.). Danach geht es ein kurzes Stück weiter am Meer entlang, beim alten Holzhafen **Contao** zweigt die Straße ins Land ab und führt durch lichtes Waldgebiet nach Hornopirén (107 Kilometer von Puerto Montt).

Hornopirén ⌕ XIV/B3

In dem 1000-Einwohner-Ort gibt es mehrere **Hotels,** günstig ist das Hotel Hornopirén (Carrera Pinto 388, Tel. 65/217256, mit Frühstück 17 U$-$ p.P.). Auf der Isla Llancahue vor der Küste (einstündige Fahrt im offenen Boot, 10 US-$ p.P., mindestens 6 Personen) befindet sich das Hotel Termas de Llancahue (DZ mit Vollpension 102 US-$, Tel. 09/96424857) mit verschiedenen Thermalbecken (bis 55°C) direkt am Strand (Tageskarte 5 US-$).

Östlich des Ortes liegt der **Parque Nacional Hornopirén,** der bislang nur über minimale Besucherinfrastruktur verfügt. Nach knapp 10 Kilometern von Hornopirén gelangt man an das Wohnhaus des Parkrangers, der weitere Informationen gibt. Kurz dahinter (noch außerhalb des eigentlichen Parks) kann man am Ufer des Río Blanco zelten. Von hier führt ein leichter Wanderweg durch einen Märchenwald mit flechtenbewachsenen Coihues und uralten Alercen zum **Lago Pinto Concha** (3–4 Stunden). Hier steht eine verwahrloste Schutzhütte, besser ist auf jeden Fall zelten. Bergsteiger können von hier aus den Vulkan Yates (2111 m) erklimmen.

Hornopirén ist **per Bus von Puerto Montt** aus zu erreichen.

Von Hornopirén startet die Fähre nach Caleta Gonzalo bzw. Chaitén (Informationen s.o.).

Parque Pumalín ⌕ XVII/C1

Caleta Gonzalo ist kein richtiger Ort, sondern lediglich die **Anlegestation** für die Fähre von und nach Hornopirén, zum anderen auch der beste Ausgangspunkt, um das **größte private Naturschutzgebiet der Welt** zu erkunden, den Parque Natural Pumalín („Ort, wo der Puma wohnt"), den der amerikanische Multimillionär **Douglas Tompkins** in den letzten Jahren geschaffen hat (siehe Exkurs).

Achtung: Aufgrund der Zerstörungen durch den **Vulkanausbruch im Mai 2008** (siehe Chaitén) waren bei Drucklegung dieses Buches sämtliche Einrichtungen des Parque Pumalín geschlossen. Die Wiedereröffnung des Parks und der Straße von Chaitén dorthin war nicht abzusehen. Am besten informieren Sie sich auf der Website www.parquepumalin.cl über den aktuellen Stand. Dennoch seien die touristischen Angebote des Parks (Stand: Anfang 2008) an dieser Stelle beschrieben.

Pumalín gehört zu den schönsten Naturparks in ganz Chile und kann in Sachen Infrastruktur und Umweltschutz sowie als ökologisch-soziales Projekt als Vorbild gelten. Naturlehrpfade und Biogärten wurden angelegt, im Park gibt es mehrere Campingplätze, Cabañas, ein Besucherzentrum, ein schönes Café und **Trekkingpfade.** Einer beginnt fast direkt an der Mole in Caleta Gonzalo und führt durch dichte Wälder über einen Fluss und einen Felsen hinauf zu einem Wasserfall. Wer einigermaßen gut zu Fuß ist, benötigt für den Rundweg drei Stunden. Per Boot kann man eine große **Seelöwenkolonie** im Reñihue-Fjord besichtigen, mit etwas Glück sieht man auch Pinguine und Delfine (Boot für max. 10 Personen 60 US-$).

Übernachten kann man in Caleta Gonzalo auf einem erstklassigen Campingplatz (3 US-$ p.P.) und in einigen

Douglas Tompkins

Tompkins, früherer Besitzer der Modefirma „Esprit", hatte 1990 das Gros seiner Anteile für 125 Millionen Dollar verkauft und widmet sich seither ökologischen Fragen. In den USA gründete er die **Stiftung Deep Ecology** mit Sitz in San Francisco, und in Chile begann er mit dem Kauf großer zusammenhängender Urwaldgebiete. Begünstigt wurde das von den chilenischen Gesetzen, die problemlos den Landerwerb durch Ausländer erlauben. Stück für Stück kaufte er zusammen, inzwischen ist sein Landbesitz über 450.000 Hektar groß und erstreckt sich von der argentinisch-chilenischen Grenze bis zum Golfo de Ancud sowie – mit Unterbrechungen – von Hornopirén bis Chaitén.

Schnell fand Tompkins bedeutende Widersacher. Die rechtsgerichteten Parteien argwöhnten, dass er Festlandchile spalten und eine internationale Enklave schaffen wolle. Schließlich seien nun große Teile des Grenzgebietes zu Argentinien in privater, ausländischer Hand. Der Universidad Católica de Valparaíso wurde untersagt, ihm 30.000 Hektar Land zu verkaufen, ein Gebiet, das *Tompkins'* Besitz in zwei Teile spaltet. Wilde Gerüchte kursieren immer wieder bzw. werden von interessierten Kreisen lanciert, vor allem wird *Tompkins* vorgeworfen, er vertreibe die Siedler aus dem Gebiet.

Tompkins selbst hat immer wieder versichert, er wolle einen Naturpark und sonst nichts schaffen. Um seine lauteren Absichten zu untermauern, gründete er eine Stiftung: Die **Fundación Educación, Ciencia y Ecología** mit Sitz in Puerto Montt (Buin 356, Tel. 65/250079, E-Mail: pumalin@telsur.cl, www.parquepumalin.cl) kümmert sich um den Park. Die territorialen Ansprüche der etwa ein Dutzend Siedlerfamilien, die im Park leben, hat *Tompkins* übrigens anerkannt, obwohl in den meisten Fällen keinerlei Rechtstitel vorlagen. Die Stiftung hat auch eine Schule gebaut, in der die Siedlerkinder unterrichtet werden. Obwohl der Pumalín-Park längst direkt und indirekt die meisten Arbeitsplätze in der Gegend schafft, muss sich *Tompkins* immer wieder scharfer Attacken von Seiten nationalistischer Kleingeister erwehren. Neuester Stein des Anstoßes ist die geplante Landverbindung Hornopirén – Chaitén, welche die Lücke in der Carretera Austral schließen soll. Während *Tompkins* eine Streckenführung entlang der Fjordufer und der wenigen Siedlungen befürwortet, besteht die Regierung darauf, die Trasse mitten durch den – inzwischen offiziell zum Naturheiligtum deklarierten – Pumalín-Park zu schlagen. Dabei gilt *Tompkins'* größte Sorge wohl weniger der Straße selbst als vielmehr der Gefahr, dass die Stromkonzerne, die derzeit am Río Baker weiter südlich mehrere Kraftwerke planen, ihre Stromtrasse entlang der neuen Route direkt durch Pumalín führen.

Von Puerto Montt bis Chaitén

wenigen geschmackvollen Cabañas (max. 5 Pers., zum Teil keine Küche; 2 Pers. 122 US-$, 4 Pers. 180 US-$; Reservierung unter reservas@parquepumalin.cl). Das Restaurant bietet Menüs für ca. 7 US-$, man kann aber auch Fleisch und Holz kaufen und in einer der Grillhütten sein Abendessen selbst zubereiten.

Zwischen Caleta Gonzalo und Chaitén verkehrten bis zum Vulkanausbruch von Dezember bis Februar täglich, ansonsten etwa dreimal die Woche **Minibusse.**

Mit Blick auf den **Vulkan Michinmahuida** (2400 m) geht es weiter nach Süden, bis kurz vor Chaitén immer quer durch den Parque Pumalín. Bei km 12 beginnt der **Sendero Tronador,** ein Trekkingpfad, der zu einem verschwiegenen Waldsee mit Zeltmöglichkeit führt. Bei km 13 führt links der Straße ein Naturlehrpfad durch einen kleinen **Alerce-Wald.** Manche Bäume sind bis zu 2,5 Meter dick. Einen Kilometer weiter südlich gibt es einen Campingplatz mit vier überdachten Zeltstellen (pro Zelt 12 US-$), hier beginnt ein Wanderweg zu den **Cascadas Escondidas,** den versteckten Wasserfällen. Die Straße schlängelt sich weiter durch dichte Wälder, mitunter blitzt das Blau eines Sees zwischen dem Grün hervor. Der **Lago Negro** (km 20) und der **Lago Blanco** (km 23) liegen direkt am Straßenrand. Auch hier gibt es rustikale Zeltplätze mit Schutzdächern (12 US-$ pro Zelt). Bei km 29 liegt der ebenfalls zum Pumalín-Park gehörige **Campingplatz El Volcán** (3 US-$ p.P.) mit tollem Blick auf den Vulkan Michinmahuida und einem Lebensmittelkiosk. Nach 48 Kilometern gelangt man bei Santa Bárbara wieder ans Meer, wenige Kilometer später folgt ein Campingplatz, und bei km 58 ist Chaitén erreicht.

Chaitén XVI/B2

Als am 2. Mai 2008 um 0.30 Uhr **starke Erdstöße** und eine Explosion die Einwohner von Chaitén weckten, ahnten sie nicht, dass dies der Anfang vom Ende ihres kleinen, bescheidenen Städtchens an der gleichnamigen Pazifik-

Wandern im Urwald des Parque Pumalín

bucht sein würde. Im Dunkeln sahen sie das Leuchten und die Aschewolke einer Eruption und meinten zunächst, es handele sich um den Vulkan Michinmahuida, einen prominenten Kegel 35 km nordöstlich der Stadt. Doch bald stellte sich heraus, dass der Vulkan Chaitén ausgebrochen war, ein 1122 m hoher, unscheinbarer Nachbar des Michinmahuida und nur 10 km von der Stadt entfernt. Von seiner Existenz hatten nicht nur die meisten Chaiteninos, sondern auch viele Vulkanologen nichts gewusst. Schließlich lag – wie man später berechnete – sein letzter Ausbruch rund 9000 Jahre zurück, und so galt er, wie Hunderte andere Vulkane in Chile, als erloschen.

Der Vulkan schleuderte seine Asche bis zu 20 Kilometer hoch, die enorme Rauchsäule wurde vom Wind westwärts getrieben und verdunkelte nach einigen Tagen sogar Buenos Aires. In der Umgebung des Vulkans ging ein dichter Ascheregen nieder, der das Atmen erschwerte. Chaitén selbst wurde binnen eines Tages von einer **20 cm dicken Ascheschicht** überzogen. Daraufhin evakuierte die Regierung in einer Blitzaktion rund 7000 Bewohner im Umkreis von 50 Kilometern. Diese ließen ihr Hab und Gut zurück und konnten nur das Nötigste mitnehmen. Diejenigen, die nicht bei Verwandten in den weiter südlich an der Carretera Austral gelegenen Orten unterkamen, wurden per Schiff ins 200 km nördlich gelegene Puerto Montt evakuiert. Tausende Nutztiere blieben auf dick mit Asche bedeckten Weiden ihrem Schicksal überlassen. Schließlich trat der **Río Blanco,** der direkt unterhalb des Vulkans entspringt, über die Ufer und überschwemmte große Teile der Stadt mit Asche, Schlamm und Geröll. Ganze Straßenzüge wurden verwüstet, Häuser weggespült oder unter Schlamm begraben, die Trinkwasser- und Elektrizitätsversorgung komplett zerstört.

Nachdem der erste Schock überwunden war, stritt man monatelang erbittert über die Zukunft der Provinzhauptstadt. Auf der einen Seite viele ehemalige Bewohner Chaiténs, die nicht einfach alles aufgeben wollten und für den Wiederaufbau der Stadt und die Eindämmung des Flusses plädierten und auf den unzerstörten Hafen als wichtigen Wirtschaftsfaktor verwiesen. Auf der anderen Seite die Zentralregierung, die vor der unkalkulierbaren Gefahr weiterer Eruptionen warnte und begann, nach ungefährlicheren Orten für ein neues Chaitén Ausschau zu halten. Schließlich bereitete ein **erneuter Ausbruch im Februar 2009** den Spekulationen ein Ende, und die Regierung beschloss, Chaitén 10 Kilometer weiter nördlich in Santa Bárbara (Fandango) komplett neu aufzubauen.

Heute raucht der Vulkan kräftig weiter, und Chaitén ist eine **Geisterstadt** geworden. Sie strahlt – im Gegensatz etwa zu den alten Salpeterorten des Nordens – einen morbiden Charme aus. Chaitén war Mitte 2009 immer noch „No-go area", nur eine Handvoll unverwüstlicher Bewohner trotzte dem Räumungsbefehl der Regierung und dem Fehlen von Trinkwasser und Strom. Doch nach wie vor legen im Hafen Fähren an (s.u.). Sie nehmen zwar nur motorisierte Reisende mit, die gehalten sind, gleich auf der Carretera Austral gen Süden weiterzufahren. Doch der Anblick dieses von rohen Naturgewalten zerstörten Ortes hat durchaus touristisches Potenzial. Wer weiß, vielleicht gibt es ja bald pfiffige Agenturen, die Führungen durch die Ruinen anbieten.

Anmerkung: Es gibt in Chaitén weder Lebensmittel noch Trinkwasser noch Benzin.

Verkehrsverbindungen

- Bis auf Weiteres verkehren **keine Busse** ab oder nach Chaitén.
- Auch der **Flugplatz**, auf dem sonst kleine Maschinen aus Puerto Montt landeten, ist geschlossen.
- Trotz des Ausnahmezustandes verkehren **Fähren von Puerto Montt, Hornopirén** und **Quellón** nach Chaitén. Sie dürfen nur motorisierte Passagiere mitnehmen (Fahrradfahrer können versuchen, eine Ausnahme zu erwirken) und sollten im Sommer (Januar/Februar) frühzeitig gebucht werden. Nähere Informationen zu den oft wechselnden Fahrplänen bei **Naviera Austral** in Puerto Montt (s.o.), www.navieraustral.cl.

Von Chaitén nach Coyhaique

Hinter Chaitén geht es im Tal des Río Yelcho zügig voran. Im Flecken El Amarillo (km 25, einfache Unterkunft Hospedaje Marcela, 10 US-$ p.P., auch Reittouren) lohnt der Abstecher zu den rustikalen **Termas El Amarillo** (5 km) mit bis zu 50 Grad heißen, teils überdachten Becken. Auf dem Gelände kann man zelten (ca. 7 US-$ pro Zelt), ebenso an der Straße etwas weiter oben. Dort gibt es auch nette Cabañas.

Nach 46 Kilometern ist beim Zehnhäuserdorf **Puerto Cárdenas** der malerische **Lago Yelcho** erreicht, ein Gletschersee, der sich über 35 Kilometer nach Südosten erstreckt, ein Paradies für Sportangler. Angeblich stellte hier ein Angler einen Rekord auf: 17 Kilogramm wog der Lachs, den er mit seiner Fliege lockte. **Übernachtung** im einfachen Residencial Yelcho (ca. 10 US-$ p.P.) und in den bequemen Cabañas Villa Gesell (Tel. 67/214544, 2 Pers. 88 US-$, 4 Pers. ab 105 US-$, www.villagesellchile.com).

14 Kilometer hinter dem Ort überquert man eine Brücke, von der man einen hervorragenden Blick auf den Gletscher **Ventisquero Yelcho** hat (Parkplatz). Eine dreistündige Wanderung (hin und zurück) führt durch dichten Wald hinauf zur Gletscherwand.

Bei **Villa Santa Lucía** zweigt nach Osten eine schmale Straße von der Carretera Austral ab. Sie führt hinunter zum Lago Yelcho und dann bei **Puerto Ramírez** (zwei Residenciales, ca. 10 US-$ p.P.) weiter nordostwärts als Ruta 231 nach Futaleufú, Richtung Südosten als Ruta 235 nach Palena.

Parallel zum **Río Futaleufú,** der Rafter weltweit begeistert (vgl. „Outdoor/ Rafting") – 12 Kilometer hinter Puerto Ramírez überquert man die Brücke über den Fluss, die Endstelle der Rafting-Touren ist –, und vorbei am Lago Lonconao führt die Straße nach Futaleufú.

Futaleufú ♫ XVII/C2

In dem **idyllischen 1000-Einwohner-Dorf** nahe der Grenze lässt es sich aushalten. Es gibt eine schöne Plaza, ein paar gute Restaurants und viele Unterkünfte und Ausflugsangebote. Am geruhsamen Flussstrand kann man mit den Einheimischen schwimmen gehen. Im Ort gibt es eine **Bank** mit Geldautomat.

Unterkunft
- **Residencial Carahue**
O'Higgins 322, Tel. 65/721221. 9 US-$ p.P.
- **Hotel Continental**
Balmaceda 597, Tel. 65/721222. DZ etwa 30 US-$.
- **Cabañas Veranada**
Sargento Aldea 480, Tel. 65/721266. Liebevoll eingerichtete Bungalows für 60 US-$, Tourangebote; Leseremfehlung.
www.turismofutaleufu.cl
- **Posada La Gringa**
Sargento Aldea, Tel. 65/721260. Sehr schöne DZ mit Bad ab 80 US-$.
- **Casa de Campo**
Am Lago Espolón (Abzweig 7 km vor Futaleufú), Tel. 65/1983003). Gemütliche Cabañas mitten in der Natur (6 Pers. 90 US-$), Reit-, Boots- und Angeltouren.
www.lagoespolon.cl.

Verkehrsverbindungen
- **Busse** fahren fast täglich hinüber nach Trevelin in Argentinien. Dort bekommt man problemlos Anschluss nach Esquel.
- Dreimal wöchentlich (2009 waren es Mi, Fr und So) verkehrt **Buses Daniela** (Tel. 67/231701) über La Junta nach **Coyhaique**.

Palena ist noch kleiner als Futaleufú, ansonsten aber mit dem „Nachbarort" vergleichbar: 800 Menschen leben hier im Valle de California, begünstigt wie dort von einem besonderen Mikroklima, das selbst Zitrusfrüchte gedeihen lässt. **Übernachten** kann man in der Pensión Bellavista, General Urrutia 785, für 10 US-$ p.P. oder im Residencial La Chilenita, Pudeto 681 (Tel. 65/741212, 10 US-$ p.P.). Busse fahren nach Futaleufú, es gibt aber keine öffentlichen Verkehrsmittel nach Argentinien.

Von **Villa Santa Lucía** aus führt die Carretera durch Wälder und Weiden gerade nach Süden. Sie erreicht nach 73 Kilometern die gesichtslose Siedlung **La Junta** (km 148 von Chaitén), die ihren Namen dem Zusammenfluss der Flüsse Rosselot und Palena verdankt und erst mit dem Straßenbau in den 1980er Jahren zu Leben erwacht ist. Der Ort ist auch ein kleiner Verkehrsknotenpunkt: Nach Osten führt eine Straße Richtung Argentinien ins Dorf Lago Verde, nach Westen eine Schotterpiste zum Pazifikhafen Raúl Marín Balmaceda (s.u.). La Junta ist eine wichtige Station für die Busse auf der Carretera Austral, mitunter machen diese hier eine längere Pause. Oder Fahrer und Passagiere müssen hier sogar **übernachten,** dann gut und preiswert im Residencial Copihue (A. Varas 611, Tel. 67/314184, DZ ca. 25 US-$) oder sehr schön im Hostal Espacio y Tiempo (direkt an der Carretera Austral, Tel. 67/314141, DZ 108 US-$, www.espacioytiempo.cl). **Busse** verkehren von La Junta mindestens einmal täglich nach Coyhaique, dreimal wöchentlich nach Futaleufú und Puerto Cisnes, viermal wöchentlich nach Lago Verde und an den Fährtagen nach Raúl Marín Balmaceda.

Raúl Marín Balmaceda XVI/B3

Das kleine **Hafendorf** an der Mündung des Río Palena lohnt einen Abstecher. Eine neue Straße führt von La Junta im-

Von Chaitén nach Coyhaique

mer am Río Palena entlang, bei km 57 setzt eine Fähre über den Fluss (gratis, mehrmals tgl.), nach weiteren 10 km ist der Ort erreicht. Umgeben von schönstem Naturwald, vermittelt er einen rechten Eindruck von patagonischer Ursprünglichkeit. Es gibt einen weißen Sandstrand, auf den Dünen wachsen wilde Erdbeeren, und auf der anderen Seite der Landzunge brandet der Ozean. **Übernachten** kann man in einfachen Unterkünften, z.B. im Valle del Palena, Tel. 67/681151, turismovallepalena@hotmail.com. Hier kommen die Fährschiffe von Quellón nach Chacabuco vorbei (zweimal wöchentlich), an diesen Tagen verkehrt auch ein Anschlussbus von/nach La Junta. Allerdings gibt es noch keine Fährrampe, sodass die Passagiere per Boot aus- und eingeschifft werden.

Parque Nacional Queulat

Südlich des Städtchens beginnt der Nationalpark Queulat, eine Schutzzone von 154.000 Hektar, die 1983 eingerichtet wurde. Sie umfasst Urwälder mit wundervollen Farn- und Lianen-Gewächsen, mit Bambus- und **Pangue-Pflanzen.** Letztere sind eine Besonderheit. Sie ähneln unserem Rhabarber, ihr Stiel – nalca genannt – wird auch wie Rhabarber gekocht und gegessen. Die Blätter sind nur viel größer, sie erreichen durchaus Regenschirmformat. Der Park zieht sich in verschiedenen Höhenstufen vom Meer, dem Canal Puyuhuapi und dem Seno Ventisquero hinauf bis auf 2225 Meter.

Bester Ausgangspunkt für einen Besuch des Parks ist Puerto Puyuhuapi, 45 Kilometer von La Junta (192 Kilometer von Chaitén) entfernt. Nur 20 Kilometer südlich des Ortes zweigt ein schmaler Seitenweg ab. An der Brücke über den **Río Ventisquero,** beim Conaf-Infozentrum, geht es los (Eintritt 6 US-$). Man überquert eine wacklige Holzbrücke und erreicht auf einem 600 Meter langen Pfad die **Laguna Témpanos.** Alternativ kann man zum **Ventisquero Colgante,** dem „Hängenden Gletscher", wandern. Der Weg folgt meist durch Fuchsien und Bambusgehölz dem Flusslauf; nach ca. 1½ Stunden Wanderung gelangt man zum Gletscher. Drohend schiebt sich die Gletscherzunge über den Kamm zwischen zwei Bergen vorwärts. Jeden Moment scheint die Eismasse abzukippen, aber nur ein blauweißer Schmelzwasserfall, vereinzelt auch größere Eisbrocken, stürzen in die Tiefe. Andere Wanderwege führen weiter südlich in den Nationalpark. Informationen darüber gibt es im Conaf-Büro und in Puyuhuapi. In Puyuhuapi kann man einen Kleinbus zum Parkeingang am Hängegletscher chartern: *Juan Angulo,* Tel. 67/325130, oder *René Kavitzke,* Tel. 67/325119.

Bei Puerto Puyuhuapi (192 km südlich von Chaitén, 45 km südlich von La Junta) trifft die Carretera Austral auf den **Seno Ventisquero,** einen dünnen Seitenarm des Pazifischen Ozeans.

Im Urwaldhafen Puerto Puyuhuapi

Puerto Puyuhuapi ⌔ XVII/C3

Puerto Puyuhuapi ist ein **Pionierdorf wie aus dem Bilderbuch:** Eine Hand voll niedriger holzverkleideter und -gedeckter Häuser verliert sich am Nordufer des Fjords. Erst 1935 wurde die Siedlung gegründet – von vier sudetendeutschen Junggesellen, die als Vorhut einer größeren Gruppe von Auswanderwilligen kamen. Der Zweite Weltkrieg machte die Übersiedlungspläne zunichte, die vier Männer jedoch blieben, bauten ihre Farmen auf, und einer von ihnen, *Walter Hopperdietzel,* gründete eine Teppichmanufaktur, die heute noch existiert und besichtigt werden kann (Ernesto Ludwig 200, Tel. 67/325131). Ansonsten gibt es hier eine bescheidene Infrastruktur mit einigen Hotels, weshalb sich der Ort gut für Ausflüge in die Umgebung eignet. Einen Regentag kann man gut in den **Termas del Ventisquero** verbringen. Die Anlage 6 Kilometer südlich des Dorfes hat drei unterschiedlich heiße Becken direkt am Fjord und verfügt über eine nette Cafeteria. Mit ca. 23 US-$ Eintritt ist sie zwar nicht gerade billig, aber leichter erreichbar als die Termas de Puyuhuapi auf der anderen Seite des Fjords (s.u.).

Puyuhuapi liegt an der Busstrecke von La Junta nach Coyhaique (fast täglich, ca. 12 US-$).

Unterkunft

● Preiswert im **Las Brisas,** O'Higgins 87, Tel. 67/325185, 10 US-$ p.P.; im **Valentina,** Otto Uebel 25, Tel. 67/325114, 10 US-$ p.P., oder

im **Ventisquero,** O'Higgins 39, Tel. 67/325130, ab 10 US-$ p.P.
- Bester Tipp ist die **Casa Ludwig,** ein gemütliches altes Kolonisten-Holzhaus, das von der Tochter eines der deutschen Einwanderer betrieben wird. *Luisa Ludwig* bietet nicht nur Unterkunft in diversen Kategorien (DZ mit Gemeinschaftsbad 38 US-$, mit Privatbad 67 US-$), sie ist auch eine gute Quelle für Tourinformationen in der Gegend und kann anschaulich aus der Geschichte des Urwalddorfs erzählen (Otto Uebel 6, Tel. 67/325220, www.casaludwig.cl).
- Gut ist auch die **Hostería Alemana,** Otto Uebel 450, Tel. 67/325118. DZ 35 US-$.
- 18 km nördlich von Puyuhuapi liegt mitten im Naturwald am Lago Risopatrón die Ferienanlage **Cabañas El Pangue** mit Zimmern und geräumigen Bungalows für 1 bis 7 Personen, gutem Service und guter Küche, Clubhaus mit Kaminzimmer, beheiztem Swimmingpool und Sauna. Alle Arten von Ausflügen: Trekking, Reiten, Angeln, Kanu. DZ ab 79 US-$. Tel. 67/325128.
- Zelten kann man auf dem **Campingplatz La Sirena** direkt am Ufer mitten im Ort (überdachte Stellplätze und heiße Duschen) sowie auf dem wunderschön am Fjord gelegenen **Campingplatz Las Toninas,** 17 km südlich von Puyuhuapi (5 US-$ p.P.).
- Das **Hotel Termas de Puyuhuapi** am Westufer des Seno Ventisquero bietet dank seiner herausragenden Lage – das Hotel ist nur per Boot zu erreichen – Urlaub in der Einsamkeit mit höchstem Komfort: **eigene Thermalquellen,** die mehrere Freibecken direkt am Fjord und ein überdachtes, gediegenes Spa speisen. Die geschmackvollen Zimmer blicken alle auf den wahrhaft friedlichen Pazifikarm, in dem nicht selten Delfine spielen. Sehr gute Küche (eigene Lachsfarm!), Anmeldung unbedingt erforderlich, entweder direkt beim Hotel, Tel. 67/325103, oder bei Patagonia Connection in Santiago, Tel. 2/2256489, www.patagonia-connection.com. Das Hotel bietet nur Komplettprogramme für 3-5 Nächte an, welche Vollpension, Thermennutzung und die Tagestour zur Laguna San Rafael im hauseigenen Katamaran einschließen. Preise für das 3-Nächte-Paket von 1170–2430 US-$ p.P. im DZ, je nach Saison und Kategorie.

Wer nur tagsüber bleiben und die **Thermen** genießen möchte, kann mit dem hauseigenen Boot übersetzen, das vom Anlegesteg Río Unión (15 km südlich von Puyuhuapi) fährt (im Sommer dreimal täglich). Anmeldung ist erforderlich, der Transport hin und zurück kostet 10 US-$, der Eintritt zu den Thermalfreibecken 19 US-$, zum überdachten Spa 38 US-$. Auch Bootsführer in Puyuhuapi bieten die Überfahrt an.

Essen und Trinken

- Empfehlenswert ist das **Café Rossbach** neben der Teppichmanufaktur.

Verkehrsverbindungen

- In Puyuhuapi (bei der Polizeistation) halten alle Busse der Nord-Süd-Verbindungen: mindestens einmal täglich nach **Coyhaique** und **La Junta,** dreimal wöchentlich nach **Futaleufú** und **Puerto Cisnes,** viermal wöchentlich nach **Lago Verde.** Aktuelle Informationen in der Casa Ludwig sowie unter www.casaludwig.cl

Weiter auf der Carretera Austral

Von Puyuhuapi führt die Carretera Austral weiter durch den südlichen Teil des Nationalparks Queulat. Kurz bevor sie am **Portezuelo Queulat** auf 500 Meter steil ansteigt, passiert man den **Padre-García-Wasserfall,** hinter der Anhöhe dann den **Salto del Cóndor** (km 253). Kurz danach gabelt sich die Straße, und nach rechts (Westen) führt ein 35 Kilometer langer Abstecher nach **Puerto Cisnes** (1800 Einwohner), in einen ruhigen Ort mit schönem Naturhafen am Canal de Puyuhuapi. Hier lassen sich gut Delphine und Seelöwen beobachten und Ausflüge mit Fischerbooten unternehmen. Am besten **übernachten** lässt es sich im einfachen Hostal Michay (12 US-$ p.P.). Busse verbinden Puerto Cisnes fast täglich mit Coyhaique.

Zurück auf der Carretera zweigt 33 Kilometer weiter bei **Villa Amengual** (alte Schindelkirche) nach Osten die **Straße nach La Tapera** (49 km) ab. Sie führt ostwärts und erreicht hinter der Estancia Río Cisnes auf zunehmend schlechter werdender Straße die chilenisch-argentinische Grenze (Grenzstation nur tagsüber geöffnet). In Argentinien hat man über eine schlechte Schotterstraße Anschluss an die dortige Ruta 40.

Von Amengual weiter nach Süden passiert die Hauptstrecke einige Seen. Dieser Abschnitt der Carretera Austral wird derzeit asphaltiert; mit Behinderungen und Wartezeiten ist zu rechnen. Dafür können Wagen und Insassen für eine geraume Weile von den Stößen der Schotterstraße ausruhen: Der Asphalt zeigt die Nähe der Zivilisation an, allmählich nähert man sich dem am dichtesten besiedelten Teil der Region Aisén: dem Gebiet um die Hauptstadt Coyhaique. Die **Abzweigung nach Puerto Aisén** (km 357) lässt man rechts liegen. Danach durchfährt man eines der Gebiete, in denen am besten zu sehen ist, was Brandrodungen in den 40er Jahren des 20. Jahrhunderts angerichtet haben. Bei km 406 ab Chaitén ist Coyhaique erreicht.

Coyhaique ♂ XIX/C2

„Koi-Aike" – „Land zwischen den Wassern" – nannten die indianischen Ureinwohner den Ort ganz passend, schließlich fließen hier der Río Simpson und der Río Coyhaique zusammen. Die **Hauptstadt der Region Aisén** wurde 1929 als Servicestation für die Sociedad Industrial de Aisén, die größte „Entwicklungsgesellschaft" der Region, gegründet und ist bis heute die einzige wirkliche Stadt der Region (45.000 Einwohner) geblieben. Städtisches Gefühl vermitteln aber höchstens einige größere Supermärkte, ansonsten zeichnet sich der Ort durch viel Ruhe und vor allem seine **ungewöhnliche Plaza** aus, die im Unterschied zu denen in allen anderen chilenischen Städten fünfeckig ist.

Zu besichtigen gibt es in Coyhaique nicht viel, aber es ist vielleicht der richtige Ort, um nach oder vor einer Reise auf der Carretera Austral ein wenig zu verschnaufen und Pullover, Jeans und T-Shirts zu waschen. Schließlich gibt es hier Cafés und Restaurants, sogar ein **Kino** (nur am Wochenende, Cochrane 321). Und im **Museo Regional de la Patagonia** kann man alte Fotos aus der Pionierzeit bestaunen, zudem einige Einrichtungsgegenstände der ersten Siedler (Baquedano 310, Mo bis Fr 8.30–13 und 14.15–18.30 Uhr, Januar und Februar täglich 9–21 Uhr).

Westlich des Zentrums am Ufer des Río Simpson kann man – am besten von der Brücke, die über den Río Simpson zum Flughafen führt – eine eigenartige Felsformation bewundern: Die **Piedra del Indio** über dem Fluss ist wie ein Indianerkopf geformt.

Touristeninformation

- **Vorwahl von Coyhaique: 67**
- **Sernatur**, Bulnes 35, einen halben Block von der Plaza, Tel. 231752, infoaisen@sernatur.cl. Sehr hilfsbereit, gute und aktuelle Infos.

Von Chaitén nach Coyhaique

•**Conaf** (Nationalparks), Av. Ogana 1060, Tel. 231065.

Unterkunft

•**Hospedaje Maria Ester**
Lautaro 544, Tel. 233023. Zimmer mit TV, Möglichkeit des Wäschewaschens und Küchenbenutzung für 21 US-$. Sehr empfohlen. Saubere Zimmer, freundlliche Besitzer.

•**Albergue Las Salamandras**
Camino Teniente Vidal km 1, Tel. 211865. Nette Backpacker-Herberge, leider sehr abgelegen (ca. 30 Fußminuten) im Kiefernwald außerhalb der Stadt, mit Gästeküche, Terrasse und Jacuzzi, einfachem Essen und Wä-

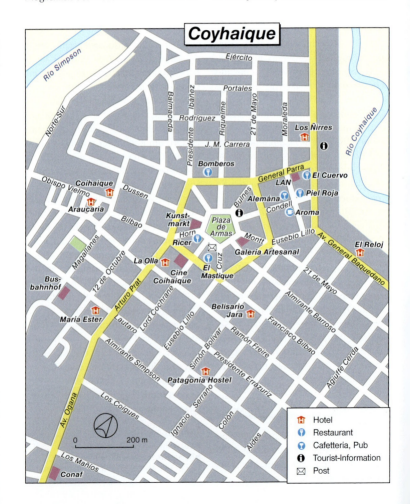

Atlas XIX und S. 454

Von Chaitén nach Coyhaique

scheservice. Jede Menge Tourinfos und -angebote, auch Zeltmöglichkeit (6 US-$ p.P.). Mehrbettzimer 15 US-$ p.P., DZ 42 US-$. www.salamandras.cl

●**Hostal Araucaria**
Obispo Vielmo 71, Tel. 232707. Familiäre, gemütliche Herberge. DZ mit Kabel-TV für 49 US-$.

●**Patagonia Hostel**
Lautaro 667, Tel. 09/82853222. Gemütliches Hostel der deutschen Betreiber von AktivoTOURS (s.u.), mit Garten und Grillplatz, gutem Frühstück, Internet, Flughafentransfer, Zeltmöglichkeit. 14 US-$ p.P. im Mehrbettzimmer, DZ mit Gemeinschaftsbad 36 US-$. www.patagonia-hostel.com

●**Cabañas Don Joaquín**
Camino Teniente Vidal km 2, Tel. 214553. 4 große, 5 kleinere Bungalows im Wald, ruhig, teilweise mit Flussblick. Do bis So Parrillada-Restaurant. Cabaña für 4 Pers. 87 US-$, Rabatt bei mehreren Tagen. www.coyhaique.com

●**Los Ñires**
Baquedano/Ecke Carrera, Tel. 232261. Abgewohnte DZ mit Bad ca. 70 US-$.

●**Hostal Belisario Jara**
Bilbao 662, Tel. 234150. Sympathische Unterkunft mit 10 Zimmern, gutem Frühstück und vielen netten Details. DZ ab 98 US-$. www.belisariojara.itgo.com

●**El Reloj**
Baquedano 828, Tel. 231108. Stilvoll restauriertes Familienhotel mit erlesenem Restaurant. DZ mit Bad ca. 123 US-$.

●**Mincho's Lodge**
Camino del Bosque 1170, Tel. 233273. Komfortable, familiäre Anglerlodge am Río Simpson. DZ ca. 114 US-$.
www.minchoslodge.com

Camping

●**La Alborada**
2 km Richtung Puerto Aisén, windgeschützt, freundlich, warmes Wasser und Strom. 5 US-$ pro Zelt.

Essen und Trinken

●**Casino de Bomberos**
General Parra 365. Gut und preisgünstig, hier essen die Einheimischen.

●**La Olla**
Arturo Prat 176. Mittlere Preisklasse.

●**El Mastique**
Bilbao 141. Gut und extrem günstig.

●**Ricer**
Horn 48, direkt an der Plaza. Beliebter Treffpunkt, etwas teurer.

●**Cafetería Alemana**
Condell 119. Guter Kuchen und kleine Gerichte.

●**Dalí**
Lautaro 82, Tel. 245422. Preisgekrönte Spitzenküche mit patagonischen Ingredienzen. Reservieren!

●**Café Aroma**
Moraleda Ecke Condell. Guter Kaffee, Ausflugsangebote.

●**Piel Roja**
Condell Ecke Moraleda. Pub mit Stil.

●**El Cuervo**
Gral. Parra Ecke Moraleda. Beliebte Kneipe.

Flugzeug

Coyhaique hat **zwei Flughäfen:** Vom **Flughafen Balmaceda,** 55 Kilometer südöstlich der Stadt, starten die größeren Maschinen, vom stadtnahen **Flughafen Teniente Vidal** die kleineren. Ein Taxi-Colectivo zum kleinen Flughafen kostet ca. 3 US-$ p.P., nach Balmaceda fahren Minibusse für 6 US-$ p.P. oder ebenfalls Colectivos (6 US-$ p.P.; bei LAN nachfragen).

Die regionalen Fluglinien fliegen mit kleinen Maschinen in niedriger Höhe – ein Flug nach Cochrane, Villa O'Higgins oder zur Laguna San Rafael ist bei schönem Wetter ein **traumhaftes Erlebnis:** Man sieht das Patagonische Eisfeld, seine Gletscher und Gipfel, die Seen und Fjorde ...

Die **Fluggesellschaften** und ihre Büros:

●**LAN**
Moraleda 402, Tel. 600-5262000. Täglich von Balmaceda nach Puerto Montt und weiter nach Santiago.

●**Sky Airlines**
Arturo Prat 203, Tel. 240827. Gleiche Routen wie LAN.

●**Línea Aérea San Rafael**
18 de Septiembre 469, Tel. 233408. Einmal pro Woche von Coyhaique nach Melinka,

Von Chaitén nach Coyhaique

Charterflüge beispielsweise zur Laguna San Rafael, Überflug 370 US-$ für fünf Passagiere, Tagestour mit Bootsfahrt am Gletscher ab 680 US-$ für fünf Passagiere.
- **Línea Aérea Don Carlos**
Subteniente Cruz 63, Tel. 231981. Ab Coyhaique in der Woche sechsmal nach Chile Chico (47 US-$), zweimal nach O'Higgins (121 US-$) und Cochrane (79 US-$), einmal nach Tortel (34 US-$).

Überlandbusse

Der **zentrale Busbahnhof** ist Lautaro/Ecke Magellanes. Von hier starten die meisten Busse, aber nicht alle. Die Verbindungen nach Norden und Süden sind spärlich, insbesondere in der Nebensaison. Auch im Sommer werden viele Strecken nur einmal am Tag bedient, mitunter auch nur ein paar Mal pro Woche. Fahrpläne und Buslinien sind so wechselhaft wie das patagonische Wetter; aktuelle Informationen bekommt man im Terminal oder bei Sernatur. Die wichtigsten Ziele und Frequenzen im Sommer:
- **Futaleufú:** dreimal wöchentlich, 12 Std., 32 US-$
- **La Junta:** tägl., 7 Std., 17 US-$
- **Puyuhuapi:** tägl., 6 Std., 15 US-$
- **Puerto Cisnes:** tägl., 6 Std., 12 US-$
- **Puerto Aisén/Puerto Chacabuco:** mehrfach tägl., 1 Std., 2 US-$
- **Puerto Ibáñez:** ab Arturo Prat, Nähe Lautaro, tägl. 17 Uhr, 2 Std., 8 US-$
- **Puerto Tranquilo:** tägl., 5 Std. 13 US-$
- **Chile Chico (über Puerto Guadal):** tägl., 9 Std., 13 US-$
- **Cochrane:** tägl., 8 Std., 19 US-$
- **Tortel:** viermal wöchentl., 11 Std., 26 US-$
- **Villa O'Higgins:** zweimal wöchentlich, 14 Stunden, 32 US-$
- **Osorno/Puerto Montt (über Bariloche/Argentinien):** tägl., 18–20 Std., 39 US-$
- **Punta Arenas (über Argentinien):** ein- bis zweimal wöchentlich, 20 Std., 65 US-$

Mit Anschluss an die **Fähre** über den Lago Carrera nach Chile Chico fahren Kleinbusse nach **Puerto Ibáñez** (tägl., mehrere Anbieter), die man am besten am Vortag bestellt; man wird frühmorgens im Hotel abgeholt. Informationen bei Mar del Sur (s.u.).

Schiff/Fähre

- **Navimag,** Paseo Horn 47 D, Tel. 233306.
- **Mar del Sur** (Fähre zum Lago Carrera), Baquedano 146-A, Tel. 233466 oder 231255.

Mietwagen

- **Hertz,** Baquedano 457, Tel. 231648.
- **Automundo AVR,** Bilbao 510, Tel. 231621.
- **AGS,** Av. Ogana 1298, Tel. 231511.
- **International,** Gral. Parra 97, Tel. 214770.
- **Budget,** Errázuriz 454, Tel. 255171.
- **Camello Patagón,** siehe Reiseagenturen.

Reiseagenturen

In Coyhaique bieten einige Agenturen **Ausflugsprogramme** in die Umgebung an. Viele sind spezialisiert auf Abenteuer- oder Naturtourismus, auf Fischen, Raften oder Reiten. Einige Adressen:
- **AktivoTOURS**
Tel. 09/82853222. Zwei Deutsche, *Thomas* und *Sandra*, bieten attraktive Touren zu Fuß, zu Pferd und per Kayak (auch kombiniert) entlang der Carretera Austral an, von 1 bis 21 Tagen. Buchungen in Deutschland: Regattastr. 60, 12527 Berlin, Tel. 030/63103939. www.aktivotours.com.
- **Geoturismo Patagonia**
Balmaceda 334, Tel. 573460. Trekking- und Reittouren, Kajakschule, Ausflüge, Fahrradverleih. www.geoturismopatagonia.cl
- **Condor Explorer**
Dussen 357, Tel. 573634. www.condorexplorer.com
- **Camello Patagón**
Moraleda 463, Tel. 244327. Exkursionen, Angel- und Reittouren, auch Mietwagen. www.camellopatagon.cl

Sonstiges

- **Wechselstuben:** Cambio Libertador, Prat 340, local 208; Turismo Prado, 21 de Mayo 417; Cambio Emperador, Bilbao 222.
- **Post und Telefon:** Die **Post** befindet sich auf der Calle Cochrane 202. **Telefonzentra-**

Blick auf Coyhaique vom gleichnamigen Naturschutzgebiet aus

len finden sich z.B. Bolívar 191, 21 de Mayo 472 und Condell 162.
- **Internet:** Zahlreiche Internet-Cafés, z.B. auf der Arturo Prat.
- **Fahrradladen „Figon",** Simpson 805, Tel. 234616. Ersatzteile, Reparaturen und Fahrradverleih.
- **Wäschereien:** Lavamatic, Bilbao Ecke 12 de Octubre, und Lavandería QL, Bilbao 160.

Die Umgebung von Coyhaique

Reserva Nac. Coyhaique   XIX/C2

Ein anderthalbstündige Wanderung führt von Coyhaique (Ortsausgang Richtung Puerto Aisén, danach rechts über einen Schotterweg, Hinweisschild) in das 2150 Hektar große Schutzgebiet, in dem Südbuchen- und Kiefernwälder vorherrschend sind. Aus Höhenlagen zwischen 400 und 1000 Metern genießt man einen sehr guten Überblick über die Stadt Coyhaique im Tal des Río Simpson sowie über die angrenzende Berg- und Tallandschaft. Zwei schöne **Wanderungen** im Park führen zu den beiden dunklen Lagunen Verde und Venus, eine weitere durch die Lengawälder auf den Cerro Cinchao (1361 m) mit tollem Ausblick (5–7 Stunden hin und zurück). Der Park ist nichts Besonderes, eignet sich aber für einen Tagesausflug von Coyhaique, mit einem Zelt kann man an der Laguna Verde übernachten. Am Wochenende ist er ein beliebtes Ziel für die Bewohner der Stadt.

Reserva Nac. Río Simpson   XIX/C2

Westlich der Stadt und leicht über die Straße nach Puerto Aisén zu erreichen

(Busse passieren das Conaf-Besucherzentrum), erstreckt sich das Naturreservat über 41.000 Hektar. In Höhenlagen zwischen 100 und 1900 Metern breitet sich eine **schöne Wald- und Berglandschaft** aus, mit schmalen und größeren Flusstälern, einigen kleineren Wasserfällen und sogar einem Badestrand am kalten Río Simpson. Bester Zugang ist das Centro de Visitantes von Conaf bei km 37 an der Straße nach Puerto Aisén; dort ist auch ein kleines Museum. Nicht weit davon entfernt stürzt die Cascada La Virgen, ein kleiner Wasserfall, herab. Im Park gibt es keine Unterkünfte, lediglich **zwei Campingplätze** (bei km 24 und km 32).

Die Seen Castor, Pólux und Frío

Nur mit dem eigenen bzw. gemieteten Fahrzeug ist diese 73 Kilometer lange Rundfahrt zu drei schönen **Bergseen** möglich. Man verlässt Coyhaique südwärts auf der asphaltierten Straße Richtung Balmaceda, biegt nach 16 Kilometern links auf eine Schotterstraße ein und gelangt zum Lago Frío. Dann schlängelt sich die Straße weiter durch das Tal zum Lago Pólux und Lago Castor. Alle drei Seen eignen sich **hervorragend zum Angeln,** zum Baden ist das Wasser zu kalt. Über die Straße von Coyhaique Alto nach Coyhaique erreicht man wieder die Stadt.

Puerto Aisén und Puerto Chacabuco ⚑XIX/C1,2

Eine asphaltierte Straße verbindet Coyhaique mit Puerto Aisén (67 km) und Puerto Chacabuco (83 km).

Puerto Aisén, mit 20.000 Einwohnern der größere Ort, wurde 1914 als Hafen an der gemeinsamen Mündung der Flüsse Aisén und Palos in den Seno Aisén gegründet, doch verlandete der Hafen, und heute legen die größeren Boote in Puerto Chacabuco (16 km westlich, 2000 Einwohner) an.

In Puerto Aisén kann man den Fischerbooten beim Anlanden zusehen. Eine Brücke führt über den Río Aisén, und über eine asphaltierte Straße erreicht man die schnell wachsende Hafensiedlung **Puerto Chacabuco.** Etwa 1 Kilometer außerhalb liegt die Mole, an der die Schiffe zu ein- oder mehrtägigen Fahrten durch die wilde Welt der Fjorde, Meerbusen und Kanäle an der zerfransten Pazifikküste starten.

Touristeninformation
- **Vorwahl von Puerto Aisén: 67**
- Eine Informationsstelle findet sich im Gebäude der **Stadtverwaltung** an der Plaza in Puerto Aisén.

Unterkunft
- **Hotel Plaza**
Puerto Aisén, O'Higgins 613, Tel. 332784. Sauber, freundlich, Bad/WC auf der Etage. Ca. 14 US-$ p.P.
- **Hotel Moraleda**
Puerto Chacabuco, O'Higgins 82, direkt am Hafen, Tel. 351155. Ca. 10 US-$ p.P.
- **Hotel Patagonia Green**
Puerto Aisén, Tel. 336796. Neue Anlage mit gemütlichen Zimmern und Cabañas. DZ 96 US-$. www.patagoniagreen.cl
- **Hotel Loberías del Sur**
Puerto Chacabuco, Carrera 50, Tel. 351115. Großes Hotel mit Restaurant. DZ mit Bad ca. 170 US-$. Übernachtung auch in Kombina-

Eisberg in der Laguna San Rafael

tion mit der Katamaran-Tour zur Laguna San Rafael, Buchung über Catamaranes del Sur (s.u.).

Essen und Trinken

●**Restaurant Munich**
E. Ramírez 1267. Preiswert und gut.

Busse

●Die Busverbindungen **Chacabuco – Coyhaique** richten sich nach den Fährverbindungen. Die Busse fahren pünktlich direkt bis zur Anlegestelle.
●Zwischen **Puerto Aisén und Coyhaique** verkehren am Tag Dutzende von Bussen ab der Straße Sargento Aldea.

Schiff/Fähre

Von Puerto Chacabuco fahren Schiffe zur Laguna San Rafael und nach Puerto Montt. Alle Fähren sollten frühzeitig gebucht werden, am besten schon in den Büros der Reedereien in Santiago, Puerto Montt oder Coyhaique.

●**Navimag**
Terminal Transbordadores, Tel. 351111, zweimal wöchentlich nach **Puerto Montt,** 24 Std., 53–150 US-$ p.P., je nach Komfort und Saison, Pkw ca. 236 US-$, Fahrrad ca. 52 US-$.
●Reedereien der Schiffe zur **Laguna San Rafael** siehe unten.

Sonstiges

●**Geldautomat: Banco de Chile** an der Plaza de Armas in Puerto Aisén.
●**Post und Telefon:** Die **Post** liegt an der Plaza de Armas, genauso wie eine **Telefonzentrale.**

Laguna San Rafael   ⌇ XVIII/B3

Kilometerlange Fjorde, hoch aufragende schroffe Felsen, unberührte Urwälder, mit Schnee und Eis überzogene Berggipfel, dann hausgroße treibende Eisbrocken und schließlich die gigantische, 3 Kilometer breite und 60 Meter hohe blauweiße Eiswand – der Besuch der Laguna San Rafael mit dem San Rafael-Gletscher gehört zweifellos zu den **Höhepunkten einer Südchile-Reise.**

Die Laguna San Rafael ist das **Herzstück des riesigen Nationalparks gleichen Namens,** der sich über 17.000 Quadratkilometer westlich des Lago General Carrera und der Carretera Austral bis hin zum Pazifik erstreckt. Hier mündet ein Ausläufer des Nördlichen Patagonischen Inlandeises, des etwa 3000 Quadratkilometer großen Campo de Hielo Norte. Und noch ein Rekord: Der San Rafael-Gletscher ist der äquatornächste Gletscher der Erde, der in einen Ozean mündet.

Die Laguna San Rafael ist durch einen schmalen, natürlichen Kanal, den Río Témpano, mit dem Estero Elefantes, einem etwa 120 Kilometer langen Fjord, der südlich von Puerto Aisén beginnt, verbunden. Lediglich per Schiff oder Flugzeug kann die Lagune besucht werden – die Schiffspassagiere werden dann, wenn sie wollen, auf schwankende Schlauchboote verfrachtet und nähern sich bis auf wenige hundert Meter der blauweißen Eiswand. Krachend brechen große Stücke aus dem Eis, tauchen tief in die eisigen Fluten ein und treiben dann friedlich auf der Wasserfläche. Gegen die Kälte hilft nicht nur eine dicke Jacke, sondern auch Whisky on the rocks – mit frisch gebrochenem Gletschereis.

Östlich des Gletschers erhebt sich der **Monte San Valentín,** mit 4058 Metern der höchste Berg der südlichen Anden. Er ist freilich nur selten zu sehen, wie überhaupt das regenreiche Klima den teuren Ausflug verleiden kann. Insbesondere bei den mehrtägigen Touren ist das Wetter kaum vorherzusehen, und so mancher hat schon drei Tage unter Deck verbracht und vom üppigen Grün der Kanäle nur wenig gesehen.

Die Laguna San Rafael ist im letzten Jahrzehnt von der **Reiseindustrie** entdeckt worden: Immer mehr und immer luxuriösere Schiffe sorgen im Hochsommer regelrecht für Stau vor der Gletscherwand. Wer auf seiner Reise ohnehin zum Perito-Moreno-Gletscher in Argentinien oder zum Grey-Gletscher im Torres-del-Paine-Nationalpark will, kann auf San Rafael verzichten.

Anfahrt mit Schiff/Fähre

Eine Reihe von Booten fährt während der Saison zur Laguna San Rafael. Einige starten in Puerto Montt, andere in Puerto Chacabuco. Die **Preise** sind **sehr unterschiedlich,** je nach Saison und gebotenem Komfort. So kostet z.B. der billigste Platz bei Navimag von Puerto Montt zur Laguna und zurück 280 US-$ für ein Stockbett in einer Gemeinschaftskabine, der teuerste liegt bei 1400 US-$ für die Einzelkabine mit Außenfenster und Privatbad.

Dieselbe Preisklasse bietet in der Regel, egal bei welcher Reederei, ähnlichen Komfort. Erkundigen Sie sich genau, ob es an Bord Verpflegung gibt und ob diese im Preis inbegriffen ist.

Im Folgenden die **Reedereien und Boote,** angegeben sind jeweils die besten Buchungsadressen sowie die ungefähren Preisspannen (Preise jeweils pro Person):

Atlas XIX und S. 454   VON COYHAIQUE NACH VILLA O'HIGGINS

- **Catamaranes del Sur**
Carrera 50, Tel. 351115, in Chacabuco; Pedro de Valdivia Norte 0210, Tel. 2311902, in Santiago. Mit einem schnellen Katamaran von Puerto Chacabuco zur Laguna San Rafael und zurück als Tagestrip, ein- bis zweimal wöchentlich, 340 US-$.
www.catamaranesdelsur.cl
- **Navimag**
Terminal Transbordadores, Tel. 353511, in Chacabuco; Ibáñez 247, Tel. 233306, in Coyhaique; Angelmó 2187, Tel. 253318, in Puerto Montt; Av. El Bosque Norte 0440, piso 1, Tel. 4423120, in Santiago. Ab Puerto Montt am Sa (vier Tage, siehe dort), ab Chacabuco am So (ein Tag, ab 280 US-$).
www.navimag.com
- **Patagonia Connection**
Fidel Oteíza 1921, oficina 1006, in Santiago, Tel. 2/2256489, Fax 2748111. Ab Chacabuco jeden Fr für etwa 300 US-$. Katamaran-Schnellboot für 70 Passagiere, ein Boot, das die Tour an einem Tag schafft. Auch längere Trips sind möglich, mit Aufenthalt im Luxushotel Termas de Puyuhuapi.
www.patagonia-connection.com
- **Skorpios**
Augusto Leguía Norte 0118, Las Condes, in Santiago, Tel. 2/4771900, oder Angelmó 1660, in Puerto Montt, Tel. 65/275646. Ab Puerto Montt (siehe dort) mit der „Skorpios II", ab Chacabuco mit der weniger luxuriösen „Skorpios I", ein- bis zweimal wöchentlich, vier bis sieben Tage, Zweierkabine je nach Saison und Ausstattung für 1200–1900 US-$ p.P. www.skorpios.cl

Flüge zur Laguna

Von Coyhaiques kleinem **Flughafen Teniente Vidal** unternehmen private Charterfluggesellschaften Flüge zur Laguna San Rafael. Wenn mehrere Personen zusammenkommen, kann der Flug mit einer fünf- bis siebensitzigen Propellermaschine billiger werden als die Schiffsfahrt. Ein einfacher Überflug über den Gletscher (1,5–2 Stunden) kostet ca. 370 US-$ für fünf Personen, die Tagestour in Kombination mit einer Bootsfahrt auf der Laguna rund 680 US-$ für fünf Personen (Adressen bei Coyhaique).

Von Coyhaique nach Villa O'Higgins

Vorbemerkung: Wer der **Carretera Austral nach Süden** folgen will, sollte **genügend Bargeld** mitnehmen. Südlich der Hauptstadt gibt es keine Wechselstuben mehr und nur noch wenige Geldautomaten.

Durch das **Tal des Río Simpson** folgt man der Carretera Austral südwärts. Sie ist bis Puerto Ibáñez asphaltiert bzw. betoniert. Bei km 40 zweigt die Straße zum Flughafen Balmaceda ab. Über Balmaceda kann man auch nach Argentinien einreisen, Schotterpisten gehen am Lago Blanco vorbei bis zur Ruta 40.

Auf dem Weg in den Süden passiert die Carretera Austral sumpfige Lagunen und Moorlandschaften, steigt dann am **Portezuelo Ibáñez** auf 1100 Meter an, und spätestens ab da begleitet das großartige Panorama des **Cerro Castillo** (2313 m) die Weiterfahrt – ein bizarres Felsgewirr, das schon von fern einem Fantasieschloss mit unzähligen Türmchen gleicht.

Reserva Nacional Cerro Castillo   XIX/C2

Noch vor dem Pass liegt bei **Las Horquetas** (75 km ab Coyhaique) der Zugang zu dem Naturschutzgebiet rund um das Castillo-Massiv. Es umfasst 109.000 Hektar vielfältiger Naturlandschaften, mit Lenga-Wäldern, tief eingeschnittenen Flüssen und schroffen Bergspitzen. Eine einsame, drei- bis viertägige Wanderung führt von Las Horquetas

Von Coyhaique nach Villa O'Higgins

durch grüne Flusstäler hinauf zur **Laguna Castillo** (1700 m) und hinunter zum **Río Ibáñez**. Dabei bestehen gute Chancen, den vom Aussterben bedrohten Andenhirsch *Huemul* zu sehen.

Aktuelle Informationen sind bei Conaf in Coyhaique oder beim Parkwächter in Las Horquetas erhältlich, eine gute Wanderkarte gibt's bei Condor Explorer (siehe Coyhaique) sowie online unter www.trekkingchile.com/karten.

Villa Cerro Castillo XIX/C2

Die 300-Seelen-Siedlung zu Füßen des Cerro-Castillo-Massivs (95 km ab Coyhaique) hat sich in den letzten Jahren zu einem adretten **kleinen Touristenzentrum** entwickelt. Ein gut organisierter Informationskiosk empfängt die Besucher, mehrere einfache Residenciales bieten Unterkunft, zwei Restaurants haben immer etwas zu essen – was in den patagonischen Dörfern nicht selbstverständlich ist. Zwar können die hübschen Straßenschilder die Armut mancher Hütte dahinter nicht verbergen, und noch teilen sich alle Einwohner zwei Telefonanschlüsse. Doch man spürt, dass die Leute das Potenzial ihres Ortes erkannt haben.

Am letzten Januar-Wochenende bietet das **Festival „Rescatando Tradiciones"** einen Einblick in den Alltag der hiesigen Landbevölkerung. Ein **Wanderweg** führt hinauf zur malerisch zu Füßen der „Schlosszacken" gelegenen **Laguna Castillo,** auch Reittouren werden angeboten.

Nur 3,5 Kilometer hinter dem Dorf versteckt sich eine der großen kulturhistorischen Attraktionen Patagoniens: das **Naturdenkmal Manos de Cerro Castillo.** Unter einem Felsvorsprung haben sich 8000 bis 10.000 Jahre alte Felszeichnungen der Ureinwohner dieser Gegend erhalten. Sie haben eine Vielzahl von Händen im Stein verewigt, teilweise mit einer bemerkenswerten „Negativtechnik": Die Hand wurde auf den Felsen gelegt und dieser rundherum rot eingefärbt, sodass die Hand hell erscheint. Der Zugang ist ausgeschildert, etwa 1 Kilometer westlich von Cerro Castillo führt eine Erdpiste links von der Carretera Austral ab.

Unterkunft
- **Hospedaje Villarrica**
O'Higgins 592, Tel. 67/411610. Beste Unterkunft und bestes Restaurant: sauber, freundlich, gutes Essen. 11 US-$ p.P.
- **Residencial La Querencia**
O'Higgins 522, Tel. 67/419200 (öffentl. Telefon). 10 US-$ p.P.

Zum Lago Carrera XIX/C3

9 Kilometer vor Villa Cerro Castillo, 88 Kilometer nach Coyhaique, zweigt die Straße nach **Puerto Ibáñez** ab. 28 Kilometer sind es von hier bis in den Ort, der direkt am Nordufer des wundervollen Lago Carrera liegt.

Der blaugrüne **Lago General Carrera** ist mit 2240 Quadratkilometern der **größte See Chiles** und nach dem Titicaca der zweitgrößte Südamerikas. Allein der Hauptstrang des Sees (ohne die Nebenarme) erstreckt sich über rund 180 Kilometer: ein See von Frankfurt bis Nürnberg! Er liegt direkt auf der Grenze zwischen Chile und Argentinien; der argentinische Teil ist der kleine-

Von Coyhaique nach Villa O'Higgins

re und wird **Lago Buenos Aires** genannt. Der See liegt auch auf einer Landschaftsgrenze. Auf chilenischem Gebiet ist er von den hohen **Gipfeln der südlichen Anden** umgeben: u.a. vom Cerro Castillo im Norden und vom Cerro Jeinimeni (2600 m) im Süden; am Westufer ragen die höchsten Gipfel auf, der Cerro Nyades (3078 m) und der **Monte San Valentín** (auch San Clemente), mit 4058 Metern der höchste Andengipfel im Süden. Nyades und San Valentín schirmen gemeinsam mit dem Nordpatagonischen Eisfeld das gesamte Becken des Carrera-Sees von den pazifischen Regenfronten ab. So erfreut sich die Region eines für Patagonien ungewöhnlich sonnigen und trockenen Mikroklimas. In Ibáñez und Chile Chico müssen die Felder künstlich bewässert werden, auf denen Obst und Gemüse wachsen, die sonst nur in Zentralchile gedeihen. Im Osten hingegen, auf der argentinischen Seite, ist der Lago Carrera ins Flachland hineingebettet. Von hier bis zum Atlantik zieht sich die patagonische Wüstensteppe.

Puerto Ibáñez XIX/C2,3

Die 800-Seelen-Gemeinde am Carrera-See ist vor allem als **Ablegestation für die Fähren** über den See bekannt. Da-

Auf der Carretera Austral weiter nach Süden – Blick über den Lago General Carrera auf den Monte San Valentín

bei lohnt es sich durchaus, in Ibáñez zu verweilen und die nähere Umgebung zu erkunden. Nur 6 Kilometer vom Ort entfernt gelangt man zum **Wasserfall des Río Ibáñez,** einem echten Naturspektakel. Zahlreiche Zeugnisse der Tehuelche (Aonikenk) finden sich in Höhlen und auf einem erst vor kurzem entdeckten antiken Friedhof. Das Ibáñez-Tal war einmal ein wichtiges Siedlungsgebiet der patagonischen Ureinwohner.

Zwischen Ibáñez und dem See erstreckt sich das bewaldete, hüglige „Kleine Seengebiet" mit schönen **Wander-, Reit- und Angelmöglichkeiten.** In dieser Übergangszone von der bewaldeten Kordillere zur ariden Pampa kann der Blick weit schweifen, bekommt man ein Gefühl für die Weitläufigkeit der patagonischen Landschaft. Auf der Fahrt zur 30 Kilometer entfernten **Halbinsel Levicán** blickt man auf die Mündung des sedimentgrauen Río Ibáñez in den blaugrünen See, dahinter ragt steil der **Cerro Pirámide** auf. Ebenso lohnenswert ist die Fahrt oder Wanderung Richtung argentinische Grenze zur **Laguna Pollolla** (ca. 15 km), auf der Hunderte Schwarzhalsschwäne, Enten und mitunter auch Flamingos zu sehen sind; unterwegs trifft man nicht selten Guanacos.

Wenn Sie Zeit haben, fragen Sie *Wolf Staub* (Shehen Aike, s.u.) nach **Don Ulises:** Der Besuch dieses einzigartigen autodidaktischen Multitalents – *Ulises* ist Messerschmied, Korbflechter, Zimmermann, Imker, Gemüsegärtner und einiges mehr – im **Bio-Kräutergarten Las Paramelas** ist ein Erlebnis der besonderen Art.

Unterkunft

● 2 akzeptable Residenciales im Ort, um die 10 US-$ p.P.: **Ibáñez** an der Hauptstraße sowie **Don Francisco** in der San Salvador Ecke Lautaro.

● **Cabañas Shehen Aike**
Luis Risopatrón 55 Ecke Costanera, Tel. 67/423284, www.aike.cl. 5 helle, geräumige, gut ausgestattete Bungalows für 2–4 Personen mit Küche, Holzofen und TV, dazu Grillhütte und Spielplatz. Die rührigen Besitzer *Wolf Staub* (Schweizer) und *Patricia Ramos* (Chilenin) geben sehr gute Tipps zu Ausflügen in der Gegend und organisieren selber Touren jenseits ausgetretener Pfade. Cabañas je nach Größe 35–87 US-$.

Fähren

Die **Fähre „Pilchero"** verkehrt sechsmal wöchentlich von Ibáñez **nach Chile Chico** am Südufer des Lago Carrera (2–3 Std., 8 US-$ p.P., Auto 35 US-$). Nur selten setzt auch die zweite **Fähre „Chelenco"** über. Die Kleinbusse von Coyhaique treffen pünktlich zur Bootsabfahrt ein. Reservierung auch für Passagiere ohne Auto dringend empfohlen unter Tel. 67/231255 oder 233466.

Chile Chico XIX/D3

3000 Menschen leben in dem staubigen Ort am Südufer des Sees. 1928, im Gründungsjahr, hatte man Größeres im Sinn – die Hauptstraße ist zwei Nummern zu groß geraten und wirkt recht verschlafen. Der Ort liegt etwa 5 Kilometer westlich der Grenze zu Argentinien, „Nachbarort" ist Los Antiguos. **Wanderungen** am See entlang oder zur Cueva del Indio (vor Ort nach dem Weg fragen) lohnen sich für Tagesbesucher. Wer ein geländegängiges Fahrzeug dabeihat, sollte einen Ausflug zur **Reserva Nacional Lago Jeinimeni** machen (auch mit Tourveranstaltern vor Ort möglich).

Tipp: Decken Sie sich in Chile Chico mit **Lebensmitteln** ein, denn zwischen hier und Cochrane gibt es nur noch das Allernötigste.

Touristeninformationen
- Eine **Informationsstelle** für Touristen findet sich O'Higgins/Ecke Lautaro.
- Das **Conaf-Büro** ist Blest Gana 21.

Unterkunft/ Essen und Trinken
- **Hospedaje Don Luis**
Balmaceda 175, Tel. 09/76694638. Sauber und freundlich, es gibt auch Mahlzeiten. Ca. 10 US-$ p.P.
- **Hospedaje Brisas del Lago**
Manuel Rodríguez 443, Tel. 67/411204. Einfach, sauber, freundlich. 10 US-$ p.P.
- **Casa Quinta No me olvides**
Camino Internacional km 1, Tel. 09/88338006. Gemütlich, mit Koch- und Wäschewaschgelegenheit, sauber, Tourangebote. Ca. 10 US-$ p.P.
- **Hostería de la Patagonia**
Camino Internacional km 1, Tel. 67/411337. Gemütliche, freundliche Herberge, die auch Pferde- und Trekking-Touren anbietet. Gute Küche. DZ ab 35 US-$. Auch Zelten ist möglich für 3 US-$ (Duschen kostet extra).
- **Restaurant El Corralito**
Blest Gana 22-A. Freundlich, schlicht und preiswert.
- **Café Refer**
O'Higgins 416. Auch Trekking-Touren.

Verkehrsverbindungen
- Von Chile Chico fahren mehrmals wöchentlich **Busse** am Südufer des Sees entlang bis nach Puerto Guadal und Puerto Río Tranquilo; sie treffen dort auf die Busse, die von Cochrane nach Coyhaique und umgekehrt unterwegs sind. Nach Los Antiguos auf der argentinischen Seite fährt Transfer Carla, Tel. 09/94704442, ca. 5 US-$.
- Zu den **Fährverbindungen** nach Puerto Ibáñez siehe dort.
- Transporte Aéreo Don Carlos, O'Higgins 264, fliegt fünfmal wöchentlich von der kleinen **Flugpiste** (außerhalb des Ortes auf dem Weg nach Argentinien) nach Coyhaique.

Sonstiges
- **Geldautomat: BancoEstado,** Pedro González 112, neben der Plaza.

Südufer Lago Carrera XIX/C3

Die Straße, die von Chile Chico aus westwärts am Lago General Carrera entlangführt, gehört zu den **schönsten Routen in ganz Patagonien.** In teils abenteuerlichen Kurven geht es über 120 Kilometer am Steilufer des lang gestreckten Sees entlang, dabei eröffnen sich immer wieder tolle Blicke auf dessen blaugrüne Buchten mit den Gipfeln des Patagonischen Eisfelds dahinter.

Nach 112 Kilometern erreicht man den verschlafenen Flecken **Puerto Guadal,** der sich seiner schönen Lage am Carrera-Ufer nicht bewusst zu sein scheint, ja dem See quasi den Rücken zuwendet. Das Schönste im Ort ist immer noch der verwilderte Friedhof, wo die bunt bemalten Holzhäuschen alter Grabstellen mit dem tiefblauen See dahinter kontrastieren. Ein, zwei Residenciales bieten bescheidene Unterkunft, am Ortseingang von Chile Chico her kann man direkt am Ufer zelten. Ein funktionierendes Restaurant sucht man vergebens.

- In 1,5 km Entfernung von Puerto Guadal Richtung Chile Chico liegt traumhaft am grünen Steilufer des Lago Carrera **eines der schönsten Hotels Patagoniens: Terra Luna Lodge.** Hier wohnt man in weit auseinander liegenden Cabañas und hat die Aussicht über den See und die vergletscherten Andengipfel dahinter für sich allein. Oder man bucht ein schön eingerichtetes Miniapartment im

Haupthaus mit großer Terrasse, Restaurant mit guter Küche und Aufenthaltsraum. Terra Luna wirbt mit mehrtägigen Erlebnis- und Abenteuerprogrammen bis hin zur Besteigung des Monte San Valentín, aber auch Selbstfahrer können hier Station machen und z.B. in dem beheizten Holzzuber mit Seeblick entspannen. Übernachtung im DZ ab 74 US-$. Reservierungen in Santiago Tel. 2/2351519, Puerto Guadal Tel. 67/431263, www.terra-luna.cl.

10 km hinter Puerto Guadal stößt man wieder auf die Carretera Austral (s.u.).

Westufer des Lago Carrera

Folgt man – statt bei Cerro Castillo nach Puerto Ibáñez abzubiegen – weiter der Carretera Austral, macht man zunächst im Tal des Río Ibáñez einen Schlenker nach Westen (sehr gute Schotterpiste), dann geht es im Tal des **Río Murta** weiter nach Süden, teilweise durch gespenstische, abgestorbene Wälder. Im Jahr 1991 brach der nördlich der Straße gelegene **Vulkan Hudson** (2615 m) zuletzt aus und überschüttete mit einem Ascheregen weite Teile Patagoniens. In unmittelbarer Nähe erstickte er jegliche Vegetation, in der argentinischen Pampa starben Tausende von Schafen, und der Grund des Lago General Carrera ist seither mit einer meterdicken Ascheschicht bedeckt.

Bei **Puerto Murta** (km 203, Hostería) erreicht die Schotterpiste den Lago General Carrera und schlängelt sich an seinem Westufer entlang.

Puerto Tranquilo   XIX/C3

In dieser unscheinbaren Siedlung am Seeufer (km 228) lohnt es sich zu verweilen. Es gibt eine Tankstelle, ein paar Lädchen und sogar Internet, und mit ein bisschen Glück bekommt man in einer der Hosterías etwas zu essen. Vor allem aber sollte man sich nach den **Bootstouren zu den Capillas de Mármol** erkundigen – ein absolutes Muss! Diese „Marmorkapellen" sind extravagante Felsformationen in Ufernähe, Felsenhöhlen aus hellem, vieladrigem Marmor, der den See in changierenden Farben reflektiert. Mit dem Boot kann man direkt in die Höhlen hineinfahren – ein wunderbares Erlebnis. Die Boote legen 1 km nördlich von Tranquilo ab, Anmeldung im Ort am Wohnwagen gegenüber der Tankstelle. Bei starkem Wind weichen die Boote zum Puerto Mármol aus, 5 km südlich des Ortes (Charter ca. 50 US-$ für bis zu 8 Pers., im Hochsommer fahren ständig Boote, dann gibt es auch Einzelpreise, ca. 10 US-$).

Von Puerto Tranquilo gelangt man ins Exploradores-Tal (s.u.) und – schwieriger – zum **Lago Leones,** in den Gletscherzungen vom Patagonischen Eisfeld herabstoßen. Das den Gletschern gegenüber liegende Seeufer (Camping möglich) erreicht man in einer Tageswanderung ab der Brücke über den **Río Leones,** 30 Kilometer südlich von Puerto Tranquilo; dort können bei den Siedlern auch Pferde ausgeliehen werden.

- **Hostería Costanera** und **Hostería Carretera Austral,** beide direkt an der Straße, schlicht. Ca. 10 US-$ p.P.
- **Bellavista**
Nettes Camping und Hostal, 5/10 US-$ p.P.
- **Hostal El Puesto**
Pedro Lagos 258, Tel. 2/1964555. Familiäres, komfortables Minihotel mit nur 3 Zimmern, gutem Essen und Tourangeboten (u.a. Eis-

trekking auf dem Valentín-Gletscher). DZ ab 78 US-$. www.elpuesto.cl

Valle Exploradores

Westlich von Puerto Tranquilo führt eine Stichstraße zum Lago Tranquilo und ins Valle Exploradores. Diese Route am **Nordrand des Patagonischen Eisfelds,** die den Lago Carrera mit dem Pazifik verbindet, ohne dabei nennenswerte Höhen zu überwinden, wurde erstmals von dem deutschen Forscher *August Grosse* (dem Gründer von Puyuhuapi) in den 1930er Jahren entdeckt. Es handelt sich um eins der landschaftlich vielfältigsten, beeindruckendsten Täler entlang der gesamten Carretera Austral, das zudem weitgehend unbekannt ist: Erst seit ein paar Jahren wird eine Schotterpiste in die Wildnis getrieben, die – auch das überaus beeindruckend – derzeit mitten im dichten Urwald bei km 68 abrupt endet. Sie soll einmal bis zur Bahía Exploradores am Elefanten-Fjord führen und damit einen fast direkten Zugang zur Laguna San Rafael schaffen.

Bei km 2,6 passiert man einen typischen patagonischen Friedhof, es folgt ein Abschnitt mit Brandrodungen, schließlich gelangt man in das enge Exploradores-Tal mit seinen dicht bewaldeten Steilhängen. Hoch oben hängen Gletscher über, Kaskaden stürzen über hunderte Meter den Abhang herunter, unten windet sich grün schäumend der Fluss durchs Tal. Hier endet der Schutzschild des Eisfeldes, und die feuchte pazifische Witterung lässt den Wald immer dichter wuchern. Bei km 45 passiert man den verschwiegenen **Lago Bayo.** Kurz danach (km 53) führt ein Wanderpfad durch den zauberhaften **Regenwald mit Riesenfarnen und Schlingpflanzen** zu einem Aussichtspunkt (ca. 30 Min.) mit dem Panorama des San-Valentín-Gletschers, der sich als gigantische Schlange vom Patagonischen Eis herabschiebt.

● Bei km 44 haben zwei Deutsche, *Katrin Wagner* und *Thomas Poppitz,* eine einfache, heimelige Herberge mitten in die Wildnis gebaut. **Campo Alacaluf** verfügt weder über einen Stromanschluss, Telefon oder gar Internet; das kann die beiden unverwüstlichen Pioniere jedoch nicht abschrecken, der patagonischen Witterung zu trotzen und ganzjährig (!) Unterkunft (ab 21 US-$ p.P.), Hausmannskost und Camping (5 US-$ p.P.) anzubieten, dazu jede Menge gute Tipps und geführte Touren. Strom kommt aus der hauseigenen Wasserturbine. Die Mailbox campoalacaluf@yahoo.de wird alle paar Tage abgerufen.

Weiter auf der Carretera Austral

Zurück auf der Carretera Austral geht es **weiter Richtung Süden.** Das Panorama bleibt zum Staunen: im Osten der blaue See, im Westen die schneebedeckten Gipfel, dazwischen das tiefe Grün von Wald und Wiesen. Dann überquert man auf einer malerischen **roten Hängebrücke** den Abfluss des Sees, durchquert die schmale Landenge zwischen dem Lago General Carrera und dem Lago Bertrand und erreicht den Abzweig nach Chile Chico (**Kreuzung El Maitén**). Wer nicht weiter Richtung Süden fahren will, kann hier nach Osten abbiegen, in Chile Chico die Fähre zurück nach Puerto Ibáñez nehmen und so eine Rundtour gestalten (s.o.).

Auf dem Abschnitt zwischen Hängebrücke und Kreuzung haben sich mehrere **Hotels und Lodges** etabliert, zwei seien hier stellvertretend genannt:

● **Mallín Colorado Ecolodge**
Km 273, Tel. in Stgo. 2/2341843. 4 gemütliche, rustikale Cabañas mit tollem Seeblick, Essen gemeinsam mit der Familie, Ausflugsangebote. Cabañas je nach Größe ab 80 US-$ p.P., www.mallincolorado.cl

● **Hacienda Tres Lagos**
Km 278, Tel. 2/3334122 oder 67/411323. Exklusive, stilvolle Anlage am ruhigen Lago Negro; gediegene, geräumige Cabañas in modernem Design mit rustikalen Elementen, Restaurant, Clubhaus, herzlicher Service, Exkursionen. Cabaña für 2 Pers. ab 300 US-$. www.haciendatreslagos.cl

Bei der **Kreuzung El Maitén** verlässt die Carretera Austral den Lago Carrera und führt weiter Richtung Süden, vorbei an einem Seitenarm des **Lago Bertrand** und ins Dorf Puerto Bertrand (km 17).

Puerto Bertrand ⌕ XIX/C3

Der friedliche Flecken liegt am Südrand des türkisfarbenen Lago Bertrand genau an der Stelle, wo der **Río Baker** entspringt, Chiles wasserreichster Fluss und einer der schönsten obendrein. Die

Río Baker in Gefahr

Wo ein wasserreicher Fluss ist, sind die **Energiekonzerne** nicht weit. So auch im Fall des Río Baker und des weiter südlich fließenden Río Pascua: Hier will der internationale Energiemulti Endesa gemeinsam mit dem chilenischen Kraftwerksbetreiber Colbún **vier riesige Stauseen** anlegen und dabei die Täler und Nebentäler des Baker und des Pascua überschwemmen. Insgesamt sollen die **Kraftwerke** 2400 Megawatt erzeugen, die über eine 2000 Kilometer lange Ferntrasse ins Verbundnetz Zentralchiles eingespeist werden und den wachsenden Energiebedarf des Landes sättigen sollen.

In der Region Aisén regt sich heftiger **Widerstand** gegen die Megaprojekte. Regionale Politiker verweisen darauf, dass damit einmal mehr Santiago und die Zentralzone auf Kosten der Regionen versorgt werden sollen. Bereits in den 1990er Jahren hatte Endesa am Río Biobío zwei Talsperren gebaut und damit nicht nur die Landschaft zerstört, sondern auch die Ureinwohner der Gegend vertrieben. Umweltschützer wiederum protestieren gegen die großflächige Flutung einer der letzten unberührten Flusslandschaften Patagoniens und argumentieren, dass Mega-Staudämme international längst in Verruf geraten seien – sie gelten nicht nur als invasiv, sondern auch als gefährlich (Aisén ist seismisch sehr aktiv) und von begrenzter Lebensdauer.

Bei Drucklegung dieses Bandes war das Projekt noch nicht genehmigt. Die erste **Umweltverträglichkeitsstudie** des Konsortiums wurde von den zuständigen Regierungsstellen mit über 1000 Einsprüchen und Anmerkungen zurückgegeben; der Baubeginn ist damit ungewiss. Bereits jetzt arbeiten die Ingenieurtrupps vor Ort mit Volldampf. In Cochrane und Villa O'Higgins machen die Konzerne fleißig Propaganda, versprechen Arbeitsplätze und überhäufen die Kommunen mit Zuschüssen, um für gut Wetter zu sorgen. Wie schon am Biobío scheint Endesa eine Politik der vollendeten Tatsachen zu verfolgen.

lokalen Pferdehalter, Bootsbesitzer und Tourguides arbeiten im Netzwerk „Red de Turismo Rural Río Baker" zusammen und bieten Boots- und Angeltouren, Ausritte sowie Exkursionen zu den Gletschern Soler und Nef. Kontaktstelle ist die Hostería (Señora Carmen).

●**Hostería Puerto Bertrand**
Costanera, Tel. 67/419900. Einfach, sauber. DZ ab 30 US-$, Cabaña für 6 Pers. 70 US-$. Auch Restaurant und Supermarkt.
●Weitere **einfache Residenciales und Cabañas** im Ort, 12–15 US-$ p.P., **Campingplatz** am See.

Weiter südlich folgt die Carretera Austral dem zunächst ruhigen, später kraftvollen **Lauf des Río Baker.** Immer wieder leuchtet er grün schäumend durch den Naturwald, später kontrastiert er mit der braunen Steppe. Auf den ersten 5 Kilometern gibt es allein fünf **Fishing Lodges** – kein Wunder, sind doch die Gewässer der Gegend nicht nur von unberührter Schönheit (noch – siehe Exkurs), sondern auch voller Fische (v.a. Forellen). Nach 15 Kilometern geht es rechts ab zu den **Saltos del Baker,** einem gewaltigen Naturschauspiel: In wilden Strudeln stürzt der Fluss kurz vor dem Zusammenfluss mit dem Río Nef über eine Stufe. Leider ist das Zugangstor (von da sind es ca. 600 Meter zu Fuß) meist geschlossen; fragen Sie am besten in Puerto Bertrand.

9 Kilometer weiter führt links ein Abzweig ins **Valle Chacabuco** hinein. Im unteren Teil des malerischen Tals erstreckte sich bis vor kurzem eine der letzten großen zusammenhängenden Schaffarmen Chiles. 2004 wurde die 69.000 Hektar große Hacienda von der Umweltstiftung Conservación Patagónica unter Leitung von *Kris McDivitt,* der Frau des nordamerikanischen Ökomagnaten *Douglas Tompkins,* aufgekauft mit dem Ziel, sie unter Naturschutz zu stellen. Damit entsteht zusammen mit den Naturreservaten Jeinimeni und Tamango ein neuer großer Nationalpark, der ähnlich wie Pumalín von sich reden machen wird.

Nach 345 Kilometern ab Coyhaique ist schließlich Cochrane erreicht.

Cochrane

Der Ort mit rund 4000 Einwohnern ist die letzte größere Siedlung an der Carretera Austral. Bis hierher gelangen die täglichen Busse von Coyhaique. Offiziell bereits 1930 gegründet, gab es im Ort bis 1954 lediglich eine Dorfschule und einen Krämerladen; erst mit dem Bau der Carretera wurde Cochrane größer und zum Versorgungszentrum der kleinen Gehöfte der Umgebung.

Unterkunft/ Essen und Trinken

Im Ort gibt es das recht hübsche **Residencial Sur Austral,** Prat 334, Tel. 67/522150 (ca. 10 US-$ p.P.), das gute **Hotel Ultimo Paraíso** (Lago Brown 455, Tel. 67/522361, DZ 80 US-$) und die nüchterne **Hostería Wellmann,** Las Golondrinas 565, Tel. 522171 (DZ 85 US-$, mitunter Pferdeverleih), sowie das eine oder andere Restaurant. Das **Café Belén** an der Plaza veranstaltet auch Touren.

Verkehrsverbindungen

●**Transporte Aéreo Don Carlos,** neben dem Residencial Sur Austral, fliegt zweimal in der Woche nach Coyhaique und Villa O'Higgins.

Von Coyhaique nach Villa O'Higgins

●**Buses Los Ñadis,** Tel. 67/522196, fährt zweimal wöchentlich nach Villa O'Higgins (Mo 8.30 Uhr, 6–7 Std., 19 US-$).

Ausflug

10 Kilometer nordöstlich der Stadt ist der Eingang zur **Reserva Nacional Tamango,** malerisch am Steilufer des Lago Cochrane gelegen und eins der letzten Refugien des stark dezimierten **Andenhirsches Huemul.** Mit etwas Glück und der Hilfe der Parkranger sieht man vielleicht eins der scheuen Tiere (mehrere Zeltplätze und Wanderwege, Infos im Conaf-Büro an der Plaza).

Sonstiges

In Cochrane ist die letzte Möglichkeit zum Nachtanken von Benzin und Bargeld: **Copec-Tankstelle** in Arturo Prat 275, **Geldautomat** im Banco Estado, Esmeralda 460.

Die letzten Kilometer der Carretera Austral

Die letzten 233 Kilometer der Schotterpiste durch den wilden Süden wurden erst nach 1994 gebaut. Vorbei an Seen, Sümpfen und durch dichte Urwälder geht es auf kurvenreicher Strecke, immer wieder mit prächtigen Ausblicken auf das nördliche Eisfeld, nach Puerto Yungay (133 km) am Mitchell-Fjord.

30 Kilometer vorher ergibt sich in Río Vagabundo die Möglichkeit zu einem Abstecher nach **Caleta Tortel.** Entweder steigt man in ein offenes Motorboot oder eine Barkasse (10–15 US-$ p.P.) und fährt den hier breit strömenden Río Baker hinunter; nach 1–2 Stunden (Rückfahrt stromauf 2–5 Stunden, je nach Boot) erreicht man Caleta Tortel. Oder man nimmt die neu in den Urwald geschlagene Schotterpiste (ca. 30 km), die oberhalb Tortels endet. In dem ärmlichen, aber überaus malerisch mitten im Urwald an einem Pazifikfjord gelegenen Dorf mit bunten Holzhäusern gibt es keine Straßen – hölzerne Stege ersetzen die Wege (und vermeiden den Schlamm).

Übernachten kann man in einer einfachen Residencial (15 US-$) oder in prekären Privatquartieren (Schlafsack mitnehmen!), es gibt Restaurants. Neu ist die Entre Hielos Lodge mit sechs schönen Zimmern mit Blick auf die Bucht, herzlichem Service, Verpflegung und Hot-Tub (Tel. 2/1960271, DZ ab 100 US-$, www.entrehielostortel.cl). Die geschäftstüchtigen Bootsbesitzer bieten Exkursionen zu den ins Meer mündenden **Gletschern Jorge Montt** und **Steffen** an – weniger luxuriös, aber mindestens ebenso spektalulär wie die Laguna San Rafael. Achten Sie auf minimale Sicherheitsstandards; die Preise sind Verhandlungssache.

In **Puerto Yungay** leben lediglich einige Militärs. Eine Fähre des mit dem Straßenbau betrauten Militärs setzt dreimal täglich über den Fjord nach **Río Bravo** über (10, 12 und 17 Uhr, Dauer 35 Min., gratis zurück um 11, 13 und 19 Uhr). Das Boot ist nur klein, Busse haben Vorrang, da kann es passieren, dass man nicht auf Anhieb mitkommt. In Río Bravo beginnt das letzte Teilstück der Carretera Austral nach Villa O'Higgins, einsame 100 Kilometer durch Sümpfe und Bambuswälder, mit Glück kreuzt ein *Huemul* die Straße.

Villa O'Higgins XX/B2

Als die Siedlung am Rand des Südlichen Eisfeldes **1966** gegründet wurde, standen dahinter **geopolitische Erwägungen:** Chile wollte in einer Gegend, in der die Grenzziehung mit Argentinien strittig war, Flagge zeigen. Bis 1999 blieb der Ort ein einsamer Vorposten mitten in der rauen patagonischen Wildnis, nur von wackeligen Kleinflugzeugen versorgt und mehrere Tagesritte von Cochrane entfernt. Doch seit der Anbindung an die Carretera Austral weht ein frischer Wind durchs Dorf, die 500 Einwohner träumen von Touristenscharen und investieren in Infrastruktur.

Tatsächlich hat der letzte Ort der Carretera **einiges zu bieten:** In unmittelbarer Nähe locken verschwiegene Seen, Urwälder und Gletscher. In der **Reserva Nacional Shoen** gibt es einen Zeltplatz und Wanderwege. Im Tal des **Río Mosco** führt ein markierter Wanderweg (mit Schutzhütte) zum Mosco-Gletscher; unterwegs kann man oft *Huemule* beobachten.

Die Carretera Austral endet 7 Kilometer weiter südlich definitiv an einem Arm des weit verzweigten Lago O'Higgins. Im Sommer fährt die **„MS Quetru"** dreimal wöchentlich (zuletzt Mo, Mi und Sa um 8.30 Uhr, nur Dez. bis März) über den See nach **Candelaria Mancilla** und zum 3 Kilometer breiten und 60 Meter hohen **O'Higgins-Gletscher,** der sich vom Südlichen Patagonischen Eis in den See schiebt. Das Schiff kommt bis auf 100 Meter an die eindrucksvollen Eismassen heran, die anderen patagonischen Gletschern wie San Rafael oder Perito Moreno in nichts nachstehen. Preis: 80 US-$; wer zum Gletscher fährt und auf der Rückfahrt in Candelaria Mancilla aussteigt, um nach Argentinien weiterzureisen (s.u.), zahlt nur 50 US-$; Buchung über Villa O'Higgins Expediciónes, Tel. 67/431821, www.villaohiggins.com/hielosur.

Unterkunft

● **Hospedaje La Cascada**
Tel. 67/431833. Küchenbenutzung, warme Dusche, Internet, sehr freundlich. 15 US-$ p.P. mit Frühstück (Leserlob).
● **Hostal El Mosco**
Tel. 67/431827. Neue gemütliche Herberge mit Mehrbettzimmern (14 US-$ p.P.) und Doppelzimmern mit Privatbad (53 US-$). Internet, Küchenbenutzung. Auch Zeltmöglichkeit (5 US-$ p.P.). Transfer nach Tortel.
● **Hostal Runín**
Tel. 67/431870. Gastliche Pension, gute Informationen. Ca. 15 US-$ p.P.
hostalrunin@yahoo.es
● **Cabañas San Gabriel**
Tel. 67/431821. Geräumig, gemütlich. 2 Pers. ca. 50 US-$.

Verkehrsverbindungen

● **Transporte Aéreo Don Carlos** fliegt Mo und Do von und nach Coyhaique (siehe dort), lokale Siedler haben Vorrang.
● **Buses Los Ñadis,** Tel. 67/522448, fährt Mo und Do nach Cochrane, 19 US-$.
● **Nach Argentinien:** Eine abenteuerliche, 130 km lange Route (nicht für Fahrzeuge, nur Nov. bis April) führt über die Grenze nach El Chaltén zu Füßen des Fitz-Roy-Massivs und erspart den großen Umweg über Chile Chico – Perito Moreno. Man fährt zunächst mit dem Boot (s.o.) nach Candelaria Mancilla am Südufer des Lago O'Higgins (chilenische Grenzkontrolle), dann geht es zu Fuß oder zu Pferd zur Laguna del Desierto (argentinischer Grenzposten), erneut mit einem Boot über den See und schließlich per Bus nach El Chaltén. Die Route ist streckenweise schlammig und daher für Biker nur bedingt geeignet. Die oben erwähnte Agentur organisiert die Tour ab 130 US-$, nähere Informationen unter www.villaohiggins.com/crossing.

Der Große Süden:

Patagonien – von Punta Arenas zu den Torres del Paine

Patagonien – ein düsteres und wildes Land, schneebedeckte Berge und davor nichts als graue Steppe oder unzugänglicher Urwald. Abweisend, unpassierbar, unwirtlich, umgeben von einem tückischen Eismeer, das den besten Segler zur Verzweiflung trieb, so erschien der Süden des lateinamerikanischen Kontinents den spanischen Eroberern. Ein **ewig eiskalter Wind** wütet durch die Ebene, und die Magellanstraße war jahrhundertelang der Albtraum aller Seefahrer. Die Ebenen von Patagonien „können nur negativ beschrieben werden" notierte *Charles Darwin* im Bericht über seine Weltreise, „ohne Wohnstätten, ohne Wasser, ohne Bäume, ohne Berge tragen sie nur einige wenige zwerghafte Pflanzen." Aber *Darwin* weiter: „Warum haben denn nun, und das ist nicht bei mir allein der Fall, diese dürren Wüsten sich so einen festen Platz in meinem Gedächtnis errungen?" Wie *Darwin* waren auch andere von der Landschaft beeindruckt, Forscher und Schriftsteller, auch viele, die Patagonien gar nicht aus eigener Anschauung kannten. *Edgar Allen Poe, Jules Verne, Hermann Melville* und *Stefan Zweig* nutzten den Landstrich als Kulisse für ihre Romane und Abenteuergeschichten, sehr empfehlenswert ist auch *Bruce Chatwins* Reportageband „In Patagonien".

„Nirgendwo ist auch ein Ort" – treffend charakterisiert der Satz von *Paul Theroux* die unendlich weiten Ebenen, die den zentralen Teil Patagoniens ausmachen. Das **chilenische Patagonien** hat nur einen geringen Anteil an diesen weiten Ebenen. Es erstreckt sich überwiegend auf der Westseite der Anden, es ist vorwiegend eine Gebirgslandschaft, die auch die Region de Aisén einschließt und in ihrem Nordteil durch die Carretera Austral erschlossen wird. Der Süden des chilenischen Patagonien gehört zur **Región de Magallanes y de la Antártica Chilena** mit der Hauptstadt Punta Arenas; nur nordöstlich von ihr, entlang der Magellanstraße, hat Chile größere Anteile an den Ebenen, auf denen Abertausende von Schafen weiden.

Zur Geschichte Patagoniens

Patagonien – diesen Namen trägt das Land seit der **Magellan-Expedition,** die im Jahr **1520** hier vorbeisegelte. Warum man es so nannte, ist umstritten, die meisten Historiker vermuten, dass man die Einwohner **„Patagones"** (**Großfüße)** nannte. Der ersten Überlieferung nach sollen es Riesen gewesen sein, als spätere Forscher dann aber genau Maß nahmen, stellte sich heraus, dass sie zwar groß, aber nicht riesig waren. So schrieb *Darwin:* „Ihre Größe erscheint uns wegen ihrer großen Guanako-Mäntel, ihres langen wallenden Haars und ihrer ganzen Erscheinung bedeutender, als sie wirklich ist: Im Mittel beträgt ihre Größe ungefähr sechs Fuß (1,80 m), einige Männer sind kleiner und nur wenige größer." Zu anderen Erklärungen, warum Patagonien so heißt, schlage man in *Bruce Chatwins* Reisebeschreibung nach.

Nach der Umsegelung durch *Magellan* passierte erst einmal jahrhundertelang wenig. Andere folgten ihm, sie durchquerten die Magellanstraße oder scheiterten in den zahllosen Kanälen. *Sir Francis Drake* und *Thomas Cavendish* hießen die heldenhaften Seefahrer, deren Abenteuer oft verfilmt worden sind. Interessant war für alle nur die Wasserstraße, nicht das Binnenland, es blieb bis Mitte des 19. Jahrhunderts ein weißer Fleck auf der Landkarte.

Ab 1865 kamen dann die ersten Siedler. Es waren **Waliser,** die meisten ließen sich am Unterlauf des Río Chubut an der Ostküste (im heutigen Argentinien) nieder. Lebten die ersten Waliser noch in relativer Eintracht mit den Ureinwohnern – alte Fotos zeigen sie und Indios miteinander lebend und arbeitend –, so besiegelte die weitere Besiedlung Patagoniens doch das Schicksal der **Ureinwohner:** Die Selk'nam, die Haush, die Alakaluf, die Tehuelche und die Yamana starben an eingeschleppten Krankheiten oder wurden von den Viehzüchtern des Südens einfach des Viehdiebstahls bezichtigt und umgebracht.

Gegenwart

Patagonien lebt heute immer noch zum größten Teil von der **Schafzucht.** In der braunen, kargen Pampa nordöstlich von Punta Arenas sieht man kilometerweit keine anderen Lebewesen als Schafe. Statistisch ernährt ein Hektar zwar nur ein dreiviertel Schaf, doch an Land mangelte es im Süden zu Zeiten

488 MAGALLANES UND FEUERLAND

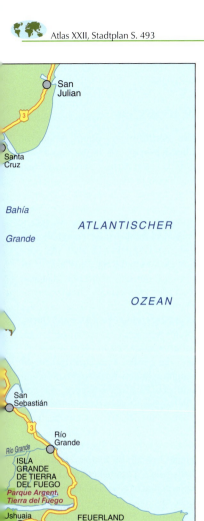

der großen Estanzias nicht. Zu Schleuderpreisen erwarben v.a. englische Gesellschaften zu Beginn des 20. Jahrhunderts riesige Ländereien. Heute ist die Schafzucht wegen der verfallenden Weltmarktpreise rückläufig.

Die beliebtesten **Touristenziele** im chilenischen Teil Patagoniens liegen entlang der Carretera Austral, bei Punta Arenas und Puerto Natales. Ein absoluter Höhepunkt jeder Chile-Reise ist der Besuch des **Nationalparks Torres del Paine,** und die meisten Besucher Südchiles nutzen die Gelegenheit auch zu einem **Abstecher in den argentinischen Nationalpark Los Glaciares** bei El Calafate. Deshalb werden am Ende dieses Kapitels El Calafate und der Nationalpark Los Glaciares mit dem Fitz Roy-Massiv ebenfalls abgehandelt.

Punta Arenas ♪ XXII/B2,3

Auf genau 70 Grad, 54 Minuten westlicher Länge sowie 53 Grad, 10 Minuten südlicher Breite, direkt an der Magellanstraße und Feuerland gegenüber, liegt Punta Arenas, die **Hauptstadt der Región** de Magallanes y de la Antárctica Chilena. Die **südlichste Kontinentalstadt der Welt** hat 125.000 Einwohner und ist die **schönste Stadt in Patagonien.** Am vermeintlichen Ende der Welt gelegen, verblüfft sie mit einer schönen Plaza, einem gepflegten Stadtzentrum, sehenswerten alten Gebäuden, einem hervorragenden Museum und einem **Friedhof,** der lediglich in Buenos Aires seinesgleichen findet.

Geschichte

Punta Arenas (Sandige Spitze), Mitte des 19. Jahrhunderts als **Militärstützpunkt und Strafgefangenenkolonie** gegründet, entwickelte sich schnell zu einer wichtigen Hafenstadt. Denn bis zum Bau des Panama-Kanals (Eröffnung 1914) nahmen alle Schiffe die Route durch die 1520 von *Fernando Magellan* erstmalig entdeckte Ost-West-Passage. Nicht nur die Handelsschiffe, deren Güter für chilenische oder peruanische Häfen bestimmt waren, machten hier einen Zwischenstopp, auch Auswandererschiffe, deren Passagiere eigentlich ihr Glück bei der Goldsuche in Kalifornien finden wollten, von denen aber ein Teil im chilenischen Süden blieb.

Denn hier gab es auch Gold – „weißes Gold": 1876 hatten die Einwanderer die Erlaubnis zur **Schafzucht** erhalten. Land war billig und reichlich vorhanden, das Klima bekam den Schafen, und so begann mit der Wolle der Aufschwung der Region: „Alles war Schaf", so lapidar beschreibt der Regionalhistoriker *Mateo Martinic* die goldenen Jahre von Punta Arenas. Die Besitzer der riesigen Schaf-Estanzias der Umgebung ließen sich repräsentative Häuser im Stadtzentrum erbauen. Vom Boom angezogen, kamen **Auswanderer fast sämtlicher europäischer Länder** als Handwerker und Geschäftsleute in die Stadt; man sieht das heute noch: Schweizerische, kroatische, englische und deutsche Namen finden sich überall auf Tür- und Reklameschildern – die Vorfahren etwa des Elektrohändlers *Enrique Schadenberg-Heine* oder des Optikers *Rudolfo Römer-Kuch* sind nicht zu verleugnen.

Sehenswertes

Das **Zentrum** von Punta Arenas ist **übersichtlich;** am besten erschließt sich das vom Aussichtspunkt La Cruz, vier Blocks nordwestlich der Plaza über eine Treppe an der Ecke Fagnano/ Señoret zu erreichen. Hinter der Stadt und dem blauen Band der Magellanstraße zeichnet sich Feuerland ab. Das Zentrum erstreckt sich etwa vier oder fünf Blocks um die zentrale Plaza de Armas, auf der ein bronzener Magellan stolz über zwei ebenfalls bronzenen Indianern thront und in die Ferne (oder eine glänzende Zukunft) schaut. Die Indianer repäsentieren die später ausgerotteten Stämme Ona und Aonikenk, und die beiden Schwänze der Meerjungfrau stehen für den Atlantischen und den Pazifischen Ozean, die von der Magellanstraße verbunden werden.

Direkt an der Plaza stehen auch die Kathedrale und das **Stadtpalais von José Nogueira und Sara Braun,** in dem heute der Club de la Unión seinen Sitz hat sowie ein Nobelhotel und ein Pub untergebracht sind. Die Familie *Braun* gehörte zu den reichsten Viehzüchterfamilien der Stadt, ebenso die Familie *Menéndez,* und so braucht es nicht zu wundern, dass sich **Mauricio Braun** und **Josefina Menéndez** nach ihrer Hochzeit ebenfalls ein höchst repräsentatives Haus im Zentrum von Punta Arenas erbauen ließen: Ihr **Stadthaus,** Magallanes 949, einen halben Block von der Plaza entfernt, beherbergt heute das **Regionalmuseum** und zeigt, dass die Oberschicht damals alles andere als schlecht lebte: Tapeten aus Frankreich schmücken die Wände, der Waschtisch ist mit Marmor aus Italien gedeckt, die lederbezogenen Sessel kamen aus England, die vergoldeten Kamingitter aus Flandern, und *Picassos* Vater *Ruíz Blasco* malte das Bild mit dem Gänsepaar im Salon. Nichts ist aus Patagonien, nicht einmal das Holz des Parkettfußbodens, alles wurde eigens über den Atlantik herbeigeschifft; auf dem Rückweg nahmen die Schiffe dann tonnenweise Schafwolle mit (geöffnet den Sommer über Mo bis Sa 10.30–17 Uhr, So 10.30–14 Uhr, im Winter Di bis So 10.30–14 Uhr).

Die anderen Sehenswürdigkeiten der Stadt sind weiter von der Plaza entfernt. Eine ist das **Haus von Charles Milburn** an der Avenida España 959 (nicht zu besichtigen), das *Bruce Chatwin* in seinem Reportageband „In Patagonien" beschreibt: „Das Haus hatte spitze Giebel und gotische Fenster. Zur Straße hin befand sich ein viereckiger Turm und auf der hinteren Seite ein achteckiger."

Den frischen Wind der Magellanstraße kann man sich an der neuen **Uferpromenade** um die Nase wehen lassen. Man erreicht sie, indem man die Av. Colón hinunterläuft. Von hier sieht man bereits den Hafen, wo vielleicht gerade ein großes Kreuzfahrtschiff festgemacht hat. Die Uferpromenade soll einmal bis zum Hafen durchgezogen werden; dieser ist allerdings nur für Schiffspassagiere zugänglich.

Auf der Calle Pedro Montt/Ecke O'Higgins steht das **Museo Naval y Marítimo** mit einer guten Sammlung zur Seefahrtsgeschichte (Schiffsmodelle, Fotos etc.), darunter auch ein kompletter Nachbau eines kleinen Kriegsschiffes (geöffnet Di bis Sa 9.30–12.30 und 14–17 Uhr, im Januar/Februar durchgehend).

Hervorragend ist das **Museo Salesiano,** Av. Bulnes 374 (nahe Sarmiento; geöffnet Di bis So 10–12.30 und 15–17.30 Uhr). Es zeigt Kultur, Geschichte und

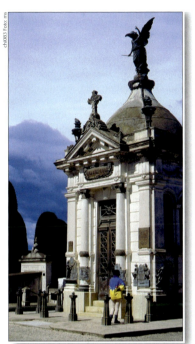

Solche Paläste bauten die Schafbarone ihren Toten

Natur Südpatagoniens – ein Sammelsurium ersten Ranges, teilweise hervorragend aufgearbeitet, teils mit Charme durcheinandergeworfen: Da werden die Touren der namensgebenden Brüder dokumentiert, die Wanderschuhe von *Padre Agostini* stehen neben dem Denkmal für den Ordensgründer, daneben ein ausgestopfter Pinguin. Schauend und schaudernd geht man von Raum zu Raum, überall starren ausgestopfte Kondore, Albatrosse im Sturzflug, Seelöwen und Nandus auf den Besucher herab, dazu gibt es eine große Sammlung fein säuberlich in Formalin eingelegter Abnormitäten aus dem Tierreich: Schweineföten im Glas, zwei Kälber mit nur einem Kopf, am Bauch zusammengewachsen, Enten mit drei oder vier Beinen und Füßen. Gleichzeitig dokumentiert das Museum auch ungeschönt die Eroberung der Region durch die Weißen. Fotos zeigen, wie in weiße Hemden gehüllte Kanu-Nomadinnen unter den strengen Blicken einer Nonne Spitzendeckchen sticken oder sich ein Weißer stolz der Kamera präsentiert: im Arm die erhobene Waffe, den Fuß auf einem toten Indianer.

Zwei Blocks weiter stadtauswärts liegt der **Friedhof** der Stadt, der zum **Nationaldenkmal** erklärt wurde. Hier lässt sich noch besser als in der Innenstadt der verflossene Reichtum bewundern. Nahe des Eingangs steht das haushohe Mausoleum der Familie *Braun-Menéndez*, ein fester Block aus schwarzem Marmor. Das Mausoleum für *José Menéndez* ist verspielter, es mischt barocke und Jugendstilformen. Schlicht sind die Gräber zahlreicher deutscher Einwanderer. Dass sie nicht zu den ganz Reichen gehörten, beweist die gemeinsame Grabstelle unter einem Kreuz der „Deutschen Kranken Kasse". An die indianischen Ureinwohner erinnert ein schlichtes Denkmal.

Touristeninformation

- **Vorwahl von Punta Arenas: 61**
- **Sernatur,** das gut sortierte und freundliche Informationsbüro (gute Hotellisten) befindet sich auf der Lautaro Navarro 999 Ecke Montt, Tel. 241330, infomagallanes@sernatur.cl.
- Die Stadt unterhält einen **Infopavillon** auf der Plaza.
- **Conaf** (Nationalparks), Av. Bulnes 309, 4. Etage, Tel. 238570.

Unterkunft

- **Hospedaje Magallanes**
Magallanes 570, Tel. 228616. 4 Zimmer mit Gemeinschaftsbädern im Haus des deutsch-chilenischen Ehepaares *Sebastian Borgwardt* und *Marisol Cárcamo,* die auch die Reiseagentur Aonikenk betreiben. Ruhig, sauber, familiär, hausgemachtes Frühstück mit Bohnenkaffee, Küchen- und Waschmaschinenbenutzung, Internet, gute Infos. DZ 44 US-$. www.aonikenk.com/de/hospedaje
- **Backpacker's Paradise**
Carrera Pinto 1022, Tel. 240104. Übernachtung in Mehrbettzimmern, einfach, guter Treffpunkt, Fahrradverleih. Ab 7 US-$ p.P.
- **Pink House**
Caupolicán 99, Tel. 222436. Sauber, freundlich, man spricht englisch; nicht ganz zentral. DZ ohne Bad 28 US-$, mit Bad 42 US-$. www.chileanpatagonia.com/pinkhouse
- **Hostal La Estancia**
O'Higgins 765, Tel. 249130. Empfohlen, Küchenbenutzung, Internet. DZ 38/50 US-$. carmenalecl@yahoo.com
- **Hostal Sonia Kuscevic**
Pje. Darwin 175, Tel. 248543. Familiär, gutes Frühstück, Leserempfehlung. DZ ab 40 US-$. www.hostalsk.cl

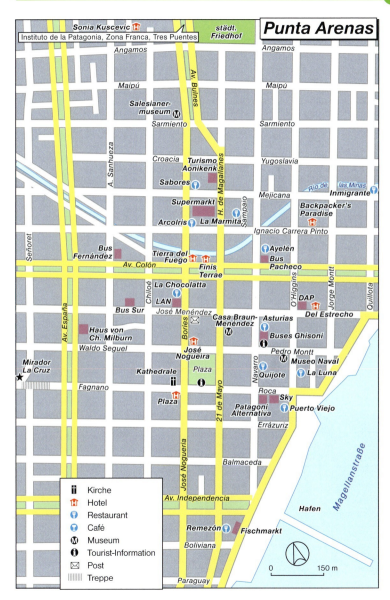

PUNTA ARENAS

● **Hostal Ayelén**
Lautaro Navarro 763, Tel. 242413. Leserempfehlung: große Zimmer mit Kabel-TV und Zentralheizung, nette und hilfsbereite Gastwirte, ruhig. DZ 43 US-$.
● **Hostal del Estrecho**
José Menéndez 1048, Tel. 241011. Das erste Hostal der Stadt (eröffnet 1987) und eins der besten. Sehr gutes Frühstück mit selbst gebackenem Kuchen, Internet und W-Lan. Kabel-TV und Zentralheizung in allen 14 Zimmern. Die sympathischen Besitzer sprechen englisch. DZ mit Bad 44 US-$.
www.hostaldelestrecho.cl
● **Hotel Carpa Manzano**
Lautaro Navarro 336, Tel. 710744. Gut und freundlich. DZ mit Bad ab 57 US-$.
carpamanzano@terra.cl
● **Hotel Plaza**
José Nogueira 1116, Tel. 241300. Gut, renoviert. DZ mit Bad ab 73 US-$.

● **Hotel Tierra del Fuego**
Av. Colón 716, Tel. 226200. Klassisch-elegant, solider Service, gutes Restaurant. DZ 140 US-$. www.puntaarenas.com
● **Hotel Finis Terrae**
Av. Colón 766, Tel. 228200. Moderne Oberklasse, mit Dachrestaurant/Bar. Zimmer ab 176 US-$. www.hotelfinisterrae.com
● **Hotel José Nogueira**
Bories 759, Tel. 711000. Luxusherberge im altehrwürdigen Palacio Nogueira-Braun, 22 nobel ausgestattete Zimmer, Restaurant im Wintergarten. Hier nächtigte 2004 der spanische König. DZ 190 US-$.
www.hotelnogueira.com

Essen und Trinken

● **La Marmita**
Plaza Sampaio 678, Tel. 222056. Gerichte der chilenischen Küche, organische, regionale Produkte, auch vegetarisch. Nettes Ambiente, sehr freundlich.
● **Quijote**
Lautaro Navarro 1087. Gutes Mittagsmenü, Sandwiches.
● **Sabores del Mundo**
Mejicana Ecke Bories. Fleisch, Fisch, Meeresfrüchte, Pasta – alles gut und preiswert.
● **Asturias**
Lautaro Navarro 967. Gute Fleischgerichte.
● **La Luna**
O'Higgins 1017. Fleisch und Fisch, preiswert und gemütlich, aber langsamer Service.
● **El Remezón**
21 de Mayo 1469. Lamm in allen Varianten, auch Guanaco, Ñandu, Centolla und Biber. Vorzüglich, aber die Portionen sind klein und teuer.
● **Puerto Viejo**
O'Higgins 1166, Tel. 225103. Lamm, Fisch und Meeresfrüchte, natürlich auch die regionale Spezialität *Centolla*.

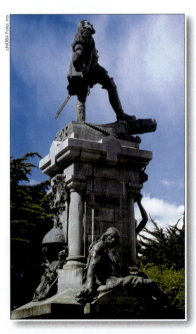

Denkmal für Fernando Magellan, zu seinen Füßen die Indianer

- **Arco Iris**
Bories 671. All-you-can-eat-Asiate, gut und preiswert.
- **La Chocolatta**
Bories 852. Gemütliche Kaffeestube mit leckerem Kuchen und selbst gemachter Schokolade. Empfehlenswert.
- **Café Inmigrante**
Quillota 599. Kleine Kaffeestube einer kroatischen Einwandererfamilie. Leckere Kuchen, auch warme Speisen und Sandwiches.

Verkehrsverbindungen

Flugzeug

Der **Flughafen** mit dem langen Namen **Carlos Ibáñez del Campo** liegt 20 Kilometer nördlich der Stadt. Buses Ghisoni (L. Navarro 975, Tel. 222078) fährt zu den meisten Flügen, Preis: 3 US-$. Transfer Sandy Point, Tel. 222241, bedient die Strecke für 6 US-$, dafür wird man von der Unterkunft abgeholt. Ein Taxi kostet ca. 10 US-$.
- **LAN**
Bories 884, Tel. 600/5262000. Tgl. mehrmals nach Santiago und Puerto Montt, seltener nach Coyhaique und Ushuaia. Im Sommer auch nach Port Stanley (Falkland-Inseln).
- **Sky**
Roca 935, Tel. 710645. Mehrfach täglich nach Santiago und Puerto Montt, seltener nach Coyhaique.
- **Aerovías DAP**
O'Higgins 891 Ecke J. Menéndez, Tel. 616100, www.aeroviasdap.cl. Dreimal tägl. (außer So) mit einer neunsitzigen Cessna über die Magellanstraße nach Porvenir (36 US-$); viermal wöchentlich mit einer Twin Otter (20 Passagiere) nach Puerto Williams (98 US-$), alle Preise one way; Charter-Überflüge zum Kap Hoorn, über die Torres del Paine und zur Isla Rey Jorge in der Antarktis.

Überlandbusse

Punta Arenas hat leider **keinen zentralen Busbahnhof.** Die Unternehmen nach Fahrtzielen sortiert:

- **Puerto Natales:** 3 Std., ca. 6 US-$. **Buses Fernández,** Armando Sanhueza 745, Tel. 242313, www.busesfernandez.com, siebenmal täglich. **Bus Sur,** José Menéndez 565, Tel. 227145, www.bus-sur.cl, viermal täglich. **Buses Pacheco,** Av. Colón 900, Tel. 242174, www.busespacheco.com, fünfmal täglich.
- **Río Grande und Ushuaia** (Argentinien): Über Punta Delgada, 8 Std. Río Grande, 13 Std. Ushuaia, 30–40 US-$; rechtzeitig vorbuchen! Täglich, z.T. im Wechsel: **Ghisoni/Tecni Austral,** L. Navarro 975, Tel. 613420, **Buses Pacheco** (s.o.), **Bus Sur** (s.o.), **Buses Barría,** Av. España 264, Tel. 240646, www.busesbarria.cl.
- **Río Gallegos** (Argentinien): 6 Std., ca. 12 US-$, im täglichen Wechsel: **Buses Ghisoni** (s.o.), **Bus Sur** (s.o.), **Buses Pacheco** (s.o.).
- **Osorno und Puerto Montt:** ca. 30 Std., 45–60 US-$, Mo und Fr. **Pullman,** Av. Colón 568, Tel. 223359, www.pullman.cl, **Queilén/Ghisoni** (s.o.).
- **Santiago:** ca. 48 Std., 60–85 US-$, Mo und Fr. **Pullman** (s.o.), **Queilén** (s.o.).

Schiff/Fähre

- **Barcaza Melinka/Crux Australis**
Av. Bulnes 05075, Tel. 218100, Fax 212126. Fährschiffe von Tres Puentes (vom Hafen 4 km nördlich des Zentrums, zu erreichen mit Colectivo Nr. 15 und 20) zur Bahía Chilota (Hafen von Porvenir) für Autos und Personen. Die Überfahrt dauert 2–3 Stunden, die Fähre fährt Di bis Sa um 9 Uhr, So um 9.30 Uhr. Auto mit Fahrer kostet 55 US-$, eine einzelne Person 8 US-$. www.tabsa.cl
- **Ferry Bahía Azul**
Av. Bulnes 05075, Tel. 218100, Fax 212126, www.tabsa.cl. Fracht- und Personenschiff, das von Tres Puentes nach Puerto Williams (Isla Navarino) fährt. Das Boot fährt normalerweise einmal die Woche, Mi um 19 Uhr, die Fahrt dauert 34 Stunden und kostet 175–210 US-$ (normaler Sitzplatz oder Viererkabine, Mahlzeiten inbegriffen). Besser ein bis zwei Wochen im Voraus buchen.
- **Mare Australis/Vía Australis**
Magallanes 990, Tel. 200200 (Punta Arenas), oder Av. El Bosque Norte 0440, Tel. 4423110 (Santiago); www.australis.com. Luxusschiffe für 129 Personen. Route: Punta Arenas – Magellanstraße – Canal Beagle – vorbei an mehreren Gletschern – Puerto Williams – Ushu-

aia – Kap Hoorn – weitere Gletscher – Isla Magdalena (Pinguine) – Punta Arenas. Die komplette Tour dauert eine Woche, man kann aber auch nur bis Ushuaia fahren (vier Nächte) bzw. von Ushuaia nach Punta Arenas (drei Nächte). Preis pro Person Punta Arenas – Ushuaia je nach Saison und Klasse 1930–3990 US-$. Näheres unter Feuerland.
- **Navimag**
Magallanes 990, Tel. 200200, www.navimag.com. Von Puerto Natales einmal die Woche mit der „Magallanes" nach Puerto Montt (3 Tage, 390–2470 US-$, s.a. Puerto Montt).

Mietwagen

- **Adel Rent a Car**
Pedro Montt 962, Tel. 224819. Freundlich, hilfsbereit, Rabatt für ADAC-Mitglieder. gerson@adelrentacar.cl
- **Budget,** O'Higgins 964, Tel. 202720.
- **Hertz,** O'Higgins 931, Tel. 613087.
- **International**
Waldo Seguel 443, Tel. 228323.
- **Lubac,** Magallanes 970, Tel. 242023.

Reiseveranstalter

Die meisten Reiseveranstalter bieten dasselbe oder ein ähnliches Programm zu denselben oder sehr ähnlichen Preisen an. „Klassiker" sind **Ausflüge zu den Pinguinkolonien am Seno Otway** (ca. 20 US-$) und **auf der Isla Magdalena** (35–70 US-$), **zum Puerto Hambre** und dem **Fuerte Bulnes,** dazu kommen hochpreisige **Kreuzfahrten** und **Besuche des Nationalparks Torres del Paine.** Reiseveranstalter (u.a.):
- **Turismo Aonikenk**
Magallanes 570, Tel. 228332. Sehr empfehlenswerte, erfahrene Agentur unter deutscher Leitung, spezialisiert auf Abenteuer- und Erlebnisreisen in Patagonien, u.a. Trekking im Torres del Paine, Fitz-Roy-Massiv, Isla Navarino. Gut informiert und hilfsbereit, auch bei Buchungen der Herbergen im Torres del Paine und der diversen Schiffstouren ab Punta Arenas. Vermittelt auch günstige Mietwagen-Tarife und Hotels. www.aonikenk.com
- **Turismo Comapa**
Magallanes 990, Tel. 200200. Große, unpersönliche Agentur, offizieller Vertreter der Navimag-Schiffstouren.
www.comapa.com
- **Turismo Viento Sur**
Fagnano 585, Tel. 222590, u.a. Reit- und Angeltouren in Feuerland.
www.vientosur.com
- **Turismo Yámana**
Errázuriz 932, Tel. 710567. Spezialist für Trekking- und Kajaktouren.
www.yamana.cl
- **PatagoniAlternativa**
Roca 907, Tel. 225889. Günstige Tarife für alle Flüge, von Lesern empfohlen.
www.patagonialternativa.cl

Sonstiges

Geldwechsel

Geld und Schecks lassen sich problemlos in den **Wechselstuben** auf der Lautaro Navarro wechseln. Im Busreservierungsbüro Colón Ecke Magallanes kann man auch Sa/So Geld wechseln. Mehrere Geldautomaten in den Banken in der Nähe der Plaza.

Post und Telefon

Die **Hauptpost** befindet sich auf der Bories 911, nahe der José Menéndez. **Telefonzentralen** finden sich z.B. Nogueira 1117, Lautaro Navarro 957 und Errázuriz 856.

Internet

Es gibt jede Menge **Internet-Cafés** in der Stadt, alle verlangen um die 1,50 US-$ pro Stunde. Ansonsten haben die meisten Unterkünfte mittlerweile Internetzugang.

Wäscherei

- **Record,** O'Higgins 969.

Einkaufen

- **Im Hipermercado Abu Gosch** auf der Magallanes zwischen Carrera Pinto und Mejicana kann man sich gut für längere Touren eindecken, hier ist das Angebot besser als in Puerto Natales.

DIE UMGEBUNG VON PUNTA ARENAS

- **Pachamama**
Magallanes 619. Naturkostladen mit umfangreichem Angebot an Trockenfrüchten, ideal für Wanderungen.
- **Zona Franca**
In der Freihandelszone kann man zollfrei einkaufen, gut z.B. für Campingausrüstung. 4 km nördlich des Zentrums, Sammeltaxis ab Magallanes.

Fahrradreparatur

- **Bike Service**
Sarmiento 1132. Hat Spezialwerkzeug und kann auch Ersatzteile aus Santiago beziehen.

Die Umgebung von Punta Arenas

Pinguinkolonien am Seno Otway und auf der Isla Magdalena ⟲ XXII/B2

Zwei große Pinguinkolonien können in der Nähe von Punta Arenas besucht werden: Auf der Isla Magdalena leben schätzungsweise 200.000 Magellan-Pinguine, am Seno Otway nisten etwa 11.000 Tiere in einer weiten Wiesenlandschaft. Die Pinguine leben **nur in den Sommermonaten** hier, Ende März ziehen sie sich in wärmere Gewässer zurück und kehren – ohne zwischendurch an Land zu gehen – erst Ende Oktober wieder. Pinguine trifft man überall vor der patagonischen Küste, egal ob am Pazifik oder am Atlantik. Es sind **Magellan-Pinguine** *(Spheniscus magellanicus)*, und sie sind leicht zu erkennen: Sie sind recht klein, etwa 70 Zentimeter, wiegen etwa 4 Kilo und haben als besondere Charakteristika den schwarz-weißen Kopf sowie einen schwarzen Streifen, der am oberen Rand ihrer Brust verläuft. Pinguine sind flugunfähige Vögel, sie legen zwei Eier, brüten in Kolonien und ernähren sich von Meerestieren. Die Jungtiere tragen zunächst graue Flaumfedern. Sie sind exzellente Schwimmer, an Land aber bewegen sie sich schwerfällig; ihr Schwerpunkt liegt in der Mitte des Körpers, dadurch wirkt ihr Gang „putzig".

Ihren **Namen** erhielten die Meeresvögel, so die Überlieferung, von walisischen Matrosen, die auf dem Schiff von

Magellanpinguin
auf der Isla Magdalena

Thomas Cavendish 1586 nach Puerto Deseado kamen: Sie nannten die Tiere „pengwyn", ein Wort, das auf gälisch „weißer Kopf" bedeutet.

Die **Pinguinkolonie am Seno Otway** ist im Rahmen einer organisierten Tour oder mit einem Mietauto zu erreichen. Man verlässt Punta Arenas auf der Ruta 9 nach Norden und biegt nach 22 Kilometern nach Westen ab (ausgeschildert). Etwa 35 Kilometer weiter erreicht man die Otway-Bucht und die *Pingüinera* (Eintritt 10 US-$). Man kann dort nicht übernachten, es gibt aber einen kleinen Imbiss. Die **organisierten Touren** finden größtenteils nachmittags (16–20 Uhr) statt, da zu dieser Zeit die meisten Pinguine zu sehen sind – sie kommen vom Fischen zurück.

Die **Isla Magdalena** liegt **in der Magellanstraße,** nördlich von Punta Arenas, und ist allein schon wegen der enormen Zahl der Pinguine (die Angaben schwanken zwischen 150.000 und 400.000) ein Erlebnis der besonderen Art. Die Tiere stehen vor ihren Erdhöhlen oder in Gruppen am Strand und beäugen die Touristen eher neugierig denn scheu; ab Dezember sind auch die hellbraunen Jungtiere zu beobachten. Auf einem markierten Weg kann man sich ihnen teilweise bis auf Armlänge nähern. Möwen und Sturmvögel sowie ein **Leuchtturm** runden das Panorama ab. Die Fahrt dauert ca. 1,5 Stunden, man bleibt 2 Stunden auf der Insel, insgesamt also 5 Stunden hin und zurück. Die „Melinka" fährt im Sommer dreimal wöchentlich (zuletzt Di, Do, Sa um 16 Uhr), Preis: 35 US-$, zu buchen bei jeder Reiseagentur.

Besser ist die Fahrt mit einem großen Motorschlauchboot zur **Isla Magdalena** und zu einer Seelöwenkolonie auf der **Isla Marta.** Die Boote fahren täglich (bei gutem Wetter), mitunter sogar zweimal. Zu buchen über eine Agentur oder direkt bei Solo Expediciónes (José Nogueira 1255, Tel. 243354, www.soloexpediciones.net, 70 US-$).

Wale im Parque Marino Francisco Coloane

170 Kilometer südwestlich von Punta Arenas erstreckt sich rings um die **Isla Carlos III** in der Magellanstraße der **erste Meeres-Nationalpark Chiles.** Der Parque Marino Francisco Coloane wurde 2003 eingerichtet und verdankt seinen Namen dem im Jahr zuvor verstorbenen Schriftsteller *Francisco Coloane,* der in seinen Erzählungen die raue Schönheit Patagoniens und das harte Leben seiner Bewohner schilderte. Der Meerespark soll in erster Linie die **Buckelwale** *(Megaptera novaeangliae)* schützen, die im Sommer hier zu Dutzenden gesichtet werden. Die bis zu 19 Meter langen und bis zu 48 Tonnen schweren Meeressäuger gelten als die „Springer" unter den Walen und sind daher besonders gut zu beobachten. Seit sie unter strengem Schutz stehen, erholen sich die Populationen in den patagonisch-antarktischen Gewässern langsam wieder.

Die Forschungs-Organisation **Whale Sound** organisiert von Mitte Dezember bis Ende April das **„Whale Watching"** mit einem Expeditionsboot und Motorschlauchbooten zur besseren Annäherung an die Wale. Auf der Insel unterhält sie ein streng ökologisches **Camp** mit großen, fest installierten Zelten. Die hoch gelobte Tour ist sehr teuer: ca. 800 US-$ für 3 Tage inkl. Übernachtung und Verpflegung; mit dem Geld werden auch die wissenschaftlichen Studien unterstützt. Die Anreise per Schiff dauert 7–10 Stunden und kann je nach Witterung die Seefestigkeit stark auf die Probe stellen ... Infos und Fotos unter www.whalesound.com, Buchungen über Reisebüros (z.B. Aonikenk in Punta Arenas).

Puerto del Hambre und Fuerte Bulnes

Fährt man von Punta Arenas immer entlang der Magellanstraße nach Süden, zweigt nach 26 Kilometern eine schmale Seitenstraße westwärts zur **Reserva Forestal Laguna Parrillar** ab. Mitten im südpatagonischen Wald liegt die Lagune, die das Süßwasserreservoir von Punta Arenas ist (gute Angelmöglichkeiten). Zurück an der Magellanstraße passiert man zunächst einen alten Pionierfriedhof, dann einen Monolithen, der darauf hinweist, dass hier die geografische Mitte Chiles ist: die Hälfte der Strecke vom Südpol bis nach Arica.

Nach links zweigt dann eine Erdstraße ab zum **Puerto del Hambre,** dem Hungerhafen. 1582 segelte *Pedro Sarmiento de Gamboa* mit 19 Schiffen aus Spanien los, insgesamt waren etwa 3000 Personen an Bord. Vier Schiffe mit 800 Personen kenterten bereits unterwegs, eine Epidemie forderte weitere 600 Todesopfer, und mit acht Schiffen erreichte er schließlich die östliche Einfahrt in die Magellanstraße. Dort gründete er 1583 in der Bahía Posesión eine Kolonie und wenige Wochen später mit 300 Menschen eine zweite hier, am Puerto del Hambre, die er Ciudad Rey Don Felipe nannte. Aus Rey Felipe wurde schnell der Hungerhafen, denn die Kolonisten verhungerten kläglich – Ruinenreste und ein Gedenkstein erinnern an die Spanier. Übernachtungsmöglichkeiten bietet ein Campingplatz.

Wenige Kilometer weiter liegt **Fuerte Bulnes,** eine rekonstruierte Festung aus dem Jahr 1843, die die Chilenen an strategisch günstiger Stelle erbauten, um von hier aus die Meerenge zu überwachen und in Südpatagonien Präsenz zu zeigen. Doch es fehlte an Trinkwasser und Lebensmitteln, und so wurde das Fort bereits fünf Jahre darauf aufgegeben und nach Norden verlegt. Auf englischen Seekarten fand man einen „Sandy Point" und gründete dort 1848 Punta Arenas.

Zum Cabo Froward   ♫ XXII/B3

Wenige Kilometer südlich des Fuerte Bulnes endet die Straße. Von hier sind es noch ca. 32 Kilometer bis zum Cabo Froward, dem **südlichsten Punkt des amerikanischen Kontinents;** südlich davon liegt nur noch die Inselwelt Feuerlands. Den geografischen Extrempunkt kann man in einer fünftägigen, anspruchsvollen Trekkingtour durch die patagonische Wildnis erreichen. Näheres im Outdoor-Kapitel, Buchungen (500 US-$) über Turismo Aonikenk in Punta Arenas.

Estancia San Gregorio und NP Pali-Aike ♪ XXIII/C1,2

Die Ruta 9 führt von Punta Arenas nach Norden. Bei Gobernador Philippi biegt rechts (nach Osten) die Ruta 255 ab, über die man nach 147 Kilometern die chilenisch-argentinische Grenze erreicht. Von dort aus sind es noch 54 Kilometer bis nach Río Gallegos. Unterwegs passiert man die **Estancia San Gregorio** (etwa 90 Kilometer hinter der Abzweigung), die 1862 gegründet wurde und in Blütezeiten 90.000 Hektar Land umfasste. Sie wird heute von einer Kooperative bewirtschaftet, wirkt aber mit den verlassenen Gebäuden der früheren Estancia (Kapelle, Läden, Unterkünfte) wie eine Geisterstadt.

Etwa 35 Kilometer weiter zweigt bei Punta Delgada nach links (Nordwesten) eine Erdstraße zum **Parque Nacional Pali-Aike** ab, der weniger wegen der 5000 Hektar Steppenlandschaft interessant ist, sondern vielmehr wegen der archäologischen Ausgrabungen, die man hier machte. In der Cueva Fell (außerhalb des Parks und nicht öffentlich zugänglich) und in der Cueva Pali Aike (im Park) wurden fast 11.000 Jahre alte Höhlenzeichnungen gefunden, auch Überreste des Riesenfaultiers *(milodón)* und des südamerikanischen Pferdes *(onohippidium)*. Im Park sieht man zahlreiche Guanacos, und die Laguna Ana ist bei Vogelfreunden beliebt. Wer den Park besuchen will, muss von Punta Arenas aus eine Tour mit einem Reiseveranstalter buchen oder sich ein Auto leihen; es gibt keinen öffentlichen Transport dorthin.

Puerto Natales   ♪ XXII/A1

Puerto Natales ist eine **kleine Hafenstadt** mit 19.000 Einwohnern. Sie ist Ziel von Besuchern aus aller Welt, nicht, weil sie selbst so viel zu bieten hätte, sondern weil sie der beste **Ausgangspunkt für einen Besuch des** großartigen **Nationalparks Torres del Paine** ist.

Der Ort liegt lang gestreckt am Ufer des Fjords Ultima Esperanza, und der schönste Platz ist genau dort, an der Einmündung der Calle Philipp in die Uferstraße, dort wo die alte Mole vor sich hin verrottet: Sie dient Hunderten von **Kormoranen** als Sitzplatz, im Wasser paddeln **Schwarzhalsschwäne,** und im Hintergrund erhebt sich die großartige Kulisse der schneebedeckten Sarmiento-Kordillere. An den langen patagonischen Abenden gibt es hier die schönsten Sonnenuntergänge.

Im Ort selbst sollte man das **Museo Histórico** aufsuchen (Bulnes 285, Mo bis Fr 10–19, Sa 10–13 und 15–19 Uhr; im Winter immer mit Mittagspause). Hier erfährt man alles Wissenswerte über die Stadt – über die ursprünglich hier lebenden Yámana und Tehuelches, über die Tierwelt und über den Kapitän *Hermann Eberhard,* der 1892 durch das Gewirr der Kanäle dampfte und Karten erstellte, um die Gegend für die Schafzucht zu erschließen. Er gründete dann auch die erste Schaffarm in Puerto Consuelo, 15 Kilometer vom heutigen Natales entfernt. Der Name des Meeresarms, „letzte Hoffnung", geht aber weniger auf *Eberhard* als auf den Spanier *Juan Ladrilleros* zurück, der hier im 16.

Jahrhundert im Insel- und Kanalgewirr verzweifelt den Ausgang der Magellanstraße zum Pazifik suchte.

Touristeninformation

- **Vorwahl von Puerto Natales: 61**
- **Sernatur,** Av. Costanera Pedro Montt/Ecke Philipp, Tel. 412125, infonatales@sernatur.cl.
- **Städtisches Informationsbüro,** Bulnes 285, im Historischen Museum, Tel. 411263. Sehr hilfsbereit.
- **Conaf** (Nationalparks), O'Higgins 584, Tel. 411438.
- Sehr nützlich ist die **Zeitschrift „Black Sheep".** Das kostenlose englischsprachige Magazin wird in Hotels, Hostels, Restaurants usw. in ganz Patagonien verteilt. www.patagoniablacksheep.com
- **www.torresdelpaine.com,** hilfreiches Internet-Portal.

Unterkunft

- **Casa Anita**
Esmeralda 735. Einfach, freundlich, sauber. Wäscheservice, Gemeinschaftsbad, Küchenbenutzung, ab 7 US-$.
- **Patagonia Adventure**
Tomás Rogers 179, Tel. 411028. Freundlich und hilfsbereit, Schlafsaal und Einzelzimmer, sauber, Küchenbenutzung, Equipment-Verleih. 10 US-$ p.P., DZ 30 US-$.
- **Casa de Familia Dickson**
Bulnes 307, Tel. 411871. Sauber, freundlich, hilfsbereit, gutes Frühstück, Kochgelegenheit und Wäscheservice. Etwa 10 US-$ p.P.
- **Casa Cecilia**
Tomás Rogers 60, Tel. 613560. Deutschsprachig, freundlich, sauber, hilfsbereit, Küchenbenutzung, organisiert Touren, Verleih von Equipment, gutes Frühstück, 15–31 US-$ p.P. (ohne/mit Bad). www.casaceciliahostal.com
- **Hostal Las Carretas**
Galvarino 745, Tel. 414584. Neues, liebevoll eingerichtetes Hostal, 5 Min. vom Zentrum, sauber und hilfsbereit, abwechslungsreiches Frühstück, Internet. DZ mit Bad ab 38 US-$. www.portalmagallanes.com/lascarretas
- **Erratic Rock II**
Benjamin Zamora 732, Tel. 414317. Gute Alternative für Paare, hier gibt es alles für 2, Frühstück am Bett, Fahrradverleih. Freundlich und hilfsbereit. DZ mit Bad 40 US-$. www.erraticrock.com
- **Hospedaje Dos Lagunas**
Barros Arana 104, Tel. 415733. 3 DZ, ein Sechsbettzimmer, 19 US-$ mit Frühstück. Sauber, freundlich, hilfsbereit, Küche und Wäscheservice. doslagunas@hotmail.com
- **Residencial Bernardita**
O'Higgins 765, Tel. 411162. Einfache Zimmer mit Gasheizung und Gemeinschaftsbad für 19 US-$ p.P.; Zimmer mit Privatbad, Zentralheizung und TV für 28 US-$ p.P.; jeweils mit Frühstück. www.residencialbernardita.cl
- **Residencial Oasis**
Señoret 332, Tel. 411675. Gemütlich, der Service ist freundlich und persönlich. Es gibt Zimmer mit und ohne Privatbad. DZ 28 bzw. 35 US-$. resoasis@hotmail.com
- **Hostal de los Castillos**
Bulnes 241, Tel. 413641. Kleine, liebevoll eingerichtete familiäre Herberge, Zentralheizung, Cafeteria. DZ mit Bad 53 US-$. www.hostalcastillos.com
- **Hostal Sir Francis Drake**
Philippi 383, Tel. 411553. Solider Service, familiär, empfohlen. DZ mit Bad 52–61 US-$. francisdrake@chileaustral.com
- **Hotel Charles Darwin**
Bulnes 90, Tel. 414307. Solides, relativ neues Hotel, geräumige Zimmer, Lounge mit Meerblick, Restaurant. DZ 55 US-$. www.hotelcharlesdarwin.com
- **Aqua Terra**
Bulnes 299, Tel. 412239. Nette Lodge mit alternativem Touch: Massagen, Reiki, Shiatsu-Zen, Bachblüten; Café und Bar. DZ 128–150 US-$ ohne/mit Bad.
www.aquaterrapatagonia.com
- **Hotel Lady Florence Dixie**
Bulnes 655, Tel. 411158. Gute Mittelklasse, bessere „Superior"-Zimmer. DZ ab 77–87 US-$ je nach Saison und Kategorie. www.chileanpatagonia.com/florence
- **Hotel Martín Gusinde**
Bories 278, Tel. 412770. Modern und gut. DZ je nach Saison 134–162 US-$. www.hotelmartingusinde.com

Puerto Natales

- **Weskar Patagonian Lodge**
Ruta 9 km 1, Tel. 414168, am Ortsrand mit tollem Blick über den Sund. 21 gemütliche Zimmer, einheimische Küche. DZ ab 107 US-$.
www.weskar.cl
- **Hotel Indigo Patagonia**
Ladrilleros 105, Tel. 413609. Neues, todschickes, dabei gemütliches Design-Hotel mit 29 komfortablen Zimmern, schönen Aufenthaltsräumen, Lounge Bar und sehr gutem Restaurant. Auf dem Dach: Sauna und Jacuzzi mit Blick auf den Sund. DZ 163–215 US-$.
www.indigopatagonia.com
- **Hotel Altiplánico Sur**
Huerto 282, Tel. 412525. 3 km außerhalb des Ortes, mit Blick auf den Sund aus allen 22 spartanisch-schönen Zimmern. Schickes Design, gute Küche. DZ 220 US-$.
www.altiplanico.cl

Essen und Trinken

- **La Mesita Grande**
Arturo Prat 196, an der Plaza. Alle sitzen an einem großen Tisch, die beste Pizza weit und breit, lokales Bier.
- **El Rincón del Tata**
Arturo Prat 236. Treffpunkt, gemütliche Pubatmosphäre. Pizzas, Salate, Fisch. Faire Preise. Auch Internet, Touren und Verleih von Equipment.
- **La Casa de Pepe**
Tomas Rogers 131, an der Plaza. Chilenische Spezialitäten trotz bayerischer Besitzerin.
- **El Living**
Arturo Prat 156, an der Plaza. Café mit leckeren Kuchen, gutem Kaffee und Tee, vegetarische Gerichte, gute Musik.
- **Patagonia Dulce**
Barros Arana 233. Hausgemachte Schokolade, Gourmet-Espresso.
- **Oveja Negra**
Tomas Rogers 169. Café-Pub mit augezeichneter patagonischer Speisekarte.
- **La Ultima Esperanza**
Eberhard 354. Guter Fisch, v.a. große Portionen Lachs.
- **Andrés**
Ladrilleros 381, Tel. 412380. Sehr guter Fisch zu fairen Preisen, große Portionen.
- **La Frontera**
Bulnes 819. Café und Restaurant, flink, familiär. Preiswerte Fisch- und Fleischgerichte sowie Salate.
- **Afrigonia**
Eberhard 343, Tel. 412232. Wie der Name vermuten lässt: Geboten wird ein Mix aus afrikanischer und patagonischer Küche. Reservierung empfohlen.
- **Angelina's**
Bulnes Ecke Prat. Chilenische Spezialitäten mit griechischem Touch, Leserempfehlung.
- **La Picada de Carlitos**
Esmeralda 581 Ecke Blanco Encalada. Fleisch, Fisch, Meeresfrüchte und gute Weine, preiswert.

Verkehrsverbindungen

Flugzeug

- **Sky Airlines**
Bulnes 692, Tel. 600/6002828. Im Sommer zwei- bis dreimal wöchentlich Flüge direkt von Puerto Natales nach Puerto Montt und Santiago.

Überlandbusse

Puerto Natales hat **keinen zentralen Busbahnhof.** Wer direkt ein Rückfahrticket Puerto Natales – El Calafate – Puerto Natales kauft, sollte es unbedingt in Calafate rückbestätigen. Überbuchungen kommen vor.

Einige **Busunternehmen** und ihre Fahrtziele sowie Preise:
- **Buses Fernández**
Esmeralda Ecke Ramirez, Tel. 411111.
Punta Arenas (8 US-$).
- **Bus Sur**
Baquedano 668, Tel. 614221. Punta Arenas (8 US-$), Río Gallegos (Argentinien, 16 US-$), El Calafate (16 US-$, 4,5 Stunden).
- **Buses Cootra**
Baquedano 456, Tel. 412785.
El Calafate (16 US-$).
- **Buses Pacheco/Transfer**
Baquedano 500, Tel. 414513.
Beide nach Punta Arenas (8 US-$).
- **Turismo Zaahj**
Arturo Prat 236, Tel. 412260. El Calafate (Argentinien, 4,5 Stunden, 16 US-$).

- **Buses Gómez**
Arturo Prat 236, Tel. 411971. Torres del Paine (30 US-$ hin und zurück).
- **Buses JB**
Arturo Prat 258, Tel. 410242. Torres del Paine (30 US-$ hin und zurück).

Einzelne Reiseagenturen bieten in der Saison täglich Fahrten **nach El Calafate** (Argentinien) an, fast alle Touren in den Torres del Paine; am besten vorbuchen.

Schiff

- **Navimag** (Bulnes 533, Tel. 414300) fährt von Puerto Natales einmal wöchentlich nach Puerto Montt (siehe dort; drei Tage, 420–2470 US-$). Frühzeitig buchen!
- Das Luxusschiff **„Skorpios III"** fährt von Puerto Natales aus sechs Tage lang durch die Kanäle, u.a. in den Calvo-Fjord und zum Gletscher Pío XI. Preis je nach Saison und Kategorie 1760–3300 US-$. Tel. Stgo. 2311030, www.skorpios.cl.
- Schiffstouren auf dem **Seno Ultima Esperanza** siehe unten.

Mietwagen

- **Avis**
Bulnes 632, Tel. 410775.
- **Motorcar**
Blanco Encalada 330, Tel. 413593.

Reiseveranstalter

Puerto Natales ist voll von Reiseveranstaltern. Die meisten bieten die selben Touren an. Es sind **Ausflüge in den Nationalpark Torres del Paine** (Tagestour 34 US-$, ohne Essen und ohne Eintritte), **zur Cueva del Milodón oder Schiffsausflüge auf dem Seno Ultima Esperanza.** Einige verleihen auch Trekking-Equipment und vermieten Pferde oder Fahrräder. Wer für Touren im Nationalpark Unterkünfte reservieren will (Hotels oder Refugios), sollte dies nicht erst in Puerto Natales tun, sondern frühzeitig über eine Agentur.

Eine **Auswahl von Veranstaltern** mit guter Reputation:
- **Erratic Rock**
Baquedano 735, Tel. 410355. Hilfsbereit, alles für Backpacker, tägl. 15 Uhr Info-Runde zu Torres del Paine, Verleih sowie An- und Verkauf von Ausrüstung. www.erraticrock.com
- **Rutas Patagonia**
Blanco Encalada 353, Tel. 613874. Eistrekking auf dem Grey-Gletscher, Kajaktouren auf den Fjorden. www.rutaspatagonia.com
- **Fortaleza Aventura**
Tomás Rogers 235, Tel. 410595. Gute Infos, auch auf Englisch, vermietet Trekking-Utensilien. www.fortalezapatagonia.cl

Sonstiges

Geldwechsel

Einige **Wechselstuben** finden sich auf der Calle Baquedano im 500er Block, drei **Geldautomaten** stehen **in den Banken** an der Calle Bulnes zur Verfügung.

Post und Telefon

Die **Post** befindet sich an der Plaza de Armas. Eine **Telefonzentrale** findet sich Blanco Encalada 298.

Wäscherei

- Gut ist **Milodón,** Baquedano 642.

Supermärkte

Drei größere Supermärkte auf der Calle Bulnes, oberhalb von Blanco Encalada.

Weiterfahrt nach Argentinien

Die Weiterfahrt **nach El Calafate und zum Nationalpark Los Glaciares** in Argentinien (siehe am Ende des Kapitels) erfolgt von Puerto Natales entweder über den Grenzübergang Río Turbio oder (besser) über den von Cerro Castillo nach **Esperanza.** Der Ort auf allen Karten eingezeichnet, aber nicht mehr als eine Straßenkreuzung in der patagonischen Ebene: Darum gruppieren sich eine Tankstelle, drei Häuser, zwei Restaurants und eine Busstation.

Über weitgehend asphaltierte Pisten geht es weiter, bis nach rund 4 Stunden **El Calafate** am südlichen Ufer des **Lago Argentino** erreicht ist.

Radtour bei Puerto Natales – hoffentlich mit dem patagonischen Wind im Rücken

Die Umgebung von Puerto Natales

Puerto Bories ⌕XXI/B3

Wenige Kilometer nördlich von Puerto Natales liegt Puerto Bories, ein großer Komplex, den die Sociedad Explotadora de Tierra del Fuego 1913 errichten ließ. Heute sind lediglich noch der **Schlachthof** und die **Kühlhäuser** in Betrieb, zu Beginn des Jahrhunderts wurden von hier die drei großen Schaf-Estanzias der Region versorgt. Es gab Schafschuranlagen, Wollwäschereien, und von hier aus wurden Wolle und gefrorenes Fleisch nach Europa verschifft. Interessant ist die Besichtigungstour durch die alten Industrieanlagen.

Cueva del Milodón ⌕XXI/B3

1896 machte *Hermann Eberhard* 25 Kilometer nordwestlich von Puerto Natales eine Entdeckung: In einer Höhle fand er gut erhaltene Fell- und Knochenreste eines großen Tieres. Es war ein **Mylodon**, wie sich später herausstellte, ein etwa 3,5–4 Meter großes **Riesenfaultier**, eine Pflanzen fressende Tierart, die Ende des Pleistozäns ausgestorben ist. Am Eingang der 30 Meter hohen, 80 Meter breiten und etwa 200 Meter tiefen Höhle steht die Plastiknachbildung eines solchen Tieres. Die Höhle diente nicht nur dem Riesenfaultier als Unterschlupf, man fand hier auch Spuren prähistorischer Menschen.

Die Höhle ist zu erreichen entweder im Rahmen einer organisierten Ausflugfahrt von Puerto Natales aus, mit geliehenem Pkw oder per Fahrrad. Die meisten Ganztagstouren zum Nationalpark machen auch einen Abstecher zur Cueva del Milodón. Eintritt 9 US-$.

Seno Ultima Esperanza und Balmaceda-Gletscher ⌕XXI/B3

Eine bei gutem Wetter wunderschöne, bei schlechtem leicht aufregende Fahrt führt mit dem Boot über den Seno Ultima Esperanza zu den Gletschern Balmaceda und Serrano. Etwa 60 Kilometer geht es nach Nordwesten durch den **Seno Ultima Esperanza.** Während der Bootsfahrt sieht man Kormorane und Schwarzhalsschwäne, Seelöwen und mit Glück auch Delfine. Die lang gezogene, tief eingeschnittene Meerenge, an deren Seiten die Berge teilweise lotrecht aufsteigen, teilweise flach auslaufen, endet im **Nationalpark Bernardo O'Higgins.** Dieser Nationalpark ist mit mehr als 3,5 Millionen Hektar der **größte Chiles,** allerdings auch einer der unzugänglichsten. Unterhalb des steil aus dem Meer bis auf 2035 Meter Höhe aufragenden Monte Balmaceda liegt die kleine Bootsanlegestelle **Puerto Toro.** Hier verlässt man das Boot zu einer kleinen Wanderung hin zu einem Gletschersee, der durch einen schmalen Erddamm vom Seno abgetrennt ist und in den der **Serrano-Gletscher** kalbt. Dessen Eisdecke ist stellenweise 15–20 Meter dick, und immer wieder brechen größere Stücke ab und treiben dann als blauweiße Eisberge auf dem See.

Vom Seno Ultima Esperanza aus hat man bei klarem Wetter einen wunder-

Parque Nacional Torres del Paine

Cueva del Milodón – Nachbildung des Urtiers Mylodon in seiner Höhle

vollen Blick auf die Granittürme des Torres del Paine. Theoretisch kann man von Puerto Toro auch zu Fuß in den Nationalpark Torres del Paine gelangen. Man lässt sich an der Mündung des Río Serrano in den Seno Ultima Esperanza vom Boot absetzen und läuft dann flussaufwärts bis zum Lago de Toro im Nationalpark. Dafür braucht man aber eine Erlaubnis der Grundstücksbesitzer (weitere Informationen bei Conaf in Puerto Natales).

Turismo 21 de Mayo fährt mit drei kleinen Passagierschiffen im Sommer täglich, ansonsten unregelmäßig von Puerto Natales in den Seno Ultima Esperanza. Die Fahrt kostet 105 US-$ p.P.; an Bord gibt es Kaffee, Tee und Kuchen. Auf dem Rückweg legt man an der Estancia Perales an, wo ein zünftiges Mittagessen serviert wird (im Preis enthalten).

Diese Tour kann auch **mit der Fahrt in den Nationalpark Torres del Paine kombiniert** werden. Vom Serrano-Gletscher aus geht es in Motorschlauchbooten weiter, den **Río Serrano** hinauf bis zum Camping Río Serrano, von dort gibt es einen Transfer zur Parkverwaltung. Die sehr empfehlenswerte Route kann auch in umgekehrter Richtung dienen, um den Park auf einem anderen Weg zu verlassen. Die Tour startet in der Saison von Puerto Natales täglich um 8 Uhr, Ankunft gegen 16.30 Uhr im Nationalpark, umgekehrt geht es um 8 Uhr an der Parkverwaltung (administración) los, Ankunft um 17.30 Uhr in Natales. Preis: 150 US-$ pro Person, die Vorabbuchung bei einem Reisebüro wird empfohlen, da die Schlauchboote im Sommer oft ausgebucht sind.

●**Turismo 21 de Mayo**
Eberhard 554 (zwischen Plaza und B. Encalada), Tel. 411176, 21demayo@chileaustral.com.

Parque Nacional Torres del Paine XXI/A,B2

Der Nationalpark – ein **Höhepunkt jeder Chile-Reise** – umfasst ein 242.000 Hektar großes Gebiet in den südchilenischen Anden mit **atemberaubender Landschaft:** Die windzerzauste patagonische Ebene trifft hier unvermittelt auf die Gipfel der Südkordillere, steil aufragende Berge, die sich wie eine uneinnehmbare Felsenburg mit granitenen Nadelspitzen emportürmen. Der höchste Gipfel ist der 3050 Meter hohe **Cerro Paine Grande,** umgeben von den Spitzen des Paine Chico (bis 1720 m), der Torres del Paine (bis 2850 m) und der Cuernos del Paine (bis 2600 m). Im Park liegen zahlreiche blaugrüne **Gletscherseen.** In einem von ihnen, dem Lago Grey, treiben dicke weißblaue Eisblöcke – sie brechen immer wieder unter großem Getöse aus der Wand des **Grey-Gletschers.** Rund 120 Vogelarten, darunter Kondore und Nandus, sind hier zu Hause, Guanacos trifft man auf Schritt und Tritt, Füchse und Pumas leben in den entlegeneren Regionen. Die Pflanzenwelt ist noch artenreicher – auch wenn man das den Bäumen, die sich zusammengekrümmt gegen den Wind stemmen, nicht unbedingt ansieht: Mehr als 200 verschiedene Arten sind im Park zu finden. Konsequenterweise wurde 1959 das Naturschutzgebiet eingerichtet, seit 1978 ist es als **Welt-Biosphärenreservat** von der UNESCO anerkannt. Vorher gehörte das Gelände zu Schaf-Estanzias, und die Landbesitzer brannten auch hier den Urwald nieder, um Weidefläche zu schaffen.

Heute muss der Park den **wachsenden Besucherandrang** verkraften: Ungefähr 140.000 Touristen aus aller Welt strömen im Jahr hierher. Um dem gerecht zu werden, wurde in den letzten Jahren die Infrastruktur ausgebaut – Straßen verbessert, Wege angelegt, Hotels und Hütten gebaut. Es bleibt die Pflicht jedes Einzelnen, die **Natur** zu **schützen** und möglichst keine Spuren zu hinterlassen:

- Übernachten Sie nur an den dafür vorgesehenen Plätzen!
- Nehmen Sie all Ihren Müll wieder mit!
- Verlassen Sie auf keinen Fall die markierten Wege!

Der Nationalpark Torres del Paine liegt nördlich von Puerto Natales und ist auf dem Landweg über **zwei Routen** zu erreichen. Die klassische ist die gut ausgebaute Straße über **Cerro Castillo** (bis dort asphaltiert, dann Schotter) zum Nordufer des Lago Sarmiento. Dort teilt sich die Straße: Links geht es zum Parkeingang **Portería Sarmiento,** rechts zur **Portería Laguna Amarga** (jeweils 113 km von Natales). Die Wahl hängt einzig davon ab, welche Route man geplant hat. An beiden Punkten gilt es, sich registrieren zu lassen und den Parkeintritt zu bezahlen (26 US-$ für Ausländer).

2007 wurde eine **neue Schotterstraße** von Puerto Natales in den Park eröffnet. Die streckenweise schmale Piste führt ca. 20 Kilometer nördlich von Puerto Natales links ab in Richtung Mylodon-Höhle und dann direkt zum **Lago del Toro** und der „Administración" (Parkverwaltung von Conaf, ca. 65 km, Registrierung). Landschaftlich ist sie attraktiver als die Route über Cerro Castillo, führt sie doch weniger durch die Pampa als vielmehr durch stark hügelige Landschaft mit schönen Blicken auf die Seen mit dem Paine-Massiv dahinter. Den Westteil des Parks erreicht man so wesentlich schneller.

PARQUE NACIONAL TORRES DEL PAINE

• Auch wenn in diesem Band eine **Übersichtskarte** des Parks enthalten ist (siehe Anhang) und die Wanderwege recht gut markiert sind – für Trekkingtouren sollte man auf jeden Fall eine aktuelle **Wanderkarte** erwerben. Darin sind Zeltplätze, Refugios und Hotels verzeichnet und natürlich die verschiedenen Wege mit ungefähren Gehzeiten. Im Handel in Punta Arenas und Puerto Natales sind zwei Karten erhältlich, eine von JLM (rotes Cover), die andere (bessere) von Patagonia Interactiva, beide für 6–7 US-$.

• **Weitere gute Karten** des Parks sind online zu bestellen unter www.trekkingchile.com/karten. Am Parkeingang gibt es eine gute Übersichtskarte von Conaf.

2005 hat ein **Großbrand,** der von einem unachtsamen Touristen entfacht wurde, Teile der Lenga-Wälder und Steppengräser zwischen Laguna Azul und der Hostería Las Torres vernichtet, zum Glück blieben die zentralen Bereiche des Parks verschont. Das Gebiet soll wieder aufgeforstet werden.

Die meisten Besucher strömen im patagonischen Sommer (Dezember bis März) in den Nationalpark. Dabei ist dieser auch im **Herbst,** wenn sich die Bäume teilweise verfärben, und im **Winter,** wenn die Berge verschneien, überaus reizvoll. Das Klima ist dann zwar kühler, aber nicht unbedingt rauer: Im Herbst lassen die starken Winde nach, und man kann sonnige, klare Tage mit fantastischem Bergpanorama erleben. Je nach Schneelage kann man einige Wanderungen auch im Winter unternehmen. Einige Unterkünfte haben auch im Winter geöffnet (s.u.).

Trekking und Bergsteigen

• Siehe auch entsprechende Abschnitte im Outdoor-Kapitel!

Für Trekking-Freunde ist der Torres del Paine ein Paradies – allerdings kein ganz ungefährliches. Man braucht eine **gute Ausrüstung** und sollte nie allein unterwegs sein. Das Wetter kann in Minutenschnelle umschlagen, von Sonnenschein direkt in Hagelschauer, und unvermittelte Kälteeinbrüche gibt es häufig. Zelte sollten sturmerprobt und absolut wasserdicht sein, die Kleidung selbstverständlich auch und natürlich warm (Handschuhe und Mütze sind selbst im Sommer keine schlechte Idee), und der Schlafsack sollte auch bei Minustemperaturen noch wärmen. Andererseits sollte die Sonnencreme mit hohem Schutzfaktor nicht fehlen. Die Sonne scheint gar nicht so selten auf dieser, der wetterabgewandten Seite der Anden, und dann kann es im Sommer schnell 25–30 Grad warm werden. Dass man als Camper ein gutes Kochgeschirr etc. mit sich führt, ist selbstverständlich.

Es gibt zahlreiche kürzere und längere **Tages-** oder **Mehrtagestreks** sowie den **Paine-Rundweg,** eine Wanderung, die in 6–10 Tagen einmal um das gesamte Massiv herumführt (siehe „Outdoor/Trekking"). **Kürzere Routen** finden sich reichlich. Ein sehr guter Ausgangspunkt ist z.B. die **Lodge de Montaña Paine Grande** am Nordwestufer des Lago Pehoé. Von dort führt eine achtstündige Wanderung (hin und zurück) zum Glaciar Grey oder eine ebenfalls achtstündige Wanderung (hin und zurück) durch das Tal des Río Francés hin zum Campamento Británico. Fünf Stunden sind es durch die windige Ebene von der Paine-Grande-Lodge zur *Ad-*

PARQUE NACIONAL TORRES DEL PAINE

ministración des Nationalparks am Lago Toro (Busstation), in dem der Río Serrano entspringt. Andere gute Ausgangspunkte für Tages- oder Mehrtagestrips sind die Hostería Las Torres bzw. der Campingplatz oder das Refugio daneben (wunderschöne, einschließlich Rückweg achtstündige Tour zu den Füßen der Torres) oder das Refugio Pingo (Wanderung von zehn Stunden für Hin- und Rückweg zum Lago Pingo).

Gut für einen **mehrtägigen Aufenthalt** ist auch eine **Wanderung in W-Form.** Man fährt über den Lago Pehoé und wandert mit Gepäck bis zum Camping Grey (1. Tag). Von dort geht es am nächsten Tag ohne Gepäck, dafür mit schönem Blick auf den Gletscher bis zum Paso John Garner hoch und wieder zurück zum Zelt (2. Tag). Am 3. Tag wandert man mit Rucksack zum Campamento Italiano. Der 4. Tag sieht wieder eine rucksacklose Wanderung vor – hinauf ins Valle del Francés und zurück zum Zelt. Am nächsten Tag geht es mit Gepäck zum Camping Las Torres (5. Tag). Von dort erwandert man schließlich das Valle Ascencio und die Torres (6. Tag).

Übrigens: Wer länger in den Park geht, sollte so viel **Lebensmittel** wie möglich **mitnehmen.** Im Park ist alles sehr teuer und außerdem nicht immer erhältlich (z.B. Brot).

So sieht man das Panorama im Nationalpark Torres del Paine nur selten

Torres del Paine

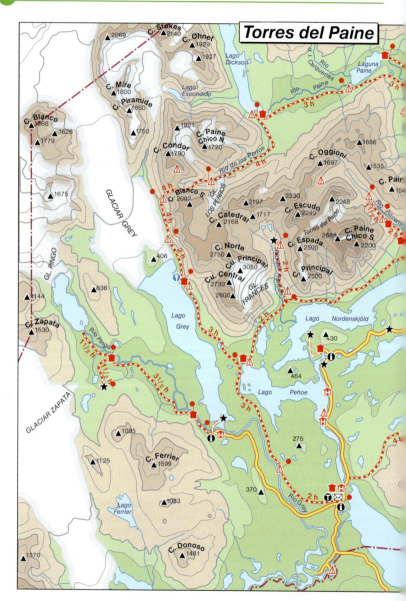

TORRES DEL PAINE

🏠	Hotel
🏠	Hütte, Refugio
△	Campingplatz
🅘	Restaurant
❶	Parkaufsicht, Information
✉	Post, Telefon
⊤	Tankstelle
★	Aussichtspunkt
—·—·—	Grenze P.N.
³/₄ h	Trekkingroute mit Marschdauer

🏠 Hotels

1. Las Torres
2. Pehoé
3. Explora
4. Lago Grey
5. Rio Serrano
6. Lago Tyndall
7. Cabañas Paine
8. Mirador del Paine

Patagonien

Verkehrsmittel

Die **Busse von Puerto Natales** fahren eine festgelegte Strecke: Sie kommen an der Guardería Laguna Amarga in den Park, fahren weiter bis zur Guardería Lago Pehoé, von dort vorbei an der Hostería Pehoé und dem Hotel Explora bis zur Verwaltung des Parks *(Sede Administrativa)*. Man kann an den genannten Punkten ein- oder aussteigen, die Busse halten u.U. auch auf Zuruf an der Strecke. Erkundigen Sie sich genau nach den Abfahrtszeiten für die Rückfahrt.

Über den Lago Pehoé fährt im Sommer dreimal täglich ein **Boot** in jede Richtung. Vom See aus hat man einen tollen Blick auf das Paine-Massiv mit den Cuernos im Vordergrund. Zuletzt fuhr der Katamaran ab Pudeto um 9.30, 12 und 18 Uhr, die Überfahrt zur Lodge Paine Grande (ex Refugio Pehoé) dauert eine halbe Stunde, das Boot fährt sofort wieder zurück; Preis: 19 US-$ pro Strecke, 32 US-$ hin und zurück.

Von der Hostería Grey am Südende des Lago Grey fährt dreimal täglich (9, 15 und 18 Uhr) ein Schiff zum **Grey-Gletscher,** die Rundtour von 3 Stunden kostet 80 US-$. Man kann auch nur eine Richtung buchen und am Refugio Grey am Nordufer aus- bzw. zusteigen (70 US-$). Dabei verpasst man u.U. die Gletscherfront, fragen Sie vorher nach! Buchungen über Reisebüros.

Unterkunft

Zur Übernachtung im Park stehen zahlreiche Möglichkeiten zur Verfügung; alle sind in der Karte auf S. 510 eingezeichnet.

● Es gibt einige **Campingplätze.** Kostenfrei sind die Camps Torres (im Valle Ascencio), Paso und Los Guardias. Die Plätze Laguna Azul, Las Torres (an der Hostería), Los Cuernos, Chileno, Serón, Pehoé, Grey, Dickson und Los Perros kosten 7 US-$ p.P., Camping Pehoé am Südostarm des Lago Pehoé (mit tollem Blick auf das Paine-Massiv) kostet 8 US-$ p.P., Camping Río Serrano (ruhig am Fluss, ebenfalls schöner Blick) 6 US-$ p.P.
● Dann gibt es einzelne **Refugios,** in denen die Übernachtung nichts kostet, die aber wirklich nur Schutzhütten sind, so die Refugios Pudeto und Laguna Verde. Alle anderen **Hütten** werden von Konzessionären bewirtschaftet und bieten Gemeinschafts-Schlafräume (Schlafsack mitbringen!), heißes Wasser, Verpflegung und/oder Küchenbenutzung, allerdings zu deftigen Preisen. In den Refugios Grey und Dickson, bezahlt man 25 US-$ p.P. für die Schlafstätte und 59 US-$ mit Vollpension. Die Hütten Torre Norte, Chileno und Cuernos kosten 33 US-$ bzw. 62 US-$ mit Vollpension. Neben dem Refugio Cuernos gibt es 8 Cabañas für 2 Pers. (103 US-$ pro Cabaña bzw. 163 US-$ mit Vollpension). In der Lodge de Montaña Paine Grande (100 Betten, www.verticepatagonia.cl), kostet die Nacht 35 US-$ bzw. 63 US-$ mit Vollpension; Die Refugios sind im Sommer oft voll und sollten **unbedingt mit mehreren Tagen Vorlauf reserviert werden,** am besten über eine Agentur wie Aonikenk in Punta Arenas (siehe dort).

Die **Paine Grande Lodge** und das **Refugio Los Cuernos** haben auch im Winter geöffnet und sind dann deutlich preiswerter, ebenso einige Hotels (s.u.).

Alle anderen Übernachtungsmöglichkeiten sind **deutlich teurer:**
● **Hostería Las Torres**
Tel. 61/360360, westlich der Laguna Amarga, rustikal, Restaurant/Bar, Internet, kleines Spa. Von Sept. bis April geöffnet, DZ je nach Saison ab 105 bzw. 278 US-$.
www.lastorres.com
● **Hostería Pehoé**
Tel. 61/411390 oder 244506. Auf einer kleinen Insel im Lago Pehoé, per Brücke erreichbar, mit Blick auf die Cuernos, 15.9. bis 30.4.

Atlas XXI und S. 488, Stadtplan S. 517 **CALAFATE (ARGENTINIEN)** 513

geöffnet, 15 neuere Zimmer („superior"), DZ ab 260 US-$. ventas@pehoe.cl

● **Hostería Mirador del Payne**
Tel. 61/226930 oder 225167. Ehemals Estancia Lazo, an der Laguna Verde mit Panorama-Blick auf den Park, Restaurant. Von September bis April geöffnet, DZ je nach Saison ab 160 bzw. 195 US-$.
www.miradordelpayne.com

● **Hostería Lago Grey**
Tel. 61/410172 oder 712100. Am Südufer des Lago Grey, ganzjährig, Restaurant. DZ je nach Saison ab 181–501 US-$. Bootstour zum Grey-Gletscher 70 US-$ (hin und zurück). www.lagogrey.cl

● **Posada Río Serrano**
Tel./Fax 61/412911 oder 613531. Neben der Parkverwaltung am Lago Toro, DZ ohne/mit Bad 103 bzw. 140 US-$, in der Nebensaison billiger.

● **Cabañas del Paine**
Tel./Fax 61/241197 oder 220174. Am Río Serrano. Der Name trügt: keine Cabañas, sondern eine runderneuerte Hostería mit Restaurant und Tourprogrammen. Ganzjährig geöffnet, DZ mit Bad je nach Saison 100 bzw. 210 US-$.
aventour@entelchile.net

● **Hostería Lago Tyndall**
Tel. 61/413139 oder 221303. Bequeme Herberge am Río Serrano, mit Restaurant. Ganzjährig geöffnet, DZ je nach Saison 120 bzw. 200 US-$. Auch Cabañas: 4 Pers. 220 US-$. Nebenan ein neues Refugio für 40 US-$ p.P.
www.hosteriatyndall.com

● **Hostería Lago del Toro**
Tel. 412481 oder 220014. Neue rustikale Herberge am Río Serrano mit nur 12 Zimmern, familiäres Ambiente, Restaurant. Nov. bis März geöffnet. DZ 150 US-$.
www.lagodeltoro.com

● **Hotel Río Serrano**
Tel. 61/240528. Neues, großes 4-Sterne-Hotel am Río Serrano, 95 Zimmer, Restaurant, Komplettprogramme. DZ ab 266 US-$.
www.hotelrioserrano.cl

● **Patagonia Camp**
Tel. 2/3349255. 18 luxuriös eingerichtete Jurten am Südufer des Lago del Toro, etwas außerhalb des Nationalparks. Komplettprogramme mit Transfer, Vollverpflegung und Exkursionen, ab 1410 US-$ für 3 Nächte. Mitte Sept. bis Mitte April geöffnet.
www.patagoniacamp.com

Calafate (Argentinien) ♪ XXI/B1

Der kleine Ort wäre noch kleiner und auch gänzlich unbekannt, läge er nicht **am Rande des Nationalparks Los Glaciares** und würde über ihn nicht der beste Zugang zum Park führen. Calafate hat seine touristische Infrastruktur in den letzten Jahren erheblich ausgebaut.

Eisberge auf dem Lago Grey

Calafate (Argentinien)

Vom Luxushotel bis zur kleinen Herberge ist alles vorhanden. Fast alle 10.000 Einwohner leben direkt oder indirekt vom Tourismus. Der Ort selbst ist ohne Sehenswürdigkeiten, er ist lediglich das **infrastrukturelle Zentrum.**

Calafate liegt **am Südufer des Lago Argentino,** eines typischen Gletschersees der patagonischen Anden. Er bedeckt mit seinem milchig-trüben Gletscherwasser eine Fläche von etwa 1600 km² und ist damit der größte See Argentiniens und der drittgrößte Südamerikas. Die **Laguna Nimes** bietet ein kleines Vogelschutzgebiet. Wer den Rundweg geht, sieht mit etwas Glück auch Flamingos.

Der **Name der Siedlung,** eigentlich El Calafate, stammt von einer **Strauchpflanze** (Berberis buxifolia), die bis zu 30 cm hoch wird und recht hartschalige Blaubeeren trägt, die nicht ganz so süß wie die europäischen werden. Ihr Genuss hat – so sagt man – zwei Folgen: Zum einen sind sie verdauungsfördernd, zum anderen kehrt, wer sie isst, wieder nach Patagonien zurück ...

Touristeninformation

- **Vorwahl von Calafate: 02902**
- Die sehr hilfreiche **Touristeninformation** ist im Busbahnhof, Tel. 491090.
- Ausführliche und aktuelle Infos über Calafate und den Nationalpark Los Glaciares hält die exzellente Website **www.losglaciares.com** bereit (auch auf Englisch).

Hotels

- **America del Sur Hostel**
Puerto Deseado 153, Tel. 493525. Hostel mit wunderschönem Blick auf den Lago Argentino, DZ mit Frühstück 62 US-$, Reservierung empfohlen, im Mehrbettzimmer ab 16 US-$ pro Person. www.americahostel.com.ar
- **Residencial Los Lagos**
25 de Mayo 220, Tel. 491170. Gemütlich, freundlich, Frühstück kostet extra, DZ mit Bad 62 US-$.
- **Cabaña Nevis**
Libertador 1696, Tel. 493180. Hütten für bis zu 8 Pers. (ab 120 US-$), einige davon mit Seeblick. www.cabanasnevis.com.ar.
- **Hostería Newenkelen**
Puerto Deseado 223, Tel. 493943. Kleines Hotel, Zimmer teilweise mit Blick auf den Lago Argentino, mit Frühstück 75 US-$. www.newenkelen.com.ar
- **Hostería Schilling**
Gob Paradelo 141, Tel. 491453. Gut, empfehlenswert, 74 US-$. www.hosteriaschilling.com.ar
- **Posada Karut Josh**
Calle 12 Nr. 1882, Tel. 496444. Schöne geräumige Zimmer, mit hausgemachtem Frühstück. Ab 80 US-$. www.posadakarutjosh.com.ar
- **Hostería Kalkén**
V. Feilberg 119, Tel. 491073. Sehr gutes Frühstück, mit Bad 120 US-$. www.hosteriakalken.com
- **Hostería Posta Sur**
Puerto San Julián 490, Tel. 492406, ab 105 US-$. www.hosteriapostasur.com.ar

Luxushotels:
- **Los Alamos**
Guatti 1135, Tel. 491145, ab 245 US-$. www.posadalosalamos.com
- **Kau Yatun**
Est. 25 de Mayo, Tel. 491059. Estanzia-Aufenthalt der Extraklasse, ab 260 US-$. www.kauyatun.com
- **Patagonia Park Plaza**
Straße 998 Nr. 50, Tel. 491777, ab 260 US-$. www.patagoniapark.com.ar

Camping

- **Im Ort** selbst gibt es nahe der Tankstelle an der Brücke über den Arroyo Calafate einen Campingplatz (6 US-$ pro Person, gute Duschen). Andere liegen außerhalb, **an der Straße zum Nationalpark.**

Jugendherbergen

- **Hostel Buenos Aires**
Buenos Aires 296, Tel. 491147, direkt am Busbahnhof, ab 36 US-$.
www.glaciarescalafate.com
- **Calafate Hostel**
Gobernador Moyano 1226, Tel. 492450, ab 16 US-$ p.P., DZ ab 60 US-$.
www.calafatehostels.com
- **Hostal del Glaciar Pioneros**
Los Pioneros 251, Tel. 491243. Gut, freundlich, Mehrbettzimmer, aber auch DZ mit Bad (48 US-$), Küchenbenutzung, Waschmöglichkeiten, eigene, sehr gute Touren in den Nationalpark, Abhol- und Bringservice zum Flughafen und Busbahnhof. Ab 11 US-$ p.P. mit Internationalem Jugendherbergsausweis, 13 US-$ ohne. www.glaciar.com
- **Hostal del Glaciar Libertador**
Av. Libertador 587, Tel. 491792. Ähnlich wie das vorgenannte, da unter gleicher Leitung, DZ 75 US-$, 14 US-$ p.P.
- **Hospedaje del Norte**
Los Gauchos 813, Tel. 491117. Gut und einfach, je nach Ausstattung DZ ab 25 US-$. Frühstück kostet extra, die Küche kann benutzt werden.
- **Hospedaje de los Pinos**
9 de Julio 358, Tel. 491271. Große und schöne Räume, Mehrbettzimmer ab 15 US-$ p.P., DZ ab 40 US-$.

Essen und Trinken

- An Restaurants herrscht in El Calafate kein Mangel. Frühstück und kleine Snacks bieten zahlreiche **Cafés** auf der Av. Libertador, darunter die **Confitería Casa Blanca** (1202) und **La Esquina** (1000).
- Gute **Restaurants** für große Fleischportionen sind **Mi Viejo** (Av. Libertador 1111) und **La Tablita** auf der Ecke der Av. Libertador und der Coronel Rosales.
- **Don Diego de la Noche** auf der Av. Libertador 1603 hat Mariscos, Lamm und Forellen auf der Speisekarte.
- Wer es vegetarisch liebt, ist bei **Pura Vida** (Av. Libertador 2000) gut aufgehoben.
- Wer mit Blick auf den Lago Argentino speisen möchte, sollte nach **Don Pichón** fragen.

Flugverkehr

- Der **Aeropuerto Internacional El Calafate** liegt 23 km östlich der Stadt. **Ves Patagonia** (Tel. 494355, www.vespatagonia.com) hat ein Büro am Flughafen und fährt für 10 US-$ in die Stadt oder vom Hotel zum Flughafen. Flüge gehen nach Trelew, Puerto Natales (Chile), Buenos Aires, Ushuaia, Río Gallegos und Bariloche, nicht so häufig nach Perito Moreno und Río Grande.

Argentinischer Gaucho

Fluggesellschaften:
- **Aerolíneas Argentinas**
9 de Julio 57, Tel. 492815.
- **Lade**
Av. Marambio/Ecke Haro, Tel. 491262.

Überlandbusse

- Der **Busbahnhof** liegt oberhalb der Av. Libertador San Martín an der Av. Roca 1004 und ist über die Treppe gegenüber der Calle Espora zu erreichen. Tickets kann man auch in den Büros der **Busgesellschaften Interlagos und El Pingüino** (beide auf der Av. Libertador) kaufen. Dies sollte man frühzeitig tun, da in der Hochsaison viele Busse, besonders nach den Wochenenden, ausgebucht sind.
- Vom Busbahnhof fahren (mehrfach) täglich **Busse nach** Río Gallegos (13 US-$, 4–5 Std.), Río Turbio (14 US-$, 7 Std.), Puerto Natales in Chile (20 US-$, 5 Std.) und El Chaltén (22 US-$); „Los Glaciares" hat einen Anhänger für Fahrradtransport.

Reiseveranstalter

Die meisten Reiseveranstalter bieten **dasselbe Programm** an. Am besten informiert man sich in der sehr freundlichen Touristeninformation über die aktuellen Angebote. Die Touren führen alle in den Nationalpark. Alle Preise verstehen sich pro Person ohne den Parkeintrittspreis von 20 US-$. Angeboten werden u.a.:

- **Minitrekking über den Perito-Moreno-Gletscher:** 120 US-$.
- **Safari Náutico**, d.h. Bootsfahrt über den Lago Argentino bis etwa 150 Meter vor die Gletscherwand: 15 US-$ (nicht unbedingt zu empfehlen).
- **Tagesfahrt zum Perito-Moreno-Gletscher** (Fahrt dorthin mit den normalen Bus, etwa drei Stunden Aufenthalt, Rückfahrt): 25 US-$.
- **Fahrt zum Upsala-Gletscher:** 90 US-$.
- **Mehrtagestouren zum Fitzroy** (günstige Angebote über die Touristeninformation).

Einige Reiseveranstalter:
- **Transpatagonia Expeditions**
Espora 35 Piso 1, Tel. 493766. Sehr freundlich und hilfsbereit, gute Ausflüge, großes Leserlob.
- **Chaltén Travel**
Av. Libertador 1174, Tel. 492212. Großes Tourangebot, dazu Service auf der Ruta 40 bis nach Los Antiguos. Empfehlung: Nach den Einzelheiten fragen.
- **Hielo y Aventura**
Av. Libertador 935, Tel. 491053. Empfehlenswert.
- Die **Jugendherberge Hostal del Glaciar** bietet sehr empfehlenswerte Touren zum Perito-Moreno-Gletscher an. Man fährt dabei nicht einfach mit dem Bus zum Gletscher, sondern nähert sich zu Fuß der Eismasse, am Seeufer entlang. Es besteht Gelegenheit zu Tierbeobachtungen, die Erläuterungen sind sehr gut, und am Gletscher selbst hat man schließlich über zwei Stunden zur eigenen Verfügung. Wer im Nationalpark übernachten möchte, kann ebenfalls mitfahren und dann einige Tage später wieder mit zurückkehren.

Sonstiges

- Die Bank **Banco de la Provincia de Santa Cruz** auf der Av. Libertador 1285 wechselt Bargeld (Geldautomat) oder **Casa de Cambio Thaler**, Av. Libertador 937; Schecks werden in der **Jugendherberge Hostal del Glaciar** getauscht.
- Die **Post** ist auf der Av. Libertador 1137.
- Eine **Telefonzentrale** gibt es Espora/Ecke Gregores.

CALAFATE (ARGENTINIEN)

P. N. Los Glaciares (Argentinien)

Parque Nacional Los Glaciares ♂ XXI/A,B1

Nicht umsonst ist der 600.000 Hektar große Nationalpark Los Glaciares einer der meistbesuchten in Argentinien. Hier liegen **spektakuläre Naturschönheiten**, 60–100 Meter hohe Gletscher, von denen unter ohrenbetäubendem Dröhnen riesige Stücke abbrechen und wie kleine Eisberge im milchig-trüben Wasser der Gletscherseen schwimmen, steil aufragende Berge, deren wolkenverhangene Spitzen unbezwingbar erscheinen. Die bekanntesten Punkte im Park sind der **Perito-Moreno-Gletscher** im Süden sowie das **Fitzroy-Massiv** im Norden.

Auf dem Weg zum Nationalpark passiert man die **Estancia Alta Vista**. Sie gehörte früher zur Estancia La Anita. Als 1920/21 die Landarbeiter in Patagonien gegen die Großgrundbesitzer streikten und einige Estanzias selbst übernommen hatten, schickte Präsident *Irigoyen* das Militär unter der Führung von Coronel *Héctor Benigno Varela* nach Patagonien, um das Land zu „befrieden". Die Armee machte kurzen Prozess mit den Streikenden: Etwa 1500 Menschen wurden im Laufe eines Jahres erschossen, auf der Estancia La Anita kam es zum größten Massaker an den meist chilenischen Arbeitern. Ungefähr 120 unbewaffnete Männer wurden einfach niedergemacht. Der argentinische Schriftsteller *Osvaldo Bayer* hat über den Landarbeiteraufstand in Patagonien ein dreibändiges Werk geschrieben („La Patagonia Rebelde", nicht auf Deutsch erschienen); es wurde auch von *Héctor Olivera* verfilmt.

Die Gletscher

Die Gletscher im Nationalpark Los Glaciares sind Ausläufer des Inlandeises der südlichen Halbkugel. Auf der Grenze zwischen Argentinien und Chile erstreckt sich in Patagonien die – abgesehen von den Polregionen – größte zusammenhängende Eismasse der Erde: 22.000 km² groß ist die Fläche, sie entspricht etwa der Größe Hessens. Der größte Einzelgletscher ist der **Upsala-Gletscher**; mit einer Ausdehnung von 595 km² gehört er auch zu den größten der Welt.

Tipp: Wer noch Geld in der Reisekasse übrig hat, sollte einen **Bootsausflug zum Upsala-Gletscher** machen. Der Transfer dorthin kostet 35 US-$, die Bootsfahrt selbst 125 US-$. Das auf dem Schiff angebotene Mittagessen kann man sich sparen – lieber selbst Proviant einpacken.

Mehr bestaunt wird aber der **Perito-Moreno-Gletscher,** dessen Eiswand, die sogenannte Gletscherzunge, sich 60 Meter hoch aus dem Lago Argentino erhebt. Er ist eine Besonderheit, denn er ist einer der wenigen wachsenden Gletscher weltweit. Während die meisten anderen Gletscher langsam abzutauen scheinen, wird der Perito-Moreno-Gletscher jährlich langsam, aber sicher größer.

Gletscher sind nämlich Eisströme, die sich oberhalb der Schneegrenze bilden. Aus Schnee entwickelt sich das gepresste Gletschereis, das durch den an-

P. N. Los Glaciares (Argentinien)

dauernden **Prozess von Frieren und Tauen** beweglich wird und langsam, mit einer Geschwindigkeit von höchstens 1–2 Zentimetern pro Stunde, auf einer Wasserschicht ins Tal fließt. Am Ende bildet sich dann eine hohe, beim Perito-Moreno-Gletscher eben 60 Meter hohe und 4 Kilometer breite **Gletscherzunge.** Dort taut das Eis ab, es bilden sich Risse, ab und an stürzt ein mächtiger Eisquader in den See.

Beim Perito-Moreno-Gletscher war es nun in den letzten Jahrzehnten so, dass der Gletscher schneller nachfloss, als er unten am Ende abtaute. Dadurch schob er sich langsam immer weiter vorwärts. Was passierte? Alle paar Jahre hatte sich der Gletscher so weit vorgeschoben, dass er einen Teil des Lago Argentino, den **Brazo Rico,** vom Hauptsee abschnürte. Der Wasserstand im Brazo Rico stieg und stieg, insgesamt um eine Höhe von etwa 18 Meter. Damit stieg dann natürlich auch der Wasserdruck auf die vom Gletscher aus Eis gebildete Staumauer. Irgendwann konnte die nicht mehr standhalten, und sie wurde mit einer mächtigen Explosion weggesprengt. Von 1937 bis 1988 passierte das Schauspiel alle paar Jahre, dann herrschte lange Ruhe. Im März 2004 war es endlich wieder soweit: Das teilweise tage- und wochenlange Warten der Schaulustigen hatte sich gelohnt. Mit einem riesigen Bersten zerbrach der Eisdamm. Doch insgesamt hat sich das Wachstum des Gletschers verlangsamt. Zuletzt brach die Staumauer

Ein Highlight im Park:
der Perito-Moreno-Gletscher

im Juli 2008 und damit erstmals in einem Wintermonat. Experten machen dafür den Klimawandel verantwortlich. Das weltweite Schrumpfen der Gletscher ist auch in der Andenregion zu beobachten.

Reisebüros in Calafate bieten **organisierte Touren** zum Perito-Moreno und zu den anderen Gletschern an. Wer im Nationalpark bleiben will, kann dort campen. Die **Eintrittsgebühr** für den Park beträgt 20 US-$.

Am Fitzroy-Massiv

Der Fitzroy, benannt nach dem Kapitän von Darwins Forschungsschiff, ist mit seinen 3405 Metern zwar einer der niedrigeren Berge Argentiniens, dennoch ein **Traumziel für Bergsteiger** aus aller Welt. Schon zig Kilometer, bevor man El Chaltén, das Dorf an seinem Fuß, erreicht, sieht man, wie seine spitzen Zacken, auf denen sich nicht einmal der Schnee zu halten scheint, aus der Ebene aufragen. Schade, dass der Bus weiterfährt und man das Bild nicht festhalten kann: ein Guanaco in der Steppe, dahinter der **Lago Viedma,** wo man in der Ferne schon den gleichnamigen Gletscher blitzen sieht, und dahinter die Spitzen des Fitzroy-Massivs.

Auch wer kein Bergsteiger ist – und um den Fitzroy zu besteigen, muss man mehr als nur ein bisschen Erfahrung haben – kommt im Park auf seine Kosten. Die wichtigsten Infos übers Wandern gibt es direkt bei den Parkwächtern. Es gibt ausgedehnte **Wanderwege,** man kann im Norden bis zur Laguna del Desierto (der Bus fährt ebenfalls bis dorthin) wandern. Mit Verpflegung muss man sich in El Chaltén eindecken, auch feste Unterkünfte gibt es nur dort. Der Vorteil des Fitzroy-Gebietes: Hier sind hervorragende **Ein- oder Mehrtagestouren** auch ohne teuren Wanderführer möglich. Pflicht sind allerdings eine gute Ausrüstung und eine aktuelle Wanderkarte, die man vor Ort erwerben kann. Auch sollte man sich unbedingt an die markierten und beschriebenen Wege halten.

Wer **wenig Zeit** hat, sollte sich auf **zwei Touren** beschränken: eine zum Campamento Poincenot und evtl. weiter zum Basislager des Fitzroy, die andere zum Campamento Maestri am Fuß des Gletschers Torre.

Für alle, die es etwas extremer mögen und mehr Zeit haben: Hinter dem Cerro Torre erstreckt sich das **Patagonische Eisfeld,** auf das verschiedene Agenturen Exkursionen anbieten.

El Chaltén

Das Dorf El Chaltén – so hieß ursprünglich der Fitzroy in der Sprache der Tehuelche – ist eine Ansammlung von ein paar Häusern am Zusammenfluss von Río de las Vueltas und Río Fitzroy. Es besteht aus **Verwaltungsgebäuden und Herbergen.** Wichtig und obligatorisch ist ein Besuch des Nationalparkbüros am Ortseingang (hier ist die Gebühr für den Nationalpark zu entrichten).

Unterkunft/ Essen und Trinken

● Die teuerste der Herbergen ist die **Estancia La Quinta,** auf die man 4 km vor dem Ort

Trekking am Fitzroy

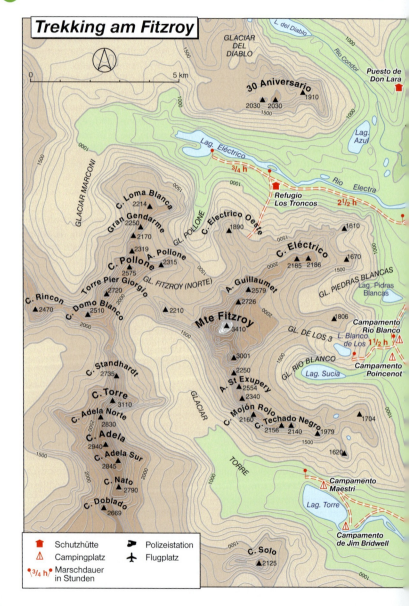

trifft und in der man 190 US-$ für ein Doppelzimmer bezahlt, Tel. (02962) 493012 www.estancialaquinta.com.ar.

● Die billigsten Übernachtungsmöglichkeiten kosten ab 17 US-$ p.P., z.B. der **Albergue Rancho Grande** (Tel. 493005, www.ranchograndehostel.com, DZ ab 65 US-$); der Besitzer gibt gute Tipps, auch für Tagestouren am Fitzroy-Massiv.

● Das **Fitzroy Inn** (Tel. 493062, www.caltur.com.ar) verlangt 115 US-$ für das DZ.

● **B&B Nothofagus,** Riquelma, Tel. 493087, www.nothofagusbb.com.ar. Nette Zimmer, Nichtraucher, ab 45 US-$/DZ inkl. Frühstück, ohne eigenes Bad. In der Hauptsaison empfiehlt sich eine Reservierung.

● **La Casita,** Av. San Martín 430 (gegenüber Bus Chaltur) bietet hervorragendes Essen zu moderaten Preisen und mit guter Bedienung. Große Portionen gibt es im Restaurant **La Fuegia.**

Camping

● **Camping El Relincho** und **Camping El Refugio** verlangen etwa 6 US-$ p.P. und haben heiße Duschen (kosten extra, zum Camping El Refugio gehört auch ein kleines und recht gemütliches Hostal mit Kochmöglichkeit und schönem Aufenthaltsraum).

● **Camping Madsen,** umsonst, allerdings nur kaltes Wasser und keine Toiletten.

Verkehrsverbindungen

● El Chaltén ist problemlos per **Bus** von Calafate aus zu erreichen. Es fahren in den Sommermonaten täglich mehrere Busse, im Winter nur zwei in der Woche, zudem haben viele Herbergen geschlossen.

● **Fahrt von Chaltén/Calafate** via Ruta 40 nach Perito Moreno und Bariloche: **Chaltén Travel** fährt die Strecke in der Hochsaison an ungeraden Tagen. Vorbuchung empfehlenswert. Die Fahrt dauert ca. 13 Std. Chaltén Travel hält in Perito Moreno direkt vor dem Hotel Belgrano und nimmt auf Wunsch die Reservierung für die Übernachtung vor.

● Zur **Grenzüberquerung** nach Villa O'Higgins/Chile siehe dort.

Feuerland: Tierra del Fuego

„Ein einziger Blick auf eine solche Küste reicht hin, um einen Menschen vom Festland eine Woche lang von Schiffbrüchen, Gefahr und Tod träumen zu lassen; und mit diesem Blick sagten wir für immer Feuerland Lebewohl." So äußerte sich *Charles Darwin* im Juni 1834 erschreckt und zugleich begeistert über Feuerland nach seinem Aufenthalt dort. „Tierra del Fuego", „Feuerland" – der Name allein löst Assoziationen aus: von sturmumtosten Inseln, von Kälte und ewiger Finsternis, seltsam erhellt von flackernden Feuern, die *Magellan* 1520 bei seiner Durchsegelung der Meerenge am Ufer sah und die ihn zur Namensgebung veranlassten.

Der **Archipel,** bestehend aus der Hauptinsel Feuerland und einigen südlich vorgelagerten Inseln, ist der **südlichste Punkt der Erde, der nicht vom ewigen Eis überlagert ist.** Hier liegt die südlichste Stadt der Erde, das argentinische Ushuaia – Puerto Williams auf der Isla Navarino ist nicht viel mehr als ein Militärstützpunkt –, hier gibt es im argentinischen Nationalpark Feuerland eine Confitería (Restaurant), die sich selbst die südlichste nennt, hier verkünden stolz Schilder am Hafen des chilenischen Porvenir und des argentinischen Ushuaia, wie weit es bis zur Nordgrenze des jeweiligen Landes ist (Chile gewinnt den Wettbewerb: Bis Arica sind es 5299 Kilometer, bis La Quiaca an der argentinisch-bolivianischen Grenze „nur" 4526 Kilometer), hier ist das Traumziel für alle Segler erreicht: **Kap Hoorn** (Chile), der südliche Abschluss der Inselgruppe, wo Atlantik und Pazifik aufeinander treffen.

Tierra del Fuego – Feuerland bezeichnet zweierlei: einmal den gesamten Archipel aus vielen kleinen Eilanden und einer großen Insel, zum anderen die Hauptinsel Feuerland, die die ersten Europäer zunächst für ein bis an den Südpol reichendes Festland hielten. Insgesamt ist der Archipel **73.500 Quadratkilometer** groß, die Isla Grande de Tierra de Fuego umfasst etwa 47.000 Quadratkilometer. Zu Chile gehört der größere Teil des Archipels, etwas mehr als 52.000 Quadratkilometer, der argentinische Teil ist aber dichter besiedelt. Etwa 130.000 Menschen leben auf dem Archipel, davon auf der chilenischen Seite nicht einmal 10.000.

Der **chilenische Teil** der Insel wirkt verschlafen. Einzige nennenswerte Siedlungen sind Porvenir und Puerto Williams. Auf **argentinischer Seite** hat sich in den letzten Jahrzehnten vieles getan, die dortige Regierung lockte mit Steuerfreiheit bei Investitionen einige internationale Unternehmen auf die Insel, darunter zahlreiche der Elektroindustrie, die hier Teile montieren lassen. Dadurch prosperierten vor allem die Städte Ushuaia und Río Grande, Zuwanderer kamen auf der Suche nach Arbeit. Inzwischen ist die Boomzeit wieder vorbei, die Vergünstigungen wurden abgeschafft, und die Menschen müssen mit den Folgen leben, denn auf Feuerland ist das Leben teurer als im Rest Argentiniens.

Traditionell lebt die Insel von der **Viehwirtschaft,** den Schafen und der Wolle. Hinzu kommen die Fischerei und die Forstwirtschaft. Im Norden der Insel und in der Magellanstraße wird in relativ geringen Mengen Erdöl gefördert. Auch der Tourismus wird immer wichtiger.

Die Hauptinsel **Feuerland erinnert landschaftlich stark an Patagonien:** Im Norden erstreckt sich weites Tafelland, im Süden folgt der letzte Ausläufer der Kordillere, die hier noch einmal Höhen von etwa 2500 Metern erreicht. Diese Fortsetzung ist natürlich, schließlich entstand die Insel erst vor etwa 10.000 Jahren, als die Gletscher die Magellanstraße einschliffen und so die Südspitze des Kontinents vom Festland trennten. Auch der Beagle-Kanal war ursprünglich ein Gletschertal.

Das **Klima** ist ozeanisch und **kühlgemäßigt;** die Temperaturen im Winter liegen oft bei -15°C, im Sommer schwanken sie zwischen 8° und 20°C.

Zur Geschichte Feuerlands

Um 30.000 v. Chr. wanderten die ersten Menschen über die Beringstraße nach Amerika (Alaska) ein. Sie zogen langsam südwärts und erreichten um 12.600 v. Chr. die Südspitze des Kontinents, wie man aus Ausgrabungen bei Pali Aike (Chile, nördlich von Punta Delgada an der Magellanstraße) und Los Toldos (Provinz Santa Cruz in Argentinien) weiß. Sie lebten dort als Jäger. Von etwa 10.400 v. Chr. stammen die ersten menschlichen Besiedlungsspuren, die man auf Feuerland fand. Diese Menschen überschritten wohl während der letzten Eiszeit die Magellanstraße.

ZUR GESCHICHTE FEUERLANDS

Als die ersten Europäer kamen, gab es **verschiedene Gruppen von Ureinwohnern,** die größten waren die Selk'nam, die Haush, die Alakaluf und die Yamana.

- Die **Selk'nam,** die auch *Ona* genannt wurden, lebten im Norden der Hauptinsel. Im Süden reichte ihr Siedlungsgebiet bis zur Linie, die durch die Meerenge Canal Whiteside und den Lago Fagnano gebildet wird. Sie waren Jäger zu Fuß und lebten vorwiegend von Guanacos, aber auch von Wasservögeln, Meeressäugetieren und Muscheln.
- Die **Haush** hatten das kleinste Siedlungsgebiet. Es lag im äußersten Osten der Insel in dem Dreieck gegenüber den Islas de los Estados. Die Haush waren ebenfalls Jäger zu Fuß und unterschieden sich in ihrer Lebensform kaum von den Selk'nam. Die Haush bezeichneten sich selbst als *Manekenk*.
- Die **Alakaluf** lebten auf beiden Seiten der Magellanstraße. Auf Feuerland waren das die westlich von Ushuaia gelegene Halbinsel Brecknock sowie einige Inseln weiter westlich. Die Alakaluf waren Kanunomaden und Kanujäger, zogen mit ihren Booten umher und ernährten sich vorwiegend von Fischen.
- Am weitesten südlich lebten die **Yamana,** ebenfalls Kanunomaden, auch Yagan genannt. Sie hatten ihr Gebiet auf beiden Seiten entlang des Beagle-Kanals, absolutes Zentrum war der Murray-Kanal. Sie jagten in erster Linie Seelöwen, deren Fleisch wegen des hohen Fettgehaltes eine wichtige Nahrungsquelle war. Auffällig war bei ihnen der weite Brustkorb im Verhältnis zu eher kurzen Gliedmaßen.

Im 17. Jahrhundert gab es ungefähr 10.000 Ureinwohner auf den Inseln, 1910 wurden nur noch etwa 350 Menschen gezählt. **In nur 50 Jahren –** erst um 1860 hatte die Besiedlung durch die Weißen begonnen **– waren die Ureinwohner faktisch ausgerottet worden.** Auslöser war neben der brutalen Landnahme – für einen toten Indianer wurde teilweise ein Pfund Sterling bezahlt – paradoxerweise das wohlmeinende Wirken des Salesianerordens, der ab 1886 begann, die Feuerländer in Missionen zu konzentrieren, um sie vor dem Zugriff der weißen Siedler zu schützen. In den Siedlungen breiteten sich eingeschleppte Krankheiten – Pocken, Masern, Tuberkulose – schnell aus und dezimierten die Fueguinos rapide. Hinzu kam das Überjagen der Meeressäuger durch die Weißen, wodurch den Eingeborenen die Lebensgrundlage genommen wurde.

Die europäischen Eroberer betrachteten die Eingeborenen als eine Art seltsamer Tiere – man verschleppte sie zu Studienzwecken und zur Belustigung des Publikums in Völkerschau-Austellungen nach Europa. Selbst *Darwin,* ansonsten in der Beurteilung der Menschen auf seiner Reise vorurteilsfrei, schrieb, als er auf die Feuerländer traf: „Ich hätte kaum geglaubt, wie groß die Verschiedenheit zwischen wilden und zivilisierten Menschen sei: Sie ist größer als zwischen einem wilden und einem domestizierten Tier."

Darwin schrieb auch über **Jemmy Button.** Den 14-jährigen Feuerländer hatte Kapitän *Robert Fitzroy* bei einer Reise einige Jahre zuvor gekidnappt, nach England verschleppt und ihm die Vorzüge einer „zivilisierten" Erziehung angedeihen lassen. Später dann war *Jemmy Button* mit *Darwin* und *Fitzroy* an Bord der „Beagle", blieb auf Feuerland zurück und fiel, wie die Europäer vermuteten, in die „Barbarei" zurück. Angeblich führte er später sogar Indianerangriffe gegen Europäer an.

Lediglich **Missionare** wie *Thomas Bridges* und sein Sohn *Lucas* nahmen die Indianer und ihre Kultur ernst. *Thomas Bridges* widmete sich unter anderem der Erforschung der Yamana-Sprache und stellte bis zu seinem Tod ein Wörterbuch zusammen, das 32.000 Worte der metaphernreichen Sprache erfasste. Ein anderer war der deutsche Missionar *Martin Gusinde* aus Breslau, der zwischen 1918 und 1924 mit rund 1000 Fotografien das Leben der letzten Feuerland-Indianer dokumentierte.

Die **ersten Europäer** waren nicht an den Inseln interessiert. Magellan wollte seine Passage finden, der nächste war 1578 *Francis Drake*, den ebenfalls nur die Durchfahrt lockte. *Juan Ladrillero* hatte als einziger bereits um 1560 begonnen, sich auch mit der Lebensweise der Eingeborenen sowie Flora und Fauna zu beschäftigen. 1615 entdeckten zwei holländische Kapitäne, dass Feuerland eine Inselgruppe ist und kein, wie bis dahin angenommen, mit dem Südpol verbundenes Festland. *Willem Schouten* und *Jakob (Santiago) Le Maire* nannten den absolut südlichsten Punkt nach ihrem holländischen Heimathafen Kap Hoorn. Auf Darwins Reise um die Welt – mit der „Beagle", unter dem Kommando von Kapitän *Fitzroy* – wurde 1834 der Beagle-Kanal entdeckt.

Nach der Unabhängigkeit Chiles und Argentiniens begann der Streit der beiden Länder um Feuerland. Schließlich wurde 1881 die Isla Grande per Linealstrich auf der Landkarte geteilt. **Grenzkonflikte** gab es aber immer wieder, zuletzt um einige Inseln an der Einfahrt zum Beagle-Kanal (1979–1984).

Reisezeit und Anreise

Die **beste Reisezeit** für einen Besuch Feuerlands ist natürlich der kurze **Sommer**, aber auch im Herbst kann man noch sehr schöne Tage erleben.

Porvenir und Puerto Williams (von Punta Arenas aus) und Ushuaia (von Buenos Aires aus) werden von Flugzeugen angeflogen. **Fährschiffe** fahren von Punta Arenas nach Porvenir und Puerto Williams oder von Punta Delgada (168 km von Punta Arenas entfernt) nach Puerto Espora, der Fährstation an der Nordspitze von Feuerland. Von dort sind es 141 Kilometer bis nach Porvenir bzw. 148 Kilometer bis zur Grenze bei San Sebastián und weitere 333 Kilometer nach Ushuaia. Nur wenige **Busse** benutzen diese mehrmals täglich zwischen 8 und 21 Uhr verkehrende Fähre (3 US-$ p.P., Pkw 24 US-$, Fahrrad 1,50 US-$). Mit eigenem Fahrzeug ist man auf jeden Fall beweglicher.

Porvenir ⌕ XXII/B3

„Punta Arenas gegenüber, an der Küste des Feuerlandes, liegt das kleine Porvenir (Zukunft) als Wintersitz von Goldwäschern und Schafzüchtern. Dort ist beinah jedes Haus eine Kneipe." So urteilte *Otto Bürger* 1926 über die damals südlichste Stadt Chiles. Die Zeit des **kurzen Goldrausches** ist längst vorbei, und die Zahl der Kneipen hat auch stark abgenommen, nur die großartige Zukunft ist bislang ausgeblieben. Zwar ist Porvenir die **größte chilenische**

Stadt auf Feuerland, aber sie zählt nur wenig mehr als 5000 Einwohner. Die meisten sind **Nachfahren kroatischer Siedler,** die im Zuge des erwähnten Goldrausches nach 1880 auf die Insel kamen.

Porvenir ist eine **hübsche, verschlafene Kleinstadt.** Sie liegt am Ostende der tief eingeschnittenen, gleichnamigen Bucht, gut geschützt vor den Winden der Magellanstraße.

Sehenswert ist das örtliche Museum mit dem langen Namen **Museo de Tierra del Fuego Fernando Cordero Rusque,** das im selben Gebäude wie die Touristeninformation untergebracht ist. Es zeigt archäologische Funde aus der Region, Materialien zur Kultur der Feuerland-Indianer sowie Ausstellungsstücke, die an die ersten Pioniere erinnern; eine große Abteilung widmet sich dem frühen chilenischen Kino; angeblich funktionierte hier das erste Kino in ganz Südamerika (Valdivieso 402, direkt an der Plaza, Mo bis Fr 9–13, 14.30–18 Uhr, Nov. bis März auch Sa, So 11–13 und 14.30–16 Uhr).

Touristeninformation

- **Vorwahl von Porvenir: 61**
- Ein städtisches **Informationsbüro** liegt direkt an der Plaza (Valdivieso 402).
- **Info-Kiosk** an der Uferstraße zwischen Santos Mardones und Muñoz Gamero.

Unterkunft/ Essen und Trinken

- **Hostal Kawi**
Pedro Silva 144, Tel. 581638. Einfach, mit Privatbad, ab 13 US-$ p.P. Auch Tourangebote. hostalkawi@yahoo.com
- **Hotel España**
Croacia 698, Tel. 61/580160. Renoviert, neuer Trakt mit schönen Zimmern und Blick auf die Bucht, auch recht gutes Restaurant. 18–26 US-$ p.P.
- **Hotel Rozas**
Bernardo Philippi 296, Tel. 580088. Mit gutem Restaurant. DZ mit Heizung und Bad ca. 42 US-$.
- **Hostería Los Flamencos**
Teniente Merion, Tel. 580049. Bestes Hotel im Ort, Blick über den Hafen. DZ mit Bad ca. 45 US-$.

Verkehrsverbindungen

Flugzeug

- **Aerovías DAP**
Av. Señoret 542, Tel. 580089. Fliegt dreimal täglich **nach Punta Arenas** (siehe dort).

Überlandbusse

Zweimal wöchentlich (17 US-$) fährt Buses Gelles (Duble Almeyda 257, Tel. 580488) **nach Río Grande** im argentinischen Teil Feuerlands. Von dort bestehen gute Verbindungen nach Ushuaia.

Schiff/Fähre

Einmal täglich außer montags verkehrt zu wechselnden Uhrzeiten eine **Fähre nach Punta Arenas** von der Bahía Chilota, dem südlich des Ortes gelegenen Hafen (Minibusservice dorthin, 2 US-$). Die Fähre braucht 2,5 Stunden für die Überfahrt, die Tickets kosten 8 US-$ p.P., für den Pkw sind 55 US-$ fällig. Tickets erhält man im Kiosk an der Uferstraße zwischen Santos Mardones und Muñoz Gamero, Tel. 580089.

Sonstiges

Geldwechsel

Denken Sie daran, genügend **Bargeld** mitzubringen. Zur Not gibt es auf der Philippi 263 eine Filiale des Banco Estado (Geldautomat). Dollars tauscht der Laden Estrella del Sur auf der Santos Mardones.

Post und Telefon

Die **Post** befindet sich auf der Ecke Philippi und Briceño, an der Plaza. Eine **Telefonzentrale** findet sich auf der Damián Riobó zwischen Valdivieso und Briceño.

Reiseveranstalter

• Touren veranstaltet **Turismo Porvenir**, Señoret s/n, Tel. 580089.

Die Umgebung von Porvenir

Der chilenische Teil Feuerlands lässt sich gut in einer **mehrtägigen Rundfahrt** erkunden. Dabei gibt es ein Problem: **Öffentliche Verkehrsmittel fehlen,** man benötigt also ein eigenes Fahrzeug (in Porvenir gibt es keine Autovermietung). Die Straßen sind recht gut. **Tanken** kann man nur in Porvenir, Cerro Sombrero und Cullen, also nur im Nordteil der Insel. Eine **Campingausrüstung** ist sinnvoll, denn Restaurants und Hotels sind dünn gesät.

In Porvenir wendet man sich nach Süden und erreicht bald die **Bahía Inútil.** Die „Nutzlose Bucht" erhielt ihren Namen von den Seefahrern, die auf der Suche nach der Ost-West-Passage jede Bucht weit hineinfahren mussten, da sich hier der Durchgang befinden konnte. Die Fahrt führt durch eine lichte Steppenlandschaft, nach 99 Kilometern ist **Onaisin** erreicht. Hier liegt der **Cementerio Inglés,** ein Friedhof für die vorwiegend schottischen (!) Aufseher auf den großen Schaf-Estancias.

Bei km 150 ist **Camerón** erreicht. Der Ort entstand um die Wirtschaftsgebäude einer früheren Schaf-Estancia, und viel hat sich seit den Tagen der Sociedad Explotadora de Tierra de Fuego, die hier ab 1904 agierte, nicht verändert – nur die Schafe werden im Dezember inzwischen mit elektrisch betriebenen Maschinen (im Akkord) geschoren. Benannt ist der Ort übrigens nach dem schottischen Verwalter der Estancia, die besichtigt werden kann. Folgt man weiter der Küstenstraße, gelangt man nach 76 Kilometern an ihr Ende: Das ist bei **Puerto Arturo,** einer winzigen Siedlung. Kurz vorher passiert man den Río Cóndor; hier kann man in sehr schöner Umgebung campen. In Puerto Arturo beginnt der private **Naturpark Karukinka** (siehe Exkurs).

Die Hauptstraße führt von Camerón nach Südosten ins Land hinein. Nach 37 Kilometern (von Camerón) leitet ein kleiner Abzweig nach links zu einem unter Denkmalschutz stehenden **Goldschürfbagger,** der 1904 aus England importiert worden war. Unterwegs sieht man häufig Guanakos, mitunter auch Ñandus in der offenen Steppe, es folgen vereinzelte Waldgebiete, dann ist nach 59 Kilometern (von Camerón) der Abzweig nach Süden erreicht. Weitere 35 Kilometer südlich teilt sich die Straße erneut, der linke (östliche) Arm führt zur **Estancia Vicuña.** Folgt man dem westlichen (rechten) Arm, gelangt man in die ersten Wälder, zum **Lago Blanco,** einem der schönsten Seen auf Feuerland, mit tollen Aussichten über den See hinweg auf die Darwin-Kordillere und zum **Valle de los Castores,** dem Tal der Biber, das wie viele Täler in Südfeuerland von der Nagewut der eingeführten Art gezeichnet ist.

DIE UMGEBUNG VON PORVENIR

Übernachten kann man am Lago Blanco einfach und gut in der Jagd- und Angelhütte der staatlichen Erdölgesellschaft Enap auf einer Insel (26 US-$ p.P., Tel. 61/211754) oder exquisit in der ganz aus dem einheimischen Lenga-Holz erbauten Hostería Las Lengas, die natürlich auch Angeltouren anbietet (DZ 185 US-$, Tel. Punta Arenas 61/211427, Tel. Lago Blanco 61/1964842, www.hosterialaslengas.com). Direkt am Ufer gibt es zudem einen einfachen Zeltplatz ohne jeden Komfort.

Vom Lago Blanco dringt eine neue Straße weiter südlich zum **Lago Deseado** vor und weiter zum **Lago Fagnano**. Hier baut das Militär derzeit an einer Verbindung über die Darwin-Kordillere nach Yendegaia am Beagle-Kanal.

Wer weiter nach Río Grande und Ushuaia (beide Argentinien) reisen will, kann den kleinen **Grenzübergang Río Bellavista** nutzen. Von der Polizei- und Grenzstation Pampa Guanaco nahe dem Lago Blanco sind es rund 90 km bis Río Grande, allerdings sind die 15 Kilometer bis zur Grenze nur mit Geländefahrzeug zu bewältigen. Außerdem benötigt man einen Salvoconducto (vorher in Punta Arenas besorgen: Policía Internacional, Errázuriz 977).

Die offizielle Route nach Argentinien macht einen weiten Umweg über San Sebastián (230 km bis Río Grande). Zurück auf der „Hauptstraße" von Cameron, wendet man sich nach Osten (rechts), dann biegt die Straße nach Norden ab und verläuft parallel zur chilenisch-argentinischen Grenze, vorbei an Wiesen, Mooren, vereinzelten Wäldern und einigen alten Estanzias, bis man schließlich auf die Ruta 257 trifft,

Karukinka, ein modernes Feuerland-Märchen

Südöstlich von Puerto Arturo erstreckt sich der Naturpark Karukinka, dessen Geschichte wie ein modernes Märchen klingt. In den 1990er Jahren versuchte hier der nordamerikanische Holzmulti Trillium Corporation ein gigantisches Projekt zur Ausbeutung der Naturwälder Feuerlands zu installieren. Nach heftigen Protesten von Umweltschützern und jahrelangem juristischen Tauziehen gab die Firma schließlich auf – wohl weniger aufgrund der Proteste als vielmehr, weil das Vorhaben nicht so profitabel zu werden versprach wie ursprünglich erhofft.

2003 erwarb die US-amerikanische Investitionsbank **Goldman Sachs** im Rahmen einer Umschuldungsaktion die 272.000 Hektar Land, die Trillium auf Feuerland besessen hatte, und kündigte an, sie in einen Naturpark zu verwandeln. Nicht ganz uneigennützig, wie ein Banksprecher zugab, winken Goldman Sachs doch Steuervorteile für ihr Umwelt-Engagement. Den bedrohten Wäldern können die Motive des Finanzriesen freilich egal sein. 2004 übergab die Bank die Ländereien in die Hände der **Wildlife Conservation Society** (WCS), die in über 50 Ländern aktiv ist und in Chile u.a. Projekte zum Schutz der Flamingos und der Blauwale unterstützt. Goldman Sachs unterstützt die WCS finanziell bei der **Schaffung eines Naturparks**, der die einzigartige Flora und Fauna der letzten zusammenhängenden Urwälder Feuerlands schützt. Nach dem Parque Pumalín, dem Projekt des amerikanischen Millionärs *Douglas Tompkins* in Nordpatagonien, entsteht damit am Südzipfel Amerikas ein weiterer privater Naturpark ähnlichen Ausmaßes, von dem in den nächsten Jahren mehr zu reden sein wird. Aktuelle Informationen unter www.karukinkanatural.cl (Spanisch) und www.wcs.org (Englisch).

die gen Westen nach Porvenir und nach Osten zum Grenzübergang ins argentinische Feuerland bei **San Sebastián** führt (130 km vom Lago Blanco). Beide Grenzorte, sowohl der chilenische als auch der argentinische, heißen San Sebastián, dazwischen liegen 14 km.

55 km sind es von San Sebastián nach Norden bis **Cullen** (Tankstelle), weitere 50 km bis **Cerro Sombrero,** einer Siedlung von 500 Menschen, die 1958 von der Ölgesellschaft, größer als je gebraucht, gebaut wurde. Von hier sind es 43 km bis **Puerto Espora,** wo mehrmals täglich eine **Fähre** nach Punta Delgada an der schmalsten Stelle (Primera Angostura) **über die Magellanstraße** übersetzt (alle 1,5 Std., 3 US-$ p.P., Pkw 24 US-$, Fahrrad 1,50 US-$). Wer nicht hier übersetzt, gelangt auf einer recht guten Schotterstraße immer die Magellanstraße entlang zurück nach Porvenir (141 km).

Cordillera Darwin und Beagle-Kanal

Die spektakulärsten Landschaften Feuerlands rund um die vergletscherte, von Fjorden und Kanälen zerfranste Darwin-Kordillere sind **nur vom Wasser aus zu erreichen.** Die Cordillera Dar-

Die Bahía Ainsworth
mit der Cordillera Darwin dahinter

win ist der einzige Andenstrang, der in Ost-West-Richtung verläuft. Obwohl relativ niedrig – höchster Berg ist der 2488 Meter hohe **Monte Darwin** –, ist die Kette angesichts des rauen Klimas dieser Breiten auch im Sommer bis weit nach unten verschneit. Oben hält sich ein zusammenhängendes dickes Eisfeld, von dem nach Norden und Süden blaue Gletscherzungen ins Meer hinabstoßen und ihre Eisbrocken in lang gestreckte Fjorde spucken.

Dank der Unwegsamkeit dieser Landschaft kann sich die südpatagonische **Tier- und Pflanzenwelt** vom Menschen weitgehend ungestört entfalten. An den Ufern ducken sich Südbuchen und Canelos unter dem Wind, mehrere Seelöwenarten leben an den Küsten, in den Kanälen tummeln sich Delfine und Wale, Albatrosse und Sturmvögel begleiten die Schiffe, und auf den Inseln nisten Wildenten und Magellangänse, Skuas, Kormorane und Pinguine. Nahe des Marinelli-Gletschers findet sich die einzige Kolonie von **See-Elefanten** in ganz Südamerika. Die bis zu drei Tonnen schweren Tiere ziehen hier ab Oktober ihren Nachwuchs auf.

Die schönsten Stellen – darunter auch die See-Elefanten-Kolonie – besuchen die **Luxusschiffe „Mare Australis" und „Via Australis"** auf ihrer Tour von Punta Arenas bzw. Ushuaia aus (siehe dort). Die Schiffe sind – abgesehen von der Fähre „Bahía Azul", die einmal pro Woche von Punta Arenas (siehe dort) nach Puerto Williams verkehrt, aber nicht an die Gletscher heranfährt – das einzige reguläre touristische Angebot für diese Gegend. Das erstklassige Programm mit zahlreichen Landgängen und der Fahrt zum Kap Hoorn rechtfertigt den Preis durchaus (ab 1150 US-$). Alternativ kann man sich bei Reiseagenturen in Punta Arenas nach Spezialtouren erkundigen oder einen Segeltörn buchen (siehe Puerto Williams).

Puerto Williams und Isla Navarino ⚑ XXIV/B2

Ein paar geschotterte Straßenzüge mit Betongehsteigen und blassen Häuserfassaden, Kirche und Schule, Hafenmole und Marinekaserne vor dem Panorama verschneiter Berge – überaus bescheiden präsentiert sich der **südlichste Ort der Welt,** Puerto Williams auf der Isla Navarino, die von der Hauptinsel Feuerlands durch den Beagle-Kanal getrennt wird. Seinen Namen verdankt das Städtchen dem Begründer des Fuerte Bulnes bei Punta Arenas, *Juan Williams*, seine Existenz einem Stützpunkt der Marine. Rund 2000 Einwohner zählt die „Hauptstadt" und einzige Siedlung der **Provincia Antártica Chilena,** deren Gouverneur die größte Fläche, aber zugleich die wenigsten Bürger unter sich hat. Wer hier lebt, stammt entweder von der Insel, wurde entsandt oder ist auf Abenteuer und Einsamkeit versessen. Das Klima ist harsch, im Sommer erreichen die mittleren Höchsttemperaturen 13 °C, im Winter gerade mal 5 Grad. In die nächste chilenische Stadt (Punta Arenas) verkehrt einmal in der Woche ein

Schiff und einmal täglich ein wackliges Kleinflugzeug.

Wer einen schönen Tag erwischt, wird Puerto Williams ein gewisses Flair nicht abstreiten können. Vor dem blank gefegten Himmel ragen die Zacken der **Dientes de Navarino** auf, und der Ort selbst kann durchaus mit ein paar Sehenswürdigkeiten aufwarten, sogar mit einem Nationaldenkmal: Oberhalb des Hafens ist der **Bug des Patrouillenbootes „Yelcho"** ausgestellt, welches 1916 die gescheiterte britische Expedition unter *Ernest Shackleton* aus der Antarktis rettete. Das hervorragend geordnete **Museo Martin Gusinde** ist nach dem deutschen Missionar und Ethnologen benannt, der von 1918 bis 1924 unter Feuerland-Indianern (Selk'nam und Yamana) lebte. Das Museum widmet sich der Naturgeschichte Feuerlands sowie der Ethnographie – *Martin Gusinde* selbst machte in den 1920er Jahren zahlreiche Fotos vom Alltagsleben der letzten Indianer.

Eine Gruppe von rund 100 Indianern, darunter noch eine „reine" Yamana und wenige, die die Sprache sprechen, lebt in **Villa Ukika** am Ortsrand von Puerto Williams. In ihrem **Gemeinschaftszentrum** verkaufen sie Kunsthandwerk und eine CD mit Yamana-Gesängen. Einen Besuch lohnt auch der kleine **Jachthafen.** Hier ankern im Sommer Hochseesegler aus aller Welt, magisch angezogen von der rauen Schönheit des Bea-

Puerto Williams auf der Isla Navarino

gle-Kanals und von der Herausforderung, das Kap Hoorn zu umschiffen. Hier liegt auch die **„Micalvi", die südlichste Bar der Welt** – ein ehemaliger Rheindampfer (!), der in den 1950er Jahren in Puerto Williams als Versorgungsschiff für abgelegene Siedlungen diente und 1962 im Hafen sank. Das Oberdeck und die Brücke ragen aus dem Wasser und wurden zum Jachtclub umfunktioniert.

Wenige Kilometer außerhalb des Ortes liegt der **Parque Etnobotánico Omora,** der auf 800 Hektar die subantarktische Vegetation schützt und mit Lehrpfaden erschließt. Hier gedeiht neben und an den drei Nothofagus-Arten *Coihue, Ñirre* und *Lenga* eine große Vielfalt an Moosen und Flechten – daher auch das Leitmotiv des enthusiastischen Parkdirektors *Ricardo Rossi*: „Tourismus mit Lupe" (Kontakt über www.cabodehornos.org).

Naturfreunde finden südlich von Puerto Williams rund um die markanten Dientes (Zähne) de Navarino ein einsames **Trekkinggebiet** mit bewaldeten Hängen und Gletschertälern, das den Torres del Paine kaum nachsteht. Allerdings muss man sich auf Kälte, heftige Winde und Schneefall selbst im Sommer einstellen und entsprechend ausgerüstet sein.

Touristeninformation

- **Vorwahl von Puerto Williams: 61**
- Ein **städtisches Informationsbüro** nahe dem Museum erteilt Auskunft, auch Karten der Insel sind hier zu haben.
- Die Website **www.ecoturismocabodehornos.cl** vermittelt einen guten Überblick über touristische Ziele und Dienstleistungen auf der Isla Navarino (auch auf Englisch).

Unterkunft/ Essen und Trinken

Alle Hotels servieren auch Mahlzeiten.
- **Hostal Pusaki**
Piloto Pardo 222, Tel. 621116. Sehr nette, familiäre Herberge. 20 US-$ p.P. mit Gemeinschaftsbad, 25 US-$ p.P. mit Privatbad, jeweils mit Frühstück.
hostalpusaki@ze.cl
- **Refugio Coirón**
Maragaño 168, Tel. 621227. Herberge des deutschen Seglers *Wolf Kloss,* mit Küchenbenutzung und Gemeinschaftsbad. DZ 40 US-$, base@simexpeditions.com.
- **Hostal Akainij**
Austral 22, Tel. 621173. Familiäre, gepflegte neue Herberge. Die aufmerksamen Besitzer organisieren auch Touren. Ab 22 US-$ p.P.
www.turismoakainij.cl
- **Hostal Cabo de Hornos**
Maragaño 146, Tel. 621067. Gemütliches Haus, DZ mit Kabel-TV und Bad ab 44 US-$. Der freundliche Betreiber organisiert auch Touren aller Art. sursur.turismo@gmail.com
- **Hostería Camblor**
Capdeville 041, Tel. 621033. DZ mit Bad 44 US-$.
- **Hotel Lakutaia**
Ruta Aeropuerto s/n, Tel. 621733. Exklusiv, gutes Restaurant. DZ mit Bad ab 250 US-$.
www.lakutaia.cl

Verkehrsverbindungen

Flugzeug

Aerovías DAP fliegt viermal wöchentlich von und nach Punta Arenas. Das Ticket kostet ca. 100 US-$, der Flug ist wundervoll und sollte so früh wie möglich gebucht werden (siehe Punta Arenas).

Schiff/Fähre

Es bestehen nur **wenige Schiffsverbindungen.** Die Route von Punta Arenas nach

Puerto Williams führt durch die Magellanstraße südwärts, dann durch die Kanäle Magdalena und Cockburn und zuletzt durch den Beagle-Kanal bis Puerto Williams, vorbei an unzähligen Inseln und den Gipfeln der Darwin-Kordillere.

● **Ferry „Bahía Azul"**
Fracht- und Personenschiff, das von Punta Arenas nach Puerto Williams fährt. Mi ab Punta Arenas, Sa ab Puerto Williams, Dauer 34 Stunden (siehe unter Punta Arenas).

● **„Mare Australis"/„Via Australis"**
Expeditions-Kreuzfahrtschiffe auf der Route Punta Arenas – Puerto Williams – Ushuaia –Kap Hoorn. Nähere Informationen unter „Cordillera Darwin und Beagle-Kanal", Kontaktdaten unter Punta Arenas.

● **Victory Cruises**
Teniente Muñoz 118, Tel. 621323. Seit der Saison 2008/2009 existiert diese direkte Verbindung von Ushuaia nach Puerto Williams mit einem argentinischen Katamaran für 8 Personen. Im Sommer tägl., 120 US-$ p.P. eine Strecke, 220 US-$ hin und zurück.
www.victory-cruises.com

● **Ushuaia Boating**
Schlauchboot von Ushuaia nach Puerto Navarino (chilenischer Polizeiposten gegenüber von Ushuaia am Beagle-Kanal) mit Bus-Transfer von/nach Puerto Williams, wetterabhängig (!). Reservierung 24 Std. vorher in Ushuaia im Info-Büro am Muelle Turístico, Tel. 0054-2901-436193. ca. 100 US-$.
www.ushuaiaboating.com.ar.

Touren/Reiseveranstalter

Trekkingtouren zu den Dientes de Navarino organisiert Turismo Aonikenk (siehe Punta Arenas). Den Sommer über bieten etliche Hochseejachten von Puerto Williams aus **Segeltörns** durch den Beagle-Kanal, zum Kap Hoorn und zur Antarktis an. Kurzentschlossene können im Jachthafen fragen, besser bucht man allerdings im Voraus bei:

● **Sea, Ice & Mountains**
Die Agentur (Tel. 61/621150, www.simexpeditions.com) des deutschen Seebären *Wolf Kloss* organisiert Touren auf ihren Jachten „Santa Maria" und „Santa Maria Australis".

Preise ab 1550 Euro für eine Woche zum Kap Hoorn oder 6850 Euro für den dreiwöchigen Antarktis-Trip.

Sonstiges

Telefon, Supermarkt und Post finden sich an der Straße Presidente Ibáñez.

Ushuaia (Argentinien) XXIV/B2

Zwischen „bunt, lebhaft und putzig" sowie „trist und heruntergekommen" schwanken die Urteile über die **südlichste Stadt der Welt.** Die Provinzhauptstadt mit heute gut 64.000 Einwohnern ist eine prosperierende Siedlung mit bunten Holzhäuschen, aber auch eine Stadt, in der gnadenlos schnell hässliche Provisorien hochgezogen wurden, und wo Baustellen und Bretterbuden das Bild bestimmen.

Vor allem ist Ushuaia der **Haupttouristenort der Insel.** Hier gibt es die meisten Hotels, und von hier aus kann man die besten Ausflüge unternehmen. Die Lage der „Bucht, die nach Osten sieht", so die wörtliche Übersetzung des Indianerwortes Ushuaia, ist herausragend: Vor der Stadt das eisblaue Meer, dann mehrere Reihen bunt gestrichener Häuser, die im Sonnenlicht dekorativ herausgeputzt blinken, dahinter steigen steil die zwar nur etwa 1500 Meter hohen, aber auch im Sommer von einer dicken Schneeschicht bedeckten Berggipfel an. Am Hafen riecht es nach Fisch und Teer, mitunter wird ein deutsches Kreuzfahrtschiff mit fri-

USHUAIA (ARGENTINIEN)

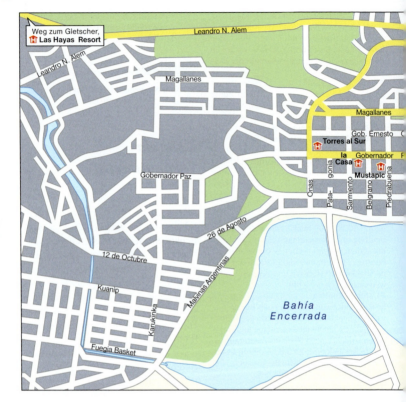

schem Bier beladen. Die Möwen kreischen, eine Katze schleicht um die Container, die Sonne strahlt, und der Wind bläst eiskalt durch die Reißverschlüsse.

Verlaufen kann man sich in der Stadt nicht. Die Hauptstraße Av. San Martín verläuft einen Block parallel zum Ufer, insgesamt umfasst das **kleine Zentrum** etwa sechs Blocks vom Ufer landeinwärts und ungefähr 13 Blocks senkrecht zum Uferverlauf. Eine zentrale Plaza gibt es nicht.

Sehenswertes

Viel zu sehen gibt es in der Stadt nicht, zwei Dinge aber sollte auch der eilige Besucher nicht versäumen: das Museo del Fin del Mundo und das Gefängnis.

Museo del Fin del Mundo

Das „Museum des Endes der Welt", in einem der ältesten Häuser der Stadt untergebracht, hat sehr beengte Räumlichkeiten, aber einen recht großen Fun-

dus; deshalb und weil der Direktor auch den Einheimischen öfter etwas Neues bieten will, wechseln die Ausstellungen. Gezeigt wird die **Natur- und Kulturgeschichte des Archipels.** Unter den Exponaten sind ausgestopfte Tiere, frühe Fotografien, Kleidung aus der Sträflingskolonie, indianische Kultgegenstände und Teile von Schiffswracks. Im Museum gibt es eine kleine Präsenzbibliothek und einen gut sortierten Laden mit einer Literaturabteilung über Feuerland.

Das Museum in der Maipú 173 direkt am Ufer ist täglich von 9–20 Uhr geöffnet, Führungen um 14 und 17 Uhr, Eintritt 6 US-$, www.museofindelmundo.org.ar.

Presidio –
Museo Marítimo de Ushuaia

Das **ehemalige Gefängnis** verweist auf ein düsteres Kapitel in der Geschichte Feuerlands: Sträflinge waren unter den ersten Bewohnern der Insel, neben den reichen Estanzieros und deren Untergebenen. Im Dezember 1902 waren die Häftlinge nach Ushuaia verlegt worden, „aus humanitären Gründen", wie es hieß – und ein gewisser Fortschritt war der „Wohnsitzwechsel" ja tatsächlich, waren die Sträflinge im 19. Jahrhundert doch noch weiter entfernt von jeder Zivilisation gefangen gehalten worden: auf den Islas de los Estados. Heute kann man sich in dem teilweise renovierten Gefängnisgebäude **ein Bild von den damaligen Haftbedingungen** machen. Die engen düsteren Zellen, denen auch der frische Anstrich keine Helligkeit verleiht, haben die wenigsten Häftlinge lebend wieder verlassen. Zumal sie harte Arbeit leisten mussten: Sie bauten die Zugtrasse von Ushuaia Richtung Nationalpark, auf der heute ein Touristenzug verkehrt. 1947 wurde das Presidio als Gefängnis aufgelöst, seitdem gehört das Gelände zum Militärstützpunkt. Teilweise in den Zellen selbst, teilweise in anderen Räumen erinnern **thematische Ausstellungen** an die Geschichte der Seefahrt in Feuerland und an Pioniere der geografischen Erkundung wie *Alberto Agostini, Otto Nordenskjöld* oder den „Feuerland-Flieger" *Gunther Plüschow*. Der Deutsche war als erster Flieger am 3. Dezember 1928 mit einer Heinkel HD24 in Ushuaia gelandet (http://pluschow-avion. blogspot.com. Der Zugang zum Presidio ist an der Ecke Yaganes und Gobernador Paz; tägl. geöffnet von 9–20 Uhr, Führungen um 11, 14, 16.30 und 17.45 Uhr, Eintritt 15 US-$, www.museomaritimo.com.

Sehenswert ist auch das **private Museo de Maquetas Mundo Yámana** (Rivadavia 56, tägl. 10–20 Uhr), das sich mit der Geschichte der Ureinwohner beschäftigt und in Dioramen deren Leben vorstellt.

Touristeninformation

●**Vorwahl von Ushuaia: 02901**
●Die sehr hilfreiche Touristeninformation ist in der San Martín 674, geöffnet Mo bis Fr 8–22, Sa, So 9–20 Uhr, Tel. 432000. Ein kleines Büro gibt es auch am Flughafen. Beide haben aktuelle Listen mit Unterkunftsmöglichkeiten. Diese stehen, ebenso wie sämtliche Bus-, Flug- und Schifffahrtspläne, auch im Internet unter **www.turismoushuaia.com**.

Unterkunft

Preiswerte Hotels zu finden ist nicht mehr ganz so einfach. Inzwischen haben die Ushuaier gemerkt, dass man auch gut mit Rucksacktouristen Geld verdienen kann. Wer mit dem Bus aus Punta Arenas ankommt, kann sicher sein, angesprochen zu werden. Im Folgenden **einige Empfehlungen:**

●**Torre al Sur**
Gob. Paz 1437, Tel. 430745. Jugendherberge mit Kochgelegenheit, Zwei- und Mehrbettzimmer, sauber, guter Treffpunkt. 15 US-$ p.P. www.torrealsur.com.ar
●**Amanecer de la Bahía**
Magellanes 594, Tel. 424405. Gemütlich und sauber, Küchenbenutzung, Gepäckaufbewahrung, Wäscheservice, Tuurorganisation. Übernachtung ab 16 US-$ p.P., DZ ab 48 US-$.
amanecerdelabahia@arnet.com.ar

●**Antarctica Hostel**
Antártida Argentina 270, Tel. 435774. Küchenbenutzung, mit Frühstück, Garten, Wäscheservice, freier Internetzugang, Fahrradverleih. Ab 18 US-$ p.P.
www.antarcticahostel.com
●**Freestyle Backpackers Hostal**
Gob. Paz 866, Tel. 432874. Freundlich, schöner Aufenthaltsraum mit grandioser Aussicht, ab 17 US-$ pro Person.
www.ushuaiafreestyle.com
●**Albergue Los Cormoranes**
Kamshen 788, Tel. 423459. Abholung vom Busbahnhof oder Flughafen. Nette und hilfsbereite Besitzer. Wäscheservice, Küchenbenutzung, freies Internet. Sehr zu empfehlen. 17 US-$ p.P. mit Frühstück, DZ ab 60 US-$.
www.loscormoranes.com
●**Alojamiento Turístico Kaiken**
Gob. Paz 7, Tel. 436756. Sauber, sehr gepflegtes Haus, gemütlich eingerichtet, Kochgelegenheit. Übernachtung ohne Frühstück ab 16 US-$, mit Frühstück 18 US-$.
●**Familia Velásquez**
Juana Fadul 361, Tel. 421719. Recht neu, sauber und okay. Mit Kochgelegenheit. Übernachtung ab 35 US-$.
●**Hostal Los Calafates**
Fagnano 456, Tel. 435515. Sehr freundlich, mit Küchenbenutzung. DZ mit Bad und Frühstück 62 US-$.
www.loscalafateshostal.com.ar
●**Yak Temi Hostal**
San Martín 626, Tel. 437437. Mitten im Zentrum. DZ ab 55 US-$.
www.yaktemihostal.com.ar
●**Hostal Malvinas**
Gob. Deloqui 615, Tel. 422626, 85 US-$.
www.hostalmalvinas.net
●**Hostería Mustapic**
Piedrabuena 230, Tel. 421718, 75 US-$.
www.ushuaiamustapic.com
●**La Casa**
Gob. Paz 1380, Tel. 423202. Sehr sauber, freundlicher Service, schöne Holzarchitektur und herrlicher Panoramablick über Beagle-Kanal, Stadt und Berge. DZ 80 US-$.
●**Hotel Albatros**
Maipú 505, Tel. 423206. Zimmer mit Blick auf den Beagle-Kanal, modernes Haus. DZ 200 US-$. www.albatroshotel.com.ar

In Argentinien und Chile gleichermaßen beliebt: Asado

Ushuaia (Argentinien)

- **Cumbres del Martial**
Luis Martial 3560, km 5 auf dem Weg zum Martial-Gletscher, Tel. 424779. DZ ab 210 US-$. www.cumbresdelmartial.com.ar
- **Hotel del Glaciar**
Luis Martial 2355, Tel. 430640. 4-Sterne-Hotel mit schönem Blick über Stadt und Bucht. DZ ab 200 US-$.
www.hoteldelglaciar.com
- **Las Hayas Resort**
Luis Martial 1650, km 2,5 auf dem Weg zum Martial-Gletscher, Tel. 430710. DZ ab 285 US-$. www.lashayashotel.com

Essen und Trinken

Man kann gut essen in Ushuaia, allerdings nicht so preiswert wie in anderen Teilen Argentiniens. Gute Restaurants sind:
- **Tía Elvira**
Av. Maipú 349. Häufig sehr voll, gute Fischgerichte.
- **La Estancia**
San Martín 253. Grillrestaurant.
- **Bar Ideal**
San Martín 393. Gutes Restaurant.
- **Cantina de Freddi**
San Martín 326.
- **Volver**
Maipú 37. Sehr schön, guter Fisch, exzellent wie in fast allen Restaurants sind die Königskrabben *(centolla)*.

Flugverkehr

- Der **Aeropuerto Internacional Malvinas Argentinas** liegt etwa 7 km vom Stadtzentrum entfernt, ein Taxi dorthin kostet etwa 3 US-$. Bei Inlandsflügen werden 8 US-$ Steuern, bei Flügen ins Ausland gar 20 US-$ kassiert.
- **Flüge** gehen mehrmals täglich nach Buenos Aires, Comodoro Rivadavia, Calafate, Trelew, Río Gallegos und Río Grande. Mehrmals wöchentlich werden Bariloche, Córdoba, Esquel, Mendoza, Neuquén, Puerto Madryn und Punta Arenas (Chile) angeflogen. Die Preise differieren je nach Fluggesellschaft erheblich. Die Flüge sollte man möglichst frühzeitig buchen!

Fluggesellschaften:
- **Aerolíneas Argentinas**
Av. Maipú 823, Tel. 436338.
- **Lade,** San Martín 542, Tel. 421123.

Überlandbusse

Ushuaia hat keinen Busbahnhof, die Busse halten an den Büros der Gesellschaften.

Durchgehende Busse nach Porvenir und Punta Arenas (beides Chile) gibt es nicht, einige Gesellschaften bieten Tickets an, mit denen man in Río Grande in einen chilenischen Bus umsteigen kann. Mehr Möglichkeiten gibt es in Río Grande, wohin sämtliche Busse verkehren. Von dort gelangt man auch nach Río Gallegos.
- **Tecni Austral**
Roca 157, Tel. 431412. Mo, Mi, Fr nach Punta Arenas über Punta Delgada, 12 Std., 60 US-$, zweimal täglich nach Río Grande, 20 US-$; nach Río Gallegos 10 Std., 54 US-$.
- **Tolkeyen**
San Martín 1267, Tel. 437073. Di, Do, Sa nach Punta Arenas über Punta Delgada, Mo über Porvenir, dieselben Preise; viermal täglich nach Río Grande.
- **Líder**
Gob. Paz 921, Tel. 436421. Fünf- bis sechsmal täglich nach Río Grande, 20 US-$.
- **Montiel**
Deloqui 110, Tel. 421366. Drei- bis viermal täglich nach Río Grande, 20 US-$.

Schiff/Fähre

- **Ushuaia Boating**
Schlauchboot von Ushuaia nach Puerto Navarino (chilenischer Polizeiposten genau gegenüber von Ushuaia am Beagle-Kanal), mit Bus-Transfer nach Puerto Williams, 24 Std. vorher reservieren, wetterabhängig (!). Reservierung im Info-Büro am Muelle Turístico, Tel. 0054-2901-436193; 100 US-$.
www.ushuaiaboating.com.ar

Feuerland – nur Himmel, Erde und Schafe

Autoverleih

Für einen Kleinwagen sind etwa 50 US-$ (Kilometer frei) pro Tag zu veranschlagen.
- **ABC Tagle**
San Martín 638, piso 1B, Tel. 422744.
- **Avis,** am Flughafen, Tel. 433323.
- **Dollar,** Belgrano 58, Tel. 437203.
- **Crossingpatagonia**
Maipú 857, Tel. 430786.
- **Wagen Rent a Car**
San Martín 1222, Tel. 430739.

Kino

- Das **Kino** in der Marinebasis – derselbe Eingang wie zum Presidio, am Ostende der Gobernador Paz – zeigt täglich drei Filme, meist relativ neue Mainstream-Streifen (ausländische Filme mit Untertiteln), Eintritt je nach Uhrzeit 4–6 US-$.

Reiseveranstalter

Die meisten Veranstalter bieten **dieselben Touren zu denselben Preisen** an. Es sind Schiffsausflüge auf dem Beagle-Kanal, Besuche der Estancia Harberton, Besuche im Nationalpark und Ausflüge zu den Seen. Die aktuellen Ziele und Preise erhält man in der Touristeninformation. Lohnenswert sind die Schiffstouren auf dem Kanal, besonders mit dem kleinen Motorboot „Tres Marías" (Abfahrt 9.30 und 15 Uhr ab Hafenmole, 4½ Stunden, 42 US-$), oder alternativ mit einem Segelboot (42 US-$, 4 Stunden mit Wanderung auf der Isla H) und anstrengendere Ausflüge wie z.B. zu den Islas de los Estados sowie mehrtägige Trekking-Touren und Ausritte. Auch Kanu- und Kajakfahrten auf dem Beagle-Kanal kann man nur über Reiseveranstalter buchen.

Für Seefeste lohnt sich ein **Segeltörn auf dem Beagle-Kanal.** Patagonia Explorer organisiert eine vierstündige Tour (tägl. um 9.30 und 15 Uhr) mit Landgang auf der Insel Bridges. Die Fahrt ist allerdings stark vom Wetter abhängig und mit 40 US-$ gut 10 US-$ teurer als die Ausflüge mit dem Motorboot. Tickets gibt es im Hafen am Muelle Turístico.

Von Ushuaia starten auch die mehrtägigen, sehr teuren **Reisen Richtung Antarktis**; eine zwölftägige Tour kostet mindestens 4000 US-$ p.P. und sollte am besten im Voraus über eine Reiseagentur gebucht werden. In Ushuaia bieten im Sommer mehrere Jachten Segeltörns um das Kap Hoorn oder sogar bis zur Antarktis an; nähere Informationen bei den Veranstaltern oder direkt am Hafen.

Die meisten anderen Touren, v.a. kurze Ausflüge in den Nationalpark, kann man genauso gut selbst organisieren. Die nötigen Infos bekommt man im Fremdenverkehrsamt.

Einige **Reiseveranstalter:**
- **Antartur**
25 de Mayo 296, Tel. 4303290.
Auch Trekkingtouren.
- **Rumbo Sur**
San Martín 350, Tel. 422275,
www.rumbosur.com.ar.
- **Tiempo Libre**
25 de Mayo 260, Tel. 421017,
www.tiempolibreviajes.com.ar.
- **Canal Fun & Nature**
9 de Julio 118, Tel. 437395. Exkursionen und Trekking im Nationalpark, Kajaktouren, Reitausflüge, Rundfahrten zum Lago Fagnano – sehr empfehlenswert. www.canalfun.com
- **All Patagonia**
Juana Fadul 60, Tel. 433622. Trekking- und Fahrradtouren. www.allpatagonia.com
- **Turismo de Campo**
Fuegia Básquet 414, Tel. 437351. Reit-, Trekking- und Angeltouren, Segeltörn nach Puerto Williams/Chile.

Sonstiges

- **Post:** San Martín Ecke Gody.
- **Geldwechsel:** Der Banco del Tierra del Fuego tauscht Bargeld und Schecks. Geldautomaten findet sich im Innenstadtbereich auf der Av. San Martín. Das **Casa de Cambio Thaler** ist San Martín 1229.
- Mehrere **Telefonzentralen** auf der San Martín bieten auch Internetservice (pro Stunde 6 US-$).
- **Wäscherei:** Die **Lavanderia Los tres Angeles** (Manuel Rosas/Ecke San Martin) ist empfehlenswert.
- Gut sortiert ist die **Buchhandlung Boutique del Libro** auf der Av. San Martín 1129.

Ausflüge

Gletscher Martial

Der Gletscher selbst ist relativ unspektakulär. Da er aber an dem Berg liegt, der sich unmittelbar hinter Ushuaia erhebt, hat man von dort einen **wunderbaren Blick über die Stadt und den Beagle-Kanal.** Mit dem Bus vom Zentrum oder zu Fuß (7 km) ist die Talstation des Sesselliftes zu erreichen (täglich von 10–18.30 Uhr in Betrieb, 12 US-$). Von der oberen Station des Liftes sind es zwei weitere Stunden Fußweg bis zum Gletscher. Von dem Parkplatz zum Glaciar Martial gibt es einen Wanderweg in die Stadt. Nach der Kurve kommt links eine kleine Brücke, und direkt davor führt ein schöner Weg nach unten.

Die Seen

Mit dem Bus kann man eine Rundreise zu den beiden Seen, dem **Lago Escondido** und dem 100 Kilometer langen und 10 Kilometer breiten **Lago Fagnano,** beide nördlich von Ushuaia, unternehmen. Die Strecke folgt der Straße nach Río Grande. Der Weg führt durch eine wald- und moorreiche Gegend, eine Berglandschaft, die immer wieder von kleineren Hochtälern unterbrochen wird. An beiden Seen besteht die Möglichkeit, die Fahrt für eine

Nacht zu unterbrechen: am Lago Escondido in der Hostería Petrel (sehr altes Haus mit renovierten Zimmern, vorübergehend geschlossen, Tel. 433569), am Lago Fagnano in der Hostería Kaikén, Tel. 02901/492372, 65–85 US-$, www.hosteriakaiken.com.ar.

Estancia Harberton

Die **älteste Estanzia auf Feuerland** kann besucht werden. Der britische Missionar *Thomas Bridges* und später sein Sohn *Lucas* versuchten hier, die bedrohten Yahgan-Indianer Südfeuerlands zu schützen. Bridges verdanken wir das intensive Studium dieser Ureinwohner, die mit Kanus die Kanäle befuhren. In der Estanzia kann man interessante Fotos und Dokumente bewundern, darunter auch Bridges' Lebenswerk: ein Wörterbuch Yahgan (Yámana) – Englisch. Der heutige Eigentümer bietet **geführte Rundgänge** durch die Anlagen und in die Umgebung (Waldlandschaft) an. Der Estanzia-Besuch kann durch die meisten Reisebüros in Ushuaia arrangiert werden (ca. 40 US-$ und 6 US-$ Eintritt); individuell geht es nur mit Auto. Man verlässt Ushuaia auf der Ruta 3 Richtung Río Grande und biegt nach ungefähr 40 Kilometern rechts ab auf die Ruta J. Vorbei am Lago Victoria geht es etwa 25 Kilometer durch dichten Wald, bis man die Estanzia am Beagle-Kanal erreicht. Viele Bootstouren auf dem Beagle-Kanal passieren ebenfalls die Estanzia.

Parque Nacional Tierra del Fuego

Nur 18 Kilometer westlich von Ushuaia liegt der **Nationalpark Feuerland**, der 1960 direkt an der Grenze zu Chile gegründet wurde. Er umfasst etwa 63.000 Hektar und ist für Besucher zumindest in seinem südlichen Teil gut erschlossen. Die Ruta 3 führt mitten in ihn hinein, bis an die **Bahía Lapataia,** wo ein großes Schild auf ihr Ende hinweist und verrät, dass es von hier 3063 Kilometer nach Buenos Aires sind.

Von Ushuaia ist der Park problemlos mit **Bussen** zu erreichen; sie fahren an der Ecke der Straßen Maipú und 25 de Mayo los. Die Fahrt hin und zurück kostet 8 US-$, sie endet an der Confitería/Restaurant im Park.

Insgesamt gibt es im Park sechs **Campingplätze,** die meisten allerdings im südlichen Teil, im Norden existieren keine offiziellen Campingmöglichkeiten. Der Park zieht sich die chilenisch-argentinische Grenze bis weit nördlich des Lago Fagnano entlang.

Es gibt zahlreiche, meist **markierte Pfade.** Die Karten, die man am Eingang (Eintritt 9 US-$), bei der Parkverwaltung oder im Tourismusbüro in Ushuaia erhält, sind schlecht, reichen aber für kürzere Wanderungen völlig aus. In Ushuaia selbst gibt es bessere Karten zu kaufen. Längere Touren im Park sind nur mit Führer oder nach größerer Vorbereitung möglich.

Für einige Tage oder auch nur einen Tagesbesuch lohnt der Aufenthalt immer. Die **Landschaft** ist einfach **faszinierend.** Schroffe Klippen und bedrohlich wirkende Gletscher wechseln sich ab mit tiefem, undurchdringlich erscheinendem kalten Regenwald, es gibt idyllische Ecken wie die Bahía Lapataia, andererseits aber auch überschwemmte

USHUAIA (ARGENTINIEN)

Waldgebiete, wo die Bäume verfaulen, langsam umfallen, abgenagt sind und tot in den Himmel ragen: das Werk von **Bibern,** die – irgendwann ausgesetzt – sich rasch vermehrten, da sie hier keine natürlichen Feinde haben. Mit Glück bekommt man Guanacos und Seelöwen zu Gesicht, nur ein wenig Geduld braucht man, um an der Küste Seevögel zu entdecken.

Am besten informiert man sich bei der Touristeninformation in **Ushuaia** sowie bei der Verwaltung des Nationalparks (ebenfalls dort, auf der Av. San Martín zwischen Patagonia und Sarmiento). Von Ushuaia aus werden auch Touren in den Park angeboten (vgl. „Reiseveranstalter").

In den Nationalpark fährt auch die **südlichste Eisenbahn der Welt,** eine Dampfeisenbahn, die **„Tren del Fin del Mundo"** genannt wird. Die Strecke der Schmalspurbahn, ursprünglich Anfang des 20. Jahrhunderts von Sträflingen gebaut, ist 6 Kilometer lang. Die Fahrt kostet 26 US-$ und ist eher ein Freizeitspaß als eine echte Attraktion. Die Strecke wird viermal täglich bedient, der Spielzeug-Zug startet an der Fin-del-Mundo-Station in Ushuaia (Ruta 3, km 8), die Fahrscheine erhält man im Büro des Ferrocarril Austral Fueguino.

Antarktis

Von einer Reise in die Antarktis wird hier abgeraten. So folgen auch

keinerlei praktische Tipps, wo und wie man eine Reise dorthin buchen kann, auch wenn Punta Arenas (Chile) und Ushuaia (Argentinien) von vielen Kreuzfahrtschiffen als Ausgangshafen für Antarktis-Kreuzfahrten genutzt werden. Denn der sechste Kontinent ist eines der sensibelsten Ökosysteme der Welt und leicht zu schädigen: Moose, die niedergetreten werden, brauchen etwa zehn Jahre, um sich wieder aufzurichten, natürliche Abfälle, die sich im europäischen Klima rasch zersetzen würden, benötigen mehrere hundert Jahre, um zu verrotten; es kann beispielsweise 3000 Jahre dauern, bis eine tote Robbe vollständig zersetzt ist.

Über 30.000 Besucher werden zur Zeit jährlich in der Antarktis gezählt. Die Tendenz ist steigend, und nicht immer werden die gar nicht so strengen Umweltauflagen eingehalten.

Unerbittlich fegt
der Wind über Feuerland

Río Grande (Argentinien) ♪ XXIV/B1

Die etwa 70.000 Einwohner große Stadt an der Mündung des Río Grande in den Atlantik ist das **ökonomische Zentrum Feuerlands.** Die Stadt ist ein Ölhafen und besitzt eine kleine Raffinerie. Gleichzeitig ist sie das Zentrum der Schafzuchtregion in Nordfeuerland. Als solches wurde sie auch offiziell am 11. Juli 1927 vom Estanciero *José Menéndez* gegründet, obgleich hier schon seit Mitte der 90er Jahre des 19. Jahrhunderts eine Salesianermission bestand (s.u.). Touristisch ist der Ort nur als Durchgangsstation von Bedeutung.

Touristeninformation

- **Vorwahl von Ró Grande: 02964**
- **Fremdenverkehrsbüro**
Instituto Fueguino de Turismo
Tel. 422887, Alberdi 131.
- Die **städtische Touristenauskunft** ist in der Rosales 350, Tel. 431324, geöffnet tägl. 9–17 Uhr.

Unterkunft

- **Hotel Argentina**
San Martín 64, Tel. 422546. Das beste unter den preiswerten Hotels. Schönes Haus mit Küchenbenutzung, etwa 16 US-$ p.P.
- **Hospedaje Noal**
Rafael Obligado 557, Tel. 427516. Freundlich, sauber, gutes Frühstück. DZ 34 US-$.
- **Hotel Residencial Rawson**
J. M. Estrada 756, Tel. 430352. Kleine, aber saubere DZ mit Bad für 32 US-$.
- **Hotel Villa**
San Martín 281, Tel. 424998, 60 US-$.
- **Hotel Atlántida**
Belgrano 582, Tel. 431914, DZ 110 US-$.
www.atlantidahotel.com.ar

Río Grande (Argentinien)

Flugverkehr

Vom **Flughafen** – 4 km außerhalb der Stadt und per Bus zu erreichen – gibt es mehrfach täglich **Flüge** nach Buenos Aires, Comodoro Rivadavia, Río Gallegos, Trelew und Ushuaia, mehrmals wöchentlich werden Bahía Blanca, Córdoba, Calafate, Neuquén, Puerto Madryn und Puerto Deseado angeflogen.

Fluggesellschaften:
- **Aerolíneas Argentinas/Austral**
Av. San Martín 607, Tel. 430748.
- **Lade,** Lasserre 429, Tel. 422968.

Überlandbusse

Río Grande hat keinen Busbahnhof, die Busse halten an den Büros der Gesellschaften (Tecni Austral, Moyano 516, Tel. 432885; Líder, Perito Moreno 635, Tel. 420003; Montiel, 25 de Mayo 712, Tel. 420997).

- **Punta Arenas,** 8 Stunden, 50 US-$.
- **Ushuaia,** täglich zweimal, 20 US-$.

Autoverleih

- **Avis,** Alte. Brown 1045, Tel. 425248, und am Flughafen.

Reiseveranstalter

- **Estancias Fueguinas**
Rivadavia 754, Tel. 423618,
estanciasvt@speedy.com.ar.
- **Shelk'Nam Viajes**
Av. Belgrano 1122, Tel. 426278,
shelknamviajes@speedy.com.ar.

Sonstiges

- **Post:** Rivadavia 968.
- **Geldwechsel: Banco Tierra del Fuego,** San Martín 193, oder **Casa de Cambio Thaler,** Rosales 259.

Ausflüge

Salesianer-Museum

Etwa 11 Kilometer nördlich der Stadt liegt die Salesianermission, 1893 von *Monseñor Fagnano* gegründet. Heute beherbergt sie eine agrotechnische Schule. In einem Gebäude, das 1897 von den Indígenas erbaut wurde, ist ein Museum zu besichtigen, das nicht besonders gut organisiert, aber sehr reichhaltig ist. Es zeigt historische Fotografien, Landmaschinen, archäologische Funde und indianische Kulturgegenstände.

Estancia María Behety

Die Estanzia 22 Kilometer westlich der Stadt besitzt die **größte Schafschuranlage der Welt.** Ein Besuch kann hin und wieder über die Tourismusinformation vermittelt werden; Organisation über Estancias Fueguinas, Rivadavia 754, Tel. 431807.

Der Juan-Fernández-Archipel

Bahía Cumberland, Archipel Juan Fernández, im Oktober 1704: In der kleinen Bucht liegt ein Segelschiff vor Anker. Ein englisches Schiff, das verrät die Flagge am Großmast, auch wenn der Name am Heck eher italienisch oder französisch klingt: „Cinque Ports". Die Segel sind teilweise schon gehisst, doch der Anker noch nicht gelichtet. Ein Beiboot wird zu Wasser gelassen, vier Männer darin, dazu einige Kisten Gepäck. Mit kräftigen Schlägen bringen die beiden Ruderer das Boot voran zur Küste. Niemand spricht. Knirschend läuft der Kahn auf dem Uferkies auf. Ein Mann springt lachend hinaus, verächtlich winkt er zum Schiff hinüber. Die anderen laden schweigend das Gepäck aus: eine Seemannskiste, einen Kleidersack, ein paar Vorräte, ein Gewehr mit Kugeln und Pulver, ein Beil, ein Messer, einen Feuerstein mit Stahl, ein Paket Tabak, einen Wasserkessel, ein paar Bücher, darunter die Bibel, sowie einige nautische Instrumente. Erst als die drei Männer das Boot wieder ins Wasser schieben, hört der Mann an Land auf zu lachen. Er schaut unsicher, dann bestürzt, und als sich das Boot trotz seiner Bitten und Rufe weiter und weiter vom Ufer entfernt, lässt er sich auf einen Uferstein fallen. Dort sitzt er und sieht zu, wie das Segelschiff langsam am Horizont verschwindet.

Er hat es selbst so gewollt. Er hatte sich mit dem Kapitän der Cinque Ports gestritten, hatte verlangt, an Land gesetzt zu werden. Schnellstmöglich, da er dem Zustand des Schiffes, auf dem er Segelmeister (Navigationsoffizier) war, nicht mehr traute. Und Kapitän

Unterwegs im Kleinflugzeug zum Juan-Fernández-Archipel

Thomas Stradling hatte nicht mehr getan, als diesem Wunsch zu entsprechen. So saß **Alexander Selkirk** nun an Land, aber eben nicht auf dem Festland in einem sicheren Hafen, sondern auf einer 48 Quadratkilometer großen, unbewohnten Insel, 670 Kilometer vom nächsten Festland entfernt.

Niemand würde sich Selkirks erinnern, hätte der nicht nach seiner Rückkehr, sieben Jahre später, in England einen bekannten Journalisten getroffen. Dieser ließ sich begierig die Geschichte des ausgesetzten Seemannes erzählen, veränderte sie, schrieb einen Roman und wurde damit weltberühmt – er schuf den Schiffbrüchigen schlechthin, eine Figur, die Eingang in das kollektive Kulturgedächtnis der Menschheit gefunden hat: **Alexander Selkirk war das Muster für Daniel Defoes Helden Robinson Crusoe.**

Seit 1966 heißt die Insel, auf der *Selkirk* mehr als vier Jahre mutterseelenallein lebte, „Robinson Crusoe". Vorher war sie einfach nach ihrer geografischen Lage benannt: „Más a Tierra" – „Näher am Festland" hieß die größte des aus drei Inseln bestehenden Archipels. Die beiden anderen Inseln sind „Alejandro Selkirk" (früher „Más a Fuera", „Weiter draußen") und „Santa Clara", ein unbewohnter Felsen im Meer.

Alexander Selkirk – Vorbild für „Robinson Crusoe"

In Largo, einer schottischen Kleinstadt, wurde 1676 *Alexander Selkirk* geboren, der Mann, dessen Erlebnisse – literarisch verarbeitet und verändert und unzählige Male nacherzählt und verfilmt – zu einer der berühmtesten Abenteuergeschichten der Welt wurden: „Robinson Crusoe".

Selkirk, siebter Sohn eines Schuhmachers, heuerte früh auf Schiffen an und ging 1703 als Segelmeister auf eines der beiden **Boote des Freibeuters William Dampier,** die „Cinque Ports" unter dem Kommando von **Kapitän Stradling.** Schon früh kam es zwischen den beiden Männern zum Streit: Der Zustand des Schiffes war Selkirk nicht geheuer, er verlangte Reparaturen, die Stradling verweigerte. Nachdem sie Kap Hoorn glücklich umsegelt hatten, erreichte die kleine Flotte im Oktober 1704 den Juan-Fernández-Archipel. Dort eskalierte die Auseinandersetzung zwischen den beiden Dickköpfen: Selkirk verlangte, „baldmöglichst an Land gesetzt zu werden", und war erstaunt, als Stradling seinem Wunsch prompt entsprach.

Wasser gab es auf den Inseln genug, auch Nahrung war nach Anfangsschwierigkeiten leicht zu finden. Zunächst ernährte sich Selkirk von Fischen und Robben. Er baute eine gut getarnte Hütte, nicht als Versteck vor Menschenfressern wie Robinson Crusoe, vielmehr vor ungebetenen Rettern. Französische Seeleute durften ihn nicht entdecken, erst recht keine spanischen: Die hätten Selkirk nur an Bord genommen, um ihn in den peruanischen Minen als Sklaven zu verkaufen. Wahrscheinlich stand seine Behausung auf der Plazoleta El Yunque, einer kleinen Lichtung im unterholzreichen Wald etwa 4 Kilometer außerhalb des heutigen Dorfes.

Selkirks Tagesablauf war wohl geordnet. Er jagte Ziegen, die von den ersten Spaniern Ende des 16. Jahrhunderts ausgesetzt worden waren und sich rasch vermehrt hatten. Zunächst mit dem Gewehr, dann, nachdem ihm die Munition ausgegangen war, setzte er ihnen zu Fuß nach – ein beschwerliches Unterfangen. Nachdem er seine eigene Ziegenzucht begründet hatte, wurde das Leben einfacher. Aus Ziegenfellen nähte er sich Kleidung, er aß ihr Fleisch, dazu die im Geschmack an Kohl erinnernden Früchte einer wild wachsenden Palme. Zur festgelegten Stunde hielt er Andachtsübungen ab. Täglich stieg er hinauf zu seinem 565 Meter hohen Aussichtspunkt und suchte den Horizont ab.

Als sich am 31. Januar 1709 zwei Schiffe näherten, hatte sich Selkirk an die Einsamkeit gewöhnt. Er bewirtete die Abgesandten der **englischen Segler** „Duke" und „Dutchess" mit Ziegeneintopf, weigerte sich aber zunächst, mit aufs Schiff zu gehen. Überliefert ist, dass er Mühe hatte zu sprechen. Schließlich ließ sich Selkirk doch auf die „Duke" bringen. Deren Kapitän *Woodes Rogers* reagierte kühl: Selkirks Erlebnisse waren zwar ungewöhnlich, aber nicht einzigartig; Zwangsaufenthalte ausgesetzter Seeleute waren mehrfach überliefert, und selbst auf Más a Tierra hatte es das vorher schon gegeben. Bereits im Jahr 1681 hatte William Dampiers Flotte dort einen Indianer aus Mittelamerika namens *Will* zurückgelassen. Nicht absichtlich, der Mann wurde schlicht vergessen. Drei Jahre später nahm Dampier den Mann wieder auf. War er „Freitag"?

Erst im Oktober 1711 kamen die beiden Freibeuterschiffe wieder nach England. Die Fahrt hatte sich gelohnt, schließlich hatten die Engländer im Pazifik spanische Schiffe gekapert und sogar die Hafenstadt Guayaquil (Ecuador) überfallen. Jeder Seemann erhielt reichen Lohn, auch Alexander Selkirk ging mit 800 Pfund von Bord. Die Prisengelder hätten ihm ein sorgenfreies Leben ermöglicht. Doch Selkirk hielt es nicht lange in der Heimat. 1720 heuerte er als Segelmeister auf der „Weymouth" an. 14 Monate später, am 12. Dezember 1721, starb er in Guinea. Woran, ist nicht vermerkt.

Geografie, Flora und Fauna

Der Juan-Fernández-Archipel liegt **670 Kilometer vom chilenischen Festland entfernt.** Er besteht aus **drei Inseln:**

- **Isla Robinson Crusoe,** mit 48 km² Fläche die einzige bewohnte Insel;
- **Isla Alejandro Selkirk,** 170 Kilometer weiter westlich, 49 km² groß;
- **Isla Santa Clara,** direkt an der Südwestspitze von Robinson Crusoe, 2 km² groß.

Der Archipel ist **vulkanischen Ursprungs.** Vor mehr als drei Millionen Jahren brach Hunderte Kilometer weiter westlich ein unterirdischer Vulkan aus, ein sogenannter Hot Spot, eine ortsfeste Wärmezone im unteren Erdmantel. Riesige Asche- und Lavamengen wurden hochgeschleudert, und aus der Tiefe des Ozeans wuchsen die drei Inseln.

Den vulkanischen Ursprung sieht man den Inseln gut an: Vom Meer aus wirkt Robinson Crusoe wie eine uneinnehmbare Festung. Mit dünnem Grün sind die steilen Berge bewachsen, schwer liegen dicke Wolken auf ihren Gipfeln, und die Täler sind tief eingeschnitten. Mehrere hundert Meter hohe, kahle Felsklippen fallen steil zum Wasser ab, das Gestein ist mehrfarbig, von Adern durchzogen und zerrissen. Der höchste Berg der Inselgruppe ist auf Alejandro Selkirk zu finden. Es ist der **Cerro Los Inocentes,** der 1650 Meter misst. Auf Robinson Crusoe ist **El Yunque** (915 m) der höchste Gipfel.

Öd und leer waren die neuen Inseln – Asche- und Lavawüsten. Aber mit Wind und Wetter kamen die ersten Siedler: Samen von Blumen und Bäumen, winzige Insekten und erste Seevögel, die vom Wind abgetrieben worden waren. Sie ließen sich hier nieder und veränderten sich – durch Anpassung an die neuen Gegebenheiten und Vererbung. So entstanden auf Juan Fernández zahlreiche **endemische Arten,** Pflanzen und Tiere, die nur auf diesen Inseln vorkommen. Von den 146 **Pflanzenarten** sind es immerhin 103, entfernte Verwandte von Gewächsen, die ansonsten auf Hawaii, in Neuseeland oder im chilenischen Süden vorkommen: Hier gedeihen Heide- und Steppenkräuter und auch immergrüner, nicht tropischer Regenwald.

Unter den **Tierarten** stechen zwei hervor: der **Picaflor de Juan Fernández,** eine auffällige Kolibriart *(Sephanoides fernandensis),* bei der das Männchen ein rot-oranges und das Weibchen ein metallisch blau-weiß-grünes Gefieder besitzt, sowie der **Lobo fino de Juan Fernández,** eine Pelzrobbenart, von der vor Jahrhunderten Schätzungen zufolge bis zu drei Millionen Tiere auf den Inseln gelebt haben sollen. Kapitän *Edward Cooke,* der *Selkirk* 1709 von der Insel rettete, berichtete später, dass die Robben und Seelöwen so zahlreich gewesen seien, „daß wir uns genötigt sahen, sie wegzutreiben, bevor wir landen konnten." Die Seeleu-

Beeindruckende Felslandschaften kennzeichnen den Archipel

Karte S. 553 — GEOGRAFIE, FLORA UND FAUNA 551

Juan-Fernández-Archipel

te jagten diese Tiere gnadenlos, um aus ihrer dicken Fettschicht Öl zu gewinnen. Heute leben hier noch 10.000 bis 12.000 Robben, die meisten um die Insel Alejandro Selkirk.

Seit 1935 ist die Inselgruppe **Nationalpark,** und 1977 verlieh die UNESCO dem Archipel das Prädikat **Welt-Biosphären-Reservat** aufgrund der einzigartigen endemischen Vegetation und Tierwelt. Nationalpark und Biosphärenreservat umfassen fast die gesamte Inselgruppe, lediglich das Dorf San Juan Bautista und der Inselflughafen liegen außerhalb davon.

Das Biosphärenreservat ist **bedroht:** Eingeschleppte Pflanzen und Tiere verdrängen die einheimischen. So sind bereits heute 1500 Hektar Fläche, mehr als ein Sechstel des gesamten Nationalparks, nur von Brombeeren bewachsen, einer importierten Pflanzenart, die alles überwuchert und die anderen Arten verdrängt. Auch der Guave prophezeien Wissenschaftler in den nächsten Jahren eine große Ausbreitung auf der Insel. Ziegen, ursprünglich von den Piraten ebenso wie die Kaninchen als Fleischlieferanten ausgesetzt, sowie die Rinder der heutigen Bewohner sind eine der größten Plagen im Biosphärenreservat.

Die Küste ist sehr fischreich, auch weil der Pazifik hier schnell Tiefen von bis zu 4000 Metern erreicht. Gefischt wird vor allem der **Hummer** von Juan Fernández *(Jasus frontalis).*

Geschichte

Am 22. November 1574 entdeckte der spanische Seefahrer *Juan Fernández* die Inselgruppe, die in späteren Jahrhunderten immer wieder **Piraten und Freibeutern** unterschiedlichster Couleur als **Schlupfwinkel** diente. Hier versorgten sich spanische, vor allem aber französische und englische Schiffe mit Wasser und Proviant; sie, die im südlichen Pazifik unterwegs waren, um spanische Galeonen, beladen mit Gold und Silber aus Peru, zu kapern, konnten natürlich nicht in den Häfen an der spanisch-südamerikanischen Küste vor Anker gehen. Bis 1750 blieb die Inselgruppe unbewohnt – mit Ausnahme jener vier Jahre, in denen *Alexander Selkirk* hier lebte (siehe Exkurs).

1750 gründeten Spanier **San Juan Bautista,** doch blieb die Siedlung nicht mehr als ein vorübergehend besetztes Militärlager. Hier standen einige Hütten, dazu kamen bewohnte Höhlen, in denen von 1814 bis 1818 mehr als vierzig Verbannte lebten, die nach der Niederlage der chilenischen Truppen gegen die Spanier in der Schlacht von Rancagua hierhin verfrachtet worden waren.

Seit 1877 ist das Dorf dauerhaft bewohnt. 1915, während des Ersten Weltkrieges, kam es in der Bahía Cumberland zu einer Schlacht zwischen den beiden englischen Kriegsschiffen „Glasgow" und „Orama" und der deutschen „Dresden", die sich vorher monatelang in den patagonischen Kanälen vor den Engländern versteckt hatte. Die „Dres-

BESUCHSZEIT, ISLA ROBINSON CRUSOE

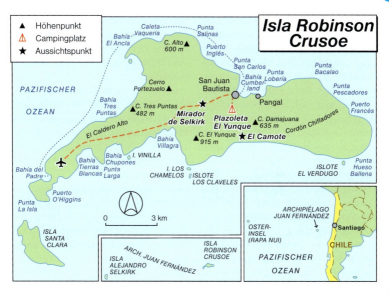

den" versenkte sich während der Schlacht selber und liegt nun in 70 Metern Tiefe auf dem Grund der Bucht. 2006 bargen deutsche Archäologen die Schiffsglocke des Kreuzers. Sie ist im Militärhistorischen Museum der Bundeswehr in Dresden ausgestellt.

Besuchszeit

Beste Besuchszeit für die Inseln ist der **Sommer,** der **heiß und trocken** ist, das Winterhalbjahr ist regenreich. In San Juan Bautista fallen jährlich 1000 mm Niederschlag, davon mehr als zwei Drittel zwischen April und Oktober und nur ein Zehntel in der Zeit von Dezember bis Februar.

Isla Robinson Crusoe – San Juan Bautista

Etwa **550 Menschen** leben heute auf der Isla Robinson Crusoe, alle im einzigen Dorf der Insel. In San Juan Bautista gibt es ein knappes Dutzend Straßen – in Trockenzeiten staubig, in regnerischen Zeiten matschig –, mehrere befestigte Bürgersteige, ein halbes Dutzend Autos, eine Wellblechturnhalle, einen Aschefußballplatz, ein Postamt, eine Satellitenschüssel für den Fernsehempfang, eine weitere fürs Telefon, zwei Telefonzellen sowie eine Hand voll kleinerer Läden, Restaurants, Hotels und Pensionen. Doch die Bewohner beschreiben ihre Insel eher dadurch,

Isla Robinson Crusoe – San Juan Bautista

dass sie auflisten, was alles fehlt: „No hay – es gibt nicht, es gibt kein" ist die Standardformel, die sie immer wieder stolz verkünden: „No hay contaminación" – „Es gibt keine Umweltverschmutzung", keine Kriminalität, keine Drogen, aber auch keine weiterführende Schule, keine qualifizierten Arbeitsplätze, kein Kino und kein Theater – selbst die meisten Lebensmittel müssen vom Festland herangebracht werden.

Man lebt vom **Tourismus** in den Sommermonaten, aber die meisten Dorfbewohner verdienen sich ihr Geld mit dem **Fischfang,** speziell dem Fang von Hummer. Für den hier vor der Küste gefangenen **Hummer** zahlen Feinschmecker und Restaurants auf dem Kontinent hohe Preise, 30 US-$ pro Stück sind keine Seltenheit. Noch lebend und in Pappkartons verpackt, werden die Tiere nach Santiago geflogen, am Flughafen dort warten die Abnehmer schon.

Der Ort ist mehr als übersichtlich, alles Wichtige spielt sich längs der **Hauptstraße Alcalde Larraín,** um die **Plaza** und an der **Mole** ab, wo die geschäftigen Fischer ankommen – seien Sie sicher, dass das Boot, mit dem Sie vom Flughafen kommen, eine Leine auswirft, um auf der Rückfahrt noch einen Fang zu machen.

Von der Alcalde Larraín zweigt ein Fußweg nach Westen (bergauf) ab. Dieser führt zu den **Cuevas de Los Patriotas,** den Höhlen, in denen die Verbannten nach der Schlacht von Rancagua

lebten, sowie zum **Fuerte Santa Bárbara,** einem kleinen Fort, das Mitte des 18. Jahrhunderts von den Spaniern erbaut wurde. Ebenfalls über die Alcalde Larraín, vorbei am winzigen **Museum,** das v.a. Fundstücke aus der „Dresden" zeigt, erreicht man den **Friedhof** der Gemeinde – hier sieht man, woher die Siedler kamen: Spanische, französische und deutsche Namen schmücken die Grabkreuze. Geht man am Friedhof vorbei bis zum Ufer, gelangt man an das **Nordende der Bucht:** Dort sind oft Robben zu sehen.

Touristeninformation

- **Vorwahl von San Juan Bautista: 32**
- **Aktuelle Informationen** erhält man bei der Buchung des Fluges durch die **Fluglinien.**
- An der Plaza im Dorf gibt es einen **Kiosk von Conaf,** in dem ebenfalls Informationen bereitgestellt werden.
- Das **Büro der Nationalparkbehörde Conaf** ist am Ende der Calle Vicente González, etwa 500 Meter vom Ufer entfernt.

Unterkunft

Die meisten **Pensionen und Hotels** vermieten die Zimmer nur mit Halb- oder Vollpension – Halbpension ist meistens ausreichend. Manche Hotels können auch über die Fluggesellschaften gebucht werden (Adressen s.u.). Es gibt **nur wenige Privatquartiere,** achten Sie auf Hinweise an den Häusern.

Kostenfrei zelten kann man auf dem sehr einfachen **Campingplatz,** den die Nationalparkbehörde eingerichtet hat. Ansonsten muss man mindestens 35 US-$ p.P. und Nacht (mit Halbpension) einrechnen, in der Saison (Dezember bis Februar) eher mehr.

Blick auf San Juan Bautista

- **Petit Breuilh**
Vicente Gonzalez 80, Tel./Fax 2751107. Relativ neues Haus, bequeme Betten, hilfsbereite Besitzer (*Ramón* und *Gladys*), sehr gutes Essen, Abholung vom Landesteg. 44 US-$ p.P. mit Halbpension.
- **Hostería Villa Green**
An der Plaza, Tel. 2751044. 45 US-$ p.P.
- **Hostería Aldea Daniel Defoe**
An der Bucht, Tel. 2751075. 42 US-$ p.P.
- **El Pez Volador**
Alcalde Larraín 399-B, Tel. 2751227. Neues Hostal in Form eines Bootes, geführt von einem Taucher-Pärchen. Große Terrasse mit Meerblick, Restaurant, Touren aller Art. Ab 49 US-$ p.P.
- **Refugio Náutico**
El Palillo, Tel. 2751077. Schönes Holzhaus direkt am Meer, mit Restaurant, Internet und Exkursionen. DZ ab 56 US-$.
www.islarobinsoncrusoe.cl

Essen und Trinken

- **Remo**
Direkt an der Plaza. Sandwiches und kleinere Gerichte, gute Fischküche, preiswert.
- **La Bahía**
Alcalde Larraín. Hummer und Fisch. Gut, relativ teuer.

Verkehrsverbindungen

Flugzeug

Die Robinson-Crusoe-Insel ist nur per Flugzeug zu erreichen. In der Saison (Dezember bis Februar) fliegen täglich **zwei Fluggesellschaften mit fünf- bzw. neunsitzigen Maschinen** – mitunter sogar zweimal täglich. Der Flug dauert ca. 2 Stunden und ist teuer; mit über 600 US-$ hin und zurück muss man rechnen. Die Landebahn ist eine Schotter-Teer-Piste, auf der nur kleine Maschinen landen können. Startpunkt in Santiago ist der Flughafen Tobalaba. Außerhalb der Saison finden die Flüge nur unregelmäßig statt und fallen manchmal auch aus. Bei Regen und/oder zu viel Wind können die Maschinen grundsätzlich nicht starten und landen.

Der **Flughafen** liegt am südwestlichen Ende der Insel; um ins Dorf zu gelangen, muss man im Boot die halbe Insel umrunden oder eine fünfstündige Wanderung auf sich nehmen. Die Bootsfahrt ist in der Regel im Flugpreis enthalten und findet mit einem offenen, gerade mal acht Meter langen und zwei Meter breiten Boot statt. Der Pazifik ist rau – wer leicht seekrank wird, sollte Vorsorge treffen ...

Die Adressen der **Fluggesellschaften in Santiago**:

- **Lassa**
Av. Larraín 7941 (im Aeródromo Tobalaba), Tel./Fax 2735209. Flug 700 US-$ p.P.
lassa@terra.cl
- **Aerolíneas Ata**
Av. Larraín 7941 (im Aeródromo Tobalaba) Tel. 2737185. Flug 700 US-$ p.P.
www.aerolineasata.cl

Schiff

- Einmal monatlich verkehrt ein **Versorgungsschiff** nach Juan Fernández, meist um den 18.–20. des Monats. Es braucht zwei Tage und hat Platz für einige Passagiere. Preis hin und zurück: 365 US-$. Naviera del Sur, Blanco 1623, of. 602, Valparaiso, Tel. 32/2594304, www.navieradelsur.cl.
- Der deutsch-chilenische Käpt'n *Wolfgang Schulze* bietet die Fahrt von Viña del Mar zum Juan-Fernández-Archipel auf seiner **Segeljacht „St. Pauli"** an. Die Tour dauert zehn Tage (drei hin, drei dort, vier zurück) und kostet all inclusive 770 US-$ (Tel. 09/92707211).
- **Schiffsausflüge um die Insel oder zu Zielen wie Puerto Inglés:** Zu Festpreisen fahren die Fischer Besucher zu einzelnen Zielen auf der Insel: So kostet ein Boot zur Bucht Puerto Inglés 30 US-$ für bis zu 8 Personen. Fragen Sie einfach beim Sindicato de Pescadores, das in einem der kleinen Schuppen direkt am Ufer südlich der Mole seinen Sitz hat. Auch Tagesausflüge auf den Pazifik mit den Hummerfischern sind möglich.

Sonstiges

- Nehmen Sie genügend **Bargeld** mit auf die Insel. Nur Pesos und US-$ werden akzeptiert.
- Eine **Post** befindet sich auf der Alcalde Larraín an der Plaza.
- Eine **Telefonzelle** steht neben der Municipalidad an der Westseite der Plaza.
- **Exkursionen/Touren** organisiert das Refugio Náutico (s.o.): Wanderungen, Bootstouren, Tauchgänge.

Die Umgebung von San Juan Bautista

Alle Ziele liegen innerhalb des Nationalparks Juan Fernández. Der Eintritt beträgt 7 US-$ und ist eine Woche gültig. Achtung, nirgendwo darf man ohne ausdrückliche Erlaubnis von Conaf campen! Weitere Wanderungen werden ausführlich und mit GPS-Daten auf der deutschsprachigen Website www.trekkingchile.com beschrieben.

Puerto Inglés

Zwanzig schwankende Minuten vorbei an steil abfallenden Klippen braucht das grün-weiß-rote Fischerboot – alle Fischerboote auf der Insel sind grün-weiß-rot – von San Juan Bautista bis Puerto Inglés, einer kleinen **Bucht westlich des Dorfes.** Wie ein schmales Tortenstück, ausgeschnitten aus einem Felsenkuchen, endet hier ein enges Tal. Manche Berghänge sind kahl und erodiert, andere mit einer dichten grünen Grasschicht bedeckt, vereinzelt steht ein Baum am fast senkrecht aufragenden Hang. Die kahlen Felsen wechseln ihre Farbe mit dem Stand der Sonne – sie leuchten rot-orange im gleißenden Mittagslicht, am späten Nachmittag wechselt der Farbton von ocker- nach senfgelb. Ein kleiner Fluss mündet hier, sanft plätschern und dann wieder krachen die Wellen des Pazifik auf die schwarzen, großen, runden Kieselsteine am Strand. Eine kleine Feuerstelle, ein paar verstreute Knochen, der Schädel einer Ziege, das Schulterblatt eines Rindes und dahinter der Eingang einer Höhle – hier soll *Alexander Selkirk* gehaust haben.

Puerto Inglés ist heute ein **beliebter Picknickplatz,** zu erreichen mit dem Boot (s.o.) oder zu Fuß über die Berge – das allerdings nur mit Führer, denn der Weg ist schwer zu finden.

Plazoleta El Yunque

Eine halbe Stunde Fußweg führt vorbei am kleinen Kraftwerk (den Weg rechts davon nehmen) zur Plazoleta El Yunque, einer **Lichtung im dichten Wald,** auf der sich nach 1915 ein Überlebender der „Dresden" als moderner Robinson niederließ. Die Fundamente seines damals gebauten Hauses sind heute noch zu sehen – viel spricht auch dafür, dass *Alexander Selkirk* hier seine eigentliche Behausung hatte. Von El Yunque führt eine etwa einstündige Rundwanderung durch dichte Vegetation mit Nalca-Pflanzen, Luma-Bäumen und verschiedenen Farnen.

Bahía Tierras Blancas

Etwa eine Stunde Fußweg vom Flughafen entfernt (fünf vom Dorf über den Mirador) findet sich in der Bahía Tierras Blancas die einzige große **Kolonie von Pelzrobben.** Sie sollte auf dem Landweg nicht besucht werden, um die Robben nicht zu belästigen. Besser fährt man per Boot mit einem der Fischer von San Juan Bautista.

Mirador de Selkirk

Der **Aussichtspunkt,** von dem *Alexander Selkirk* Tag für Tag den Horizont nach Schiffen absuchte, liegt drei Kilometer vom Ort entfernt auf einem Bergrücken in 565 Meter Höhe. Ihn erreicht man auf einem schmalen Pfad, der am Westende der Calle La Pólvora beginnt. Es geht von dort etwa anderthalb Stunden steil bergauf. Conaf hat hier einen **Naturlehrpfad** angelegt – er zeigt die endemische Pflanzenwelt ebenso wie deren Gefährdung durch importierte Pflanzen oder durch Erosion. Die Begleitbroschüre mit ausführlichen Erläuterungen (nur Spanisch) ist für 2 US-$ im Conaf-Büro oder -Kiosk zu erhalten.

Oben angelangt, hat man den „Selkirk-Blick" – unwillkürlich sucht man den Horizont nach Schiffen ab. Zwei Metalltafeln erinnern an den schottischen Seemann. Die eine wurde 1868 angebracht, die andere 1983 von einem direkten Nachkommen seines Bruders *David.*

Überquert man den Sattel, so gelangt man nach etwa 3,5 Stunden weiterer Wanderung zum Flughafen.

DIE OSTERINSEL

Die Osterinsel

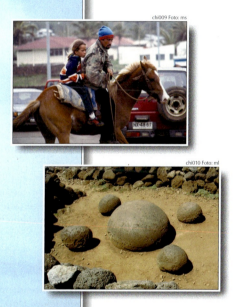

Die Steinfiguren („Moais")
auf der Insel geben bis heute Rätsel auf

Reiter gehören zum Straßenbild
in Hanga Roa

„Te pito o Te Henua" –
die Osterinsel, der „Nabel der Welt"

Land und Leute

Als die kleine, aus drei Schiffen bestehende Flotte *Jacob Roggeveens* am Ostermontag des Jahres 1722 im Mar del Sud, der Südsee, auf eine Insel stieß, waren die Niederländer wohl ziemlich überrascht: Wochen für Wochen waren sie über den Pazifik gesegelt, an Land war fast nicht mehr zu denken. 3800 Kilometer waren sie von der chilenischen Küste entfernt, und dann, dann kam diese Insel in Sicht – und was für eine merkwürdige Insel: ein **winziges Eiland,** nicht mehr als ein Flecken auf dem riesigen Tischtuch des Pazifik, geformt wie ein Dreieck. Mit nur wenigen Einwohnern, die mühsam von der Fischerei und ein paar Früchten lebten. Keine Bäume, keine großen Sträucher, dafür aber **Steinfiguren,** kolossale Steinfiguren, drei Meter, vier Meter, über zehn Meter hoch, mit riesigen Köpfen, manche auch mit roten Kopfbedeckungen, mit spöttischem Blick, energischem Kinn und zusammengekniffenen Mündern. Die meisten waren umgestürzt, andere ragten drohend in den Himmel.

Weil gerade Ostern war, nannte *Roggeveen* die Insel „Paasch-Eiland", Osterinsel. Er hätte auch die Eingeborenen nach ihrem Namen für das Eiland fragen können, wahrscheinlich wäre die Insel dann als **Rapa Nui** bekannt geworden. Ein passender Name wäre das gewesen, denn wie ein großer, weit entfernter, heller Flecken war dem Mann im Ausguck der Holländer das Land am Horizont erschienen – und genau das bedeutet der polynesische Name der Insel. Vielleicht hätten die Inselbewohner in ihrer Sprache Rapanui aber auch **„Te Pito o Te Henua"** geantwortet: „Nabel der Welt" bedeutet das und bezeichnet ebenfalls die geografische Lage, denn keiner der Insulaner hatte geglaubt, dass außerhalb ihrer Insel und ihres Horizontes Land existierte. Auch wenn die alten Mythen davon erzählten, dass die Väter einst mit *Hotu Matua* über das Meer gekommen waren, sie selbst hatten nicht einmal genug Holz, um seetaugliche Kanus zu bauen.

Geschichte

Die Besiedlung

Fast 3800 Kilometer bis zur chilenischen Westküste, 1900 Kilometer bis zur nächsten bewohnten Insel, Pitcairn im Westen, und 3200 Kilometer bis zu den Marquesas-Inseln – **so isoliert wie die winzige Osterinsel liegt kein anderer bewohnter Ort auf der Erde.** Kein Wunder also, dass sich alle Archäologen zunächst die Frage stellten, woher die Inselbewohner gekommen waren.

Der Legende nach wurde die Insel von König Hotu Matua und seinen Gefolgsleuten besiedelt. Er landete am Strand Anakena an der Nordküste der Insel. „Matua" bedeutet auf Rapanui Vater, auf Polynesisch Stammvater. Eine zweite Gruppe Einwanderer folgte spä-

Ahu Akivi (Siete Moai) – einer der wenigen Ahu im Inselinneren

ter, diesmal von Westen, sie wurde von *Tuu-ko-ihu* angeführt. Eine andere Legende berichtet von zwei Volksstämmen auf der Insel: den Langohren und den Kurzohren. Ein Krieg zwischen beiden Gruppen fand Ende des 17. Jahrhunderts (rekonstruierte Zeitrechnung) statt und bedeutete das Ende der hoch stehenden Zivilisation auf der Insel. Die Kurzohren siegten.

Der mündlichen Überlieferung ist nur bedingt zu trauen. Als Archäologen und Wissenschaftler im 20. Jahrhundert begannen, diese aufzuzeichnen, existierten die Überlieferungen in den unterschiedlichsten Varianten. Im Jahr 1877 lebten auf der Insel nur noch 111 Personen, von denen nur 36 echte Insulaner (seit mehr als einer Generation auf der Insel) waren; vieles von der oralen Tradition war unwiederbringlich verloren. So lässt sich aus Erzählungen nicht mehr genau entschlüsseln, wann *Hotu Matua* kam: Manche Wissenschaftler rechnen vom letzten bekannten *ariki* (Herrscher) etwa 20 bis 23 Generationen zurück und setzen damit die Ankunft des *Hotu Matua* auf die Zeit zwischen 1450 und 1500 an, andere Forscher zählen 57 oder 58 Generationen zurück und landen bei etwa 1150. Eine dritte Fraktion wiederum glaubt, dass *Hotu Matua* bereits um 450 auf der Insel landete. Uneinigkeit besteht auch darüber, ob *Tuu-ko-ihu* bereits mit *Hotu Matua,* der die Langohren mitbrachte, auf die Insel kam, oder erst Jahrhunderte später als Führer der Kurz-

ohren. Oft werden die beiden Volksstämme auch als unterschiedliche Siedlergruppen von verschiedenen Kontinenten aufgefasst. Endgültig gelöst wird das wohl nicht werden.

Im **Streit der Wissenschaft** sind neben den absurdesten Vermutungen – die üblichen Außerirdischen *Dänikens* fehlen ebensowenig wie der Glaube, Nordgermanen seien im 11. Jahrhundert auf die Insel gelangt – **drei Theorien** besonders bekannt geworden.

Die berühmteste stammt von Thor Heyerdahl. Der norwegische Wissenschaftler schloss aus Berichten früherer Reisender, die von Einheimischen gehört hatten, sie seien aus einem Reich sechzig Tagesreisen weit im Osten gekommen, dass die Vorfahren der Siedler aus Südamerika, speziell aus Peru, gekommen waren. *Heyerdahl* setzte alles daran, seine Theorie zu beweisen. Belege waren: ähnliche Bauwerke, die Überlieferung und zuletzt seine spektakuläre Überfahrt im Jahr 1947 mit dem **Holzfloß „Kon Tiki"** von Callao, dem Hafen von Lima (Peru), zu den Marquesas-Inseln. Von dort führen Meeresströmungen wieder zurück zum südamerikanischen Kontinent und berühren dabei die Osterinsel. Nachdem *Heyerdahl* seine zunächst aufgestellte Theorie, die Insel sei direkt von Peru aus besiedelt worden, mehrfach geändert hatte, stellte er sie am Ende folgendermaßen dar: **In drei Schüben sei die Insel besiedelt worden,** zuerst von präinkaischen Völkern aus Südamerika, die die Steinpodeste – die Ahu – erbaut hätten, dann seien, wiederum aus Südamerika, Völker gekommen, die die Steinfiguren errichtet hätten, und zuletzt aus Polynesien die Kurzohren. *Heyerdahls* Reisen und seine Forschungen sind von ihm selbst in zwei Bänden dargestellt worden – „Kon-Tiki" und „Aku Aku".

Gegen *Heyerdahls* Theorie von der Besiedlung aus dem Osten spricht vielerlei. Einige **wesentliche Einwände** seien hier genannt:

● Falsche Vergleiche: *Heyerdahl* verglich die Inkamauern von Cuzco mit der Konstruktion einzelner Ahu (Vinapu). Während die Mauern aber fugenlos aus großen Blöcken erbaut sind, wurden die Ahu nur mit Steinplatten verkleidet.

● Genetische Untersuchungen ergaben, dass die Osterinsulaner aus dem polynesischen Raum stammen.

● Linguistische Untersuchungen ordnen das Rapanui eindeutig der polynesischen Sprachfamilie zu.

● Die Fahrt der „Kon Tiki" bewies nur den Verlauf der Meeresströmung und dass man mit Holzflößen große Entfernungen zurücklegen konnte, nicht aber die Besiedlung von Peru aus.

Andere Wissenschaftler, vor allem **William Mulloy,** ein US-amerikanischer Archäologe, der sich um die Erforschung der Osterinsel verdient gemacht hat, sowie dessen chilenischer Kollege **Gonzalo Figueroa** stellten die **Monobesiedlungs-These** auf. Sie besagt, dass die Osterinsel **um 400 bis 500 n. Chr. in einem Schub von Polynesien** aus besiedelt worden sei. *Mulloy* spricht von einer spektakulären Kulturentfaltung, die aus den bescheidenen polynesischen Anfängen ohne weitere Anregung von außen eine hochstehende Kultur habe entstehen lassen.

Die dritte Variante ist die These von der **Mehrfachbesiedlung von Polynesien** aus. *Heide-Margaret Esen-Baur* beschreibt sie wie folgt: „Im 5. Jahrhundert gelangte eine aus Ostpolynesien (wahrscheinlich von den Marquesas) stammende große Siedlergruppe zur Osterinsel, die sich bis etwa zum 14. Jahrhundert n. Chr. in Isolation entwickelte und in der Steinmetzkunst große Leistungen vollbrachte. Angeführt durch *Hotu Matua* gelangte um 1350 n. Chr. eine zweite, wahrscheinlich mehrere hundert Menschen umfassende Gruppe, wiederum aus Ostpolynesien (...), zur Osterinsel. Mit den frühen Siedlern lebten diese neuen Siedler zunächst friedlich zusammen. Die starke Tradition der Steinverarbeitung (...) stieß mit der Ideologie der Zweitsiedler, die im Vogelmann-Kult ihre Ausgestaltung hatte, zusammen. Es kam zunächst zu einer Fusion, vielleicht zu einer Synthese. Die Arbeit an den klassischen Kolossalfiguren wurde nun inselweit durchgeführt. Im Laufe der Zeit führte diese Aktivität (...) zu einem Konkurrenzkampf zwischen den ursprünglichen und den späteren Siedlern (...). Die gemeinsam entwickelte kulturelle Blüte, die kaum zwei Jahrhunderte andauerte, ging verloren. Es folgte eine Zeit erbittert geführter Kämpfe. Eine große Schlacht um 1680, in der die ältere der beiden Bevölkerungsgruppen (die Urbevölkerung) fast vollständig ausgerottet wurde, beendete die Kulturblüte schon vor der Entdeckung durch die Europäer." (Zit. aus dem Katalog zur Ausstellung „1500 Jahre Kultur der Osterinsel", Verlag Philipp von Zabern, Mainz 1989)

Diese **Mehrfachbesiedlungstheorie weist am wenigsten Widersprüche auf.** *Heyerdahl,* dessen unstrittiges Verdienst es ist, die Kultur der Osterinsel öffentlich gemacht zu haben (und der damit auch viel für die Insulaner im 20. Jahrhundert getan hat), hatte wahrscheinlich immer in die falsche Richtung geschaut: nach Osten, nach Südamerika, statt nach Polynesien. Unbestritten ist aber inzwischen, dass die Bevölkerung des amerikanischen Kontinents schon lange vor der „Entdeckung" durch die Europäer Kontakt zu und Austausch mit anderen Völkern hatte. Wahrscheinlich auch zu Polynesien, dafür sprechen Nutzpflanzen, die auf den polynesischen Inseln und auch auf dem südamerikanischen Kontinent kultiviert wurden, wie die Chilenische Palme *(jubaea chilensis)* und die Süßkartoffel.

Polynesien umfasst ein riesiges Dreieck im Südpazifik. Seine Nordspitze sind die hawaiischen Inseln, die Südwestspitze wird von Neuseeland gebildet, die Südostspitze von der Osterinsel und dem 450 Kilometer weiter westlich gelegenen Eiland Salas y Gómez. Besiedelt wurde die Region wahrscheinlich von Asien aus. Um etwa 1400 v. Chr. siedelten die ersten Polynesier auf Tonga, um 1100 v. Chr. auf Samoa. Kurz vor der Zeitenwende begann von Samoa aus der weitere Vorstoß der Polynesier. Um 300 n. Chr. gelangten sie auf die Marquesas, um 450 auf die Osterinsel, um 800 (oder früher) nach Hawaii und um 900 nach Neuseeland. Mit großen Doppelbooten, die reichlich Platz für Menschen und Vorräte boten, befuhren

die Polynesier den Pazifik, einzelne Fahrten erfolgten wohl auf gut Glück, andere geplant auf der Suche nach neuen Inseln. Dabei entwickelten sie über die Jahrhunderte erstaunliche Navigationskünste. Sie orientierten sich an den Sternen und Meeresströmungen und hatten sogar primitive Seekarten.

Endgültig geklärt ist die Besiedlung der Osterinsel nicht, zumindest nicht bis ins letzte Detail. So findet sich im „Steinbruch" am Rano Raraku eine Figur, auf deren Bauch ein Schiff mit europäischer Besegelung und einem Anker in Form einer Schildkröte eingeritzt ist. Wann diese Ritzarbeit entstand, ist unklar. Einige Wissenschaftler vermuten, dass es nach der Ankunft der ersten Europäer war. Dagegen spricht für andere, dass sie erst bei Ausgrabungen im 20. Jahrhundert freigelegt wurde, sie also wesentlich früher entstanden sein müsste. Waren also vor *Roggeveen* bereits Europäer auf der Insel gewesen?

Ökologisches Desaster und Untergang der Inselkultur

Während die Anfänge der Rapa-Nui-Kultur wohl nie genau geklärt werden können, ist man sich über die Gründe für ihren Niedergang relativ einig. Sie sind zuallererst in den natürlichen Lebensbedingungen auf der Insel zu suchen. **Vor Jahrhunderten** – so das Ergebnis archäologischer und botanischer Forschungen – muss die Insel ein **subtropisches Paradies** gewesen sein: Bäume und Büsche, Farne und Kräuter

Der Ahu Tongariki wurde mit Hilfe eines japanischen Spezialkrans wieder aufgebaut wucherten hier um die Wette, auch eine Palmenart, die heute nur noch auf dem chilenischen Festland vorkommt (iubaea chilensis). Als *Jacob Roggeveen* 1722 auf der Insel landete, fand er eine unfruchtbare Steppe vor, außer Gräsern wuchsen nur einige Büsche, und keiner war mehr als drei Meter hoch. Wie kam es dazu? Wie kam es, dass *Roggeveen* und dessen Nachfolger nur etwa 2000 eher schlecht als recht lebende Eingeborene auf einer Insel antrafen, auf der nur wenige Jahrhunderte zuvor 7000 bis 10.000 Menschen gelebt und die wundervollen Moai, die riesigen Steinstatuen, geschaffen hatten?

Eine einfache, aber einleuchtende Theorie gibt eine klare Antwort: Die **Übernutzung der Natur** führte zum ökologischen Desaster und in der Folge auch zum kulturellen Niedergang. Die isolierte Lage – kein Austausch mit anderen Kulturen, kein Rückgriff auf andere natürliche Ressourcen als die eigenen – hatte auf der Osterinsel über Jahrhunderte eine idealtypische Situation wie im Labor entstehen lassen: Ursache und Wirkung hingen hier dicht zusammen und sind in der Rekonstruktion unmittelbar aufeinander beziehbar.

Modellhaft sieht das so aus: Zum Transport der Moai wurden die Bäume abgeholzt. Man knüpfte Taue aus den Fasern und baute hölzerne Schlitten, auf denen die Moai auf Holzschienen aus dem Steinbruch bis zu ihrem Bestimmungsort gezogen wurden. Zur gleichen Zeit hatten sich die als Haustiere mitgebrachten Ratten stark vermehrt – sie fraßen die Palmsamen, und so war Ende des 15. Jahrhunderts durch das unbewusste Zusammenspiel von Mensch und Ratte das Ende der Wälder gekommen: abgeholzt, um die Steinfiguren zu transportieren, um Boote zu bauen oder um Brennholz zu bekommen. Die Bodenerosion setzte verstärkt ein, die Felder wurden unfruchtbarer, die Nahrungsmittel knapper, mehrere Arten von Seevögeln starben aus.

Interessant ist auch: Archäologen fanden in Abfallhaufen auf der Insel, die zwischen 900 und 1300 angelegt worden waren, **Knochen des Gemeinen Delfins,** einer Tümmlerart, die weit draußen im Meer lebt und nicht von der Küste aus gefischt werden kann. Nach 1500 lassen sich solche Knochen nicht mehr finden – die logische Schlussfolgerung: Neue Boote wurden nicht mehr gebaut, die Fischerei auf dem offenen Meer kam wie alles andere zum Erliegen. Was folgte, ist gut in *Kevin Costners* Film „Rapa Nui" zu sehen: Stammesfehden, eventuell auch Kannibalismus; die Zahl der Menschen sank kontinuierlich, um 1700 lebte nur noch ein Bruchteil der früheren Bevölkerung auf der Insel, unter Bedingungen, die schlechter denn je waren. Eine Zivilisation war untergegangen.

Die Neuzeit

Kapitän **Jacob Roggeveen,** der im Auftrag der Westindischen Handelskompanie 1721 in den Niederlanden losgesegelt war, gilt allgemein als der **„Entdecker" der Osterinsel.** Am 6. April 1722, einem Ostermontag, landete er auf der Insel. *Roggeveen* und die Mannschaft seiner beiden Schiffe waren auf der Suche nach dem Südland, der „Terra australis incognita". 1687 hatte bereits der englische Freibeuter-Kapitän *Edward Davis* unter 27°20' südlicher Breite (nach seinen Berechnungen) Land gesehen. Er war nicht dort gelandet, vermutete aber, die Nordspitze des Südlandes entdeckt zu haben, und Landkarten zeigten dort lange Zeit immer wieder die sogenannte Terra Davis. Heute wird vermutet, dass *Davis'* Berechnungen einfach ungenau gewesen waren und er aus der Entfernung die Osterinsel gesehen hatte. Mitunter wird auch angenommen, dass bereits *Alvaro de Mendaña de Neyra*, ein spanischer Seefahrer, der von Südamerika aus die Salomonen (1567) und die Marquesas (1595) „entdeckte", bereits auf der Osterinsel an Land gegangen war.

Drei Berichte gibt es über *Roggeveens* Reise: sein Logbuch, das allerdings erst 1838 veröffentlicht wurde, den Bericht eines unbekannten Mitfahrers (1728 erschienen) und den des Mecklenburgers *Carl Friedrich Behrens* (1737). Von diesem stammt die beste Beschreibung der Insel und ihrer Bewohner: Letztere seien ziemlich groß und stark gewesen, von bräunlicher Gesichtsfarbe und mit angenehmen Gesichtszügen. Die Körper seien tätowiert gewesen, die Ohrläppchen heruntergezogen bis auf die Schultern, durchbohrt und mit kleinen weißen Klötzchen verziert. Die Frauen hätten ihre Gesichter mit roter Farbe bestrichen, gekleidet seien sie in rote und weiße Decken gewesen, den Kopf schützte ein kleiner Hut vor der Sonne. Natürlich bemerkt Behrens auch die „Götzenbilder", die Moai, die noch aufgerichtet standen, viel erstaunlicher aber findet er die sexuelle Freizügigkeit der Frauen.

Erst knapp fünfzig Jahre später folgt der zweite Besuch von Europäern. Diesmal ist es eine spanische Expedition, die am 15. November 1770 die Osterinsel erreicht. **Felipe González nimmt die Insel für Spanien in Besitz** – er lässt die Insulaner ein Dokument unterzeichnen, immerhin der erste Hinweis auf eine Osterinsel-Schrift – und tauft die Insel auf den Namen „San Carlos", ein Name, der sich nicht durchsetzen wird. Auch die Spanier beobachten genau: Die meisten Insulaner leben in Höhlen, einige aber in Häusern, die in ihrer Form an Boote erinnern. Sie haben lediglich Messer als Waffen. Gärten sind angelegt, mit Zuckerrohr, Süßkartoffeln und anderen Kulturpflanzen. Einer der Spanier schreibt über die Ureinwohner: „Ihre Gesichter erinnern in nichts an das Aussehen von Indianern in Chile, Peru oder Neu-Spanien. Ihre Hautfarbe ist verschieden: Sie wechselt von Weiß über dunkelbraunen Teint bis zur rötlichen Nuance. Die Nasen sind nicht platt, sie haben auch keine dicken Lippen, dagegen besitzen sie weiches kastanienbraunes Haar. Nur einige haben schwarzes Haar, bei anderen haben die Haare einen rötlichen oder zimtfarbenen Farbton. Sie sind groß, gut und wohl proportioniert. Es gibt keinen Lahmen, keine Krüppel, keine Buckligen, auch keine mit krummen Beinen oder anderen Deformierungen des Körpers."

Moais „auf Wanderschaft" – am Steinbruch Rano Raraku

Und er schreibt weiter: „Ich bin der Ansicht, dass sie aufgrund ihrer guten Auffassungsgabe und ihrer Intelligenz leicht für jede Religion, die man ihnen beibringt, zu bekehren sein werden."

Der dritte europäische Besuch findet ab dem 11. März 1774 statt. Kapitän **James Cook** landet während seiner zweiten Erdumsegelung auf der Osterinsel. Mit ihm waren unter anderem **Reinhold Forster** und sein **Sohn Georg** unterwegs, beide als naturkundliche Gelehrte und Reiseaufzeichner, dann noch **William Hodges**, ein englischer Landschaftsmaler, dem wir auch die ersten realistischen Bilder von der Osterinsel verdanken. Er malte und zeichnete die Statuen sowie die Menschen auf der Insel, seine Skizzen und Porträts wurden später als Stiche oft reproduziert.

Der Bericht von *Reinhold* und *Georg Forster* ist aufschlussreich: Sie bemerken die zahlreichen umgeworfenen Statuen, und ihnen erscheint die Herkunft der Monumente rätselhaft, da sie auf ein Volk treffen, das in Armut lebt. Ihr Schluss: Die Einwohner müssten „ehemals weit zahlreicher, wohlhabender und glücklicher gewesen seyn", und sie vermuten, dass eine Naturkatastrophe, vielleicht ein Vulkanausbruch, die blühende Zivilisation hat untergehen lassen. Interessant ist, dass im Bericht der Forsters die Insulaner nicht wie in allen Berichten zuvor als große und starke Menschen beschrieben werden. Die Deutschen sprechen von mageren Männern mit harten und steifen Muskeln und kleinen, zart gebauten Frauen. Möglicherweise war es erst zwischen

1770 und 1774 zu den großen kriegerischen Auseinandersetzungen auf der Insel gekommen.

1786 besucht eine französische Expedition die Insel, es folgen 1804 eine russische und 1816 eine weitere russische unter der Leitung von **Otto von Kotzebue,** an der auch der Dichter *Adalbert von Chamisso* teilnimmt. Bis Ende des 19. Jahrhunderts laufen mehr und mehr Schiffe die kleine Insel an, Forscher widmen sich Untersuchungen und sammeln Material für Museen in Europa: Das Zeitalter der wissenschaftlichen **Erforschung** der Insel beginnt – und das der **Ausbeutung.** Bis dahin hatten die Insulaner recht konfliktfrei mit den Besuchern gelebt, doch schon 1805 entführte der Kapitän des nordamerikanischen Robbenfängers „Nancy" zwölf Männer und zehn Frauen von der Insel, 1811 die Besatzung der „Pindos" weitere zehn Frauen. Das **größte Verbrechen** passierte **1862:** Peruanische Sklavenhändler verschleppten 1500 Menschen auf die Guano-Inseln vor der südamerikanischen Küste; der Inselkönig, die Priester, fast 1000 Menschen gingen an der Sklaverei zugrunde. Erst nachdem der Bischof von Tahiti bei den peruanischen Behörden interveniert hatte, wurden die Überlebenden zurückgeschickt – aber eine Pockenepidemie tötete die meisten, und nur 15 Menschen erreichten die Insel.

1870 kommt der Franzose **Jean-Baptiste Dutroux-Bornier** auf die Insel. Er tauscht gegen wertlosen Plunder Land von den Insulanern ein, vertreibt sie danach von „seinem" Land, verbrennt Häuser und vertreibt die Missionare. Im Dorf Hanga Roa sperrt er die Überlebenden ein – in das Gefängnis, das sie sich selbst bauen müssen. 1876 wird er von den Insulanern umgebracht.

Die europäischen Großmächte zeigen nur wenig Interesse an der Osterinsel. Chile nutzt das und schickt **1888** den **Marineoffizier Policarpo Toro** auf die Insel. Er überredet die Häuptlinge, einen Abtretungsvertrag zu unterschreiben – mitunter wird auch behauptet, die Unterschriften seien einfach gefälscht worden. Der Grund für Chiles Interesse war rein strategischer Art: ein Stützpunkt in der Südsee.

Die neue Regierung verpachtet fast die ganze Insel an die **englische Schafzuchtkompanie Williamson & Balfour.** Die Einheimischen sind land- und rechtelos, sie leben weiterhin hinter Mauern und Stacheldraht als wehrlose Arbeitssklaven. Bis in die 1960er Jahre geht das so, die Insulaner haben weder Wahlrecht noch eine Selbstverwaltung. Stattdessen werden sie von Santiago de Chile aus und von der chilenischen Marine regiert.

Erst nachdem Mitte der 1960er Jahre auch die Weltöffentlichkeit von den Zuständen auf der Insel etwas erfährt, werden die Mauern niedergerissen, die Menschen kommen in den Besitz der uneingeschränkten chilenischen Staatsbürgerschaft, können sich frei bewegen und ihre **eigene Inselregierung** wählen. Die agiert aber mit **eingeschränkten Vollmachten** und muss sich arrangieren: mit der Marine, der der Küstenschutz in Chile untersteht, mit den Nationalparkbehörden, denn mehr als die halbe Insel ist Nationalpark, mit dem

Gouverneur der Insel, der von der Regionalverwaltung in Valparaíso eingesetzt wird. **Echte Autonomie ist daher eine Forderung, Mitspracherecht** – selbst als die UNESCO die Insel zum Weltkulturerbe erklärte, wurden die Einwohner nicht gefragt – eine weitere, die **Begleichung der historischen Schuld Chiles** gegenüber den Rapanui eine dritte. Der Bürgermeister *Pedro Edmunds Paoa*: „Als die Insel 1888 zu Chile kam, hat man uns Schutz, Erziehung, Ausbildung usw. versprochen. Bis 1964 ist nichts passiert, nun wollen wir, dass die Versprechen endlich eingelöst werden." Ein erster Schritt ist die Verteilung von Land an die Inselbewohner, die 1997 begann; 5 Hektar bekam jede Familie. Das Land wurde dem Nationalpark abgezwackt, die Behörden versprechen sich davon eine Stärkung der Landwirtschaft und eine bessere Eigenversorgung mit lebensnotwendigen Gütern wie Früchten und Gemüse. Das war bislang nahezu unmöglich, da niemand genügend Land besaß, um Landwirtschaft zu betreiben.

Die Osterinsel heute

Wer heute die Osterinsel besucht, dem bietet sich ein Bild voller **Kontraste.** Auf der einen Seite präsentieren sich die Rapanui als stolze, **selbstbewusste Ethnie** mit einer starken Bindung an ihre Wurzeln und einer überaus lebendigen Kultur. Dies ist um so bemerkenswerter, als das Volk im 19. Jahrhundert stark dezimiert, ja fast ausgerottet worden war. Die Blumen im langen Haar der Frauen, die bunten Tücher als Kopfschmuck der Männer, die beschwörenden Gesänge, die ausgelassenen Tänze – dies alles ist nicht nur gern präsentierte Folklore, sondern Teil der **gelebten Alltagskultur.** In vielen Familien wird das wohltönende, vokalreiche Rapanui gesprochen. Die Bewohner der Osterinsel leben in einfachen Verhältnissen, aber Armut sieht man nicht. Sie zahlen keine Steuern und leben gern – wie andere Völker tropischer Breiten – in den Tag hinein: Das nächste Kreuzfahrtschiff kommt bestimmt.

Auf der anderen Seite stehen die **negativen Auswirkungen der Isolation.** Fast alle Dinge des täglichen Bedarfs, außer Obst, Gemüse und Fisch, müssen ebenso wie sämtliche Konsumgüter, Baumaterialien und Fahrzeuge vom „Conti" (Kontinent) transportiert werden und sind entsprechend teuer. Die medizinische Versorgung ist notdürftig, die Schulausbildung lässt zu wünschen übrig. Obwohl heute fast täglich ein Flugzeug landet, obwohl zwei chilenische Fernsehkanäle, Internet und der stete Touristenstrom für Kontakt zur großen weiten Welt sorgen, ist der Horizont vieler Rapanui auf die Insel beschränkt; der Informationsdurst der westlichen Kultur ist ihnen fremd. Ob sich die autochthone Kultur und insbesondere die Sprache angesichts der Öffnung der Insel, des permanenten Zuzugs von Festlandchilenen und zunehmender Mischehen von Rapanui mit Chilenen oder Ausländern bewahren lässt, ist eher pessimistisch zu beurteilen. Heute verstehen zwar viele Kinder noch Rapanui, sprechen aber untereinander lieber spanisch.

Die große Mehrheit der Insulaner lebt vom **Tourismus** – die einen als Gastwirte, Tourveranstalter oder Kunsthandwerker, andere indirekt als Fischer, Landwirte oder Zimmerleute. Etwa 200 Menschen arbeiten bei der Inselverwaltung, der Post und der Polizei; bei der Marine sind vorwiegend Festlandchilenen. Hoch qualifizierte Arbeitsplätze sind rar auf der Osterinsel, es gibt auch keine weiterführende Schule. Wer studieren will, muss aufs Festland, wer sich operieren lassen muss oder der Tochter die Zähne richten will, ebenfalls.

Das **Verhältnis** der meisten Rapanui **zu Chile** ist gespalten. Einerseits gehört man irgendwie dazu, andererseits ist man hier, fast 4000 Kilometer vom „Conti", nicht nur geografisch weit weg. Die staatlichen Stellen in Santiago und der zuständigen Regionalhauptstadt Valparaíso reagieren mit bürokratischem Desinteresse, wenn es um die Belange der Rapanui geht. So verwundert es nicht, dass kaum einer der rund **3000 Rapanui** auf der Osterinsel (weitere 1500 leben auf dem Festland oder im Ausland) sich als Chilene fühlt. „Chile" klingt in ihrem Mund immer wie ein fremdes Land, und den „chilenos", die für länger auf die Insel kommen, begegnet man mit Distanz und Misstrauen.

Dennoch ist den meisten Rapanui bewusst, dass die Insel in vielfältiger Weise abhängig ist und ohne die Bindung an Chile keine Zukunft hat. Zwar gibt es eine kleine, radikale Unabhängigkeitsbewegung, doch ihre Forderungen werden von den meisten Insulanern als unrealistisch belächelt. Aussichtsreicher scheinen hingegen die Verhandlungen mit der Regierung in Santiago über einen **Autonomiestatus,** der den Inselbewohnern erlauben soll, ihre Angelegenheiten selbst zu bestimmen: die Verwendung der staatlichen Mittel, die Verteilung des Grundbesitzes, den Schutz des Kulturerbes, die nachhaltige Entwicklung des Tourismus. Ein eigener Abgeordneter, so hoffen die Rapanui, soll ihre Interessen im Parlament vertreten. Bis dahin ist es freilich ein langer Weg, denn dafür muss die Verfassung geändert werden.

Geografie und Klima

Die Osterinsel liegt 27°09′ südlich des Äquators und 109°26′ westlich von Greenwich. **3762 Kilometer** trennen die Insel **von der chilenischen Westküste,** die nächste bewohnte Insel, Pitcairun, ist 1900 Kilometer westlich. Damit ist die Osterinsel die am weitesten von anderen bewohnten Punkten entfernte Insel, ja insgesamt die isolierteste menschliche Ansiedlung.

Die Insel hat in etwa die Form eines rechtwinkligen Dreiecks. Sie umfasst eine **Fläche von 166 Quadratkilometern,** die längste Küste, von Südwesten nach Nordosten, ist etwa 24 Kilometer lang. Die beiden anderen Küsten sind jeweils etwa 17 Kilometer lang, die größte Breite beträgt 12 Kilometer. Die Insel ist **vulkanischen Ursprungs,** sie besteht aus drei Vulkanen und zahlreichen Nebenvulkanen, die jeweils in den Ecken des Dreiecks ihren Krater haben: Der 352 Meter hohe **Poike** in der Nordostecke ist der älteste Vulkan, er wird auf etwa 2,5 Millionen Jahre geschätzt.

An seinem Gipfel findet sich ein trockener Krater – etwa 80 Meter im Durchmesser und 7 Meter tief –, der heute von Wald bewachsen ist. Der schönste Vulkan (324 m) ist der **Rano Kau** in der Südwestecke der Insel. Sein Gestein wird auf etwa 1 Million Jahre datiert. Vom Gipfel fallen die Kraterwände steil, fast senkrecht, nach unten ab – fast 200 Meter liegen zwischen dem Gipfel und dem grün schimmernden Süßwassersee am Kraterboden. Die Außenwände sind zum Meer hin genauso steil – fast 300 Meter fällt die Klippe bei Orongo lotrecht zum Pazifik hinab. Mit knapp 250.000 Jahren ist der **Maunga Terevaka** (525 m) der jüngste Vulkan. Seine Lava verband die beiden anderen Vulkane, und seine Lavaströme bedecken den größten Teil der Inseloberfläche.

Außer den Seen in den Kratern von Rano Kau, Rano Raraku und Rano Aroi gibt es **keine Gewässer** auf der Insel. Der Grund ist nicht fehlender Regen, der Grund ist vielmehr das poröse vulkanische Gestein, in dem das Wasser rasch versickert. Es trifft weiter unten auf undurchlässigeres Gestein, und läuft unter der Erdoberfläche zum Meer hin ab. An manchen Stellen, meist dort, wo die Ahu stehen, tritt es dann im Küstenbereich wieder zutage. Als die ersten Europäer dort die Einheimischen Wasser schöpfen sahen, dachten sie, diese würden Salzwasser trinken.

Es regnet reichlich auf der Insel, im Winterhalbjahr sanft und stetig, im Sommer kurz, aber heftig, insgesamt etwa 1300 mm im Jahr. Das gehört ebenso zum **subtropischen Klima** wie der stete Wind und die durchweg **angenehmen Temperaturen:** Die mittleren Tageshöchstwerte liegen im Sommer bei 28°C, im Winter bei 22°C, die Tiefsttemperaturen im Sommer bei 15°C, im Winter bei 14°C.

Flora und Fauna

Pflanzen- und Tierwelt der Insel sind **artenarm,** zum Teil wegen der großen Isolation der Insel, zum Teil wegen des jahrhundertelangen Raubbaus an der Natur. Die heute auf der Insel lebenden **Säugetierarten** (Pferd, Hund, Katze, Schaf, Ziege, Schwein, Ratte, Rind, Maus) wurden alle von den Europäern eingeführt. Zwei **Reptilienarten** kommen auf der Insel vor, nur wenige **Landvögel** (alle vom Menschen eingeführt) und ein paar **Seevogelarten.**

Die bescheidene **Flora** weist einige wenige endemische Arten auf, darunter **Farne** und den **Toromiro** (Sophora toromiro), einen kleinen Baum mit hartem und festem Holz, der allerdings heute in der Natur ausgestorben ist. *Thor Heyer-*

Motiv einer Felszeichnung

dahl nahm 1956 einige der letzten Samen dieses Baumes mit nach Europa. Dort wurde er in den Botanischen Gärten von Göteborg und Bonn erfolgreich nachgezüchtet, und 1995 wurden mit Hilfe der deutschen Regierung mehr als 150 dieser Bäume auf der Osterinsel ausgepflanzt und der Nationalparkbehörde Conaf in Pflege gegeben; es haben jedoch nur wenige überlebt. Heute ist die Insel vorwiegend von **Grasland** bedeckt, hinzu kommen **Eukalyptusplantagen.**

Zur Kultur der Osterinsel

Die Osterinsel hat faszinierende kulturelle Zeugnisse hervorgebracht. Auf der winzigen Insel entstanden fast 250 große **Tempelanlagen,** knapp 1000 monumentale **Steinfiguren,** Tausende von **Felszeichnungen** und **Holzschnitzarbeiten** sowie eine **Schrift,** die bis heute nicht entschlüsselt ist. Im Folgenden werden einzelne Elemente dieser Kultur vorgestellt.

Ahu – Tempelanlagen

245 Ahu finden sich auf der Insel, fast alle aufgereiht entlang der Küste – mit wenigen Ausnahmen wie dem Ahu Akivi, der mitten im Land steht. Alle Ahu haben **Gemeinsamkeiten:** Es sind flache, abgestufte Plattformen, deren Begrenzungsmauer zum Meer hin fast immer steil und ohne Stufen abfällt, während sie an der Landseite leicht, entweder über Stufen oder eine flache, abschüssige Rampe, zu besteigen sind. Die Ahu bestehen aus einer Masse loser Steine, sie werden zusammengehalten durch massive, dicke Steinplatten. Im Innern der Plattformen wie auch in der Umgebung wurden Gräber gefunden – es handelt sich also auch um Begräbnisstätten. Zunächst wurden die Toten innerhalb der Ahu bestattet, erst in späteren Zeiten, nachdem die Moai umgestürzt worden waren, ging man wohl dazu über, auch um die Plattformen herum die Verstorbenen zu bestatten. Einigkeit herrscht in der Forschung darüber, dass die Ahu zunächst als Altäre dienten, später dann als Aufstellungsort für die Moai und zuletzt als Begräbnisstätten.

Alle Ahu bezeichnen Siedlungsplätze. Deshalb findet sich fast keiner im Binnenland, denn dort fehlte das Wasser, da die Niederschläge im porösen Lavagestein der Insel schnell versickern und erst an der Küste wieder austreten.

Wie eine solche Dorfanlage aussah, erkennt man am besten in **Tahai,** nördlich des Dorfes Hanga Roa: Vor dem Ahu ist eine Fläche mit großen runden Kieselsteinen gepflastert. Daneben führt eine Rampe ins Meer, die für die Kanus genutzt wurde. Vor dem Ahu findet sich ein großer offener Platz, hinter dem das eigentliche Dorf begann: Direkt gegenüber dem Ahu standen die Häuser der Häuptlinge und Priester, die ovalen Hare paenga. Dort lagen auch die Paina, runde, gepflasterte Zeremonienplätze. Weiter hinten folgten die anderen Gebäude – die Holzhäuser der einfachen Leute, bewohnte Höhlen, die Hühnerhäuser (*Hare moa*), die Gärten und Felder mit den durch Mauern geschützten Pflanzanlagen (*Manavai*) sowie die Erdöfen (*Umu pae*).

Die ersten Ahu trugen keine Steinfiguren (Moai). Doch waren in ihrer Nähe wohl die sehr frühen, etwas anders gearbeiteten Steinfiguren, oft aus roter Gesteinsschlacke gefertigt, aufgestellt. Die Besonderheit der Ahu sind die mörtellos exakt zusammengefügten Fassaden.

Die Hare Paenga-Wohnhäuser

Von den Hare-Paenga-Häusern sind **nur noch die Fundamente erhalten.** Man findet sie überall dort, wo auch Ahu stehen, besonders gut zu erkennen ist das restaurierte Fundament in Tahai. Wie hier besteht der Sockel eines Hare Paenga aus aneinander gereihten, 50–250 Zentimeter langen und 20–30 Zentimeter breiten Basaltsteinen, die bis zu 50 Zentimeter tief in der Erde stecken. Das Fundament bildet ein lang gezogenes Oval, ähnlich der Form eines gestreckten Bootes oder eines Kanus. In die Fundamentsteine bohrten die Insulaner in unregelmäßigen Abständen mehrere Zentimeter tiefe und breite Löcher, in die Äste und Zweige gesteckt wurden. Diese liefen dann, je nach Größe des Hauses, in etwa ein bis zwei Meter Höhe zusammen, wurden durch einen innen verlaufenden und abgestützten First noch zusätzlich gesichert und mit Gräsern und Schilf abgedeckt. In der Mitte der Längsseite war der Eingang, bei größeren Häusern gab es deren zwei. Die größten Häuser waren bis zu 100 Meter lang, in der Regel aber nur 10–15 Meter bei einer Breite von etwa 2 Metern. Sie wurden nur zum Schlafen benutzt. Das Innere der Häuser war mit Netzen vor Hühnern und Ratten gesichert, an den Eingängen standen hölzerne Figuren, die böse Geister abwehren sollten. Geschlafen wurde auf Matten.

Die Moai-Steinfiguren

Fast 1000 Kolossalfiguren stehen oder liegen verteilt auf der Insel, die meisten, fast 400, am inneren und äußeren Krater des Rano Raraku. Sie sehen sich ähnlich, sind aber alle verschieden. Auch die Größe differiert sehr: Die kleinsten messen etwa 2 Meter, der größte Moai, der nie fertig gestellt wurde und noch im Steinbruch „steckt", misst 21 Meter. Die allermeisten sind zwischen 5 und 7 Meter groß. Die **Ähnlichkeiten** betreffen die Form. Allen gemeinsam ist der **übergroße Kopf,** der meistens ein Drittel, teilweise auch die Hälfte der Gesamtgröße einer Figur erreicht, und der im Unterschied zum Körper der Figur sehr plastisch und detailliert ausgearbeitet ist: Die Nase ist lang und breit, mit konkavem Schwung und großen, stark betonten Nasenlöchern, die Ohren sind groß und lang, mitunter mit Schmuck verziert, die niedrige Stirn ist mit einer durchgehenden Augenbraue versehen, ein weit vorgeschobenes, breites und energisches Kinn sowie dünne, zusammengepresste Lippen, die mokant zu lächeln scheinen, komplettieren das Gesicht. Auch die Hinterköpfe sind gut ausgestaltet. Eher angedeutet sind dagegen die Arme. Sie liegen dicht am Körper an, sind leicht gebeugt und enden in feinen Händen mit langen zartgliedrigen Fingern, die wiederum sehr plastisch ausgestaltet sind. Die Hände liegen auf dem Unterleib auf, sie zeigen aufeinander, ohne sich zu berühren. Dazwischen ist der Knoten eines Lendenschurzes angedeutet. Die meisten Moai sind männlich, es gibt nur wenige weibliche mit deutlich herausgearbeiteter Brust und angedeuteter Vulva. Bei einigen ist auch der Rücken geschmückt: mit Kreisen, horizontalen Linien und Mustern, die wie Buchstaben verlaufen.

Obwohl die Steinmetzkunst in Polynesien verbreitet war, sind die Moai einzig auf der Osterinsel zu finden. Mit dem zusammengekniffenen Mund kann es eine besondere Bewandtnis haben: In verschiedenen polynesischen Kulturen wurde dem verstorbenen Stammeshäuptling die Zunge herausgeschnitten, welche dann sein Sohn, der Nachfolger mit der Häuptlingswürde, verspeisen musste, damit die Weisheit des Vaters auf ihn übergehe. Dem Verstorbenen wurde anschließend der Mund zugenäht.

Wie die Moai hergestellt wurden, lässt sich leicht nachvollziehen, da am Hang des Rano Raraku (des Steinbruchs) Figuren in jedem Stadium der Bearbeitung zu finden sind. An einer flachen Stelle wurden die Umrisse des auf dem Rücken liegenden Moai eingezeichnet. Man schlug zunächst die Figur in groben Zügen frei, wobei der Rücken durch einige schmale Grate mit dem Gestein verbunden blieb; danach wurde die komplette Vorderseite des Moai modelliert. War das vollbracht, schlug man die Steingrate ab und ließ die Figur langsam am Hang bergab gleiten bis in ein vorbereitetes Loch hinein, in dem sie aufrecht zu stehen kam. Erst dann wurde die Rückenpartie endgültig bearbeitet.

Gearbeitet wurde mit **Steinbeilen** *(toki)* aus härterem Basaltgestein. *Thor Heyerdahl* ließ bei seiner zweiten Expedition einige Insulaner probehalber mit solchem Gerät eine Figur aus dem Stein schlagen. Sie arbeiteten nur einige Tage und brachen dann ab, doch wenn man ihre Arbeitsleistung hochrechnet, kann man ermitteln, dass 20 bis 30 Männer für einen drei Meter großen Moai etwa ein Jahr brauchten.

Wie kamen nun die Figuren vom Steinbruch an ihren Bestimmungsort? 40–70 Tonnen wiegt ein durchschnittlicher Moai – für die Wiederaufstellung der Moai am Ahu Tongariki wurden japanische Spezialkräne benutzt. Der US-amerikanische Archäologe *William Mulloy* hat folgende Theorie entwickelt: Den Moai wurden an der Vorderseite Balken vorgespannt, dann wurden sie auf diese Balken wie auf einen Schlitten gekippt und anschließend mittels einer recht simplen Kombination aus Hub- und Zugtechnik langsam vorwärts gewippt. So hätten 90 Mann einen zehn Meter großen Moai innerhalb eines Tages etwa 100 Meter weit gewuchtet. An der vorgesehenen Stelle wurde die Figur dann Zentimeter für Zentimeter aufgerichtet, mit Seilzügen an der einen Seite und Hebeln auf der anderen, immer unterstützt und abgestützt durch angeschüttete Steinhaufen – auch das wurde bei einer Heyerdahl-Expedition eindrucksvoll belegt. Einer anderen Theorie zufolge wurden unter die Steinfiguren einfach Balken als Rollen gelegt und so die Figuren vorwärts-

ZUR KULTUR DER OSTERINSEL

gerollt. Vielleicht standen sie dabei schon aufrecht, ein Stich von 1728 zu *Roggeveens* Landung auf der Insel zeigt eine solche Szene.

Erst wenn die Figuren aufgestellt wurden, hauchte man ihnen Leben ein: Sie bekamen **leuchtende Augen aus Korallen.** Erst ein aufgerichteter Moai mit Augen hatte die **Mana,** die göttliche Kraft, welche die Nachfahren des Stammes beschützte. Das erklärt auch die Zerstörungswut während der späteren Kriege: Man stürzte die Moai des gegnerischen Stammes um, versuchte ihnen dabei den Hals zu brechen und entfernte die Augen. Nur Bruchstücke der Korallenaugen wurden gefunden, ein zerbrochenes Auge ist im Inselmuseum ausgestellt. Die Augen des Moai auf dem Ahu Ko Te Riku im Tahai-Komplex sind Nachbildungen.

Ein besonderer Moai ist die kniende Figur, die **Tuturi** genannt wird. Sie wurde in den 1950er Jahren von der Heyerdahl-Expedition freigelegt und ist zeitlich nur schwer einzuordnen. *Heyerdahl* hielt sie für älter als die anderen Figuren, andere Wissenschaftler schätzen sie jünger ein: Für sie war die Figur der Versuch, von der strengen Darstellungsweise abzugehen.

Bleibt zuletzt die wichtigste Frage: **Welche Funktion hatten die Moai?** Die Steinfiguren auf den Tempelanla-

Am Krater Puna Pao – „Fabrik" der Pukao-Kopfbedeckungen

gen markierten das Zentrum einer Gemeinde. Strukturell sind sie den Figuren auf einem Altar oder den Heldenbildern anderer Kulturen ähnlich, sie waren wahrscheinlich Standbilder verehrungswürdiger Ahnen, die ursprünglich sogar konkret benannt werden konnten. Im Wettstreit der Gemeinden wurden die Moai immer größer.

Die Moai sind gefährdet: **Erosion** setzt dem porösen Gestein aus Asche-Sedimenten und Lavabröckchen hart zu. Der Stein saugt sich bei Regen mit Wasser voll (mehr als ein Drittel Liter Wasser pro Liter Stein). Beim Abfließen nimmt das Wasser die Bindemittel mit. Der Stein wird poröser und poröser und zerbröselt langsam. Einige Statuen werden inzwischen mit Kieselsäure, die den Stein härtet, haltbar gemacht.

Die Pukao-Kopfbedeckungen

Pukao werden die **roten Turbane oder Haarschöpfe** aus roter Gesteinsschlacke genannt, die manche Moai auf dem Kopf tragen. In der Wissenschaft herrscht relative Einigkeit darüber, dass es sich um eine Art Haartracht handelt, wie sie noch zu Zeiten der Ankunft der ersten Europäer von den männlichen Inselbewohnern getragen wurde.

Die Pukao wurden aus der roten Schlacke des Kraters Puna Pau gefertigt. Was sie bedeuten, ist bis heute nicht klar, wie sie zu den Moai kamen, schon: Sie wurden einfach gerollt. Aber wie wurden den Moai die mehrtonnigen Kopfbedeckungen aufgesetzt? Manche Wissenschaftler tippen auf Rampen, die aufgeschüttet wurden, andere wie *Mulloy* glauben, dass die Pukao bereits den liegenden Moai aufgesetzt wurden und dann die komplette Statue aufgerichtet wurde. Die Pukao halten übrigens allein durch ihr Gewicht auf den Köpfen. Sie besitzen an der Unterseite eine Vertiefung, in die der Statuenkopf genau hineinpasst. An den Seiten stehen sie weit über.

Die Felsbilder – Petroglyphen

In Felsen geritzte Bilder finden sich weltweit, doch nur an wenigen Orten entstand auf solch engem Raum eine so große Anzahl hervorragend ausgearbeiteter Petroglyphen wie auf Rapa Nui. Wissenschaftler schätzen, dass auf der gesamten Insel etwa **6000 Petroglyphen** zu finden sind. Das wichtigste Zentrum dieser Arbeiten ist beim Zeremoniendorf **Orongo.** Dort sind vor allem Darstellungen des Vogelmannes zu finden (vgl. „Unterwegs auf der Osterinsel/Südküste"). Die Petroglyphen in Orongo unterscheiden sich wesentlich von den meisten anderen auf der Insel: Sie sind qualitativ besser, feiner gearbeitet und als **Basrelief** ausgestaltet. Während die meisten anderen Felszeichnungen nur in den Stein geritzt wurden, haben die Künstler hier den Stein abgetragen, und somit tritt die Figur (Zeichnung) erhaben vor. Man vermutet, dass die Orongo-Petroglyphen von einer festen Künstlergruppe geschaffen wurden – dafür spricht, dass sie ein hohes Maß an Gleichförmigkeit besitzen.

Die anderen Petroglyphen sind einfachere Felszeichnungen. Sie beziehen sich auf das **Sozialgefüge** der Stämme untereinander, auf Rituale, Mythen oder auch das **Alltagsleben.** Oft wur-

den Meerestiere dargestellt – Schildkröten, Haie, Tintenfische –, die überall in Polynesien in den Mythen eine wichtige Rolle spielen. Viele Darstellungen sind den Motiven auf den Rongorongo-Tafeln (s.u.) ähnlich – manche Forscher sehen die Felszeichnungen als Vorläufer dieser Tafeln an.

Menschenbilder sind selten, was erstaunlich ist, weil sie auf anderen Inseln Polynesiens (Marquesas, Hawaii) sehr häufig zu finden sind. Es kommen nur einzelne Gesichter, Hände und Füße vor sowie zahlreiche Darstellungen der weiblichen Geschlechtsteile, die auf einen Fruchtbarkeitskult schließen lassen.

Die Rongorongo-Schrift

Auf **25 kleinen Holztafeln** – länger als 103 und breiter als 21 Zentimeter ist keine – verbirgt sich eines der größten Geheimnisse der Osterinsel-Kultur: die Rongorongo-Schrift, die bis heute nicht eindeutig entziffert ist. Den Wissenschaftlern stehen auch nicht viele Schriftzeichen zur Verfügung: Auf der größten Tafel sind 1825 Zeichen erhalten, auf einem Stab nur zwei. Viele „Kohau rongorongo" wurden von den ersten Missionaren verbrannt – heidnische Zeichen sollten vernichtet werden.

Erst Mitte des 20. Jahrhunderts wandte sich die Wissenschaft der Rongorongo-Schrift zu. Zu spät, denn niemand konnte mehr erklären, wie die Texte zu lesen seien. Schon Ende des 19. Jahrhunderts hatte sich niemand mehr

Überreste des Zeremoniendorfs Orongo

exakt auf diese Kunst verstanden – dokumentiert ist, dass selbst Insulaner mit traditionellen Kenntnissen zwar den Inhalt einer solchen Tafel exakt **nacherzählen** konnten, aber nicht in der Lage waren, einzelne Zeichen mit Bedeutung zu füllen. Sie erzählten auswendig, und jede Tafel berichtet von einer ganz bestimmten Geschichte.

Man weiß zumindest, wie die **„Sprechenden Hölzer"** beschriftet wurden. Der Schreiber begann in der linken unteren Ecke, von dort wurden von links nach rechts die Zeichen eingeritzt. War die Zeile fertig, drehte der Schreiber die Tafel um und schnitzte nun erneut von links nach rechts. So verlaufen die Zeilen in Serpentinen und jede zweite Zeile steht auf dem Kopf – beim Lesen musste man die Tafel ständig drehen.

Viele Forscher haben sich an der **Entschlüsselung der Rongorongo-Schrift** versucht – bisher sind alle **gescheitert.** Die Schwierigkeit liegt darin, dass erstens so wenig Material vorliegt und dass zweitens die Sprache, in der die Texte abgefasst sind, nicht genau bekannt ist; es handelt sich vermutlich um ein altertümliches Rapanui, das noch dazu stark verschlüsselt ist durch religiösen Gebrauch.

Gewichtiger ist aber, dass zwar einzelnen Schriftzeichen Lautwerte zuzuordnen sind, andere aber **Ideogramme** sind, d.h. jeweils einen ganzen Begriff darstellen, dessen Bedeutung nur in Ausnahmefällen klar und eindeutig ist. Die Rongorongo-Schrift ist somit nicht wie unsere lateinische eine Buchstabenschrift, sondern besteht sowohl aus Lautkombinationen wie auch aus Silben, einzelnen Wörtern und Begriffen. Sie ist eher ein mnemotechnisches System, das als Gedächtnisstütze fungierte.

So muss man sich vielleicht damit abfinden, dass die Rongorongo-Schrift nie entschlüsselt wird. Vermutlich starben die letzten Schriftgelehrten, die das Geheimnis hätten lüften können, 1862, als die Insulaner zu Tausenden in die Sklaverei verschleppt wurden.

Übrigens: Kein einziges Original der 25 erhaltenen Schrifttafeln ist auf der Insel zu bewundern. Sie sind verstreut auf Museen in aller Welt, drei sind immerhin in Santiago de Chile.

Die Holzfigur Moai kavakava

Unter den Holzarbeiten der Osterinsulaner ist eine Figur besonders auffallend: der Moai kavakava, eine männliche, ausgemergelt anmutende Figur mit vorgewölbtem Brustkorb, bei der die Rippen deutlich sichtbar sind. Kavakava bedeutet auf Rapa Nui auch Rippen.

Die Figur des Moai kavakava wirkt wie ein **expressionistisches Kunstwerk.** Kopf und Körper sind mit ausdrucksstarken Details versehen, die den Moai oft aggressiv wirken lassen. Jede der Figuren besitzt eine lange, schmale und gebogene Nase mit gut ausgestalteten Nasenflügeln, oft wulstigen, leicht nach oben gezogenen Lippen, die geöffnet sind und den Blick auf eine starke Zahnreihe freigeben. Tränensäcke sind sichtbar, eingefallene Wangen, das Kinn ist stark betont, auch durch den Spitzbart, den jede der Figuren trägt. Die Ohren sind lang mit heruntergezogenen Ohrläppchen, sie reichen fast bis zur Schulter. Der Körper ist sehr mager, die Arme dünn, die Hände liegen auf halber Höhe der Oberschenkel an. Wie gesagt ist der Brustkorb betont, ebenso wie der Bauchnabel und der leicht erigierte Penis. Die Beine sind im Verhältnis zum Körper sehr kurz, die Füße klein und nur schwach ausgestaltet.

Die Holzfiguren sind als standardisierte **Ahnenbildnisse** zu deuten und sollten als Schutzgeister dienen.

Allgemeine Reiseinformationen

Anreise

Die **einzige Möglichkeit**, die Insel zu erreichen, ist **per Flugzeug,** und zwar **mit LAN.** Die chilenische Airline hat ein Monopol auf diese Strecke. Die Verbindung **Santiago – Osterinsel** wird je nach Saison mindestens viermal pro Woche bedient, zweimal pro Woche fliegt LAN weiter nach **Tahiti,** von dort kann man mit Qantas nach Australien oder mit Air New Zealand nach Neuseeland weiterreisen. Der Hin- und Rückflug ab Santiago (internationaler Flughafen) ist in den letzten Jahren zwar preiswerter geworden, reißt aber immer noch ein Loch in die Reisekasse. In der Nebensaison 2009 gab es Sonderangebote für ca. 300 US-$, in der Sommersaison (November bis April) ist der Flug kaum unter 550 US-$ zu bekommen. LAN bietet einen speziellen **Osterinsel-Airpass** an; er kostet für Passagiere, die den Transatlantikflug mit LAN oder Iberia buchen, je nach Verfügbarkeit 382 bzw. 491 US-$ pro Strecke (also mindestens 764 US-$ hin und zurück), für alle anderen ist der Airpass noch teurer.

Der **Flughafen Mataveri** liegt am Südende von Hanga Roa, etwa 20 Minuten Fußweg zur Ortsmitte. Es gibt keinen Busservice, ein Taxi kostet rund 3 US-$. Die meisten Hotels und Pensionen empfangen ihre Gäste am Flughafen mit den typischen Blumengehängen und bringen sie zur Unterkunft.

●**LAN,** Büro auf der Policarpa Toro, Tel. 2100279. Geöffnet Mo bis Fr 9–17 Uhr.

Öffentliche Verkehrsmittel

Den öffentlichen Nahverkehr besorgen zahlreiche **Taxis,** die man überall anhalten kann. Standardtarif für jede beliebige Strecke innerhalb Hanga Roas: 1500 Pesos (ca. 3 US-$).

Auto, Motorrad und Fahrrad

Nicht nur die großen Hotels, nahezu jedes Restaurant, jedes Geschäft und jede Pension verleiht Autos, Motorräder und/oder Fahrräder. Dabei muss man mit 60–80 US-$ am Tag für einen **Suzuki-Jeep – das übliche Verkehrsmittel auf der Insel –** rechnen. Motorräder sind für ca. 45 US-$ zu haben, die Miete für Fahrräder (Mountain-Bike) beträgt 15–20 US-$. Die meisten Unternehmen finden sich auf der Atamu Tekena, so auch der empfehlenswerte Auto-, Motorrad- und Fahrrad-Verleih Insular (Tel. 2100480).

Pferde

Für erfahrene Reiter – das Equipment ist meistens nicht besonders gut – bietet sich auch die Miete eines Pferdes an. Die nahe bei Hanga Roa gelegenen Sehenswürdigkeiten sind gut mit dem Pferd zu erreichen; die Mietgebühr für ein Pferd beläuft sich auf ca. 45 US-$ inkl. Führer für einen halben Tag. Die größeren Hotels veranstalten auch **Reitausflüge,** ebenso die Tourveranstalter.

Nationalpark

Ein großer Teil der Insel gehört seit 1935 zum Nationalpark Rapa Nui. Die Nationalparkbehörde Conaf kassiert ein **Eintrittsgeld von 10 US-$** bei Orongo, die Gebühr erlaubt den Besuch sämtlicher archäologischer Stätten auf der Insel. Das Geld kommt dem Erhalt der Kulturdenkmäler zugute. Auch wenn es nicht überall dransteht, **einige Dinge sind verboten** (und verbieten sich eigentlich schon von selbst):

- Klettern Sie nicht auf die Ahu (Kultplattformen)!
- Berühren Sie nicht die Moai-Figuren!
- Stellen Sie sich nicht auf die Petroglyphen (gravierte Steinflächen)!
- Fahren Sie nicht mit dem Auto oder Motorrad an die archäologischen Stätten heran, sondern parken Sie auf den vorgesehenen Plätzen!

Reiseveranstalter

Tourveranstalter sind fast so zahlreich wie Hotels und Pensionen. Hanga Roa lebt vom Fremdenverkehr, aber nicht jeder Fremdenführer weiß wirklich genau über die Geschichte der Insel und die Ausgrabungsstätten Bescheid. Zu empfehlen **für alle deutschsprachigen Reisenden** ist vor allem:

- **Rapa Nui Travel**
Tel. (0056-32) 2100548. Die deutsch/rapanui geführte Agentur organisiert alles, was man für einen gelungenen Inseltrip benötigt: Gruppen- und Individualpakete, Unterkunft, Touren aller Art mit deutschsprachiger Führung (Standardexkursionen: halber Tag 30 US-$, ganzer Tag 45 US-$). Geschäftsführerin *Conny Martin* lebt seit 1990 auf der Osterinsel und ist überaus rührig, kenntnisreich und hilfsbereit (danke!). Für speziell archäologisch und kulturgeschichtlich Interessierte arbeitet sie auch mit dem kundigen Schweizer Reiseführer *Josef Schmid* zusammen. www.rapanuitravel.com

Tauchen

Tauchen in der exotischen Unterwasserwelt ist wegen der enormen Sichttiefe von bis zu 60 Metern, der vielfarbigen Fische, der Unterwasserhöhlen und der Korallenbänke ein **besonderes Erlebnis** – allerdings muss das Wetter mitspielen, bei zu viel Wind fällt die Tour ins Wasser. Zwei erstklassige Agenturen bieten Tauchgänge und -kurse an, beide direkt am Fischerhafen; beide verlangen 50–60 US-$ pro Tauchgang und 30 US-$ für Schnorcheltouren:

- **Mike Rapu Diving**
Tel. 2551055, www.mikerapudiving.cl
- **Diving Center Orca**
Tel. 2550375, www.seemorca.cl

Sprache

Die Amtssprache auf der Insel ist **Spanisch,** was die meisten Osterinsulaner

Osterinsel Rapa Nui

Ortsplan Hanga Roa S. 584

Allgemeine Reiseinformationen

Legende:
- Museum
- Höhenpunkt
- Aussichtspunkt
- archäol. Attraktion
- Krater

Orte und Sehenswürdigkeiten:

- Peninsula Poike
- Maunga Pukatikei 325 m
- Ahu Mahatua
- Ahu Tongariki
- Tu o Hiro
- Bahía de La Pérouse
- Maunga Anamarama
- Rano Raraku
- Playa de Ovahe
- Maunga Pui
- Ahu Hanga Tetenga
- Bahía (Playa) de Anakena
- Ahu Nau Nau
- Ahu Te Pito Kura u. "Nabel der Welt"
- Ahu Akahanga
- Maunga Oiti
- Vaitea
- Ahu Hanga Te'e
- Ahu Vai Mata
- Maunga Terevaka 525 m
- Ahu Maitaki Te Moa
- Makemake
- Ahu Akivi Siete Moai
- Maunga Te Kauhanga o Varu
- Maunga o Tuu
- Vaihu
- Ana Te Pahu
- Puna Pau
- Maunga Vai Ohao
- Ahu Tepeu
- Maunga Orito
- Ahu Vinapu I und II
- MOTU TAUTARA
- Ana Kakenga
- Rao Rao
- Tahai
- Bahía de Cook
- Hanga Roa
- Mirador
- Rano Kau 324 m
- Orongo
- Ana Kai Tangata
- Conaf
- MOTU KAO KAO
- MOTU ITI
- MOTU NUI
- PAZIFISCHER OZEAN

2 km

Osterinsel

auch mehr oder weniger gut beherrschen. Untereinander sprechen sie vielfach **Rapanui,** eine polynesische Sprache, die keinerlei Ähnlichkeiten mit europäischen Sprachen hat. Viele sprechen auch etwas englisch.

Beste Reisezeit

Die Osterinsel hat **eigentlich immer Saison.** Kühler und feuchter ist es in den Monaten Mai bis Oktober, im August werden mit 12–14°C (nachts) die tiefsten Temperaturen gemessen, im Januar und Februar Höchsttemperaturen von 29°C. Im Jahr scheint die Sonne ca. 2500 Stunden, das sind etwa 7 Stunden am Tag. Tropische Wirbelstürme gibt es hier nicht. Die Sonneneinstrahlung ist sehr intensiv, nicht wegen des Ozonlochs, sondern aufgrund der klaren Luft. Schützen Sie sich mit einem starken **Sonnenschutzmittel.**

Eine besondere Touristenattraktion ist das alljährliche **Tapati-Fest,** bei dem die Insulaner traditionelle Bräuche, Spiele und Wettkämpfe wieder beleben (s.u.). In den zwei Wochen Anfang Februar (Haupturlaubszeit auf dem chilenischen Festland) füllt sich die Insel mit Besuchern, dann und generell in der Hochsaison von November bis Februar sollte man unbedingt frühzeitig eine Unterkunft buchen.

Empfehlenswert sind Aufenthalte von mindestens drei vollen Tagen auf der Insel, sonst ähnelt der Besuch eher einem Sprint durch ein Museum. Und:

Die Osterinsel bietet, beispielsweise in Anakena, auch **hervorragende Bademöglichkeiten.** Wer sich eine Woche Zeit für die Insel nimmt, kann ihre spezielle Atmosphäre in Ruhe genießen und hat auch Zeit für Beobachtungen am Rande. In beiden Fällen empfehlen wir, mindestens eine **geführte Tagestour** zu den wichtigsten Stätten der Insel zu machen. Mehr als alle Literatur kann einem ein guter Guide die Mystik der Moais, die zauberhaften Geschichten hinter jedem Ahu, jeder Höhle nahebringen, kann einen auf unscheinbare, aber wichtige Details aufmerksam machen. Danach kann man immer noch die Insel auf eigene Faust weiter erkunden und die schönsten Stellen noch einmal aufsuchen, etwa zu Sonnenauf- oder -untergang. Man kann auf der Insel auch gut **wandern,** vorausgesetzt man führt ausreichend Trinkwasser mit sich. Verlaufen kann man sich nicht, in den Läden auf der Insel gibt es zudem Wanderkarten, ebenso unter www.trekkingchile.com/karten.

Gesundheit

Für die Osterinsel genügen in der Regel die normalen Vorkehrungen (siehe entsprechenden Abschnitt im Kapitel „Praktische Reisetipps A–Z"). Gelegentlich gibt es Fälle des **Dengue-Fiebers,** einer tropischen, von der Mücke *aedes aegypty* übertragenen Krankheit – zwar nur in der „klassischen", nicht lebensgefährlichen Variante, aber immerhin verbunden mit hohem Fieber, Husten- und Brechreiz, Muskel- und Gelenkschmerzen. Der Erreger ist in den pazifischen Tropen weit verbreitet, auf der Osterinsel hingegen eher selten. Erkundigen Sie sich ggf. vor der Reise bei Sernatur oder LAN nach dem Stand der Dinge.

Kulturelle Veranstaltungen

Wichtigstes Kulturereignis ist das **Tapati-Festival** Anfang Februar. Auf die vielfältigen Darbietungen und Wettkämpfe bereiten sich die Familienclans und Folkloregruppen das ganze Jahr über vor. Zwei Wochen lang werden Körper bemalt, Kostüme gebastelt, rituelle Tänze und Gesänge aufgeführt. Bei einem Triathlon am Rano-Raraku-Krater werden die Besten im Bananenboot-Paddeln, Schilfmatten-Schwimmen und Laufen mit Bananenstauden ermittelt. Die Frauen demonstrieren die traditionelle Kochkunst und das Erzähl-Ritual mit Knotenschnüren. Am Ende wird die Tapati-Königin gekürt, und ein großer kollektiver Umu (Erdofengericht, s.u.) schließt die Feierlichkeiten ab.

Doch auch übers Jahr kann man in den Genuss der vielfältigen Kultur der Rapanui kommen. **Zwei Folkloregruppen** treten mehrfach pro Woche in Restaurants auf; beeindruckend ist vor allem die größere von beiden, Kari Kari. Ende Juni, zum **Tag des St. Peter,** des Schutzheiligen der Fischer, wird ein großer Umu veranstaltet, zum **Jahrestag der Annexion** am 9. September ein Festumzug. Und was die Gospelmessen für Harlem sind, ist für die Osterin-

Der Rano Raraku diente als Steinbruch für die Moai-Figuren

sel der Frühgottesdienst (So 9 Uhr in der Kirche), wenn die Insulaner die katholische Zeremonie mit traditionellen Rapanui-Gesängen untermalen.

Einkäufe

Beliebteste **Souvenirs** sind kleine Moai aus Stein oder die traditionellen Holzschnitzereien der Osterinsel, außerdem der fantasievolle Schmuck aus Muscheln, Seeschnecken, Federn, Samenkörnern oder Schildplatt: Ketten, Ohrgehänge, Kopfschmuck etc. Zahlreiche Souvenirgeschäfte auf der Atamu Tekena bieten diese Dinge an, auch an einigen Ahus sind Verkäufer zu finden. Die beste Auswahl hat die Markthalle auf der Atamu Tekena Ecke Tu'u Maheke; hier gibt es auch Obst und Gemüse zu kaufen. Ein weiterer Kunsthandwerksmarkt ist auf der Tu'u Koihu nahe der Kirche. Supermärkte finden sich ebenfalls auf der Atamu Tekena.

Empfohlene Literatur (kleine Auswahl) und ein Film

● *Thor Heyerdahl*
Kon Tiki und **Aku-Aku.** Die Berichte über die beiden Expeditionen des populären norwegischen Archäologen, von ihm selbst verfasst.
● **1500 Jahre Kultur der Osterinsel – Schätze aus dem Land des Hotu Matua**
Katalog zur Ausstellung. Mainz 1989, Verlag Philipp von Zabern.
● *T. S. Barthel*
Das 8. Land.
München 1974, Verlag Klaus Renner.
● *Horst Gatermann*
Die Osterinsel. Köln 1994, DuMont Verlag.
● *Peter Leopold, Ricardo Herrgott*
Rapa Nui – die Osterinsel: Alltag und Mythos des entlegensten Eilands der Welt. Wien 1994, Löwen Edition.
● *Peter Crawford*
Nomaden des Windes – Paradies Polynesien
Köln 1995, vgs-Verlagsgesellschaft.
● **Rapa Nui**
Spielfilm von Kevin Costner, in dem das vermutliche Untergangsszenario der Osterinsel-Kultur, aber auch der Bau der Moai und der Vogelmann-Kult etc. dargestellt werden.

Tänzer auf dem Tapati-Festival

Unterwegs auf der Osterinsel

Hanga Roa

Der einzige Ort der Insel hat etwa **4000 Einwohner.** Die Siedlung am südlichen Teil der Westküste hat kein eigentliches Zentrum. Dort, wo in anderen Orten die Plaza wäre, findet sich hier ein großer Fußballplatz. Die **wichtigste Straße** ist die **Atamu Tekena,** die einen „Block" parallel zur Küstenstraße verläuft. Hier finden sich die meisten Geschäfte und Restaurants. Auf Straßennamen achtet man in Hanga Roa übrigens kaum, sie werden – wenn überhaupt – unscheinbar an die Bordsteine gepinselt; dennoch werden sie hier größtenteils angegeben. Wer ein Haus, eine Pension oder einen Laden sucht, fragt besser direkt danach, nicht nach der Straße. Der Ort dehnt sich jeweils über 2 Kilometer in Nord-Süd- und Ost-West-Richtung aus.

Hanga Roa atmet eine **eigenwillige Mischung** aus Hafen und Bauerndorf, aus polynesischem Laisser-faire und dem resignierten Versuch der (chilenischen) Behörden, ein Mindestmaß an Ordnung durchzusetzen. Mit wild wehendem Haar brummen Motorradfahrer die Straßen rauf und runter (Helme sind verpönt), dann wieder galoppiert ein stolzer Reiter herbei und macht sein satteloses Ross am Supermarkt fest. Bei Schulschluss regelt ein einsamer Carabinero den „Verkehr", seine Trillerpfeife bleibt stumm, wenn die Mutter ihre drei Sprösslinge mit auf den Motorroller quetscht. Am besten setzt man sich in ein Straßencafé, trinkt einen tropischen Fruchtsaft und sieht dem gemächlichen Inselalltag zu.

Touristeninformation

- **Vorwahl: 32**
- **Sernatur,** Tu'u Maheke etwa Ecke Policarpo Toro. Hier wird auch englisch gesprochen. Geöffnet Mo bis Fr 9-13 und 14-19 Uhr, Tel. 2100255. ipascua@sernatur.cl
- Gute Informationen halten auch die **Internetseiten** www.osterinsel.de und www.osterinsel.ch bereit.

Unterkunft

Insgesamt gibt es rund **1000 Gästebetten** auf der Insel, 500 in Hotels und 500 in Pensionen. Wie fast alles auf Rapa Nui sind die Unterkünfte im Vergleich zum chilenischen Festland **sehr teuer.** Preise sind saisonabhängig und oft Verhandlungssache; über eine Agentur kann man u.U. bessere Konditionen bekommen als bei Direktbuchung. Etliche Herbergen haben Schalter in der Ankunftshalle des Flughafens, und in der Nebensaison (April bis Oktober) kann man dort kräftig handeln. Auch bei einfacheren Unterkünften ist meist der Transfer vom und zum Flughafen inklusive. Aufmerksame Gastgeber begrüßen die Besucher mit Blumengehängen und verabschieden sie mit Muschelketten. Solche Dinge machen ebenso den kleinen Unterschied aus, wie das **Frühstück** („americano" = tropisch-üppig oder „continental" = simpel), ein schöner Garten oder ein Pool. In der Mittelklasse gibt es ein recht breites Angebot, dagegen mangelt es an akzeptablen Backpacker-Herbergen, und die Hotels der Oberklasse lassen zum Teil sehr zu wünschen übrig. Kleine, familiäre Gästehäuser sind eigentlich immer den großen, unpersönlichen Hotels vorzuziehen. Die meisten Unterkünfte organisieren Touren und verleihen Fahrzeuge. Die meisten der genannten Hotels und Pensionen sind im Ortsplan verzeichnet. Hausnummern gibt es nicht auf der Insel, daher werden nur die Straßennamen angegeben. Alle Preise mit Frühstück.

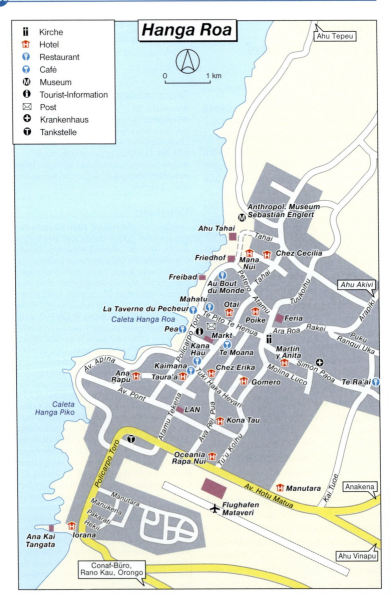

●**Residencial Kona Tau**
Avarei Pua, Tel. 2100321. Gehört zum Jugendherbergsring Hostelling. Gemeinschaftsküche, Garten, einfache Zimmer mit Privatbad für 21–35 US-$ p.P.
konatau@entelchile.net
●**Chez Cecilia**
Camino a Tahai, Tel. 2100499. Weitläufige Anlage mit Meerblick, kleine, einfache Zimmer mit Bad. DZ 63 US-$, auch Camping für 8 US-$ pro Person.
ccardinali@entelchile.net
●**Chez Erika**
Tuki Haka Hevari, Tel./Fax 2100474. Gästehaus mit Garten und großer Gemeinschaftsküche, einfache Zimmer, alle mit Bad. DZ 66 US-$.
●**Hotel Poike**
Petero Atamu, Tel. 2100283. Einfache, kleine Zimmer, alle mit Bad, etwas abgewohnt, in grüner Umgebung; Terrasse. DZ 70/87 US-$.
h.poike@entelchile.net
●**Hostal Martín y Anita**
Simón Paoa, Tel./Fax 2100593. Nette, ruhige, einfache Herberge, 10 Zimmer mit Bad; große Terrasse, Internet. DZ 80–120 US-$.
www.hostal.co.cl
●**Mana Nui Inn**
Sector Tahai, Tel. 2551658. Fünf Cabañas mit Terrassenblick aufs Meer und die Moais von Tahai, geschmackvoll eingerichtet, netter Service. 2 Pers. 98 US-$.
www.rapanuiweb.com/mananui
●**Hotel Oceania Rapa Nui**
Tu'u Koihu, Tel. 2100356. Schöne Anlage mit tropischem Garten und Pool, 25 Zimmer, Restaurant, Autoverleih, Touren, nette Betreiber. DZ 128 US-$ inkl. Frühstück.
www.oceaniarapanui.cl
●**Hotel Taura'a**
Atamu Tekena, Tel. 2100463. Gut ausgestattetes Hotel direkt an der Hauptstraße, tropisches Frühstück. DZ 120–150 US-$.
www.tauraahotel.cl
●**Hotel Gomero**
Tu'u Koihu, Tel./Fax 2100313. Sympathisches, familiäres Hotel mit herzlichen Gastwirten. Ruhige, schöne, geräumige Zimmer (Telefon, Minibar), grüner Palmengarten mit Pool, gutes Frühstück und exzellente Küche. Standard- und Superior-Zimmer, Letztere mit Klimaanlage und eigener Terrasse. DZ 156/195 US-$. www.hotelgomero.com
●**Hotel O'tai**
Te Pito o Te Henua, Tel. 2100250. Grünes, ruhiges Hotel in zentraler Lage, geräumige Zimmer mit Klimaanlage und Blick auf den Palmengarten mit Pool und zwei von *Kevin Costner* verwendeten Blech-Moais. DZ 120–150 US-$. otairapanui@entelchile.net
●**Hotel Manutara**
Av. Hotu Matu'a, Tel. 2100297. Etwas abseits, aber gut. Renovierte Zimmer um einen Palmenpool. DZ 156 US-$.
www.hotelmanutara.cl
●**Hotel Iorana**
Ana Magaro, Tel. 2100608. Das überteuerte Hotel besticht durch seine Lage direkt am Meer und das Fehlen guten Geschmacks. Spartanische, grünarme, lieblose Anlage. Die Zimmer im alten Teil blicken auf die Armada-Kaserne, die neuen (mit Klimaanlage) auf die Steilküste. DZ 221–243 US-$.
www.ioranahotel.cl
●**Hotel Altiplánico**
Sector Hinere. Neues Designhotel der Altiplánico-Kette, mit elf von den Hare-Paenga-Häusern inspirierten Bungalows von rustikal-raffinierter Schlichtheit und mit allem Komfort. DZ ca. 350 US-$. www.altiplanico.cl

Essen und Trinken

Die **Rapa-Nui-Küche** wäre ein Kapitel für sich. Leider servieren nur wenige Restaurants authentische Gerichte. Dazu gehören zuallererst Fisch und Meeresfrüchte in allen Varianten: vom *Cebiche* bis hin zum Seeaal, der in heißer Asche zubereitet wird. Die einst zahlreichen Langusten sind selten geworden, am häufigsten wird Thunfisch angeboten. Als Beilagen werden gern *Camote* (Süßkartoffeln) und *Taro*, eine leckere heimische Kartoffel, gereicht. Probieren sollte man auch das süße Bananenbrot *Po'e*.

Das **Traditionsgericht** der Insel ist der **Umu**, in Chile als *Curanto* bekannt. Mehr als nur ein Gericht, gehört der *Umu* zu vielen sozialen Anlässen dazu, vom Hochzeitsfest bis zur Trauerfeier. In einem Erdloch wird ein Feuer gemacht, welches eine Schicht Steine erhitzt. Darauf werden, eingewickelt in Bananenblätter, Fleisch, Fisch und Gemüse geschichtet, dann wird der Festschmaus mit Blättern und Erde abgedeckt und gart zwei Stunden. In der Hauptsaison werden häufig Umu für Touristen veranstaltet; fragen Sie Ihre Gastwirte danach.

Eine Auswahl empfehlenswerter Lokale:

- **Pea**
Policarpo Toro. Uferlokal mit schönem Rundblick und akzeptabler Küche.
- **Merahi ra'a**
Am Fischerhafen. Etwas langsame, aber ausgezeichnete einheimische Küche.
- **Ko Tinita**
Te Pito o Te Henua. Einfach und freundlich.
- **Te Moana**
Atamu Tekena. Gemütliches Pub-Restaurant mit polynesischem Flair, gutes Essen.
- **La Taverne du Pecheur**
Am Fischerhafen. Erlesene Gerichte mit Fisch und Fleisch, aber anstrengender französischer Wirt und gepfefferte Preise.
- **Kana Hau**
Atamu Tekena. Nette Terrasse, gutes Essen.
- **Aloha**
Atamu Tekena. Beliebter Pub.
- **Ra'a**
Atamu Tekena. Nettes kleines Café mit Tagesgericht und Internet.
- **Atamu Tekena.**
Neu, gutes Essen. Hier tritt regelmäßig am Abend die Tanzgruppe „Polinesia" auf, dazu gibt es Umu.
- **Te Ra'ai Rapa Nui**
Kai Tuoe, etwas außerhalb. Gelobte Brasilianisch-Rapanui-Fusionsküche, Umu-Shows.
- **Au Bout du monde**
Policarpo Toro, Tel. 2552060. Belgisches Restaurant mit exzellentem Essen und gehobenen Preisen, Show der Folklore-Gruppe „Matato'a".

Sonstiges

- **Geld**
Neben chilenischen Pesos akzeptieren viele Lokale und Veranstalter auch Dollar, mitunter auch Euro, allerdings zu ungünstigen Kursen. Kleine Scheine bereithalten! Im **Banco Estado** (Tu'u Maheke, unterhalb der Markthalle) gibt es einen Redbanc-Geldautomaten, wo man rund um die Uhr mit der Maestro-Karte Pesos abheben kann. Ein zweiter steht im Tankstellen-Geschäft (Av. Hotu Matua, geöffnet bis 20 Uhr), hier kann man auch Geld tauschen. **Kreditkarten** werden vereinzelt akzeptiert, vor allem in den größeren Hotels.

Die Osterinsel ist teurer als das chilenische Festland, allein schon aufgrund der langen Transportwege.
- **Post**
Die **Post** befindet sich auf der Te Pito o Te Henua zwischen Küstenstraße und Atamu Tekena. Wer will, kann sich dort einen schönen Poststempel in seinen Reisepass drücken lassen.
- **Telefon**
Eine **Telefonzentrale** von Entel ist gegenüber der Bank, leicht an der großen Satellitenschüssel zu erkennen. Entel unterhält auch das einzige **Mobilfunknetz** auf der Insel. Prüfen Sie ggf. das Roaming-Angebot Ihres Handys.
- **Internet**
Generell sehr langsam; mehrere Anbieter auf den Hauptstraßen, auch im Café Ra'a sowie in einigen Hotels.
- **Wäscherei**
Fast alle Unterkünfte bieten Wäscheservice an; ansonsten gibt es eine Wäscherei auf der Atamu Tekena.
- **Zeitunterschied**
Auf der Osterinsel ist es 2 Stunden früher als auf dem chilenischen Festland.
- **Eine Art „Insel-Philosoph" ist Lukas Pakarati:** Er weiß sehr spannend und kundig von Geschichte(n) und Kultur der Osterinsel zu erzählen (auf Spanisch). Daneben stellt er originalgetreue kleine Stein-Moais her, die er und seine Frau **Guga Ulloa** neben weiterem Kunsthandwerk am Anakena-Strand verkaufen. Auch der Guave-Likör der Beiden ist zu empfehlen.

Kraterlandschaft auf dem Weg nach Orongo

Archäologische Stätten und Sehenswürdigkeiten

Entlang der Westküste

Die Tour lässt sich am besten zu Fuß in einer mehrstündigen Wanderung, zu Pferd, per Fahrrad oder mit einem geländegängigen Wagen machen. Man kann sie auch mit der Tour durch das Inselinnere (s.u.) kombinieren.

Ahu Tahai – nur eine Viertelstunde Fußweg vom Zentrum von Hanga Roa entfernt ist die rekonstruierte Zeremonialanlage Tahai. Sie besteht aus drei verschiedenen Ahu, insgesamt sieben Moai, Hausfundamenten, Kochstellen, Wohnhöhlen und Zeremonienplätzen. Ein Denkmal erinnert an den US-amerikanischen Archäologen *William Mulloy,* der hier begraben ist.

Eindrucksvollster Ahu ist der **Ahu Vai Uri** mit seinen fünf sehr archaisch wirkenden Moai. Nur drei sind fast vollständig erhalten, einem fehlt der Kopf ganz, einem anderen zur Hälfte. Die Moai tragen keine Pukao, die größte Einzelstatue misst etwa 5 Meter. Vermutlich stammen sie alle aus dem 12. Jahrhundert.

Weiter nördlich, direkt neben der Hafeneinfahrt, steht der **Ahu Tahai,** gekrönt von einem einzelnen, sehr stark verwitterten Moai ohne Kopfschmuck. Tahai wurde vermutlich bereits im 7. Jahrhundert angelegt und gilt damit als einer der ältesten Ahu der Insel.

Der dritte Ahu an diesem Ort, der **Ahu Ko te Riku,** wurde auch im 12. Jahrhundert errichtet. Er trägt einen sehr gut erhaltenen Moai mit Pukao-

Kopfschmuck. Es ist die einzige Statue, der man wieder (nachgebildete) Korallenaugen eingesetzt hat.

Tahai besucht man am besten am späten Nachmittag, kurz vor Sonnenuntergang. Denn der ist dort besonders schön, wenn sich die hoch aufragenden Moai gegen das Licht des bunten Abendhimmels abzeichnen. Fotografen sei auch der frühe Morgen empfohlen, wenn die ersten Sonnenstrahlen die Augen des Ko te Riku aufleuchten lassen.

Folgt man der Westküste weiter nach Norden, passiert man zunächst das **Museo Antropológico Sebastián Englert,** das nach einem deutschen Missionar benannt ist, der viele Jahre auf der Insel verbrachte und sich intensiv der Erforschung der Kultur widmete. Es besitzt keine spektakulären Ausstellungsstücke – wie erwähnt z.B. keine Rongorongo-Tafel –, erläutert aber sehr präzise die Beziehungen zwischen Rapa Nui und anderen polynesischen Inseln, berichtet Wissenswertes über Sprache und Kultur der Insulaner und zeigt Dokumente aus dem 19. Jahrhundert. Das Museum ist geöffnet Di bis Fr 9–12.30, 14–17.30 und Sa, So 9–12 Uhr.

Weiter nach Norden passiert man zunächst die beiden **Ahu bei Hanga Rao Rao,** dann sieht man schon den **Ahu Tepeu** am Ende der Küstenstraße, die nach Norden führt. Man findet dort einige umgestürzte Moai, die einst auf den Ahu standen, nahebei auch Fundamente von Hare-Paenga-Häusern.

Das Inselinnere

Die Küstenstraße biegt am Ahu Tepeu ins Landesinnere ein. Man passiert ein früheres Heiligtum des Gottes *Makemake* (Petroglyphen), dann kommt man zur **Ana Te Pahu,** einer großen Wohnhöhle. Man gelangt durch einen tropischen Garten in ihr Inneres. In windgeschützten Lagen gedeihen auf der Osterinsel Nutzpflanzen besonders gut; die Insulaner legten ihre Gärten daher in den Einsturzhöhlen (-kratern) an.

Wenige Kilometer weiter führt nach links ein Weg zum **Ahu Akivi,** auch als **Siete Moai** bekannt, einem der wenigen Ahu im Inselinnern. Diese sieben Moai sind die einzigen, die aufs Meer schauen, alle anderen Moai stehen direkt am Meeresufer und wenden der See ihren Rücken zu. Der Legende zufolge repräsentieren die Statuen die sieben Kundschafter, die im Auftrag von Hotu Matu'a als Vorhut auf die Insel kamen. Tatsächlich blicken sie in Richtung des Archipels, von dem Hotu Matu'a vermutlich stammte. Die Verlängerung dieser Linie deutet im Osten bei der Wintersonnenwende auf das Siebengestirn der Plejaden. Möglicherweise waren diese Sterne die Wegzeichen Hotu Matu'as. Die einst umgestürzten Siete Moai wurden von *Mulloy* und *Figueroa* wieder aufgestellt; manche Archäologen vermuten, dass diese Ahu-Anlage jünger ist als die Anlagen an der Küste: Erst nachdem dort alle Siedlungsplätze belegt waren, seien die Inselbewohner auch ins Landesinnere gezogen.

Biegt man auf dem weiteren Weg kurz vor Erreichen der Straße nach Hanga Roa rechts ab, gelangt man zum **Puna-Pau-Krater, dem Herstellungsort der Pukao.** Mehr als ein Dutzend roter Kopfbedeckungen liegen hier auf der grünen Wiese wie bestellt und nie abgeholt, einige fast 3 Meter hoch, mit einem Durchmesser von mehr als 2 Metern. Manche sind auch mit Petroglyphen geschmückt.

Die Südküste entlang

Auch die Südküste lässt sich gut per Jeep, Pferd oder Fahrrad erkunden. Entlang der Küste führt eine durchgehende Straße, sie zweigt bei Tongariki ins Landesinnere ab und führt zur Nordküste. Bei Anakena endet die Küstenstraße, von dort verläuft die einzige Asphaltstraße quer über die Insel zurück nach Hanga Roa.

Das **Zeremoniendorf Orongo** ist die erste Station der Tour. Man kann mit dem Auto hinauf zum südlichen Kraterrand des Rano Kau fahren; schöner, wenn auch anstrengender, ist ein Aufstieg per pedes vorbei an der Conaf-Station durch die hüfthohen Guavenbüsche. Oben angekommen, tut sich ein herrliches Panorama auf: Links, 200 Meter tiefer, liegt der algenüberwucherte Kratersee des Rano Kau, rechts, etwa 300 Meter tiefer, breitet sich der endlose Pazifik aus, die Vogelinsel ist zu sehen und zwei weitere Felseilande. Hier oben weiß man sofort, was ein weiter Horizont bedeutet ...!

Der Vogelmann-Kult

Orongo entstand gemeinsam mit dem Vogelmann-Kult. In diesem Kult ist der **Makemake** der **oberste Gott,** der Schöpfer der Erde, der Sonne, des Mondes und der Menschen. Makemake belohnt das Gute, straft die Bösen, verlangt aber auch Menschenopfer, und der Vogelmann ist sein oberster Priester. Wissenschaftler nehmen an, dass im frühen 15. Jahrhundert eine Kriegerklasse *(matatoa)* die Macht auf der Insel von den bis dahin traditionell herrschenden Königen *(ariki mau)* übernahm. Sie bestimmte in einem komplizierten Ritual den Vogelmann, der dann für ein Jahr herrschte.

Die Krieger der verschiedenen Stämme, die für sich selbst oder ihren Stammesführer an diesem Ritual teilnahmen, traten gegeneinander auf der kleinen vorgelagerten Insel Motu Nui an: Die Aufgabe lautete, **ein Ei der Rauchseeschwalbe zu finden.** Dazu kletterten die Kombattanten die fast senkrecht zum Meer abfallenden Felsen hinab, schwammen hinüber zur Insel, suchten das Ei, legten es in ein Schilfkörbchen, das sie sich um den Hals (oder den Kopf) banden, schwammen zurück und kletterten die Klippen zum Dorf hinauf. Wer als erster ankam, wurde Vogelmann (oder bestimmte seinen Stammesführer zum Vogelmann), er regierte dann ein Jahr die Insel. Er entschied dann auch, wer dem Gott Makemake geopfert wurde – insofern ist klar, dass die Stämme erbittert miteinander wetteiferten.

Während seiner **Regierungszeit** lebte der Vogelmann in völliger Abgeschiedenheit. Er wusch sich die ersten fünf Monate nicht und ließ sein Haar wachsen. Nach Ende der Regierungszeit kehrte er in sein Alltagsleben zurück, blieb aber für die Stämme eine Art Heiliger und wurde nach seinem Ableben im Rahmen eines besonderen Rituals bestattet. Ursprünglich war das Vogelmann-Ritual wahrscheinlich eine Art Frühlingsfest mit religiöser Bedeutung – man feierte Wiedergeburt und Erneuerung der Natur.

ARCHÄOLOGISCHE SEHENSWÜRDIGKEITEN

Tropisches Flair am Strand von Anakena

Orongo besteht aus 53 rekonstruierten, kleinen, **höhlenartigen Steinhäusern,** mit jeweils elliptischem Grundriss. Die Häuser haben eine Grundfläche von durchschnittlich 7 Metern Länge und 1,80 Meter Breite, sind aber nur rund 1,30 Meter hoch. Ihr Eingang ist eng: Es sind Kriechgänge mit einer Größe von ca. 60 x 55 Zentimetern. Die restaurierten Häuser unterscheiden sich deutlich von den Hare Paenga, haben sie doch eine feste Dachkonstruktion aus Steinen. Im Innern waren sie mit Zeichnungen geschmückt.

Im Mittelpunkt des Dorfes liegt das **Höhlenhaus des Vogelmannes** (tangata manu). Um den Eingang des Hauses stehen mehrere Felsen mit Petroglyphen, dargestellt sind der Gott Makemake und der Vogelmann selbst, daneben Muster (Doppelovale), die entweder als Samenkörper oder als Vulven gedeutet, jedenfalls aber einem Fruchbarkeitskult zugeordnet werden. Direkt an der Steilküste selbst finden sich die schönsten Basreliefs des Vogelmannes (siehe Exkurs).

Direkt an der Südküste, am Ostrand des Kraters Rano Kau, liegen die beiden **Ahu Vinapu.** Beide sind sehr gut erhalten, lediglich die Moai sind umgestürzt, und ihre Pukao liegen dekorativ in der Wiese. **Vinapu I** ist ein besonderer Ahu.

Er verblüfft durch seine fugen- und mörtellos zusammengesetzte Mauer aus exakt behauenen Steinen – sie erinnerte *Thor Heyerdahl* sofort an inkaische (in Cuzco) und präinkaische Bauwerke.

Entlang der **Südküste** finden sich die meisten archäologischen Stätten auf der Insel. Sie war am dichtesten besiedelt, und jede Gemeinde schuf sich ihre Ahus mit Moai. Folgt man der Küstenstraße, passiert man den **Ahu Vaihu** mit acht großen, umgestürzten Moai, dann folgt der **Ahu Akahanga,** bei dem selbst die Plattform zerstört ist. Hier finden sich einige der größten Moai – sie erreichen eine Größe von fast 7 Metern und besitzen eine Schulterbreite von über 3 Metern. Drei Kilometer weiter gelangt man zum **Ahu Hanga Tetenga,** dann zweigt nach links, wegführend von der Küste, der **Camino de los Moai** (Weg der Moai) ab, der zum Steinbruch im Krater des Rano Raraku führt. Diese Strecke, auf der die Moai zur Küste transportiert wurden, und entlang derer etliche liegengeblieben sind, sollte man nicht befahren; für Autos gibt es eine gesonderte Piste zum Ranu Raraku.

Doch zunächst geht es noch einige Kilometer weiter bis zum **Ahu Tongariki, der schönsten und am besten rekonstruierten Anlage der Insel.** Der größte Ahu, der je auf der Insel gebaut wurde, war 1960 durch eine Flutwelle, ausgelöst durch das Seebeben vor Valdivia (vgl. dort), vollständig zerstört worden. Kein Stein blieb auf dem anderen, und in mühevoller Kleinstarbeit wurde unter Leitung des auf der Osterinsel ansässigen chilenischen Archäologen *Claudio Cristino* nach alten Fotos und anderen Vorlagen der Ahu wieder vollständig zusammengesetzt – ein gigantisches Puzzlespiel, mit Teilen, die bis zu 50 Tonnen (die Moai) wogen.

Tongariki bietet einen fantastischen Anblick: 15 Moai stehen auf der gigantischen Plattform, die über Generationen hinweg immer wieder erweitert wurde und in der ältere Moai-Figuren wieder als Material verbaut wurden. Hinter dem Ahu brandet das Meer, vor ihm öffnet sich weit der Platz, und die Moai schauen mit ernstem Blick zum Rano Raraku, wo sie aus dem Stein geschlagen wurden.

Die „Moai-Fabrik" am Rano Raraku

Der **Kraterrand** des Rano Raraku ist ein ganz besonderer Ort: **397 Moai** stehen hier, die meisten fertig und am Hang bereit zum Abtransport, einige noch nicht vollständig modelliert, wieder andere noch mit dem Fels verbunden. So auch der größte Moai, der auf der Insel gefunden wurde: 21,40 Meter misst die Statue, was der Höhe eines siebengeschossigen Hauses entspricht.

Die meisten Figuren stehen am unteren Rand des Berges; sie sind aus dem Fels geschlagen worden und wurden unten zur weiteren Bearbeitung abgestellt. Im Laufe der Jahrhunderte eingesackt, stecken sie zu etwa drei Fünfteln im Boden – trotzdem sind Kopf und Hals, die oben herausschauen, doppelt so groß wie ein Mensch.

Am äußeren Kraterrand steht eine besondere Figur: Der **Moai Tuturi,** der mit nach hinten geknickten Unterschenkeln auf dem Boden kniet, unterscheidet sich in seiner Form eindeutig von allen anderen Moai. Auch im Innern des Kraters finden sich Moai in allen Positionen. Hier genießt man den Blick auf den Kratersee, manchmal kommt eine Herde frei laufender Pferde, um aus dem See zu trinken.

Die Halbinsel Poike

Fährt man von Tongariki nach Norden, lässt man die Halbinsel Poike rechts (östlich) liegen. Auffällig ist, dass man auf dem sanft ansteigenden Vulkan Poike keine schwarzen Steine sieht; blickt man nach Westen in die Ebene, sind dort jedoch Tausende dieser Steine zu sehen. Die **Legende** besagt, dass die Langohren die Kurzohren gezwungen hätten, die Steine zu sammeln und ins Meer zu werfen. Die Kurzohren probten daraufhin den Aufstand, die Langohren flüchteten auf die höher gelegene Halbinsel Poike und hoben einen 3 Kilometer langen Graben aus (an dem heute die Straße parallel entlangführt). In diesem Graben stapelten sie Holz und anderes Brennbares, das sie anzünden wollten, sollten die Kurzohren einen Angriff wagen. Doch die Kurzohren fanden einen anderen Weg auf die Halbinsel, und ein Teil von ihnen schlich sich nachts hinter die Feinde. Am nächsten Morgen griffen die Kurzohren scheinbar von Westen an, die Langohren stellten sich vor den Graben und entzündeten das Feuer. In dem Moment stürmten die Kurzohren aus dem Hinterhalt und trieben ihre Feinde in die Flammen. Der Legende nach war das das Ende der Osterinsel-Kultur.

Es gibt auch eine rationale Erklärung, sowohl für das Fehlen der Steine als auch für den Graben: die **Entstehungsgeschichte der Insel.** Poike ist der älteste der drei Vulkane (2,5 Millionen Jahre), sein Lavagestein kann im Unterschied zu dem des Terevaka (knapp 250.000 Jahre) längst verwittert sein. Der Graben ist vermutlich eine ganz normale Senke, denn erst beim Ausbruch des Terevaka entstand die Insel in ihrer heutigen Form. Einen wahren Kern kann die Legende aber haben: Man fand auf dem Grabenboden große Aschemengen, deren Analyse ein Alter von 300–350 Jahren ergab. Zur Erinne-

Palmenhain in der Bucht von Anakena

rung: Der Untergang der Kultur wird auf etwa 1680 datiert.

Die Nordküste

An der Nordküste trifft man direkt auf den **Ahu Mahatua,** einen sogenannten **Ahu poe poe,** d.h. einen schiffsförmigen Zeremonialbau, der in seinem Innern eine oder mehrere Grabkammern enthält. Man vermutet, dass er erst im 17. oder gar im 18. Jahrhundert entstanden ist. Solche Begräbnisstätten sind vor allem an der Nordküste zu finden. Links neben dem Weg steht nur ein wenig weiter der **Stein Tu o Hiro,** in den man hineinblasen kann (wenn einem die europäische Nase nicht zu lang geraten ist), um einen weithin hörbaren dumpfen Ton zu erzeugen.

Es folgt die **Bahía La Perouse,** an der der zerstörte **Ahu Te Pito Kura** zu bewundern ist. Er besitzt wie Vinapu I exakt gearbeitete Steinquader. Neben dem nördlichen Ende liegt der wunderbar glatte, im Durchmesser etwa 80 Zentimeter große, fast kugelförmige **Stein Te Pito o Te Henua,** der „Nabel der Welt". Angeblich besitzt er magische Kräfte, er ist deshalb ein beliebtes Ziel esoterischer Reisen. Wissenschaftler bestreiten, dass der Stein etwas mit der Osterinsel-Kultur zu tun habe. Er sei vermutlich durch ein Seebeben hochgeschleudert worden. Dass er sich stärker als andere Steine erhitze, habe mit seiner größeren Dichte und dem hohen Erzanteil zu tun, dass er Kompassnadeln ablenke, ebenfalls. Auch sei die Kraft des Steines auf der Insel nicht seit Jahrhunderten überliefert, sagen sie, sondern schlicht eine Erfindung zur Tourismusförderung in den 1970er Jahren. Wer aber glauben möchte ...

Die **Bucht von Anakena** ist ein würdiger und schöner Schlusspunkt dieser Inseltour. Hier findet sich ein Palmenhain mit Picknickplatz, dazu ein wundervoller **weißer Sandstrand** und einer der schönsten restaurierten Ahu der Insel, der **Ahu Nau Nau.** Man beachte zunächst den Aufbau des Ahu – vor allem an der Rückseite sind ein älterer Moai-Kopf sowie Steine mit gut gearbeiteten Petroglyphen zu erkennen, die einfach als Baumaterial benutzt wurden. Von den sieben Moai sind fünf weitgehend erhalten, fünf tragen auch Pukao, die anderen beiden sind nur als Torso zu bewundern. Sehr deutlich erkennt man die fein gearbeiteten Hände, die Bauchnabel, das Rückenmuster, die Brustwarzen und den Schmuck am Ohr – fast zu deutlich, es geht das Gerücht um, die Figuren seien bei der Aufstellung 1979 nachgeschliffen worden ... Dennoch, Anakena ist ein wunderbarer Platz, und wer hier **im südseewarmen Wasser badet,** kann sich gut vorstellen, dass an dieser Stelle – so wie es die Legende berichtet – König *Hotu Matua* an Land gegangen ist.

Über die asphaltierte Straße geht es zurück nach Hanga Roa. Unterwegs passiert man mitten auf der Insel **die Gebäude der früheren Schaffarmen** sowie einige größere **Eukalyptusplantagen.**

Anhang

Der Lago General Carrera
ist der größte See Chiles

Schafherde vor der imposanten
Kulisse der Torres del Paine

Die Zwillingsvulkane Payachatas
hinter der Laguna Cotacotani

Sprache

In Chile wird nahezu ausschließlich Spanisch (castellano) gesprochen. Man kann sich als Reisender zwar auch **mit Englisch durchschlagen,** aber einige Spanischsprachkenntnisse sind sehr nützlich. Das Castellano in Chile weist in Aussprache und Wortschatz einige markante Unterschiede zum iberischen Spanisch auf. In der „Kauderwelsch"-Reihe von REISE KNOW-HOW gibt es den Sprechführer **„Spanisch für Chile – Wort für Wort",** der sowohl für Anfänger als auch für Spanisch Sprechende, die mehr über die Spezifika des chilenischen Spanisch erfahren wollen, nützlich ist. Die folgende **Sprechhilfe** macht nur mit Grundsätzlichem vertraut.

Die deutschen Einwanderer, die im 19. Jahrhundert nach Chile kamen, haben das Castellano um einige Besonderheiten bereichert. Hier einige Wörter, die ihre **deutsche Herkunft** nicht verleugnen können:

el berlín – der Berliner (Krapfen)
la escalopa kaiser – Wiener Schnitzel
la kermesse – Kirmes
el kinder – Kindergarten
el kitsch – Kitsch
el kuchen – Kuchen
el otto/la ottita – der/die Deutsche (gemeint ist der/die „typische Deutsche")
el schop – gezapftes Bier
el strudel – Apfelstrudel
la vienesa – Wiener Würstchen

Regeln zur Aussprache

- **c** wie „k" vor a, o, u und Mitlauten: cama, „kama" (Bett); costa „kosta" (Küste) stimmlos wie „ß" vor e, i: cerca „ßerka" (nahe); cero „ßero" (null)
- **cc** wie „kß": occidental „okßidental" (westlich)
- **ch** wie stimmloses „tsch" in „watscheln": cheque; „tscheke" (Scheck); chistoso „chißtosso" (witzig)
- **g** wie „g" vor a, o, u und vor Mitlauten: gallo „gaijo" (Hahn); gobierno „gobijerno" (Regierung) vor e, i wie „ch" in „Bauch": gente „chente" (Leute)
- **gu** wie „g", vor e und i ist das u stumm: agua „agua" (Wasser) guerra „gerra" (Krieg); guía „giia" (Führer)
- **h** ist stumm: habitación „abitasion" (Zimmer)
- **j** wie „ch" in Bach: jugar „chugar" (spielen)
- **ll** wie „j" in ja: lleno „jeno" (voll)
- **ñ** wie „nj" in Anja: cariño „karinjo" (Zuneigung)
- **qu** (nur vor e und i) wie „k" gesprochen, u ist stumm: que „kee" (was); quiero „kieero" (ich will)
- **r** Zungenspitzen-r: claro „klaaro" (klar)
- **rr** stark gerollt: perro „perro" (Hund)
- **s** stimmlos wie „ß": mesa „meßa" (Tisch) vor stimmhaften Konsonanten wie „s" in Vase: mismo „miesmo" (selbst)
- **v** wie „w" in Wind: visa „wisa" (Visum)
- **x** wie „ks" in Keks: éxito „eksito" (Erfolg)
- **y** wie „j" in jetzt: yo „ijo" (ich)
- **z** stimmlos wie „ß": zapato „sapato" (Schuh)

Der bestimmte Artikel

Einzahl

männlich: **el** hombre (der Mann)
weiblich: **la** mujer (die Frau)
sächlich: **lo** mismo (das Gleiche)

Mehrzahl

männlich: **los** hombres (die Männer)
weiblich: **las** mujeres (die Frauen)
sächlich: **los** mismos (die Gleichen)

SPRACHE

Der unbestimmte Artikel

Einzahl/Mehrzahl

männlich: **un/unos** hombre/s
  (ein Mann/einige Männer)
weiblich: **una/s** mujer/es
  (eine Frau/einige Frauen)

Bei Worten, die mit Selbstlaut enden, erfolgt die Mehrzahlbildung durch Anhängen eines „s". Bei Wörtern, die mit Mitlaut enden, erfolgt die Mehrzahlbildung durch Anhängen eines „es".

Eigenschaftswörter

Eigenschaftswörter richten sich in Geschlecht und Zahl nach dem Hauptwort, auf das sie sich beziehen. Sie stehen anders als im Deutschen fast immer hinter dem Hauptwort und haben die Endungen:

Einzahl weiblich: **-a**
  (la montaña alta, der hohe Berg)
Mehrzahl weiblich: **-as**
  (las camisas nuevas, die neuen Hemden)

Einzahl männlich: **-o**
  (el hombre alto, der große Mann)
Mehrzahl männlich: **-os**
  (los libros nuevos, die neuen Bücher)

Enden Eigenschaftswörter auf -e oder einen Mitlaut, wird in der Mehrzahl beider Geschlechter immer -es angehängt.

Persönliche Fürwörter

yo/ich – **tú**/du – **él**/er – **ella**/sie – **Usted**/Sie (höfliche Anrede, Einzahl) – **nosotros**/wir (männlich) – **nosotras**/wir (weiblich) – **ustedes**/ihr – **ellos**/sie (männliche Mehrzahl) – **ellas**/sie (weibliche Mehrzahl) – **Ustedes**/Sie (höfliche Anrede, Mehrzahl)

Wendungen, die weiterhelfen

Estoy buscando ... / Ich suche ...
Estoy buscando un banco. /
Ich suche eine Bank.
Hay ...? / Gibt es ...?
Hay algo para comer? /
Gibt es etwas zu essen?
Donde hay ...? / Wo gibt es ...?
Donde hay un médico? /
Wo gibt es einen Arzt?
Donde está ...? / Wo ist ...?
Donde está la librería? /
Wo ist die Buchhandlung?
Tiene (Usted) ...? / Haben Sie ...?
Tiene Usted sencillo? /
Haben Sie Kleingeld?
Puedo tener ... ? / Kann ich ... haben?
Quiero .../Quisiera ... /
Ich will .../Ich möchte gern ...
Cuánto es (cuesta, vale) ...? /
Wieviel kostet ...?
Por favor/Gracias / Bitte/Danke
Buenos días! / Guten Tag!
Hasta luego! / Bis bald!
Qué es esto? / Was ist das?
Cómo? / Wie bitte?
Cómo se dice (en español)? /
Wie sagt man (auf Spanisch)?

Fragewörter

cuándo? / wann?
por qué? / warum?
qué? / was?
cuál? / welche(r)?
quién? / wer?
cómo? / wie?
cuánto? / wieviel?
cuántos? (m) / wie viele?
cuántas? (w) / wie viele?
dónde? / wo?

Bindewörter

y / und
o / oder
pero / aber
aunque / obwohl
porque / weil
si / ob, wenn, falls
cuando / als, wann
como / wie, da
que / dass
que / welche (r, s)

Wichtige Eigenschaftswörter

cerca(no) / nah – lejos / weit
bajo / niedrig – alto / hoch
grande / groß – pequeño / klein
largo / lang – corto / kurz
claro / hell – oscuro / dunkel
frío / kalt – caliente / warm, heiß
bueno / gut – malo / schlecht
mucho / viel – poco / wenig
viejo / alt – joven / jung
barato / billlig – caro / teuer
rápido / schnell – lento / langsam

Zahlen

0 / cero
1 / un, uno, una
2 / dos
3 / tres
4 / cuatro
5 / cinco
6 / séis
7 / siete
8 / ocho
9 / nueve
10 / diez
11 / once
12 / doce
13 / trece
14 / catorce
15 / quince
16 / dieciséis
17 / diecisiete
18 / dieciocho
19 / diecinueve
20 / veinte, 21 / veintiuno ...
30 / treinta
40 / cuarenta
50 / cincuenta
60 / sesenta
70 / setenta
80 / ochenta
90 / noventa
100 / cien, 101 cientouno ...
200 / doscientos
500 / quinientos
1000 / mil
1.000.000 / un millón
1.000.000.000 / mil millónes

Zeitangaben

hoy / heute
ayer / gestern
antes de ayer / vorgestern
mañana / morgen
pasado mañana / übermorgen
ahora / jetzt
enseguida / sofort
al tiro / gleich
pronto / bald
a veces / manchmal
muchas veces / oft
temprano / früh
tarde / spät
siempre / immer
nunca / nie
jamás / niemals
todavía / noch
ya / schon

Wochentage

lunes / Montag
martes / Dienstag
miércoles / Mittwoch
jueves / Donnerstag
viernes / Freitag
sábado / Samstag
domingo / Sonntag
fin de semana / Wochenende

Monate

enero / Januar
febrero / Februar
marzo / März
abril / April
mayo / Mai
junio / Juni
julio / Juli
agosto / August
se(p)tiembre / September
octubre / Oktober
noviembre / November
diciembre / Dezember

Literatur und Landkarten

Bücher

Hier nur eine Auflistung von **Sachbüchern**. Belletristik wird im Kapitel „Land und Leute" empfohlen.

Geschichte, Politik und Wirtschaft

- *Farias, Victor*
Die Nazis in Chile. Philo 2002
- *Fröschle, Hartmut* (Hrsg.)
Die Deutschen in Lateinamerika – Schicksal und Leistung. Tübingen und Basel, Horst Erdmann Verlag 1979
- *Heller, Friedrich Paul*
Colonia Dignidad – Von der Psychosekte zum Folterlager. Stuttgart, Schmetterling Verlag 1993
- *Imbusch, Peter/Nolte, Detlef/Messner, Dirk*
Chile heute: Politik, Wirtschaft, Kultur. Vervuert 2004
- *Mayer, Karoline und
Krumpen von Herder, Angela*
Das Geheimnis ist immer die Liebe. In den Slums von Chile. Herder 2006
- *Nohlen, Dieter*
Chile – Das sozialistische Experiment. Hoffmann und Campe, Hamburg 1973
- *Rinke, Stefan*
Kleine Geschichte Chiles. Beck 2007
- *Römpczyk, Elmar*
Chile – Modell auf Ton. Horlemann 1994
- *Schnellenkamp, Kurt*
Geboren im Schatten der Angst. Ich überlebte die Colonia Dignidad. Herbig 2007
- *Schramm, Gotthold* (Hrsg.)
Flucht vor der Junta. Die DDR und der 11. September. Edition Ost 2005
- *Vedder, Efraín und Lenz, Ingo*
Weg vom Leben. 35 Jahre Gefangenschaft in der deutschen Sekte Colonia Dignidad. Ullstein Tb 2007
- *Wessel, Günther*
Die Allendes. Mit brennender Geduld für eine bessere Welt. Frankfurt am Main, Campus-Verlag 2002

Kultur

- *1500 Jahre Kultur der Osterinsel – Schätze aus dem Land des Hotu Matua.*
Katalog zur Ausstellung. Mainz, Verlag Philipp von Zabern 1989
- *Berndt, Karla und Heitfeld, Birgit*
Die chilenische Küche. Umschau Buchverlag 2006
- *Eitel, Wolfgang* (Hrsg.)
Lateinamerikanische Literatur der Gegenwart. Stuttgart, Kröner 1978
- *Kießling, Wolfgang*
Exil in Lateinamerika. Kunst und Literatur im antifaschistischen Exil 1933–45, Bd 4. Leipzig, Reclam 1980
- *Reichardt, Dieter* (Hrsg.)
Autorenlexikon Lateinamerika. Frankfurt/Main, Suhrkamp 1999
- *Schreiner, Claus*
Musica Latina – Musikfolklore zwischen Kuba und Feuerland. Frankfurt, Fischer 1982

Geografie, Reisebeschreibungen und Allgemeines

- *Bednarz, Klaus*
Am Ende der Welt. Rowohlt Tb 2005
- *Bürger, Otto*
Acht Lehr- und Wanderjahre in Chile. Leipzig, Dieterische Verlagsbuchhandlung 1923
- *Bürger, Otto*
Chile – Als Land der Verheißung und Erfüllung für deutsche Auswanderer. Leipzig, Dieterische Verlagsbuchhandlung 1926
- *Buscaini, Gino und Metzeltin, Silvia*
Patagonien. Traumland für Bergsteiger und Reisende. GeraNova Bruckmann 1990
- *Chatwin, Bruce*
In Patagonien. Reise in ein fernes Land. Reinbeck bei Hamburg, Rororo 1990
- *Chatwin, Bruce/Theroux, Paul*
Wiedersehen mit Patagonien. München/Wien, Carl Hanser 1992
- *Cozzi, Guido und Asal, Susanne*
Chile. Jenseits des Ozeans. Bucher 2002
- *Darwin, Charles*
Die Fahrt der Beagle. Mare Buchverlag 2006
- *Dorfman, Ariel*
Das Gedächtnis der Wüste. Meine Reise durch den Norden Chiles. Frederking & Thaler 2005

LITERATUR UND LANDKARTEN

- *Pauly, Stephanie*
Aufbruch in ein neues Leben. Rapa Nui – eine Liebe auf der Osterinsel. Hoffmann und Campe 2002
- *Volkmer, Dietrich*
Viertausend Kilometer Einsamkeit. Rapa Nui – Osterinsel. Books on demand 2007
- *Wiedmann, Thomas*
Chile pur. Mit dem Rucksack zwischen Eisbergen und Regenwald. Traveldiary.de 2006
- *Wheeler, Sara*
Unterwegs in einem schmalen Land. Heyne 1996, National Geographic 2002

Reiseführer, Bildbände

- *Adventure Handbook Central Chile*
Santiago de Chile, Viachile Editores, 2002. Bezug über www.trekkingchile.com oder in chilenischen Buchläden
- *Stadler, Hubert* und *Asal, Susanne*
Chile. Bucher 2004
- *Stadler, Hubert* und *Allhoff, Michael*
Patagonien. Bucher 2006
- *Stadler, Hubert* und
Neumann-Adrian, Michael
Feuerland, Kap Hoorn. Bucher 1993

Sprachführer

- **Spanisch für Chile – Wort für Wort,** Kauderwelsch, Band 101, REISE KNOW-HOW Verlag, Bielefeld. Das chilenische Spanisch zum Einsteigen und Auffrischen – Verständigung leicht gemacht. AusspracheTrainer auf Audio-CD erhältlich.

Buchtipp – Praxis-Ratgeber:
- Wolfram Schwieder
Richtig Kartenlesen
(REISE KNOW-HOW Verlag)

Landkarten

Eine hervorragende Landkarte im Maßstab 1:1,6 Millionen hat REISE KNOW-HOW im Programm (world mapping project). Ihre Merkmale sind u.a.: klassifiziertes Straßennetz, ausführlicher Ortsindex, einprägsame Symbole für Sehenswürdigkeiten, Strände, Orientierungspunkte usw., GPS-Tauglichkeit, Höhenschichten und -linien.

Gut ist auch der Atlas des chilenischen Reiseführers von **Turistel,** der jährlich neu als Einzelheft erscheint und problemlos an Straßenständen in Santiago oder auch in Buchhandlungen erhältlich ist. Diese Karten eignen sich allerdings nur als Straßenkarten und zur groben Orientierung.

Eine Straßenkarte im Maßstab 1:1 Mio. auf der Basis eindrucksvoller Satellitenbilder publiziert **trekkingchile** jährlich neu. Das Heft mit ausklappbaren Teilkarten enthält außerdem einen Kurzreiseführer und Stadtpläne. Unter Ägide der Stiftung trekkingchile und des Autors dieses Bandes erscheinen nach und nach Wander- und Detailkarten zu den wichtigsten Touristenzielen Chiles (ca. 8 Euro). Erhältlich sind bereits Putre – Lauca, San Pedro de Atacama, Santiago (Stadtplan), Condor Circuit, Nevados de Chillán und Pucón. Für 2009 waren angekündigt: Osterinsel, Torres del Paine, Valparaíso. Die Publikationen können – für den deutschen Sprachraum versandkostenfrei – bestellt werden unter www.trekkingchile.com/karten.

Darüber hinaus gibt es in Chile selbst Detailkarten (unterschiedliche Maßstä-

LITERATUR UND LANDKARTEN

be) vom Verlag **JLM-Mapas** (rote Reihe) zu fast allen Regionen des Landes (ca. 7 Euro). Es sind zum Teil nur Straßenkarten, zum Teil auch Trekking-Karten; sie sind leider nur von mäßiger Qualität. Zu beziehen im chilenischen Buchhandel sowie in Deutschland über www.trekkingchile.com (s.o.). Dort gibt es zudem Detailkarten zu Bergsteiger- und Wandergebieten vom argentinischen Verlag Aoneker (10 Euro) sowie den Outdoor-Führer „Adventure Handbook Central Chile" (15 Euro).

Exzellente Karten zu den südpatagonischen Trekkinggebieten Torres del Paine und Isla Navarino enthält die Broschüre **Patagonia trail guides & Route maps** von Latitud 90; Restexemplare erhältlich in chilenischen Buchläden und bei trekkingchile (etwa 15 Euro).

Weitere Karten und Führer vertreibt der Tübinger Online-Versand **www.mapsoftheandes.de**.

Sehr detaillierte Karten gibt es im **Instituto Geográfico Militar** (Adresse: Dieciocho 369, Tel. 6967278, Santiago, Metro: Toesca; www.igm.cl). Dort bekommt man auch einzelne Kartenblätter im Maßstab 1:50.000, die allerdings nur bedingt zum Wandern geeignet sind, denn es fehlen Routen. Chile-Fans können hier auch eine sehr schön gezeichnete Chile-Karte (1:1 Mio.) kaufen (ca. 60 US-$), mit der sich zu Hause problemlos die Wohnzimmerwand tapezieren lässt.

HILFE!

Dieses Reisehandbuch ist gespickt mit unzähligen Adressen, Preisen, Tipps und Infos. Nur vor Ort kann überprüft werden, was noch stimmt, was sich verändert hat, ob Preise gestiegen oder gefallen sind, ob ein Hotel, ein Restaurant immer noch empfehlenswert ist oder nicht mehr, ob ein Ziel noch oder jetzt erreichbar ist, ob es eine lohnende Alternative gibt usw.

Unsere Autoren sind zwar stetig unterwegs und versuchen, alle zwei Jahre eine komplette Aktualisierung zu erstellen, aber auf die Mithilfe von Reisenden können sie nicht verzichten.

Darum: Schreiben Sie uns, was sich geändert hat, was besser sein könnte, was gestrichen bzw. ergänzt werden soll. Nur so bleibt dieses Buch immer aktuell und zuverlässig. Wenn sich die Infos direkt auf das Buch beziehen, würde die Seitenangabe uns die Arbeit sehr erleichtern. Gut verwertbare Informationen belohnt der Verlag mit einem Sprechführer Ihrer Wahl aus der über 220 Bände umfassenden Reihe „Kauderwelsch".

Bitte schreiben Sie an:
REISE KNOW-HOW Verlag Peter Rump GmbH, Pf 14 06 66, D-33626 Bielefeld,
oder per E-Mail an: info@reise-know-how.de
Danke!

Reise-Gesundheits-Informationen: Chile

Stand: Juli 2009

Die nachstehenden Angaben dienen der Orientierung, was für eine geplante Reise in das Land an Gesundheitsvorsorgemaßnahmen zu berücksichtigen ist. Die Informationen wurden uns freundlicherweise vom Centrum für Reisemedizin zur Verfügung gestellt. Auf der Homepage **www.travelmed.de** werden diese Informationen stetig aktualisiert. Es lohnt sich, dort noch einmal nachzuschauen.

Klima:
- Im Norden Wüsten- und Steppenklima; in Zentralchile mildes, mediterranes Winterregenklima; im Süden feucht-gemäßigtes Seeklima; durchschnittliche Juni-Temperatur in Santiago 8°C, durchschnittliche Januar-Temperatur 21°C.

Einreise-Impfvorschriften:
- **Bei Direktflug aus Europa sind keine Impfungen vorgeschrieben.**
- **Bei Einreise auf die Osterinsel** ist bei einem vorherigen Zwischenaufenthalt (innerhalb der letzten sechs Tage vor Einreise) in einem der aufgeführten Länder (Gelbfieber-Endemiegebiete) eine gültige Gelbfieber-Impfbescheinigung erforderlich.

Gelbfieber-Impfbescheinigung erforderlich bei Einreise aus: Angola · Äquatorialguinea · Argentinien · Äthiopien · Benin · Bolivien · Brasilien · Burkina Faso · Burundi · Ecuador · Elfenbeinküste · Franz. Guayana · Gabun · Gambia · Ghana · Guinea · Guinea-Bissau · Guyana · Kamerun · Kenia · Kolumbien · Kongo, Rep. · Kongo, Dem. Rep. · Liberia · Mali · Mauretanien · Niger · Nigeria · Panama · Paraguay · Peru · Ruanda · Sao Tomé & Principe · Senegal · Sierra Leone · Somalia · Sudan · Suriname · Tansania · Togo · Trinidad & Tobago · Tschad · Uganda · Venezuela · Zentralafrikanische Republik.

Empfohlener Impfschutz:
- **Generell: Standardimpfungen** nach dem deutschen Impfkalender, speziell Tetanus, Diphtherie, außerdem Hepatitis A.
- **Im Falle einer Reise durch das Landesinnere unter einfachen Bedingungen** (Rucksack-/Trekking-/Individualreise) mit einfachen Quartieren/Hotels, bei Camping-Reisen und Langzeitaufenthalten, bei einer praktischen Tätigkeit im Gesundheits- oder Sozialwesen und wenn enge Kontakte zur einheimischen Bevölkerung wahrscheinlich sind, ist zudem ein Impfschutz gegen Typhus und Hepatitis B zu erwägen, bei vorsehbarem Umgang mit Tieren auch gegen Tollwut.

Wichtiger Hinweis: Welche Impfungen letztendlich vorzunehmen sind, ist abhängig vom aktuellen Infektionsrisiko vor Ort, von der Art und Dauer der geplanten Reise, vom Gesundheitszustand sowie dem eventuell noch vorhandenen Impfschutz des Reisenden.

Da im Einzelfall unterschiedlichste Aspekte zu berücksichtigen sind, empfiehlt es sich immer, rechtzeitig (etwa 4 bis 6 Wochen) vor der Reise eine **persönliche Reise-Gesundheits-Beratung** bei einem reisemedizinisch erfahrenen Arzt oder Apotheker in Anspruch zu nehmen.

REISE-GESUNDHEITS-INFORMATIONEN

Malaria:
- Das Land ist malariafrei.

Ratschläge zur Reiseapotheke:
- Vergessen Sie nicht, eine kleinere oder größere Reiseapotheke mitzunehmen (wenigstens Medikamente gegen Durchfall, Fieber und Schmerzen sowie Verbandstoff, Pflaster und Wunddesinfektion), damit Sie für kleinere Notfälle gerüstet sind.
- Nicht vergessen: Medikamente, die der Reisende ständig einnehmen muss!
- Wenn Sie spezielle Fragen zur Reiseapotheke haben, wenden Sie sich am besten an eine Apotheke mit reisemedizinisch qualifizierten Mitarbeitern.

Aktuelle Meldungen:
- **Influenza A H1N1 („Schweinegrippe"):** Chile war in der ersten Hälfte 2009 von den südamerikanischen Ländern am stärksten von der neuen Influenza betroffen. Bis zum 28. Juni wurden 6211 Erkrankungen und zwölf Todesfälle (0,2%) registriert. Die Erkrankungen verlaufen in der Regel mild, nur eine Minderheit der Patienten (3,5%) musste im Krankenhaus behandelt werden. Die Mehrzahl der Erkrankten sind Schulkinder im Alter von fünf bis 19 Jahren, der Altersdurchschnitt liegt bei 13 Jahren.
- **Gelbfieber-Impfung:** Eine Impfpflicht besteht nur bei Einreise aus Infektionsgebieten auf die im Pazifik gelegene Osterinsel. Für Chile selbst (Festland) sowie bei direkter Ankunft aus einem nicht-endemischen Gebiet wird die Impfung nicht verlangt.
- **Gesundheitszeugnis/HIV-Test:** Für Arbeitsaufenthalte werden ein Gesundheitszeugnis („Health Certificate") sowie ein HIV-Test in deutscher und spanischer Sprache verlangt (Formular auf Anfrage über die Botschaft).

Die Angaben wurden nach bestem Wissen und sorgfältiger Recherche zusammengestellt. Eine Gewähr oder Haftung kann nicht übernommen werden.
© Inhalte: Centrum für Reisemedizin 2009

REISE KNOW-HOW
das komplette Programm fürs Reisen und Entdecken

Weit über 1000 Reiseführer, Landkarten, Sprachführer und Audio-CDs liefern unverzichtbare Reiseinformationen und faszinierende Urlaubsideen für die ganze Welt – *professionell, aktuell und unabhängig*

Reiseführer: komplette praktische Reisehandbücher für fast alle touristisch interessanten Länder und Gebiete **CityGuides:** umfassende, informative Führer durch die schönsten Metropolen **CityTrip:** kompakte Stadtführer für den individuellen Kurztrip **world mapping project:** moderne, aktuelle Landkarten für die ganze Welt **Edition Reise Know-How:** außergewöhnliche Geschichten, Reportagen und Abenteuerberichte **Kauderwelsch:** die umfangreichste Sprachführerreihe der Welt zum stressfreien Lernen selbst exotischster Sprachen **Kauderwelsch digital:** die Sprachführer als eBook mit Sprachausgabe **KulturSchock:** fundierte Kulturführer geben Orientierungshilfen im fremden Alltag **PANORAMA:** erstklassige Bildbände über spannende Regionen und fremde Kulturen **PRAXIS:** kompakte Ratgeber zu Sachfragen rund ums Thema Reisen **Rad & Bike:** praktische Infos für Radurlauber und packende Berichte außergewöhnlicher Touren **sound)))trip:** Musik-CDs mit aktueller Musik eines Landes oder einer Region **Wanderführer:** umfassende Begleiter durch die schönsten europäischen Wanderregionen **Wohnmobil-TourGuides:** die speziellen Bordbücher für Wohnmobilisten mit allen wichtigen Infos für unterwegs

Erhältlich in jeder Buchhandlung und unter www.reise-know-how.de

www.reise-know-how.de

REISE Know-How online

Unser Kundenservice auf einen Blick:

Vielfältige Suchoptionen, einfache Bedienung

Alle Neuerscheinungen auf einen Blick

Schnelle Info über Erscheinungstermine

Zusatzinfos und Latest News nach Redaktionsschluss

Buch-Voransichten, Blättern, Probehören

Shop: immer die aktuellste Auflage direkt ins Haus

Versandkostenfrei ab 10 Euro (in D), schneller Versand

Downloads von Büchern, Landkarten und Sprach-CDs

Newsletter abonnieren, News-Archiv

Die Informations-Plattform für aktive Reisende

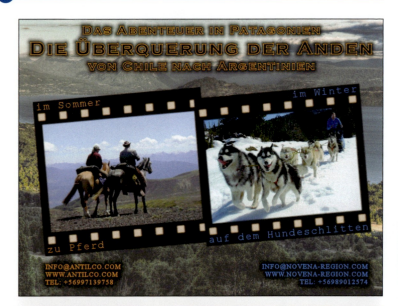

CORRAL LOS ANDES, nahe La Serena im Anden-Tal Rio Hurtado

Pferdegerechte Reittouren & Kurse in den Anden

Reiten ohne Trense und Gewalt, Wanderreiten & Kurse in Natural Horsemanship

Manuela aus Wien und Clark aus Berlin: 17 Jahre Chileerfahrung. Pferdekompetenz. Reinrassige regr. Criollo Pferde. Eco-Lodge auf organischer Farm mitten in den Anden. **Wir bieten:** Mehrtagesprogramme mit Pferden • Mensch-Pferd-Partnerschaft-Kurs • Natürliches Kommunizieren • Wanderritte in die Anden • Gästehaus, Solarenergie, organischer Anbau

Natural Horsemanship lehrt uns Menschen, die Pferde besser zu verstehen. Erleben Sie neue Dimensionen mit Pferden in den Anden Chiles!

www.naturalhorsemanshipchile.com

Arica Parinacota
Von Altertum bis Altiplano

Arica Parinacota: ein magischer, sonnenverwöhnter Landstrich im äußersten Norden Chiles. Hier beginnt die Atacama, die trockenste Wüste der Welt, die tausendjährige Mumien der Ureinwohner bewahrt hat. An den Küsten locken Surfstrände, und der fischreiche Pazifik sorgt für ein Festmahl des Meeres. Auf der andinen Hochebene, dem Altiplano, ragen majestätische Vulkane über 6000 m hoch in den Himmel.

www.aricaparinacota.travel

ANZEIGEN

Papaya Tours
leidenschaftlich reisen

- Gruppenreisen
- Individualreisen
- Reisebausteine
- Präsenz vor Ort
- Persönliche Beratung

Papaya Tours GmbH
Sallierring 44
50677 Köln
Tel.: +49 (0)221 – 35 55 77 0
info@papayatours.de

Natur und Kultur aktiv erleben!

CHILE

www.papayatours.de

WENDY - PAMPA - TOURS®

CHILE - ARGENTINIEN - PERU
BOLIVIEN - ECUADOR - BRASILIEN

*Möchten Sie gerne individuell nach
CHILE und zur OSTERINSEL reisen?*

Dann sind Sie bei uns genau richtig! Wir kennen Südamerika und bieten Reisebausteine,
mit denen Sie sich Ihre Wunsch-Reise zusammenstellen können:

< *Ausgetüftelte geführte und Selbstfahrertouren:*
  - *Nationalparks und Wüsten im Norden*
  - *Vulkane und Seen in Patagonien per Schiff und zu Fuß*
< *Gletscher, Fjorde und Pionieridylle auf unserer
  Selbstfahrertour von Nord- nach Süd-Patagonien*
< *Hacienda-Aufenthalt umgeben von Riesenkakteen*
< *Schiffstouren nach Patagonien und Feuerland*
< *Reiten auf dem Gauchotrail in die Anden*

<< *Natur und Kultur von der Karibik bis Feuerland* >>
und viele weitere interessante Reisebausteine finden Sie in unserem Katalog.

Nur bei uns: Brettspiel „Anden-Überquerung" + Südamerika-Quartett

www.Wendy-Pampa-Tours.de, Oberer Haldenweg 4,
88696 Billafingen bei Überlingen/ Bodensee, Tel.: 07557/9293-74, Fax -76

ANZEIGEN 615

Ihr Reisespezialist für:
- Lateinamerika
- Nordamerika
- Karibik
- Antarktis

Tourismus Schiegg
Kreuzweg 26
D-87645 Schwangau
Tel.: 0 8362 9301 0
Fax: 0049 8362 9301 23

info@lateinamerika.de
www.lateinamerika.de
www.antarktis-kreuzfahrt.de

Lateinamerika - erfahren!

Wir arbeiten Ihre Traumreise individuell für Sie aus!

COCHERA ANDINA
Mietwagen in Lateinamerika

Entdecken Sie Lateinamerika individuell und unabhängig mit dem Mietwagen.

WWW.MIETWAGEN-LATEINAMERIKA.COM

Umfangreiches Angebot an Fahrzeugen renommierter internationaler Anbieter für alle Länder Mittel- und Südamerikas

Nutzen Sie unsere detaillierten Routeninformationen

Informationen zu mehr als 1.500 Streckenabschnitten – Entfernungen, Fahrzeiten, Straßenzuständen, Empfehlungen für die passende Fahrzeugkategorie – ermöglichen Ihnen eine zuverlässige Reiseplanung.

cochera andina GbR · info@cochera-andina.com

Expeditions-Kreuzfahrten
Patagonien - Feuerland - Kap Hoorn
Argentinien - Chile

MS Mare Australis - MS Via Australis

***Brandneu: MS Stella Australis**
Saison 2010-2011*

CRUCEROS AUSTRALIS
CAPE HORN & PATAGONIA
www.australis.com

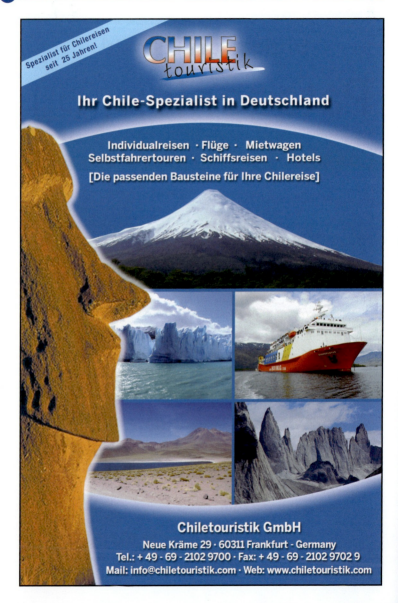

Register

Abendessen 29
Achao 445
Aeropuerto Arturo Merino Benítez 16, 219
Aguas Calientes 362, 416
Ahu 572
Ahu Akahanga 593
Ahu Akivi 590
Ahu Hanga Tetenga 593
Ahu Ko te Riku 589
Ahu Mahatua 595
Ahu Nau Nau 595
Ahu poe poe 595
Ahu Tahai 589
Ahu Te Pito Kura 595
Ahu Tepeu 590
Ahu Tongariki 593
Ahu Vai Uri 589
Ahu Vaihu 593
Ahu Vinapu 592
AIDS 44
Alakaluf-Indianer 136, 453, 526
Alerce Andino NP 435
Alercen 133, 435
Algarrobo 334
Allende, Isabel 189
Allende, Salvador 146
Alltagsleben 176
Almagro, Diego de 137
Alpacas 134
Altiplano 131, 243, 278, 282
Alto del Carmen 300
Ana Te Pahu 590
Analphabeten 174
Ancud 441
Anden 125
Angeln 114
Angol 375
Anreise 16
Anreise (Osterinsel) 579
Antarktis 544
Anticura 416
Antillanca 416
Antofagasta 283
Antuco 81, 100, 374
Anwandter, Carlos 181
Arauco 366
Araukanien 368
Araukarien 133, 367, 375
Arbeitslose 164
Argentinien 20, 60, 156, 180, 231, 282, 314
Arica 112, 236
Armut 159, 176
Arrau, Claudio 190
Asado 29
Atacama-Indianer 269
Atacama-Wüste 120, 270
Atacameños 173
Atahualpa 137
Aufzüge (Valparaiso) 327
Ausreise 25
Ausrüstung 21, 78, 90, 96, 101
Außenpolitik 156
Auto 62
Autokauf 63
Aylwin, Patricio 150
Aymara-Indianer 173, 244, 248
Ayquina 279
Azapa-Tal 242

Bachelet, Michelle 153
Bahía Anakena 595
Bahía Inglesa 290
Bahía Inútil 529
Bahía La Perouse 595
Bahía Lapataia 543
Bahía Tierras Blancas 557
Bahn 64

Balmaceda-Gletscher 505
Baños Colina 231
Baños de Puritama 278
Baños Morales 230
Beagle-Kanal 531
Bergbau 163
Bergsteigen 90, 508
Bermejo-Pass 232
Bernardo O'Higgins NP 505
Besiedlung (Osterinsel) 560
Bevölkerung 172
Biber 529, 543
Bier 34
Bildung 174
Blauwale 451
Blümlein, Bartholomäus 182
Bolaño, Roberto 189
Bolivien 19, 144, 156, 234, 283
Botschaften 23, 224
Bruttoinlandsprodukt 161
Bücher 601
Buchupureo 359
Buckelwale 498
Busse 56, 66, 220

Cabo Froward 89, 499
Cachagua 341
Cahuil 349
Cajón del Maipo 103, 229
Cajón Negro 400
Calafate (Argentinien) 513
Calama 263
Calbuco 436
Caldera 290
Caleta Chañaral 309
Caleta Duao 352
Caleta Gonzalo 458
Caleta Inio 451
Caleta La Arena 458
Caleta Puelche 429, 458
Caleta Tortel 484

Callao-Trek 83
Camerón 529
Camino de los Moai 593
Camping 72
Campo Antilco 103
Campo Aventura Cochamó 104
Canal de Chacao 442
Candelaria Mancilla 485
Canyoning 96
Capillas de Mármol 480
Cardoen, Carlos 348
Carelmapu 437
Carnet de Passage en Douanes 62
Carrera, José Miguel 142
Carretera Austral
   437, 452, 456, 457, 466, 481, 484
Cartagena 336
Casa de familia 72
Casablanca 100, 416
Casablanca-Tal 229
Cascada de las Animas 230
Caspana 278
Castores-Tal 529
Castro 445
Catarpe 275
Caupolicán 139
Cayutué 426, 428
Cerro Carrancas Blancas 299
Cerro Castillo 475, 507
Cerro Colorado 299
Cerro El Muerto 299
Cerro Jeinimeni 477
Cerro La Campana 342
Cerro Laguna Verde 299
Cerro Los Inocentes 550
Cerro Marmolejo 93, 231
Cerro Meñiques 281
Cerro Mirador 99
Cerro Miscanti 281
Cerro Negro 345
Cerro Nyades 477

Cerro Pachón 308
Cerro Paine Grande 507
Cerro Paranal 287
Cerro Peine 354
Cerro Peña Blanca 299
Cerro Pirámide 478
Cerro Sombrero 531
Cerro Tololo 308
Cerro Tronador 425
Chacabuco 286
Chacabuco-Tal 483
Chacao 443
Chaitén 460
Chajnantor 282
Chañaral 293
Chañarcillo 297
Chanco 358
Chanquín 449
Chepu 449
Chile Chico 478
Chilenische Palme 342
Chillán 100, 359
Chiloé-Insel 128, 438
Chiloé NP 448
Chinchorro-Kultur 135
Chiu Chiu 279
Chonchi 448, 449
Choshuenco 95, 402
Chuquicamata 234, 267
CIA 147
Circuito Los Cóndores 79, 355
Circuito Paine 87
Cobquecura 356, 359
Cochamó 428
Cochamó-Tal 84
Cochrane 483
Colchane 249
Colihuachos 427
Collacagua 260
Colonia Dignidad 183
Columbus, Christoph 136

Combarbalá 317
Combarbalita 318
Conaf 44, 169
Concepción 362
Concertación 155
Concón 341
Condell, Carlos 251
Conguillío NP 81, 386
Constitución 357
Contao 458
Cook, James 567
Copiapó 293
Coquimbo 306
Cordillera Darwin 531
Coronel 366
Corral 410
Corralco 384
Correntoso 436
Cortés, Hernán 137
Costa del Carbón 363, 366
Coya 346
Coyhaique 467
Cristo Redentor 232
Cruz del Tercer Milenio 306
Cucao 448
Cuesta Las Raíces 384
Cueva del Milodón 505
Cueva Fell 500
Cueva Pali Aike 500
Cullen 531
Curacautín 381
Curanipe 112, 359
Curarrehue 401
Curicó 350

Dalcahue 444
Darwin, Charles 263, 290, 453, 526
Defoe, Daniel 548
Descabezado Grande 79, 355
Desventurados 128
Deutschsprachige in Chile 181

Diaguita-Indianer 136, 289, 303
Diktatur 148
Dinosaurier 261, 316
Dinosaurio-Tal 261
Dollar 37
Donoso, José 189
Dorfman, Ariel 189

Einreise 16, 25
El Caulle 416
El Chaltén 521
El Colorado 99
El Fraile 99
El Maitén 481
El Morado 230
El Quisco 335
El Teniente 345
El Yunque 550
Elqui-Tal 310
Embalse de Pangue 376
Empanada 30
Encanto-Tal 315
Encomienda 139
Energie 164
Enladrillado 355
Enquelga 248
Ercilla y Zúñiga, Alonso de 188
Erdbeben 122, 195, 324, 359, 362, 405
Erdzeichnungen 258
Esperanza 504
Essen 27
Estancia Harberton 542
Estancia María Behety 546
Estancia San Gregorio 500
Estero de Reloncaví 428
Ethnien 173
Euro 37
Exploradores-Tal 481

Fahrrad 66, 107
Familie 178

Farellones 99
Farellones de Tara 282
Feiertage 35
Felsbilder (Osterinsel) 576
Fernsehen 47, 186
Feuerland 21, 524
Film 186
Fischerei 162
Fitzroy-Massiv 521
Fliegenfischen 114
Flugzeug 16, 55, 555
Forstwirtschaft 162, 168
Fotografieren 36
Francés-Tal 89
Frauen 37, 179
Fray Jorge NP 316
Frei, Eduardo 151
Fremdenverkehrsbüro 44
Frühstück 27
Frutillar 418
Fuerte Bulnes 499
Führer 92
Futaleufú 462

Geld 37
Gemini 308
Geoglifos de Lluta 244
Geoglifos del Cerro Unita 249, 257
Geoglifos Pintados 260
Geoglyphen 258
Geografie 118
Geografie (Osterinsel) 570
Geschichte 135
Geschichte (Osterinsel) 560
Gesellschaft 172
Gesundheit 40, 604
Gesundheitssystem 176
Gewässer 126
Gewerkschaften 155
Gigante de Atacama 257
Gletscher Martial 542

Gletscher-Trekking 89
Gold 527
Goldman Sachs 531
Golfo Corcovado 451
González, Felipe 566
Granizo 342
Grey-Gletscher 89
Gringo 180
Großer Norden 120, 233
Großer Süden 125, 452, 486
Guallatiri 247
Guanacos 134
Guanaqueros 307

Hacienda Los Andes 102, 316
Handel 164
Handy 53
Hanga Rao Rao 590
Hanga Roa 585
Hare Paenga 573
Haush-Indianer 526
Heyerdahl, Thor 562
Hijuelas 342
Höhenkrankheit 43
Horcón 341
Hornopirén 458
Hospedaje 72
Hostal 72
Hostería 72
Hotels 71, 211, 585
Hotu Matua 560
Huara 249, 257
Huasco-Tal 300
Huaso 177
Hudson 480
Huerquehue NP 82, 397
Huidobro, Vicente 188
Huilo-Huilo 403
Humberstone 256
Humboldt-Pinguin 444
Humboldt-Strom 128

Hummer 552, 554
Hurtado 316

Illapel 319
Iloca 352
Impfungen 41, 604
Import 165
Indigene Völker 173
Industrie 163
Inflation 37
Informationsstellen 44
Inka 136
Inka-Coya 279
Inlandsflüge 55, 220
Internet 45, 53, 55
Inti-Illimani 190
Iquique 112, 250
Isla Alejandro Selkirk 550
Isla Carlos III 498
Isla Choros 309
Isla Damas 309
Isla de los Lobos 319
Isla Huapi 412
Isla Lemuy 449
Isla Magdalena 498
Isla Mancera 410
Isla Margarita 498
Isla Marta 498
Isla Mocha 387
Isla Navarino 532
Isla Negra 335
Isla Quinchao 444
Isla Robinson Crusoe 550, 553
Isla Santa Clara 550
Isla Teja 409
Isla Tenglo 430
Isluga 248

Jara, Víctor 190
Jesuiten 439
Juan-Fernández-Archipel 128, 547

Jugendherbergen 72
Juntas de Toro 314

Kajak 107
Kap Hoorn 524
Karukinka 531
Kleidung 23, 45
Kleiner Norden 124, 289
Kleiner Süden 124, 367, 438
Klima 128
Klima (Osterinsel) 570
Kohle 366
Kolonialzeit 140
Konsulate 23
Kreditkarte 48
Kultur 185
Kultur (Osterinsel) 572
Kunst 185
Kupfer 145, 163, 164, 234, 267, 345

La Campana NP 342
La Junta 463
La Parva 99
La Portada 286
La Serena 300
La Silla 308
La Tapera 467
La Tirana 261
Lachs 163
Lafkenche-Indianer 387
Lago Aluminé 385
Lago Bayo 481
Lago Bertín 416
Lago Bertrand 482
Lago Blanco 529
Lago Budi 387
Lago Buenos Aires 477
Lago Caburgua 397
Lago Calafquén 401
Lago Castor 472
Lago Chaiguata 451

Lago Chaxa 279, 281
Lago Chico 397
Lago Chungará 243
Lago Cochrane 127
Lago Conguillío 386
Lago Cucao 448
Lago del Toro 507
Lago Deseado 530
Lago Escondido 542
Lago Espolón 97
Lago Fagnano 530, 542
Lago Frías 436
Lago Frío 472
Lago General Carrera 127, 476, 479
Lago Gualletué 377, 385
Lago Icalma 377, 385
Lago Leones 480
Lago Llanquihue 127, 416, 418, 420
Lago Neltume 402
Lago O'Higgins 127
Lago Palena 86
Lago Pehoé 512
Lago Peñuelas 334
Lago Pinto Concha 458
Lago Pirihueico 404
Lago Pólux 472
Lago Ranco 412
Lago Riñihue 411
Lago Río Blanco 460
Lago Río Negro 460
Lago Sargazo 436
Lago Todos Los Santos 424, 426
Lago Toro 397
Lago Verde 397
Lago Vichuquén 352
Lago Villarrica 391
Lago Yelcho 462
Lagos, Ricardo 151
Laguna Ana 500
Laguna Blanca 382
Laguna Captrén 386

REGISTER

Laguna Castillo 476
Laguna del Alto 354
Laguna del Inca 232
Laguna del Laja NP 374
Laguna Huelde 449
Laguna Malleco 382
Laguna Pollolla 478
Laguna Quilleihue 398
Laguna Reloca 358
Laguna San Rafael 473
Laguna Santa Rosa 299
Laguna Témpanos 464
Laguna Tuyajto 282
Laguna Verde 299
Lagunas de Cotacotani 246
Lagunillas 230
Landkarten 602
Landweg 19
Landwirtschaft 162
Laraquete 366
Las Campanas 308
Las Cascadas 418
Las Horquetas 475
Las Paraguas 386
Las Paramelas 478
Las Raíces (Tunnel) 384
Las Tacas 307
Las Trancas 361
Last Minute 19
Lauca NP 245
Lautaro 139, 381
Leihwagen 59
Levicán-Halbinsel 478
Lican Ray 401
Liquiñe 402
Literatur 187
Literaturtipps 601
Liucura 385
Llaima 100, 386
Llamas 134
Llao-Llao-Halbinsel 426

Llico 352
Lluta-Tal 243
Loanco 358
Lonquimay 100, 381, 385
Los Andes 232
Los Angeles 372
Los Glaciares NP (Argentinien) 518
Los Lagos 411
Los Molinos 411
Los Molles 319
Los Vilos 319
Luftverschmutzung 169
Luna-Tal 275

Machismo 37, 179
Machuca 278
Maestro-Karte 47
Magallanes, Fernando de 137
Magellan-Pinguin 444, 497
Magellanstraße 498, 531
Maitencillo 341
Majadilla 354
Malalcahuello 383
Mamalluca 311
Mamiña 259
Manos de Cerro Castillo 476
Mapuche-Indianer 136, 138, 144, 173, 368, 369, 387, 401, 412
Marea Roja 450
María Elena 262
Matta, Roberto 185
Maullín 437
Mauque 249
Medien 47, 185
Mehuín 411
Mejillones 262
Melado-Tal 103, 356
Melipeuco 385
Menschenrechte 157
Metro 223
Michinmahuida 460, 461

Militär 158
Mirador de Selkirk 557
Mistral, Gabriela 187
Mittagessen 27
Mittelchile 320
Moai 573
Moai kavakava 578
Moai Tuturi 593
Mocha 128
Mocho 95
Moneda 205
Monte Darwin 532
Monte Grande 312
Monte San Valentín 474, 477
Mountain-Biking 106
Mumien 242
Museo de Colchagua 348
Musik 189
Mylodon 505

Nahuelbuta NP 375
Nalca-Pflanze 415
Nationalparks 169
Naturschutz 167
Naturschutzgebiet
   Carlos Anwandter 409
Neruda, Pablo 187, 335
Nevado de Chillán 362
Nevado de Tres Cruces NP 299
Nevados de Putre 244
Nevado-Tal 98
Niebla 410
Notfälle/Notrufe 47

O'Higgins, Bernardo 142, 344, 359
O'Higgins-Gletscher 485
Observatorien 287, 307, 311, 318
Obst 343
Ocoa 342
Öffnungszeiten 48
Ojos del Salado 93, 126, 299

Ona 136
Onaisin 529
Organisierte Touren 49
Orongo 576, 591
Osorno 96, 100, 412, 424
Osterinsel 128, 559
Outdoor 78
Ovalle 314

Palafitos 446
Palena 463
Pali-Aike NP 500
Pampa Guanaco 530
Pan de Azúcar NP 292
Panamericana 262, 342, 375, 411
Pangal 437
Pangue-Pflanze 464
Panguipulli 402
Papudo 341
Paragliding 113
Pargua 443
Parinacota 92, 246
Parque Inglés 351
Parque Marino Francisco Coloane 498
Parque Oncol 411
Parque Pumalín 458
Parque Tantauco 451
Parque Termal Menetúe 400
Parra, Violeta 190
Parteien 155
Paserijo 248
Paso Cardenal Samoré 415
Paso de Sico 281
Paso del Agua Negra 314
Paso Desolación 417
Paso San Francisco 299
Patagonien 20, 434, 452, 486
Pazifik 356
Pehuenche-Indianer 376
Peine 281
Pelluhue 359

Perito-Moreno-Gletscher
  (Argentinien) 518
Peru 19, 144, 156, 234
Peso 37
Petroglyphen (Osterinsel) 576
Petrohué 426
Peulla 427
Pferde-Trails 101
Pflanzenwelt 128
Philippi, Bernhard 182
Pica 261
Pichasca 316
Pichidangui 319
Pichilemu 112, 349
Pico Wheelwright 299
Piedra de Aguila 354, 375
Piedra del Indio 467
Piedra Mesa 412
Pinguine 444, 497
Pingüino de Humboldt
  (Naturreservat) 309
Pinochet, Augusto 149
Pirque 229
Pisagua 243
Pisco 34, 300, 311, 312
Pisco Elqui 312
Pizarro, Francisco 137
Plazoleta El Yunque 557
Poconchile 244
Poike-Halbinsel 594
Politik 143, 151
Polloquere 247
Polynesien 563
Pomaire 228
Pomerape 246
Portales, Diego 143
Portería Laguna Amarga 507
Portería Sarmiento 507
Portezuelo Ibáñez 475
Portezuelo Queulat 466
Portillo 99, 232
Porvenir 527
Post 51
Pozo Almonte 259
Prat, Arturo 144, 251
Puchuldiza 249
Pucón 391
Pueblo Artesanal Horcón 313
Puelo 429
Puelo-Tal 428
Puerto Aisén 472
Puerto Alegre 426
Puerto Arturo 529
Puerto Bertrand 482
Puerto Blest 426
Puerto Bories 505
Puerto Cárdenas 462
Puerto Chacabuco 472
Puerto Cisnes 466
Puerto del Hambre 499
Puerto Espora 531
Puerto Frías 426
Puerto Fuy 404
Puerto Guadal 479
Puerto Ibáñez 476, 477
Puerto Inglés 556
Puerto Montt 429
Puerto Murta 480
Puerto Natales 500
Puerto Octay 417
Puerto Pañuelo 426
Puerto Puyuhuapi 464, 465
Puerto Ramírez 462
Puerto Saavedra 387
Puerto Toro 505
Puerto Tranquilo 480
Puerto Varas 420
Puerto Williams 532
Puerto Yungay 484
Puesco 398
Pukao 576
Pukará de Quitor 275

Pukará de San Lorenzo 243
Pukará de Turi 279
Pullay 112
Puma 135
Pumillahue 444
Puna 131
Puna-Pau-Krater 590
Punta Arenas 489
Punta de Choros 309
Purmamarca 283
Putre 244
Putú 358
Puyehue NP 415

Quebrada de Humahuaca 283
Quebrada de Jerez 281
Quebrada de Paipote 299
Quebrada de Quereo 319
Quellón 450
Quetrupillán 398
Queulat NP 464
Quintay 334
Quintero 341
Quiriquina 128

Radal 351
Radal – Siete Tazas NP 351
Radio 47, 186
Rafting 107
Ralco 376
Ralún 428
Rancagua 342
Rancho de Caballos 104
Rano Raraku 593
Rapanui 582
Raúl Marín Balmaceda 463
Regenwälder 133
Regierung 151
Regionen 154
Reiseapotheke 41
Reisedokumente 25, 48

Reisekosten 39
Reiserouten 67
Reiseschecks 38, 48
Reiseveranstalter
 49, 395, 423, 496, 503, 541, 580
Reisezeit 69
Reisezeit (Osterinsel) 582
Reiten 101
Religionen 173
Reñaca 341
Rengalil 387
Reserva Forestal Laguna Parrillar 499
Reserva Huilo-Huilo 403
Reserva Llanquihue 105
Reserva Nacional Altos de Lircay 354
Reserva Nacional Cerro Castillo 475
Reserva Nacional Coyhaique 471
Reserva Nacional Lago Gualletué 385
Reserva Nacional Lago Jeinimeni 478
Reserva Nacional Las Chinchillas 318
Reserva Nacional Las Vicuñas 247
Reserva Nacional Llanquihue 436
Reserva Nacional Los Flamencos 279
Reserva Nacional
 Malalcahuello-Nalcas 383
Reserva Nacional
 Pampa de Tamarugal 260
Reserva Nacional Paposo 288
Reserva Nacional Ralco 377
Reserva Nacional Río Clarillo 230
Reserva Nacional Río Los Cipreses 346
Reserva Nacional Río Simpson 471
Reserva Nacional Shoen 485
Residencial 72
Río Baker 110, 127, 168, 482
Río Bellavista 530
Río Biobío 108, 127, 362, 375, 381
Río Blanco 461
Río Bravo 484
Río Bueno 411
Río Cachapoal 346

Río Calle Calle 404
Rió Cau Cau 404
Río Cautín 382
Río Chaica 436
Río Chamiza 436
Río Cisnes 109
Río Claro 351
Río Cochiguaz 313
Río Coyhaique 467
Río Cruces 168, 404, 409
Río Elqui 126, 310
Río Futaleufú 109, 127, 462
Río Fuy 109
Río Grande 127
Río Grande (Argentinien) 127, 545
Río Guillermo 464
Río Hurtado 316
Río Ibáñez 476, 478
Río Laja 127
Río Lar 449
Río Lauca 247
Río León 97
Río Leones 480
Río Limarí 315, 317
Río Lluta 243
Río Loa 126, 263
Río Maipo 108, 127, 229
Río Mapocho 127, 196
Río Maule 127
Río Mosco 485
Río Mucomucone 248
Río Murta 480
Río Palena 109, 127, 463
Río Petrohué 109, 424
Río Puelo 84
Río Queuco 377
Río Ralco 377
Río Rapel 127
Río Refugio 449
Río Rosselot 463
Río San José 242

Río San Pedro 279
Río Serrano 506
Río Simpson 110, 467, 472
Río Tinguiririca 108, 347
Río Trancura 109
Río Truful-Truful 386
Río Turbio 314
Río Ventisquero 464
Río Volcán 230
Río Yeso 230
Ritoque 112
Rivadavia 314
Robben 557
Robinson Crusoe 549
Roble-Baum 342
Rodeo 343
Roggeveen, Jacob 565
Rojas, Manuel 188
Rongorongo-Schrift 577
Roto 177
Ruta del Vino 350, 356

Sajama 246
Salar de Aguas Calientes 282
Salar de Atacama 279
Salar de Huasco 260
Salar de Maricunga 299
Salar de Surire 247
Salar de Talar 282
Salas y Gómez 128
Salesianer-Museum 546
Salpeter 234, 262, 287
Salto de la Princesa 383
Salto del Laja 362, 374
Saltos del Baker 483
San Alfonso 230
San Alfonso del Mar 334
San Antonio 336
San Felipe 231
San Félix 300
San Fernando 347

San José 231
San José de Maipo 230
San Juan Bautista 553
San Martín, José de 142
San Pedro de Atacama 269
San Rafael-Gletscher 474
San Sebastián 531
Santa Bárbara 375, 461
Santa Cruz 347
Santa Laura 256
Santa María 128
Santiago de Chile 194
Schäfer, Paul 183
Schafzucht 487
Schiff 21, 65, 434, 443, 474, 495, 556
Schlafsack 23
Schule 175
Sea-Kajaking 111
See-Elefanten 532
Seelöwen 459
Segundo Corral 429
Selk'nam-Indianer 136, 526
Selkirk, Alexander 548
Seno de Reloncaví 458
Seno Otway 498
Seno Ultima Esperanza 505
Seno Ventisquero 464
Sepúlveda, Luis 189
Sernatur 44
Serrano-Gletscher 505
Sewell 345
Sicherheit 69
Sierra de Quilchilca 401
Sierra Nevada 384
Sierra Nevada-Trail 81
Sierra Velluda 375
Siete Moai 590
Siete Tazas 351
Silber 290, 294, 297
Skármeta, Antonio 189
Skifahren 97

Smog 169
Socaire 281
Souvenirs 70, 584
Sozialsystem/-struktur 175, 176
Spanier 136
Sport 191
Sportangeln 114
Sprache 580, 598
Strom 70
Subercaseaux, Ramón 185
Südbuche 415
Surfen 111

Talca 352
Taltal 288
Tamarugo-Baum 260
Tapati-Festival 583
Tarapacá 249, 259
Tatio-Geysire 276
Tatio-Tal 276
Taxi 66
Te Pito o Te Henua 595
Tehuelche-Indianer 453
Telefon 51
Temuco 377
Termas de Cauquenes 346
Termas de Chillán 361
Termas de Chusmiza 249
Termas de Coñaripe 402
Termas de Huife 399
Termas de Jurasi 244
Termas de Manzanar 383
Termas de Plomo 230
Termas de Puyehue 415
Termas de Puyuhuapi 466
Termas de Socos 315
Termas del Ventisquero 465
Termas El Amarillo 462
Termas Geométricas 400
Termas Los Pozones 400
Termas Quimey-Co 400

Theater 186
Tierra del Fuego 524
Tierra del Fuego NP 543
Tierwelt 128
Tirúa 387
Toconao 280
Toconce 278
Tocopilla 262
Tolhuaca NP 382
Tomé 356
Tompkins, Douglas 168, 459
Tongoy 307
Torres del Paine NP 86, 88, 106, 506
Totoralillo 307
Tourismus 167
Touristenkarte 25
Trekking 78, 508
Tren del Fin del Mundo 544
Tren del Vino 348
Trinken 34
Trinkgeld 40
Tu o Hiro 595

U-Bahn 223
Ulmo 415
Ulmo-Baum 428
Umgangsformen 45
Umweltschutz 167
Unabhängigkeit 141
Unterkunft 70
Upsala-Gletscher 518
Urwälder 132
USA 145
Ushuaia (Argentinien) 535

Vado Morrillos 316
Valdivia 404
Valdivia, Pedro de 138
Vallenar 300
Valparaíso 321
Vegas Blancas 375

Vegas de Ralco 377
Ventisquero Colgante 464
Verfassung 151
Versicherungen 73
Verwaltung 152
Vicente Pérez Rosales NP 417, 424
Vichuquén 352
Vicuña 310
Vicuñas 134
Vilches 354
Villa Alegre 356
Villa Amengual 467
Villa Cerro Castillo 476
Villa O'Higgins 484
Villa Santa Lucía 462
Villa Ukika 533
Villarrica 94, 100, 388, 391
Villarrica NP 398
Viña del Mar 337
Visum 25
Vizekönigreich Peru 140
Vogelmann-Kult 591
Volcán Isluga NP 248
Vulkane 92, 100, 122

Währung 37
Waldseemüller, Martin 136
Wale 451, 498
Wein(güter)
    31, 34, 228, 347, 348, 350, 356
Wirtschaft 159
Wohnmobil 62
Wüste 233, 269, 289

Yámana-Indianer 136, 526
Yerbas Buenas 356

Zapallar 341
Zeit 75
Zeitungen 47, 185
Zoll 26

Die Autoren

Malte Sieber (geb. 1962) studierte Germanistik und Anglistik in Berlin und lebt seit 1992 in Chile. Auf zahlreichen Reisen lernte er seine neue Heimat intensiv kennen und lieben. In Santiago leitete er eine deutschsprachige Wochenzeitung, bevor er 2000 die interkulturelle Agentur ContactChile gründete. Er ist zudem Verfasser mehrerer touristischer Publikationen und Webseiten.

Günther Wessel (geb. 1959) studierte Germanistik und Philosophie und arbeitet als freier Journalist und Autor für Buchverlage, Zeitungen und Rundfunkanstalten. Er zeichnete verantwortlich für die ersten vier Auflagen des vorliegenden Reisehandbuches.

Danksagung

Danken möchten wir allen, die uns bei diesem Buch geholfen haben – den Freunden in Chile und Deutschland sowie den zahlreichen Reisenden, die uns mit wertvollen Tipps versorgt haben. Nicht zuletzt den Gastwirten und Tourismusunternehmern im ganzen Land, die uns beherbergt und geführt haben, und den zahlreichen freundlichen Mitarbeitern von Sernatur und anderen Behörden.

Um die Aktualisierung der vorliegenden Auflage haben sich (von Nord nach Süd) besonders verdient gemacht: *Christian Rolf* (Arica), *Ina Wenig* (Pisco Elqui), *Christian Güntert* (Valparaíso), *Conny Martin* (Osterinsel), *Franz Schubert* (Talca), *Hans Liechti* (Pucón), *Alex Fischer* (Puerto Varas), *Luisa Ludwig* (Puyuhuapi), *Wolf Staub* (Coyhaique) und *Sebastian Borgwardt* (Punta Arenas). Danke! Mein Dank geht auch an *Petra Albütz,* die den Exkurs zu *Michelle Bachelet* verfasst hat. Besonderer Dank gebührt *America Soto* (Santiago), die mit viel Geduld bei der Überprüfung der Daten dieses Bandes behilflich war.

Malte Sieber

Kartenverzeichnis

Auf die für den jeweiligen Kontext passenden Karten wird **in den Kopfzeilen** verwiesen. **Nach den Ortsnamen** erfolgt zudem ein Verweis auf die genaue Platzierung der Orte in der entsprechenden Karte im Atlas, sodass sie mit Hilfe des Koordinatengitters schnell aufzufinden sind; **Arica** ⌕ **III/A1** bedeutet z.B., dass der Ort in Atlaskarte III im Koordinatenrahmen A1 zu finden ist.

Chile, nördlicher und mittlerer Teil ... Umschlagklappe vorn
Chile, südlicher Teil ... Umschlagklappe hinten
Flugnetz ... 56

Aisén und Carretera Austral ... 454
Antofagasta ... 284
Arica ... 238
Calafate (Argentinien) ... 517
Calama ... 265
Castro ... 447
Concepción ... 363
Copiapó ... 295
Coyhaique ... 468
Fitzroy Trekking (Argentinien) ... 522
Großer Norden ... 235
Hanga Roa (Osterinsel) ... 586
Iquique ... 252
Isla de Chiloé ... 440
Isla Robinson Crusoe ... 553
Kleiner Norden ... 291
Kleiner Süden ... 370
La Serena ... 302
Los Glaciares (Nationalpark/Argentinien) ... 519
Magallanes und Feuerland ... 488
Mittelchile ... 322
Osorno ... 413
Osterinsel (Rapa Nui) ... 581
Pucón ... 393
Punta Arenas ... 493
Puerto Montt ... 431
Puerto Natales ... 503
Puerto Varas ... 421
San Pedro de Atacama – Ort ... 271 / Umgebung ... 276
Santiago de Chile – Großraum ... 197 / Zentrum ... 202 / U-Bahn ... 222
Temuco ... 379
Torres del Paine (Nationalpark) ... 510
Ushuaia (Argentinien) ... 536
Valdivia ... 406
Valparaíso ... 328
Villarrica ... 389
Viña del Mar ... 338

CHILE-ATLAS: BLATTSCHNITT I

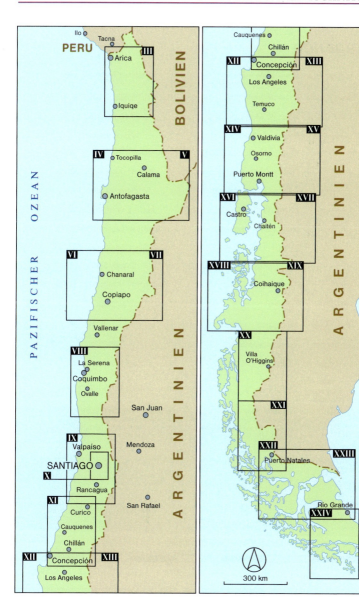

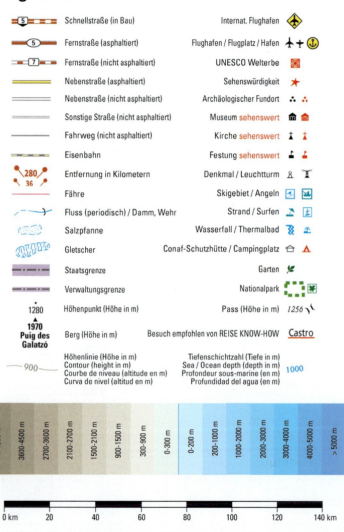

Arica, Iquique III

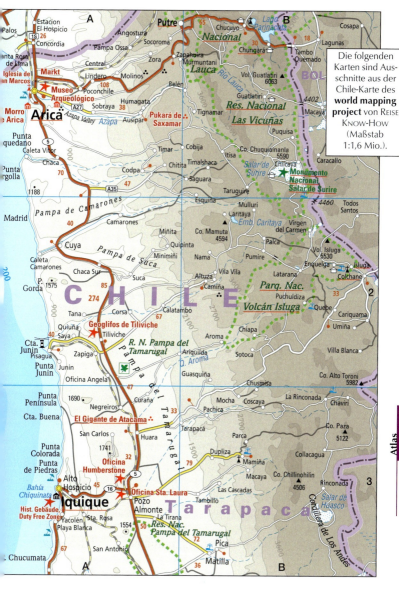

Die folgenden Karten sind Ausschnitte aus der Chile-Karte des **world mapping project** von Reise Know-How (Maßstab 1:1,6 Mio.).

IV ANTOFAGASTA, TOCOPILLA

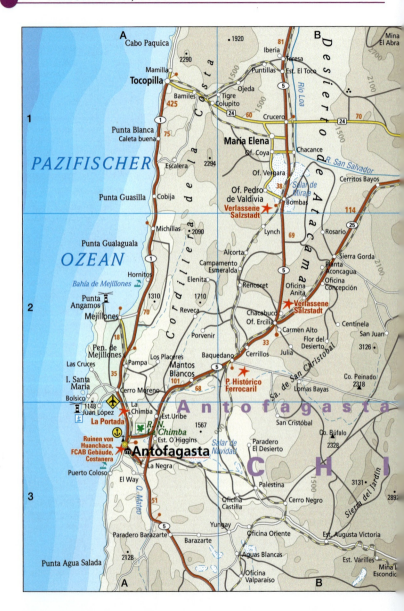

Calama, San Pedro de Atacama

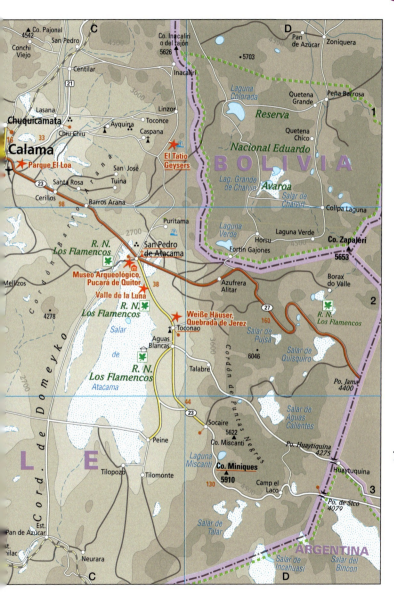

VI Copiapó, Caldera, Chañaral

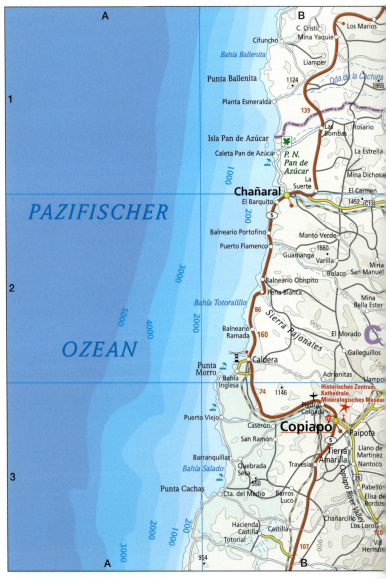

Parque Nacional Tres Cruces VII

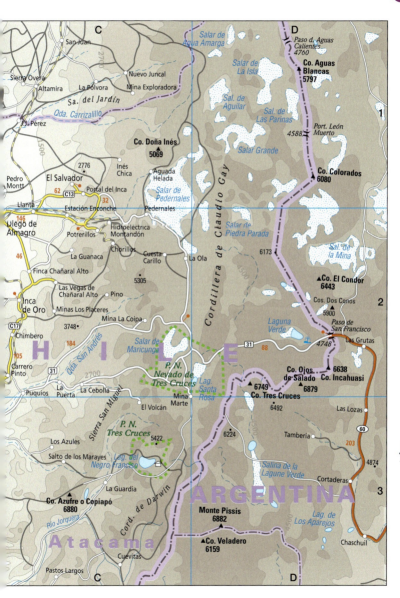

VIII COQUIMBO, LA SERENA, OVALLE

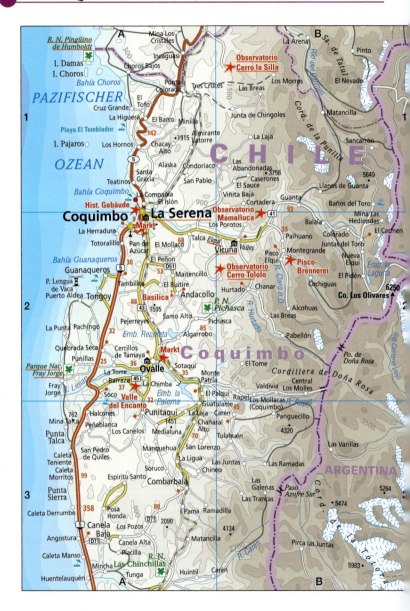

Santiago, Valparaíso, Rancagua

Anschluss Karte XI

X UMGEBUNG SANTIAGO

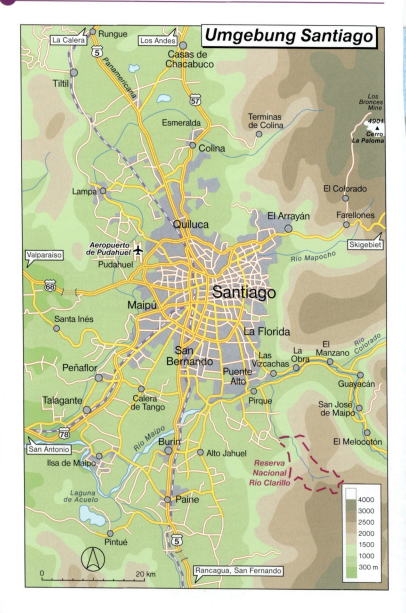

Anschluss Karte IX

A
B
R. N. Laguna Torca
Llico
Lago Vichuquén
Punta Duao
Iloca
Lora
Lipimávida
Licantén
Vichuquén
S. Pedro de Alcántara
Nerquihue
Lolol
La Puntilla
Ranguil
Hualañe
Chépica
Auquinco
Chimbarongo
Codegua
Morza
Teno
Rauco
La Montaña
Romeral
Curicó
Tricao
Sagrada Familia
Parronal
Lontué
Molina
Itahue
Upeo
Villa Prat
Huaquén
Curepto
Mataquito Valley
La Trinchera
La Palma
Peñaflor
Monte Oscuro
Cumpeo
Culenar
La Veguilla
Maule
Gualleco
Putú
Punta Arenas
Quivolgo
Junquillar
Coipué
Batuco
Botalcura
San Rafael
Astillero
Pelarco
Pencahue
Constitución
R. Maule
Bahía Las Cañas
Las Cañas
Pichamán
Maule Valley
Colin
Talca
El Radal
Aurora
Picazo
Parque Inglés
R.N. Altos de Lircay
San Clemente
Maule
El Morro
Nirivilo
Faro Corona
Loanco
San Pedro
Woinberge
Empedrado
San Javier
Bramadero
Vilches
Punta Santa Ana
Pahuil
L. Colbún
Paso Nevado
Amerillo
Res. Nac. Federico Albert
El Morro
Villa Alegre
Colbún
Chanco
Sauzal
Las Campanas
Yerbas Buenas
Termas de Quinamávida
Bahía Chanco
Pelluhue
Tapihue
Arbolillo
Melozal
Panimávida
Las Garzas
Curanipe
Sta. Rosa
San Isidro
Va. Seca
Linares
Robleria
Melado
Cauquenes
Las Garzas
Los Nabos
Longaví
Los Cristales
Llepo
Campamento Ancoa
El Salto
R. Melado
Tregualemu
La Aldea
CHILE
Melado
Pullay
Los Corralones
Cancha Alegre
Los Despachos
Quella
Unicavén
Retiro
El Tránsito
Aduana Pejerrey
Cobquecura
Bahía Cobquecura
Culenco
El Parron
Pocillas
Parral
Ajial
R. Perquilauquen
Remulcao
San Pablo
Emb. de Bullileo
Chanco
Quirihue
908
San Gregorio
Termas de Catillo
Bullileo
Torrecilla
Punta Coicoi
Mela
Verquicó
Lag. Dial
Vegas de Itata
Treguaco
Ninhue
San Carlos
Bahía Coliumo
Coelemu
Coipín
San Nicolás
Tres Esquinas
Cachapoal
San Fabian de Alico
Dichato
Portezuelo
Tomé
Nipas
Chillán
Museen, Escuela Mexico (Wandmalereien)
La Punilla
Talcahuano
Schwarze Keramiken
Quinchamali
Co. Maravilla
Lirquén
Coihueco
Minas del Prado
2665
Penco
Bulnes
Bío bío
Roa
Quillon
San Ignacio
Pinto
Vn. Chillán
Concepción
Sta. Clara
3212
Res. Pcial. Epu-Lauquen
Agua de la Gloria
Pueblo Seco
Zapallar
Parque Hualpen
El Macal
El Carmen
Termas de Chillán
Chiguayante
General Cruz
Pemuco
Los Castaños
Hualqui
Cerro Negro
Cartago
Las Trancas
Cabrero
Monte León
Coronel
Las Cruces
Lota
Rere
Yumbel
Yungay
Pangal
1000
200
300
2700
1
2
3

Anschluss Karte XII/XIII

XII CONCEPCIÓN, LOS ANGELES, TEMUCO

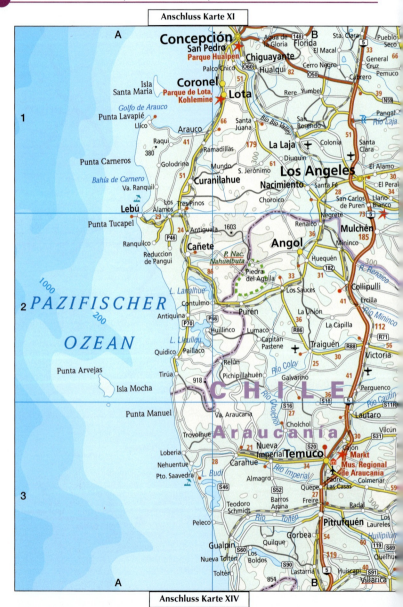

Laguna del Laja, Lonquimay, Pucón XIII

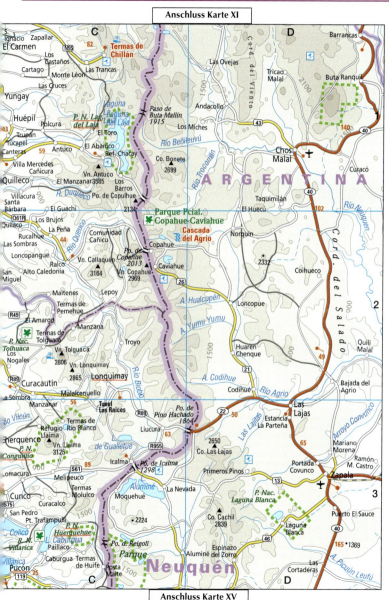

XIV Valdivia, Osorno, Puerto Montt, Ancud

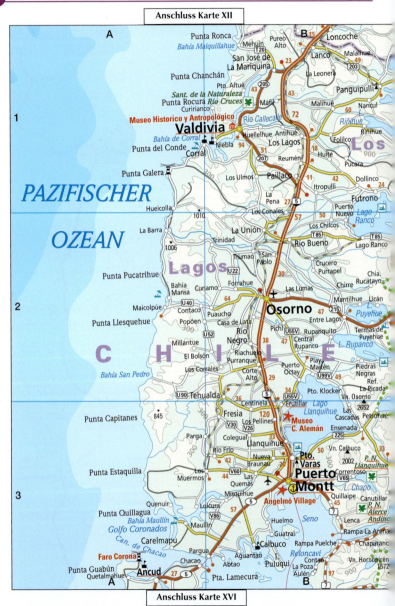

LICÁN RAY, LAGO TODOS LOS SANTOS XV

XVI Insel Chiloé, Chaitén

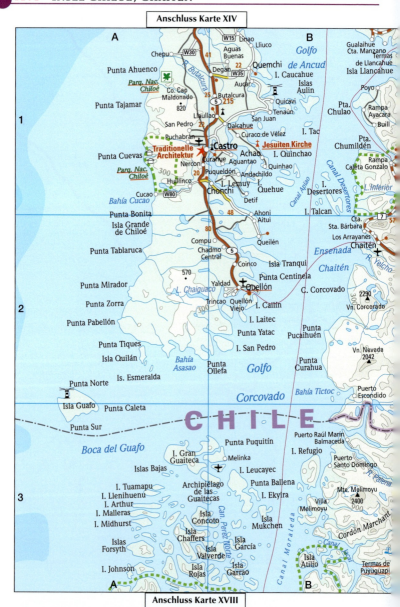

Parque Pumalin, Futaleufú, Puyuguapi XVII

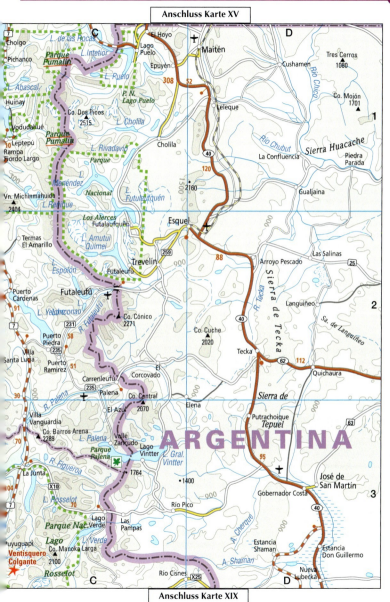

XVIII PN Laguna San Rafael

Puerto Aisén, Coihaique, Chile Chico XIX

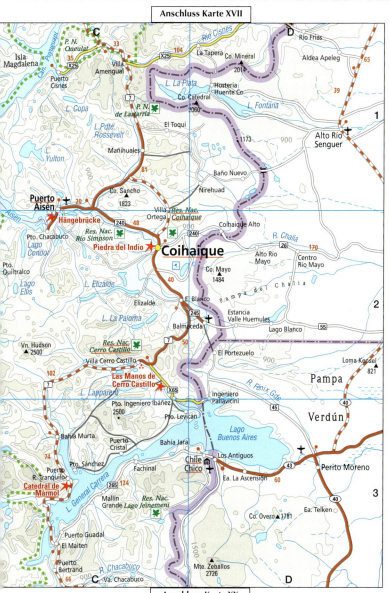

XX PN Los Glaciares, Fitz Roy, El Chaltén

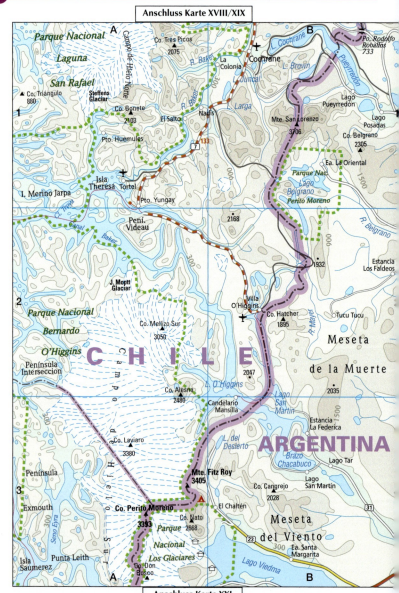

PN Los Glaciares, PN Torres del Paine

XXII PUERTO NATALES, PUNTA ARENAS, PORVENIR

Río Grande, PN Pali Aike XXIII

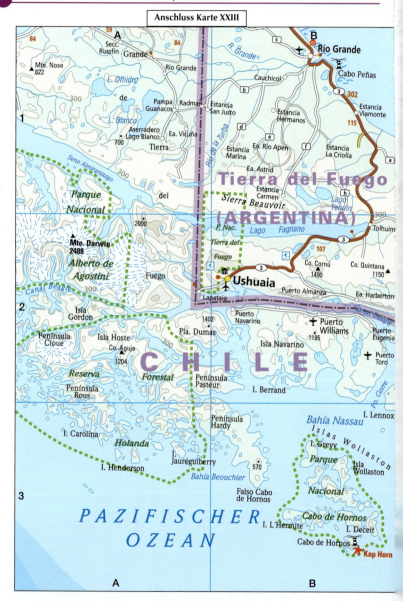